INAE
INSTITUTO NACIONAL DE ALTOS ESTUDOS

XVI FÓRUM NACIONAL
Economia do Conhecimento, Crescimento Sustentado e Inclusão Social
Rio de Janeiro, 17 - 20 de maio de 2004

PATROCÍNIO

——— **GRANDES BENEMÉRITOS** ———

——— **PATROCINADORES ESPECIAIS** ———

——— **Agradecimento: PREVI** ———

INSTITUTO NACIONAL DE ALTOS ESTUDOS - INAE
RUA SETE DE SETEMBRO, 71 - 8° ANDAR - CENTRO - CEP: 20050-005 - RIO DE JANEIRO / RJ
TEL.: (21) 2507-7212 - FAX: 2232-1667 - e-mail: inae@inae.org.br - site: www.inae.org.br

Economia do
Conhecimento, Crescimento
e
Inclusão Social

João Paulo dos Reis Velloso
(coordenador)

Luiz Inácio Lula da Silva • Affonso Celso Pastore e Maria Cristina Pinotti • Raul Velloso • Armando Monteiro Neto • João Antonio Felício • João Carlos Gonçalves • Luiz Fernando Furlan • José Eduardo Dutra • Glauco Arbix, Mario Sergio Salerno e João Alberto De Negri • Benedicto Fonseca Moreira • Antonio Barros de Castro e Jorge De Paula Costa Ávila • Cláudio R. Frischtak • Eugênio Staub • Carlos Antonio Rocca • Jorge Mattoso • Roberto Smith • Luiz Chrysostomo de Oliveira Filho • Márcio Fortes • Patrus Ananias • Vinod Thomas • Cláudio Salm • Silvano Gianni • Ivan Gonçalves Ribeiro Guimarães • André Spitz, Gleyse Maria Couto Peiter e Marcos Roberto Carmona • Lúcia Vânia • Carlos Mariani Bittencourt • Rubem César Fernandes • Marília Pastuk • Rodrigo Baggio • José Jorge • José Eduardo Cardozo • Cláudio Baldino Maciel • Roberto Antonio Busato • Sérgio Quintella • Armando Castelar Pinheiro • Célio Borja • Márcio Thomaz Bastos • Nelson Jobim

Economia do
Conhecimento,
Crescimento
e
Inclusão
Social

JOSÉ OLYMPIO
EDITORA

© João Paulo dos Reis Velloso, Luiz Inácio Lula da Silva, Affonso Celso Pastore, Maria Cristina Pinotti, Raul Velloso, Armando Monteiro Neto, João Antonio Felício, João Carlos Gonçalves, Luiz Fernando Furlan, José Eduardo Dutra, Glauco Arbix, Mario Sergio Salerno, João Alberto De Negri, Benedicto Fonseca Moreira, Antonio Barros de Castro, Jorge De Paula Costa Ávila, Cláudio R. Frischtak, Eugênio Staub, Carlos Antonio Rocca, Jorge Mattoso, Roberto Smith, Luiz Chrysostomo de Oliveira Filho, Márcio Fortes, Patrus Ananias, Vinod Thomas, Cláudio Salm, Silvano Gianni, Ivan Gonçalves Ribeiro Guimarães, André Spitz, Gleyse Maria Couto Peiter, Marcos Roberto Carmona, Lúcia Vânia, Carlos Mariani Bittencourt, Rubem César Fernandes, Marília Pastuk, Rodrigo Baggio, José Jorge, José Eduardo Cardozo, Cláudio Baldino Maciel, Roberto Antonio Busato, Sérgio Quintella, Armando Castelar Pinheiro, Célio Borja, Márcio Thomaz Bastos e Nelson Jobim, 2004

Reservam-se os direitos desta edição à
EDITORA JOSÉ OLYMPIO LTDA.
Rua Argentina, 171 – 1º andar – São Cristóvão
20921-380 – Rio de Janeiro, RJ – República Federativa do Brasil
Tel.: (21) 2585-2060   Fax: (21) 2585-2086
Printed in Brazil / Impresso no Brasil

Atendemos pelo Reembolso Postal

ISBN 85-03-00833-5

Capa: LUCIANA MELLO E MONIKA MAYER
Diagramação: DILMO MILHEIROS

CIP-Brasil. Catalogação-na-fonte
Sindicato Nacional dos Editores de Livros, RJ

E22   Economia do conhecimento, crescimento e inclusão social /
        João Paulo dos Reis Velloso, coordenador ; Luiz Inácio Lula da
        Silva... [et al.]. – Rio de Janeiro : José Olympio, 2004

        Trabalhos apresentados no XVI Fórum Nacional : economia do
        conhecimento, crescimento sustentado e inclusão social
        ISBN 85-03-00833-5

        1. Crescimento econômico – Brasil. 2. Capital humano.
        3. Educação – Aspectos econômicos – Brasil. 4. Brasil – Condições
        econômicas. 5. Brasil – Condições sociais.
        I. Velloso, João Paulo dos Reis, 1931-.

04-2125.   CDD 338.981
                                      CDU 338.121 (81)

SUMÁRIO

Introdução: Economia do conhecimento, crescimento sustentado
e inclusão social: os pontos básicos do XVI Fórum Nacional   9
(*João Paulo dos Reis Velloso*)

PRIMEIRA PARTE
ECONOMIA DO CONHECIMENTO, CRESCIMENTO E INCLUSÃO SOCIAL

Economia do conhecimento, crescimento e inclusão social:
a estratégia global de desenvolvimento do Brasil   65
Luiz Inácio Lula da Silva

SEGUNDA PARTE
EVOLUINDO PARA O CRESCIMENTO SUSTENTADO

Estabilidade e crescimento   79
Affonso Celso Pastore e Maria Cristina Pinotti

Cortar gastos correntes é a solução   105
Raul Velloso

A nova agenda do crescimento sustentado: comentários   135
Armando Monteiro Neto

Desenvolvimento a partir do trabalho: uma política
necessária à sustentabilidade   141
João Antonio Felício

Prioridade para o mercado interno: comentário   155
João Carlos Gonçalves

TERCEIRA PARTE
NOVA POLÍTICA INDUSTRIAL E GRANDES SUPERÁVITS DE COMÉRCIO

Nova política industrial e grandes superávits estruturais
na balança comercial   163
Luiz Fernando Furlan

Petrobras: presente e futuro   173
José Eduardo Dutra

Inovação, via internacionalização, faz bem para
as exportações brasileiras   185
Glauco Arbix, Mario Sergio Salerno e João Alberto De Negri

Bases de um programa de eliminação das barreiras internas
às exportações brasileiras   225
Benedicto Fonseca Moreira

Uma política industrial e tecnológica voltada para
o potencial das empresas   345
Antonio Barros de Castro e Jorge De Paula Costa Ávila

O mercado internacional e as estratégias de crescimento no Brasil   377
Cláudio R. Frischtak

Como converter conhecimento em riqueza: uma visão empresarial   429
Eugênio Staub

QUARTA PARTE
O CRESCIMENTO PRECISA DO MERCADO DE CAPITAIS

Mercado de capitais e financiamento do investimento privado   437
Carlos Antonio Rocca

Importância do mercado de capitais para o desenvolvimento
econômico sustentado   487
Jorge Mattoso

O Banco do Nordeste e o mercado de capitais   495
Roberto Smith

O mercado de capitais brasileiro e o desenvolvimento recente   505
do mercado secundário
Luiz Chrysostomo de Oliveira Filho

A vez do mercado imobiliário: por que não?   521
Márcio Fortes

QUINTA PARTE
ECONOMIA DO CONHECIMENTO, CRESCIMENTO E INCLUSÃO SOCIAL: NOVAS DIMENSÕES DA AGENDA DE DESENVOLVIMENTO

O governo Lula e a inclusão social   527
Patrus Ananias

Políticas de distribuição e conhecimento   537
Vinod Thomas

Crescimento sustentado e política de emprego   569
Cláudio Salm

Ambientes favoráveis às micro e pequenas empresas
e inclusão social   585
Silvano Gianni

Acesso ao microcrédito e geração de emprego e renda   599
Ivan Gonçalves Ribeiro Guimarães

Parcerias em projetos bem-sucedidos de inclusão social   607
André Spitz, Gleyse Maria Couto Peiter e Marcos Roberto Carmona

Sociedade do conhecimento e inclusão social: algumas idéias   629
Lúcia Vânia

Crescimento e inclusão social: um comentário   635
Carlos Mariani Bittencourt

Jovens em risco: uma resposta simples para um problema difícil   641
Rubem César Fernandes

Inclusão social: o papel da Ação Comunitária do Brasil   651
Marília Pastuk

Inclusão digital, sim, mas sustentável   657
Rodrigo Baggio

SEXTA PARTE

UM PODER JUDICIÁRIO MODERNO PARA O BRASIL

A reforma do Judiciário no Senado Federal   665
José Jorge

Os obstáculos à reforma do Poder Judiciário   673
José Eduardo Cardozo

A reforma do Judiciário: um depoimento   681
Cláudio Baldino Maciel

A crise da Justiça brasileira   689
Roberto Antonio Busato

Os gargalos do processo jurisdicional   699
Sérgio Quintella

Modernização do Judiciário: mitos e falsas soluções   715
Armando Castelar Pinheiro

O controle externo do Judiciário: comentário   731
Célio Borja

Idéias para a modernização do Poder Judiciário   735
Márcio Thomaz Bastos

Por um Judiciário comprometido com o desenvolvimento do país   745
Nelson Jobim

INTRODUÇÃO

Economia do conhecimento, crescimento sustentado e inclusão social: os pontos básicos do XVI Fórum Nacional

João Paulo dos Reis Velloso[*]

---

[*] Coordenador-geral do Fórum Nacional (Inae), presidente do Ibmec – Mercado de Capitais, professor da EPGE (FGV). Ex-ministro do Planejamento.

O FÓRUM NACIONAL já discutiu, em sessões anteriores, tanto a economia do conhecimento (2002), como o crescimento sustentado (nos últimos seis a sete anos) e a inclusão social (como parte da questão social desde sua criação, em 1988). Lembrando: a economia do conhecimento, no conceito utilizado pelo Fórum, tem duas dimensões. A primeira é levar o conhecimento, sob todas as formas, a todos os setores da economia, inclusive à agricultura; a segunda é levar o conhecimento a todos os segmentos da sociedade, inclusive aos de renda baixa.

Em 2004, decidiu-se considerar os três temas de forma integrada. Porque inúmeras são as suas interligações e superposições. E novas percepções surgem quando são considerados em conjunto.

Destaque especial, nesse contexto, merece a sessão de abertura, constituída pelo pronunciamento inaugural do presidente Luiz Inácio Lula da Silva, e a sessão de encerramento (sobre reforma do Judiciário), em que sobressaiu o pronunciamento do novo presidente do Supremo Tribunal Federal, ministro Nelson Jobim.

No tocante aos painéis, é útil assinalar que os três primeiros (sobre Políticas macroeconômicas; Política industrial e grandes superávits comerciais; e Novos mecanismos do mercado de capitais para o crescimento) se voltaram, sob diferentes ângulos, para a questão do crescimento sustentado. Os dois seguintes (sobre Novo modelo de educação, e Emprego e inclusão social) ligaram-se de maneira mais direta à economia do conhecimento e à inclusão social (claro, a educação é básica, também, para o crescimento).

Antes de chegar ao objetivo principal desta introdução – os pontos básicos do Fórum de maio –, cabe referir duas homenagens prestadas este ano: aos 50 anos da Petrobras e aos 100 anos da Previ (Fundo de Previdência dos Funcionários do Banco do Brasil), duas entidades muito ligadas à nossa instituição.

A seguir, os pontos básicos.

PRESIDENTE LULA: UMA ESTRATÉGIA GLOBAL DE DESENVOLVIMENTO PARA O BRASIL

Em seu importante pronunciamento inaugural, o presidente Lula começou salientando o acerto do XVI Fórum Nacional em tratar os temas da economia do conhecimento, crescimento sustentado e inclusão social de forma integrada. Por isso, o governo levará essas idéias em consideração, dentro do seu objetivo de "proporcionar ao país um novo ciclo histórico de crescimento sustentado, do qual a inclusão social seja ao mesmo tempo motor e resultado."

Observou, em seguida, que, em sua manifestação, havia feito a opção de apresentar uma estratégia global de desenvolvimento econômico e social para o Brasil, sem se deter em aspectos conjunturais.

Em seguida, desenvolveu quatro pontos básicos.

O primeiro foi que o país tem agenda clara, tem projeto, expresso numa verdadeira estratégia nacional de desenvolvimento, buscando sempre o caminho das soluções estruturais. Em suas palavras: "Afinal, não queremos uma economia para um mandato, queremos uma economia para um país, e isso só será feito com muita seriedade."

Daí ter-se adotado a orientação de política econômica seguida o ano passado, destinada a "superar a grave crise econômica e colocar novamente o país nos trilhos. Tratava-se, antes de mais nada, de recuperar a estabilidade, reduzir a vulnerabilidade e instaurar um clima de confiança do Brasil em si mesmo e do mundo em nosso país" (primeiro passo da estratégia).

O passo seguinte (neste ano), consiste em – zelando "pela estabilidade reconquistada" – retomar o crescimento doméstico simultaneamente com o esforço de continuar aumentando as exportações (que acabavam de alcançar o nível recorde de US$ 80 bilhões em 12 meses). E agora nos estamos voltando para "as questões vitais das políticas de desenvolvimento e inclusão social". "Neste particular, quero dizer que a economia do conhecimento, que é cada vez mais a economia do século XXI, só será apropriada por países como o Brasil se esforços vigorosos e obstinados forem feitos nessa direção."

O governo deu prioridade, desde o ano passado, a uma agenda de "reformas institucionais e econômico-sociais, na área da previdência, dos regimes tributário e trabalhista, do sistema fundiário, com reforma agrária de qualidade, e do sistema político."

Nesse sentido, a primeira etapa já foi cumprida, com a aprovação, pelo Congresso Nacional, da reforma da previdência e da reforma tributária.

Quanto a esta última, na fase inicial não foi possível fazer uma redução imediata dos impostos, nem se poderia fazê-lo, "sob pena de grave irresponsabilidade". A razão básica é que os desequilíbrios acumulados ao longo de muitos anos nas contas públicas "levaram o país a contrair uma elevada dívida." "Dívida que foi e continuará a ser honrada pelo nosso governo, ao mesmo tempo em que fazemos o máximo esforço para reduzir, paulatinamente, o seu peso em relação ao Produto Interno Bruto" (PIB).

Definiu, então, o presidente: "Apesar das notórias dificuldades orçamentárias que herdei, não houve nem haverá aumento de carga tributária no meu governo. Meu compromisso é mesmo o de reduzi-la, na medida em que o crescimento da economia e o saneamento das finanças públicas forem criando condições para isso".

Complementando as reformas, continuou, "encaminhamos ao Congresso Nacional um conjunto coerente e consistente de medidas com o propósito de assegurar as condições institucionais e o ambiente favorável à expansão dos investimentos."

Tais medidas incluem "a consolidação das agências reguladoras, o novo marco regulatório da área de saneamento, a Lei de Falências e a Lei do Mercado Imobiliário."

O segundo ponto básico do pronunciamento inaugural foi a verificação de que um "país tão complexo como o Brasil, que tem pesquisas de ponta em várias áreas e empresas com capacidade de desenvolver tecnologias inovadoras, tem que dispor de um plano de desenvolvimento." "Este plano tem diferentes aspectos voltados para impulsionar o aumento do investimento privado e público, tanto em infra-estrutura física e logística quanto em infra-estrutura de conhecimento e de inovação."

No tocante à primeira área, tornou-se indispensável "buscar uma regulação adequada e Parcerias Público-Privadas (PPPs) que encarem os novos desafios." "As regras de parceria público-privada encontram-se no Congresso Nacional", que, sem dúvida, com a "diligência e o espírito público" que repetidamente tem demonstrado, deverá aprová-las.

"Com isso, os recursos do Estado brasileiro para financiar o desenvolvimento poderão ser muito potencializados, em associação com o capital privado, tanto nacional como estrangeiro."

No tocante à infra-estrutura do conhecimento, passo fundamental foi dado com a definição, em 31 de março, das diretrizes da nova Política Industrial, Tecnológica e do Comércio Exterior. O objetivo é "dar um salto em termos de competitividade internacional." "É para isso que estamos trabalhando, elegendo prioridades, motivando talentos, provendo recursos a taxas adequadas".

"O país conseguiu fazer isso [salto de competitividade] na agricultura e em algumas ilhas de excelência, mas agora chegou a hora de dar corajosamente um passo maior, capaz de impulsionar a indústria brasileira e nossa rede de serviços. A economia do conhecimento se move nesta direção e deste movimento não podemos nos apartar. É por isso que *estamos apostando na inovação* como, talvez, nunca se tenha apostado" (grifos nossos).

E as prioridades estratégicas definidas, como se sabe, foram as áreas-chave de fármacos e medicamentos, microeletrônica, *software* e bens de capital, com o objetivo, inclusive, de nelas nos tornarmos importantes exportadores. Elas constituem, em geral, oportunidades perdidas até agora. "Por que isso acontece? Porque essas áreas são baseadas no maior fenômeno de nossos tempos, que se chama propriedade intelectual." É preciso, sobretudo, "agarrar firmemente a capacidade de gerar conhecimento, patentes, melhoria de processos e gestão. O resultado disso é a capacidade de criar propriedade intelectual, *design*, marcas de alto valor agregado."

Programas de fomento nas áreas de bens de capital, *software* e fármacos já estão sendo implementados pelo BNDES. Quanto à estrutura de ciência e tecnologia, foi enviado ao Congresso o projeto da nova Lei de Inovação. E estão sendo tomadas medidas para racionalizar o uso dos recursos dos Fundos Tecnológicos Setoriais.

O último ponto salientado pelo presidente disse respeito à educação – "alicerce indispensável de qualquer política de desenvolvimento sustentado."

Ressaltou ele que o "Brasil avançou muito, nas últimas décadas, no sentido de universalizar o acesso à escola fundamental." O "grande desafio, hoje, é elevar a qualidade do ensino fundamental e médio." "Estou absolutamente convencido de que na melhoria do ensino, desde a base, reside o grande fator de inclusão social e desenvolvimento."

E acrescentou: "Estamos preparando a proposta de uma autêntica reforma universitária, que fortaleça a nossa produção e socialização do conhecimento superior. E vamos ampliar o acesso dos carentes à universidade, com o programa Universidade para Todos."

REFORMA DO JUDICIÁRIO – INDISPENSÁVEL AO CRESCIMENTO SUSTENTADO, À INCLUSÃO SOCIAL E À EVOLUÇÃO PARA A ECONOMIA DO CONHECIMENTO

Complemento natural da Estratégia Global de Desenvolvimento definida pelo presidente Lula foi a sessão de encerramento, voltada para a reforma do Judiciário.

Esse tema tem sido uma das prioridades da agenda do Fórum desde 1996. No VIII Fórum Nacional, realizado em maio daquele ano, o então presidente do Supremo Tribunal Federal, ministro Sepúlveda Pertence, falou na sessão de abertura sobre a "Modernização do Poder Judiciário". E o painel III teve como tema "Justiça e Sociedade Moderna". Isso, bem antes que o assunto passasse a figurar, com destaque, na agenda nacional.

Na sessão de encerramento, este ano, a primeira parte da mesa-redonda discutiu a reforma do Judiciário através do Projeto de Emenda à Constituição, em curso no Congresso Nacional.

Inicialmente, o senador José Jorge, relator do projeto (PEC n° 29, de 2000) na Comissão de Constituição, Justiça e Cidadania (CCJC) do Senado Federal, assinalou que essa emenda, embora tratando apenas das matérias que envolvem mudança constitucional, constitui "um passo decisivo" no sentido de dotar o país "de um sistema judiciário moderno, capaz de atender às necessidades de nossa sociedade."

Os principais avanços contidos no texto aprovado na comissão foram a súmula vinculante, que permite ao Supremo Tribunal Federal (STF), "após reiteradas decisões sobre a matéria, aprovar súmula que terá efeito vinculante em relação aos demais órgãos do Poder Judiciário e à administração pública direta e indireta, nas esferas federal, estadual e municipal"[*]; a

---

[*] Em relação ao Superior Tribunal de Justiça (STJ) e ao Tribunal Superior do Trabalho (TST), haverá a "súmula impeditiva de recursos".

criação do Conselho Nacional de Justiça, órgão de controle externo (incluindo representantes da sociedade civil), ao qual caberá o "controle da atuação administrativa e financeira do Poder Judiciário e do cumprimento dos deveres funcionais dos juízes"*; e a "aprovação de dispositivos que asseguram a autonomia funcional e administrativa, bem como a iniciativa de apresentação de proposta orçamentária, para as defensorias públicas da União, dos estados e do Distrito Federal, medida que reverterá em benefício dos cidadãos menos favorecidos."

O projeto vai agora ao plenário do Senado, na forma de dois textos substitutivos: um corresponde ao parecer aprovado pela CCJ (coincidente, em muitos pontos, com o texto aprovado pela Câmara dos Deputados); e o outro é o próprio texto que veio da Câmara. O plenário optará por uma das duas formulações.

Em seguida, o deputado José Eduardo Cardozo, presidente da Comissão de Reforma do Judiciário da Câmara, concentrou seu pronunciamento na seguinte idéia: o grande obstáculo à aprovação, no Brasil, de uma autêntica e ampla reforma do Judiciário é o fato de que a grande maioria da sociedade sente os efeitos do mau funcionamento da Justiça mas não participa da discussão sobre a sua reforma, e, pois, não está motivada a pressionar os legisladores no sentido de aprová-la. Isso acontece seja pelo caráter técnico da matéria, seja pela linguagem característica do mundo do direito. "Todos os debates, habitualmente, se concentram dentre os denominados 'operadores do direito' (juízes, promotores de justiça, advogados, professores de direito, delegados de polícia, estudantes etc.)."

Em conseqüência, "em geral, todas as discussões em torno da reforma do Poder Judiciário são marcadas por um forte espírito corporativo das carreiras que gravitam em torno do nosso sistema de prestação jurisdicional." "Pensa-se mais na carreira, na própria função, do que na sociedade."

O resultado é o que se sabe: choque entre as grandes corporações e ausência de pressão social efetiva.

A superação de tal obstáculo fundamental só virá se, de um lado, houver a "tradução" do debate para uma linguagem acessível à sociedade em geral. E, de outro lado, se for aberta "de imediato uma ampla discussão com cidadãos, entidades não governamentais, autoridades públicas, cen-

---

* Para o Ministério Público, haverá o Conselho Nacional do Ministério Público, com idêntica função.

trais sindicais, movimentos populares, partidos políticos e demais forças vivas da sociedade, na busca do consenso ou da afirmação democrática de propostas que possam trazer legitimidade, transparência, controle social, inclusão, racionalidade e eficiência a todo o sistema de prestação jurisdicional do Estado brasileiro. Somente assim esta reforma poderá passar finalmente do plano das conjecturas, das teses e dos projetos, ou ainda das pequenas alterações pontuais, para o plano de uma verdadeira transformação."

O ministro (aposentado) Célio Borja, do STF, apresentou breve comentário, sobre os riscos de se ter advogados e membros do Ministério Público no órgão de controle externo do Judiciário; e de se ter a súmula vinculante, para o STF, "sem uma doutrina do precedente [como na Inglaterra e nos Estados Unidos] e sem repertórios jurisprudenciais e regimes de indexação claros e confiáveis".

Na segunda parte da mesa-redonda, a discussão se ampliou para considerar todas as dimensões da reforma do Judiciário.

O desembargador Cláudio Baldino Maciel, presidente da Associação dos Magistrados Brasileiros (AMB) disse entender que o Poder Judiciário, no Brasil, "tem uma boa estrutura, um bom perfil constitucional." Mas "atravessa uma crise de funcionalidade". De forma que, embora "a Constituição Federal possa e deva ser modificada para que se melhore, se aprimore o perfil constitucional do Poder Judiciário", "os problemas por ele apresentados (...) não estão postos exatamente na questão constitucional, estão postos em outros aspectos."

No seu entender, tal crise de funcionalidade decorre de termos uma cultura jurídica ritualística ("resquícios, ainda, de uma herança ibérica cartorial"), com amor exagerado pela formalidade e que "busca muito mais do que uma solução útil, uma solução ideal". E "hoje nós temos uma sociedade dinâmica que exige soluções úteis e a tempo."

Em conseqüência do citado fator, "as decisões judiciais são proferidas muito mais sobre aspectos processuais do que sobre aspectos de direito material." Ou seja, questões do mérito. E tal fato constitui uma "tremenda disfuncionalidade. É sobre essa disfuncionalidade que se deve tratar, antes de tudo, se quisermos, efetivamente, um Poder Judiciário mais ágil, mais eficiente, mais efetivo. Ou seja: é com a reformulação conceitual e doutrinária de nossos códigos de processo que principiaremos a simplificar e agilizar a tramitação e o julgamento dos litígios."

O presidente da AMB continuou sua argumentação citando o paradoxo de haver problemas sérios de acesso à Justiça e, ao mesmo tempo, tribunais e varas abarrotados de processos. Como hipótese de trabalho para explicar tal situação, colocou a idéia de estarmos lidando, "talvez na maior parte dos casos", com "falsos litígios". Que significa isso? Eu sei que não tenho razão, o meu adversário sabe que tem razão, o juiz logo percebe isso. Mas compensa, para mim, economicamente, ter o meu adversário recorrendo à Justiça, e que haja um processo sinuoso, complexo, de longa duração, para cansá-lo e obter um acordo vantajoso. "É um grande negócio dever em juízo".

Então, parece haver consenso sobre a necessidade de mudar as regras processuais, para transformar o processo em algo útil para a parte que tem direitos. Mas não conseguimos mudar, por haver poderosos interesses, de operadores do direito, opondo-se à mudança. Por isso, permanecemos com códigos de processo arcaicos. E assim permaneceremos enquanto tais interesses não forem identificados e enfrentados.

O pronunciamento seguinte foi do presidente do Conselho Federal da Ordem dos Advogados do Brasil, dr. Roberto Antonio Busato, que começou dizendo haver no país uma crise de justiça – justiça social e justiça institucional – o "Poder Judiciário não é acessível à maioria da população." E – não apenas no Brasil – "sua estrutura tornou-se anacrônica, disfuncional, inadequada às demandas da sociedade moderna." Esse anacronismo estrutural torna a Justiça brasileira "ineficaz, acessível apenas aos mais afortunados." Como exemplo, citou o fato de que, na Bahia, "as audiências dos Juizados Especiais estão designadas para o ano de 2007".

Passou, então, a enumerar as principais ações destinadas a "levar justiça ao povo".

Em primeiro lugar, "dotar o Poder Judiciário dos meios materiais básicos para que funcione."

Por outro lado, faz-se necessário enfrentar o problema da sobrecarga resultante de nossa legislação processual. "São indispensáveis mudanças urgentes nas codificações processuais, onde é rotina, numa mesma causa, haver inúmeros agravos de instrumento e recursos aos tribunais superiores."

A terceira linha de ação parte da idéia de que o "Judiciário não é apenas problema do Judiciário". Considere-se, por exemplo, o problema da preparação das próximas gerações de operadores do sistema Judiciário:

hoje é necessário recrutar juízes, advogados e funcionários em faculdades e escolas cujo ensino é de qualidade inferior. Esta aí outra "prioridade das prioridades", e fora do âmbito do Poder Judiciário: no último triênio, a OAB foi favorável à criação de 19 cursos jurídicos. O Conselho Federal de Educação autorizou, no mesmo período, a criação de 222 cursos. Mais recentemente, o ministro Tarso Genro, da Educação, suspendeu por 100 dias a homologação de qualquer processo de abertura de novos cursos de direito, e mandou promover rigorosa fiscalização nos cursos já em funcionamento.

A quarta providência a adotar refere-se ao controle externo do Judiciário, a exemplo do que fazem os países da União Européia – controle como forma de racionalizar o exercício da gestão do Poder Judiciário. Isso faz sentido inclusive por já existir controle externo para o Legislativo e o Executivo – a opinião pública, principalmente através das eleições.

Veio a seguir o conselheiro Sérgio Quintella (do Tribunal de Contas do Estado do Rio), que se concentrou na questão da morosidade, a seu ver o "problema maior da Justiça."

A síntese de sua colocação (citando entrevista do ministro Vantuil Abdala) foi feita nos seguintes termos: "Na realidade, o fundamental é a mudança dos códigos de processo, dos procedimentos em todos os ramos do Poder Judiciário. Se não houver uma diminuição no número de recursos, uma maior racionalização, de nada adiantará qualquer alteração na estrutura dos órgãos judiciais. *Atualmente, há a possibilidade de interposição de oito, dez, doze recursos durante a fase de conhecimento do processo. Posteriormente, o mesmo número de recursos poderá ser intentado na fase de execução*" (grifos nossos).

Segundo expôs, em gráfico, de forma dramática, todo processo, no Brasil, são dois processos (o de conhecimento e o de execução). Dois processos (kafkianos) ou dois labirintos, como se preferir denominá-los.

Neste sumário, optamos por apresentar, na íntegra, a sua síntese dos tópicos abordados:

"1 – A reforma do Judiciário, conforme posta na PEC 96/92-Câmara dos Deputados, em trâmite no Senado Federal como PEC 29/00, deve ter sua tramitação concluída, uma vez que insere significativas modificações no Poder Judiciário;

2 – A reforma do Judiciário visada pela PEC 96/92 ou 29/00 não tem

elementos necessários para produzir efeitos sobre os trâmites processuais, ao ponto de otimizar a prestação jurisdicional;

3 – É necessário que, par a par com a reforma do Judiciário através de emenda constitucional, seja feita uma reforma na legislação infraconstitucional, visando o aprimoramento dos Códigos de Processo;

4 – Como itens de discussão, destacamos, dentre tantas, as seguintes proposições de mudanças processuais: súmula vinculante – já constante da PEC; súmula impeditiva de recurso – já constante da PEC; adoção da mediação em relação aos direitos disponíveis; alterações no processo de execução (cumulatividade da sentença constitutiva com a de Execução); alterações no sistema recursal (extinção do duplo grau de jurisdição obrigatório; redução dos recursos disponíveis; barreiras de acesso aos tribunais superiores – STJ, STF, TRT –; modificação dos efeiticação dos efeitos dos rec3o nos procedimentos da liquidação da sentença; alterações nas regras referentes ao cumprimento da sentença; substituição dos precatórios por títulos sentenciais, a serem expedidos após o término de uma ação vitoriosa contra o Estado; reavaliação geral e constante de todas as regras de processo."

Armando Castelar Pinheiro (do Ipea), concentrou sua intervenção nos três pontos que considera mais importantes para a modernização do Judiciário.

Primeiro, a modernização da gestão: de um lado, maior uso da informatização (alguns tribunais e comarcas já avançaram nesse sentido, mas é preciso fazê-lo nacionalmente), maior uso de métodos modernos de gestão de pessoal, maior esforço de criação de quadros de gestores profissionais; de outro, adoção de sistema de indicadores de desempenho como critério para promoção na carreira, "em substituição à simples contagem do tempo no cargo". "Essa é uma idéia que conta com amplo apoio da magistratura brasileira".

Nesse tema, é de grande importância o papel a ser desempenhado pelo Conselho Nacional de Justiça, de forma a ser empreendido um programa de modernização dos métodos de gestão do Judiciário, nacionalmente.

O segundo ponto foi a necessidade de "uma ampla revisão da legislação." Cabe destacar, nesse tema, a reforma dos códigos de processo (apoiada por 80% dos magistrados). Outro aspecto diz respeito à importância de eliminar "as ambigüidades e mesmo inconsistências contidas na legislação substantiva."

O último ponto refere-se à importância da modernização da cultura dos operadores do direito, principalmente quanto a dois aspectos. De um lado, a idéia (aceita pela maioria dos magistrados brasileiros) de que "é seu papel produzir o direito, em lugar de aplicar o direito produzido pelos legisladores". O que se coloca, aqui, é que decisões "judiciais baseadas em detalhes processuais e o uso freqüente de liminares levam à falta de previsibilidade da Justiça, para o que também contribui a má qualidade da legislação, cheia de ambigüidades e contradições. Esses dois fatores interagem com a grande latitude que têm os magistrados no Brasil para decidir sem ater-se à jurisprudência. O juiz pode decidir conforme a sua consciência, deixando para escolher depois que legislação melhor apóia sua decisão."

De outro lado, a questão da "politização do Judiciário", principalmente no sentido da "preferência do magistrado por promover a 'justiça social' às expensas de garantir o cumprimento dos contratos" (forma de atuação apoiada por 73% dos magistrados brasileiros). A conseqüência é que "os contratos se tornam mais incertos, pois podem ou não ser respeitados pelos magistrados". "Isso significa que as transações econômicas ficam mais arriscadas" e se coloca a dúvida sobre a estabilidade das regras do jogo na economia.

A observação final de Castelar Pinheiro foi no sentido de que a "dificuldade em avançar com a modernização é política, não técnica: os grupos que ganham com o *status quo* são bem organizados e muito influentes; os que têm a ganhar com a modernização são completamente desorganizados." "Neste sentido, é um equívoco restringir o debate sobre a modernização do Judiciário quase que exclusivamente aos operadores do direito, sem se ouvir os demais representantes da sociedade civil, como tem ocorrido até aqui." "*A modernização começa por entender que o Judiciário não interessa apenas aos operadores do direito*" (grifos nossos).

No encerramento da sessão, o ministro da Justiça, Márcio Thomaz Bastos, destacou, inicialmente, que o governo federal definiu a "reforma do Poder Judiciário como uma das suas prioridades por entender que a consolidação e o fortalecimento de nossa democracia passa pela modernização desse poder". E, nesse sentido, os desafios principais a enfrentar são a "ampliação do acesso à Justiça e a melhoria da qualidade dos serviços prestados pelo Judiciário".

No seu entender, a verdadeira reforma do Judiciário compreende três blocos de ações: modernização da gestão (sem necessidade de mudança de legislação), reforma da legislação infraconstitucional e reforma constitucional propriamente dita.

A modernização da gestão significa, em particular, incorporação de novas tecnologias de informação, desburocratização, padronização de procedimentos racionais, simplificação de sistemas operacionais, capacitação de pessoal, apoio a projetos de financiamento para a modernização. O objetivo, claro, é tornar o Judiciário "mais eficiente e ágil".

Dentro dessa preocupação, está-se procedendo a uma revisão da postura do Executivo (União, estados e municípios) em relação ao Poder Judiciário. "O governo é o maior cliente do Poder Judiciário – algo em torno de 80% dos processos e recursos que tramitam nos tribunais superiores tratam de interesses do governo, seja ele federal, estadual ou municipal."

Daí a importância de uma nova postura do Executivo em relação ao Judiciário, assunto que, pela sua complexidade, está sendo colocado em amplo debate. A idéia é adotar medidas que inibam ações judiciais inúteis. "Neste sentido, a possibilidade legal de expedição de súmulas administrativas por parte da Advocacia Geral da União para orientar a atuação dos advogados públicos deve ser explorada, com o objetivo de trazer benefício à Fazenda Pública e mais racionalidade à sua atuação em juízo".

O segundo bloco de ações refere-se à reformulação da legislação processual civil e penal "visando sempre à simplificação dos procedimentos."

Nesse contexto, os principais projetos em elaboração no Ministério da Justiça são: mediação (objetivo: solucionar conflitos de maneira alternativa); execução civil de títulos judiciais (extinção da liquidação e execução civil por títulos judiciais como processos autônomos e sua incorporação ao processo de conhecimento); execução civil de títulos extrajudiciais (inversão da lógica de execução de títulos extrajudiciais, valorizando a adjudicação de bens em detrimento da hasta pública, que passa a ser a última hipótese de execução); execução contra a fazenda pública (simplificação do seu rito e adequação do Código de Processo Civil às normas expedidas pelo Conselho de Justiça Federal, para que passem a vigorar também em relação aos processos contra estados e municípios); sistema recursal (alteração da sistemática recursal dos códigos de Processo Civil e de Processo Penal, simplificando os procedimentos e conferindo racionalidade ao sistema).

Quanto ao último bloco de ações, trata-se de apoiar a reforma constitucional do Poder Judiciário, em tramitação no Congresso, "mesmo sabendo de suas limitações".

Nesse contexto, são cinco os pontos prioritários definidos no âmbito da Secretaria da Reforma do Judiciário (do Ministério da Justiça): Conselho Nacional de Justiça e Conselho Nacional do Ministério Público (os dois órgãos de controle externo); unificação dos critérios para ingresso nas carreiras do Poder Judiciário e do Ministério Público (com a unificação, exige-se do bacharel em direito que tenha experiência mínima de três anos em atividades jurídicas); quarentena para membros do Poder Judiciário e do Ministério Público (vedação do exercício da advocacia por três anos, para os que se tenham afastado de sua atividade); federalização dos crimes contra Direitos Humanos (necessária para que o Poder Judiciário Federal e o Ministério Público Federal possam processar e julgar tais delitos, que importam em violação de tratados na esfera internacional); autonomia das Defensorias Públicas (concessão de autonomia funcional, administrativa e de iniciativa de proposta orçamentária, para que se torne efetiva a capacidade das Defensorias Públicas de prestar assistência jurídica integral e gratuita à população de baixa renda).

A palavra final do ministro foi sobre a necessidade de compreender-se que a "reforma (do Judiciário) *possui um sentido de processo* (grifos nossos), com várias etapas a serem vencidas, implica em mudança de procedimentos, traz alteração profunda de cultura e mentalidades, enfrenta resistências de toda ordem, o que, obviamente, demanda tempo para amadurecimento e implantação".

O último pronunciamento foi do ministro Nelson Jobim (STF), novo presidente do Supremo Tribunal Federal (STF), que colocou a importância de ter-se um Poder Judiciário que atenda a três requisitos básicos: acessibilidade a todos, previsibilidade de suas decisões e decisões tomadas em tempo social e economicamente tolerável.

Para isso, como disse, o objetivo da discussão sobre reforma do Judiciário deve ser "acertar o futuro" (e não "retaliar o passado", pois assim não "vamos chegar a lugar nenhum"). E dentro de um enfoque de "fazer coisas que funcionem".

Em primeiro lugar, o ministro tratou das questões relacionadas com "um problema de oferta de decisões, ou seja, a capacidade que tem o sistema judiciário brasileiro em ofertar decisões".

Quanto a esse lado, colocou a questão básica de saber se queremos continuar com o sistema atual, que faz com que "hoje tenhamos quatro graus de jurisdição" (juiz de primeiro grau, tribunais regionais, Superior Tribunal de Justiça e ainda o Supremo Tribunal Federal).

Ou se queremos "voltar à memória republicana de fortalecer o juízo dos estados, ou seja, o juízo de primeiro grau e o Tribunal de Justiça, respeitado o sistema recursal". Nesse caso, os tribunais superiores devem "retornar à sua veia comum, ou seja, de tribunais da federação, para assegurar que a chamada previsibilidade, possa se verificar em qualquer estado da federação".

Associado a essa questão fundamental está o problema, de grande importância prática, de reforma e simplificação do sistema recursal. Em 1974, "o eminente professor Alfredo Buzaid separa o processo de conhecimento do processo de execução, e deu no que deu!"

Segundo salientou, trata-se de fazer coisas que afetam interesses, e, em particular, "mexem na estrutura da advocacia brasileira". Então, para fazer coisas que funcionem, "têm que sentar à mesa o advogado, o juiz e o promotor, e depois a correção formal que passe pelos eminentes processualistas...".

Veio a seguir a questão gerencial, em que se deve partir da constatação de existirem hoje "27 ilhas de soberania" (os tribunais de justiça nos estados e todas as ramificações do Judiciário, nas diversas especializações). "Aí o que se passa? Nenhum fala com o outro, ou seja, cada um estrutura suas formas de ação dentro de uma concepção de satisfação de ilhas...", sem gerenciamento nacional.

Daí a importância da "funcionalidade que venha a se dar a esse Conselho Nacional de Justiça" (afastando "essa discussão de ser controle interno, controle externo"). "O que nós precisamos falar é quanto à possibilidade de termos uma formulação de uma política estratégica nacional do Poder Judiciário, respeitadas, evidentemente, as idiossincrasias regionais e as questões claramente regionais."

No tocante ao lado da demanda por decisões, o ministro referiu algumas questões mais relevantes: a quem interessam as "chamadas demandas de massa", "essas demandas que são repetitivas e caracterizam as relações jurídicas chamadas transindividuais ou difusas"; a forma adequada de "caminhar para otimizar os meios alternativos da composição de conflitos" (exemplo: arbitragem); "a questão difícil de resolver: os precatórios judiciais."

O novo presidente do STF concluiu formulando um apelo (que viria a repetir em seu discurso de posse, no dia 4 de junho): "...se nós pudermos debater essas questões dispostos ao enfrentamento dos problemas a partir de um pressuposto [compromisso com resultados], muito bem. Não podemos é sentar à mesa para retaliarmos entre nós e afirmarmos quem tem razão; precisamos, isto sim, fazer um grande entendimento e um ajuste de contas do Brasil com o seu futuro, na perspectiva do Poder Judiciário como um parceiro dos demais poderes no desenvolvimento do país, porque não se criou um Poder Judiciário, não se criou Poder Legislativo e nem Poder Executivo para satisfazer a seus integrantes ou à biografia dos seus integrantes, fez-se, isto sim, para dar resultados à nação, e a quem mais? Ao povo! E o que ele anseia é exatamente isso, ou seja, processo de desenvolvimento que venha lhe dar condições de sobrevida e melhoria do futuro."

POLÍTICAS MACROECONÔMICAS: NOVAS PERCEPÇÕES SOBRE A EVOLUÇÃO PARA O CRESCIMENTO SUSTENTADO

O painel I, sobre Políticas macroeconômicas, revelou novas percepções sobre a questão de evoluir para o crescimento sustentado.

A primeira apresentação, de Affonso Celso Pastore[*], começou pela constatação de que há "uma clara perda de dinamismo no crescimento econômico brasileiro" da década de 1980 para cá. Assim, entre 1970 e 1980 a taxa de crescimento do PIB foi de 7,9% ao ano. Entre 1981 e 1994, houve uma queda para 2,2% a.a. E entre 1995 e 2003 um declínio para um pouco menos de 2% a.a.

Para explicar essa perda de dinamismo, o primeiro fator identificado por Pastore foi uma queda da taxa de investimento (ou seja, a relação entre investimento e PIB). "Entre 1974 e 1981, a formação bruta de capital fixo flutuava entre 22% e 24% do PIB, porém ela declinou para o intervalo entre 19% e 20% do PIB de 1990 em diante. Esta taxa caiu ainda mais nos últimos anos." E mais: "Do final de 2000 em diante, não somente os investimentos com relação ao PIB declinaram, como ocorreu um declínio nos níveis absolutos dos investimentos em termos reais".

No seu entender, esses "dados são intrigantes".

---

[*] Baseada no *paper* "Estabilidade e crescimento", de Affonso Celso Pastore e Maria Cristina Pinotti.

"Primeiro, com o controle da inflação obtido após a reforma monetária de 1994 (Plano Real), esperava-se que a taxa de crescimento do PIB pudesse elevar-se, dado o estímulo à formação bruta de capital fixo decorrente da estabilidade macroeconômica. Porém, declinaram tanto as taxas de crescimento do PIB quanto a formação bruta de capital fixo em relação ao PIB. Mais intrigante ainda é o fato de que depois da adoção do regime de câmbio flutuante, com o qual o país deixou de ser alvo de ataques especulativos, adotou um regime fiscal responsável e beneficiou-se de incentivos às exportações devido ao câmbio real desvalorizado (ao lado da conseqüência desses fatores: taxas de juros mais baixos e menos voláteis), esse declínio se acentuou ainda mais, com os investimentos reais declinando em termos absolutos."

Em suma: "Câmbios mais depreciados e juros reais mais baixos deveriam ter estimulado o crescimento econômico relativamente aos níveis atingidos nos quatro anos anteriores, mas de fato o crescimento desacelerou-se ainda mais."

Parte da explicação está na carga tributária excessiva e, mais recentemente, em dúvidas quanto aos marcos regulatórios em alguns setores.

Como isso é insuficiente, a opção feita no trabalho apresentado foi de analisar mais profundamente, na política macroeconômica, alguns temas ligados à citada perda de dinamismo econômico.

Nesse sentido, três pontos fundamentais são considerados.

Em primeiro lugar, "além dos juros reais básicos altos, o país tem um grau muito baixo de intermediação financeira." Como ilustração: no Brasil, o estoque de crédito fica em torno de 30% do PIB, quando no Chile alcança 70% e na média dos países da OECD atinge 90% do PIB.

Há importantes conseqüências dessa anomalia. De um lado, o país fica prisioneiro do "pecado original", ou seja, incapacitado de financiar-se em sua própria moeda. Isso "obriga as empresas a recorrerem ao mercado financeiro internacional", "o que eleva os riscos".

De outro, "os *spreads* bancários tornam-se enormes, fazendo com que mesmo que a taxa Selic (taxa básica) fosse vigorosamente derrubada, ainda teríamos juros reais incompatíveis com o crescimento econômico acelerado". São conhecidas as razões desses *spreads* excessivos: tributação excessiva sobre a intermediação financeira; "deficiências institucionais e no campo jurídico, que impedem ou pelo menos retardam enormemente a execução de garantias"; e como conseqüência desses riscos de crédito, criação de "barreira à maior competição bancária, o que de um lado gera lucros mais elevados no sistema bancário, mas em contrapartida, gera também um grau maior de ineficiência econômica."

A conclusão é: "Atacar a redução de taxas de juros impõe mudanças tributárias; medidas que aprofundem a intermediação financeira, passando por uma reforma do código de processos judiciais no campo das execuções de garantias, além de uma Lei de Falências que proteja os fatores de produção; e de medidas que permitam o ressurgimento do financiamento imobiliário."

O segundo tema desenvolvido foi a ênfase no fato, cada vez mais relevante para o Brasil, de que o "aumento do tamanho do comércio (exportações mais importações) tem várias conseqüências benéficas para o crescimento econômico." De modo que o objetivo não deve ser apenas de expansão de exportações, que, claro, "estimulam o crescimento do PIB. Mas as importações de máquinas e equipamentos com um conteúdo tecnológico mais avançado também estimulam o crescimento, e não ocorrem, ou pelo menos ocorrem em menor escala, quando se busca apenas o crescimento dos superávits comerciais."

A esse respeito, foi assinalado "que com um grau de abertura maior a depreciação cambial altera favoravelmente os preços relativos dos bens internacionais, que neste caso são uma proporção maior do PIB." E, por isso, o PIB se expande mais. E há outro efeito: "Ao lado deste aumento da produção ocorre também uma contração no consumo dos bens internacionais, que são substituídos por bens domésticos". E aqui, novamente, como os bens internacionais passaram a ser uma parcela maior do PIB, "o efeito da contração de seu consumo é maior. A soma destes dois efeitos faz com que quando a economia é mais aberta, as contas correntes sejam mais sensíveis ao câmbio real, o que permite um câmbio real menos volátil." Em outras palavras: com menor variação cambial se pode fazer o necessário ajuste na conta corrente (por exemplo: evitar déficit em conta corrente não sustentável).

E não há por que temer a maior abertura. A liberalização cambial feita no Brasil nos anos 1990 trouxe problema (geração de enormes déficits em conta corrente, além do limite da sustentabilidade) pelo fato de termos tido um regime em que o câmbio pouco flutuava, entre 1994 e 1998. No "regime de câmbio flutuante, uma maior liberalização (de comércio) leva à depreciação da taxa cambial, que limita os déficits em contas correntes.

Não há, desta forma, razões para temer uma maior integração da economia brasileira nas correntes internacionais de comércio."

A verdade é que o Brasil, apesar da abertura feita, ainda é uma economia muito fechada. Tão fechada quanto a da Argentina e bem mais fechada que a do México. Para não falar, claro, dos modelos exportadores da Ásia (e mesmo do Japão) e do Chile. Temos que estudar as nossas opções e tomar decisões que signifiquem ampliação de comércio.

O terceiro tema aprofundado disse respeito à questão da dominância fiscal, nas atuais circunstâncias. O ponto básico foi colocado da seguinte forma: "Uma dívida líquida de 58% do PIB é muito alta para uma economia emergente como a brasileira. É alta não somente porque tem uma elevada proporção atrelada ao dólar, o que a faz dependente do câmbio real, como porque a taxa de crescimento econômico é baixa, fazendo com que ela decline lentamente. *Por isso, a percepção de riscos não é influenciada apenas pela política fiscal atual, mas por toda a seqüência de políticas fiscais futuras, que são incertas.*" (grifos nossos).

Esse quadro envolve principalmente duas situações de risco, como temos visto em anos recentes.

A primeira: "...sinais de que possa ocorrer um afrouxamento da política fiscal são suficientes para gerar uma profecia que se auto-realiza, conduzindo ao aumento dos prêmios de risco e à depreciação cambial, e ao aumento da relação dívida/PIB, fechando-se o círculo" (situação do segundo semestre de 2002).

A outra é que "temores sobre a não-sustentabilidade da dívida pública levam de um lado a uma maior depreciação cambial, elevando a inflação, ainda que o câmbio real estimule as exportações; e de outro lado, os juros reais (longos) mais elevados contraem a atividade econômica, desacelerando o crescimento." Temos, assim, "um canal através do qual as incertezas da política fiscal afetam o comportamento do PIB."

A apresentação seguinte, de Raul Velloso[*], procurou "discutir a crise fiscal do Brasil, com um olho nas perspectivas de crescimento da economia brasileira".

Pelo que dela se apreende, o drama fiscal brasileiro é, na encruzilhada atual, um triplo drama:

---

[*] Com base no *paper* "Cortar gastos correntes é a solução".

- O drama da dívida pública, muito alta, situando-se hoje na ordem de 57% do PIB e "quase integralmente pós-fixada à taxa de juros básica do Banco Central (a taxa Selic, ou *overnight*) e à taxa de câmbio". Isso significa ter "sua evolução altamente sensível a mudanças no quadro macroeconômico." E mais: a redução dessa relação dívida líquida/PIB passou a depender da geração de altos superávits primários do orçamento público (governo central, estados/municípios e empresas estatais)".
- O drama do orçamento federal (e dos estados/municípios), que se caracteriza por alto nível de receita e despesa, assim como por grande rigidez nos dois lados.
- O drama da contribuição do orçamento federal (e dos estados e municípios) ao desenvolvimento nacional, que passou a assumir caráter praticamente residual.

Pode-se ver, rapidamente, essas três faces do drama fiscal.

Quanto à dívida pública, houve, primeiro, uma escalada: de 1995 a 1998, a dívida passou de 30 para 42% do PIB; de 1999 a 2002, a relação dívida líquida/PIB aumentou de 42 para 56% do PIB.

Em resumo, nessa escalada, "na primeira fase predominaram os efeitos dos altos juros internos (basicamente para sustentar o regime de câmbio quase fixo da época) e dos resultados fiscais precários [superávit primário negativo]. Na segunda, foi a vez dos efeitos da taxa de câmbio, que precisava se ajustar para reverter os elevados déficits da conta corrente do balanço de pagamentos da fase precedente, e passou a absorver o impacto das mudanças na percepção de risco do país" (papel antes desempenhado pelo estoque de reservas internacionais).

No tocante ao orçamento federal, a escalada da receita se exprime no fato de que em 1987 a receita líquida da União correspondia a 14,4% do PIB e em 2003 já havia alcançado 19,2% do PIB (para o orçamento público consolidado – União, estados/municípios – a carga tributária corresponde a cerca de 36% do PIB). E o total da despesa pública, a cerca de 40% do PIB, por haver um déficit de 4% do PIB, financiado por aumento da dívida pública.

"A rigidez orçamentária [União, estados/municípios] se traduz em despesas rígidas à queda e receitas cuja margem de expansão é hoje, no conjunto, praticamente inexistente". A isso costumo chamar de *bloqueio fiscal* – grande obstáculo ao crescimento sustentado.

A mudança do uso da receita líquida da União, entre 1987 (ano anterior à Constituição de 1988, que fez, quanto a isso, opções de graves conseqüências) e 2003, afigura-se dramática, econômica e socialmente.

No caso dos Benefícios Assistenciais e Subsidiados (BAS), a participação passou de 3,5% a 20% da receita líquida (RL) no decorrer do período (de 5,2 milhões para 21,3 milhões de beneficiários). No de inativos e pensionistas (Previdência Pública), de 6,9% para 12,9% (1 milhão de benefícios). No de benefícios previdenciários (propriamente ditos) (BAD), de 14,6% para 21,5% (6,7 milhões de beneficiários). A participação dos servidores ativos (1 milhão) declinou de 18,7% para 13,4%. E a do setor saúde, de 9% para 7,7%. *O restante: os outros custeios caíram de 43,7% para 9%; e os investimentos, de 16% para 2,2% da RL.*

E a tendência é de o quadro agravar-se: "A União concede BAS praticamente sem limite quantitativo e sem maior restrição do lado do financiamento." No caso dos BAS, BPD e inativos e pensionistas "os valores unitários pagos aos beneficiários crescem a taxas maiores ou iguais à taxa de inflação".

A propósito da relação entre orçamento e desenvolvimento, por causa das opções feitas (constitucional e legalmente), o resumo da história é que o Estado, no Brasil, extrai hoje da sociedade cerca de 40% do PIB para financiar seus gastos. E isso quase não tem efeito sobre o crescimento (como visto, os investimentos estão reduzidos a 2% da RL). E apesar do enorme volume de gastos assistenciais e subsidiados, sua contribuição para a redução da pobreza é mínima: optou-se pelas transferências de renda (mais claramente: assistencialismo), em grande medida em prejuízo da realização de programas de geração de emprego e renda.

"Na União, a queda dos investimentos ocorre particularmente no Ministério dos Transportes." Para "período mais recente – 1995/2003 –, os investimentos totais da União caíram pela metade, em termos de % do PIB, do início do Plano Real ao ano passado". E "a derrocada dos investimentos do Ministério dos Transportes se dá a despeito da introdução da Cide-combustíveis, tributo criado supostamente para dotar esse segmento de recursos públicos mais apreciáveis" (pelo fato de que, "na prática, os recursos acabam sendo redirecionadas para outras finalidades").

E a conclusão: se não é possível continuar aumentando a carga tributária e reduzindo os investimento, será preciso "dar um passo adiante, isto é, *começar a cortar gastos correntes*" (grifos nossos). A esse respeito, "o que importa não é ter de fazer isso imediatamente, pois há óbvias restrições políticas, mas consolidar uma tendência nessa direção."

Na mesa-redonda, o deputado Armando Monteiro Neto, presidente da CNI, referiu-se, de início, à importância da agenda macroeconômica para garantir condições gerais de crescimento (redução da carga tributária, aprofundamento da reforma da previdência, realização da verdadeira reforma tributária, voltada para estimular a competitividade e realizar a simplificação dos principais tributos).

Em seguida, propôs uma agenda pró-crescimento, que vá além da agenda macroeconômica tradicional. Alguns tópicos dessa *agenda de ousadia* (grifos no original): desoneração tributária do investimento; redução do custo de capital e melhoria das condições de financiamento do setor privado; criação de ambiente institucional favorável aos negócios e ao investimento (definição de marco regulatório adequado aos investimentos de infra-estrutura e meio ambiente; desenvolvimento de parcerias entre setor público e setor privado, como no caso das PPPs); inclusão social das empresas para reduzir a informalidade, através da simplificação tributária, simplificação burocrática, simplificação da contratação de mão-de-obra, desburocratização e desenvolvimento de novos negócios.

A intervenção de João Antonio Felício, secretário-geral da CUT, foi centrada na colocação de que a sustentabilidade do desenvolvimento exige a valorização do mundo de trabalho. Ou seja, uma concepção de sociedade e uma "combinação de políticas econômicas e sociais que contemplem a valorização do trabalho e mecanismos de distribuição de renda, considerando a diversidade étnica e as disparidades regionais".

Destacamos alguns tópicos de sua proposta, dentro da orientação referida: prioridade para mais e melhores empregos (o crescimento deve envolver esse componente); elevação progressiva dos salários reais e estímulo maior à Participação nos Lucros e Resultados (PLR), por setor de atividade; reforma agrária que leve realmente ao desenvolvimento agrário, fortalecendo a agricultura familiar; proposta de educação pública gratuita *e de qualidade* (grifos nossos); "reforma na estrutura sindical e na legislação trabalhista" para "garantir um sistema democrático de relações do trabalho, que dê força à representatividade das organizações sindicais e garanta a organização no local de trabalho."

No tocante às sugestões sobre financiamento do desenvolvimento sustentado, parecem particularmente interessantes as relativas ao desenvolvimento de novas instituições de financiamento popular (como o "Banco do Povo"); o desenvolvimento do mercado de capitais, com ampliação de sua base, tanto do ponto de vista do número de empresas com abertura de capital como da disseminação da propriedade das ações; ampliação do debate sobre o desenvolvimento dos fundos de pensão, e a participação, neles, dos trabalhadores.

O foco da participação de João Carlos Gonçalves, secretário-geral da Força Sindical, foi: "Não há virtude no crescimento econômico que não altere as condições de vida da população. Neste ponto reside a questão central."

Em função dessa idéia, deu ênfase a dois pontos. Em primeiro lugar, se é positivo que o país esteja tendo grande sucesso na expansão das exportações, por outro lado isso "não é suficiente, nem substitui o mercado interno". "Portanto, o mercado interno e o consumo de massa, devem ser, também, prioridades."

O segundo ponto foi que a política industrial deve ser "direcionada aos setores que gerem emprego e/ou agreguem valores à produção nacional", e assim contribuir "de forma decisiva para o fortalecimento do mercado interno, lançando bases sólidas para o crescimento sustentável."

POLÍTICA INDUSTRIAL/TECNOLÓGICA BASEADA NA INOVAÇÃO E VOLTADA PARA GARANTIR SUPERÁVITS ESTRUTURAIS DE COMÉRCIO – NOVAS PERCEPÇÕES

Dado o contexto macroeconômico já discutido, o painel II voltou-se para a questão de construir uma política industrial e tecnológica com inovação, e voltada para garantir, durante certo período, superávits estruturais de comércio. O objetivo é evitar a geração de grandes déficits em conta corrente, de difícil financiamento, e dependência excessiva em relação a influxos de capitais financeiros externos. Lembrando, inclusive, o alto volume de amortizações que vencem nos próximos anos, o que impõe considerar, do ponto de vista de vulnerabilidade externa, não apenas a conta corrente mas também a conta de capital do balanço de pagamentos.

Essa orientação se deve colocar, obviamente, dentro de um contexto de crescimento do fluxo total de comércio (exportações e importações), e segundo a orientação de, em geral, investir para atender simultaneamente ao mercado interno e externo (concepção de duplo mercado).

Tal discussão se tornou ainda mais oportuna considerando haver o governo, em 31 de março, explicitado a sua Nova Política Industrial, que os ministros Furlan, Palocci e José Dirceu definiram como tendo por idéia central a inovação.

Na abertura do painel, o ministro Luiz Fernando Furlan, do Desenvolvimento, Indústria e Comércio Exterior, salientou que o setor produtivo brasileiro se deve preparar para o desafio de procurar realizar a meta de "manter um crescimento médio de nossas exportações (período 2004/2008) em torno de 14 a 15% ao ano."

Para isso, a orientação do governo é de que sejam implementadas de forma integrada "as ações estruturais garantidoras desse desempenho". Ações estruturais, que englobam a referida Política Industrial, Tecnológica e de Comércio Exterior (PITCE), os investimentos na infra-estrutura; as missões empresariais e outras formas de promoção comercial; as negociações comerciais (multilaterais, regionais e bilaterais); a eliminação dos obstáculos internos às exportações.

A propósito da PITCE, o ministro destacou a sua dimensão tecnológica, que inclui não apenas as prioridades estratégicas (semicondutores, *software*, bens de capital e fármacos) como também os setores portadores de futuro (nanotecnologia, biotecnologia, biomassa). A idéia é que "promovem o crescimento em áreas com alto valor agregado e que influenciam a competitividade de toda a economia."

Salientou, igualmente, o forte empenho do governo na "criação das condições para a ampliação da inserção externa das companhias brasileiras, tanto pela via da desoneração e desburocratização das exportações quanto pela simplificação das importações."

O senador José Eduardo Dutra, presidente da Petrobras, começou o seu pronunciamento salientando que a empresa chega aos 50 anos como referência mundial em tecnologia de águas profundas e ultraprofundas (de passagem, detém o atual recorde mundial de profundidade). E "ingressando no seleto grupo de empresas de petróleo que produzem mais de dois milhões de barris de óleo e gás equivalente por dia, no Brasil e no exterior."

A Petrobras pode, hoje, "afirmar que a auto-suficiência em petróleo, há tanto tempo sonhada, deverá ser alcançada em 2006." Tal fato, em si de grande importância, assume dimensão maior diante do atual quadro de intranqüilidade e risco do mercado mundial do produto.

Recentemente, segundo seu presidente, a empresa anunciou seu Plano Estratégico Petrobras – 2015.

"Na missão e na visão para 2015, o plano ressalta o compromisso da companhia com o desenvolvimento sustentável no Brasil e nos demais países onde atua e a condução dos seus negócios de acordo com três dimensões da sustentabilidade: crescimento, rentabilidade e responsabilidade sócio-ambiental." Compromisso "reforçado no plano, entre outras premissas, pela decisão de atuar seletivamente no mercado de energias renováveis."

Outro ponto destacado foi o "desenvolvimento e liderança no mercado brasileiro de gás natural", aumentando a participação deste na matriz energética, o que representa a oferta, ao mercado nacional, de "combustíveis mais limpos em relação aos energéticos atualmente disponíveis."

O presidente José Eduardo Dutra falou então sobre a Petrobras como empresa brasileira integrada de energia, "com forte presença internacional e liderança na América Latina", e "atuação integrada nos mercados de gás e energia elétrica do Cone Sul."

"No exterior, a empresa está presente com ativos nos Estados Unidos, Argentina, Colômbia, Bolívia, Equador, Venezuela, Peru e África Ocidental."

O Plano Estratégico "estabelece investimentos de US$ 53,6 bilhões no horizonte 2004/2010 representando média anual de US$ 7,7 bilhões." É importante notar que desse total, 86% serão investidos no Brasil e os restantes 14% em atividades no exterior. Isso deixa bem claro que a Petrobras é, e continuará sendo, uma empresa engajada no desenvolvimento do Brasil, "embora venha ampliando a sua internacionalização".

E, nesse sentido, cabe salientar que daquele montante de investimentos 60% "serão destinados à área de exploração e produção de petróleo". Particularmente relevante é, também, a sua contribuição para a nossa balança comercial, que tem aumentado, "com crescimento significativo da produção de petróleo da Petrobras ao longo do tempo".

No período mais recente, era ela a sexta maior empresa exportadora do país. Hoje é a primeira. Em 1999, sua importação líquida (importação menos exportação) foi de US$ 4,11 bilhões. Em 2003, US$ 0,73 bilhão. E em dezembro do ano passado houve um superávit no seu comércio externo de US$ 113 milhões.

Os últimos dois pontos colocados foram, de um lado, que a meta de aumento anual de produção de 5,9% até 2010 deve ser atingida considerando apenas as reservas atuais (por exemplo, em 2003 o índice de reposição de reservas foi de 320%, "ou seja, para cada barril que foi produzido a Petrobras descobriu outros 3,2 barris").

E, de outro lado, que a exigência de conteúdo nacional nas licitações está sendo feita sem abrir mão das premissas de prazo, qualidade e preço competitivo.

Seguiram-se as apresentações (e o comentário especial), que trouxeram novos enfoques para a política industrial (ou política de competitividade, como se preferir) do país.

A apresentação de Benedicto Fonseca Moreira, presidente da AEB (Associação de Comércio Exterior do Brasil), foi de particular importância, porque apresentou as "bases de um programa de eliminação das barreiras internas às exportações brasileiras." O Brasil tem estado muito ativo nas negociações internacionais – Rodada de Doha, da OMC; criação da Alca; e criação da Zona de Livre Comércio entre Mercosul e União Européia –, particularmente quanto à eliminação das barreiras externas às exportações colocadas pelos países desenvolvidos. É chegado o momento de ter também um programa voltado para a eliminação das barreiras *internas* às exportações – tão importantes quanto as externas. Programa apoiado por todas as entidades envolvidas com exportações e cuja execução constitua prioridade do governo. Tal programa deverá ser monitorado, tanto pelo setor privado como pelo governo, para que, anualmente, se possa fazer um balanço dos avanços realizados – ou não realizados (e por que).

Seguem alguns destaques do texto apresentado no Fórum pela AEB, sob a forma de propostas concretas:

- Quanto a "burocracia e ação do governo": proposta de consolidar e simplificar as 363 leis e decretos-leis em vigor, em lei única (de preferência), que dê transparência e confiança aos empresários e tranqüilidade nas decisões dos funcionários do governo; rever, consolidar e simplificar os 6.120 decretos existentes; promover a revisão racionalizadora, modernizadora e simplificadora dos cerca de 2.600 atos definidos em comunicados, portarias, instruções normativas, resoluções etc.
- Quanto a "organização institucional": proposta de observância estrita da competência privativa da União sobre comércio exterior; forta-

lecimento da Camex como base única de adoção de políticas, inclusive determinando que nenhum órgão do governo baixe ato sobre comércio exterior sem a prévia aprovação desse órgão.
- Quanto a "anuência prévia e fiscalização": proposta de reduzir-se a anuência prévia a casos limitados de produtos objeto de práticas internacionais (hoje são cerca de 2.100 produtos sujeitos a anuência ou licença prévia).
- Quanto a "estímulo às micro e pequenas empresas": proposta de amparar legalmente a constituição de consórcios ou cooperativas de exportação; facilitar o acesso a financiamento para investimentos e capital de giro, através de linhas especiais do Banco do Brasil e da CEF e de recursos do FAT.
- Quanto a "política de desenvolvimento tecnológico": proposta de garantir a desoneração plena dos impostos incidentes sobre máquinas e equipamentos utilizados em P&D, bem como depreciação acelerada; ampliar a parcela de despesas em P&D dedutível do imposto de renda, inclusive em capacitação de pessoal.
- Quanto a "reforma tributária": proposta de ampla desoneração das exportações de mercadorias e serviços, em especial com relação à efetiva não-cumulatividade dos impostos e contribuições e ressarcimentos dos saldos de créditos fiscais.
- Quanto a "política de financiamento": proposta de transformar o Proex em fundo rotativo, com o retorno do principal e dos juros dos empréstimos, automaticamente, para o Fundo Proex, que anualmente seria reforçado com novas dotações.
- Quanto a "medidas para maximizar as exportações de bens de capital": proposta de readmitir as empresas de grande porte ao sistema de financiamento de pré-embarque no BNDES-Exim e no Proex; admitir concessão de financiamentos em qualquer moeda conversível; ampliar o prazo máximo de pagamento de financiamentos do BNDES-Exim, na modalidade pós-embarque, para 12 anos, com carência de seis anos após o início da operação, no caso de infra-estrutura, no segmento de energia, conforme regulamentação da OECD.

A apresentação seguinte referiu-se ao *paper* elaborado por Glauco Arbix (presidente do Ipea), Mario Sergio Salerno e João Alberto De Negri, com o objetivo de verificar se a internacionalização de empresas com base na inovação é favorável a seu desempenho exportador, e se é relevante o uso de financiamentos públicos no apoio a esse tipo de internacionalização, e dentro de que parâmetros.

O trabalho teve a originalidade de basear-se em grandes bases nacionais de dados, e particularmente na Pintec (Pesquisa Inovação Tecnológica na Indústria), do IBGE. Foram elaborados diversos modelos probabilísticos para permitir respostas adequadas às diferentes perguntas formuladas.

As conclusões são principalmente duas.

De um lado, verificou-se que as firmas que se internacionalizam com foco na inovação tendem a exportar mais do que as que não fazem esse tipo de internacionalização (sendo de notar que aquelas remuneram melhor a mão-de-obra, empregam pessoal com maior escolaridade e, portanto, geram emprego de melhor qualidade). De outro, fica assim evidenciado haver espaço para políticas públicas que incentivem a internacionalização com propósito de inovação. Por exemplo, pode-se conceder financiamento de longo prazo para estimular a internacionalização, se esta tiver por objetivo a inovação; ou para estimular que firmas que já fazem significativo esforço de inovação aumentem e aprofundem essa característica da internacionalização.

E mais: "Deve ser destacado também que um dos resultados deste trabalho é a evidência de que a cooperação é possivelmente um elemento importante para as firmas realizarem inovações tecnológicas. Se a cooperação é um elemento importante e, portanto, verifica-se que há busca de informação conjunta entre firmas que procuram inovar, há espaço para o poder público atuar na promoção de ações que procurem no exterior informações sobre oportunidades de negócio e que podem ser realizadas de forma compartilhada entre uma agência de promoção de desenvolvimento industrial e grupos empresariais interessados em internacionalizar-se com foco na inovação."

O *paper* conclui referindo aspectos da questão básica tratada a serem melhor analisados, como a dimensão setorial e a dimensão regional e espacial (locacional).

A apresentação de Antonio Barros de Castro (e Jorge De Paula Costa Ávila) teve por objetivo definir "Uma política industrial e tecnológica voltada para o potencial das empresas".

O ponto de partida é o fato de que a reestruturação por que passaram as empresas industriais brasileiras em resposta à abertura realizada nos anos 1990 deixou um tecido industrial ainda bastante denso, mas caracterizado por grande heterogeneidade setorial e regional. Houve avanço quanto à capacidade de fabricação e, devido à competição das importações, renovação do cardápio de produtos. Mas isso não trouxe, em geral, capacidade de concepção de novos produtos, grande atividade de P&D (Pesquisa e Desenvolvimento de produtos) e de criação de marcos. Nem uma tendência nítida a procurar a inserção internacional da empresa, através de produtos diferenciados, capazes de obter preços-prêmio.

Esse conjunto de fatores significa haver um rico potencial a ser desenvolvido, dentro das várias categorias de empresas. Daí a concepção: desenvolver o potencial das empresas como eixo da política industrial e tecnológica (de forma integrada), que passa a ter como foco a promoção da inovação (mesmo porque a reação à abertura ocorrida no Brasil não trouxe uma ativa política tecnológica), nas duas dimensões a considerar: capacitação para inovar e ampliação da capacidade produtiva.

O passo seguinte foi apresentar uma tipologia das empresas para fins de política industrial e tecnológica, como segue:

- Grupo de empresas robustas no tocante à fabricação (elevado valor agregado por trabalhador) e com liderança no mercado nacional (e possivelmente no Mercosul), onde possuem marcas amplamente conhecidas. Além disso, têm inserção comercial, e por vezes fabril, no mercado externo – ambas, em regra, insuficientes (médias e grandes empresas de controle nacional: Tipo 1).

"É fundamental, para esta categoria, o apoio ao desenvolvimento de capacidade tecnológica autônoma, bem como o desenvolvimento de marcas próprias nos mercados dos países desenvolvidos e nas economias emergentes da Ásia."

- Grupo de empresas dotadas de capacidade fabril atualizada, aptas a produzir seus próprios produtos diferenciados (e, inclusive, de variá-los sob encomenda), mas não a concebê-los e colocá-los nos mercados finais. Na realidade, é modesta ou nula a sua capacidade de recortar e desenvolver mercados (sobre elas, diz-se: não vendem, "são compradas"). Seus mercados são predominantemente nacionais (eventualmente, chegam à América Latina, e, sob encomenda, a países desenvolvidos).

"Para este grupo, faz muito sentido associar-se para, coletivamente, enfrentar desafios como a aquisição de capacidade autônoma de *design* e comercialização, obter escala e desenvolver marcas próprias, individuais ou coletivas." (Tipo 2.)

- Empresas de médio e pequeno porte que oferecem produtos indiferenciados, de qualidade relativamente inferior, e que disputam mercados unicamente via preços. Sua inserção é, usualmente, apenas na própria região.

"Faz muito sentido oferecer a essas empresas a possibilidade de uso ou acesso a ativos que, individualmente, não podem possuir, mas que se mostram de crucial importância para a evolução de seus negócios" (exemplos: equipamentos de teste, depósitos refrigerados, serviços especializados de diferentes naturezas, centros de *design* e *marketing*). (Tipo 3.)

- Grupo de empresas que, ainda quando de modesto porte, se caracterizam por um certo grau de sofisticação tecnológica (em razão, freqüentemente, de terem por origem profissionais da pesquisa ou de universidades).

No novo tipo de política industrial, sua importância pode tornar-se crucial, "já que os produtos por elas gerados têm alta chance de integrar-se às melhorias introduzidas nas demais categorias de empresas." (Tipo 4.)

- Grupo de empresas multinacionais, sendo de destacar-se, a seu respeito, que 450 das 500 maiores empresas já operam no país. As multinacionais têm, no Brasil, instalações fabris muitas vezes equivalentes ao "estado das artes" no mundo desenvolvido e revisaram, em regra, nos anos 1990, seu cardápio de produtos, passando a produzir artigos de classe mundial. Comportamento muito diferenciado, no tocante a P&D.

"...as decisões quanto a exportar a partir daqui (ser ou não plataforma exportadora), e de trazer ou não um maior volume de atividades geradoras de alto valor agregado (como P&D), parecem ser questões em aberto para certas empresas. Ou seja, trata-se de possíveis objetos de política. Note-se, também, que a situação presente retrata, fundamentalmente, o posicionamento espontâneo das multinacionais no país". (Tipo 5.)

Na última parte da apresentação, houve uma proposta de como colocar em execução o tipo de Política Industrial e Tecnológica descrito, fazendo a ligação entre o potencial (ou as carências) dos diferentes tipos de empresas e os mecanismos ao dispor do governo, capazes de ajudá-las a desenvolver tal potencial.

A idéia é atuar-se por linhas de ação, utilizando (com as adaptações necessárias) programas já previstos na legislação relativa a incentivos a P&D (Lei 8661/93), agora com a denominação de Programas de Desenvolvimento Industrial (PDI) (título dos autores).

Alguns exemplos:

- Atração de atividades de P&D (linha de ação voltada para empresas multinacionais – Tipo 5).
- Apoio à aquisição de tecnologias (objetivo: empresas Tipo 1).
- Apoio à comercialização nos mercados internacionais (linha de ação para APLs – Arranjos Produtivos Locais de empresas de boa qualificação fabril – Tipo 2).
- Fomento ao desenvolvimento de Arranjos Produtivos Locais (APLs) de empresas de capacitação fabril deficiente – Tipo 3.
- Apoio à criação e à capacitação de empresas de base tecnológica.

A apresentação de Cláudio R. Frischtak também trouxe novas percepções para a realização de um novo tipo de política industrial e tecnológica, no país.

Sua idéia essencial é que, tradicionalmente, se tem procurado usar apenas uma abordagem do lado da oferta, procurando estabelecer como o Brasil pode ser mais competitivo, ou seja, como consolidar as vantagens comparativas já existentes e desenvolver novas vantagens – sem atentar muito para o que o resto do mundo está querendo comprar. A própria "Nova Política Industrial" padece dessa insuficiência e deve incorporar novas abordagens.

Daí a importância de uma estratégia que articule o lado da oferta, da mudança quantitativa ou qualitativa na produção, com o lado da demanda, envolvendo linhas de ação voltadas para a "dinâmica de demanda dos mercados globais, a remoção das barreiras (internas e externas) que dificultam às empresas se conectarem a esses mercados e a constituição de novos vetores de penetração".

Nessa perspectiva, quanto mais elaborados forem os produtos, mais importante o papel de "vender" e "não ser comprado".

Vem a seguir a tentativa de definição de uma estratégia baseada na "política de produção na ótica da demanda (interna e externa)". Abaixo, as dimensões sugeridas e as linhas de ação correspondentes:

- Dimensão horizontal:
  - Mercado doméstico: deslocar a demanda agregada por meio de políticas de renda e emprego.
  - Acesso ao mercado externo: taxa de câmbio competitiva; ações amplas de fomento ao comércio: acordos multilaterais e regionais; investimentos na logística do país.
- Dimensão de cadeias produtivas:
  - Mercado interno: fomentar demanda derivada (Moderfrota, Modermaq).
  - Mercado externo: remoção de barreiras comerciais específicas; apoio à ponta de distribuição.
- Dimensão setorial:
  - Mercado interno: criar demanda direta via compras governamentais; desagravamento tributário.
  - Mercado externo: remoção de barreiras setoriais; acordos bilaterais; financiamento às exportações.
- Dimensão empresarial:
  - Mercado interno: atuação através das ações setoriais.
  - Mercado externo: atrair multinacionais como plataformas; *joint ventures* com contrato de *offtake*; fomentar multis brasileiras; promoção comercial.

Frischtak, em seguida, a título de complementação, apresentou sugestão de estratégia para duas áreas industriais de particular importância: o setor siderúrgico e o complexo eletrônico.

A estratégia para o setor siderúrgico partiu da premissa de ser o Brasil um pólo competitivo da siderurgia mundial – nossos custos industriais estão entre os menores globalmente. Entretanto, embora as escalas técnicas das plantas siderúrgicas sejam, no atual estágio, adequadas, e embora escalas empresariais não impeçam o investimento doméstico ou a projeção internacional das empresas, a verdade é que o peso setorial do país (34 milhões de toneladas de capacidade) ainda é pequeno. Isso significa que, nas condições atuais da economia brasileira, estamos subutilizando o nosso potencial competitivo em siderurgia.

A verdade é que o mercado global de produtos planos siderúrgicos vem passando por mudanças estruturais que abrem "espaço para o país dar um salto produtivo e se reposicionar até o final da década dentre os cinco ou seis maiores produtores, e como segundo ou terceiro maior exportador de produtos siderúrgicos." "O fenômeno transformador do comércio mundial de produtos siderúrgicos foi a entrada da China na ponta compradora na última década." A isso se soma "a expansão da demanda do Sudeste Asiático, e mais fundamentalmente, a reestruturação do setor, com o fechamento de altos fornos, e a desintegração vertical dos produtores, como parte de estratégia de permanência no mercado" (principalmente na área da Nafta, e secundariamente na Europa).

É de notar que as novas oportunidades de exportações abertas no mercado mundial são mais amplas no tocante às placas – "produto-chave e base do processo de transformação siderúrgica". E nessa linha o Brasil está em posição competitiva altamente favorável.

No tocante ao complexo eletrônico, como é óbvio, ele "não sugere um aumento da escala setorial, mas sim potencialmente do peso de determinados segmentos e produtos, consistente com a natureza das vantagens comparativas do país, e a fragilidade da indústria de componentes, *cuja superação requer a ampliação das escalas dos bens finais*" (grifos nossos).

A visão geral: "A indústria é fundamentalmente móvel no que tange à escolha de suas plataformas de produção. Anos atrás, a indústria eletrônica começou a migrar dos EUA (e da Europa, em menor escala) para o Japão e o Sudoeste da Ásia. Esse movimento se acentuou com a concentração maciça da indústria de componentes em Singapura, Taiwan, Malásia e Coréia do Sul, e um processo de intensa terceirização da produção (para firmas como a Flextronics e a Solectron). Esse processo de concentração foi interrompido brevemente na década de 1990, quando o México se tornou a maior plataforma de exportação para os Estados Unidos. Desde então, a China vem atraindo capacidade a um ritmo veloz, em função de uma mistura de custos baixos, competência em engenharia-chave no caso da indústria eletrônica (exceto no caso de operações mais simples) – e mercados amplos."

"Plataformas regionais, a exemplo do México (e do Brasil, em menor escala), irão permanecer significativas, mas o *locus* da fronteira da produção – no sentido de adições substanciais à capacidade de exportação – irá progressivamente se deslocar para a China, principalmente do Sudoeste da Ásia, do México."

Considerando essa realidade atual, a hipótese estratégica colocada, levando em conta "os elementos competitivos e as fragilidades do Complexo Eletrônico", considera ser possível "um salto produtivo para os setores com maior potencial de dinamismo".

O segmento de componentes é visto como o "calcanhar de Aquiles" da indústria, e sua ausência é "um fator extremante relevante para a fragilidade do complexo como um todo."

"Como sair desse 'ardil'?"

A idéia seria desenvolver os dois segmentos no complexo que parecem ter o maior potencial nesse sentido: o de telecomunicações e (possivelmente) o de TVs (caso se abra uma nova oportunidade com a introdução da TV digital, "caso os preços dos aparelhos efetivamente caíam a um ponto de massificar seu consumo"). Computadores, talvez.

Nos dois casos, seria expandida a escala de produção do setor de consumo final, para então se poder tentar ganhar escala em certo número de componentes.

Como seja, o *essencial da abordagem é possibilitar o uso estratégico do mercado doméstico para alavancar a indústria globalmente* (grifos no original).

Encerrando o painel II, Eugênio Staub apresentou a visão empresarial, partindo da consideração de que "temos no país muita capacidade de desenvolvimento tecnológico e uma comunidade acadêmica muito preparada." O importante, agora, é dar prioridade à inovação, em termos concretos, de produção industrial, para transformar o "potencial para converter esse conhecimento e essa experiência em geração de riqueza".

Portanto, o problema consiste em "elevar a participação, na produção industrial, dos produtos inovadores, com conteúdo tecnológico de alto valor agregado"; e em "desenvolver a competitividade da indústria brasileira e a sua participação crescente na produção industrial mundial. Isso significa mais e melhores exportações."

"A questão principal é: como fazer isso?"

"Penso que falta ao país um planejamento estratégico, de médio e longo prazos, que defina para onde queremos levar o Brasil."

Mas enquanto isso não acontece, "é preciso tomar decisões e agir."

"Minha proposta é que nos debrucemos sobre isso e, principalmente nas áreas de tecnologia de ponta, geremos projetos específicos, para os quais vamos direcionar nossos recursos de forma a produzir resultados concretos. Sendo mais específico e falando sobre o setor industrial que melhor conheço, que é o complexo eletrônico, penso que, em primeiro lugar, é preciso reconhecer que no complexo eletrônico convergem rapidamente telecomunicações, eletrônica de consumo e informática. Reconhecer ainda que *software* e semicondutores, ou micro-eletrônica, são partes integrantes desse processo, e também que nossa indústria eletrônica, principalmente na área de consumo, que é essencialmente de baixa tecnologia, não tem mais condições de competitividade com a China, país que está se tornando rapidamente o centro mundial de produção destes bens. O que fazer diante destas constatações?"

"Parece-me que o correto seria redesenhar o modelo do complexo eletrônico, para um modelo muito parecido com os dos países de primeiro mundo. Temos competência tecnológica, organização industrial, isso sem falar em maturidade política, muito melhores do que países emergentes e notáveis, como é a China. Mais importante do que competir de frente com a China, é procurarmos um espaço onde a competência que já geramos possa ser transformada em produtos de maior valor agregado. No complexo eletrônico existem pelo menos meia dúzia de oportunidades, que poderão ter grande impacto no futuro...".

O BRASIL TEM POUPANÇA (PRINCIPALMENTE INSTITUCIONAL) PARA FINANCIAR O INVESTIMENTO PRIVADO. E O MERCADO DE CAPITAIS TEM MECANISMOS NOVOS PARA FAZER A CONEXÃO ENTRE POUPANÇA E INVESTIMENTO

O painel III (realizado conjuntamente com o Ibmec – Mercado de Capitais) voltou-se para a importante questão do financiamento do investimento privado – agora ainda mais relevante, dada a carência de recursos do setor público. Daí a grande oportunidade que se oferece ao mercado de capitais, cujo Plano Diretor foi considerado prioridade do governo Lula.

Na abertura, o presidente da Caixa Econômica Federal, Jorge Mattoso, salientou que a instituição tem "trabalhado para desenvolver e consolidar novos títulos e mercados de dívida, especialmente aqueles que possam se constituir em fontes alternativas de recursos para os investimentos em habitação e saneamento".

Seguem-se exemplos:

- Operações de securitizações imobiliárias, "forma encontrada para reciclar os recursos já aplicados no setor imobiliário e para, assim, auxiliar no desenvolvimento do Sistema de Financiamento Imobiliário (SFI)." Quer dizer, a Caixa origina créditos no âmbito do SFI que são securitizados, dando origem aos Certificados de Recebíveis Imobiliários (CRI), atrativos para investidores e gestores de recursos de longo prazo (fundos de previdência aberta e fechada, seguradoras, fundos de capitalização). "Ao adquirirem os CRI, tais investidores estão fornecendo recursos para a concessão de novos financiamentos imobiliários através do SFI."
- Fundos de investimento imobiliário, para pequenos aplicadores (aplicação mínima de R$ 1.000,00) (exemplos: "Fundo de Investimento Imobiliário Almirante Barroso" e "Fundo Torre Almirante").
  Agora, o grande desafio é criar e aprofundar os mercados secundários para os CRIs e para as quotas de fundos de investimento imobiliário. "Para isso, a Caixa tem trabalhado em parceria com Cibrasec e Bovespa".
- "Fundo Caixa Brasil Construir" (novo tipo de fundo de direitos creditórios), para captar recursos junto a investidores privados, principalmente institucionais, destinadas a novos financiamentos imobiliários. O sucesso da experiência feita em São Paulo está levando a Caixa a ampliar a iniciativa para vários outros estados.

O presidente do Banco do Nordeste, Roberto Smith, mostrou que a entidade, na atual gestão, tem procurado resgatar a sua atuação na área de mercado de capitais.

Uma primeira iniciativa foi o Programa de Reforço das Capacidades Empresariais e Modernização da Gestão Empresarial no Nordeste, desenvolvido em conjunto com o BID. Seu principal componente é um fundo mútuo de investimentos em empresas emergentes, na forma de capitais de risco (conhecido, no exterior, como *Venture Capital*, ou seja, capitalização de pequenas e médias empresas com conteúdo tecnológico).

A nova iniciativa do banco, agora com o objetivo de ampliar a sua atuação no mercado de capitais, foi de criar uma "subsidiária específica para operar nesse segmento do mercado financeiro (a exemplo, digamos, da BNDESPAR)". Desta forma, além do crédito tradicional, hoje concedido a micro, pequenas, médias e grandes empresas no Nordeste, poderá proporcionar-lhes oportunidade de capitalização. Isso de forma direta, pela compra de ações ou debêntures. Ou indireta, pela assistência técnica às empresas que quiserem fazer a abertura de capital.

Seguiu-se a apresentação de Carlos Antonio Rocca[*], coordenador-técnico do Codemec-Ibmec, que partiu de algumas colocações básicas.

Inicialmente, o investimento privado é a variável estratégica para a realização do crescimento sustentado, considerando-se, em particular, a escassez de recursos disponíveis para o setor público.

Sem embargo, a maioria das empresas brasileiras, como é sabido, não tem acesso a condições adequadas de financiamento. O sistema financeiro, no país, financia principalmente o setor público. O total do crédito dos bancos ao setor privado não alcançou, no Brasil, 30% do PIB, em 2003 (e tem sido declinante), para cerca de 43% nos EUA, quase 110% na União Européia e 103% no Japão.

Além disso, a queda da taxa real de juros básicos não será suficiente para reduzir o custo do crédito bancário de modo significativo. A principal razão está na rigidez dos fatores que sustentam o (enorme) *spread* bancário no Brasil (ou seja, a diferença entre a taxa de captação e a taxa para o tomador). Segundo dados do Banco Central, os principais componentes do *spread* bancário são: impostos diretos e indiretos, 27%; parcela imputável à inadimplência, 19%; despesas administrativas, 16%; margem líquida dos bancos, 37/38%. Esta última "é provavelmente afetada por três fatores que apresentam considerável rigidez no curto prazo": custo de oportunidade dos bancos (estabelecida "em níveis excepcionalmente elevados pela taxa de juros garantida sobre os títulos públicos"); natureza da regulação (alto nível de depósitos compulsórios à ordem do Banco Central); e "concentração bancária e suas implicações sobre a baixa intensidade de concorrência no mercado de crédito".

---

[*] Antes disso, o então presidente da CVM, Luiz Leonardo Cantidiano, fez o terceiro pronunciamento, falando do grande avanço realizado, nos últimos anos, na regulamentação do mercado de capitais (texto não recebido).

Será preciso atacar cada um desses pontos para obter resultados significativos num prazo de dois a três anos, ao mesmo tempo em que se espera que os "fundamentos" da economia permitam uma trajetória sustentável de declínio da taxa de juros.

Sem embargo, o mercado de capitais brasileiro tem condições de desempenhar papel fundamental no financiamento do investimento privado.

Projeções conservadoras mostram que, se houver pelo menos a estabilização da relação dívida pública/PIB, a poupança institucional (fundos abertos e fechados de previdência, fundos de previdência privada, reservas das seguradoras) tem condições para aplicar um fluxo de cerca de R$ 300 bilhões (preço de dezembro/03) no financiamento ao setor privado nos próximos cinco anos. Tais aplicações devem envolver ações, debêntures, quotas de fundos de direitos creditórios, fundos de investimentos em participações (*Private Equity*), CRIs e títulos originados de projetos gerados pelo modelo de Parcerias Público-Privadas (PPPs), tão logo seja regulamentado pelo Congresso.

O citado valor é extremamente significativo, pois corresponde a um fluxo anual de R$ 60 bilhões, representando cerca de 18% da Formação Bruta de Capital Fixo (FBCF) prevista (com taxa de investimentos de 20% do PIB).

Por outro lado, abre-se a oportunidade para o BNDES poder desempenhar papel fundamental. De um lado, pela alavancagem dos seus financiamentos, cujos desembolsos alcançaram em 2003 cerca de R$ 35 bilhões (com programação de R$ 47 bilhões em 2004). "Dada a sua reconhecida capacidade de avaliação de projetos, o BNDES pode atuar de modo análogo a algumas agências internacionais, como é o caso da IFC, ligada ao Banco Mundial, que tem permitido a mobilização de recursos adicionais aos do seu orçamento de empréstimos." Com isso, o BNDES pode dar origem a um programa anual de financiamentos (empréstimos e capitalização) que seja um múltiplo dos seus recursos próprios.

Por outro lado, tem ainda condições de influir na ativação e direcionamento do mercado de capitais.

A parte mais sugestiva da apresentação de Rocca mostrou que o mercado de capitais, no Brasil, já dispõe de um número considerável de novos mecanismos para financiar o investimento privado e, assim, dar inestimável contribuição para o crescimento sustentável.

Destacamos os principais deles:

- *Fundos de Venture Capital e Private Equity*: Em 2003, a CVM institucionalizou os fundos de *Private Equity* sob a denominação de Fundos de Investimentos em Participações (FIPs) (Instrução 391/03). "Acredita-se que a indústria de VC e PE está preparada para crescer e as condições agora são favoráveis, com destaque para o ambiente regulatório, existência de pessoal qualificado, com experiências bem-sucedidas".
- *Securitização de recebíveis e fundos de direitos creditórios*: a securitização de recebíveis tem sido um dos "principais componentes da revolução observada no sistema financeiro das economias mais avançadas desde meados da década de 1980. São elegíveis para securitização desde recebíveis de curto prazo, relativos a crédito direto ao consumidor, até créditos imobiliários de longo prazo, recebíveis de pessoas jurídicas e receitas futuras de projetos de investimento em infra-estrutura."
No Brasil, seu papel ainda pode ser mais relevante, pela multiplicidade de setores em que podem ser utilizados e por serem de mais fácil aplicação que muitos outros instrumentos.
"Trata-se do *principal instrumento de acesso das empresas de capital fechado ao mercado de capitais*" (grifos no original). E têm forte potencial de redução de custo de capital de giro.
- *Financiamento de projetos de investimentos na infra-estrutura*: podem identificar-se pelo menos três modelos básicos para projetos com participação do setor privado: *Corporate Finance* (projetos "cuja viabilidade se sustenta principalmente nas condições econômicas-financeiras da empresa"); *Project Finance* ("projetos econômica e financeiramente viáveis, cujo fluxo de caixa gerado é suficiente para a amortização e a remuneração dos capitais investidos", permitindo a captação de recursos de múltiplas fontes); Parcerias Público-Privadas, PPPs (projetos considerados de interesse público, cuja viabilidade econômico-financeira não se sustenta integralmente, requerendo, por isso, "a concessão de garantias do setor público, especialmente no sentido de assegurar a remuneração e amortização dos capitais investidos"). Essa questão das garantias é vital para a viabilização de todo o sistema, considerando-se, em particular, as restrições decorrentes do ajuste fiscal.

Uma palavra sobre os mercados secundários, de importância essencial para a boa operação de todos esses mecanismos, mesmo quando o investidor tem visão de longo prazo (como os fundos de pensão). O grande obstáculo ao desenvolvimento dos mercados secundários tem sido a CPMF. A criação da "Conta Investimento" (permitindo passar de uma aplicação para outra sem incidência dessa contribuição) "representa um passo importante" no sentido de superar o problema. Cabe, agora, verificar se sua operacionalização será adequada, inclusive quanto à "magnitude das tarifas a serem estabelecidas pelo sistema bancário sobre essas contas."

Rocca encerrou sua apresentação com o registro de já haver sinais de ativação do mercado, com utilização dos citados mecanismos (salvo, claro, as PPPs, que ainda dependem de concluir-se a tramitação no Congresso Nacional). E com a reiteração da prioridade de uma "reforma tributária e burocrática (mesmo gradual) que crie condições favoráveis e competitivos à economia formal e permita incorporar a enorme parcela da economia hoje operando de modo ineficiente em condições de informalidade, mediante a redução das alíquotas dos impostos e ampliação da base de tributação."

Veio depois a mesa-redonda.

Luiz Chrysostomo de Oliveira Filho (diretor da Anbid), partindo da constatação de que a ausência de liquidez nos mercados secundários é um dos principais obstáculos à vitalização do mercado de capitais, concentrou nesse ponto os seus comentários.

Lembrou que a Instrução 404 (CVM), ao lado da Instrução 400, "veio também na direção de dar mais transparência e liquidez ao mercado secundário": criação de "uma escritura de formato único (debênture padronizada) de dívida corporativa"; exigência de "que as companhias emissoras contratassem um formador de mercado (*market maker*), com a finalidade de prover maior visibilidade e liquidez aos títulos."

"Ou seja, padronizando a estrutura e dando mais incentivo à transparência e liquidez, a CVM contribuiu em muito para aumentar o potencial de distribuição e absorção de dívidas corporativas por parte de um número maior de investidores institucionais e individuais."

Como complemento a esses avanços regulatórios, o próprio mercado "vem tendo uma atuação marcante e contínua no desenvolvimento dos mecanismos de auto-regulação." Em particular, a Anbid, em 2002, fez aprovar o Código de Auto-Regulação para as ofertas públicas de títulos e valores mobiliários (tanto ofertas primárias quanto ofertas secundárias). Tornou-se ele "obrigatório para todas as instituições participantes da Anbid ou de signatários do próprio código."

Chrysostomo apresentou, então, uma série de propostas novas, elaboradas pela Anbid, para o aumento da liquidez do mercado secundário.

De um lado, iniciativas a serem tomadas por parte do mercado: maior distribuição da colocação primária (ampliação dos sindicatos nas ofertas primárias); divulgação periódica de relatórios de análise financeira dos emissores (com foco na capacidade de pagamento destes); como contrapartida à obrigatoriedade de contratação de *market maker*, por parte dos emissores, talvez conveniência de as instituições financeiras terem o "operador de debêntures", ou equipes que tivessem foco nas negociações de papéis de dívida corporativa.

De outro, ações complementares por parte das autoridades reguladoras: concessão de prerrogativa de operar "vendido", recentemente autorizada pela Resolução 3197 (do CMN) para o caso de títulos de renda fixa privados (havia antes a limitação de só poder operar com eles "a partir de posições compradas, sem a prerrogativa de operar "vendido" ou a descoberto"); redução do peso da alocação de capital das carteiras de *trading* (objetivo de "incentivar a maior negociação e giro de títulos privados de renda fixa, via a liberação de capital alocado às tesourarias, de acordo com os critérios de Basiléia"); redução de compulsório para liberação de recursos na aquisição de títulos privados para *trading*; alterações nas formas de tributação.

A conclusão foi no sentido de que "a partir de 2004 esta combinação de modernização regulatória, aumento do número de investidores, melhorias no ambiente físico de negociação e participação direta das autoridades governamentais na solução e discussão dos problemas [GT de mercado de capitais] revigore substancialmente a dimensão das ofertas públicas."

Márcio Fortes, presidente da Ademi, deu ênfase ao descompasso existente, atualmente, entre o reconhecimento geral da "importância da construção civil para todo o processo de desenvolvimento brasileiro", econômica e socialmente, com repercussões até sobre a questão da segurança pública, e o fato de que "as cerca de 450 mil empresas de vários portes que compõem" esse setor, no país, "vivenciam uma atividade em declínio, bastante combalida." "Os indicadores de consumo de materiais de construção civil pintam um retrato dessa realidade", por exemplo na comparação entre os níveis de 2001 a os de 2003 – quedas anuais superiores a 10%. "Logo, não se constrói no Brasil."

No seu entender, o aspecto relativo a sua inserção no mercado de capitais é relevante mas é apenas parte do problema. Sua proposta foi de que, a exemplo do ocorrido no tocante às exportações (que o presidente Lula, na sessão de abertura do Fórum anunciou haverem alcançado a marca recorde US$ 80 bilhões num período de 12 meses), seja dada vez à construção civil, pela sua importância econômica e social, principalmente. O significado dessa proposta é que se faça um programa integrado e de médio prazo de apoio ao setor, e seja ele implementado com a mesma consistência, e com a dimensão adequada, inclusive financeira, com que se executou a ofensiva de tornar a exportação a realidade promissora que ela é hoje.

"Por que não?"

MESMO O CRESCIMENTO SUSTENTADO NÃO VAI TRAZER A SATISFATÓRIA CRIAÇÃO DE EMPREGO. DAÍ A NECESSIDADE DE POLÍTICAS ESPECIAIS DE EMPREGO E INCLUSÃO SOCIAL, INCLUSIVE EM NÍVEL LOCAL

O painel V foi realizado sob o pressuposto de que, principalmente tendo em vista o novo paradigma industrial dos anos 1990 e as duas "décadas perdidas" (para o crescimento e o emprego), mesmo o crescimento não vai trazer adequada geração de empregos. Adequada em que sentido? Aquela suficiente, em particular, para absorver a mão-de-obra adicional que aflui, todo ano, ao mercado de trabalho, e para reduzir o enorme grau de informalidade (subemprego) existente no Brasil.

O próprio ministro do Trabalho, Ricardo Berzoini, disse há poucos meses[*]: "O crescimento (por si só) não resolve a questão do emprego".

Vamos, pois, precisar de políticas especiais de emprego e inclusão social. Ao nível nacional, mas também dos estados e municípios, com o máximo de mobilização social.

Na abertura do painel, o ministro Patrus Ananias fez a colocação básica de que o Ministério do Desenvolvimento Social e Combate à Fome nasceu de uma unificação de políticas sociais "que poderíamos chamar de

---

[*] Ver entrevista a *O Estado de S. Paulo*, de 7 de março de 2004, p. B4.

emergenciais, mas que nós queremos cada vez mais integrar com políticas estruturantes, políticas emancipatórias...".

Segundo expôs, os mais importantes projetos na área do mesmo Ministério, desenvolvidos através da Secretaria Nacional de Assistência Social, "são os chamados Benefícios de Prestação Continuada", isto é, os "benefícios previstos na Lei Orgânica de Assistência Social (Loas) e agora também no Estatuto do Idoso".

Na busca de uma "linha mais racional, mais universal dos programas de assistência social", um dos "compromissos prioritários é a construção do SUAS – Sistema Único de Assistência Social, basicamente nos moldes do SUS, o Sistema Único de Saúde". Desta forma, a assistência social será "executada através de ações integradas entre o governo federal, estados e municípios", estabelecendo "normas para a participação da sociedade civil".

Ao lado disso, a Secretaria de Segurança Alimentar e Nutricional está consolidando programas como a compra de safra da agricultura familiar. E a Secretaria de Renda da Cidadania (a antiga Secretaria Nacional do Bolsa Família) tem como carro-chefe o Bolsa Família, que irá gradualmente ampliar a sua cobertura até atender, se possível até 2006, "todas as famílias que estejam vivendo abaixo da linha de pobreza no Brasil".

Houve ainda referência à ação, "em parceria com outros ministérios, com a sociedade, com outras esferas governamentais e não governamentais", de apoio às "políticas de geração de trabalho e renda", principalmente, no âmbito regional, os Arranjos Produtivos Locais (APLs).

A senadora Lúcia Vânia, presidente da Comissão de Assuntos Sociais do Senado, fez a colocação de que é "preciso muito mais ousadia" nas políticas de enfrentamento da pobreza, principalmente no sentido de já haver uma "adesão irreversível do povo brasileiro às estradas digitais na ampliação da cidadania." "Já não vale mais apenas o aprendizado seqüencial e linear do sistema escolar. A televisão, o controle remoto, o telefone celular já são predominantes nos lares pobres brasileiros." "Parece que não estamos apostando, no presente, nessa capacidade de apreensão do conhecimento e de tenacidade da população pobre do Brasil, seja porque os encastelamos na condição de miseráveis (a mídia e o governo só apresentam esse retrato do pobre), seja porque os nossos técnicos e burocratas perderam a capacidade de olhar este potencial; enxergam apenas problemas e carências que os embalam na tutela e levam ao gradualismo na ação".

A seguir, uma idéia dos avanços necessários, segundo a senadora.

"Para além da universalização do acesso à educação *básica* (grifo nosso) como meta indispensável para caminharmos na economia do conhecimento, é preciso maior agilidade e empenho para que as linguagens multimídias adentrem a escola. Isto é, para que as tecnologias genéricas – informática-eletrônica, internet – cheguem de forma maciça à escola e à casa do professor."

Outra questão fundamental é o incentivo à criação de programas de ensino da leitura e escrita pela via do computador. É preciso acordar para o índice de jovens nas grandes cidades, cerca de 48%, que não completaram o ensino fundamental. Estão mal alfabetizados, mas não voltarão para classes de alfabetização regular. Parte de um falso pressuposto a prioridade de alfabetização de jovens e adultos, tal qual alardeada no Brasil: o que a população jovem adulta deseja é um supletivo com certificado de ensino fundamental que parta do seu potencial de letramento. A tecnologia até aqui desenvolvida precisa estar ao seu alcance. Não é possível limitar às universidades o desafio de construir e desenvolver tais programas (diretriz do MEC), mas abrir esta possibilidade às ONGs e a outros centros.

"Outra meta ambiciosa: não precisamos de primeiro emprego para jovens": "...num contexto de baixo crescimento/recessão e desemprego, a oferta de trabalho deve estar sendo estimulada para o adulto. Para os jovens é preciso oportunizar programas de incentivo à inovação e à criação tecnológica. Portanto, não é mais o caso de ofertar cursos de adestramento profissional, mas uma política incentivadora da criação tecnológica."

Vinod Thomas, vice-presidente do Banco Mundial e seu diretor para o Brasil, fez apresentação orientada para as principais dimensões do crescimento com inclusão.

Em primeiro lugar, a importância da melhor distribuição de renda, segundo destaca: "Quanto menor a desigualdade de renda mais forte é a relação (direta) entre crescimento econômico e redução da pobreza. Assim, países mais desiguais precisam de uma taxa de crescimento mais alta do que países mais igualitários para obter uma dada redução percentual na incidência da pobreza."

Em seguida, as políticas para inclusão. Algumas indicações.

"...Contrariamente ao que ocorre em outros países, o Brasil não tem conseguido usar os sistemas tributários e de gasto social de forma a afetar substancialmente a extrema desigualdade de renda..." Daí a necessidade de melhor incidência dos tributos e das transferências sociais, o que, em alguns casos, impõe uma melhor focalização: programas diretamente voltados para os pobres e os extremamente pobres.

Por outro lado, quanto às políticas para o crescimento, é relevante assinalar: "Um regime econômico e institucional apropriado é essencial para assegurar um retorno dos investimentos feitos e para estimular o crescimento. Elementos chaves para tal regime incluem sistemas legais compatíveis, um ambiente competitivo, mercados financeiros fortalecidos, mão-de-obra qualificada e boa governabilidade." Mais ainda: "A regulamentação excessiva do setor produtivo resulta em menor crescimento, menor inovação, maior desemprego, maior informalidade e mais oportunidades para corrupção. No Brasil os procedimentos são muito burocráticos estando entre os mais lentos e inflexíveis do mundo".

Thomas abordou em seguida as políticas de desenvolvimento humano, com destaque para educação: "O investimento no capital humano, se bem distribuído e direcionado para os pobres, pode facilitar a inclusão social auxiliando os grupos mais vulneráveis a transpor os obstáculos sociais e aumentar sua produtividade."

Especificamente: "...Nas duas últimas décadas os indicadores da educação básica no Brasil mostraram um avanço impressionante." "Atualmente, a taxa de matrícula primária no Brasil é de 97%, enquanto a média é de 93% em países com os mesmos níveis de renda."

E sobre saúde: "O Brasil demonstrou notável avanço nos índices de saúde nos últimos anos."

Passou então ao tema "Tecnologia e Conhecimento". Sua colocação: "O Brasil, em comparação aos padrões da América Latina e do Caribe, é um dos países que mais investem recursos públicos em P&D. No entanto, os resultados, não são proporcionais aos investimentos. Para melhorar os resultados, uma sugestão seria fortalecer os elos entre as instituições de pesquisa e a indústria, aumentando o nível e a participação dos investimentos do setor privado em P&D, por meio de melhor estrutura de incentivos: fornecendo subsídios para contrapartidas, fortalecendo os direitos à propriedade intelectual, aprimorando o registro de patentes e simplificando o arcabouço regulatório, facilitando a disseminação da inovação e da tecnologia e aprimorando a coerência do sistema nacional de inovação."

O tema seguinte foi "Recursos Naturais", de grande relevância para o Brasil. Sua colocação: "A vantagem comparativa dos recursos naturais leva, portanto, a uma estratégia econômica que enfatiza a abertura comercial (inclusive a necessidade de manter pressão sobre a abertura dos mercados nos países industrializados), uma força de trabalho instruída e flexível, um clima positivo para inovações (tais como vínculos entre pesquisa e comércio e, possivelmente, pesquisa e desenvolvimento do setor privado, particularmente os relacionados à agricultura e à gestão de recursos naturais) e um ambiente favorável à tecnologia da comunicação e à internet."

A apresentação de Silvano Gianni mostrou a importância da criação de um ambiente favorável ao desenvolvimento das Micro e Pequenas Empresas (MPEs), num país que, segundo pesquisas internacionais, tem cerca de 33% de seu PIB e 49% da sua força de trabalho na informalidade.

A essência desse esforço está na futura Lei Geral da Pequena Empresa, em que há duas inovações a salientar: o cadastro único e a arrecadação unificada.

Com o cadastro único "um dos maiores avanços da desburocratização", "teremos o registro da empresa num só cadastro nacional, e com um único número em todos os órgãos da administração pública federal, estadual e municipal."

Tal avanço será complementado pela "arrecadação unificada de tributos federais, estaduais e municipais, criando-se uma única exigência englobando todos os tributos aplicáveis à empresa de pequeno porte, com obrigatoriedade de repasse imediato dos recursos aos respectivos entes."

As duas inovações deverão acarretar considerável aumento de arrecadação, "pela ampliação da base tributária, com o ingresso na legalidade de milhões de micro e pequenas empresas que hoje não recolhem impostos por estarem à margem da lei." "Pesquisa recente da FGV, num universo de 50 mil pequenos negócios, coordenada pelo professor Marcelo Néri, estima que reduzir à metade a carga tributária sobre o segmento pode elevar a arrecadação em mais de mil por cento."

O outro ponto coberto por Gianni disse respeito ao apoio que o sistema Sebrae está dando às redes locais de MPEs conhecidas como Arranjos Produtivos Locais (APLs), caracterizados principalmente por: articulação entre as empresas e pelo relacionamento com outros agentes do local; por uma certa regularidade e intensidade nos relacionamentos e nas articulações entre diferentes tipos de agentes sociais; pela construção de confiança e cooperação; e pela troca sistemática de informações e conhecimento que possibilite aprendizagem e ganhos comuns.

Ao lado disso, existe também a "presença e a integração de instituições e de bens e serviços públicos (mas não necessariamente estatais)." "Traduzindo: educação, saúde, crédito, telecomunicações, transportes, centros de pesquisa, estações de tratamento de água, agências de desenvolvimento, plataformas logísticas, que associam um certo nível de qualidade e uma expressiva universalização."

Em suma: "A dinâmica produtiva dos territórios não se reduz, pois, à presença de MPEs operando em certos níveis de proximidade espacial. O que define a capacidade das MPEs de serem competitivas em níveis globais e por uma inserção competitiva focada na agregação de valor são suas bases locais, ou seja, a densidade de seu capital social."

Seguiu-se o pronunciamento de Ivan Gonçalves Ribeiro Guimarães, presidente do Banco Popular do Brasil (subsidiária do Banco do Brasil), sobre tema complementar ao de Gianni.

A colocação básica feita foi no sentido de que o Banco do Brasil resolveu dar prioridade a um novo público – o de menor renda –, para ele criando novas linhas, adequadas ao seu perfil. Isso de um lado, envolve novas metodologias de análise de risco, e, de outro, promover a geração de emprego e renda e a inclusão social.

Dentro dessa orientação, o banco já há algum tempo vem desenvolvendo novos tipos de ações: as contas simplificadas para 800 mil beneficiários do INSS, com acesso ao crédito benefício; o crédito consignado (em folha); a conta universidade e a conta jovem; o crédito material de construção.

Com essas ações, houve grande ampliação da base de clientes: três milhões de pessoas, em 2003.

Através da criação do Banco Popular do Brasil (em fevereiro deste ano), institucionalizou-se esse importante segmento da atuação do Banco do Brasil. Vai esse nosso instrumento voltar-se em grande escala para a área do microcrédito, tanto à pessoa física como à microempresa. O destaque, para a área de micro e pequenas empresas, é a linha BB Giro Rápido.

A apresentação seguinte foi de Cláudio Salm, professor de economia da UFRJ, sobre o tema "Crescimento sustentado e política de emprego". Começa ele dizendo que parte do pressuposto de que vai ser possível crescer a taxas de 3,5 a 4% a.a. nos próximos anos.

Mesmo assim, e embora isso leve a um razoável crescimento do emprego, "como pudemos observar ao longo de 2000/01", ou seja, ainda que sem "aumento da taxa média de desemprego", haveria o problema do contingente de desempregados e subempregados que não encontrarão ocupação produtiva apesar de a economia voltar a crescer (isto é, o desemprego estrutural). E esse desemprego e subemprego se distribuírem "de forma muito heterogênea entre regiões, gêneros e idade...".

Então, é preciso definir linhas de ação, tanto do lado da oferta de mão-de-obra (falta de educação básica completa, necessidade de diminuir a oferta de mão-de-obra não qualificada, para "reduzir a pressão sobre o mercado de trabalho: jovens subescolarizados e mães chefes de família"), como do lado da demanda por mão-de-obra.

Quanto a esta segunda dimensão, o essencial é "integrar as iniciativas de âmbito nacional às instâncias regionais e locais de planejamento e fomento".

Algumas recomendações apresentadas por Salm:

- Orientar a "demanda adicional para as atividades mais dinâmicas em relação ao emprego" (apesar das dificuldades metodológicas existentes, os estudos da equipe do BNDES dão boas indicações nesse sentido).
- Estimular o aumento da produtividade e a demanda por produtos de consumo popular, "levando em conta, além dos efeitos sobre a distribuição da renda, os seus impactos fiscais."
- Redirecionar e concentrar os recursos do FAT nas linhas de ação que estimulam o desenvolvimento. Recentemente, surgiu um bom exemplo: o Programa de Apoio ao Fortalecimento da Capacidade de Geração de Emprego e Renda, em consideração no BNDES.
- Incentivar a formalização das Micro e Pequenas Empresas (MPEs), através da diferenciação da estrutura tributária, da legislação trabalhista e da legislação previdenciária. Na mesma linha, apoio ao microcrédito.
- Dar prioridade às periferias das grandes cidades e às favelas, nos investimentos em infra-estrutura urbana e em programas de geração de emprego e renda, assim como em políticas sociais.
- Integrar projetos de interesse local aos investimentos de apoio à agroindústria, especialmente no tocante aos transportes.
- Induzir a formação de Arranjos Produtivos Locais (APLs) capazes de competir nos mercados nacional e internacional.

A última apresentação foi de André Spitz, Gleyse Maria Couto Peiter e Marcos Roberto Carmona sobre "Parcerias em projetos bem-sucedidos de inclusão social".

O Coep (Comitê de Entidades no Combate à Fome e Pela Vida) é uma rede nacional de mobilização social, reunindo centenas de organizações (entidades públicas e privadas) em todos os estado (e Distrito Federal), com o objetivo de fortalecimento de comunidades para a execução de projetos de desenvolvimento econômico e social. Desse trabalho surgiram projetos inovadores de combate à pobreza extrema, os quais se tornaram referência e estão sendo duplicadas em outras comunidades.

A seguir, alguns dos projetos inovadores do Coep:

- *Cooperativa dos Trabalhadores Autônomos de Manguinhos (Cootram)* – o Complexo de Manguinhos compreende 11 comunidades faveladas (40 mil habitantes): sérios problemas econômicos, sociais e ambientais – e altíssimo índice de desemprego (havia chegado a 80%), além, claro, da violência.

    A ação prioritária definida para o projeto foi, em conseqüência, a "geração de trabalho e renda e de educação para o trabalho". Criou-se a Cootram, que atua hoje em limpeza, aterro sanitário, manutenção viária, coleta e reciclagem de lixo, jardinagem (inclusive horta comunitária), manutenção de equipamentos, corte e costura, apicultura, fabricação de tijolos e outros materiais de construção.

    Da ação da cooperativa resultou, inclusive, um Programa de Desenvolvimento Local e Sustentável, que está em execução.

- *Incubadoras de Cooperativas Populares* - o sucesso com a experiência de Manguinhos levou a uma associação da Coep com a Coppe/UFRJ, que já tinha uma incubadora de empresas. Daí nasceu a primeira Incubadora Tecnológica de Cooperativas Populares. A experiência foi repetida com outras universidades (Universidade de São Paulo, Universidade Federal de Juiz de Fora, Universidade Federal da Bahia, Universidade Federal do Ceará e Universidade Federal Rural de Pernambuco) e resultou na criação do Programa Nacional de Incubadoras de Cooperativas Populares. Só nos dois primeiros anos esse programa deu origem a 15 cooperativas populares.

- *Projeto Algodão: tecnologia e cidadania* - o principal objetivo é "a melhoria da qualidade de vida dos agricultores familiares (no semi-

árido do Nordeste), através do estímulo à produção do algodão com sistema integrado: agricultor x indústria x agente financeiro, e o incremento da economia municipal, gerando emprego e renda para os pequenos produtores." "Em meados de 2001, portanto, o Coep, tendo como principal parceiro a Embrapa, responsável pelo desenvolvimento de cultivos modernos, (...) implantou um projeto-piloto, no município de Juarez Távora (PB), para revitalização da cultura do algodão, para pequenos agricultores familiares: Algodão: Tecnologia e Cidadania."
Com os bons resultados obtidos em Juarez Távora, fez-se a expansão do programa para cinco outros municípios, todos no Nordeste (na Paraíba, Ceará, Rio Grande do Norte, Alagoas e Pernambuco).

Após as apresentações, teve lugar a mesa-redonda, que começou com Carlos Mariani Bittencourt, vice-presidente do Centro Industrial do Rio de Janeiro.

O essencial de sua intervenção foi que o crescimento sustentado é essencial para que realmente ocorra a inclusão social. Para isso, há necessidade de uma agenda de reformas, que, em primeiro lugar, promovam o incentivo ao investimento.

Mencionou Mariani o estudo de Raul Velloso, apresentado à Firjan em seminário no início de maio, segundo o qual o investimento da União caiu pela metade (como % do PIB) de 1997 para cá. "É o nível mais baixo dos últimos dez anos". E essa queda dos investimentos públicos "atingiu profundamente a infra-estrutura".

Com isso, mais importante, ainda, se tornou o papel do investimento privado. Mas aí surgem dois tipos de obstáculos. De um lado, a carga tributária tem subido muito e o sistema tributário, "apesar das mudanças recentes, não desonera totalmente os investimentos e funciona como entrave ao crescimento".

De outro, há "o custo do capital no Brasil. Boa parte das altas taxas de juros se deve não ao rigor da política monetária, mas aos elevados *spreads* bancários. E uma das razões para esse custo é a incidência de tributos. O Banco Mundial acaba de revelar que o Brasil apresenta umas das maiores participações de tributos em *spreads* bancários".

Mariani referiu ainda que outra "demanda importante é reformar a legislação trabalhista, para estimular a contratação e reduzir a informalidade".

Rubem César Fernandes, diretor-executivo do Viva Rio, fez oportuna proposta de caráter preventivo em relação ao problema da violência urbana, que "cresceu no Brasil nos últimos 20 anos como um surto epidêmico".

Segundo assinalou, "o grupo de risco [da violência] é formado, sobretudo, de adolescentes e jovens [do sexo masculino] que *abandonaram a escola entre a 5ª e a 7ª séries do Ensino Fundamental* (grifos no original). Isto faz sentido: considerando que a quase totalidade das crianças de 7 a 14 anos estão hoje na escola, o adolescente que entra na faixa de risco terá, via de regra, completado já uns quatro anos de estudo. Os analfabetos, que, relativamente, não são tantos entre os jovens, parecem estar tão fora do 'sistema' que sequer participam dos círculos da violência. Por outro lado, aqueles com mais de oito anos de estudo, com Ensino Médio ou profissionalizante, estão associados, na maioria das vezes, a estratégias de vida com perspectivas de crescimento por dentro do sistema legal."

E continua: "Feito o diagnóstico, uma indicação salta aos olhos: *urge uma política de re-inclusão educacional para jovens que abandonaram a escola antes de terminar o Ensino Fundamental, e sobretudo na faixa da 5ª à 7ª séries*" (grifos no original).

A proposta é, então, composta de dois pontos: Priorizar a "Aceleração Escolar", "uma modalidade de ensino que vem sendo promovida pelo MEC para corrigir o fluxo dos alunos ao longo das séries escolares"; e *"atrair os jovens que estão fora da escola* e que desejam voltar a estudar, incluindo-os nas turmas de Aceleração. Teríamos, assim, uma Aceleração Escolar Inclusiva, com turmas mistas, de jovens ainda matriculados, aos quais se somariam os jovens recém 'incluídos'."

A intervenção de Marília Pastuk, superintendente da Ação Comunitária do Brasil (Rio de Janeiro), destacou dois pontos.

Inicialmente, a significação dos Consórcios Sociais da Juventude, como uma vertente do programa Primeiro Emprego, e destinados a "promover a inclusão social de jovens em situação de risco, principalmente por meio da realização de experiências-piloto na área de geração de trabalho, emprego e renda."

No caso do Rio de Janeiro, estão participando do consórcio dez ONGs com larga experiência na área, inclusive a Ação Comunitária do Brasil, que é também a entidade âncora do consórcio, e cerca de 840 jovens oriundos de várias favelas e áreas da periferia metropolitana. Tais jovens recebem uma bolsa-cidadania e formação de 400 horas (reciclagem em português e matemática, alfabetização digital, aulas de empreendedorismo e formação específica em mais de 20 profissões).

O segundo ponto se refere à experiência de inclusão social de jovens do Complexo da Maré, "com quem a Ação Comunitária trabalha há mais de 30 anos". Tal experiência inclui iniciativas de sucesso como o Buffet Mareação, o Grupo de Produção de Boneca Banto, o Salão Comunitário, a Cerâmica Étnica, a Serigrafia Artística e Cultural.

Sua conclusão: está na hora de darmos visibilidade a experiências como essas.

Rodrigo Baggio, diretor-executivo do Comitê para Democratização da Informática, fez a sua intervenção baseada em duas colocações.

A primeira foi que "cooperar e partilhar" passaram a "dar o tom do uso das tecnologias da informação, a partir das tecnologias de comunicação. Desde então, o mundo ideal das famosas TICs virou o mundo das redes, da circulação e troca de dados, a tempo e a hora. E nos colocou diante de um enorme desafio: disseminar democraticamente as informações."

Referiu-se, a propósito, à Cúpula da Sociedade da Informação (Genebra, dezembro/2003), em que dezenas de representantes da sociedade civil demonstraram, na prática, "caminhos para superação do impasse" (relativo ao desafio), "quase todos baseados na Educação, em valores locais e práticas sustentáveis consistentes com a realidade global, e no acesso ao conhecimento para todos os seres humanos". Desta forma, o conhecimento não é apenas o insumo fundamental para a competitividade. "O botão vermelho que acaba de ser apertado alerta para o fato de que o conhecimento precisa ser distribuído para permitir a construção de uma sociedade menos concentradora, mais saudável do ponto de vista econômico e social, que possa proporcionar uma melhor qualidade de vida."

A segunda colocação foi que, "apesar do acesso limitado à tecnologia na sociedade brasileira [pessoas e empresas], a informática e as telecomunicações já são um segmento importante da economia" (6% do PIB em 2001).

PRIMEIRA PARTE
ECONOMIA DO CONHECIMENTO, CRESCIMENTO E INCLUSÃO SOCIAL

Economia do conhecimento, crescimento e inclusão social: a estratégia global de desenvolvimento do Brasil

*Luiz Inácio Lula da Silva**

---
* Presidente da República.

NÃO PODERIA ser mais adequado e oportuno o tema deste XVI Fórum Nacional: economia do conhecimento, crescimento sustentado e inclusão social. Quase sempre essas três questões – conhecimento, crescimento e inclusão – são consideradas isoladamente, de modo estanque.

É um grande mérito do Fórum tratá-las em conjunto, buscando a sua desejável integração, a sua necessária complementaridade. Em especial, nosso governo compartilha plenamente dessa busca de uma síntese nova e criativa entre estabilidade econômica e desenvolvimento social.

Estamos convencidos de que é preciso superar, na teoria e na prática, dicotomias artificiais do passado, que tão danosas se revelaram para o nosso país e para o nosso povo.

A experiência histórica do Brasil e do mundo demonstra que as nações prósperas e coesas são aquelas que conseguem combinar e, mais do que isso, fundir a responsabilidade econômica com a responsabilidade social. São aquelas que conseguem trilhar o caminho do crescimento sustentado, da geração de emprego e renda, da produção e democratização do conhecimento, da verdadeira inclusão social.

Estabilidade não se opõe a crescimento, assim como crescimento não deve opor-se à estabilidade. Ao contrário: o crescimento sem estabilidade é insustentável, historicamente. Da mesma forma, o crescimento consistente e duradouro é a melhor forma de consolidar a estabilidade.

Nosso objetivo, desde o primeiro dia de governo, tem sido o de proporcionar ao país um novo ciclo histórico de crescimento sustentado, do qual a inclusão social seja ao mesmo tempo motor e resultado.

A esse objetivo temos nos dedicado de corpo e alma. Por ele temos trabalhado incansavelmente. Esta é a causa do Brasil e é a nossa causa. E dela jamais abriremos mão. Sabemos que o crescimento sustentado e o bem-estar social não nos serão dados de presente.

Trata-se de um caminho que deve ser construído dia-a-dia, pelo esforço consciente de cada um e de todos nós. Caminho que é incompatível com planos supostamente milagrosos, com pacotes aparentemente mágicos. Em uma palavra: com atalhos inexistentes para o progresso e a justiça.

O poeta espanhol Antonio Machado já disse de modo inigualável: "Caminhante, o caminho se faz ao caminhar."

É por isso que nosso governo tem procurado imprimir ao país um novo rumo, mais coerente e responsável. Que não busca o êxito fácil e inconseqüente, o aplauso efêmero, mas a solução efetiva e permanente dos grandes problemas nacionais.

Temos plena consciência de que o caminho das soluções estruturais é o mais árduo e desafiador. Mas é o caminho justo e devemos trilhá-lo com paciência e perseverança. E os resultados gradativamente aparecerão, como já estão aparecendo, com a retomada do crescimento e a melhoria de alguns importantes indicadores sociais.

O Brasil, desde janeiro de 2003, passou a contar com uma agenda clara, da qual não nos desviaremos. O país tem projeto, tem comando exercido democraticamente e voltou a ter uma verdadeira estratégia de desenvolvimento nacional e de inserção soberana no mundo.

O Brasil, hoje, recuperou a sua auto-estima e a sua visão de futuro, ancoradas em uma compreensão realista do presente. A primeira obrigação de um governo de mudanças é conhecer bem e avaliar com lucidez os obstáculos que devem ser vencidos, as pré-condições que devem ser criadas na prática, e não apenas no discurso, para que os avanços pretendidos não sejam fogo de palha, para que as conquistas econômicas e sociais se tornem definitivas, irreversíveis.

Tropeços circunstanciais existem, como em qualquer governo e, se a experiência prática recomenda, fazemos aperfeiçoamentos, mas prosseguiremos na rota traçada porque acreditamos nela e acreditamos no Brasil.

Dissemos que a tarefa prioritária de 2003 era a de superar a grave crise econômica e colocar novamente o país nos trilhos. Tratava-se, antes de mais nada, de recuperar a estabilidade, reduzir a vulnerabilidade e instaurar um clima de confiança do Brasil em si mesmo e do mundo em nosso país. Esse foi o primeiro e imprescindível passo no sentido de virar a página de quase uma década de estagnação.

Devemos, agora, zelar pela estabilidade reconquistada, tornando-a cada vez mais resistente às turbulências do cenário global. Nosso país, pelo esforço de suas empresas, dos trabalhadores e do governo, alcançou um grande saldo na balança comercial.

Estamos batendo recordes históricos a cada mês. Aqui, só um parêntese: eu acabei de receber um telefonema do ministro Furlan, no último domingo, ao completar 365 dias das nossas exportações; nós chegamos a 80 bilhões de dólares, o que é um marco extraordinário e recorde na vida do nosso país, e eu espero que colhamos muito mais até o final do ano.

E mesmo com a retomada do crescimento doméstico, as exportações continuam a crescer. Isso reduz fortemente a vulnerabilidade do país.

Dissemos que era preciso realizar um conjunto de reformas institucionais e econômico-sociais, na área da previdência, dos regimes tributário e trabalhista, do sistema fundiário, com reforma agrária de qualidade, e do sistema político.

Cumprimos duas dessas cinco etapas. Vamos cumprir, nos próximos dois anos e meio, as etapas seguintes. A reforma da previdência, além de torná-la mais justa e eqüitativa, deu ao país instrumentos para melhorar a sustentabilidade do sistema. Foi outro passo enorme, que contou com a colaboração do Congresso Nacional, dos governadores e prefeitos e da opinião pública. Novos passos devem ser dados. O Regime Geral de Previdência ainda tem déficits importantes, sobretudo pelo elevado grau de informalidade na economia.

Este é um problema complexo, que tem ligações com as esferas trabalhista e tributária. Não menos importante foi a aprovação da reforma tributária, fruto de ampla negociação nacional que mobilizou ativamente o empresariado, os entes federativos e o parlamento. Seu impacto positivo na vida do país fica, a cada dia, mais evidente.

Hoje, graças às condições criadas pela reforma, estamos atuando na melhoria da qualidade dos impostos, como é o caso da Cofins e do PIS, e simplificando instrumentos, a exemplo do compromisso constitucional assumido em relação ao ICMS.

Com isso, haverá uma clarificação fundamental para as empresas e os consumidores, possibilitando, a médio prazo, a redução dos níveis de tributação. Vamos percorrer igualmente, ainda que por etapas, o caminho da desoneração dos encargos sobre folhas de salários.

Há os que se recusam a reconhecer os inegáveis avanços da reforma tributária porque ela não reduziu de imediato os impostos, e nem poderia fazê-lo, sob pena de grave irresponsabilidade, dados os desequilíbrios acumulados ao longo de muitos anos nas contas públicas e que levaram o país a contrair uma elevada dívida. Dívida que foi e continuará a ser honrada pelo nosso governo, ao mesmo tempo em que fazemos o máximo esforço para reduzir, paulatinamente, o seu peso em relação ao Produto Interno Bruto.

Acredito que, com a racionalização constante do nosso sistema tributário, poderemos caminhar para a instituição de um único imposto de valor adicionado, dando ao sistema a objetividade e simplicidade que os agentes econômicos tanto almejam.

Apesar das notórias dificuldades orçamentárias que herdei, não houve nem haverá aumento de carga tributária no meu governo. Meu compromisso é, mesmo, o de reduzi-la, na medida em que o crescimento da economia e o saneamento das finanças públicas forem criando condições para isso.

Além disso, encaminhamos ao Congresso Nacional um conjunto coerente e consistente de medidas com o propósito de assegurar as condições institucionais e o ambiente favorável à expansão dos investimentos.

Entre outras, que comentarei mais adiante, menciono a consolidação das agências reguladoras, o novo marco regulatório da área de saneamento, a Lei de Falências e a Lei do Mercado Imobiliário, que ajudará em muito a recuperar um setor decisivo para a economia e para a vida social, que é o setor da construção civil.

Evidentemente, uma agenda de governo não é feita somente de ajustes e de mudanças institucionais, ainda que estes sejam importantíssimos. Por isso mesmo, nos debruçamos este ano sobre as questões vitais das políticas de desenvolvimento e inclusão social.

Neste particular, quero dizer que a economia do conhecimento, que é cada vez mais a economia do século XXI, só será apropriada por países como o Brasil se esforços vigorosos e obstinados forem feitos nessa direção.

No que se refere às políticas sociais, posso dizer que os resultados já são muito animadores e nos dão a certeza de que, nos próximos dois anos e meio, vamos realizar tudo que sonhamos em benefício das famílias brasileiras que vivem em extrema pobreza.

De um lado, porque apesar de todas as dificuldades, conseguimos aumentar o orçamento social até atingir, este ano, o recorde de 10,800 bilhões de reais para o Bolsa Família, a Loas e outros programas destinados à população carente.

Os indicadores comprovam que as famílias de menor renda e tantos que ainda enfrentam o drama da fome em nosso país já estão, de certa forma, melhor assistidos. As estatísticas favoráveis virão a cada ano, porque nos empenhamos em integrar os programas e as ações da política social.

Também integramos os órgãos de governo, reunindo-os num só ministério, o Ministério do Desenvolvimento Social e Combate à Fome.

Cito apenas, entre muitos outros possíveis, mais dois exemplos de políticas sociais que vêm para alterar a qualidade de vida das classes populares.

Um é o Plano de Apoio à Agricultura Familiar, que lançamos em maio do ano passado. O período da safra ainda não terminou e, dos 5,3 bilhões de reais que disponibilizamos, cerca de quatro bilhões já chegaram aos agricultores. Isso é mais do que o dobro do que se financiou em qualquer outro ano da nossa história – e estão viabilizando a produção agrícola de um milhão e meio de famílias.

O sucesso da agricultura familiar vem somar-se ao renovado sucesso do agronegócio brasileiro, que também financiamos em montantes inéditos, comprovando que agronegócio e agricultura familiar são perfeitamente compatíveis, mais do que isso: são complementares e igualmente indispensáveis ao nosso país.

O outro é o Plano de Obras e Saneamento Básico, recém-lançado, no valor de 2,9 bilhões de reais, cujos contratos estaremos assinando até o final deste mês com estados e municípios e empresas públicas de saneamento, e que também se constitui no maior plano de investimentos no setor, mais do que tudo o que se investiu em saneamento básico de 1995 a 2002.

A retomada do crescimento e o desenvolvimento brasileiros passam por acreditarmos em nós mesmos, em nossa capacidade de fazer, e fazer bem as coisas. Até alguns anos atrás, a indústria naval estava paralisada, era tida como falida, incapaz de produzir e tantas outras coisas que falavam dela. Hoje, as plataformas estão sendo feitas aqui, os navios da Petrobras estão sendo feitos aqui. É uma prova de que basta acreditarmos em nós mesmos, em nossa capacidade produtiva, que o Brasil vencerá todo e qualquer obstáculo.

Um país tão complexo como o Brasil, que tem pesquisas de ponta em várias áreas e empresas com capacidade de desenvolver tecnologias inovadoras, tem que dispor de um plano de desenvolvimento.

Este plano tem diferentes aspectos voltados para impulsionar o aumento do investimento privado e público, tanto em infra-estrutura física e logística quanto em infra-estrutura de conhecimento e de inovação.

Temos trabalhado firmemente na definição de um plano efetivo nestes dois campos. As regras para o investimento em energia estão definidas e, mesmo que soluções não sejam fáceis nem imediatas neste setor, o importante é que não nos omitimos, fizemos o máximo que poderíamos fazer.

Aqui, duas novidades extraordinárias: de junho até dezembro do ano passado, nós conseguimos desobstruir 17 hidroelétricas que estavam paralisadas desde 2001, por problemas ou no Ministério Público ou no Ibama federal ou no Ibama estadual. Essas empresas estão, agora, em construção. Temos mais 18 para desobstruir.

Mas o mais interessante, o mais importante é que, dois meses atrás, lançamos o Proinfa, em Brasília, a nossa política de energia alternativa. Algumas pessoas estavam céticas com relação ao sucesso. Na última sexta-feira, nós tivemos o prazer de anunciar, nós queríamos contratar 3.300 megawatts e apareceram propostas para 6.600 megawatts, com um investimento de 8,5 bilhões de reais nos próximos dois anos, numa demonstração do sucesso extraordinário em que se transformou a nossa política de energia alternativa.

Isso demonstra que, quando nós temos bons projetos, as coisas acontecem no Brasil. Muitas vezes, nós ficamos chorando muito, e o BNDES pode ser prova disso, de que nem sempre por trás da choradeira tem um bom projeto para receber do BNDES os investimentos necessários para que uma indústria ou alguma coisa nova possa acontecer no nosso país.

Talvez tenha sido este um dos campos mais traumáticos das ilusões vividas no anos 1990, de que bastava o Estado afastar-se, vendendo os ativos em seu poder, para que os mercados suprissem, de forma perfeita, este bem vital.

Muito mais do que imperfeições, o que houve aí foram experiências fracassadas e escândalos internacionais.

O que ficou foi um terreno de maior incerteza, no qual a atuação do governo tornou-se indispensável, no sentido de buscar uma regulação adequada e Parcerias Público-Privadas (PPPs) que encarem os novos desafios.

As regras de parceria público-privada encontram-se no Congresso Nacional, e não tenho dúvida de que serão debatidas e aprovadas com a mesma diligência e espírito público que o Parlamento tem, repetidamente, demonstrado.

Com isso, os recursos do Estado brasileiro para financiar o desenvolvimento poderão ser muito potencializados, em associação com o capital privado, tanto nacional como estrangeiro.

Todos sabemos que o Estado não tem hoje a mesma capacidade. de financiamento que já teve no passado. Nem tem a pretensão doutrinária de atuar sozinho. Mas, através das PPPs, os seus recursos, que não são desprezíveis, poderão viabilizar projetos capazes de contribuir, e muito, para o novo ciclo de crescimento.

No que diz respeito à infra-estrutura do conhecimento, acredito que demos um passo fundamental ao definir as diretrizes de política industrial, tecnológica e de comércio exterior. Há, pelo menos, 20 anos o país anseia por uma política industrial.

Nos anos 1960 e 1970, que registraram o último grande ciclo de expansão da economia brasileira, o Brasil concentrou esforços, como não poderia deixar de ser, na remoção de gargalos e na geração de capacidade produtiva.

Nos anos 1990, acreditou-se numa agenda simplificadora, que praticamente dispensava o esforço próprio em busca de inovações. Com isso, perdemos em muitos setores industriais a possibilidade real de nos tornarmos internacionalmente competitivos. Hoje, também é necessário remover gargalos, sobretudo na infra-estrutura, e criar capacidade produtiva.

É para isto que estamos trabalhando, elegendo prioridades, motivando talentos, provendo recursos a taxas adequadas, no sentido de dar um salto em termos de competitividade internacional.

O país conseguiu fazer isso na agricultura e em algumas ilhas de excelência, mas agora chegou a hora de dar corajosamente um passo maior, capaz de impulsionar a indústria brasileira e nossa rede de serviços.

A economia do conhecimento se move nesta direção e deste movimento não podemos nos apartar. É por isso que estamos apostando na inovação como, talvez, nunca antes se tenha apostado. Ou, pelo menos, numa escala sem precedentes.

O Brasil não pode, não deve e não vai ser um comprador líquido de tecnologia, expressa em produtos de alto valor agregado, em áreas-chave como fármacos e medicamentos, microeletrônica, *software* e bens de capital.

Não é um problema, simplesmente, de balança comercial. Temos, sim, déficits comerciais importantes nessas áreas, os maiores em nossa pauta de importação. Mas o que mais perdemos não está aí, no fato de importar. O que mais perdemos é na incapacidade de exportar em áreas como essas.

Por que isso acontece? Porque essas áreas são baseadas no maior fenômeno de nossos tempos, que se chama propriedade intelectual. A manufatura deixou de ser, em nossos dias, o fator que impulsiona as economias. Ela continua sendo importante e não é o caso de abrir mão dela. Mas o que é preciso, sobretudo, é agarrar firmemente a capacidade de gerar conhecimento, patentes, melhoria de processos e gestão. O resultante disso é a capacidade de criar propriedade intelectual, *design*, marcas de alto valor agregado.

Temos debatido com afinco esse tema no Conselho Nacional de Tecnologia e no Conselho de Desenvolvimento Econômico e Social. Integramos as ações ministeriais. Constituímos o Conselho de Desenvolvimento Industrial e enviamos projeto de lei ao Congresso criando a Agência de Desenvolvimento Industrial.

Programas de fomento para as áreas de bens de capital, *software* e fármacos já foram definidos pelo BNDES e estão sendo implementados. Eles criam condições de incentivo ao investimento privado, até então inexistentes no Brasil.

Na estrutura de ciência e tecnologia, enviamos o Projeto de Lei de Inovação e estamos tomando medidas para racionalizar o uso dos recursos dos fundos setoriais. As ações estão sendo implementadas e vão ganhar ainda mais fôlego nas próximas semanas.

O governo está fazendo a sua parte e certamente os empresários farão a sua, aumentando seus investimentos.

Quero dizer também uma palavra sobre a educação, pois ela é o alicerce indispensável de qualquer política de desenvolvimento sustentado. O Brasil avançou muito, nas últimas décadas, no sentido de universalizar o acesso à escola fundamental. Não se deve, absolutamente, menosprezar essa conquista. Que o diga quem nunca conseguiu estudar por falta de escola pública. Mas não basta.

Nosso grande desafio, hoje, é elevar a qualidade do ensino fundamental e médio. Não apenas dessa ou daquela escola, mas do sistema de ensino como um todo.

Estamos preparando a proposta de uma autêntica reforma universitária, que fortaleça a nossa produção e socialização do conhecimento superior. E vamos ampliar o acesso dos carentes à universidade, com o programa Universidade para Todos. Mas resolvemos, também, elaborar um ousado projeto de trabalho que incida fortemente nos desafios de qualidade do ensino fundamental e médio. Este ponto é crucial. Estou absolutamente convencido de que na melhoria do ensino, desde a base, reside o grande fator de inclusão social e desenvolvimento.

Preferi ater-me ao tema proposto, da estratégia global de desenvolvimento do país, sem tratar dos aspectos estritamente conjunturais, por mais importantes que os novos indicadores conjunturais sejam para comprovar o acerto do caminho que o Brasil está seguindo e desfazer equívocos de percepção.

Eu poderia ter enfocado, com humildade e alegria, o início da recuperação da renda dos trabalhadores, o aumento da produção industrial, a reação das vendas no comércio, o importante crescimento das contratações com carteira assinada, a maior procura de financiamento pelas pequenas e médias empresas, a recuperação econômica, enfim, coisas que já são realidade.

Preferi, no entanto, me concentrar na estratégia do desenvolvimento econômico e social, para demonstrar que este país tem rumo, que este país tem uma agenda clara de iniciativas que estão sendo executadas de modo consciente e tenaz.

Uma agenda que vai ao coração do nosso tema, aqui, hoje. Ao coração dos desafios brasileiros. E que nos levará, se Deus quiser e se perseverarmos em nossa ação transformadora, ao crescimento sustentado, com geração de empregos, distribuição de renda e paz social.

Eu quero terminar dizendo aos participantes deste XVI Fórum Nacional que, quando falamos de educação precisamos nos lembrar que, embora tenhamos 98% das nossas crianças na escola, os dados do MEC indicam que 58% das crianças que estão na 4ª série não conseguem ler direito e 59% não conseguem fazer uma das quatro operações matemáticas.

Quando falamos em crise econômica e desemprego, nós temos que ter como parâmetros aquilo que acontecia antes de nós. De janeiro a março deste ano foram registrados pelo Caged, que é um organismo do Ministério do Trabalho que conta a entrada dos empregados e os demitidos, o saldo positivo de 347 mil novos empregos criados.

É muito pouco diante do que nós precisamos criar, mas é o máximo de emprego com carteira assinada criado desde 1992 no nosso país.

Portanto, eu estou convencido que nós precisamos apenas confiar em nós mesmos, nós precisamos apenas acreditar que se nós definirmos conjuntamente os passos que o Brasil tem que dar e não ficarmos olhando as tentativas de crise internacional causada por aumento de juros americanos, e se nós depositarmos toda a nossa energia para encontrarmos saídas a partir dos nossos interesses eu não tenho dúvida que, sem nenhum plano mágico, como eu disse no começo, sem nenhum plano milagroso, mas com perseverança, com credibilidade e obstinação, certamente nós vamos conseguir para o Brasil o melhor desempenho e o melhor desenvolvimento sustentável que este país já teve.

Afinal, não queremos uma economia para um mandato, queremos uma economia para um país, e isso só será feito com muita seriedade.

SEGUNDA PARTE
EVOLUINDO PARA O CRESCIMENTO SUSTENTADO

Estabilidade e crescimento

Affonso Celso Pastore*
Maria Cristina Pinotti**

---
* Professor da USP e da EPGE (FGV). Ex-presidente do Banco Central.
** Economista.

A QUEDA DO CRESCIMENTO

HÁ UMA CLARA perda de dinamismo no crescimento econômico brasileiro. Entre 1970 e 2003, o PIB brasileiro cresceu a uma taxa média de 3,3% ao ano, porém essa taxa decresceu continuamente no tempo (Gráfico 1): foi de 7,9% ao ano entre 1970 e 1980; de 2,2% ao ano entre 1981 e 1994; e de um pouco menos do que 2% ao ano, entre 1995 e 2003.

GRÁFICO 1
PRODUTO INTERNO BRUTO E TAXA DE CRESCIMENTO

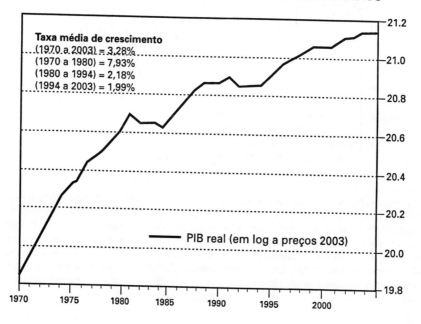

Menores taxas de crescimento estão associadas a menores taxas de investimento em proporção ao PIB. Entre 1974 e 1981, a formação bruta de capital fixo flutuava entre 22% e 24% do PIB, porém ela declinou para o intervalo entre 19% e 20% do PIB de 1990 em diante. Esta taxa caiu ainda mais nos últimos anos. No Gráfico 2, vê-se a relação entre as taxas de crescimento do PIB e as taxas de variação dos investimentos com base em dados anuais em um período mais longo, que se inicia em 1950[1]. Do final de 2000 em diante, não somente os investimentos com relação ao PIB declinaram, como ocorreu um declínio nos níveis absolutos dos investimentos em termos reais, como pode ser visto no Gráfico 3, elaborado com base em dados trimestrais.

GRÁFICO 2
TAXA DE CRESCIMENTO DO PIB E DE VARIAÇÃO
DOS INVESTIMENTOS

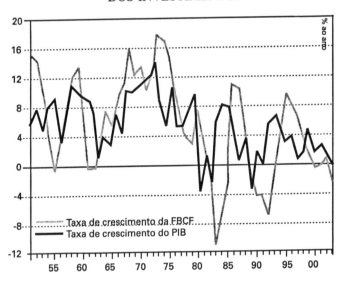

[1] As estimativas foram feitas com base nas Contas Nacionais. No gráfico está uma média móvel de três anos da taxa de variação dos investimentos, o que foi realizado para reduzir a sua volatilidade, revelando melhor a associação com as taxas de crescimento do PIB. Bacha e Bonelli (2003) analisam essa tendência de declínio a mais longo prazo. Alguns de seus resultados são de que: a) esta queda não pode ser atribuída a uma redução da taxa de poupanças domésticas, que ao contrário manteve-se estável durante décadas; b) os investimentos foram desestimulados pelo aumento do preço relativo das máquinas e equipamentos, que ocorreu no Brasil, porém não no resto do mundo. Desconhece-se a razão para este comportamento dos preços dos bens de capital.

GRÁFICO 3
ÍNDICE DA FORMAÇÃO BRUTA DE CAPITAL FIXO – VALORES REAIS

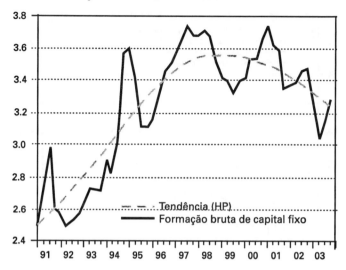

Esses dados são intrigantes. Primeiro, com o controle da inflação obtido após a reforma monetária de 1994, esperava-se que a taxa de crescimento do PIB pudesse elevar-se, dado o estímulo à formação bruta de capital fixo decorrente da estabilidade macroeconômica. Porém, declinaram tanto as taxas de crescimento do PIB quanto a formação bruta de capital fixo em relação ao PIB. Mais intrigante ainda é o fato de que depois da adoção do regime de câmbio flutuante, com o qual o país deixou de ser alvo de ataques especulativos, adotou um regime fiscal responsável e beneficiou-se de incentivos às exportações devido ao câmbio real desvalorizado, esse declínio se acentuou ainda mais, com os investimentos reais declinando em termos absolutos.

Com a adoção do regime de câmbio flutuante, as taxas reais de juros declinaram sensivelmente, passando a apresentar uma volatilidade muito menor, como se vê claramente no Gráfico 4[2]. Entre 1994 e 1998, quando

---

[2] A taxa real de juros mostrada no Gráfico 3 foi obtida deflacionando a taxa Selic pela inflação acumulada em 12 meses. A taxa Selic real média entre 1994 e 1999 situou-se em 18,9 % ao ano, declinando para 9,6% ao ano no período 2000/2003. A volatilidade das taxas reais de juros mais longas, como os *swaps* de 360 dias, por exemplo, é maior do que a da taxa Selic: além de se alterarem com as expectativas de inflação, os prêmios dos *swaps* de juros acompanham de perto as oscilações do risco-Brasil, que flutuou muito, mesmo depois da adesão ao câmbio flutuante.

GRÁFICO 4
JUROS REAIS E CÂMBIO REAL

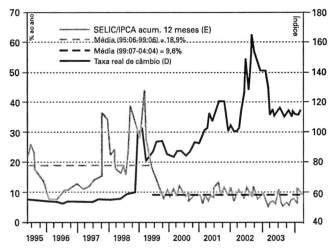

o câmbio real era praticamente fixo, os choques externos não podiam ser absorvidos pela variação do câmbio real. Naquele período, para defender as reservas e o regime cambial, o Banco Central era obrigado a reagir aos choques externos elevando vigorosamente a taxa real de juros, como ocorreu em resposta às crises do México, do Sudeste Asiático e da Rússia, em 1995, 1997 e 1998 (ver o Gráfico 4). Os juros reais mais elevados desestimulavam os investimentos e o crescimento do PIB, e o câmbio real sobrevalorizado não somente desestimulava a produção de bens internacionais, como aumentava as incertezas, dada a percepção de não-sustentabilidade dos déficits em contas correntes. Já com a flutuação cambial, todos os choques – internos ou externos – foram absorvidos predominantemente pelo câmbio real, gerando alterações muito pequenas nas taxas reais de juros que, em média, se situaram quase que à metade do nível ocorrido durante o regime cambial anterior. Por exemplo, o contágio da crise Argentina em 2001 depreciou o real, e esta depreciação foi ainda mais forte com a combinação das incertezas políticas com a elevação do grau internacional de aversão ao risco, em 2002. Em nenhum destes dois casos, a taxa Selic real teve que sofrer elevações sensíveis, embora em resposta à depreciação cambial, tanto quanto à conseqüente elevação das expectativas de inflação, e da elevação dos prêmios de risco dos títulos de dívida soberana, as taxas de juros mais longas, como os *swaps* de juros de 180 e

360 dias, tenham se elevado, contribuindo para desacelerar a atividade econômica[3].

Câmbios mais depreciados e juros reais mais baixos deveriam ter estimulado o crescimento econômico relativamente aos níveis atingidos nos quatro anos anteriores, mas de fato o crescimento desacelerou-se ainda mais. O que explica este comportamento? Parte da explicação está na carga tributária excessiva e, mais recentemente, na tolerância do governo a muitas violações do direito de propriedade pela ação dos sem-terra[4]; em um marco regulatório que afugenta o capital estrangeiro, como ocorreu recentemente no setor de energia elétrica; em uma atitude acanhada frente à opção de uma maior integração comercial; na ausência de uma reforma do mercado de trabalho – para citar apenas alguns fatores. Mas mesmo no campo da própria macroeconomia, onde estamos muito mais próximos de políticas racionais, existem fraquezas que limitam o crescimento. Optamos, neste trabalho, por analisar em maior profundidade apenas alguns temas ligados a esta perda de dinamismo dentro do campo da política macroeconômica.

O primeiro tema importante refere-se à proposição de que o Brasil deveria buscar um câmbio real ainda mais depreciado do que o atual, para com isso elevar os saldos comerciais e acelerar o crescimento econômico, reduzindo a sua vulnerabilidade externa. Há vários erros nesta proposição. Primeiro, um câmbio real mais depreciado de fato estimula as exportações, e com isso eleva os saldos comerciais. Câmbios reais mais depreciados induzem a produção de bens internacionais e podem ser uma mola propulsora do crescimento econômico, mas para que eles de fato produzam este estímulo, os investimentos têm que crescer, o que requer uma taxa real de juros mais baixa, e as importações também têm que se elevar, particularmente de máquinas e equipamentos com um conteúdo tecnológico mais elevado. Quando isso não ocorre, ficam os custos da subvalori-

---

[3] Desde o início da flutuação cambial, três variáveis mantêm uma elevada correlação positiva, no Brasil: os prêmios de risco sobre os títulos de dívida soberana (o chamado risco-Brasil); a taxa cambial; e os prêmios dos *swaps* de juros (180 e 360 dias, por exemplo) sobre a taxa Selic. Essa relação será utilizada adiante. Ver Pastore e Pinotti (2003), e Fávero e Giavazzi (2003).

[4] Há uma vertente da literatura sobre o desenvolvimento econômico que enfatiza o papel das instituições, dentre as quais o direito de propriedade é o maior estimulante ao desenvolvimento. As sociedades que conseguem criar instituições que dão os estímulos corretos ao desenvolvimento são também as que atingem os níveis de renda *per capita* mais elevados. Ver Acemoglu, Johnson e Robinson (2004).

zação, mas não os seus benefícios. Por que isso? As exportações crescem com um câmbio real mais desvalorizado porque os preços recebidos pelos produtores elevam-se relativamente aos custos, ou seja, porque a relação câmbio/salários se eleva. Porém, uma relação câmbio/salários mais elevada significa um salário real mais baixo, o que contrai o consumo. Veremos que as evidências empíricas mostram claramente que, no Brasil, o consumo em proporção ao PIB declina quando o câmbio se desvaloriza e eleva os superávits comerciais com relação ao PIB, além de mostrarem que o mesmo ocorre com os investimentos em relação ao PIB. As evidências mostram também que as importações têm crescido muito pouco. Apesar de não existirem evidências de que as desvalorizações cambiais sejam contracionistas, no Brasil, elas conduzem a uma contração do consumo e dos investimentos, e esta última desacelera o crescimento da formação bruta de capital fixo, retardando o crescimento do PIB.

Poder-se-ia argumentar que um câmbio real mais desvalorizado permite reduzir a vulnerabilidade externa da economia brasileira, mas mostraremos adiante que devido a uma dívida pública grande demais, a menos que o governo tenha uma reação correta no campo da política fiscal, a desvalorização cambial acentua os riscos de não-sustentabilidade da dívida pública. Na ausência de uma reação correta no campo da política fiscal, a depreciação cambial eleva a relação dívida/PIB, e com ela os prêmios de risco, acarretando o crescimento das taxas de juros mais longas, desacelerando a atividade econômica. O aumento dos prêmios de risco deprecia a taxa cambial, elevando ainda mais a dívida pública e os prêmios de risco, podendo não somente conduzir a uma crise com uma componente de profecia que se auto-realiza, como de fato conduz a juros reais mais elevados, que inibem os benefícios potenciais de um real subvalorizado.

Por outro lado, câmbios reais muito depreciados levam a superávits nas contas correntes, o que pode ser necessário temporariamente, para recompor reservas internacionais, por exemplo, mas em contrapartida, o país transforma-se em exportador de capitais, que são escassos, limitando os investimentos. As evidências empíricas mostram que no passado os déficits nas contas correntes estiveram sempre associados a uma taxa mais elevada de investimentos, contribuindo para acelerar o crescimento, levando à proposição de que os ingressos de capitais estrangeiros elevam o crescimento econômico e devem ser bem-vindos, e não serem limitados.

Há em toda esta discussão uma confusão sobre qual a verdadeira contribuição do comércio exterior ao crescimento econômico. Ela não é proveniente de saldos comerciais mais elevados e de superávits nas contas correntes, mas sim de um aumento do tamanho de comércio como um todo, ou seja, das importações e exportações[5]. O crescimento econômico beneficia-se de maiores importações de máquinas e equipamentos com maior conteúdo tecnológico, como tem sido feito ao longo de décadas pela Coréia, que nos anos 1960 tinha uma renda *per capita* e um estágio de desenvolvimento semelhantes aos brasileiros, e que cresceu mais aceleradamente do que o Brasil em parte porque abriu a sua economia. Embora a economia brasileira tenha elevado o seu grau de abertura, ela ainda é uma economia muito fechada comparativamente aos países da OCDE, aos países do Sudeste Asiático, e mesmo relativamente a alguns países latino-americanos com desempenhos de crescimento melhores e maior estabilidade macroeconômica, como o Chile e o México.

O segundo tema relevante refere-se à proposição de que o governo deveria reduzir os superávits fiscais para estimular o crescimento econômico, ou de que uma política fiscal muito austera reduz o crescimento. Se a ausência de uma infra-estrutura mais moderna e extensa é uma limitação ao crescimento, é preciso elevar os investimentos em infra-estrutura, o que pode ser feito pelo governo ou pelo setor privado. Se o governo optar por realizar estes gastos, terá que cortar outros para manter os superávits primários altos o suficiente para reduzir a relação dívida/PIB em um horizonte de tempo razoável, e esta decisão depende dos custos e benefícios dos gastos em infra-estrutura relativamente aos gastos cortados. Mas contrariamente à proposição de que superávits menores elevariam o crescimento, este será mais acelerado com superávits maiores, porque conduziriam a uma queda mais rápida da relação dívida/PIB, reduzindo os prêmios de risco e permitindo taxas reais de juros mais baixas. Porém, os superávits fiscais mais elevados não podem ser provenientes de elevações da carga tributária, que já é excessiva e baseada em impostos com alto

---

[5] Um recente artigo de Dooley, Folkerts-Landau e Garber (2003) tem dado algum respaldo a proposição de que alguns países do Sudeste Asiático, dentre os quais a China, optaram pelo controle de ingressos de capitais, e pela forte intervenção no mercado de câmbio, mantendo-o persistentemente desvalorizado, contrariamente ao comportamento de outros países, que optaram pela flutuação cambial e pela liberalização, em algum grau, da conta de capitais. Uma crítica recente aos argumentos de Dooley, Folkerts-Landau e Garber foi desenvolvida por Eichengreen (2004).

poder de distorção, e sim com base em um programa de redução e controle de gastos públicos.

O terceiro tema é a proposição de que o excesso de conservadorismo do Banco Central deveria dar lugar a uma queda mais "ousada" da taxa de juros. Concordamos que os governos devem ser ousados. Porém, a política monetária não é feita no vácuo, e depende do quadro geral de política econômica no qual está inserida. Diante de uma política fiscal mais austera, a política monetária poderia ser mais acomodativa sem quaisquer riscos, ou seja, os juros reais cairiam mais rapidamente e chegariam a um valor de equilíbrio menor, mas se a dominância fiscal impuser à política monetária o ônus de reduzir artificialmente os juros, sem o devido respaldo da política fiscal mais austera, o custo do desequilíbrio inflacionário aparecerá.

O segundo aspecto desta discussão prende-se ao fato de que além dos juros reais básicos altos, o país tem um grau muito baixo de intermediação financeira. As conseqüências são várias. Primeiro, não há suficientes fontes domésticas de financiamento dos investimentos, o que obriga as empresas a recorrerem ao mercado financeiro internacional. O país fica prisioneiro do "pecado original", que é a incapacidade de se financiar na própria moeda, o que eleva os riscos. Segundo, os *spreads* bancários tornam-se enormes, fazendo com que mesmo que a taxa Selic fosse vigorosamente derrubada, ainda teríamos juros reais incompatíveis com o crescimento econômico acelerado. Quais são as causas destes *spreads* excessivos? Eles derivam em parte da tributação excessiva sobre a intermediação financeira, que é apenas uma faceta da dominância fiscal e da relutância do governo em reduzir os gastos públicos. A reforma tributária tem que contemplar este tipo de distorção, e não apenas elevar a carga tributária para cumprir as metas de superávits primários. Derivam também, em parte, de deficiências institucionais e no campo jurídico, que impedem ou pelo menos retardam enormemente a execução de garantias. Mas este não é um problema restrito apenas ao aspecto jurídico: não existem no Brasil financiamentos imobiliários porque a casa própria não pode, por lei, ser recuperada quando dada em garantia de um financiamento hipotecário. Protegem-se os devedores inadimplentes que não perdem suas casas, mas penaliza-se toda a sociedade pela ausência desse financiamento. Como é possível acelerar o crescimento sem financiamento habitacional? Finalmente, esses riscos de crédito criam uma barreira à maior competição bancária, o que de um lado gera lucros mais elevados no sistema bancário, mas em contrapartida, gera também um grau maior de ineficiência econômica.

Atacar a redução de taxas de juros impõe mudanças tributárias; medidas que aprofundem a intermediação financeira, passando por uma reforma do código de processos judiciais no campo das execuções de garantias, além de uma Lei de Falências que proteja os fatores de produção; e de medidas que permitam o ressurgimento do financiamento imobiliário.

CÂMBIO REAL, CONSUMO E INVESTIMENTOS

O comportamento do câmbio real no Brasil desmente o mito de que os saldos comerciais são insensíveis ao câmbio real. Câmbios reais mais depreciados correspondem a saldos comerciais mais elevados e a déficits (superávits) menores (maiores) nas contas correntes, como fica visível no Gráfico 5.

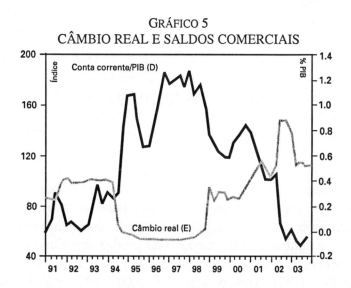

GRÁFICO 5
CÂMBIO REAL E SALDOS COMERCIAIS

O sucesso brasileiro em elevar as exportações e produzir altos superávits comerciais inspirou homens práticos e políticos a propor que o Banco Central deveria fixar metas para o câmbio real, mantendo-o permanentemente mais depreciado para estimular a produção de bens internacionais, intervindo continuamente no mercado de câmbio para manter a taxa cambial em uma faixa estreita, evitando a sua volatilidade. Há vários argumentos contrários a esta proposta. Primeiro, metas para a taxa cambial em uma economia aberta aos fluxos internacionais de capitais produzem um tipo de *moral hazard*: devido à suposição da existência de uma garantia de manutenção da taxa cambial em um nível estável, induz-se o aumento dos passivos em dólares por parte das empresas, o que agrava o "pecado original", que é a incapacidade das empresas se financiarem na moeda do país. Se o governo não suprir *hedge* cambial ao setor privado, uma desvalorização cambial torna-se contracionista, devido à perda de capital nos passivos das empresas, como ocorreu no Sudeste Asiático em 1997, e com a Argentina, mais recentemente, e se o governo suprir *hedge* ao setor privado, eleva-se a dívida pública diante da depreciação cambial, como ocorreu no Brasil. Segundo, a remoção parcial ou total da volatilidade faz com que o regime cambial degenere em uma variante do câmbio fixo, tornando-se sujeito a ataques especulativos, o que obriga que na presença de choques externos, os juros reais persistam mais elevados, contraindo a atividade econômica, como foi largamente mostrado pela experiência brasileira de 1994/1998.

Não há evidências de que uma desvalorização cambial, no Brasil, tenha efeitos contracionistas[6], como ocorreu com os países do Sudeste Asiático, embora com o governo fornecendo *hedge* cambial ao setor privado o custo de uma desvalorização eleve a dívida pública. Mas não se pode supor que a desvalorização tenha apenas efeitos expansionistas.

Tudo o que o país produz, Y, mais tudo o que o país importa, M é igual à soma do consumo das famílias, C, dos investimentos, I, do consumo do governo, G, e das exportações, X, ou seja, $Y + M = C + I + G + X$. Isolando o superávit comercial no primeiro membro teremos $(X - M) = Y - (C + I + G)$, ou seja, o superávit comercial é igual ao excesso do produto, Y, sobre a absorção $(C + I + G)$. A desvalorização do câmbio real eleva as exportações e contrai as importações, mas produz também efeitos sobre o outro lado daquela equação. Para que se saia de um déficit nas contas correntes de 5% do PIB, como ocorria entre 2000 e 2001, para um superávit próximo de 0,5% do PIB, como atualmente, é necessário ou que Y se eleve, ou que $(C + I + G)$ se contraia, e no Brasil os efeitos são predominantemente na contração de duas componentes da absorção – o consumo, C e os investimentos, I, mais do que sobre qualquer ampliação do produto, Y.

---
[6] Ver a esse respeito Goldfajn e Olivares (2001).

No Gráfico 6 superpomos a relação consumo/PIB à série (invertida) dos saldos comerciais (contas correntes) com relação ao PIB. No Gráfico 7, comparamos as mesmas contas correntes com a relação investimentos/PIB, e novamente verifica-se que uma melhora nas contas correntes ocorre ao lado de uma queda nos investimentos com relação ao PIB. A ampliação (contração) do produto é pequena em resposta a uma depreciação (valorização) cambial, e como o consumo do governo tem se mantido muito estável em torno de 16% do PIB, todo o ajuste ocorre sobre o consumo e sobre os investimentos.

GRÁFICO 6
CONSUMO/PIB E CONTA CORRENTE/PIB

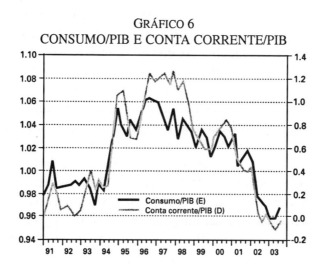

GRÁFICO 7
INVESTIMENTOS/PIB E CONTAS CORRENTES/PIB

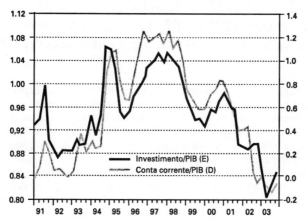

Por que isso? Para fazer com que a depreciação do câmbio nominal se transforme em uma depreciação do câmbio real, e melhore o saldo nas contas correntes, o efeito inflacionário da depreciação tem que ser diminuído, o que impõe a elevação da taxa real de juros, desestimulando os investimentos. Já o consumo cai em parte devido à queda da renda real gerada pelo efeito multiplicador aplicado a um investimento menor, mas esta não é a causa dominante. O maior efeito vem da queda dos salários reais que decorre da depreciação cambial: lembremos que para que as exportações se tornem mais competitivas tem que ocorrer uma elevação na relação câmbio/salários, e que esta é o inverso da relação salários/câmbio, conduzindo à queda dos salários reais. Finalmente, embora as poupanças governamentais tenham se elevado com o aumento dos superávits primários, isto ocorreu predominantemente com o aumento da carga tributária, o que reduz a renda disponível e o consumo[7].

A absorção da poupança externa se faz através de déficits nas contas correntes, e requer o correspondente ingresso de capitais, que pode vir na forma de investimentos estrangeiros diretos, ou em investimentos de *portfolio*, preferencialmente de longo prazo. Como Bacha e Bonelli (2003) mostraram, à exceção do período anormal das inflações excessivas de 1987/1989, as taxas domésticas de poupança mantiveram-se extremamente estáveis, porém não constantes, em torno de 15% do PIB, e tanto entre 1970 e 1980, quanto entre 1995/1999, os déficits em contas correntes permitiram absorver poupanças externas, que elevaram os investimentos. Este mesmo comportamento é visto no Gráfico 8. A poupança externa elevada dos anos 1970 aumentou a taxa de crescimento, porém o mesmo não ocorreu no período 1995/1999. A razão para isso é simples: os déficits em contas correntes entre 1995 e 1999 financiaram predominantemente o aumento do consumo (os salários reais expandiram-se com a sobrevaloriza-

---

[7] A queda do consumo e dos investimentos explica predominantemente a queda na absorção. Será que o ajuste fiscal em nada contribuiu? Olhando o problema por um outro ângulo, o déficit comercial pode ser expresso como o excesso dos investimentos sobre as poupanças privadas, mais o déficit fiscal, ou seja, $(M - X) = (I - S) + (G - T)$. A medida relevante de $(G - T)$ não é o superávit primário, mas sim a soma deste com o fluxo de juros reais (a renda de juros) pagos aos indivíduos, o que torna o conceito de déficit relevante muito próximo do de *déficit operacional*. A elevação no superávit primário encolheu o déficit operacional, e mais recentemente o transformou em um superávit, o que contribuiu para o ajuste nas contas correntes. Porém, o grosso deste crescimento no superávit operacional ocorreu com o aumento das tributações, T, e não pelo corte de gastos, G, o que levou a uma queda na renda disponível, contraindo o consumo.

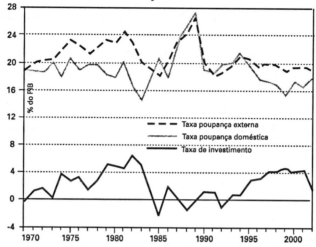

GRÁFICO 8
INVESTIMENTOS, POUPANÇAS DOMÉSTICAS E POUPANÇAS EXTERNAS

ção cambial), com a queda das poupanças domésticas, que caíram abaixo de sua média histórica. Este é um exemplo de que sobrevalorizações cambiais têm custos. Porém, esta não é evidência de que devido a isso deveríamos buscar um câmbio real subvalorizado.

As exportações estimulam o crescimento do PIB. Mas as importações de máquinas e equipamentos com um conteúdo tecnológico mais avançado também estimulam o crescimento, e não ocorrem, ou pelo menos ocorrem em menor escala, quando se busca apenas o crescimento dos superávits comerciais. O aumento do tamanho de comércio (exportações mais importações) tem várias conseqüências benéficas para o crescimento econômico.

A primeira delas é que com um grau de abertura maior a depreciação cambial altera favoravelmente os preços relativos dos bens internacionais que neste caso são uma proporção maior do PIB, sendo claro que nestas circunstâncias o PIB se expande mais. Ao lado deste aumento da produção ocorre também uma contração no consumo dos bens internacionais, que são substituídos por bens domésticos, sendo que também neste caso, sendo os bens internacionais uma proporção maior do PIB, o efeito da contração de seu consumo é maior. A soma destes dois efeitos faz com que quando a economia é mais aberta, as contas correntes sejam mais sensíveis ao câmbio real, o que permite um câmbio real menos volátil. Ajustes nas contas correntes podem se fazer com variações menores do câmbio real.

No Gráfico 9 comparamos o grau de abertura da economia brasileira com os verificados em países do Sudeste Asiático. Para cada país, somaram-se importações e exportações, mostradas no eixo vertical, colocando-se o PIB total do país no eixo horizontal. A reta de 45 graus representa a igualdade entre importações mais exportações e o PIB total, e obviamente países acima da linha têm um grau de abertura maior do que 100%. Relativamente ao seu PIB, o Japão é uma economia mais fechada do que Coréia, Malásia, Tailândia, Filipinas e Indonésia, porém o Brasil também é uma economia mais fechada do que qualquer uma destas. O Gráfico 10 compara o Brasil com os demais países da América Latina. O Brasil é uma economia tão fechada quanto a da Argentina, o que questiona a eficácia do Mercosul como um instrumento de criação de comércio, e é claramente mais fechada do que o México e o Chile.

GRÁFICO 9
GRAUS DE ABERTURA COMERCIAL
BRASIL E PAÍSES DO SUDESTE ASIÁTICO

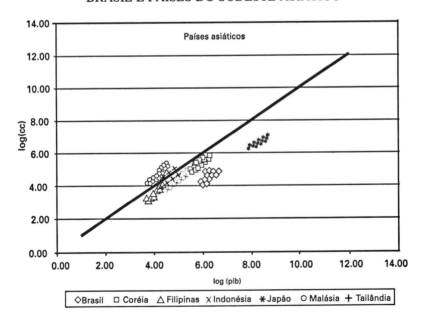

GRÁFICO 10
GRAUS DE ABERTURA COMERCIAL
BRASIL E DEMAIS PAÍSES DA AMÉRICA LATINA

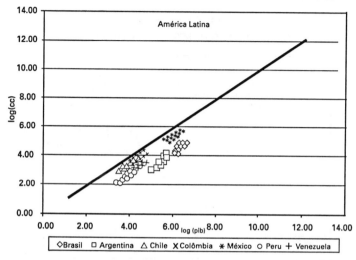

Quando o câmbio não flutua livremente, como ocorreu entre 1994 e 1998, a liberalização do comércio conduz a déficits comerciais maiores, podendo conduzir a déficits não sustentáveis nas contas correntes. Já no regime de câmbio flutuante, uma maior liberalização leva à depreciação da taxa cambial, que limita os déficits em contas correntes. Não há, desta forma, razões para temer uma maior integração da economia brasileira nas correntes internacionais de comércio. As opções são várias: há o caminho de uma integração maior com os Estados Unidos, como o fez o México; ou de uma integração maior com o bloco asiático, como o fez o Chile; ou uma integração maior com a Europa. A escolha de um destes caminhos depende do grau de complementaridade entre as economias envolvidas, o que implica que o Brasil faça a sua opção. Mas claramente o imobilismo é a pior de todas as opções.

DOMINÂNCIA FISCAL, CHOQUES E PERDA DE DINAMISMO

Uma dívida líquida de 58% do PIB é muito alta para uma economia emergente como a brasileira. É alta não somente porque tem uma elevada proporção atrelada ao dólar, o que a faz dependente do câmbio real, como porque a taxa de crescimento econômico é baixa, fazendo com que ela decline lentamente. Por isso, a percepção de riscos não é influenciada apenas pela política fiscal atual, mas por toda a seqüência de políticas fiscais futuras, que são incertas.

GRÁFICO 11
RELAÇÃO DÍVIDA/PIB E CÂMBIO REAL

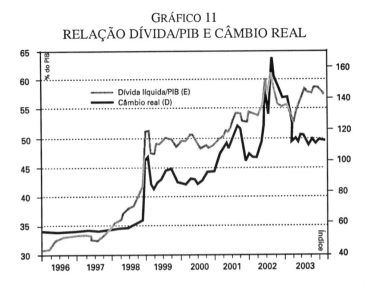

O temor da não-sustentabilidade da dívida pública contrai a demanda por bônus brasileiros no mercado financeiro internacional, o que no mercado secundário leva à queda de seus preços e à elevação dos prêmios de risco, e como os títulos já emitidos são substitutos dos títulos novos, cai também a demanda por novas emissões, reduzindo o ingresso de capitais e depreciando a taxa cambial. Isso explica a elevada correlação positiva entre a taxa cambial e os prêmios de risco, como pode ser visto no Gráfico 12, e explica também porque sinais de que possa ocorrer um afrouxamento da política fiscal são suficientes para gerar uma profecia que se auto-realiza, conduzindo ao aumento dos prêmios de risco e à depreciação cambial, e ao aumento da relação dívida/PIB, fechando-se o círculo.

Mas esta não é a única correlação relevante. Uma maior depreciação cambial eleva as expectativas de inflação, o que conduz à elevação dos juros longos no mercado financeiro doméstico (como os *swaps* de juros de 360 dias) sobre a taxa Selic, e se este efeito persistir, a elevação da taxa Selic torna-se inevitável. De fato, há também uma correlação positiva entre os *swaps* de juros e os prêmios de risco, como pode ser visto no Gráfico 13. Ocorre que são as taxas de juros mais longas as mais relevantes

GRÁFICO 12
TAXA CAMBIAL E PRÊMIOS DE RISCO

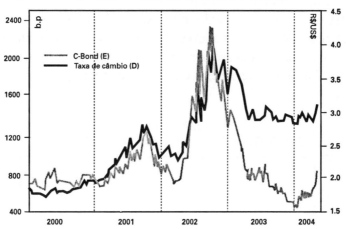

para determinar o comportamento da atividade econômica, o que significa que temores sobre a não-sustentabilidade da dívida pública levam de um lado a uma maior depreciação cambial, elevando a inflação, ainda que o câmbio real estimule as exportações; e de outro lado, os juros reais (longos) mais elevados contraem a atividade econômica, desacelerando o crescimento.

GRÁFICO 13
SWAPS DE 360 DIAS E PRÊMIOS DE RISCO

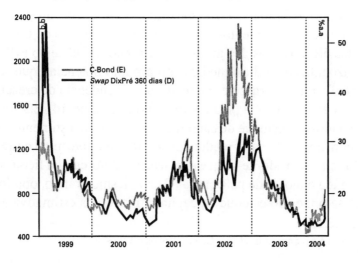

Devido a essa relação estreita entre as expectativas sobre o curso da política fiscal, o câmbio real, os prêmios de risco e as taxas de juros mais longas, estabelece-se um canal através do qual as incertezas da política fiscal afetam o comportamento do PIB. Para mostrar este ponto iniciamos mostrando as causas da desaceleração do PIB nos últimos anos, para em seguida fazer a ligação entre este fato e as incertezas provenientes da política fiscal.

GRÁFICO 14
PRODUTO ATUAL E PRODUTO POTENCIAL

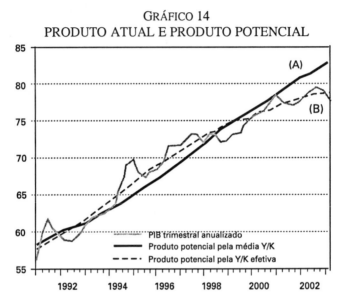

Construímos o Gráfico 14 para mostrar primeiramente que não foi apenas a queda dos investimentos que levou à desaceleração do crescimento do PIB nos últimos anos. No gráfico superpomos o índice do PIB trimestral dessazonalizado a duas medidas do produto potencial, que são simplesmente formas alternativas de medir a sua tendência de crescimento. A primeira é a designada pela curva (A), no Gráfico 14. Ela foi obtida multiplicando-se o estoque de capital gerado pelos investimentos efetivamente ocorridos[8] pelo valor médio da relação produto/capital entre 1990 e 2003. Ou seja, nela admite-se que a relação produto-capital ficou constante. A segunda é mostrada pela curva (B) no mesmo gráfico, obtido multiplicando-se o mesmo estoque de capital utilizado na estimativa anterior,

---

[8] A metodologia é a mesma utilizada por Gomes, Pessoa e Velloso (2003).

pela tendência da relação produto/capital, que é mostrada no Gráfico 15. Como pode ser visto, esta tendência foi inicialmente crescente, para declinar de 1996 em diante. Note-se que é a curva (B) que mais se aproxima do comportamento do PIB trimestral. A estimativa da curva (A) superestima o PIB nos anos finais, o que claramente indica que a desaceleração do crescimento não pode ter sido gerada, apenas, pela queda dos investimentos, que desacelerou o crescimento do estoque de capital, mas não na intensidade necessária para explicar a desaceleração do PIB. Uma parcela importante da desaceleração do PIB é proveniente da queda da relação produto/capital.

GRÁFICO 15
RELAÇÃO PRODUTO-CAPITAL E SUA TENDÊNCIA

Por que isto ocorreu? Vários estudos anteriores mostram que tanto os investimentos quanto o hiato de produto são sensíveis aos juros reais[9]. Ou seja, não somente uma elevação na taxa real de juros contrai os investimentos, e conseqüentemente desacelera o crescimento do estoque de capital, como também deprime o produto atual relativamente ao produto potencial, elevando o hiato de produto. A queda do produto atual relativamente ao produto potencial decorre da redução do índice de utilização da capacidade instalada, como fica claramente visível observando-se a correlação positiva entre estas duas variáveis, no Gráfico 16-C. Mas a queda

---

[9] Ver Pastore e Pinotti (2003).

no hiato de produto também reduz a relação produto/capital, como fica visível da correlação positiva entre estas duas variáveis, no Gráfico 16-A. Finalmente, a queda na relação capital/produto, e no índice de utilização da capacidade instalada, também reduzem as horas trabalhadas por trabalhador, como pode ser visto no Gráfico 16-B.

GRÁFICO 16
HIATO DE PRODUTO, RELAÇÃO CAPITAL-PRODUTO, UTILIZAÇÃO DE CAPACIDADE E HORAS TRABALHADAS POR EMPREGADO

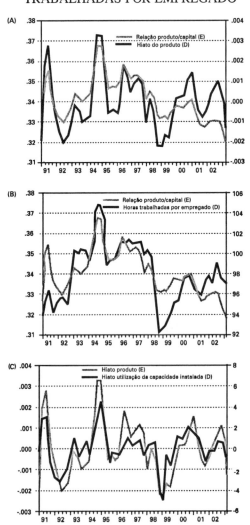

Admitamos, agora, que o governo decidisse reduzir os superávits primários, colocando em risco a sustentabilidade da dívida pública. Ainda que isto fosse feito para elevar os investimentos em infra-estrutura, os prêmios de risco se elevariam e o câmbio se depreciaria, pressionando a inflação. Ao lado disto, os juros reais de longo prazo cresceriam, desacelerando a atividade econômica, e mais adiante a própria taxa Selic teria que se elevar, em resposta ao crescimento das expectativas de inflação e ao aumento das taxas de juros mais longas. As conseqüências seriam uma queda dos investimentos, a redução do grau de utilização da capacidade instalada, a queda da relação produto/capital, e a redução das horas trabalhadas por trabalhador, levando ao encolhimento da atividade econômica. Contrariamente, ações que acelerem a queda da relação dívida/PIB, como o aumento dos superávits primários, levam a uma queda nos prêmios de risco, à redução das pressões sobre o câmbio e sobre a inflação, permitindo taxas reais de juros mais baixas, e um nível de atividade econômica mais elevado.

CRÉDITO E *SPREADS* BANCÁRIOS

O Brasil tem um sistema bancário capitalizado e eficiente, mas incapaz de gerar uma oferta de crédito capaz de financiar o crescimento econômico. O estoque de crédito atinge 90% do PIB na média dos países da OCDE, e perto de 70% do PIB no Chile, ficando no Brasil em torno de 30% do PIB, que é um número apenas um pouco superior ao da Argentina que vive uma crise bancária, e do México, que ainda não consertou seu sistema bancário depois da crise sofrida em 1994.

GRÁFICO 17
CRÉDITO AO SETOR PRIVADO EM PROPORÇÃO AO PIB
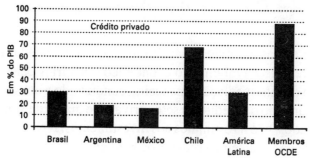

Uma conseqüência dessa intermediação financeira estreita são os *spreads* bancários elevados. Estudos do Banco Central mostram que mesmo depois de sua queda nos últimos anos, eles se situam em torno de 43,4% no período de janeiro de 1999 a março de 2004. Estes mesmos estudos realizam uma decomposição dos *spreads* (Gráfico 18). Para tomar apenas os valores mais recentes, em agosto de 2003, um *spread* bancário em operações pré-fixadas de 2,67% era decomposto em: 0,73% de impostos diretos e indiretos; 0,51% em despesas de inadimplência sobre os empréstimos; 0,43% eram atribuídos às despesas administrativas, e; 1% atribuídos à margem líquida dos bancos.

GRÁFICO 18
DECOMPOSIÇÃO DO *SPREAD* BANCÁRIO

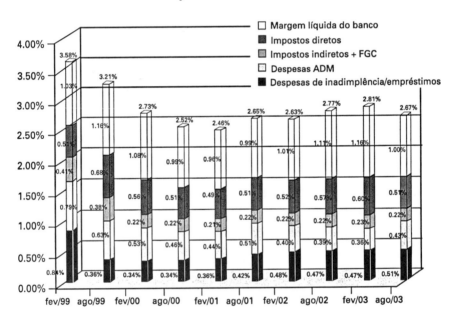

Se acreditarmos nas evidências fartamente documentadas em estudos de caso sobre o desenvolvimento econômico em vários países, com este grau estreito de intermediação financeira, conduzindo a um volume extremamente acanhado de crédito ao setor privado, e diante de *spreads* bancários tão elevados, não há estímulos aos investimentos. É preciso aprofundar a intermediação financeira a reduzir os *spreads*.

As análises de Castelar Pinheiro (2003) mostram os efeitos da lentidão do sistema judiciário em reduzir os riscos ligados à intermediação financeira, e portanto em elevar os *spreads*. A não aprovação de uma Lei de Falências racional atua na mesma direção. Igualmente atua para reduzir o crédito a dificuldade de executar garantias sobre a casa própria. E finalmente, uma conseqüência de todos esses fatos é uma concentração bancária elevada, como foi apontado por Belaisch (2003). A concentração bancária não é proveniente de barreiras formais à entrada, que de fato existiram antes da crise bancária de 1994, impedindo a entrada de bancos estrangeiros no Brasil. Estes bancos entraram depois de levantadas essas barreiras e apesar de seu tamanho na escala mundial que se agiganta relativamente aos maiores bancos brasileiros, eles não conseguem elevar a oferta de crédito, o que se deve aos riscos do crédito ao setor privado, devidos predominantemente às dificuldades de execução de garantias.

REFERÊNCIAS BIBLIOGRÁFICAS

ACEMOGLU, D.; S. Johnson e J. Robinson (2004). "Institutions as the Fundamental Cause of Long-Run Growth". National Bureau of Economic Research, Working Paper 10481, maio.

BACHA, E. L. e R. Bonelli (2003). "Accounting for Brazil's Growth Experience: 1940-2002". Trabalho apresentado ao Seminário Internacional Economic Policy in Turbulent Times: the Case of Brazil in 2002, Rio de Janeiro, dezembro.

BELAISCH, A. (2003). "Do Brazilian Banks Compete?". IMF Working Paper, maio.

DOOLEY, M. P.; D. F. Landau e P. Garber (2003). "An Essay on the Revived Bretton Woods System". National Bureau of Economic Research, Working Paper 9971, setembro.

EICHENGREEN, B. (2004). "Global Imbalances and the Lessons from Bretton-Woods." National Bureau of Economic Research, Working Paper 10497, maio.

FÁVERO, C. A. e F. Giavazzi (2003). "Inflation Targets and Debt: Lessons from Brazil". Trabalho apresentado ao Seminário Internacional Economic Policy in Turbulent Times: the Case of Brazil in 2002, Rio, dezembro.

GOLDFAJN, I. e G. Olivares (2001). "Can Flexible Exchange Rates Still 'Work' in Financially Open Economies?". G-24 Discussion Paper n. 8.

GOMES, V.; S. Pessoa e F. A. Velloso (2003). "Evolução da produtividade total dos fatores na economia brasileira: uma análise comparativa" (mimeo).

PASTORE, A. C. e M. C. Pinotti (2003). "Fiscal Policy, Inflation and the Balance of Payments in Brazil." Trabalho apresentado ao Seminário Internacional Economic Policy in Turbulent Times: the Case of Brazil in 2002, Rio, dezembro.

PINHEIRO. A. C. (2003). "O componente judicial dos *spreads* bancários." Incluído em *Avaliação de quatro anos do projeto de juros e* spread *bancário*. Banco Central do Brasil.

Cortar gastos correntes é a solução

*Raul Velloso**

---

* Consultor de empresas. Ex-secretário para Assuntos Econômicos do Ministério do Planejamento.

INTRODUÇÃO

O OBJETIVO DESTE trabalho é discutir a crise fiscal do Brasil com um olho nas perspectivas de crescimento da economia brasileira. No que se segue, a seção 2 revê o diagnóstico do problema fiscal brasileiro, incluindo a identificação dos principais fatores explicativos da evolução da dívida pública desde 1994. A seção 3 discute em profundidade a rigidez orçamentária brasileira, com ênfase nos problemas da União. A seção 4 mostra em detalhe a evolução recente das estruturas de gasto e receita da União. Na seção 5, comenta-se a derrocada dos investimentos públicos nos últimos anos em maior grau de detalhe. A seção 6 discute a rigidez orçamentária no âmbito dos estados brasileiros e a "camisa-de-força" financeira a que os entes subnacionais estão hoje submetidos. Com base nos tópicos precedentes, pergunta-se, na seção 7, como garantir a sustentabilidade dos resultados primários expressivos que vêm sendo gerados nos últimos anos. Na oitava seção, pergunta-se, especificamente, se faz sentido cobrar uma contribuição dos inativos do serviço público, conforme dispositivo introduzido na reforma da previdência do ano passado, algo que pode ficar sem efeito por iminente decisão do Supremo Tribunal Federal. A seção 9 discute as perspectivas da evolução da razão dívida pública/PIB em 2004, confrontando essas perspectivas com os fatos que vêm ocorrendo nos cinco primeiros meses deste ano. Finalmente, a seção 10 conclui o trabalho, destacando que a "bola da vez" na política de ajuste fiscal é o corte dos gastos correntes como solução básica para esse problema e, portanto, para a retomada do crescimento econômico do país.

ELEMENTOS DO DRAMA FISCAL BRASILEIRO

As peças básicas do drama fiscal brasileiro são três: (1) dívida pública muito elevada; (2) dívida muito sensível à evolução do quadro macroeconômico; (3) margem estreita para amortização da dívida com recursos próprios.

Nos últimos anos a dívida pública tem subido muito e se tornou quase integralmente pós-fixada à taxa de juros básica do Banco Central (a taxa Selic, ou *overnight*) e à taxa de câmbio, o que torna sua evolução altamente sensível a mudanças no quadro macroeconômico. Na posição mais recente (abril/04), a razão dívida/PIB se situa em 57% do PIB, ante marca de 30% do PIB no início do Plano Real (dez/04); além disso, apenas 13% da dívida líquida global (dívida bruta menos ativos financeiros de propriedade do setor público) é pré-fixada. Dos restantes 87%, que são pós-fixados, parcela de 34% é ligada à taxa de câmbio e 53%, grosso modo, à Selic (incluindo parcela menos expressiva de papéis pós-fixados em índices de preços).

Paralelamente, a estrutura da despesa não-financeira é muito rígida, e a margem para aumento da arrecadação de impostos está praticamente esgotada. Por conta disso, de tempos em tempos surgem dúvidas sobre a real capacidade de o governo gerar excedentes *antes de pagar o serviço da dívida* (ou seja, superávits *primários*) capazes de manter a evolução da dívida sob controle.[1] Nesses momentos, há o temor de o país ingressar, de forma espontânea, num círculo vicioso de *risco mais alto/câmbio mais alto/juros mais altos/crescimento menor do PIB/razão dívida-PIB mais alta/risco mais alto,* e assim por diante. Ações/medidas específicas são, então, requeridas para quebrar o citado círculo vicioso.

Se a taxa de risco-Brasil sobe, seja devido a problemas internos, seja por causa de choques externos, então a dívida pública sobe instantaneamente, já que, em condições normais, a taxa de câmbio também sobe (pela

---

[1] Partindo de razão dívida/PIB situada em 57% (valor observado em abril/04); assumindo, à frente, taxa de câmbio real constante (em vista da folgada situação da conta corrente do balanço de pagamentos), e a mesma taxa de crescimento média do PIB verificada em 1995-2002 (2,3% ao ano); então, taxas de juros reais internas de 10% aa (a média de 1999-2002 foi de 10,6% aa) exigem pagamentos de dívida (saldos primários) superiores a 4,4% do PIB para a trajetória da razão dívida/PIB se tornar descendente. (Registre-se que 4,4% do PIB foi o superávit primário verificado em 2003, valor recorde da série respectiva, desde 1995).

saída ou não-entrada de dólares no país). Como a taxa de juros interna de mercado aumenta em seguida (pelo aumento do risco), a atividade econômica acaba caindo, aumentando ainda mais a razão dívida/PIB. Paralelamente, a inflação é pressionada para cima, e isso pode levar à subida da taxa Selic, o que pressiona a dívida diretamente, e, em seguida, aumenta ainda mais sua razão com o PIB, pela maior contração da atividade econômica que isso produz.

A queda da razão dívida/PIB (e de sua sensibilidade à evolução de variáveis-chave do quadro macroeconômico) requer tempo e persistência da política de austeridade (isto é, de saldos primários elevados) que vem sendo seguida nos últimos anos. Só assim é possível recobrar a confiança na gestão financeira do setor público e ir trocando papéis pós-fixados por papéis pré-fixados de forma sistemática e sustentada. A opção de lidar com o problema fiscal permanentemente pelo aumento da carga tributária e pelo corte dos gastos de investimento, que vem sendo adotada nos últimos anos, tende, contudo, a se exaurir. Por seu turno, a diminuição da rigidez da despesa não-financeira demanda decisões políticas difíceis de tomar e reformas estruturais difíceis de aprovar no Congresso. Essa é a essência do drama fiscal brasileiro.

POR QUE A DÍVIDA SUBIU TANTO NOS ÚLTIMOS ANOS?

Na primeira fase do Plano Real (1995-1998), a dívida subiu de 30 para 42% do PIB, basicamente porque não houve pagamentos de dívida com recursos próprios (o saldo primário médio se situou em -0,2% do PIB) e porque a Selic real média, ao se situar em 22,4% ao ano, deve ter sido uma das mais elevadas do mundo ocidental. Nessa fase, sob regime de câmbio quase fixo, a evolução da taxa de câmbio não teve efeitos sobre a da razão dívida/PIB.

Na fase II do Plano Real (1999-2002), graças à mudança do regime cambial e à geração de superávits primários elevados, a Selic real pôde cair a menos da metade da média da fase anterior (caiu a 10,6% ao ano). Os saldos primários médios atingiram a marca de 3,6% do PIB positivos, mas a taxa de câmbio real (câmbio nominal deflacionado pelo IPCA) aumentou 127% quando se compara a média verificada em 1995-1998 com o valor observado em dezembro/02. Nessa última fase, o peso da parcela da dívida líquida global do setor público ligada ao dólar norte-americano aumentou para 47% do total. Por conta disso tudo, a razão dívida/PIB aumentou de 42% para 56% do PIB ao final de 2002.

Em resumo, na primeira fase predominaram os efeitos dos altos juros internos (basicamente para sustentar o regime de câmbio quase fixo da época) e dos resultados fiscais precários. Na segunda, foi a vez dos efeitos da taxa de câmbio, que precisava se ajustar para reverter os elevados déficits da conta corrente do balanço de pagamentos da fase precedente, e passou a absorver o impacto das mudanças da percepção de risco do país (papel antes desempenhado pelo estoque de reservas internacionais).

RIGIDEZ ORÇAMENTÁRIA NO BRASIL

Na raiz do problema fiscal brasileiro está a rigidez orçamentária da União, dos estados e dos municípios. A rigidez orçamentária se traduz em despesas rígidas à queda e receitas cuja margem de expansão é hoje, no conjunto, praticamente inexistente. Outro problema é o excesso de vinculações de receita a determinadas finalidades, deixando outras a descoberto, o que se configurou principalmente após a edição da Constituição de 1988, e com maior força no orçamento da União. Desde 1999 as dificuldades criadas pela rigidez orçamentária foram contornadas por cortes de gastos de investimentos e de outras despesas menos rígidas e pelo aumento da arrecadação de impostos, inclusive cobrança de atrasados, opção essa que, no momento, parece ter se exaurido.

Mais recentemente, o excesso de vinculações a certos usos levou a fortes pressões por novas fontes de parte dos segmentos menos protegidos. Essas pressões terminaram determinando a criação de novos impostos, como a CPMF e, mais recentemente, a Cide-combustíveis, para tentar suprir com recursos expressivos adicionais os segmentos de saúde e assistência médica (caso da CPMF) e infra-estrutura de transportes (Cide-combustíveis), cujos gastos têm crescido menos que os demais. Atualmente, após a reforma da contribuição para a seguridade social – Cofins, que passou a ser cobrada, em grande medida, com base em valor adicionado (ao invés do valor do faturamento), existe enorme resistência da sociedade à criação de novos impostos, aumento de alíquotas ou expansão de bases tributáveis.

A crise fiscal levou à exigência de o setor público destinar parcelas crescentes de suas receitas de natureza tributária ao pagamento de parcela do serviço da dívida. Atualmente, com base em dados de 2003, para a manter a dívida pública sob controle (e, em condições ideais, reduzir progressivamente a razão dívida/PIB), a União destina cerca de 13% de suas receitas líquidas aos pagamentos relacionados com dívida (parcela que representa o próprio superávit primário), e o conjunto dos estados e municípios, cerca de 6% de suas receitas não-financeiras. Nesses termos, a União está gerando superávit primário anual de 2,6% do PIB, e o conjunto dos estados e municípios, 0,9% do PIB. Somando esses valores ao superávit gerado pelo grupo das empresas estatais (0,9% do PIB), chega-se ao superávit global de 4,4% do PIB (veja, a propósito, a nota de rodapé n° 2). Superávits primários dessa ordem de magnitude serão requeridos enquanto a razão dívida/PIB não tiver se reduzido consideravelmente.

Do lado da despesa não-financeira da União, os itens de maior peso são hoje, em ordem decrescente: (1) benefícios assistenciais e subsidiados (BAS); (2) benefícios previdenciários propriamente ditos (BPD); (3) pessoal ativo; (4) inativos e pensionistas; (5) outros custeios (inclusive manutenção); (6) saúde e assistência médica; (7) investimentos. Os itens 1 a 4 são pagamentos diretos a pessoas, cuja rigidez decorre de que os quantitativos crescem praticamente sem controle ou com pouco controle (itens 1, 2 e 4), e os valores unitários pagos aos beneficiários crescem a taxas maiores ou iguais à taxa de inflação, exceto por certos segmentos do funcionalismo ativo e em determinadas épocas.

A União concede BAS praticamente sem limite quantitativo e sem maior restrição do lado do financiamento. Ou seja, os ministérios setoriais envolvidos com o assunto trabalham praticamente sem limite orçamentário na concessão desses benefícios. Em sua grande maioria, os BAS pagam um salário mínimo (SM) aos segmentos contemplados (aposentadorias rurais, renda mensal vitalícia de idosos, benefícios urbanos de um SM a vários segmentos, e os concedidos a idosos e deficientes físicos sob a Loas – Lei Orgânica de Assistência Social, todos esses pagos pelo INSS). Parte dos BAS se refere ao seguro-desemprego, que é gerido pelo Ministério do Trabalho, e onde os pagamentos médios são ao redor de 1,5 SM. Já os benefícios assistenciais emergenciais, de valores unitários abaixo de um SM, administrados no momento pelo Ministério do Desenvolvimento Social e Combate à Fome, estão hoje consolidados no programa denominado Bolsa-Família. Registre-se que o SM tem sido objeto de reajustes anuais acima da inflação, algo que, dessa forma, tem pressionado fortemente as cifras relativas aos BAS.

Além do expressivo volume de BAS que paga, o INSS administra os benefícios previdenciários propriamente ditos (BPD), cuja concessão se dá com base na legislação previdenciária convencional. O valor unitário desses benefícios é corrigido anualmente (e no meio do ano), pela inflação ocorrida nos 12 meses precedentes.

Os BAS e os BPD podem ser financiados praticamente sem limite, pois dispõem de fontes abundantes de recursos. A Constituição de 1988 privilegiou essas despesas com as chamadas contribuições sociais: a velha contribuição sobre a folha de pagamento do INSS, a contribuição sobre o lucro das pessoas jurídicas, a contribuição para o PIS-Pasep e a Cofins. Outro segmento que deve ser financiado com esses recursos é o de saúde e assistência médica, naquilo que sua fonte de receita cativa, a CPMF, introduzida mais recentemente, não for suficiente para cobrir seus dispêndios mínimos. Assinale-se que os gastos da área de saúde e assistência médica, após a aprovação da chamada emenda Serra, devem crescer no mínimo à mesma taxa nominal de expansão do Produto Interno Bruto – PIB, tendo como referência inicial o valor gasto em 2000.

Na verdade, tendo foco no orçamento específico do INSS, que paga tanto BAS como BPD, quaisquer insuficiências de recursos que surgirem nesse orçamento têm de ser cobertas pelo Tesouro Nacional, por exigência legal.

O quadro de rigidez do gasto não-financeiro se completa ao se levar em conta que: (1) tanto os BAS como os BPD em grande medida jamais cessam, a não ser por morte ou fraude; (2) os servidores são em geral estáveis, não podendo ser demitidos a não ser por justa causa; (3) após tantos anos de contenção, os gastos com outros custeios (inclusive manutenção) e investimentos terminaram se tornando excessivamente fragmentados e, portanto, tão rígidos como os demais.

EVOLUÇÃO RECENTE DAS ESTRUTURAS DE GASTOS E RECEITAS DA UNIÃO

Na origem, a Constituição de 1988 mandou a União: (a) ampliar as transferências a pessoas acima citadas (via aumento real do piso dos benefícios, isto é, o SM, e ampliação das novas concessões); (b) universalizar o atendimento médico; (c) consagrar o Regime Jurídico Único dos servidores, impedindo a contratação sem concurso pela CLT, que era possível anteriormente; (d) redistribuir receitas públicas em favor de estados e municípios; (e) preservar os recursos vinculados à área de educação.

Posteriormente, vieram a emenda Serra e a lei do Fundef. A primeira estabeleceu, para a União, que a taxa mínima de crescimento dos gastos em saúde e assistência médica seria, como dito acima, a taxa de crescimento nominal do PIB, a partir da base inicial dos gastos observados no ano 2000. Para os estados e municípios, vinculação de 12 e 15%, de suas respectivas receitas, a gastos nessa mesma área. Em linhas gerais, a segunda definiu gastos mínimos por aluno matriculado no ensino fundamental nos estados e municípios, redistribuindo recursos entre as várias esferas de governo, de forma a viabilizar a realização de tais gastos.

Decorridos 16 anos de implementação da Constituição, vê-se que o grau de rigidez da despesa pública aumentou consideravelmente, como se constata ao comparar a estrutura da distribuição das receitas não-financeiras da União do ano passado com a de 1987 (veja gráfico a seguir).

GRÁFICO 1
USO DA RECEITA LÍQUIDA DA UNIÃO

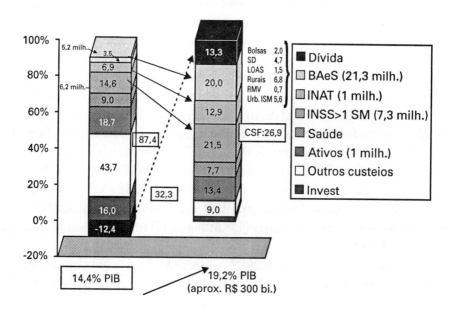

Como se vê pelo gráfico, as receitas líquidas da União (RL) cresceram consideravelmente entre 1987 e 2003, passando de 14,4% do PIB para 19,2% do PIB. Ao lado disso, a União, que em 1987 exibia um déficit primário de 12,4% de RL, passou a gerar um superávit de 13,3% de RL, deixando, assim, de aumentar a dívida pública por conta de gastos não-financeiros excessivos. Ao lado disso, aumentou consideravelmente a destinação de recursos aos BAS e a outros itens.

1) No caso dos BAS, o peso desse item na RL aumentou de 3,5% em 1987, para não menos que 20% no ano passado, ou seja, cresceu 5,7 vezes. Em termos quantitativos, o atendimento dos BAS passou de 5,2 milhões para 21,3 milhões de pessoas.

2) Em segundo lugar, o peso da despesa com inativos e pensionistas passou de 6,9 para 12,9% do total, crescendo 1,9 vez.

3) Em terceiro, o peso dos BPD aumentou de 14,6 para 21,5% do total de RL, crescendo 1,5 vez, e o número de atendimentos, de 6,2 para 7,3 milhões de contemplados.

No tocante aos demais itens exibidos no gráfico, todos reduziram seu peso em RL. Por ordem decrescente de perda de participação, o setor de saúde e assistência médica reduziu seu peso de 9 para 7,7%; a folha de pagamento dos ativos, de 18,7 para 13,4%; o item "outros custeios (inclusive manutenção)", de 43,7 para 9%; e, finalmente, os investimentos foram reduzidos de 16 para 2,2% da receita total. Como a receita cresceu significativamente em termos reais no período, somente os dois últimos itens registraram quedas reais em valores absolutos entre 1987 e 2003.

Outras informações relevantes indicadas no Gráfico 1 referem-se aos quantitativos de atendimento de cada um dos programas incluídos nos BAS e ao grau de cobertura do financiamento dos BPD pela velha contribuição sobre a folha de pagamento. No primeiro caso, os 21,3 milhões de atendimentos estimados para 2003 são decompostos, por ordem decrescente, da seguinte forma: (a) aposentadoria rural (6,8 milhões de beneficiários); (b) benefícios urbanos do INSS de um SM (5,6 milhões); (c) seguro-desemprego (4,7 milhões); (d) Bolsa-Família (2 milhões); (e) benefícios assistenciais sob a Loas (1,5 milhão); (f) renda mensal vitalícia a idosos (0,7 milhão).

Registre-se, agora, que, em 2003, a arrecadação da contribuição sobre a folha de pagamento (que se origina, fundamentalmente, dos salários de quem ganha acima de um SM) foi ainda superior à despesa com os BDP, excedendo aquela despesa no equivalente a 5,4% de RL, ou seja, em cerca de 1% do PIB. Nesses termos, não é correto afirmar que há um déficit corrente nos fluxos do INSS. Na verdade, a insuficiência de recursos que se verifica nas contas daquela instituição se origina do pagamento de um grande volume de BAS conjuntamente com os BPD.

Combinando os números exibidos no Gráfico 2 com os do Gráfico 1, em 1987 a contribuição sobre a folha de pagamento representava 32,6% do total de RL, o que bastava para financiar não apenas os BAS, BPD, inativos e pensionistas e quase toda a despesa da área de saúde e assistência médica. Atualmente (isto é, em 2003), contudo, os 26,9% de RL arrecadados com base na folha de pagamento dos segmentos regidos pela CLT são suficientes para bancar apenas os BPD e uma pequena parcela dos BAS (cerca de 27% do total destes).

É fato que o conjunto das demais contribuições sociais (PIS, Cofins, CSLL e CPMF) representa agora 39,1% do total de RL, ante apenas 4,9% de RL em 1987. Nessas condições, mesmo retirando do montante de 2003 os 9,9% de RL relativos aos 20% redirecionados para a DRU (Desvincu-

GRÁFICO 2
ESTRUTURA DAS RECEITAS LÍQUIDAS FEDERAIS EM 1987 E 2003

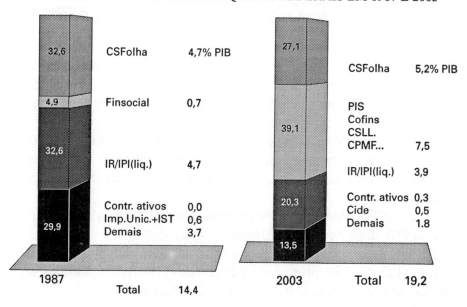

lação de Receitas da União) e aos 40% do valor remanescente do PIS que, pela constituição, devem ser transferidos ao BNDES para financiar "projetos de desenvolvimento econômico", remanesce, ainda, parcela de 29,2% de RL para complementar os recursos da contribuição sobre a folha no atendimento aos gastos do chamado setor de seguridade social.

Em outras palavras, os recursos líquidos das contribuições sociais corresponderam, no ano passado, a 56,3% do total (27,1 mais 29,2% de RL), parcela essa capaz de financiar os BPD, BAS e os gastos da área de saúde e assistência médica, e ainda parcela expressiva dos gastos com inativos e pensionistas (55% destes).

Por diferença, deduz-se que os demais itens da arrecadação (ou seja, imposto de renda e IPI líquidos de transferências a estados e municípios, imposto de importação, Cide, contribuição dos servidores ativos, IOF etc.), mais a parcela transferida à DRU das contribuições sociais, foram usados para pagar dívida (superávit primário), no equivalente a 13,3% de RL; 45% da despesa com os inativos e pensionistas (5,8% de RL); os gastos com o pessoal ativo (13,4% de RL); outros custeios, inclusive manutenção (apenas 9% de RL, em contraste com os 43,7% de RL registrados em 1987); e investimentos (somente 2,2% de RL, em contraste com os 16% de RL verificados em 1987).

A DERROCADA DOS INVESTIMENTOS FEDERAIS

A queda dos investimentos federais, em geral, e da área de transportes em particular, é um dos principais sinais de que existem enormes carências na área de infra-estrutura, segmento esse em que, por razões conhecidas amplamente, nem sempre as atividades são privatizáveis ou suscetíveis a expansão via investimento privado.

Para o conjunto das esferas governamentais (União, estados e municípios, mas sem as empresas estatais), os levantamentos do IBGE, que só vão até 1999 (veja Gráfico 3), mostram duas fases de derrocada dos investimentos públicos:

1) de 1976 a 1983, quando os investimentos caíram de 4% do PIB para 2% do PIB, auge da crise do México;

2) das vésperas do Plano Real (quando voltaram a níveis próximos de 4% do PIB) até 1999, primeiro ano de grande ajuste fiscal, já sob o manto do acordo com o FMI, quando voltaram à metade disso.

GRÁFICO 3
INVESTIMENTO DAS ADM. PÚBLICAS, 1976-1999

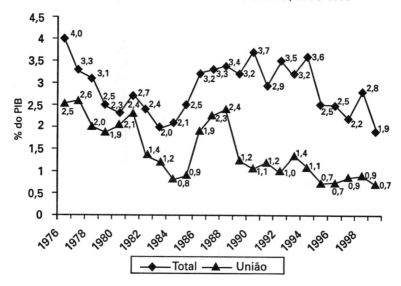

A derrocada dos investimentos se dá basicamente na União, onde, em 1999, os gastos eram de cerca de ¼ dos verificados no final dos anos 1980.

Na União, a queda dos investimentos ocorre particularmente no Ministério dos Transportes. Como se vê no Gráfico 4, para período mais recente – 1995/2003 –, os investimentos totais da União caíram pela metade, em termos de % do PIB, do início do Plano Real ao ano passado. No Ministério dos Transportes, eles até subiram no período 1995-2000, mas de 2000 para cá vêm se exaurindo rapidamente, a ponto de, no ano passado, ter se verificado o menor nível desde 1995.

Vê-se, a seguir (Gráfico 5), que a derrocada dos investimentos do Ministério dos Transportes se dá a despeito da introdução da Cide-combustíveis, tributo criado supostamente para dotar esse segmento de recursos públicos mais apreciáveis. Conforme mostra o gráfico, em 2002 surgiu parcela nova de R$ 8,8 bilhões (preços de 2004) de recursos basicamente para a área de transportes, que se reduziram depois para R$ 8 bilhões (2003) e R$ 8,3 bilhões (projeção para 2004), mas os investimentos em transportes caíram de R$ 4,8 bilhões em 2002 para R$ 1,5 bilhão o ano passado, e devem aumentar para apenas R$ 1,8 bilhão esse ano (contingenciamento orçamentário de fevereiro de 2004).

GRÁFICO 4
DERROCADA DOS INVESTIMENTOS DA UNIÃO
(E DO MIN. DOS TRANSPORTES),
EM % DO PIB (1995-2003)

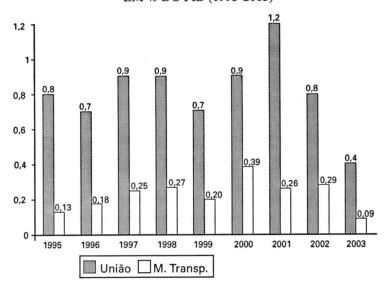

GRÁFICO 5

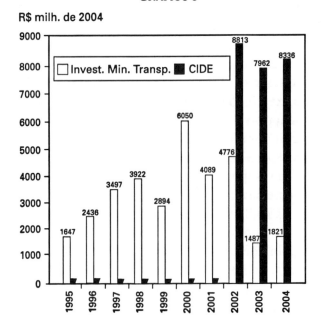

Diferentemente do caso da CPMF, em que, ao final, recursos adicionais vêm ajudando a atender à obrigação de os gastos em saúde crescerem juntamente com o PIB nominal, no caso da introdução da Cide a falta de uma obrigação análoga, além das demais necessidades prementes da política fiscal em vigor, impediram que os gastos nesse setor mostrassem alguma recuperação. A gravidade da situação fiscal brasileira é de tal natureza, que não adiantou introduzir novo tributo carimbado para uso no setor de transportes, e pago pelos usuários do serviço que o governo deveria oferecer em maior quantidade e/ou melhor qualidade, pois, na prática, os recursos acabam sendo redirecionados para outras finalidades.

RIGIDEZ ORÇAMENTÁRIA NOS ESTADOS BRASILEIROS

Explica-se, em linhas gerais, a apertada camisa-de-força financeira com que se defrontam os estados brasileiros, e as conseqüências desse estado de coisas para a gestão financeira dessas administrações (os mesmos argumentos se aplicam, grosso modo, para o exame da situação dos municípios).

A citada camisa-de-força se manifesta de três formas básicas: (1) vinculações de receitas; (2) contratos de renegociação de dívidas com a União; (3) limitações da lei de responsabilidade fiscal (LRF).

1) Vinculações de receita. Nos orçamentos, a exigência constitucional básica a que hoje se sujeitam os estados é gastar pelo menos 25% de suas receitas líquidas em educação (regra mais antiga) e 12% em saúde (conforme a recente emenda Serra), incluindo a parcela de pessoal das respectivas áreas. Isso implica orçamentos significativamente amarrados (com o que é de se perguntar: faz sentido gastar tudo isso nessas áreas?) e reduzida margem de aproveitamento dos frutos da política de ajuste de pessoal. Ou seja, qualquer economia de gasto na despesa de pessoal relativa a esses setores só é aproveitada pelos interesses desses mesmos segmentos, traduzindo-se, necessariamente, em incremento do item "outros custeios e capital" específico deles.

2) Renegociação de dívidas. Em 1998/1999, a União assinou contratos de renegociação de dívidas com todos os estados brasileiros, completando longo e complexo processo de assunção da maior parte de todo o endividamento estadual, em troca: (a) do comprometimento de parcela de cerca de 13% da receita líquida real (RLR) estadual para servir todas as dívidas

renegociadas até então com ela; (b) da obtenção de uma determinada trajetória da relação dívida/receita líquida real do estado, tendo a marca de um (ou seja, a igualdade entre receita e dívida) como objetivo final. Os estados teriam de pagar, em adição, as chamadas dívidas *extra-limite*, basicamente dívidas de origem externa (com o Banco Mundial e o BID, principalmente). Isso implicou comprometimento das receitas correntes líquidas (RCL) de boa parte dos estados, com o serviço total da dívida estadual, ao redor de 17% e acesso limitado a novos financiamentos.[2]

Pelos contratos, os estados autorizaram a União a descontar a parcela a ela devida das próprias transferências de impostos que são partilhados entre os entes da federação, assegurando, assim, que esses pagamentos de fato ocorressem nas datas estabelecidas. Além disso, cada estado se comprometeu com o cumprimento de um "programa de reestruturação e ajuste fiscal", incluindo metas financeiras, compromissos e ações três anos à frente, a ser revisto periodicamente, tendo em vista, principalmente, o cumprimento das metas de superávits primários estabelecidas.

As metas de superávits primários se deduzem implicitamente dos compromissos de pagamento do serviço da dívida, das autorizações para novos endividamentos, e das perspectivas de alienação de ativos e recebíveis de propriedade do estado.

Imaginando a não contratação de empréstimo novo e a inexistência de ativos e recebíveis para alienar, o superávit primário corresponde ao próprio pagamento total do serviço da dívida. Em alguns casos, esse valor pode alcançar parcela superior a 20% de RLR (ou algo ao redor de 17% de RCL), em vista de pesados pagamentos da dívida *extra-limite*.

Nessas condições, é possível antever que, depois de computar as vinculações de educação e saúde, os pagamentos de pessoal fora desses setores, e o serviço total da dívida, sobrará pouco espaço para gastos em programas propriamente ditos fora dos segmentos de educação e saúde.

3) LRF. Uma das exigências básicas da LRF é que os estados brasileiros devam gastar no máximo 49% de suas receitas correntes líquidas (RCL) com a folha de pagamento do Poder Executivo e 11% com a folha dos poderes Legislativo e Judiciário,[3] totalizando, portanto, 60% das receitas.

---

[2] RLR corresponde, em vários estados, a valores na faixa de 85 a 90% de RCL. O período de tempo necessário para a razão dívida/receita atingir 1 varia por estado, pelas diferenças existentes entre os respectivos estoques iniciais de dívida e em outros parâmetros relevantes.
[3] Inclusive Ministério Público Estadual.

Com algumas exceções (que não vêm ao caso), os estados vêm conseguindo manter seus indicadores dentro desses limites, pondo fim a uma antiga fonte de pressão sobre déficits no setor público brasileiro. O difícil, agora, é convencer estados a aprofundarem ainda mais esse ajuste. Muitos perguntam por que baixar mais a razão pessoal/receita, se a LRF permite gasto naquele nível. Há, assim, o risco de os limites da LRF virarem piso.

Outros começam a perceber que, em vista de outras restrições, os ganhos de uma política de ajuste de pessoal, em termos de recursos livres para gastar onde considerem prioritário, são relativamente limitados. Isso se dá pelo fato acima salientado, de que economias eventuais em gastos de pessoal no setor de educação e saúde só revertem em favor desses setores. Nesse sentido, a política de ajuste de pessoal faria mais sentido se pudesse ser combinada com outras mudanças, como a redução do grau de vinculação das receitas estaduais.

Consequências da camisa-de-força

Foram três as conseqüências básicas de os estados terem passado a "vestir" camisa-de-força tão apertada. Uma foi a garantia de geração de um superávit primário mínimo em suas contas. Outra foi a sobra potencial relativamente inexpressiva de recursos que resulta no caixa dos estados, após os pagamentos de pessoal, dívida e educação mais saúde, mesmo supondo que eles estejam em dia com o cumprimento da LRF. E a última foi a distribuição desigual do esforço de ajuste fiscal que resultou de todo o processo recente, em vista, principalmente, da menor disponibilidade relativa de ativos/recebíveis e menor peso político dos estados mais pobres da federação.

A garantia de superávit mínimo é dada por: (a) o fato de que as prestações da dívida são altas; (b) os estados não têm como fugir de seu pagamento; (c) o acesso a endividamento e outras formas de financiamento é relativamente limitado. Dados os compromissos com educação, saúde e os demais poderes, a única forma de evitar gastos não-financeiros contidos (ou superávits primários altos) é obter novos financiamentos (que dependem de autorização do Tesouro Nacional) e/ou vender ativos/recebíveis de sua propriedade, ação essa também sujeita a algum tipo de anuência do Tesouro Nacional. Nesse contexto, o Tesouro Nacional tem sido parcimonioso na concessão de novos financiamentos e tem pressionado os estados a usar os recursos da privatização principalmente de suas empresas de distribuição de energia elétrica para abater dívida.

Com base em casos específicos examinados pelo autor deste trabalho, e imaginando que os estados não disponham de financiamentos novos nem de ativos/recebíveis para vender, o superávit primário potencial é da ordem de 17% de suas RCL, e a sobra de caixa para gastos em investimentos, manutenção e programas fora de educação e saúde, bastante reduzida. Só que, na prática, os estados e os municípios, de um lado, e os próprios estados isoladamente, do outro, têm conseguido conviver com superávits primários bem menos elevados, conforme cálculos do autor desta nota, e explicações no rodapé da tabela seguinte:

TABELA 1
SUPERÁVITS PRIMÁRIOS
(em % das receitas líquidas) (*)

	2001	2002	Potencial (**)
Todos os estados	7,0	7,2	17
Est. e municípios	6,3	5,6	...
União	9,4	11,7	...

(*) Os superávits primários do conjunto dos estados, dos municípios e da União são os divulgados pelo Banco Central. As receitas líquidas foram calculadas com base nos levantamentos da Secretaria da Receita Federal sobre a carga tributária e a receita disponível das respectivas esferas de governo, além de cálculos feitos com base em levantamentos específicos da área econômica do governo federal.
(**) O superávit potencial é o que se obtém nas condições referidas no texto acima, ou seja, cumprindo à risca as vinculações constitucionais, atendendo ao limite da razão pessoal/receita previsto na LRF, e assumindo contratação zero de empréstimos novos e nenhuma alienação de ativos e recebíveis.

Como se vê, mesmo sob a ameaça de superávits potenciais ao redor de 17% de suas receitas correntes (e gastos mínimos nas "demais secretarias"), os estados e municípios têm registrado superávits ao redor de 6% delas nos últimos anos, e o conjunto dos estados, apenas 7% de RCL. Isso mostra que os gastos nos demais segmentos fora educação e saúde não têm ficado tão inexpressivos como se poderia esperar. Além disso, os resultados têm ficado abaixo dos obtidos pela União.[4]

Disso se tiram ainda duas conclusões. Uma é que essas entidades têm tido acesso a razoável montante de recursos oriundos de privatizações e outras alienações de ativos e recebíveis. E a outra é que, mesmo sendo resultados abaixo do potencial, esses indicadores têm contribuído satisfatoriamente na geração dos elevados superávits globais produzidos recentemente pelo setor público como um todo.

Com efeito, a despeito de resultados bem abaixo do potencial, foi possível incluir, de forma digna de nota, os governos estaduais e municipais no esforço de ajuste fiscal liderado pelo governo federal. Sem ele, não teria sido possível gerar superávits primários (saldos positivos de receitas sobre despesas não-financeiras) historicamente tão elevados no país, como os que viabilizaram o cumprimento de vários acordos assinados com o FMI desde 1999 (veja Gráficos 6 e 7).

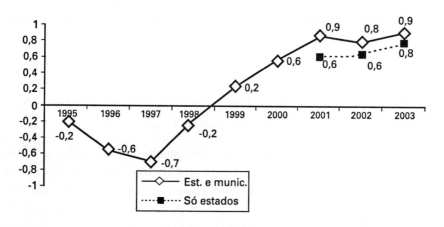

GRÁFICO 6
RESULTADO PRIMÁRIO DOS ESTADOS E MUNICÍPIOS
EM % DO PIB

---

[4] Estar abaixo dos resultados da União não surpreende, já que a União é o principal responsável pela condução da política macroeconômica, tem muito maior capacidade de extrair recursos da sociedade.

123

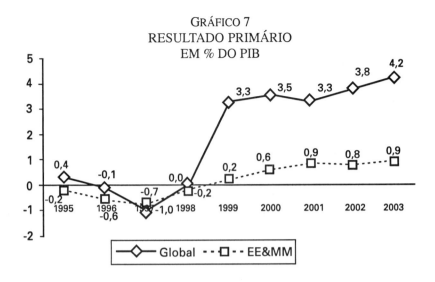

Como se vê no Gráfico 6, os resultados primários negativos pré-1998 dos entes subnacionais se transformaram em resultados positivos expressivos após 1999, se situando hoje entre 0,8 e 0,9% do PIB. Isso é verdadeiro, tanto quando se miram os valores absolutos desses resultados (0,9% do PIB corresponderia hoje a quantia ao redor de R$ 15,3 bilhões), como quando se examina o seu peso no cômputo global. Com efeito, como se deduz dos números registrados no gráfico seguinte, o peso dos resultados primários do conjunto dos estados e municípios aumentou consideravelmente nos últimos anos, alcançando 21% do esforço total no ano passado.

GARANTINDO A SUSTENTABILIDADE DOS RESULTADOS PRIMÁRIOS RECENTES

Com base na análise precedente, o equacionamento do problema fiscal brasileiro resume-se à demonstração da sustentabilidade dos superávits primários elevados que vêm sendo gerados nos últimos anos, com a restrição de que os gastos em investimentos têm de começar a ser recuperados e a carga tributária deve começar a ser reduzida proximamente. Só assim é possível ingressar num círculo virtuoso de *redução de risco/redução de juros/redução de dívida/redução de risco/redução de juros*, até que seja possível reduzir os próprios superávits primários.

Para garantir superávits primários expressivos nos próximos anos, e deixando de fora da análise, por problemas de espaço, o caso das estatais, a situação dos estados e municípios parece menos complicada do que a da União, em vista da apertada camisa-de-força financeira que já existe sobre essas administrações. O risco de o espaço para gastos nos setores fora educação e saúde ficar muito apertado, em alguns casos, pode ser contornado pela administração do processo de endividamento dessas entidades, hoje inteiramente sob controle do Ministério da Fazenda, sem prejuízo de sua contribuição ao resultado fiscal global. A aprovação de uma DREM – Desvinculação de Recursos dos Estados e Municípios, nos moldes da DRU Federal, que foi tentada, mas abortada posteriormente, nas recentes discussões sobre reforma tributária, contribuiria de forma significativa para a flexibilização dos orçamentos estaduais.

Na União, contudo, a busca de maior sustentabilidade depende, fundamentalmente, de ações e políticas capazes de mantê-los elevados por outros caminhos que não os cortes de gastos em investimentos/outros custeios (inclusive manutenção) e o aumento da arrecadação. Na verdade, além do ajuste fiscal, se exige hoje alguma redução da carga tributária e recuperação dos gastos em investimentos. Em outras palavras, a "bola da vez" é o corte nos gastos correntes relativos aos demais segmentos do orçamento acima citados.

Um programa de sustentabilidade dos resultados primários globais começaria com a fixação de metas semelhantes às do ano passado por vários anos à frente. Como dito antes, o superávit global de 2003 foi de 4,4% do PIB, sendo de 2,6% do PIB a parcela gerada pelo governo central, para onde se volta o foco desta seção. Para a obtenção desse resultado no futuro, seriam construídas trajetórias de metas dos seus principais componentes, até certo grau de agregação, tudo medido em porcentagem do PIB. Nesses exercícios, a razão receita líquida/PIB deveria ser reduzida gradualmente e a razão investimentos/PIB deveria crescer sistematicamente. O fechamento se daria pela explicitação de metas de razões declinantes gastos correntes/PIB.

Posteriormente, os gastos correntes seriam decompostos em seus vários segmentos, a exemplo da desagregação contida nas seções três e quatro, novas metas de ajuste setorial seriam definidas, e finalmente chegar-se-ia ao nível de maior detalhe possível, seguindo-se propostas de alteração legislativa para viabilizar o programa de ajuste como um todo, ao longo do tempo.

Itens que sobressaem, e deveriam fazer parte do programa de sustentabilidade fiscal, são a necessidade de completar a reforma da previdência do regime dos servidores, iniciada pela mudança constitucional aprovada no ano passado, mas carente, ainda, de regulamentação final, e a premência de estabelecer uma regra de reajuste máximo pela inflação passada do piso dos benefícios previdenciários e assistenciais.

A reforma da previdência aprovada no ano passado foi um esforço relevante na direção de sustentabilidade fiscal, embora haja dúvidas sobre a manutenção de um de seus mais importantes pilares, a contribuição dos inativos, cuja constitucionalidade está sendo julgada pelo Supremo Tribunal Federal no momento em que este trabalho é escrito.

CONTRIBUIÇÃO JUSTIFICADA OU MERA PERSEGUIÇÃO?

De suma importância a iminente decisão do Supremo Tribunal Federal sobre a possibilidade de se cobrar uma contribuição de 11% sobre a remuneração dos inativos do serviço público que ganham acima de um determinado limite de isenção, que é uma forma indireta de cortar um dos itens de maior peso na despesa não-financeira federal, como se viu anteriormente. O governo tentou cobrar antes esse tipo de contribuição por meio de lei ordinária. Na virada para 1999, o STF disse que a lei aprovada não valia, por se tratar de matéria constitucional. Era a gota d'água que faltava para explodir a crise cambial que quase trouxe a hiperinflação de volta (janeiro de 1999). Os mercados perceberam que a rigidez das contas públicas era bem mais alta do que se imaginava.

Passados cinco anos, o atual governo acaba de aprovar uma emenda à Constituição sobre o assunto (Emenda Constitucional n. 41/03). Mais uma vez, segundo analistas, o STF tende a decidir contra a mudança, desta feita, entre outros motivos, por ferir cláusula pétrea (direito adquirido). E de novo o risco-Brasil pode subir bastante, em momento econômico que, por outras razões, é crítico. Diante da atual configuração do problema fiscal interno e da piora do quadro externo, as taxas de risco praticamente dobraram de janeiro para cá. Como antes, se o quadro macroeconômico piorar mais (ou seja, se o risco subir mais), inflação mais alta e economia estagnada serão os resultados esperados. Faz sentido, então, a contribuição dos inativos, ou é mera perseguição dos velhinhos pelos mercados financeiros?

Indo direto ao ponto, o grande drama da situação dos inativos e pensionistas da União (IPU) é que hoje, mesmo havendo contribuição dos servidores ativos (que pagam 11% de suas remunerações), algo que vigora desde o início da década de 1990, a União banca cerca de 89% da despesa com os inativos, pois há aproximadamente um IPU para cada funcionário ativo e os IPU ganham praticamente o último salário percebido na ativa. Dito de outra forma, como se viu acima, o peso dessa despesa no orçamento federal é muito elevado, e trata-se do segundo item de maior crescimento entre 1987 e 2003. Adicione-se o fato de que são pouquíssimos os países do mundo que pagam aposentadoria integral (dentro desse grupo, talvez sejamos o de maior peso econômico), algo que a comunidade financeira internacional encara como privilégio descabido.

Daí, de duas, uma; os inativos passam a pagar uma parte da conta; a sociedade arca com tudo. Como o contexto atual, na busca de maior integração com o resto do mundo, é de redução da dívida pública (o que requer excedentes fiscais crescentes) e de recuperação dos gastos de investimentos (que já chegaram ao "fundo do poço"), então, se desejamos inflação baixa e a economia de volta ao crescimento, a carga tributária tem de aumentar, ou os demais itens de maior peso na pauta de gastos correntes, exatamente os costumeiramente denominados de "gastos sociais", de ceder maior espaço para os IPU, o que revela um dilema agudo. Não é por outro motivo que o partido dominante no atual governo, de fortes e tradicionais ligações com o segmento dos servidores públicos, teve de buscar forças novas para aprovar a emenda constitucional que, entre outros importantes ajustes no regime previdenciário dos servidores, criou a contribuição dos inativos no Congresso Nacional no ano passado.

O dilema se torna ainda mais acirrado, quando se leva em conta a situação tanto dos servidores mais antigos, oriundos do velho regime estatutário, como dos que ingressaram após os anos 1980, que deverão continuar resistindo fortemente à obrigação de contribuir depois de se tornarem inativos. Os primeiros nunca pagaram contribuição, mas alegam ter ingressado na época em que a aposentadoria integral era vista como mera compensação pelos salários baixos que o setor público pagava durante a ativa. Já os segundos argumentam que, para cobrir suas aposentadorias, basta contribuir durante 35 anos com 11% de suas remunerações, algo que a maioria de seu grupo tenderá a fazer. Com efeito, se essa contribuição fosse adicionada a uma hipotética contribuição do empregador nos moldes da que é paga ao INSS, o produto da aplicação das receitas dessas contribuições nos mercados financeiros renderia provavelmente algo acima do que eles vão receber quando se aposentarem pelas regras vigentes.

Sendo assim, por que a despesa com os IPU pesa tanto no orçamento? A resposta, na verdade, é simples, mas o assunto é pouco discutido nos fóruns respectivos. Tudo começou com o fim da contratação sem concurso pela CLT, que havia sido introduzida pelo regime militar de 1964, no texto da Constituição de 1988. O que se queria lá atrás (tratava-se do famoso decreto-lei 200) era pagar maiores salários aos servidores, e atrair melhores quadros para as funções públicas, mas tendo o cuidado de não criar um problema futuro para as contas governamentais. A exemplo do setor privado, as aposentadorias ficariam a cargo do INSS e as carreiras mais nobres teriam o complemento de aposentadoria com base em fundo de pensão de direito privado, nos moldes das estatais. E tudo isso estaria dimensionado para não comprometer excessivamente os orçamentos correntes. Por pressão de segmentos difíceis de identificar, a lei federal que regulamentou o novo regime estatutário único pós-1988 terminou incorporando ali, e obrigatoriamente, todos os regidos pela CLT que havia à época, dando-lhes o direito à estabilidade no emprego, à aposentadoria integral e a receber de volta tudo que tivessem aplicado em fundo de pensão, algo que a quase totalidade das administrações estaduais e municipais terminou acompanhando nas suas respectivas searas. Com base nisso, e também porque há outras "janelas" similares de transferências de servidores regidos pelo INSS para o regime estatutário com aposentadoria integral, aumentou muito a quantidade de inativos e pensionistas nos últimos anos, com salários mais altos que os velhos estatutários e sem que tivesse havido contribuições capazes de bancar essas aposentadorias, em contraste com o que ocorre, atualmente, com os ingressados após a década de 1980.

Na União, estima-se que cerca de 400 mil servidores ex-CLT teriam passado instantaneamente para o regime estatutário só por conta da alteração constitucional acima indicada. Diante disso, o total de IPU passou de 542 mil em 1991, época da edição da nova lei dos estatutários, para 940 mil em 2002, diminuindo a proporção de ativos para inativos/pensionistas pela metade (de 1,89 para 0,91) em apenas 11 anos. Por conta disso, o peso dessa despesa passou de 6,2% da despesa não-financeira total em 1987, para os 23,4% do ano passado, conforme Gráfico 1.

Nesses termos, a cobrança da contribuição sobre os inativos introduzida na Emenda Constitucional n. 41/2003, parece fazer sentido, pois deixa de fora praticamente todo o contingente dos estatutários antigos (que são da época em que a razão inativos/ativos era bem mais baixa), e deixa em aberto a possibilidade de o governo compensar os ingressados após a década de 1980 por meio de reajuste de salário ou maior contribuição para fundo de pensão complementar.

PERSPECTIVAS DA RAZÃO DÍVIDA/PIB PARA 2004

Como visto na seção 2, as variáveis básicas que determinam a evolução da razão entre a dívida pública e o Produto Interno Bruto (D/PIB), um dos principais indicadores do estado da economia brasileira do ponto de vista macroeconômico, são as seguintes: (1) taxa básica real de juros (Selic real); (2) taxa de câmbio real; (3) razão superávit primário/PIB; (4) taxa de crescimento do PIB. Passado o período de ajuste inicial do governo Lula (2003),[5] pela primeira desde 1994 todas essas variáveis pareciam, ao se iniciar o segundo ano do atual governo, se situar sobre trajetórias consistentes com a geração de seguidas quedas nos valores de D/PIB.

Começando pela evolução provável do PIB, mesmo na hipótese de baixo crescimento de cada mês de 2004 em relação aos meses precedentes, sua taxa de crescimento poderá ficar entre 3,5% e 4% este ano, ainda que isso se deva em grande medida ao fato de a base de comparação do ano passado ser muito deprimida.

A Selic real tinha tudo para continuar caindo desde o início deste ano, principalmente porque a inflação já estava de novo sob controle, a atividade econômica não se situava em trajetória fortemente ascendente, e as taxas de risco-Brasil haviam declinado de forma significativa, alcançando

---

[5] De janeiro a março de 2002, a razão dívida/PIB se situava em 54% do PIB, passando a subir seguidamente de abril em diante, até atingir o pico de 62% em setembro do mesmo ano. Nessa fase, diante da chamada "crise eleitoral", as taxas de risco-Brasil subiram fortemente, as taxas de câmbio e as taxas de juros de mercado, idem. Com a divulgação da "Carta aos Brasileiros", em que o novo-governo-praticamente-eleito se comprometeu a não fazer qualquer ruptura na política de controle da dívida pública do governo anterior, as taxas de risco/câmbio/juros internos de mercado voltaram a cair, processo esse que perdurou em todo o ano de 2003. Ao final do ano passado, a razão dívida/PIB havia retornado a 59% e, em abril último, fechado em 56%, dois pontos de porcentagem do PIB ainda acima dos níveis do primeiro trimestre de 2002. A reversão mais lenta da razão dívida/PIB aos níveis pré-crise de 2002 se devem à forte subida da taxa Selic a partir de outubro de 2002, para combater a aceleração inflacionária que se seguiu à forte depreciação cambial do segundo semestre de 2002.

em janeiro níveis que devem ser os mais baixos desde o início da era FHC. Quanto menor o risco, menor o piso admissível dos juros reais.

Quanto à taxa de câmbio real, esta não teria por que se distanciar dos níveis que, ao final do ano passado, poderiam, depois do grande esforço de realinhamento nos últimos anos, representar seus níveis finais de equilíbrio. Naquela altura, o Banco Central já havia trocado expressivo volume de papéis cambiais por papéis corrigidos pela Selic, sem maiores pressões sobre a taxa, e os superávits comerciais eram cada vez mais robustos.

Finalmente, a meta do superávit primário das contas públicas em 2004 se situava em nível semelhante às marcas recordes observadas no ano passado, mantendo-se aparentemente intacta a política de austeridade fiscal do primeiro ano do governo Lula.

Nessas condições, a obtenção de razões dívida/PIB declinantes ao longo de 2004 parecia aposta garantida. Como se sabe, supondo taxa de câmbio constante em termos reais, para um custo real médio da dívida pública ao redor de 9% ao ano, taxa de crescimento do PIB de 3,5% ao ano, e razão dívida pública/PIB inicial ao redor de 58%, o superávit primário requerido para estabilizar essa razão é da ordem de 3,2% do PIB, valor esse bem abaixo do superávit primário observado no ano passado (4,4% do PIB).[6]

Daí à inserção num círculo virtuoso, em que razões dívida/PIB claramente declinantes implicam redução progressiva dos juros internos e até da taxa de câmbio real, via declínio progressivo das taxas de risco-Brasil, parecia ser apenas um pequeno passo.

A CRISE DE ABRIL/MAIO 2004

Assim, tudo parecia correr muito bem no início do ano, quando choques de forte impacto se fizeram sentir na economia brasileira. Foram basicamente dois. Um deles teve a ver com problemas de origem externa e também interna, e se transmitiu, simultaneamente, pela subida das taxas de risco-Brasil, taxas de câmbio e das taxas de juros de mercado. O outro, originado do petróleo, pela iminente subida dos preços internos dos combustíveis.

---

[6] O superávit primário mínimo requerido para estabilizar a razão dívida pública/PIB, para crescimento real nulo da taxa de câmbio, é dado, basicamente, pela fórmula: (D/PIB) inicial *vezes* (Selic real *menos* taxa de crescimento real do PIB)/100, como exemplificado na nota de rodapé nº 2.

O choque do petróleo é o que deve causar menos estrago, ao contrário do que poderia parecer à primeira vista. Não que o problema do petróleo seja trivial. Segundo analistas de renome internacional, há hoje muito maior escassez de petróleo frente à expressiva demanda internacional. A diferença é que hoje o Brasil é quase auto-suficiente nele, e é a União, que está à cata de novos recursos, quem vai se beneficiar de mais um realinhamento de preço dos combustíveis, que acabará vindo. Se fosse como nos idos de 1970, quando se deram as duas grandes e famosas crises do petróleo, e produzíamos bem menos, a população teria motivo para ficar mais assustada.

A deterioração do cenário macroeconômico tem raízes externas e internas. Em relação ao quadro em vigor no início do ano, a iminente subida das taxas de juros americanas, combinada com a crise do petróleo, implicará maior inflação e menor crescimento mundial, além de reduzir a atratividade das aplicações financeiras em economias de risco alto, como a brasileira. Já aqui dentro tivemos a deterioração do quadro político, somada às fortes pressões sobre o caixa governamental e ao chamado *fogo amigo* dirigido ao ministro Antônio Palocci, sem falar em crescentes manifestações anti-setor privado de setores do governo. Tudo isso contribuiu para: (1) trazer novas dúvidas sobre a sustentabilidade da dívida pública; (2) desestimular novos investimentos privados.

Diante da intensidade dos choques, a eficiente gestão do ministro Antônio Palocci à frente do Ministério da Fazenda e a defesa intransigente da política anti-inflacionária de parte do Banco Central foram incapazes de evitar a deterioração da situação macroeconômica. Isso demonstra a alta sensibilidade do quadro macroeconômico brasileiro a choques, reforçando os argumentos em favor de uma maior sustentabilidade dos resultados primários.

Com efeito, Palocci havia conseguido um verdadeiro milagre no ano passado. As taxas de risco-Brasil caíram seguidamente dos 23% ao ano de outubro de 2002, a algo ao redor de 4% em meados de janeiro/2004. Graças a isso, as taxas de juros reais esperadas, de mercado, e para prazo de um ano (mercados futuros), obtidas deflacionando-se as taxas nominais pelas expectativas de inflação coletadas pelo Banco Central para o IPCA, se reduziram fortemente ao longo de 2003, chegando finalmente a 9% ao ano, em janeiro, talvez o menor nível atingido desde 1995.

Paralelamente, a gestão das contas do Tesouro Nacional tem sido irrepreensível na busca de resultados fiscais compatíveis com equilíbrio macroeconômico, desde o início do mandato atual, mantendo, em grande medida, o mesmo tipo de comportamento da gestão anterior. Diante da grave situação verificada no início de 2003, o Ministério da Fazenda resolveu aumentar o valor do superávit primário (excedente de receitas sobre despesas não-financeiras) que havia sido combinado anteriormente com o Fundo Monetário Internacional, e produziu resultado acima da própria meta ampliada. Além disso, o ministro da pasta colocou todo seu empenho junto ao Congresso com vistas à aprovação das reformas da previdência e tributária.

Infelizmente, de janeiro para cá o quadro róseo do ano passado vem sendo aos poucos revertido. A taxa de risco-Brasil, que em janeiro se situara em 4% ao ano, registra hoje valores próximos de 7% ao ano. Da mesma forma, tanto a taxa de câmbio quanto os juros de mercados estão bem acima de seus valores do início do ano, refletindo a intensidade da crise.

Nesses termos, o governo tem pouca escolha. Se, na essência, o problema é de natureza fiscal, além de alinhar os preços dos combustíveis aos externos terá de fazer rodada de expressivos cortes de gastos correntes. E retomar a agenda das chamadas reformas microeconômicas, para melhorar o ambiente para o investimento privado, como, aliás, o ministro da Fazenda já anunciou que vai fazer.

CONCLUSÕES

No governo anterior, o equacionamento do problema inflacionário foi a grande vitória que marcará para sempre o sucesso da gestão FHC-Malan. Contribuiu, inclusive, para viabilizar seu segundo mandato. Já para o governo Lula, manter a inflação sob controle passou a ser apenas mais um dado do problema. Ou seja, uma realização mínima, pois os brasileiros se acostumaram com inflação baixa e não querem mais abrir mão disso. Quem mudar esse quadro para pior pagará preço político incomensurável.

O ministro da Fazenda, Antônio Palocci, sabe obviamente disso, embora use outro argumento (aliás, muito válido) para justificar a prioridade ao combate à inflação: a política antiinflacionária é a forma mais eficiente de combate à pobreza. O que é a pura verdade, como todos terminamos aprendendo nesses anos de corrosão de salários e de disponibilidades financeiras pela hiperinflação. Em geral, são os pobres que têm suas disponibilidades mais destruídas pela inflação, uma vez que não têm acesso às famosas contas remuneradas.

O drama do governo Lula é que seu passaporte para o segundo mandato depende, fundamentalmente, de o país crescer a taxas elevadas até 2006, e principalmente de a taxa média do período 2003-2006 ser mais elevada do que a dos dois mandatos anteriores (quando a média geral se situou em 2,3% ao ano). Nessa empreitada, Lula conta com a ação de Palocci, pois o ministro da Fazenda, pelo que diz e tem feito, parece ser aquele que percebe com clareza qual é a fórmula do crescimento. O drama maior é que, mesmo sabendo o que tem de ser feito, Palocci talvez não tenha força suficiente para levar a cabo a árdua missão (o "fogo amigo" que o diga). Nesse caso, perde o país, e perde também o eventual projeto político do PT.

Palocci tem afirmado mais ou menos o seguinte em suas recentes aparições públicas. Sobre inflação: pelo combate à pobreza, obter inflação baixa é prioridade máxima. Sobre carga tributária: enquanto a sociedade não se dispuser a apoiar cortes de gastos públicos, a carga tributária será necessariamente alta. Sobre retomada do crescimento: acha ótimo que a economia esteja crescendo mais este ano, mas seu empenho é para ela continuar crescendo em todos os anos que se seguirem. Sobre investimentos: alertou os empresários de que nas difíceis condições atuais o setor público terá pouco espaço para aumentar gastos de investimento com seus próprios recursos. Em seguida, fez veemente discurso em favor da melhoria do ambiente para investimentos privados, comprometendo-se a fazer tudo a seu alcance para melhorar o marco regulatório e implementar reformas capazes de estimular investimentos internos e externos.

Palocci não tem dito exatamente isso, mas deve saber que a fórmula do crescimento passa inicialmente pela redução do risco-Brasil, a ponto de viabilizar taxas de juros reais não tão acima das praticadas por países emergentes que concorrem conosco, como o México, por exemplo. Só assim poderemos ingressar em um círculo virtuoso de *menor dívida pública/menor risco/menores juros/maior crescimento no curto prazo*. Num primeiro momento, ele teve de "dobrar a aposta" na fixação da meta de superávit primário das contas públicas (excedente de caixa antes de pagar juros), comprometendo-se com meta maior do que a que havia sido deixada pelo governo anterior (mesmo sabendo que a arrecadação federal em 2003 tenderia a ser menor). Tanto assim que a taxa de risco-Brasil caiu dos 23% de outubro de 2002 para 4% ao ano em janeiro último.

Depois disso, vieram a crise política interna e fortes pressões sobre o caixa da União (que por aí ainda estão), e mais recentemente a piora do cenário externo. A despeito do empenho da Fazenda/Banco Central, o risco voltou a subir e quase dobrou. De meados de maio para cá, com as notícias sobre crescimento do PIB e resultados fiscais recordes, mais uma vez Palocci atuou favoravelmente sobre expectativas e produziu nova redução do risco (no momento em que esta nota é escrita, entre 6 e 7% ao ano).

Ora, para continuar derrubando o risco, além de cuidar do longo prazo (reformas microeconômicas) é preciso aprofundar reformas com impacto nas contas públicas ou tomar medidas capazes de demonstrar que nos próximos anos o setor público terá condições de cortar gastos correntes em escala expressiva. A rota de expansão das receitas públicas parece esgotada, como demonstra a subida recente da razão arrecadação de impostos/PIB e os crescentes apelos do empresariado para o governo não mais aumentar a pesada carga tributária do país. Paralelamente, os investimentos públicos foram cortados fortemente nos últimos anos, atingindo, no ano passado, os níveis mais baixos de que se tem notícia.

Quanto ao ajuste dos gastos correntes, o que importa não é ter de fazer isso imediatamente, pois há óbvias restrições políticas, mas consolidar uma tendência nessa direção. A desvinculação dos reajustes dos benefícios assistenciais e subsidiados do reajuste do salário mínimo é um exemplo de medida nessa direção. A viabilização da contribuição sobre os rendimentos dos inativos do serviço público é outra.

Enfim, se o governo quer que a economia cresça mais até o final do mandato tem de "dobrar a aposta" no estilo Palocci de gerir a economia, e dar um passo adiante, isto é, começar a cortar gastos correntes.

A nova agenda do crescimento sustentado: comentários

*Armando Monteiro Neto**

---

* Deputado federal. Presidente da Confederação Nacional da Indústria (CNI).

A TEMÁTICA DO XVI FÓRUM NACIONAL

O FÓRUM DESTE ano tem como eixo três idéias: conhecimento, crescimento sustentado e inclusão social. A inclusão social é o objetivo maior; o crescimento sustentado a forma de prover a inclusão social de modo permanente; e o conhecimento um instrumento estratégico indispensável. Só a disseminação do conhecimento (e da educação) irá ocasionar a geração de emprego de alta produtividade de forma ampla para promover a contínua inclusão da massa populacional no mercado de consumo. Como a criação e ampliação do mercado de consumo de massa é indispensável à intensificação do crescimento, os três elementos têm elevado grau de interdependência.

O objetivo maior de toda a nação é a melhoria das condições de vida e aumento do consumo, pois significa aumento do bem-estar. Para elevar os padrões de consumo e vida da população de forma permanente e sustentável é essencial alavancar o ritmo de crescimento da economia. Esta é uma ação com impacto a longo prazo, mas, como "o longo prazo começou ontem", esta ação deve ser tomada de imediato. É imprescindível e urgente retomar o crescimento. Nos últimos 23 anos, o crescimento médio do PIB brasileiro foi de apenas 2%, taxa muito aquém do mínimo indispensável para a sociedade brasileira. O PIB *per capita* cresceu apenas 0,3% ao ano entre 1981 e 2003.

Precisamos identificar melhor as restrições que impedem um ritmo de crescimento mais intenso. Deste modo podemos evitar a repetição de surtos momentâneos de crescimento – o *stop-and-go* que tem caracterizado os últimos anos. Uma das principais restrições a um ritmo de crescimento mais intenso e permanente nos últimos anos foi a instabilidade macroeconômica: fragilidade externa, desequilíbrio das finanças públicas e inflação descontrolada. Reverter este quadro de forma permanente é uma função da política macroeconômica: seu papel tradicional.

PAINEL DO CRESCIMENTO: O QUE PODE FAZER A POLÍTICA MACROECONÔMICA?

Neste aspecto, a política macroeconômica atual é um exemplo de sucesso. Sem buscar pirotecnias e mantendo uma linha convencional, vem obtendo a redução da vulnerabilidade externa, o reequilíbrio das contas públicas e mantendo a inflação em queda. Mas o peso do componente monetário tem sido excessivo e sua participação precisa ser redimensionada, pois sua superutilização impõe custos expressivos à atividade produtiva.

A política macroeconômica precisa ir além do tradicional e ousar mais. O redimensionamento da política macroeconômica exige uma mudança no enfoque do equilíbrio fiscal. Nos últimos anos o superávit primário, essencial e indispensável à boa dinâmica da dívida, vem sendo obtido conjuntamente ao aumento da carga tributária. Essa carga foi elevada em mais de dez pontos percentuais desde o início dos anos 1990. É a maior carga tributária entre os países emergentes e se aproxima da dos países do Norte da Europa. A carga extrapolou o tolerável e é uma das razões que inibem o crescimento da produção e da economia.

É vital, para retomar o crescimento, reduzir a carga tributária e dar maior qualidade ao ajuste fiscal. Reduzir a carga tributária através da maior eficiência no gasto, eliminação de desperdícios e gastos supérfluos ou desnecessários, e maior foco nos programas. É tarefa complexa, que exige muito esforço, mas cujo início está em uma profunda revisão do processo orçamentário brasileiro. Este é um desafio a ser enfrentado pela nova política macroeconômica do crescimento. Também incluiria aqui uma revisão da reforma da previdência, que ficou aquém do mínimo necessário e cuja essencialidade se torna explícita quando das limitações ao reajuste do salário mínimo.

Outro desafio é a realização de uma verdadeira reforma tributária. As mudanças promulgadas no fim de 2003 não podem ser caracterizadas como uma reforma. A competitividade e a simplificação, objetivo maior da reforma, não foi obtida e o sistema, compreendido em sua essência, não foi alterado. A reforma ficou restrita a mudanças tópicas e à alterações na distribuição dos recursos tributários entre os entes federados. O cerne foi postergado.

É importante observar que, nos últimos anos, uma reforma tributária ampla tem sido impedida por impasses relacionados à questões de federalismo, tanto em termos de suas competências em relação a gastos como no poder de tributar, e no âmbito da política regional. A compreensão adequada desses impasses, suas origens e razões atuais, é necessária para a superação das restrições e possibilitar avanços mais efetivos nas etapas que se avizinham em 2004.

A APOSTA NO CRESCIMENTO: COMO INCORPORAR MAIS EMPRESAS NO PROCESSO DE EXPANSÃO?

O crescimento acelerado e contínuo apenas irá se materializar através da expansão dos negócios privados. Estimular novos negócios e tornar lucrativas as oportunidades é o caminho. O ambiente institucional e a legislação brasileira conspiram contra a ampliação das empresas. Sistema tributário complexo, legislações anacrônicas e elevado custo (financeiro e tributário) do investimento são obstáculos que precisam ser removidos ou reduzidos.

Neste caso, o componente macroeconômico tradicional deve ser complementado pelas reforma microeconômicas, aquelas que afetam o quotidiano das empresas, e que criam o ambiente institucional (mais favorável ou menos favorável) no qual operam as empresas privadas. Portanto, é também fundamental promover a criação desse ambiente de modo a potencializar a entrada de novas firmas no processo de investimento e também viabilizar novas empresas e negócios.

Esta é a agenda da ousadia, que inclui:

a) Desoneração tributária do investimento: eliminação (em um primeiro momento redução expressiva) da tributação nas aquisições dos bens de capital (em todos os tributos e não apenas no caso do IPI) e em outras despesas associadas ao processo de investimento (como pesquisa e inovação tecnológica).

b) Redução do custo do capital e melhoria das condições de financiamento: através da redução dos *spreads* bancários (com ênfase na redução dos compulsórios e da cunha fiscal sobre os juros) e da facilitação da criação de novas formas e linhas de financiamento, em especial ao pequeno e médio empresário que tem dificuldades de acesso ao sistema financeiro.

c) Criação de ambiente institucional favorável aos negócios e ao investimento através:
- definição de marco regulatório adequado aos investimentos em infra-estrutura e meio-ambiente (licenciamento ambiental);
- desenvolvimento de parcerias entre o setor público e o setor privado na implantação de projetos que possuem lógica provada de operação (por exemplo: a criação da "PPP Simples").

d) Inclusão social das empresas que hoje operam na informalidade através de mudanças na legislação que conduzam à gradativa formalização das empresas que hoje atuam na marginalidade (tributária e/ou trabalhista). Esta situação as impede de crescer, pois na informalidade não têm acesso ao crédito e ao financiamento e vêem reduzida sua capacidade de investimento. Essa inclusão social das empresas pode ser operacionalizada através de:
- simplificação tributária;
- simplificação burocrática;
- contratação simplificada de mão-de-obra;
- desburocratização e desenvolvimento de novos negócios.

Em suma, é necessário implementar um processo contínuo de melhora no ambiente institucional dos negócios, de modo a viabilizar o incremento do investimento privado. Esta é a complementação da agenda macroeconômica com o foco no crescimento de longo prazo.

Desenvolvimento a partir do trabalho: uma política necessária à sustentabilidade

João Antonio Felício[*]

---

[*] Secretário-geral da CUT.

PARA SER ALCANÇADO o desenvolvimento sustentável com justiça e eqüidade no Brasil é preciso implementar uma política macroeconômica que valorize o trabalho. A abertura comercial, as privatizações e a minimização do papel do Estado jamais poderiam trazer a sustentabilidade pretendida, como ocorreu com o governo passado. Por outro lado, a priorização exclusiva do crescimento das exportações, da estabilidade da moeda e do mercado financeiro é insuficiente para promover o crescimento esperado e não atende às expectativas dos trabalhadores. Há uma lacuna a preencher que não pode ser ignorada: sem mudança da macroeconomia, as ações do Estado nas diversas políticas e esferas, mesmo que integradas, não vão promover o desenvolvimento sustentável. Daqui a um ano, podemos dizer: "Melhoramos, crescemos um pouco, mas não conseguimos resolver o problema do país". O crescimento econômico, por si só, não produz mudanças significativas nas condições de vida da classe trabalhadora e nas relações de trabalho e não reduz as vulnerabilidades estruturais.

Há condições no Brasil para um aumento progressivo das taxas de crescimento. Porém, aceitar como "custos do crescimento" a desvalorização dos salários, a queda da renda e o aumento do desemprego significa negar o trabalho como criador de valor, incidindo de forma negativa na sustentabilidade do desenvolvimento. Ou seja, o crescimento é obtido mas não a sustentabilidade.

O "sonho de desenvolvimento", que interessa aos trabalhadores e ao Brasil, compreende iniciativas destinadas a reduzir os impactos negativos da globalização em curso, afirmando a possibilidade de uma outra mundialização, alterando as relações sociais vigentes. As medidas concretas para a sustentabilidade devem estar fundamentadas em uma visão estratégica do desenvolvimento, envolvendo uma concepção de sociedade e priorizando a combinação de políticas econômicas e sociais que contemplem a valorização do trabalho e mecanismos de distribuição de renda, considerando a diversidade étnica e as disparidades regionais. É preciso reduzir as vulnerabilidades externas e internas, mas tendo por foco os cidadãos enquanto sujeitos de direitos, uma sociedade civil forte e um Estado soberano.

A política internacional que vem sendo implementada pelo governo Lula reafirma a soberania nacional e sinaliza para os demais países, sobretudo os países pobres, uma vitória dos movimentos sociais que lutam por uma outra mundialização, baseada na inclusão social. A política interna do governo Lula está direcionada a uma ampliação da participação política na democratização do Estado, como através dos debates do Plano Plurianual, da atuação do Conselho Nacional de Desenvolvimento Econômico e Social, dos diversos Conselhos de Políticas Públicas (tripartites e quadripartites) e do Fórum Nacional do Trabalho. Mas é preciso avançar mais, com ampliação e qualificação dos espaços de diálogo.

Embora sejam reconhecidas as ações positivas do governo, não se pode deixar de apontar os prejuízos representados pela continuidade do crescimento do desemprego, pela queda da renda dos trabalhadores, pela ampliação da informalidade no mercado de trabalho.

Dentre os maiores problemas internos do Brasil estão a desigual distribuição de renda e o desemprego. Há um agravamento da crise social, manifestada nos índices de desemprego (na casa dos 20% na região metropolitana de São Paulo) e pela pior renda média dos trabalhadores nos últimos anos. Os trabalhadores assalariados com carteira assinada representam 45% dos trabalhadores em geral, percentual que se manteve constante em relação aos últimos anos, conforme o Dieese, mas que aponta um aumento da informalidade e da precarização das relações e condições de trabalho.

As perspectivas do desenvolvimento do Brasil dependem de um cenário externo favorável. A política de alianças dos mais pobres deve exercer uma pressão contra os acordos com o FMI e lutar para que a integração econômica (Alca/União Européia) seja fundamentada em relações justas entre os países e não significa a subordinação ao modelo europeu ou americano de sociedade. É correta a política de fortalecimento do Mercosul e de negociação em bloco dos 22 países pobres e consolidação das relações Sul-Sul. A negociação bilateral ou isolada não favorece o desenvolvimento sustentável. As alianças estabelecidas não podem ser orientadas apenas para a conquista do mercado externo, e sim para somar forças e enfrentar os graves obstáculos ao desenvolvimento de nossos países, com uma efetiva inclusão social, garantia e ampliação de direitos, sobretudo dos setores mais vulneráveis da população.

MEDIDAS CONCRETAS PARA UM DESENVOLVIMENTO SUSTENTÁVEL

Embora algumas propostas a seguir pareçam óbvias, para que a mudança do modelo econômico e social se concretize, destacamos algumas iniciativas que devem ser combinadas para se atingir a sustentabilidade do desenvolvimento com inclusão social, crescimento do nível de emprego e distribuição de renda. Será necessário um grande esforço para a formulação e integração de políticas públicas, bem como grandes mobilizações da sociedade civil para implementar e acompanhar os resultados das medidas propostas. Algumas dessas propostas foram defendidas pelas centrais sindicais brasileiras, no documento apresentado conjuntamente em setembro de 2003, intitulado "Pauta do crescimento". Mas é preciso ampliar o debate de tais propostas com o conjunto das organizações da sociedade civil e com o poder público, aprimorando os canais de diálogo e dando continuidade às reformas que contribuam para o fortalecimento do Estado e da sociedade civil.

1) Mudança da política macroeconômica

a) Estabelecimento de metas semestrais de redução da taxa de juros, metas flexíveis, de redução da inflação, de superávit fiscal e superávit da balança comercial. Como parâmetro, é preciso que a taxa real básica de juros no Brasil seja igual ou menor do que nos países de mesmo risco-país, mas que a avaliação da política macroeconômica não seja realizada apenas sob critérios monetaristas.

b) Retomada da atividade produtiva e do consumo, principalmente em setores estratégicos, investindo em infra-estrutura (saneamento básico, construção e reforma de estradas, ferrovias e geração de energia).

c) Medidas para ampliação do crédito: frente a uma alta inadimplência decorrente do desemprego, da queda de renda e do aumento das tarifas públicas, a oferta de créditos aos trabalhadores públicos e privados, com taxas de juros reduzidas deve ser ampliada.

d) Quanto à reforma tributária é preciso avançar, principalmente na correção das distorções da tabela do Imposto de Renda, ampliando as faixas e estabelecer um acordo associando a redução da sonegação e da carga tributária. É preciso diminuir o imposto dos que ganham menos, como ocorre em qualquer país capitalista do mundo. Foi uma derrota para o país a Câmara dos Deputados ter retirado a taxação das heranças.

A política macroeconômica brasileira deve impactar a correlação de forças internacionais, para que as políticas econômicas de outros países e blocos atendam aos direitos humanos e sociais dos cidadãos. Esta é uma condição imprescindível para um desenvolvimento econômico e social sustentável, impulsionado e impulsionando o respeito entre as culturas.

2) Aumento do salário e participação nos resultados do trabalho

Constatamos que o poder aquisitivo dos trabalhadores tem caído nos últimos anos. O trabalhador brasileiro não pode continuar ganhando tão pouco e o salário não pode continuar caindo. É preciso defender a retomada imediata do poder aquisitivo dos trabalhadores, através da recomposição das perdas salariais pelo ICV-Dieese do período, nos setores público e privado, e uma política de aumentos reais gradativos do salário mínimo para atender às necessidades de uma família, conforme parâmetros também propostos pelo Dieese. O salário mínimo deve ser considerado um dos meios de distribuição de renda. Sem prejuízo das negociações já desenvolvidas no âmbito das empresas e plantas industriais, deve ser estimulada a Participação nos Lucros e Resultados (PLR) por setor de atividade, de forma a estipular metas de incremento produtivo associado com a distribuição dos resultados com todos os trabalhadores do setor. Além disso, a política salarial deve estar incluída na política econômica e tem que ser discutida sistematicamente e de forma ampla com toda a sociedade.

3) Mais e melhores empregos

a) Para que haja aumento do emprego, o Brasil precisa crescer a taxas de 4 a 5% ao ano. Esta é uma questão crucial. A luta pela redução da jornada de trabalho sem redução de salário deve ser uma luta de toda a sociedade brasileira.

b) A fixação de metas semestrais para a expansão do emprego deve nortear as políticas fiscal, monetária, industrial e agrícola do governo. A meta acumulada até o segundo semestre de 2004 deverá ser de aproximadamente três milhões de empregos. Devem ser criadas frentes de trabalho rurais e urbanas de emergência e a ampliação imediata de vagas em concursos públicos nos níveis federal, estadual e municipal. Porém, o Brasil precisa de trabalho decente. A meta de redução do desemprego não pode aceitar que novas ocupações sejam precarizadas com salários mais baixos. Caso contrário, massa salarial e renda continuarão a cair. Também é preciso intensificar programas de redistribuição de renda, como a proposta do "Renda mínima".

4) Reforma agrária com desenvolvimento rural sustentável combinada com a reforma urbana

A reforma agrária é uma das exigências da sustentabilidade, sendo imprescindível uma política agrícola que garanta o desenvolvimento rural, com acompanhamento técnico e econômico e estímulo à agricultura familiar. A reforma urbana deve ser fundamentada no conceito de "cidades saudáveis" e "regiões saudáveis", garantindo a sustentabilidade sócio-ambiental.

5) Educação

Uma proposta de educação pública gratuita e de qualidade e de investimentos em pesquisa, deverá se somar à ampliação dos espaços de participação da sociedade civil na formulação das políticas educacionais. São medidas concretas: ampliação de verbas, vagas e condições de acesso à educação em todos os níveis enquanto direito, como um dos eixos estratégicos da retomada do desenvolvimento. A educação deve ser, de fato, uma prioridade nacional, com valorização dos profissionais da educação, democratização das informações, da comunicação e da produção do conhecimento.

Os programas de formação e requalificação profissional devem ser aprimorados e ampliados, garantindo os recursos necessários. Os diversos programas já existentes deverão ser integrados, incluindo a democratização do Sistema S, em vista da constituição de um Sistema Público de Emprego articulado ao Sistema Público de Educação.

6) Universalização do direito à seguridade social

Essa é uma das formas de integrar a proteção social do indivíduo com políticas adequadas de saúde, assistência social e previdência. Deve haver o aumento dos investimentos públicos na seguridade social e a ampliação do controle social. A integração da seguridade social com as demais políticas sociais deve ser feita com ampla participação dos cidadãos em sua formulação e gestão. Desse ponto de vista, a privatização do seguro de acidentes de trabalho foi um verdadeiro retrocesso.

7) Fortalecimento da sociedade civil

A ampliação e potencialização da participação da sociedade civil na decisão dos rumos da política econômica integrada à política social, é um dos elementos definidores da sustentabilidade a longo prazo, tendo em vista um modelo de desenvolvimento com inclusão social.

8) Uma nova estrutura sindical no país e o sindicato cidadão

Existe uma correlação entre movimento sindical forte e sustentabilidade do desenvolvimento. As principais melhorias das condições de vida da classe trabalhadora, do desenvolvimento e da democracia no mundo inteiro se deram pela atuação do movimento sindical. São páginas de solidariedade e de respeito à dignidade do ser humano que jamais serão apagadas da história. O Brasil não pode continuar com a estrutura sindical vigente: uma reforma na estrutura sindical e na legislação trabalhista deve garantir um sistema democrático de relações de trabalho, que dê força à representatividade das organizações sindicais e garanta a organização no local de trabalho. Estudos têm demonstrado que a ampliação dos direitos sociais e trabalhistas contribui para a sustentabilidade do desenvolvimento, para maior distribuição de riqueza e renda, em contraposição à lógica da flexibilização dos direitos e da exclusão social.

COMO FINANCIAR O DESENVOLVIMENTO SUSTENTÁVEL?

Conforme estimativas, o Brasil precisa de aproximadamente R$ 200 bilhões para impulsionar seu desenvolvimento. O BNDES, principal banco de fomento do Brasil possui, para 2005, recursos da ordem de R$ 60,8 bilhões. Ou seja, são expressivos, mas insuficientes. Há diversas formas de se pensar o financiamento, a partir de algumas propostas, explicitadas a seguir. Tais propostas produzirão a sustentabilidade do desenvolvimento se forem trabalhadas articuladamente com a proposta de mudança macroeconômica. É preciso, por exemplo, combinar as estratégias de intervenção do Estado, dos agentes financeiros públicos e privados e dos agentes sociais, definindo seus papéis, limites e potenciais.

O Estado deve ser o indutor, o estimulador, captando recursos e definindo politicamente as estratégias de investimento. A opção pelo desenvolvimento sustentável, em primeira instância deve responder à seguinte questão: o que a aplicação de determinada quantidade de recursos traz de bom para essa imensa maioria de pessoas deserdadas, desempregadas, na informalidade?

Os investimentos para o desenvolvimento sustentável não podem ser feitos no setor público ou privado, isoladamente, mas devem ser considerados os impactos na cadeia produtiva e nas políticas públicas correlacionadas. É preciso verificar se estão sendo cumpridos direitos trabalhistas, sociais e ambientais, ou seja, se é de fato, um investimento socialmente responsável e sustentável. É preciso, enfim, verificar se a política de investimento do Estado, como um todo, está atendendo aos elementos citados da soberania, inclusão social e democracia. Recursos aplicados sem acompanhamento dos impactos, sem melhoria concreta da qualidade de vida da população não contribuem para o desenvolvimento. Por exemplo, entre investir em um setor com altíssima rentabilidade com baixa geração de emprego é preciso priorizar o setor que gera mais emprego. Algumas propostas de financiamento são explicitadas abaixo:

1) Desoneração tributária dos investimentos

Embora não seja uma proposta de "financiamento", a desoneração tributária contribui para a retomada do desenvolvimento, aumentando as facilidades de acesso ao crédito. Muitos empresários e empreendedores da economia solidária do setor produtivo têm dificuldade de acessar os recursos, devido ao grande número de tributos que impedem o investimento.

Elevar a carga tributária para recuperar a capacidade de investimento não é a medida mais adequada. É preciso distribuir melhor os tributos que, até hoje, têm penalizado mais o trabalho do que o capital, pois determinados setores pagam poucos tributos proporcionalmente ao que ganham.

2) Constituição de fórum para negociar a regulamentação do artigo 192 da Constituição Federal

A ser formado por Bacen, bancos, entidades empresariais e sindicais, o Fórum deve se destinar à negociação de metas para a progressiva redução das taxas de juros e discutir a aplicação do código de direitos do consumidor bancário. Muitos bancos não aceitam se enquadrar no código de direitos do consumidor, desrespeitando direitos dos clientes. O setor financeiro é o mais livre da economia e precisa ter maior participação na retomada do crescimento econômico do país.

Além da redução das tarifas (que passaram de R$ 3,9 bilhões para R$ 20,5 bilhões, entre 1994 e 2002), um dos maiores desafios do país é fazer com que o sistema financeiro, principalmente o privado, volte a financiar o desenvolvimento. Isto implica em retomar a oferta de crédito ao consumo, produção e investimento com prazos e taxas de juros acessíveis.

3) Retorno do papel "público" dos bancos oficiais

O papel social do BNDES, do Banco do Brasil e da Caixa está sendo recuperado, modificando-se a atuação que tinham nos governos anteriores. Os Bancos públicos dominam 40% dos ativos do sistema bancário e devem contribuir para o alcance de metas de desenvolvimento econômico e regional. A criação de novas linhas de crédito pode obrigar a uma redução das taxas de juros também nos bancos privados.

A importância dos bancos públicos no desenvolvimento regional deve ser retomada para solucionar problemas decorrentes da privatização dos bancos estaduais. Há uma proposta, da qual discordamos, por parte de alguns setores, de intermediação dos recursos do BNDES por bancos privados, devido à inexistência de capilaridade do próprio BNDES. Uma vez que tais recursos provêm, em sua maioria, do FAT, devem estar voltados, sobretudo, ao desenvolvimento nacional.

Um exemplo do papel público do BNDES, atento aos movimentos das empresas transnacionais, foi a decisão da compra de ações da Vale do Rio Doce, em 2003. Caso o BNDES não agisse de forma versátil, comprando as ações da Vale, esta poderia se transformar em uma simples mineradora sob domínio do capital japonês, exportadora somente de matéria-prima. Isso seria um retrocesso do ponto de vista do desenvolvimento econômico e social, gerando desemprego tanto na Vale como nas empresas da cadeia produtiva. A decisão do BNDES considerou a manutenção dos empregos e a soberania, ao optar pelo fortalecimento da indústria nacional.

4) Desenvolvimento de novas instituições de financiamento popular

Devem ser estimuladas iniciativas como o Banco do Povo e cooperativas de crédito. Algumas experiências que existem em outros países mas que são recentes no Brasil, são desenvolvidas por prefeituras, ONGs, pelo Sistema Ecosol (ADS/CUT) com condições de captar recursos nacionais e internacionais, estimulando o comércio justo, o desenvolvimento local sustentável e a geração de trabalho e renda. O fortalecimento do sistema de cooperativas de crédito, pode facilitar o papel dos bancos públicos estimulando o desenvolvimento local (rural e urbano) principalmente no interior do país e nos diversos âmbitos (local, regional e nacional).

5) Facilitar o acesso das pequenas e médias empresas ao crédito dos bancos públicos e privados

As pequenas e médias empresas, respondem por 70% dos empregos no país. Algumas medidas podem facilitar o acesso ao crédito: criar novas linhas de crédito; melhorar o sistema de fundo de aval e reduzir a burocracia na intermediação financeira.

Muitos empresários não têm conhecimento de como buscar recursos de órgãos de fomento como o BNDES, o Banco do Brasil, a Caixa Econômica, que têm disponibilidade de recursos. Nos bancos privados é maior a dificuldade de acesso a crédito. É preciso que sejam superados o desconhecimento e as inseguranças que os empresários têm de assumir os riscos de investir. Muitos empresários desconhecem os critérios, as vantagens e as possibilidades para retomar o crescimento econômico, tanto no setor industrial como agrícola e de serviços.

6) Ampliação do crédito: difusão da negociação para o crédito com desconto em folha de pagamentos

Esta modalidade pode contribuir para a queda dos juros. Um acordo da CUT possibilitou juros de menos da metade do mercado, com resultados positivos. Há uma reduzida oferta de crédito no Brasil (apenas 24% do PIB em 2003) que, associada aos elevadíssimos *spreads* bancários, reduzem o potencial de geração de empregos.

7) Desenvolvimento do mercado de capitais

O mercado de capitais representa uma das formas de obter recursos para o desenvolvimento. Em 2003, apenas 387 empresas tinham ações negociadas na Bovespa, com um mercado de R$ 400 milhões por dia no Brasil, enquanto na Espanha chega a R$ 3 bilhões/dia. Ao se vincularem às bolsas de valores, as empresas precisam abrir suas informações, permitindo maior transparência e maior controle por parte dos trabalhadores e da sociedade civil, bem como é possível estabelecer e acompanhar indicadores de sustentabilidade e de responsabilidade social.

É necessário induzir os bancos públicos e privados a financiar a modernização das empresas, mas com incremento do controle social sobre os investimentos. A redução tributária e criação de novos compulsórios associados ao mercado de capitais devem ser combinados.

Para o desenvolvimento do mercado de capitais enquanto mecanismo de poupança e alavancador do desenvolvimento, é possível debater a participação dos trabalhadores. A utilização de parte do FGTS na compra de ações com desconto e financiadas apresenta-se como uma alternativa a ser debatida. É preciso discutir uma remuneração adequada ao FGTS, que atualmente é baixa, quando comparada à taxa de juros do mercado (16%).

8) Fundos de pensão

Difundir o debate sobre o desenvolvimento dos fundos de pensão no país. Nos EUA, ativos dos fundos de pensão chegam a mais de US$ 5 trilhões. No Brasil, calcula-se que os fundos de pensão atingiram, em 2003, patrimônio de somente R$ 240 bilhões.

Há uma certa desconfiança dos trabalhadores em aplicar em fundos de pensão, talvez na mesma proporção da baixa credibilidade nas instituições financeiras. As centrais sindicais devem subsidiar o debate e divulgar informações a respeito, para que os trabalhadores possam decidir sua adesão ou não e forma de participação. Porém é preciso considerar, tanto para o mercado de capitais como para os fundos de pensão, que os trabalhadores não estão tendo recursos excedentes para fazer investimentos, devido às perdas salariais e ao apertado orçamento familiar.

Ha uma proposta de que o trabalhador tenha o direito de utilizar o FGTS para investir em fundos de ação, de pensão, bolsa de valores e outras modalidades de investimento.

9) Parcerias Público-Privadas (PPPs)

Quanto às parcerias público-privadas, é preciso estabelecer regras de transparência, com controle social e não perder de vista que devem estar inseridas na agenda de desenvolvimento através da política industrial e do Plano Plurianual (PPA). É preciso também colocar em debate as relações de trabalho nas Parcerias Público-Prviadas, os impactos dos projetos no mundo do trabalho e o papel dos sindicatos no controle social, enquanto agentes do desenvolvimento.

Do ponto de vista da institucionalidade, a atuação do governo federal expressa nos documentos do PPA (Plano Plurianual), a PPP (Parceria Público-Privada) e nos demais documentos sobre política industrial e a integração nacional sinalizam algo que há muito tempo não se vê na sociedade brasileira. Os governos passados eram simplesmente espectadores do que se passava na sociedade. O Estado não atuava de forma decisiva para apontar as suas diretrizes. Em um país como o Brasil, e a América Latina como um todo, caso não se atue de forma decisiva, propositiva, apontando caminhos, não adianta o mercado considerar que vai apontar caminhos por si. E o governo anterior conseguiu demonstrar para nós que esse método de fazer política industrial, sem apontar caminhos, deixando-se às forças do mercado, não dá resultado. Portanto, um dos méritos do atual governo é extremamente importante, representando uma inovação no país: definição das direções e abertura de canais de interlocução participativa com a sociedade.

10) Instituições financeiras multilaterais

É importante discutir o papel das instituições multilaterais de financiamento, cujas origens remontam à Segunda Guerra Mundial: FMI, Banco Mundial e Banco Interamericano de Desenvolvimento. As políticas destes órgãos têm contribuído para a desestabilização de nossas economias, por meio de um receituário rígido, calcado na privatização, equilíbrio fiscal austero e abertura de mercados, com a conseqüente flexibilização da legislação trabalhista. Estas políticas levaram a décadas de estagnação, desemprego e desorganização produtiva. Cabe influenciar a lógica de funcionamento destes fóruns. Além de metas econômicas, estes órgãos devem incorporar metas sociais em sua análise de projetos, metas de geração de emprego, renda e melhoria das condições de trabalho. Entretanto, o posicionamento da Organização Mundial do Comércio (OMC) e do Fundo Monetário Internacional (FMI), a favor dos países ricos e das grandes empresas questiona sua própria legitimidade.

Há um consenso quanto ao financiamento do desenvolvimento, o papel dos bancos públicos e privados e do Estado. Mas há um desafio teórico e prático a ser aprofundado: o que aconteceria com a economia nacional se o Brasil diminuir o superávit, provocar uma renegociação com o FMI e utilizar parte dos recursos destinados ao pagamento da dívida externa para impulsionar o desenvolvimento e para gerar expansão do emprego e da renda?

Esse é um dilema não só do governo brasileiro, mas dos governos da América Latina. Por mais que tenhamos iniciativas inovadoras, que consigamos mudar implantando algumas formas de financiamento, é preciso mudar a lógica do enfrentamento dos problemas sociais e econômicos para se alcançar o desenvolvimento sustentável. O econômico não pode se sobrepor ao social. O social não pode ser visto como "gasto do governo" e sim como direito do cidadão, a ser garantido pelo Estado. Em decorrência, uma verdadeira sustentabilidade ao processo de desenvolvimento sócio-econômico exige que o trabalho tenha a centralidade necessária e que o homem e a mulher, sujeitos de direitos, ocupem o primeiro plano. Programas como o renda mínima podem contribuir para que a justiça social seja feita como uma política do Estado, de distribuição de renda e valorização do trabalho. Essa é uma intervenção política necessária.

Prioridade para o mercado interno: comentário

*João Carlos Gonçalves**

---

* Secretário-geral da Força Sindical.

O BRASIL VEM travando, nesta última década, uma luta acirrada para retomar o crescimento econômico que o impulsionou até o final dos anos 1970. A partir do início dos anos 1980, o país viu-se enredado pelos acontecimentos mundiais que reduziram suas possibilidades de continuar crescendo. A partir de então, passamos a fazer planos de estabilização ao invés de planos de desenvolvimento, que marcaram o período imediatamente anterior.

O país debateu-se nos anos 1980 com crises econômicas oriundas de razões fiscais, pela perda de capacidade de o Estado financiar, em bases razoáveis, o elevado déficit das contas públicas, sem dúvida a raiz do doloroso processo inflacionário registrado ao longo de toda aquela década.

Essa incapacidade do Estado originou-se, em grande parte, na adoção de medidas impostas pelo FMI aos países devedores. A conhecida "crise da dívida externa", desencadeada pela crise cambial do México em 1982, reduziu drasticamente os fluxos de financiamento para os países em desenvolvimento, entre os quais o Brasil. O ajuste no balanço de pagamentos exigido foi de tal ordem que passamos de importadores para exportadores de capital.

Passamos, daí em diante, por um período de estagnação que perdurou por toda a década de 1980, que registrou um crescimento médio do PIB de 3,0%, com os anos de 1981, 1983 e 1988 registrando crescimento negativo. Entramos na década de 1990 pior do que saímos da de 1980. O crescimento médio do PIB nesta década (1990) foi de 1,7%. Portanto, pioramos. A diferença que deve ser registrada é o relativo controle do processo inflacionário, às duras penas, conquistado com o Plano Real, a partir de 1994. Estabilizamos, mas não crescemos.

Bem. Aí reside nosso maior desafio. Combater a inflação nós já aprendemos. Disso ninguém pode duvidar. Falta-nos, entretanto, aprender a crescer. Mas não crescer um ano e no ano seguinte parar. Não crescer com desajustes estruturais que nos levem a crises cambiais ou altas inflações que nos obriguem a traumáticos processos de ajustes, jogando fora todo o esforço dedicado.

Devemos aprender com o passado. Em primeiro lugar, apesar da emergência dos problemas que assolam o país, não deve haver precipitações. A ansiedade, o voluntarismo, na maior parte das vezes, não contribuem para o sucesso de longo prazo. Por outro lado, o excesso de cautela leva ao imobilismo e à deterioração das más condições já existentes. É sempre salutar mencionar, também, que a idéia de crescimento deve ser substituída pela de desenvolvimento. Ou seja, não devemos repetir o erro de crescer sem distribuir. Imaginem se o extraordinário crescimento que o país apresentou ao longo do século passado até os anos 1980 fosse acompanhado por uma melhor distribuição de renda. Sem dúvida já teríamos quebrado, como a Coréia do Sul, por exemplo, as barreiras que nos separam do rol de países desenvolvidos.

Nesse sentido, não devemos apresentar estatísticas que mostrem apenas o crescimento do PIB, mas, também, do desenvolvimento humano, medido pelo IDH (Índice de Desenvolvimento Humano). Não há virtude no crescimento econômico que não altere as condições de vida da população. Neste ponto reside a questão central. A sociedade brasileira precisa ter claro que o mercado não é suficiente para promover as transformações necessárias para alterar as condições precárias em que vive grande parte da população. Políticas públicas ativas devem ser implementadas e reforçadas aquelas medidas que já existem nessa direção. O poder público deve ser o grande desencadeador e fomentador das políticas que minimizem o precário quadro social em que vivemos. Mas não é só o governo, isso deve ser um processo que envolva toda a nação.

Todo esse esforço é inútil e não chega a lugar algum sem que o país cresça. Aqui estamos falando de produzir mais, gerar mais riquezas, mais empregos, mais oportunidades, mais renda. Estudos publicados pelas Nações Unidas no final de 2003 revelam que os países que obtiveram maiores taxas de crescimento, tanto do PIB quanto do IDH, entre 1980 e 2001 (China, Coréia do Sul, Singapura, Malásia, Tailândia, Índia, Indonésia, Irlanda e Chile), apresentam os maiores índices de desvalorização real do câmbio, as menores taxas de juros reais e o maior nível de crédito ao setor privado em proporção ao PIB.

Outras características das economias desses países e, neste ponto, vivemos situação parecida, são as baixas taxas de inflação e superávit externo. O setor externo é hoje, no Brasil, o setor dinâmico da economia. O crescimento das exportações, tanto de produtos primários quanto industrializados, tem sustentado nosso fraco desempenho econômico. Se por um lado isso é positivo, na medida em que se cria competência externa e financia nosso déficit externo, por outro, não é suficiente e nem substitui o mercado interno. O setor externo ainda é muito pequeno em relação à toda economia. Mesmo importante e em crescimento, seu multiplicador não é suficiente para sustentar o crescimento.

Portanto, o mercado interno e o consumo de massa, devem ser, também, prioridades. Além das políticas públicas ativas de geração de renda, o setor público deve intensificar as ações na direção de uma política industrial. Os fóruns de competitividade são uma possibilidade que deveria merecer maior atenção. Bem estruturados, esses fóruns contribuiriam para agilizar e dinamizar setores da economia que dariam imensa contribuição para o aumento de emprego e conseqüentemente da renda. Estamos falando aqui de uma maneira de fazer política industrial com a participação da sociedade, uma vez que os fóruns são tripartites. Reduziríamos, dessa forma, o risco de um desenvolvimento concentrador de renda.

Nenhuma economia capitalista sobrevive sem crédito. Ele constitui a mola desse sistema. Não estamos falando somente do crédito ao consumo. Não. Falamos do crédito às micro, pequenas e médias empresas. Entre outros, podemos citar três problemas que essas empresas enfrentam para a obtenção do crédito: seu custo, as garantias exigidas do tomador e a disponibilidade de informações quanto às linhas de créditos mais baratas disponibilizadas no sistema financeiro. Em nome da inadimplência e do baixo volume de negócios, o sistema bancário não pode exigir juros tão altos. Aqueles que honram seus compromissos devem ter reduzidas suas taxas pois oferecem menos riscos. Se isso acontecer, haverá escala suficiente de empréstimos para que a taxa de juros média caia para o tomador. O sistema financeiro é o maior ganhador na repartição de renda do país. Sem desconhecer sua importância e competência, é lícito exigir-lhe maiores contribuições. A riqueza que nosso sistema financeiro cria, se não é totalmente estéril, em pouco contribui para a retomada de nosso desenvolvimento e para o bem-estar da maioria da população.

Assim, ações que tornem o crédito mais barato e disponível, juntamente como uma política industrial direcionada aos setores que gerem emprego e/ou agreguem valores à produção nacional, contribuiriam de forma decisiva para o fortalecimento do mercado interno, lançando bases sólidas para o crescimento sustentável.

Essas últimas seriam medidas de caráter microeconômico sem as quais não se obtém condições para o crescimento da economia como um todo. À política industrial e de crédito se agregariam decisões mais gerais que perpassariam por todos os setores da sociedade. Essas seriam a de um maior controle dos fluxos de capitais e um esforço no sentido de acumular reservas, que funcionassem como amortecedoras de instabilidades externas que eventualmente ameace o funcionamento normal de nossa economia.

Outras ações devem ser tomadas no sentido de se evitar sobressaltos (variações de curtíssimo prazo) das taxas de câmbio, da manutenção de baixos níveis de inflação, do funcionamento pleno das instituições, da sinalização para o mercado da manutenção dos acordos e contratos (desde que não lesivos à sociedade), da não interferência oportunista nas agências regulatórias dos setores com preços administrados e os cuidados com a segurança pública, principalmente nas grandes regiões metropolitanas. Evitar o "efeito demonstração" que alguns episódios nessa área apresentam para o resto do mundo.

Todas essas transformações pelas quais ainda precisamos passar não serão possíveis sem a participação ativa da sociedade. Esperar que o poder público, isoladamente, forneça solução para todos os problemas, significa acomodação, que não nos tirará de onde hoje nos encontramos.

TERCEIRA PARTE
NOVA POLÍTICA INDUSTRIAL E GRANDES SUPERÁVITS DE COMÉRCIO

Nova política industrial e grandes superávits estruturais na balança comercial

Luiz Fernando Furlan[*]

---

[*] Ministro do Desenvolvimento, Indústria e Comércio Exterior.

A ESTABILIZAÇÃO MONETÁRIA e a queda continuada dos juros estão criando o ambiente macroeconômico necessário para a sustentabilidade do processo de desenvolvimento. Além disso, o aumento das exportações tem favorecido a redução da vulnerabilidade externa do país.

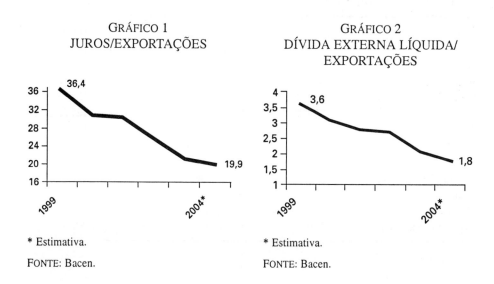

GRÁFICO 1
JUROS/EXPORTAÇÕES

GRÁFICO 2
DÍVIDA EXTERNA LÍQUIDA/ EXPORTAÇÕES

* Estimativa.
FONTE: Bacen.

* Estimativa.
FONTE: Bacen.

A ampliação da participação brasileira no comércio mundial requer a adoção de ações efetivas.

Uma das iniciativas do governo para a indução do crescimento é o estabelecimento da Política Industrial, Tecnológica e de Comércio Exterior (PITCE) que visa a criação de um ambiente favorável para a expansão da produção e para o aumento da eficiência produtiva.

Os resultados positivos alcançados pelos setores exportadores também ajudam a promover o crescimento do mercado interno pelo dinamismo que impõem aos demais setores da economia brasileira.

Além de assegurarem instrumentos de alavancagem da atividade econômica interna e elevarem a margem de participação brasileira nos fluxos internacionais de comércio, as exportações contribuem para a geração dos saldos na balança comercial que têm um impacto altamente positivo sobre as contas externas do país, conforme se pode verificar nos Gráficos 1 e 2.

A evolução das exportações brasileiras para países em desenvolvimento foi destacada, a despeito do modesto desempenho econômico verificado nos mercados latino-americanos em anos recentes.

TABELA 1
CRESCIMENTO DAS EXPORTAÇÕES BRASILEIRAS PARA PAÍSES EM DESENVOLVIMENTO EM 2003 (PERCENTUAL DE CRESCIMENTO)

Islândia	2.316 %	Burkina Faso	169 %
Ruanda	923 %	Namíbia	162 %
Turcomenistão	601 %	Gabão	156 %
Mianmar	452 %	São Tomé e Príncipe	153 %
Bielorrússia	337 %	Congo	131 %
Zâmbia	289 %	Togo	129 %
Bahamas	285 %	Geórgia	125 %
República Eslovaca	279 %	Madagascar	124 %
Malta	275 %	Azerbaijão	110 %
Bósnia-Herzegovina	265 %	Zimbábue	108 %
Armênia	244 %	Estônia	100 %
Malawi	174 %	Senegal	98 %
Rep. Centro-africana	170 %	Croácia	96 %

FONTE: Secex/ MDIC.

Esses números referentes a 2003 revelam resultados compensadores que estão se repetindo nos primeiros meses de 2004. Resultados expressivos estão sendo verificados nas nossas estatísticas de comércio com os países da Europa Oriental e da África.

Tanto o crescimento da economia mundial quanto os próprios ajustes domésticos efetuados pelos países da América Latina, são responsáveis pelo cenário que se apresenta promissor para a expansão dos fluxos de comércio do Brasil pelo menos nos próximos dois anos.

Neste ano de 2004, a América Latina, como um todo, experimentará seu mais vigoroso período de expansão desde as crises da Rússia e do Sudeste Asiático, em 1998.

À medida que a normalidade vai se estabelecendo na economia regional, abre-se um importante espaço para um aumento da participação dos países em desenvolvimento nas exportações brasileiras.

De acordo com dados do *World Economic Outlook* elaborado pelo FMI, as atuais perspectivas de crescimento da economia mundial giram em torno de 4,6% e o crescimento médio previsto do PIB em muitas regiões sinaliza positivamente: América Latina 3,8 a 4%; EUA 4,6%; China 8,5%; Rússia 6%; Índia 6,8%; Zona do Euro 1,7%.

O setor produtivo brasileiro deve se preparar para o desafio de crescer e exportar acima de 6% ao ano para o período 2004/2008, não só para manter a atual participação no comércio mundial como para gerar os superávits de que o país necessita. A meta é de manter um crescimento médio de nossas exportações em torno de 14 a 15% ao ano. Assim, estaremos nos aproximando da meta de exportar US$ 100 bilhões até 2006.

GRÁFICO 3
BALANÇA COMERCIAL
(BILHÕES DE US$)

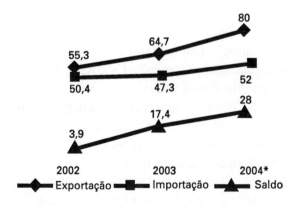

* Estimativa.

FONTE: Secex/MDIC.

As ações estruturais garantidoras desse desempenho devem ser implementadas de forma integrada: a PITCE, os investimentos em infra-estrutura, as missões empresariais, as negociações comerciais, a eliminação dos obstáculos internos às exportações.

Justifica-se a adoção de políticas estruturais, uma vez que o desempenho exportador brasileiro tem sido beneficiado por uma conjugação de fatores caracterizados por um certo grau conjuntural como a depreciação de 18,5% do real em 2003, o aumento internacional nos preços das *commodities* e a recuperação acentuada da economia argentina.

Devemos nos empenhar para termos um maior número de multinacionais brasileiras que possam se expandir nos mercados externos nos próximos anos. O governo federal está determinadamente empenhado na criação das condições para a ampliação da inserção externa das companhias brasileiras, tanto pela via da desoneração e desburocratização das exportações quanto pela simplificação das importações. Já foram publicadas portarias desburocratizadoras da Secretaria de Comércio Exterior (Secex). Ainda há, no entanto, simplificações de procedimentos que podem ser realizadas, uma vez que existem outros órgãos intervenientes no comércio exterior brasileiro como o Banco Central e a Secretaria da Receita Federal.

Há a preocupação em manter a máxima sintonia e coordenação governamental a fim de agilizar os processos comerciais como uma forma de diminuição dos custos para os agentes envolvidos com o comércio exterior. Devemos criar todas as condições para que haja convergência das ações de governo em torno de objetivos comuns em termos de geração empregos e divisas para o Brasil.

A Política de Promoção Comercial levada a cabo pelo Ministério do Desenvolvimento, Indústria e Comércio (MDIC) e pela Agência de Promoção de Exportações do Brasil (Apex) continuará dentro dos parâmetros seguidos em 2003. Na Rússia foram realizados negócios de US$ 230 milhões. A viagem do presidente Lula à China e a missão empresarial àquele país em junho estão envolvidas no mesmo espírito de intensificação de negócios e criação de oportunidades mútuas.

Diversas ações vêm sendo realizadas: em maio deste ano, foi organizado o evento *Brasil 40º* na Selfridges em Londres e além da realização da Semana Brasileira em Xangai na China, no mês de junho, prevê-se ainda a Semana Brasileira na Rússia, em setembro, e a Semana Brasileira na

Índia, em novembro. As missões empresariais têm sido usadas à exaustão como forma de diversificar nossa pauta de exportações para terceiros mercados ou mesmo para os mercados já tradicionais. Essas missões são planejadas de maneira pormenorizada de modo a explorar os mercados nos quais determinados produtos brasileiros podem conquistar espaços.

Procuramos cada vez mais envolver as pequenas empresas brasileiras nessas missões comerciais que custam muito pouco e geram benefícios comprovados. A construção da imagem do Brasil no exterior também pode se valer dos nossos exemplos de sucesso em muitos segmentos, por exemplo, na área de serviços. O Brasil deveria apresentar muitas das tecnologias exploradas nacionalmente como produtos de exportação. São exemplos disso o nosso sistema de estatística de comércio exterior (Siscomex), nosso sistema eleitoral totalmente informatizado, nosso alto nível de automação bancária, nosso elevado número de declarações de IRPF processadas através da internet. O Brasil já está comercializando no exterior até mesmo sistemas de gestão hospitalar. Enfim, tudo isso é possível e constitui uma das formas de viabilizarmos exportações capazes de sustentar níveis expressivos de superávits comerciais no futuro.

Mercados abertos são parte das condições que permitirão perspectivas de superávits estruturais na balança comercial. Para 2004 a previsão é de exportações de US$ 83 bilhões. No acumulado de 12 meses até maio, as exportações foram de quase US$ 80 bilhões com saldo de US$ 28 bilhões, como foi visto no Gráfico 3.

Outro mecanismo importante para ampliação do fluxo de comércio são as negociações internacionais levadas adiante envolvendo tanto nossos principais parceiros bilaterais quanto a OMC, o Mercosul, a União Européia e a Alca. Estamos avançando nos acordos com a África do Sul, com a Índia, com os países andinos, com o Egito, com o México. Há um grande número de países que desejam fazer acordos com o Mercosul e isso significa igualmente uma ampliação de possibilidades de acesso a mercado, que ainda é limitado para muitos produtos brasileiros. Esses acordos também implicam a disponibilização de uma maior variedade de produtos para o consumidor brasileiro.

É sempre oportuno salientar que o MDIC procura fazer com que em todos os acordos comerciais nos quais o Brasil venha a tomar parte haja reciprocidade de vantagens. O resultado deve ser sempre maior que a soma das partes.

O fim da Cláusula de Paz em dezembro de 2003 abriu a possibilidade de se questionar os subsídios agrícolas na OMC. O desfecho do painel do algodão contra os Estados Unidos representa um teste ao sistema multilateral de comércio e pode reduzir a incidência de práticas comerciais danosas que afetam as exportações agrícolas.

Um espaço econômico global de liberalização comercial abrangente necessariamente compreenderá o maior universo possível de bens agrícolas. E essa é uma condição que pode permitir a geração de superávits estruturais na balança comercial brasileira, uma vez que o país conta com uma competitividade imbatível em vários setores, a exemplo do agronegócio.

Mediante ações que permitam o êxito de programas setoriais de exportações e a continuidade do crescimento das vendas nacionais para os novos mercados ou mercados não-tradicionais, reuniremos os elementos para conseguirmos gerar superávits estruturais na balança comercial.

Vale sempre ressaltar que os superávits estão atrelados à capacidade da economia brasileira de enfrentar múltiplos desafios e superar nossas deficiências mais urgentes (estabilidade macroeconômica, marcos regulatórios, nível de investimentos, Parceria Público Privada (PPP), cumprimento da programação orçamentária, inclusão social, sistemas de infra-estrutura logística etc.).

Merece destaque o esforço feito pelo governo para assegurar a estabilidade macroeconômica (equilíbrio fiscal, controle da inflação, estabilização cambial etc.) como uma das tarefas básicas em termos de indução do crescimento, pois a política de estabilização não difere da política de desenvolvimento (carga tributária, condições de crédito e financiamento, investimentos etc.).

Os ganhos de competitividade decorrentes da estabilização são inegáveis. Não devemos nos esquecer de que menores índices de inflação atenuam os custos de produção das empresas brasileiras que competem com suas concorrentes que operam num mundo atual em que prevalecem baixos índices de inflação. Observam-se baixos níveis de inflação em muitos dos países com os quais o Brasil mantém intenso intercâmbio comercial.

O fortalecimento dos marcos regulatórios (energia elétrica, telecomunicações, transporte, saneamento e papel das agências reguladoras) é parte das iniciativas para solucionar os problemas institucionais que impedem ou criam obstáculos para a promoção dos investimentos na economia brasileira.

A elevação dos níveis de investimento requer a criação de um ambiente de sintonia entre os esforços do Estado e os esforços da iniciativa privada. Isso será possibilitado mediante os projetos estruturados a partir das Parcerias Público-Privadas.

Essas PPPs representam uma idéia promissora que, aliadas ao fomento ao pleno desenvolvimento de um mercado de capitais sólido e capaz de atender às necessidades de uma economia do porte da brasileira, podem elevar os níveis de investimento na medida que requer um país com as características do Brasil.

A iniciativa privada, nos últimos anos, tem feito anúncios espontâneos de investimento. São empresas nacionais e estrangeiras, já instaladas, que fazem planos a serem implementados neste e nos próximos anos.

TABELA 2
ANÚNCIOS DE PLANOS DE INVESTIMENTO
(US$ MILHÕES)

Setor	2003	2004	Participação	2003/2004
Mineração	6 495	11 401	34,5 %	140,8 %
Aço	764	5 720	17,3 %	648,7 %
Transportes	232	3 334	10,1 %	1 337 %
Mecânica/Metalurgia	1 036	3 195	9,7 %	208,4 %
Eletroeletrônico	75	2 275	6,9 %	2 933,3 %
Telecomunicações	863	2 078	6,3 %	140,8 %
Infra-estrutura	12 941	1 484	4,5 %	- 88,5 %
Químicos	457	804	2,4 %	75,9 %
Petroquímica	247	750	2,3 %	203,6 %
Outros	3 805	1975	6,0 %	- 52 %
Total	**26 915**	**33 016**	**100**	**22,7**

FONTE: BNDES/MDIC.

O cumprimento da programação orçamentária governamental para os próximos anos, de modo a garantir os investimentos necessários nas áreas de infra-estrutura, bem como saneamento e meio ambiente, ajudará a eliminar muitos dos gargalos logísticos e estruturais que impedem o crescimento sustentado. Prova disso é a renovação do papel dos bancos públicos por meio do microcrédito, do financiamento à habitação e saneamento, dos investimentos em pequenos negócios, da disponibilização de linhas de crédito para pequenas empresas, dos financiamentos aos setores produtivos regionais e da ampliação dos desembolsos do BNDES.

A dimensão tecnológica da PITCE também representa a preocupação do governo de que as empresas brasileiras estejam integradas à economia do conhecimento, garantindo superávits no futuro.

A PITCE conta com recursos da ordem de R$ 15 bilhões e com a atuação da Agência de Desenvolvimento Industrial e do Conselho Nacional de Desenvolvimento Industrial, para cuja criação foi assinado projeto de lei pelo presidente no dia 28 de abril de 2004.

Os setores contemplados nas políticas verticais (*software*, semicondutores, fármacos e medicamentos e bens de capital) promovem o crescimento em áreas com alto valor agregado e que influenciam na competitividade de toda a economia.

Este XVI Fórum Nacional também traz como tema a questão da inclusão social.

E será a partir da melhoria dos serviços governamentais prestados à população mediante políticas públicas universais de educação, saúde, desenvolvimento social e agrário que se possibilitará o crescimento sustentado em seu sentido mais amplo.

Vale ressaltar, como é sabido, que a qualificação da mão-de-obra, além dos fatores macroeconômicos, figura como um dos principais atrativos para os investimentos externos diretos.

Não será possível participar e estar plenamente integrado à economia do conhecimento sem um comprometimento com a elevação do padrão de vida da população e seu acesso às ferramentas essenciais do mundo moderno.

PERSPECTIVAS DE CRESCIMENTO E RECUPERAÇÃO PARA 2004:

IED: recuperação de volumes superiores a US$ 15 bilhões ao ano
Infra-estrutura: R$ 298 bilhões PPA 2003-2007
Anúncios de Investimento: crescimento de 71% 2003/2002
Exportações: US$ 83 bilhões
PITCE: R$ 15 bilhões
Crescimento do PIB: 3,5% (2% pelas exportações)

Petrobras: presente e futuro

José Eduardo Dutra[*]

---

[*] Presidente da Petrobras.

A HOMENAGEM que a Petrobras recebeu no XVI Fórum Nacional deve ser, por justiça, compartilhada com todos aqueles que tiveram a honra de dirigi-la, com toda a sua força de trabalho e com os brasileiros, que ao longo da história da companhia, acreditaram que era possível viabilizá-la como uma empresa lucrativa e eficiente e, ao mesmo tempo, propulsora do desenvolvimento nacional.

A Petrobras chegou aos 50 anos como referência mundial em tecnologia de exploração em águas profundas, ingressando no seleto grupo de empresas de petróleo que produzem mais de dois milhões de barris de óleo e gás equivalente por dia, no Brasil e no exterior. Refletindo a capacidade de seus empregados e a inteligência do povo brasileiro, que foi capaz de construir uma organização como a Petrobras, podemos afirmar que a auto-suficiência em petróleo, há tanto tempo sonhada, deverá ser alcançada em 2006.

Além de informações sobre os números e a atuação da Petrobras, no Brasil e no exterior, esta apresentação mostra nossa ação futura, configurada no Plano Estratégico Petrobras 2015, recentemente apresentado para a imprensa e para investidores, no Brasil e no exterior. O plano contempla metas que, embora ambiciosas, são factíveis de serem alcançadas, da mesma forma que a Petrobras superou os imensos desafios que foram colocados à sua frente nesses 50 anos de sua história.

Na missão e na visão para 2015, o plano ressalta o compromisso da companhia com o desenvolvimento sustentável no Brasil e dos demais países onde atua e a condução dos seus negócios de acordo com três dimensões da sustentabilidade: crescimento, rentabilidade e responsabilidade socioambiental.

Esse compromisso com o desenvolvimento sustentável, explicitado pela adesão da companhia ao Pacto Global da ONU, em dezembro de 2003, está reforçado no plano, entre outras premissas, pela decisão de atuar seletivamente no mercado de energias renováveis. Outro ponto fundamental da estratégia corporativa da companhia se refere ao desenvolvimento e liderança no mercado brasileiro de gás natural e atuação integrada nos mercados de gás e energia elétrica do Cone Sul.

O desenvolvimento do mercado de gás natural, aumentando a sua participação na matriz energética brasileira, representa a oferta, ao mercado brasileiro, de combustíveis mais limpos em relação aos energéticos atualmente disponíveis.

UMA EMPRESA DE DOIS MILHÕES DE BARRIS DIÁRIOS

A Petrobras é, hoje, uma empresa integrada de óleo e gás, atuando na exploração e produção, refino, transporte e comercialização, distribuição, comercialização de gás e na petroquímica.

A eficiência e a rentabilidade da Companhia podem ser avaliadas pelos seus números de 2003: receita líquida de R$ 95,7 bilhões; reservas provadas no Brasil e no exterior de 14,5 bilhões de barris de óleo equivalente; produção de óleo e gás da ordem de 2,1 milhões de barris de óleo equivalente; 16 refinarias com uma capacidade total de 2,084 milhões de barris por dia; 7.920 km de dutos; frota de 55 navios próprios e 70 afretados; 7.852 km de gasodutos; 43 terminais; mais de sete mil postos de serviço que dominam 33% do mercado brasileiro de distribuição.

No exterior a empresa está presente com ativos nos Estados Unidos, Argentina, Colômbia, Bolívia, Equador, Venezuela, Peru e África Ocidental.

No ano passado o crescimento da receita operacional bruta foi de 31%, atingindo R$ 131 bilhões. A contribuição da Petrobras para o país, através de pagamento de impostos, diretos e indiretos, *royalties* e participações especiais, em 2003, foi de R$ 56 bilhões, dos quais R$ 47,74 bilhões de tributos próprios e retidos para terceiros e R$ 9,378 bilhões de *royalties* e participações especiais.

Por seu desenvolvimento e contribuição tecnológica à atividade de exploração e produção em águas profundas e ultra-profundas, onde se inclui a conquista de recordes mundiais de lâmina d'água, a Petrobras recebeu dois prêmios da Offshore Tecnology Conference (OTC), em 1992 e em 2001. O atual recorde mundial de profundidade – 1.886 metros no campo de Roncador – é da Petrobras.

Na atividade de produção de derivados, conta com 11 refinarias no Brasil com capacidade de 1.930 barris por dia, atendendo a 92% do mercado nacional, e cinco refinarias no exterior, sendo duas na Bolívia e três na Argentina com capacidade de 155 mil barris por dia. Com esses números a Petrobras é, hoje, a sexta maior empresa do mundo em refino.

A malha de transporte de gás natural, atualmente com 7.852 km de gasodutos, está sendo expandida, destacando-se o projeto de interligação da malha da região Sudeste com a região Nordeste, através do Gasoduto Sudeste-Nordeste (Gasene), que vai interligar o Rio de Janeiro à Bahia possibilitando a integração da malha de gasodutos para corrigir uma distorção existente: no Nordeste há demanda de gás superior à capacidade instalada de produção da regional, mas não é possível escoar o gás do Sudeste para o Nordeste, em função da inexistência de interligação.

Essa integração vai garantir, também, o abastecimento das termelétricas já construídas no Nordeste evitando que a região venha a ser ameaçada por apagões no futuro.

INVESTIMENTOS DE R$ 53,6 BILHÕES EM SETE ANOS

O Plano Estratégico da Petrobras estabelece investimentos de US$ 53,6 bilhões no horizonte 2004/2010 representando média anual de US$ 7,7 bilhões. Desse total 86% (US$ 46,1 bilhões) serão investidos em projetos no Brasil e 14% (US$ 7,5 bilhões), em atividades no exterior.

Essa divisão de aplicações demonstra que, embora venha ampliando a sua internacionalização, o grande mercado da Petrobras é, e continuará sendo por longo tempo, o Brasil. Por isso, quanto mais desenvolvido estiver o Brasil e mais sólida a economia brasileira, tanto melhor para a Petrobras, para seus fornecedores e acionistas.

Cerca de 60% dos investimentos totais serão destinados à área de exploração e produção de petróleo; 11,2% à área de refino; 6,1% para gás e energia; 2% à petroquímica; e 3% à distribuição.

Esse volume de investimentos, compatível com a meta de crescimento de produção que projeta um incremento anual de 5,9% até 2010, coloca a Petrobras entre as maiores empresas do mundo. O aumento da produção será conseguido com a implantação, até 2008, de 15 projetos dos quais cinco deverão iniciar operação até 2005, possibilitando o grande salto, entre 2003 e 2005, de 240 mil barris por dia.

Os projetos que vão garantir o aumento da produção em 2005 e a autosuficiência em 2006, todos na bacia de Campos, são: plataformas P-43 e P-48 nos campos de Barracuda e Caratinga, um navio plataforma tipo FPSO no campo de Marlim Sul, plataforma P-50 no campo de Albacora Leste e plataforma P-34 na fase-1 do campo de Jubarte.

Além disso entrarão em operação, até 2008, a plataforma P-51, que será totalmente construída no Brasil e o módulo 3A, ambos no campo de Marlim Sul, as plataformas P-52 e P-54 no campo de Roncador, a plataforma P-53 no campo de Marlim Leste, um projeto complementar no campo de Albacora, o projeto do campo de Frade, em parceria com a Chevron/Texaco, projetos de óleo leve na bacia do Espírito Santo, projeto da área do poço ESS-132 no campo de Golfinho e também o projeto para o poço RJS-409 no campo de Espadarte.

É importante acrescentar que a curva de produção estabelecida no Plano Estratégico – com crescimento anual médio de 5,9% – inclui apenas o portfólio de reservas atuais e não considera as potenciais novas descobertas que a Petrobras venha a fazer no período. Também vale lembrar que esse incremento anual da produção está sustentado em crescimento das reservas provadas da Petrobras, em função de jazidas em processo de avaliação.

Um fato que pode validar essa afirmativa é o aumento anual de reservas que a Petrobras vem registrando. Considerando apenas o ano passado, o índice de reposição de reservas da Petrobras no Brasil foi de 320%, ou seja, para cada barril que foi produzido a Petrobras descobriu outros de 3,2 barris.

Esse índice, que está entre os maiores do mundo, é um dos fatores de sustentabilidade física do plano na medida em que permite chegar a 2010 com uma relação reserva/produção superior a 15 anos, mesmo com o aumento da produção.

AMPLIAÇÃO DA CAPACIDADE DE REFINO

Na área de refino a Petrobras está ampliando e modernizando as atuais unidades tendo como objetivo, além de aumentar a capacidade das refinarias, elevar o processamento do petróleo nacional que, em sua maior parte, é do tipo pesado.

Para entender melhor essa questão é fundamental esclarecer que a última refinaria construída pela Petrobras foi inaugurada na década de 1970, antes da descoberta de petróleo na bacia de Campos, que ocorreu em 1974. Por esse motivo foram projetadas para processar óleo leve, diferente do que é produzido hoje no Brasil.

As adaptações e conversões, já executadas ou em andamento nas refinarias da Petrobras, com investimentos da ordem de US$ 900 milhões anuais, vêm possibilitando o aumento significativo do volume de óleo nacional processado nas refinarias da companhia. Em 2003, por exemplo, 80% da carga de petróleo do nosso parque de refino foi proveniente dos campos nacionais, a maior parcela da bacia de Campos.

CRESCIMENTO COM RESPONSABILIDADE SOCIAL

Um dos vetores do planejamento estratégico é a responsabilidade social e ambiental. Desde a construção de grandes estruturas de produção de petróleo até programas específicos nas áreas de preservação ambiental e desenvolvimento comunitário, todos os projetos da Petrobras apontam nessa direção. Entre as diversas iniciativas da companhia destaca-se a recuperação das faixas de passagem do oleoduto Barueri/Utinga, em São Paulo, com 50 km de extensão, para a qual foram arregimentadas cerca de 50 mil pessoas das comunidades para trabalhar ao longo do duto.

A companhia também incorporou, entre suas ações de responsabilidade social, o Programa Petrobras Fome Zero que, entre outras iniciativas, está implantando 23 postos-escola em várias cidades do país para a qualificação de trabalhadores. Outro projeto do programa é o Molhar a Terra, entre cujos objetivos está a reativação de centenas de poços inativos para abastecimento de água no semi-árido, beneficiando milhares de pessoas.

Nas áreas próximas às faixas de dutos operados pela Transpetro, subsidiária para transporte, um projeto de agricultura urbana implantará hortos comunitários que vão garantir alimento e geração de renda para as populações locais, além de incentivar atividades empreendedoras comunitárias. Centenas de outros projetos sociais estão em fase de implantação pela Petrobras e suas subsidiárias.

Em relação à responsabilidade ambiental destacam-se, no âmbito da preservação da biodiversidade, os projetos Tamar, de preservação das tartarugas marinhas, e os projetos de preservação do peixe-boi, da baleia

Franca, da baleia Jubarte e do golfinho Rotador e o projeto de recifes artificiais. Para conservação dos recursos naturais o programa Petrobras Ambiental vai aplicar R$ 40 milhões em dois anos. O tema é a água, a gestão de recursos hídricos e a redução de impactos ao meio ambiente.

Nos últimos quatro anos a Petrobras investiu R$ 6,2 bilhões no Pegaso, Programa de Excelência em Gestão Ambiental e Segurança Operacional. Esse é o maior programa do gênero no mundo, considerando o volume de investimentos e o prazo de aplicação dos recursos.

Foram cerca de quatro mil projetos com eliminação de passivos ambientais, aperfeiçoamento de ações de contingência, criação de nove Centros de Defesa Ambiental em diversas regiões do país, automação e recuperação de faixa de dutos e outros programas.

Os resultados dos vultosos investimentos em meio ambiente e segurança operacional podem ser avaliados, entre outros indicadores, pela redução de vazamentos. Enquanto em 2000 ocorreram vazamentos de 5.983 metros cúbicos de produtos, em 2003 foram registrados apenas 276 metros cúbicos. Também como conseqüência do Pegaso, houve uma redução significativa das taxas de acidentes com afastamento, incluindo empregados próprios e terceirizados, demonstrando a preocupação crescente da Petrobras com a segurança operacional.

ATUAÇÃO INTERNACIONAL

A Petrobras vem ampliando a sua atuação internacional, respaldada por suas vantagens competitivas em diversos segmentos do setor petróleo – principalmente exploração e produção em águas profundas – e, após a flexibilização do monopólio, pela possibilidade da perda de mercado no Brasil. Como explicitado na visão 2015 de seu planejamento estratégico, a Petrobras será uma empresa integrada de energia, com forte presença internacional e liderança na América Latina.

As estratégias de negócios na área internacional têm, como enfoque principal, expandir a atuação no setor americano do golfo do México e no Oeste da África, ampliar as áreas – foco da Petrobras através de negócios que contribuam para o crescimento e diversificação do seu portfólio, agregar valor à produção do óleo pesado de produção nacional, acelerar a monetização das reservas de gás natural e internacionalizar e valorizar a marca Petrobras.

A Petrobras já vinha operando na Argentina nas áreas de exploração e produção, refino e distribuição. Com a aquisição, em 2002, do controle da Perez Companc (Pecom), hoje Petrobras Energia S/A, além dos ativos naqueles setores, a Petrobras passou a operar na Argentina também nos segmentos de petroquímica e energia elétrica. No setor de distribuição, opera com 720 postos de serviço na Argentina, o que corresponde a 15% do mercado local.

Na Bolívia a Petrobras produz gás nos campos de San Alberto e Sábalo, com reservas provadas de 320 milhões de barris de óleo equivalente. Com a produção desses campos, onde é a operadora com 35% dos direitos, e a dos campos da Petrobras Energia, o volume médio de gás extraído pela companhia na Bolívia é de cerca de 32 mil barris equivalentes por dia. Em março de 2004 foram exportados da Bolívia para o Brasil 14,2 milhões de metros cúbicos por dia dos campos de San Alberto e Sábalo.

Outros dois campos estão em fase exploratória: Rio Hondo, onde a Petrobras tem 50% e Ingre, com 100% dos direitos. Para transporte de gás natural destaca-se o gasoduto Iacuíba/Rio Grande, com 431 km, de propriedade da Transierra, empresa na qual a Petrobras participa com 44,5%.

Na Bolívia a companhia opera duas refinarias, com capacidade de 60 mil barris/dia. A Petrobras mantém uma fatia de 25% do mercado boliviano de distribuição, com 76 postos de combustíveis que comercializarão também o óleo Lubrax.

Na Colômbia a Petrobras tem participação em 15 blocos, sendo oito na fase de produção e sete na de exploração. Entre os campos produtores está o de Guando, que é a maior descoberta dos últimos dez anos naquele país. A produção média da Petrobras na Colômbia é de cerca de 16 mil barris por dia e as reservas de 43 milhões de barris de óleo equivalente.

No golfo do México as atividades da Petrobras se concentram em exploração e produção, inclusive com descobertas recentes. São 179 blocos, 79 em águas rasas e 100 em águas profundas, cinco em produção, cinco descobertas em fase de avaliação e estudo de desenvolvimento da produção.

Em Angola as atividades de exploração e produção se desenvolvem em dois blocos, com produção de 12 mil barris. Na Nigéria a Petrobras ainda não tem produção e é associada em quatro blocos, sendo operadora em um. Em dois poços foi descoberto óleo em parceria com a companhia francesa Total, atualmente em fase de avaliação. Também foi perfurado com sucesso o primeiro poço de desenvolvimento no Campo de Agbami, em parceria com a Chevron/Texaco. O desenvolvimento das descobertas na Nigéria envolve investimentos de US$ 1,76 bilhão entre 2004 e 2008.

O crescimento significativo da produção de petróleo da Petrobras ao longo do tempo impactou positivamente a balança comercial do Brasil. Enquanto a vulnerabilidade externa foi uma das causas da instabilidade econômica das duas últimas décadas, o equilíbrio do saldo comercial alcançado ao final desses 50 anos da Petrobras estabeleceu as bases para um crescimento sustentável no futuro.

Em 1999 a Petrobras era a sexta maior exportadora brasileira e hoje ela é a empresa que mais exporta em termos de valor. No ano passado foram US$ 4,39 bilhões de exportações e no primeiro trimestre de 2004, R$ 1 bilhão. Uma idéia melhor dessa contribuição pode ser visualizada comparando-se importação líquida (importação menos exportação) de 1999, que foi de US$ 4,11 bilhões, com a registrada no ano passado, que ficou em US$ 730 milhões. Em dezembro de 2003 a Petrobras registrou um superávit da ordem de US$ 113 milhões nas suas atividades de comércio internacional de petróleo e derivados.

Como estabelecido em seu planejamento estratégico, a Petrobras vai continuar mantendo suas estratégias de negócios como empresa rentável e lucrativa, porém sem desviar-se de seu papel como indutora do desenvolvimento brasileiro, até porque o maior mercado da Petrobras é o Brasil.

Para a Petrobras é importante que o Brasil se desenvolva ainda mais e, nesse sentido, consideramos fundamental continuar com a política de exigência de conteúdo mínimo nacional nas contratações, apesar de opiniões contrárias.

Sobre essa questão é bom lembrar o seguinte aos analistas que atribuíram a queda de 6% na produção de petróleo, no primeiro trimestre do corrente ano, à decisão de construir as plataformas P-51 e P-52 no país: mesmo que os contratos fossem assinados em dezembro de 2002, como era a previsão inicial, as plataformas ainda não teriam entrado em produção. A queda na produção se deve a paradas programadas de plataformas para manutenção, o que é comum e usual na indústria do petróleo e a projetos anteriores à atual administração da companhia, inclusive encomendados no exterior, que deveriam entrar em produção em 2003.

Entre esses projetos está o P-50, um navio que foi convertido em unidade de produção no exterior, cuja previsão inicial era para entrada em operação em outubro de 2003 e foi postergada para julho de 2005.

Outros projetos que estão atrasados são as plataformas P-43 e P-48, previstos inicialmente para junho de 2003 e que somente deverão iniciar produção em outubro e dezembro de 2004. São projetos que não têm relação com a modificação da política de contratações da Petrobras para incentivo à indústria nacional e contratados pela administração anterior da Petrobras.

Ao anunciar a introdução da exigência de conteúdo nacional nas licitações, a atual administração da companhia ressaltou que não abriria mão das premissas de prazo, qualidade e preço competitivo. Isso porque a companhia quer exercer o seu papel de indutora do desenvolvimento nacional, mantendo a lucratividade e a rentabilidade, condições essenciais à sua sobrevivência empresarial e à remuneração dos seus acionistas entre os quais estão milhares de assalariados brasileiros que compraram ações utilizando o FGTS.

Inovação, via internacionalização, faz bem para as exportações brasileiras

Glauco Arbix[*]
Mario Sergio Salerno[**]
João Alberto De Negri[***]

---

[*] Presidente do Ipea.
[**] Diretor do Ipea.
[***] Diretor-adjunto do Ipea.

APRESENTAÇÃO[1]

A QUESTÃO do desempenho das exportações brasileiras sempre esteve presente na agenda governamental e também não é recente na literatura. Mais recentemente, com a política industrial, tecnológica e de comércio exterior do governo Lula, o tema da internacionalização de empresas brasileiras volta ao centro da cena. Uma vez que boa parte do comércio internacional se dá intrafirmas, a internacionalização de empresas e sua relação com as exportações surge como um aspecto a ser investigado. Parece haver evidências de que o desempenho exportador pode ser influenciado positivamente quando a firma estabelece uma subsidiária no exterior. A subsidiária no exterior pode contribuir com o desempenho exportador da firma por exercer diversas funções tais como acessar canais de comercialização, adaptar os produtos à demanda de mercados específicos, criar mercados, acessar recursos financeiros mais baratos e apropriar tecnologias não disponíveis no mercado doméstico.

Existe uma lacuna na literatura e nas políticas públicas brasileiras quando o tema é a internacionalização e seu impacto sobre as exportações. Este trabalho procura ajudar a preencher esta lacuna. Os trabalhos até então elaborados investigam, no máximo, poucas dezenas de empresas. No presente texto exploraremos integradamente as grandes bases de dados nacionais, quais sejam, Pesquisa Industrial Anual (PIA) e Pesquisa de Ino-

---

[1] Os autores agradecem as contribuições de Antônio Barros de Castro, Renato Baumann, Ricardo Bielschowsky, Wilson Suzigan, e dos pesquisadores do Ipea Gilberto Hollauer, Nilton Nareto, Mansueto Almeida, Priscila Vieira, Waldery Rodrigues. Eventuais falhas e omissões são de responsabilidade dos autores. O trabalho só foi possível devido ao apoio do IBGE, do MDIC/Secex e do MTE.

vação Tecnológica na Indústria (Pintec), do Instituto Brasileiro de Geografia e Estatística (IBGE), Secretaria do Comércio Exterior (Secex) do Ministério de Desenvolvimento, Indústria e Comércio Exterior (MDIC) e Relação Anual de Informações Sociais (Rais) do Ministério do Trabalho e Emprego (MTE) o que possibilita análises extremamente abrangentes que alcançam mais de 90% do valor adicionado na indústria. A Pintec apresenta uma pergunta referente à utilização de estabelecimento do grupo empresarial no exterior utilizado como fonte principal de informações para a inovação, o que possibilita analisar as características das firmas que realizam tal tipo específico de internacionalização; tal movimento é aqui chamado de internacionalização com base na inovação. Ou seja, internacionalização com foco na inovação tecnológica é entendida como a situação na qual a firma possui no exterior um outro estabelecimento do grupo que é utilizado como fonte principal de informação para a inovação tecnológica.

Buscam-se evidências sobre qual é a influência desta internacionalização sobre o comércio exterior da firma. Mais especificamente, o objetivo deste trabalho é responder às seguintes perguntas: Quais são as características das firmas que realizam internacionalização com foco na inovação tecnológica na indústria brasileira? Qual é o impacto da internacionalização com foco na inovação tecnológica no comércio exterior brasileiro? Qual é a importância relativa dos diferentes tipos de gastos em atividades inovativas sobre o processo de inovação tecnológica das firmas industriais brasileiras? Qual é a importância dos recursos financeiros públicos para as firmas realizarem inovações tecnológicas no Brasil? Quais os parâmetros para o governo apoiar a internacionalização com foco na inovação tecnológica das firmas industriais no Brasil?

O texto é composto por cinco seções, incluída esta apresentação. A seção dois faz um apanhado não exaustivo sobre os trabalhos que tratam dos determinantes das exportações brasileiras e das características da internacionalização das firmas no Brasil. A seção três cumpre três objetivos: compara as características das firmas que realizaram internacionalização com foco na inovação tecnológica com as demais firmas na indústria, verifica qual o impacto desta internacionalização no desempenho comercial das firmas, e estima quais são as atividades mais importantes para a firma inovar. A seção seguinte mensura a importância do apoio financeiro público para a firma realizar inovações tecnológicas. A última seção conclui procurando estabelecer parâmetros para atuação do governo no apoio à internacionalização com foco na inovação tecnológica das firmas brasileiras.

EVIDÊNCIAS SOBRE OS DETERMINANTES DAS EXPORTAÇÕES BRASILEIRAS E DAS CARACTERÍSTICAS DA INTERNACIONALIZAÇÃO DAS FIRMAS NO BRASIL

Diversos estudos sobre os determinantes das exportações brasileiras estiveram voltados para a estimação dos custos dos recursos domésticos, que é uma medida de vantagem comparativa de um país apoiada nas teorias ricardinas e H-O.[2] Produtos que podem gerar maior quantidade de divisas com menor custo dos recursos domésticos são aqueles sobre os quais potencialmente o país possui vantagens comparativas. Diversos autores, Savasini *et alii* (1974), Savasini (1978), Savasini e Kume (1979), Paula Pinto (1981, 1984 e 1994), Braga e Hickmann (1988), entre outros, fizeram estimativas do custo dos recursos domésticos para o Brasil. Estes estudos encontram evidências de que os setores industriais brasileiros que usam mão-de-obra de forma mais intensiva têm um custo por divisa gerada mais baixo comparativamente aos demais. Quando se separam as indústrias que utilizam mão-de-obra qualificada daquelas que usam mão-de-obra não-qualificada, encontra-se que o custo dos recursos é menor nas indústrias que utilizam maior quantidade de mão-de-obra não-qualificada por unidade exportada.

Hidalgo (1985) foi um dos pioneiros em testar empiricamente o teorema H-O para o Brasil. Os resultados mostram que o Brasil exporta bens intensivos em mão-de-obra e importa bens intensivos em capital, o que comprovaria os resultados H-O. Lafetá Machado (1997) testou a teoria H-O para o Brasil com base na abordagem da mão-de-obra qualificada e menos qualificada.[3] Os resultados mostraram que o padrão de comércio do Brasil está de acordo com a quantidade relativa de fatores de produção das quais a economia deste país dispõe, ou seja, as exportações são lastreadas em bens intensivos em mão-de-obra menos qualificada.

---

[2] Heckscher (1919) e Ohlin (1933).
[3] Antes de Lafetá (1997), os trabalhos de Tyler (1972), Rocca e Barros (1972) e Carvalho e Haddad (1977), também com base na abordagem da mão-de-obra, tinham encontrado evidências do padrão H-O para o Brasil.

Outros trabalhos empíricos buscaram evidências de padrões de comércio não explicados pelas teorias fundamentadas na dotação relativa de fatores. Teitel e Thoumi (1986) são enfáticos em afirmar que o fato de Brasil e Argentina serem países com uma boa base de recursos humanos e mão-de-obra com certo grau de qualificação lhes possibilita aproveitar o crescimento via substituição de importações e gerar um processo de industrialização diferente dos demais países em desenvolvimento. A renda *per capita* relativamente alta e concentrada em grandes centros urbanos e o mercado doméstico relativamente grande são capazes de evitar substanciais deseconomias de escala nesses países.

A evidência de um padrão de comércio intra-indústria[4] no Brasil está presente nos trabalhos de Hidalgo (1990 e 1993). Esse autor identificou que no final da década de 1980 mais da metade das exportações brasileiras de manufaturados era do tipo intra-indústria. Machado (1992) também identificou a existência de um padrão de comércio intra-industrial entre o Brasil e os países de Associação Latino-Americana de Desenvolvimento e Integração (Aladi). Segundo esse estudo, na década de 1980, a instabilidade macroeconômica que atingiu a região impediu que as indústrias estabelecessem vínculos de comércio intra-industriais, e o único fluxo de comércio intra-industrial permanente que então se desenvolveu foi o intercâmbio intrafirma. Essas evidências também foram encontradas por Baumann (1993). Seus resultados indicaram que o comércio intrafirma no Brasil tinha aumentado de forma expressiva na década de 1980 e respondido por parcelas significativas das exportações em algumas indústrias.

A relação entre a estrutura industrial e a exportação de manufaturados do Brasil foi também analisada por Braga e Guimarães (1985). A particularidade desse trabalho está na base de dados que utiliza informações por firmas. Alguns resultados indicam que há evidências de que o desempenho exportador do Brasil em 1978 é explicado pela variável escala de produção.[5]

---

[4] Para explicar esta característica do comércio internacional entre países foram formuladas teorias baseadas nas hipóteses chamberlianas de diferenciação do produto, economias de escala e competição monopolista. A incorporação dos rendimentos crescentes de escala aos modelos de comércio internacional trouxe um arcabouço complementar à explicação do comércio internacional dos modelos H-O. Os modelos de comércio chamberlianos podem ser encontrados nos trabalhos de Krugman (1979 e 1981), Lancaster (1980), Helpman (1981), Helpman e Krugman (1985).
[5] Braga e Mascolo (1980) encontraram evidências de que o tamanho exerce considerável influência sobre a rentabilidade das firmas na indústria brasileira.

Os trabalhos que investigam os determinantes das exportações brasileiras utilizando informações por firmas não são freqüentes na literatura brasileira. Pinheiro e Moreira (2000) analisaram o perfil das firmas exportadoras brasileiras e encontraram evidências sobre os determinantes das exportações com base em dados por firmas. Esses autores encontraram que o principal fator que afeta a probabilidade da firma ser exportadora é o tamanho da firma.[6] Também foram encontradas evidências de que há uma relação inversa entre a probabilidade da firma ser exportadora e a proporção de trabalhadores qualificados/não qualificados empregados na indústria onde a firma atua.

João De Negri (2003) realizou estudos utilizando-se de dados por firmas e encontrou evidências de que o tamanho do mercado brasileiro permite que as firmas instaladas no território nacional atinjam escalas de produção competitivas. Desta forma, as firmas brasileiras também são competitivas na produção de bens onde rendimentos crescentes de escala são um dos fatores determinantes da competitividade das firmas no mercado internacional. Fernanda De Negri (2003) detectou que existem diferenças significativas no desempenho comercial entre empresas nacionais e estrangeiras. As empresas estrangeiras possuem, em média, volumes de importação e de exportação superiores aos das empresas nacionais. Entretanto, a magnitude da diferença entre empresas nacionais e estrangeiras é substancialmente maior nas importações do que nas exportações. O estudo mostra que, por um lado, as empresas estrangeiras exportam, em média, 70% a mais do que exportam as empresas nacionais. Por outro lado, as estrangeiras importam 290% a mais.

Há um consenso na literatura de que a internacionalização[7] das firmas afeta o seu desempenho exportador. Iglesias e Motta Veiga (2002) ressaltaram que há um alto grau de insatisfação quanto à internacionalização

---

[6] Nesta mesma direção, Markwald e Puga (2002) mostraram que 85,5% das grandes firmas industriais são exportadoras, e que este percentual cai para 40,6% quando a firma é média, e para 12,4% quando a firma é pequena. Veiga e Markwald (1997) verificaram que a participação das pequenas e médias empresas nas exportações brasileiras é pequena e não constante, apesar de grande número dessas firmas estarem anualmente presentes na base exportadora.

[7] Entre as teorias que buscam explicações para a internacionalização das firmas destaca-se a teoria eclética desenvolvida por Dunning (1988, 1991, 1993). Segundo essa teoria, custos de transação e informação, oportunismo dos agentes e especificidades dos ativos são as bases dos determinantes do investimento externo de uma firma. Sobre custos de transação ver Coase (1937) e Williamson (1985).

das firmas industriais brasileiras. Os estudos que tratam da internacionalização das firmas brasileiras também não são numerosas.

Dias (1994) estudou 22 firmas brasileiras que realizaram investimentos no exterior e encontrou evidências de que a instalação de subsidiárias no exterior é impulsionada por diferentes motivos, e que essas filiais cumprem de forma especialmente relevante a função de oferecer soluções para problemas tecnológicos e de especificação de produtos. Brasil *et alii* (1996) estudou 150 empresas e encontrou evidências de que a necessidade de estar próximo ao cliente, conquistar novos mercados e acesso à tecnologia foram os três primeiros fatores relevantes na decisão das firmas investirem no exterior. O BNDES (1995) realizou um estudo com 30 grandes grupos econômicos nacionais e encontrou que a maioria das filiais das firmas brasileiras no exterior atende a finalidade de aproximar a firma da realidade cultural e organizacional do país receptor e permite que a firma brasileira obtenha ativos específicos capazes de ampliar sua atuação no mercado.

O trabalho de Iglesias e Motta Veiga (2002) torna-se singular no contexto dos estudos sobre internacionalização das firmas porque estabelece a ligação entre internacionalização e desempenho exportador. Esses autores selecionaram um conjunto de exportadores com investimento no exterior e encontraram que cerca de 85% das unidades no exterior dessas firmas são utilizadas em atividades de comércio e distribuição de produtos. Os investimentos produtivos, que representaram 12% da amostra, estavam concentrados nos setores têxtil, químico, metalurgia básica e autopeças. Segundo os autores, a logística e a necessidade de acompanhar as tendências do mercado consumidor foram os principais motivadores das firmas para promoção de investimentos no exterior.

Em síntese, as evidências empíricas sobre os determinantes das exportações brasileiras mostraram que o Brasil tem vantagens comparativas estáticas nos produtos intensivos em mão-de-obra pouco qualificada e recursos naturais. Há evidências, entretanto, de padrões de comércio intraindustrial e intrafirma entre o Brasil e as principais economias industrializadas. Estudos por firmas indicam também que o tamanho da firma e rendimentos crescentes de escala são variáveis especialmente relevantes na determinação da probabilidade da firma brasileira tornar-se exportadora. Com relação às evidências sobre internacionalização das firmas brasileiras, os estudos mostraram que algumas firmas brasileiras realizam internacionalização de diversas naturezas. Esse movimento de internacionalização tem sido mais evidente nas indústrias intensivas em mão-de-obra e recursos naturais, indústrias em que o Brasil tem reconhecidamente vantagens comparativas.

Apesar de haver trabalhos que tratam dos determinantes das exportações brasileiras e da internacionalização das firmas, há ainda lacunas na literatura brasileira. Uma delas, especialmente relevante, diz respeito à relação entre um tipo particular de internacionalização, a internacionalização com foco na inovação tecnológica e sua influência sobre o desempenho exportador da indústria brasileira. Este trabalho procura levantar elementos que ajudam a preencher essa lacuna.

INTERNACIONALIZAÇÃO COM FOCO NA INOVAÇÃO TECNOLÓGICA DAS FIRMAS INDUSTRIAIS BRASILEIRAS: CARACTERÍSTICAS RECENTES E SEU IMPACTO SOBRE AS EXPORTAÇÕES BRASILEIRAS

Características das firmas brasileiras internacionalizadas com foco na inovação tecnológica

Para classificar as firmas industriais em categorias e identificar aquelas que se internacionalizaram com o objetivo de realizar inovações tecnológica, este trabalho utilizou informações provenientes da PIA/IBGE, da Rais/MTE, da Secex/MDIC e da Pintec/IBGE.[8]

Utilizou-se a Pintec para a categorização das firmas e obtenção de outras informações sobre inovação tecnológica. As informações sobre as características da mão-de-obra ocupada nas firmas são provenientes da Rais. As informações sobre as firmas, como faturamento, valor adicionado e outras são provenientes da PIA. Sobre comércio exterior, exportações e importações, a base utilizada é a da Secex. O ano de referência é 2000.

Para classificação das firmas foram utilizados dois critérios: i) origem do capital controlador e ii) internacionalização com foco na inovação tec-

---

[8] O Ipea não tem a posse física das informações utilizadas neste trabalho e, portanto, a realização de trabalhos como este só é possível devido às parcerias estabelecidas entre o Ipea, o IBGE, o MTE e a Secex/MDIC. O acesso às informações necessárias ao trabalho seguiu rigorosamente os procedimentos que garantem o sigilo de informações restritas.

nológica. No questionário da Pintec/IBGE[9] há duas perguntas sobre esses critérios. A primeira é a origem do capital controlador da firma. Nesse caso há três alternativas de resposta: nacional, estrangeiro ou nacional e estrangeiro (misto). A segunda é a localização de outra empresa do grupo utilizada como fonte principal de informação para inovação. Nesse caso há três alternativas disponíveis. A firma pode ter declarado que utiliza outra firma do grupo no exterior como fonte de informação para realizar inovações tecnológicas, ou a outra firma utilizada como fonte principal de informação para inovação localiza-se no Brasil, ou então, não possui nem no Brasil, tampouco no exterior, outra firma do grupo utilizada como fonte de informação para o processo de inovação, o que implicaria que o esforço e a capacidade de inovação da firma dependeria dela mesma e não de outra firma do grupo. De acordo com as respostas dos entrevistados foram construídas sete categorias de firmas: três foram consideradas internacionalizadas com foco na inovação e quatro foram consideradas não internacionalizadas com foco na inovação, conforme mostra a Tabela 1.

Para este trabalho, entende-se que uma firma brasileira está internacionalizada com foco na inovação quando está produzindo no Brasil e possui no exterior outra firma do grupo que utiliza como fonte principal de informação para realizar inovação tecnológica. De acordo com este conceito, as categorias EST_BR, NAC_EXT e EST_EXT são formadas por firmas que realizaram processos de internacionalização com foco na inovação. Na categoria EST_BR estão as firmas estrangeiras que utilizam firmas localizadas no Brasil como fonte principal de informação para inovação. Devido ao fato destas firmas serem estrangeiras, é plausível acreditar que, apesar da principal fonte de informação para inovação ser uma firma localizada no Brasil, a sua localização em outros países seria também uma fonte de informações para inovação, o que daria a esta categoria a característica de estar internacionalizada com foco na inovação. A categoria EST_EXT também é formada por firmas de capital controlador estrangeiro.

---

[9] A Pintec/IBGE tem como objetivo gerar um conjunto de indicadores setoriais para as atividades de inovação tecnológica da indústria brasileira. Realizada pelo IBGE como o apoio da Financiadora de Estudos e Projetos (Finep), adota a metodologia recomendada no Manual de Oslo, e, mais especificamente, o modelo proposto pelo EUROSTAT, a terceira versão da Community Innovation Survey (CIS) 1998-2000, da qual participam os 15 países-membros da comunidade européia. Os resultados da Pintec são relativos às empresas industriais com dez ou mais empregados, cerca de 70 mil no país (IBGE, 2002).

TABELA 1
CATEGORIZAÇÃO DAS FIRMAS DA INDÚSTRIA BRASILEIRA DE ACORDO COM A ORIGEM DO CAPITAL CONTROLADOR E SUA INTERNACIONALIZAÇÃO COM FOCO NA INOVAÇÃO TECNOLÓGICA

Respostas ao questionário da Pintec				
Qual a origem do capital controlador da firma?	Qual a localização de outra firma do grupo utilizada como fonte principal de informação para inovação?	Categorias* – Descrição	Internacionalização com foco na inovação	Inova utilizando fontes de informação de outras firmas
Estrangeiro	Brasil	**EST_BR** – Firmas de capital estrangeiro que utilizam firmas localizadas no Brasil como fonte principal de informações para inovação tecnológica.	SIM	SIM
Misto Misto Nacional	Brasil Exterior Exterior	**NAC_EXT** – Firmas de capital nacional que utilizam firmas localizadas no exterior como fonte de informação principal para inovação e firmas de capital misto que utilizam firmas localizadas no Brasil ou no exterior como fonte de informação principal para inovação tecnológica.	SIM	SIM
Estrangeiro	Exterior	**EST_EXT** – Firmas estrangeiras que utilizam firmas localizadas no exterior como fonte de informação principal para inovação tecnológica.	SIM	SIM
Nacional	Brasil	**NAC_BR** – Firmas de capital nacional que utilizam firmas localizadas no Brasil como fonte principal de informações para inovação tecnológica.	NÃO	SIM
Nacional	Não possui	**NAC_ISOLADA** – Firmas de capital nacional que não utilizam outras firmas como fonte de informação para inovação tecnológica.	NÃO	NÃO
Estrangeiro	Não possui	**EST_ISOLADA** – Firmas de capital estrangeiro que não utilizam outras firmas como fonte de informação para inovação tecnológica.	NÃO	NÃO
Misto	Não possui	**MIST_ISOLADA** – Firmas de capital misto que não utilizam outras firmas como fonte de informação para inovação tecnológica.	NÃO	NÃO

* OBS: A primeira parte do nome da categoria refere-se à propriedade do capital da firma e a segunda parte refere-se à localização da outra firma do grupo utilizada como fonte principal de informação para inovação.
FONTE: Pintec-IBGE.
Elaboração própria.

A diferença é que, nesta categoria, as firmas declararam que a principal fonte de informações para a inovação é uma firma localizada no exterior. A categoria NAC_EXT é formada por firmas de capital misto que utilizam outra firma no exterior ou no Brasil como fonte principal de informação para inovação tecnológica e firmas de capital controlador nacional que possuem no exterior outra firma do grupo utilizada como fonte principal de informação para inovação tecnológica. As firmas de capital misto que utilizam como fonte principal de informação firmas localizadas no Brasil foram consideradas internacionalizadas com foco na inovação porque muito provavelmente a associação com o capital estrangeiro deve ser também uma das fontes de informação da firma, apesar da fonte principal estar localizada no Brasil.

As categorias NAC_BR, NAC_ISOLADA, EST_ISOLADA e MIST_ISOLADA foram consideradas não internacionalizadas com foco na inovação. Na categoria NAC_BR as firmas de capital nacional têm como fonte principal de informação para inovação tecnológica outras firmas localizadas no Brasil. Como não há capital estrangeiro associado a essas firmas, elas foram consideradas não internacionalizadas. A categoria NAC_ISOLADA é formada por firmas de capital nacional que não declararam possuir outra firma utilizada como fonte para inovação. Nas categorias EST_ISOLADA e MIST_ISOLADA, a presença de capital estrangeiro ou misto indica firmas internacionalizadas; no entanto, essas firmas não declararam possuir outra firma do grupo no Brasil ou no exterior utilizada com o objetivo de obter informação para inovação tecnológica, o que exclui dessas categorias a característica de internacionalização com foco na inovação tecnológica.

A Tabela 2 mostra a participação de cada uma dessas categorias na indústria brasileira, considerando as seguintes variáveis: número de firmas, pessoal ocupado, faturamento, valor adicionado, exportações e importações.

Conforme pode ser observado nos indicadores apresentados na Tabela 2, 96,1% das firmas estão classificadas na categoria NAC_ISOLADA. Apesar de numericamente essa categoria representar a grande maioria das firmas, sua representatividade cai de forma significativa quando se considera sua participação no valor adicionado da indústria: elas contribuem com menos da metade do valor adicionado na indústria, 42,79%. A participação desse segmento nas exportações é ainda menor, 39,15%.

TABELA 2
PARTICIPAÇÃO PERCENTUAL DAS CATEGORIAS DE FIRMAS NA
INDÚSTRIA EM VARIÁVEIS SELECIONADAS PARA O ANO 2000

Categorias	Número de firmas	Pessoal ocupado	Faturamento	Valor adicionado	Exportação	Importação
EST_BR	0,08	1,72	2,77	2,40	2,92	2,37
NAC_EXT	0,35	1,63	3,01	2,98	5,81	2,87
EST_EXT	1,33	12,26	25,33	23,41	27,32	35,94
NAC_BR	0,73	8,39	15,95	21,44	14,75	29,46
NAC_ISOLADA	96,10	70,85	45,54	42,79	39,15	21,17
EST_ISOLADA	1,16	4,18	5,74	5,39	7,20	7,24
MIST_ISOLADA	0,24	0,97	1,66	1,59	2,85	0,95
Indústria total	100	100	100	100	100	100

FONTE: Pintec-IBGE, PIA, Secex e Rais.
Elaboração própria.

Dentre as categorias internacionalizadas com foco na inovação destaca-se a categoria NAC_EXT. A origem do capital controlador da firma é nacional ou partilhado com capital estrangeiro. Essa categoria representa apenas 0,35% das firmas na indústria brasileira. Sua baixa representatividade em termos numéricos é esperada porque o processo de internacionalização das firmas com foco na inovação não é um fenômeno generalizado na economia brasileira. Apesar de poucas firmas de capital nacional ou misto realizarem esse tipo de internacionalização, é importante ressaltar que a representatividade desse grupo aumenta nove vezes quando a variável de análise é o faturamento ou o valor adicionado na indústria, e quase 17 vezes quando se observa a variável exportação. Tais firmas são responsáveis por aproximadamente 3% do faturamento e do valor adicionado da indústria, e são responsáveis por 5,8% do total exportado pela indústria, o que significa que exportam anualmente mais de US$ 2,5 bilhões.

Quais as principais diferenças entre essas categorias de firmas? Existem diferenças entre essas categorias quando se considera a média por categoria de variáveis como tamanho das firmas, valor adicionado, exportações, importações e características da mão-de-obra? Para responder a estas perguntas a Tabela 3 apresenta a média de características da firma e dos trabalhadores dentro de cada uma das categorias de firmas criadas a

TABELA 3
MÉDIA ARITMÉTICA DE CARACTERÍSTICAS DAS FIRMAS E DA
MÃO-DE-OBRA POR CATEGORIA DE FIRMAS EM 2000

Categorias	Pessoal Ocupado (N)	Faturamento (R$ MI)	Valor adicionado (R$ MI)	Exportação (US$ MI)	Importação (US$ MI)
		Características das firmas			
EST_BR	1.153,0	293,5	96,5	26,0	17,4
NAC_EXT	329,2	75,0	28,1	8,9	5,0
EST_EXT	562,7	167,6	61,2	13,5	16,4
NAC_BR	733,8	189,9	101,3	13,2	24,3
NAC_ISOLADA	102,8	4,1	1,5	0,3	0,1
EST_ISOLADA	266,5	43,3	16,1	4,1	3,8
MIST_ISOLADA	288,4	61,1	25,5	7,8	2,4

Categorias	Remuneração Média (R$/Mês)	Escolaridade (Anos)	Tempo de emprego (Meses)
	Características da mão-de-obra		
EST_BR	1.420,7	9,6	67,0
NAC_EXT	1.285,3	9,6	50,6
EST_EXT	1.719,8	10,1	57,6
NAC_BR	838,5	8,2	50,2
NAC_ISOLADA	500,2	7,0	37,6
EST_ISOLADA	1.339,5	9,2	54,5
MIST_ISOLADA	1.212,3	9,0	55,7

FONTE: Pintec-IBGE, PIA, Secex e Rais.
Elaboração própria.

partir do critério de capital controlador e internacionalização com foco na inovação.

Quando são comparadas as categorias de firmas, a primeira evidência especialmente relevante é que a menor escala média de produção, mensurada através do pessoal ocupado, do faturamento ou do valor adicionado, é encontrada na categoria NAC_ISOLADA. A média do pessoal ocupado nas firmas desta categoria, no ano 2000, foi de 102,8 e o faturamento médio nesse mesmo ano foi de R$ 4,1 milhões. O valor adicionado médio nessa categoria também é baixo quando comparado com as demais categorias. Para quaisquer destas variáveis a dispersão em torno da média é relativamente alta indicando que esta categoria é mais heterogênea que as demais. Estas firmas formam a grande maioria numérica das firmas industriais brasileiras. Na maioria dos casos, é plausível acreditar que na média elas possivelmente operaram com menor eficiência de escala e são pouco integradas ao comércio internacional, mas em conjunto elas alcançam 39,15% do total das exportações industriais. Estas firmas, além de não serem internacionalizadas com foco na inovação, são também pouco internacionalizadas via comércio exterior, uma vez que exportam em média US$ 0,3 milhão e importam em média US$ 0,1 milhão, muito abaixo das demais categorias. É importante destacar, entretanto, que estas firmas têm em média 100 pessoas ocupadas, faturamento de R$ 4 milhões e que exportam US$ 300 mil. Isso significa uma relação exportação/faturamento próxima das demais categorias. Levando-se em conta que esta relação representa a importância da exportação na atividade produtiva da firma, na média o indicador parece mostrar que as exportações têm importância relativa similar nesta categoria *vis-à-vis* as demais.

A segunda evidência relevante é que há semelhança quanto à escala de produção entre as firmas das categorias NAC_ISOLADA, EST_ISOLADA e MIST_ISOLADA; no entanto, há diferenças entre essas categorias quando se verifica o desempenho comercial. Essas categorias assemelham-se entre si pelo fato de não terem declarado que possuem outra firma no Brasil ou no exterior utilizada como fonte principal de informação para a inovação, e diferem entre si quanto à origem do capital controlador da firma, se nacional, estrangeiro ou misto, respectivamente. É plausível acreditar que as firmas estrangeiras da categoria EST_ISOLADA e as firmas de capital nacional associadas ao capital estrangeiro da categoria MIST_ISOLADA têm maior articulação com canais de comercialização no exterior, o que ampliaria seu potencial exportador e importador médio, independentemente de estarem associadas à iniciativa de buscar em outras firmas informações para inovação tecnológica.

O expressivo saldo comercial negativo da categoria NAC_BR é a terceira evidência que chama a atenção nas estatísticas associadas às características das firmas. Nesta categoria, a origem do capital controlador é nacional e elas utilizam firmas nacionais como fonte principal de informação para a inovação. O motivo deste saldo negativo está possivelmente vinculado ao fato de que há um grande número delas na indústria química, montagem de veículos, autopeças e bens de capital. Esses segmentos são reconhecidamente setores nos quais as importações ocorrem com maior intensidade do que em outros segmentos da indústria.[10] Contudo, é plausível acreditar que as inovações de processo destes segmentos demandem maior intensidade de importações de máquinas e equipamentos.

A quarta evidência está relacionada ao fato de que a escala de produção é relativamente maior nas categorias consideradas internacionalizadas com foco na inovação. Na categoria EST_BR chama a atenção o fato das empresas na média empregarem um grande número de pessoas. Essa estatística é razoável porque na categoria EST_BR há grandes empresas de capital controlador estrangeiro no segmento de alimentação, que é intensivo em mão-de-obra. Isto explica também o expressivo saldo comercial dessa categoria, pois, dadas as vantagens comparativas da indústria brasileira, as exportações de produtos como óleo de soja, suco de laranja, café solúvel e outros acabam por gerar superávits comerciais expressivos.

Quanto às características individuais dos trabalhadores é possível observar que as firmas internacionalizadas com foco na inovação (categorias EST_BR, NAC_EXT, EST_EXT) e as firmas não internacionalizadas com foco na inovação, mas com a presença de capital estrangeiro (categorias EST_ISOLADA e MIST_ISOLADA) remuneram melhor a mão-de-obra do que as firmas de capital nacional não internacionalizadas com o objetivo de inovar, categorias NAC_BR e NAC_ISOLADA. A maior parte do diferencial de salários deve estar relacionada com a maior produtividade da mão-de-obra que, por sua vez, depende das especificidades das firmas e das características individuais dos trabalhadores.

Primeiro, quanto à parcela da remuneração associada às características da mão-de-obra, as estatísticas apresentadas mostram que a escolaridade média do trabalhador e o tempo de permanência médio do trabalhador na firma é menor nas categorias NAC_BR e NAC_ISOLADA. Estas duas variáveis têm uma relação direta com a tecnologia utilizada pela firma. O tempo de permanência do trabalhador na firma é um indicador importante de aprendizado tecnológico. A escolaridade média dos trabalhadores da firma é uma *proxy* para o nível tecnológico da firma, pois é razoável supor que tecnologias mais sofisticadas demandem mão-de-obra mais qualificada. A internacionalização com foco na inovação, que caracteriza as

---

[10] O segmento automotivo apresentou déficits consideráveis pós-regime automotivo (1997-2002). A balança do setor de autopeças só ficou positiva em 2003.

firmas das categorias EST_BR, NAC_EXT e EST_EXT, deve exigir trabalhadores mais escolarizados e melhor treinados. Os trabalhadores brasileiros devem passar por algum processo de aprendizado no interior da firma. Muitas vezes o treinamento está associado à exigência de escolaridade concluída ou em curso no supletivo, por exemplo, o que impulsiona de alguma maneira a qualificação da mão-de-obra doméstica. É razoável acreditar que esse processo de aprendizado se reflita no tempo de permanência do trabalhador nas firmas, pois estas têm dispêndios de treinamento que seriam perdidos com uma rotatividade alta. Emprego mais estável favorece o aprendizado e reduz os dispêndios de treinamento, atração e demissão de pessoal. No caso das categorias EST_ISOLADA e MIST_ISOLADA, muito provavelmente o diferencial positivo de remuneração estaria associado à presença de capital estrangeiro.[11]

Em segundo lugar, quanto à parcela de remuneração do trabalhador associada às características das firmas, é possível que as firmas das categorias EST_BR, NAC_EXT, EST_EXT, EST_ISOLADA e MIST_ISOLADA tenham uma preocupação maior com a competitividade e, desta maneira, possam fazer uso de mecanismos de salário de eficiência para aumentar a produtividade da sua mão-de-obra. A teoria do salário de eficiência baseia-se na hipótese de que o custo de monitoramento pode ser muito elevado nas firmas maiores e/ou nas firmas que operam com tecnologias mais sofisticadas, e de que a rotatividade e o treinamento são custosos para a firma. A escala de produção também pode ser um motivador da remuneração maior nessas categorias, pois os rendimentos crescentes de escala podem garantir maior produtividade para firmas maiores. É importante ressaltar ainda que a exposição da firma ao mercado internacional, via internacionalização com foco na inovação ou via presença de capital estrangeiro no controle das firmas, cria externalidades positivas capazes de aumentar a produtividade do trabalho.

Em síntese, foi possível observar, pelas características das firmas e da força de trabalho, que as firmas internacionalizadas com foco na inovação são maiores, possivelmente aproveitam de forma mais eficiente os rendimentos crescentes de escala e se inserem no comércio internacional de forma mais intensa, pois exportam e importam mais do que as outras categorias de firmas. Além destas características foi possível observar que

---

[11] Ver Arbache e De Negri (2000) e De Negri e Acioly (2004).

elas remuneram melhor a mão-de-obra, porque muito provavelmente são mais produtivas, empregam pessoal com maior escolaridade e possivelmente fazem algum tipo de treinamento para o seu pessoal ocupado. Dentre as firmas que realizaram processos de internacionalização com foco na inovação tecnológica, cabe destacar com especial relevância as firmas da categoria NAC_EXT. Nela encontram-se firmas de capital nacional e misto que podem ser tomadas como exemplos de internacionalização a serem seguidos por outras firmas de capital nacional, principalmente aquelas que já fazem um esforço inovador dentro de um grupo empresarial, como as firmas da categoria NAC_BR.

IMPORTÂNCIA RELATIVA DOS TIPOS DE GASTOS EM ATIVIDADES INOVATIVAS SOBRE O PROCESSO DE INOVAÇÃO TECNOLÓGICA DAS FIRMAS INDUSTRIAIS BRASILEIRAS

Na seção anterior vimos que as categorias de firmas aqui em análise diferem entre si quanto a suas características das firmas e mão-de-obra. Esse diferencial seria importante para alavancar as inovações das firmas? Qual o percentual de firmas inovadoras em cada uma das categorias de firma? Para responder essas perguntas a Tabela 4 apresenta o percentual de firmas que realizam inovações tecnológicas, inovações de produto e inovações de processo, em cada uma das categorias.

TABELA 4
PERCENTUAL DAS FIRMAS QUE REALIZARAM INOVAÇÃO TECNOLÓGICA POR CATEGORIA DE FIRMAS ENTRE 1998-2000

Categorias	Inovadoras	Inovadoras de produto	Inovadoras de processo
EST_BR	94,0	68,4	75,8
NAC_EXT	75,5	64,1	55,0
EST_EXT	95,9	79,9	74,4
NAC_BR	93,7	72,0	77,4
NAC_ISOLADA	30,0	16,1	24,1
EST_ISOLADA	23,5	15,3	18,0
MIST_ISOLADA	38,1	34,7	29,3

FONTE: Pintec-IBGE, PIA, Secex e Rais.
Elaboração própria.

As estatísticas apresentadas na Tabela 4 mostram que as categorias que possuem outra empresa do grupo utilizada como fonte principal de informação para inovação têm maior percentual de firmas inovadoras do que as categorias que não declararam utilizar outras firmas como fonte principal de informação. Este comportamento é também verificado no caso das inovações de processo e de produto. Quais são os gastos mais importantes que as firmas devem realizar para aumentar a probabilidade de ser uma inovadora?

Uma medida objetiva para identificar qual a importância que a firma atribui à implementação de inovações é o valor dos dispêndios das firmas em atividades vinculadas à inovação tecnológica como proporção do seu faturamento. A Tabela 5 apresenta a média do percentual de gastos das firmas em relação a seu faturamento, para seis tipos de atividades voltadas à inovação tecnológica, por categoria de firmas. O primeiro tipo de gasto compreende os realizados nas atividades internas de P&D. Nesse tipo de gasto englobam-se o desenho, a construção e o teste de protótipos e de instalações-piloto, bem como o desenvolvimento de *softwares*. A aquisição externa de P&D diz respeito à contratação de serviços de empresas ou instituições tecnológicas. Nas aquisições de outros conhecimentos exter-

TABELA 5
MÉDIA DO DISPÊNDIO DAS FIRMAS EM ATIVIDADES RELATIVAS À INOVAÇÃO TECNOLÓGICA COMO PROPORÇÃO PERCENTUAL DO FATURAMENTO, POR CATEGORIAS DE FIRMAS, NO ANO DE 2000

Categorias	Gastos em P&D	Aquisição de P&D	Aquisição de conhecimentos	Treinamento da mão-de-obra	Introdução das inovações no mercado	Projeto industrial
EST_BR	0,73	0,20	0,10	0,06	0,14	0,99
NAC_EXT	0,26	0,06	0,06	0,23	0,61	0,88
EST_EXT	0,89	0,23	2,20	3,07	0,57	0,10
NAC_BR	1,90	0,15	0,76	0,39	0,56	0,85
NAC_ISOLADA	0,73	0,10	0,16	0,17	0,23	0,71
EST_ISOLADA	0,29	0,01	0,02	0,02	0,09	0,09
MIST_ISOLADA	1,00	0,02	0,01	0,02	0,09	0,11
Indústria total	0,75	0,10	0,27	0,52	0,25	0,67

FONTE: Pintec-IBGE, PIA, Secex e Rais.
Elaboração própria.

nos estão incluídos acordos de transferência originados da compra de licença e direitos de exploração de patentes e uso de marcas, *know-how*, *software* e outros tipos de conhecimento de terceiros. Para introdução de inovações tecnológicas no mercado, a firma realiza gastos em comercialização, testes de mercado e publicidade para o lançamento, além da adaptação do produto a diferentes mercados. No caso de projeto industrial, a firma realiza dispêndios que incluem novas especificações técnicas, características operacionais, métodos, padrões de trabalho e *softwares* além de atividades de metrologia, normalização e avaliação de conformidade. Para treinamento da mão-de-obra, além dos gastos diretos, são também contemplados os gastos com a aquisição de serviços de técnicos especializados.[12]

Os dados da Tabela 5 mostram que, para o agregado da indústria brasileira, as atividades de inovação mais dispendiosas das firmas são os gastos em P&D, treinamento de mão-de-obra e projeto industrial. Os gastos em treinamento da mão-de-obra são elevados muito provavelmente porque a maior parte das inovações de processo é realizada com a introdução de novas máquinas e equipamentos que necessitam de treinamento específico da mão-de-obra para sua operação.

A princípio parece não haver um padrão específico que possa distinguir as categorias de firmas. No entanto, é possível observar que, na média da indústria, a aquisição de conhecimento e P&D fora da firma é relativamente baixa mas, nas categorias EST_BR e EST_EXT, onde o capital controlador é de origem estrangeira, as aquisições de conhecimentos e de P&D parecem ser relativamente maiores. Apesar de não existirem informações detalhadas sobre a origem dessas aquisições, pode ser razoável acreditar que uma parcela importante delas ocorra fora do país.

O dispêndio de P&D proporcionalmente ao faturamento das empresas de capital nacional que utilizam outros estabelecimentos no Brasil como

---

[12] A Pintec possui informações sobre os gastos realizados nas aquisições de máquinas e equipamentos utilizados para a inovação tecnológica. Esta variável não foi reportada na Tabela 5 por uma questão metodológica. Os investimentos das firmas em máquinas e equipamentos muitas vezes são superiores ao faturamento anual da firma ou então representam um percentual grande em relação ao faturamento do ano. Essas máquinas geralmente são compradas com carência e prazos de amortização relativamente longos, pois essa é a dinâmica do mercado de bens de capital. Desta maneira, a relação dispêndio/faturamento para esta variável daria a falsa impressão que a firma teria comprometido significativamente o seu faturamento anual, o que não é verdade, pelas condições de financiamento neste segmento.

fonte de informação principal para a inovação tecnológica (NAC_BR) é em média o maior entre todas as categorias – inclusive comparativamente às empresas internacionalizadas com foco na inovação. Este comportamento pode indicar que as firmas de capital controlador nacional, que utilizam como fonte principal de informação para inovação tecnológica outra firma do grupo localizada no Brasil, devem empenhar-se mais em gerar inovações tecnológicas com seu próprio P&D do que as firmas das categorias onde o capital controlador é estrangeiro, ou seja, o esforço endógeno é maior. Estas evidências são corroboradas também com os indicadores de gastos em P&D realizados pelas firmas de capital controlador misto, categoria MIST_ISOLADA, que são relativamente altos quando comparados com as demais categorias. Isso mostra que a localização dos gastos em P&D guarda íntima relação com a origem do capital tendendo a se concentrar em matrizes. Este resultado é consistente com pesquisas anteriormente elaboradas.[13]

Dado que inovação é um aspecto central da competitividade empresarial, seria importante desenvolver estudos específicos para essa categoria, inclusive abordando as questões de internacionalização. Seria importante compreender se há um conjunto significativo de empresas NAC_BR internacionalizadas, ainda que não com foco na inovação. Isso significaria que o esforço endógeno (nacional) de inovação estaria dando frutos na competitividade internacional. O problema com esse tipo de empresa é o seu saldo médio negativo de comércio exterior, o que sugere dependência, e não autonomia tecnológica. Responder a essas perguntas exigiria outras bases de dados referentes a investimentos no exterior.

Destacam-se também os indicadores que mostram pouca importância para os gastos com introdução das inovações no mercado das categorias EST_ISOLADA e MIST_ISOLADA. Nessas categorias, o percentual de firmas inovadoras é menor do que nas demais categorias, conforme mostraram os resultados da Tabela 4, o que torna o resultado trivial. Menos triviais, entretanto, são os indicadores da categoria NAC_ISOLADA, uma vez que nesta categoria, os gastos com a introdução de inovações no mer-

---

[13] Fleury (1997), estudando o comportamento de empresas multinacionais com relação a atividades de engenharia, mostra a concentração nas matrizes de P&D e engenharia básica, com as subsidiárias focando na engenharia de processo; Salerno, Zilbovicius e Marx (2003), a partir de extenso *survey* no setor automotivo (incluindo matrizes), introduzem o conceito de sede de projeto, que guarda íntima relação com a escolha local de fornecedores.

cado são relativamente maiores, quando comparado com as categorias EST_ISOLADA e MIST_ISOLADA e também são relativamente grandes os gastos realizados em P&D e projetos industriais. Isso parece indicar que muitos projetos industriais e gastos em P&D desta categoria não chegam a consolidar-se em inovações validadas pelo mercado, o que sugere que a inovação é mais de processo, voltada para a racionalização da produção (custos, qualidade etc) do que para buscar novos nichos de mercados.

Na categoria NAC_EXT a relação gastos/faturamento nos itens gastos em P&D, aquisições de P&D, aquisições de conhecimento e treinamento da mão-de-obra são relativamente menores do que os realizados na média da indústria. Parte deste diferencial pode ser creditado ao fato de que o faturamento médio dessa categoria é maior do que média industrial. As firmas dessa categoria podem também estar utilizando suas bases no exterior para imitar inovações tecnológicas disponíveis em outros mercados, ou então, estar realizando parte dos seus gastos em atividades inovativas nas outras firmas do grupo localizadas no exterior. Independentemente da razão pela qual as firmas dessa categoria gastam relativamente menos do que a média em algumas atividades inovativas, é importante ressaltar que poderia haver espaço para mecanismos que incentivem o aumento de gastos em atividades inovativas dessas firmas.

Os dispêndios realizados pelas firmas em atividades voltadas à inovação não refletem, entretanto, qual a importância dos gastos de cada categoria no total de dispêndios que a indústria brasileira realiza com estas atividades. Para mensurá-la, a Tabela 6 apresenta o valor total dos dispêndios em atividades relativas à inovação realizados no ano 2000, por categoria de firmas.

A Tabela 6 mostra que as atividades de P&D e projeto industrial correspondem aos principais gastos realizados pelas firmas com o objetivo de inovar. No ano de 2000, a indústria brasileira gastou R$ 3,7 bilhões em P&D. Uma parte significativa destes gastos foi realizada por firmas de capital controlador estrangeiro, particularmente as firmas pertencentes à categoria EST_EXT foram responsáveis por gastar R$ 1,4 bilhões.[14]

---

[14] Em termos absolutos as estrangeiras investem mais, no entanto, estimativas preliminares realizadas por Dias (2004) mostram que as firmas de capital nacional investem proporcionalmente mais em P&D em relação ao faturamento do que firmas de capital estrangeiro.

TABELA 6
VALOR TOTAL DOS DISPÊNDIOS EM ATIVIDADES RELATIVAS À
INOVAÇÃO TECNOLÓGICA POR CATEGORIAS DE FIRMAS EM 2000
(MILHÕES DE R$)

Categorias	Gastos em P&D	Aquisição de P&D	Aquisição de conhecimentos	Treinamento da mão-de-obra	Introdução das inovações no mercado	Projeto industrial
EST_BR	164	33	38	4	44	193
NAC_EXT	40	11	34	19	47	50
EST_EXT	1.403	329	680	143	693	1.412
NAC_BR	734	93	79	37	89	239
NAC_ISOLADA	1.274	157	316	205	424	1.153
EST_ISOLADA	95	7	21	7	119	68
MIST_ISOLADA	30	0,6	0,8	1,5	5	183
Indústria total	3.741	631	1.168	417	1.421	3.297

FONTE: Pintec-IBGE, PIA, Secex e Rais.
Elaboração própria.

É importante observar que estas firmas representam apenas 1,33 % do total de firmas da indústria brasileira. As firmas da categoria NAC_ISOLADA, que representam 96% das firmas, gastaram cerca de R$1,3 bilhão.

Este padrão se repete para os demais tipos de gastos, ou seja, as firmas de capital controlador estrangeiro da categoria EST_EXT realizam a grande maioria dos gastos em atividades voltadas à inovação e, como representam uma parcela menor de firmas em relação ao total, os gastos individuais dessas firmas são significativamente superiores quando comparados aos gastos individuais das demais categorias. Da mesma forma, a segunda categoria que mais gasta em valores absolutos é a categoria NAC_ISOLADA, mas como nesta categoria encontra-se a grande maioria das firmas na indústria brasileira, o valor médio investido por elas é o menor dentre as categorias.

Para quantificar a importância dos tipos de dispêndios como proporção do faturamento das firmas na probabilidade da firma ser uma inovadora, foram estimados três modelos probabilísticos onde a variável dependente é a condição da firma ser ou não inovadora, inovadora de produto e inovadora de processo, e as variáveis explicativas são os diferentes tipos de gastos em atividades voltadas para a inovação tecnológica divididos pelo faturamento. A escolaridade média dos trabalhadores na firma também foi introduzida como variável explicativa. Os resultados são apresentados na Tabela 7. Além dos tipos de gastos foram também introduzidas variáveis *dummies* para divisões Classificação Nacional de Atividade Econômica que não foram reportadas na Tabela[15]. A variável gastos com treinamento da mão-de-obra não foi significativa no modelo onde a variável dependente era a inovação de produto e as variáveis gastos em P&D e projeto industrial não foram significativas no modelo de inovação de processo. O fato de a inovação de produto não estar significativamente correlacionada com treinamento sugere inovações incrementais, que pouco afetam as formas de trabalho. Outras estatísticas do modelo podem ser vistas na Tabela 7.

A probabilidade marginal mostrada na Tabela 7 demostra o quanto aumenta a probabilidade da firma ser inovadora para cada aumento de uma unidade da variável explicativa. Como os tipos de dispêndios estão em relação ao faturamento, não é razoável acreditar no aumento de uma unidade nestas variáveis, pois isto significaria investir todo o faturamento da firma em atividades vinculadas à inovação tecnológica. Para melhor interpretar os resultados foi simulado quanto aumentaria a probabilidade da firma ser uma inovadora se os dispêndios nas diversas atividades de inovação aumentassem 100%, mantido constante o faturamento das firmas. Os resultados da simulação são apresentados entre colchetes na coluna da probabilidade marginal na Tabela 7.

Os resultados da simulação indicaram que os três dispêndios mais relevantes para aumentar a probabilidade da firma ser uma inovadora são os realizados em treinamento da mão-de-obra, P&D e projeto industrial. Em uma faixa de gasto 100% acima dos gastos realizados pelas firmas industriais brasileiras em treinamento da sua mão-de-obra resultaria um aumento de 12% na probabilidade das firmas serem inovadoras. Este resultado é particularmente relevante, pois significa dizer que um esforço para aumentar o grau de inovatividade da indústria brasileira requer maiores investimentos em escolaridade e treinamento, o que poderia ser um dos

---

[15] Os modelos foram estimados inicialmente com a variável gastos em máquinas e equipamentos. Essa variável apresentou uma correlação acima de 0,5 com a variável dispêndio em treinamento da mão-de-obra. Muito provavelmente, as compras de máquinas e equipamentos são acompanhadas de gastos com o treinamento da mão-de-obra para operar essas máquinas e processos, o que deve ocorrer com freqüência nas firmas que introduzem inovações de processo. Para evitar os problemas de multicolinearidade, a variável dispêndio com máquinas e equipamentos foi retirada do modelo.

TABELA 7
IMPORTÂNCIA RELATIVA DOS TIPOS DE GASTOS EM
ATIVIDADES INOVATIVAS SOBRE O PROCESSO DE INOVAÇÃO
TECNOLÓGICA DAS FIRMAS INDUSTRIAIS BRASILEIRAS
(MODELO PROBABILÍSTICO *PROBIT*, ANO 2000)

Variáveis explicativas: Tipos de dispêndios em relação ao faturamento	Variável dependente					
	Inovadora		Inovadora de produto		Inovadora de processo	
	Parâmetro (desvio-padrão)	Prob marginal [simulação]	Parâmetro (desvio-padrão)	Prob marginal [simulação]	Parâmetro (desvio-padrão)	Prob marginal [simulação]
Gastos em P&D	21910,4*** (878,8)	8720,8 [6]	14011,3*** (475,1)	4350,0 [3]	ns	—
Aquisição de P&D	32614,3*** (2815,3)	12981,2 [1]	7537,0*** (978,5)	2340,0 [0,2]	11287,0*** (1087,4)	4048,9 [0,4]
Aquisição de conhecimentos	43967,4*** (3290,2)	17500,0 [3]	5162,7*** (627,0)	1602,8 [0,3]	10999,7*** (1194,7)	3945,4 [1]
Treinamento da mão-de-obra	96676,2*** (1351,4)	38479,2 [12]	ns	—	28168,2*** (1233,4)	10104,6 [3]
Introdução das inovações no mercado	21532,3*** (1104,4)	8570,3 [2]	1529,3*** (314,5)	474,8 [0,1]	ns	—
Projeto industrial	16344,9*** (280,4)	6505,6 [5]	2356,7*** (295,0)	731,7 [1]	1054,9*** (103,6)	378,4 [0,3]
Escolaridade do trabalhador	0,106*** (0,004)	0,042 [8]	0,109*** (0,005)	0,033 [7]	0,098*** (0,004)	0,035 [7]
Estatísticas do modelo	Intercepto: -1,12 (0,003) Loglikelihood$_1$: -19034,20 N° obs: 9070 N° parâmetros: 33 Loglikelihood$_0$: -44874,87 R^2: 0,58 OBS: *Dummies* por divisão CNAE não reportadas		Intercepto: -1,51 (0,003) Loglikelihood$_1$: -16163,52 N° obs: 9070 N° parâmetros: 32 Loglikelihood$_0$: -33479,8 R^2: 0,52 OBS: *Dummies* por divisão CNAE não reportadas		Intercepto: -1,13 (0,003) Loglikelihood$_1$: -20619,7 N° obs: 9070 N° parâmetros: 31 Loglikelihood$_0$: -40664,02 R^2: 0,49 OBS: *Dummies* por divisão CNAE não reportadas	

OBS: Entre colchetes os resultados referem-se ao aumento em percentual na probabilidade da firma ser inovadora que resulta de um aumento simulado de 100% no dispêndio, mantido constante o faturamento, e de um aumento médio de dois anos de escolaridade.

NOTAS: *** = significativo a 1%, ** = significativo a 5%, * = significativo a 10%.

FONTE: Pintec-IBGE, PIA, Secex e Rais.
Elaboração própria.

pilares de um programa nacional pró-inovação. No caso dos gastos em P&D, o aumento na probabilidade de inovar é de 6% e, no caso dos gastos em projeto industrial, este aumento seria de 5%. A probabilidade da firma ser inovadora aumentaria também 8% caso a escolaridade média dos trabalhadores nas firmas aumentasse dois anos em média. Para cada ponto percentual de aumento na probabilidade das firmas serem inovadoras representa que 227 novas firmas tornar-se-iam inovadoras na indústria brasileira. Desta maneira, um aumento em 100% nos gastos dos três dispêndios mais relevantes do ponto de vista dos determinantes da inovação tecnológica, o que representaria um aumento no valor de R$ 7,4 bilhões, associado a um aumento de dois anos na escolaridade média dos trabalhadores ocupados nas firmas, significaria um aumento de aproximadamente sete mil novas firmas inovadoras na indústria.

A princípio parece ser relativamente alta a relação aumento de R$ 7,4 bilhões de gastos em treinamento da mão-de-obra, P&D e projeto industrial para gerar sete mil novas firmas inovadoras. Esta relação merece melhor qualificação. Segundo dados da Pintec, existem na indústria brasileira 70 mil firmas com mais de dez pessoas ocupadas. Destas, cerca de 22 mil são firmas inovadoras. O aumento de sete mil novas firmas industriais inovadoras significaria ampliar em mais de 30% o número de firmas que realizam inovações na indústria brasileira. Outro ponto relevante é que a maior parte dos gastos em atividades inovativas são realizados por firmas de capital controlador estrangeiro. Firmas de capital nacional ou misto da categoria NAC_EXT são firmas com maior êxito em alcançar inovações e têm dispêndios muito menores do que a média conforme observado nas Tabelas 5 e 6. Seria razoável acreditar que um esforço muito menor seria necessário se firmas das categorias NAC_BR e NAC_ISOLADA identificassem o exemplo das firmas da categoria NAC_EXT e realizassem internacionalização com foco na inovação.

Nos modelos desagregados por inovadoras de produto e processo os parâmetros caíram de forma significativa. Essa queda seria esperada porque a interface entre inovadoras de processo e de produto não é grande. No modelo de inovadora de produto, os gastos mais importantes são aqueles realizados em P&D, pois um aumento de 100% nestes gastos resultaria em um aumento na probabilidade da firma ser inovadora de 3%. No modelo de inovadora de processo o gasto mais importante é o gasto realizado no treinamento da mão-de-obra. Um aumento de 100% neste gasto resultaria em um aumento de 3% na probabilidade da firma ser inovadora. O aumento de dois anos na escolaridade média do trabalhador teria o mesmo impacto tanto no modelo de inovadora de produto quanto de processo, ou seja, aumentaria em 7% a probabilidade de inovar.

Dos resultados deste modelo chama a atenção a importância da qualificação da mão-de-obra na probabilidade da firma inovar. Das quatro variáveis que mais afetam a probabilidade da firma ser uma inovadora, duas delas estão diretamente vinculadas à mão-de-obra: treinamento e escolaridade. Estas duas variáveis são determinantes importantes para as firmas competirem no mercado doméstico e no mercado internacional. Cabe destacar que a variável treinamento da mão-de-obra é uma variável estreitamente vinculada à inovação de processo, uma vez que este tipo de inovação depende da aquisição de máquinas e equipamentos que por sua vez gera necessidade de treinamento específico da mão-de-obra.

Desempenho no comércio exterior das firmas que realizam internacionalização com foco na inovação tecnológica

A literatura demonstra que inovação tecnológica e rendimentos crescentes de escala da firma estão incluídos entre os determinantes das exportações de um país. Na seção anterior identificamos que as características da mão-de-obra empregada é uma das variáveis especialmente relevantes para a firma tornar-se uma inovadora. Há evidências para o caso brasileiro de que a qualidade da mão-de-obra também é importante para as firmas competirem no mercado internacional via exportações. Qual seria a importância da inovação tecnológica para tornar uma firma exportadora na indústria brasileira?

Para responder esta questão foi estimado um modelo probabilístico no qual a condição da firma ser ou não exportadora está relacionada com a condição de ser ou não inovadora e com a sua eficiência de escala. A eficiência de escala foi mensurada por De Negri J. (2003). O índice de eficiência de escala varia de 0 a 1 e mensura os ganhos de produtividade que a firma obtém dada sua escala de produção, ou seja, é uma medida que compara as firmas quanto à sua eficiência de escala. Os resultados são apresentados na Tabela 8.

Os resultados apresentados na Tabela 8 mostram que a probabilidade da firma ser exportadora aumenta em 16% se ela realiza inovação tecnoló-

TABELA 8
PROBABILIDADE DA FIRMA SER EXPORTADORA EM
FUNÇÃO DA REALIZAÇÃO DE INOVAÇÃO TECNOLÓGICA E
DE SUA EFICIÊNCIA DE ESCALA.
(MODELO PROBABILÍSTICO *PROBIT*, ANO 2000)

Variáveis explicativas	Variável dependente	
	Exportadora	
	Parâmetro (desvio-padrão)	Prob Marginal
Inovadora (inovação tecnológica)	0,50	
	(0,02)	0,16
Eficiência de escala	1,33	
	(0,03)	0,42
Estatísticas do modelo	Intercepto: -1,99 (0,001) Loglikelihood$_1$: -15269,65 Nº obs: 8622 Nº Parâmetros: 28 Loglikelihood$_0$:-24219,96 R^2: 0,37 OBS: *Dummies* por divisão CNAE não reportadas	

NOTAS: *** = significativo a 1%, ** = significativo a 5%, * = significativo a 10%.

FONTE: Pintec-IBGE, PIA, Secex e Rais.
Elaboração própria.

gica. No caso dos rendimentos crescentes de escala o aumento em 0,1 no índice de eficiência de escala aumentaria em 4,2% a probabilidade da firma ser uma exportadora na indústria brasileira.

Esses resultados são especialmente relevantes do ponto de vista da inserção externa da indústria brasileira, pois demonstram que, apesar do Brasil ser reconhecidamente competitivo nos bens intensivos em mão-de-obra e recursos naturais, inovação tecnológica e rendimentos crescentes de escala determinam também a inserção internacional da indústria brasileira. Neste sentido, o Brasil é um país em desenvolvimento diferente da média, pois sua indústria já está inserida em alguns mercados internacionais típicos dos países desenvolvidos, mercados nos quais o padrão de competição depende de rendimentos de escala e inovação tecnológica.

Se o Brasil já está inserido nos mercados internacionais nos quais rendimentos crescentes de escala e inovação são os principais fatores de competição entre as firmas, qual seria a importância da internacionalização com foco na inovação tecnológica para aumentar a probabilidade de uma firma ser exportadora? A internacionalização com foco na inovação tecnológica afeta a probabilidade da firma ser importadora? Para responder estas duas questões, dois modelos probabilísticos foram estimados. No primeiro, a variável dependente é a condição da firma ser ou não exportadora e no segundo a variável dependente é a condição da firma ser ou não importadora. As variáveis explicativas são *dummies* por categoria de firmas criadas neste trabalho e *dummies* por divisão CNAE. A categoria de referência é a categoria NAC_ISOLADA. Os resultados são apresentados na Tabela 9.

Os resultados da Tabela 9 mostram que nas categorias de firmas que realizam processos de internacionalização com foco na inovação (categorias EST_BR, NAC_EXT e EST_EXT) a probabilidade da firma ser exportadora é maior do que na categoria NAC_ISOLADA. Para as categorias EST_BR e EST_EXT, que são compostas de firmas com capital controlador estrangeiro, a probabilidade da firma ser exportadora, caso ela pertença a uma destas duas categorias, é 38% e 39% maior do que na categoria NAC_ISOLADA, respectivamente. Se a firma pertence à categoria NAC_EXT, ela tem 27% mais chances de ser uma exportadora do que se pertencesse à categoria NAC_ISOLADA. Estes números mostram que a internacionalização com foco na inovação é positivamente correlacionada com a probabilidade da firma ser exportadora, e particularmente maior quando a firma é de capital controlador estrangeiro. A presença de capital estrangeiro nas categorias EST_ISOLADA e MIST_ISOLADA e o esforço inovador das firmas da categoria NAC_BR possivelmente deve ter afetado positivamente a probabilidade da firma ser uma exportadora em relação à categoria NAC_ISOLADA, mesmo sendo estas categorias não internacionalizadas com foco na inovação.

Quanto à probabilidade da firma ser importadora, os resultados mostraram que a internacionalização com foco na inovação parece afetar positivamente a probabilidade da firma ser uma importadora. Nas categorias EST_BR, NAC_EXT e EST_EXT, a probabilidade da firma ser importadora aumenta respectivamente 54%, 37% e 51% em relação à categoria NAC_ISOLADA. Esta probabilidade é maior em comparação às firmas que não realizam internacionalização com foco na inovação. Ou seja, nas categorias NAC_BR, EST_ISOLADA e MIST_ISOLADA a probabili-

TABELA 9
PROBABILIDADE DA FIRMA SER EXPORTADORA OU IMPORTADORA EM FUNÇÃO DE PERTENCER A UMA DAS CATEGORIAS DE FIRMAS (MODELO PROBABILÍSTICO *PROBIT*, ANO 2000, CATEGORIA DE REFERÊNCIA É A CATEGORIA NAC_ISOLADA)

Variável explicativa	Variável dependente			
	Exportadora		Importadora	
	Parâmetro (desvio-padrão)	Prob Marginal	Parâmetro (desvio-padrão)	Prob Marginal
EST_BR	1,86*** (0,17)	0,38	2,46*** (0,23)	0,54
NAC_EXT	1,35*** (0,08)	0,27	1,70*** (0,01)	0,37
EST_EXT	1,90*** (0,04)	0,39	2,31*** (0,05)	0,51
NAC_BR	1,18*** (0,05)	0,24	1,59*** (0,05)	0,35
NAC_ISOLADA	Categoria de referência	- -	- -	- -
EST_ISOLADA	1,40*** (0,001)	0,28	1,51*** (0,04)	0,33
MIST_ISOLADA	1,52*** (0,09)	0,31	1,44*** (0,10)	0,31
Estatísticas do modelo	Intercepto: -1,59 (0,001) Loglikelihood$_1$: -20866,77 Nº: 10328 Nº parâmetros: 33 Loglikelihood$_0$: -24219,96 R^2: 0,14 OBS: *Dummies* por divisão CNAE não reportadas		Intercepto: -1,45 (0,001) Loglikelihood$_1$: -20609,39 Nº: 10328 Nº parâmetros: 33 Loglikelihood$_0$: -25391,90 R^2: 0,19 OBS: *Dummies* por divisão CNAE não reportadas	

NOTAS: *** = significativo a 1%, ** = significativo a 5%, * = significativo a 10%.

FONTE: Pintec-IBGE, PIA, Secex e Rais.
Elaboração própria.

dade da firma ser uma importadora aumenta respectivamente 35%, 33% e 31%. Mais uma vez a presença de capital controlador estrangeiro aumenta mais a probabilidade da firma ser uma importadora do que quando o controle for nacional ou misto.

Na categoria NAC_EXT, apesar da maior probabilidade da firma ser importadora do que exportadora, o saldo comercial dessa categoria é positivo em mais de US$ 0,5 bilhão. Na categoria NAC_BR, o saldo comercial é negativo em mais de US$ 3 bilhões. Na categoria NAC_ISOLADA as firmas na média exportam e importam pouco, mas o saldo é positivo em mais de US$ 1 bilhão.

Em síntese, do ponto de vista dos fluxos de comércio foram encontradas evidências de que as firmas que se internacionalizam com foco na inovação têm maior probabilidade de serem exportadoras *vis-à-vis* as firmas que não realizam esse tipo de internacionalização. A probabilidade da firma ser uma importadora também aumenta quando a firma se internacionaliza com foco na inovação.

A IMPORTÂNCIA DO APOIO GOVERNAMENTAL E ARRANJOS COOPERATIVOS PARA A FIRMA REALIZAR INOVAÇÃO TECNOLÓGICA

Neste trabalho detalhamos as características de diferentes categorias de firmas de acordo com a origem do capital controlador e sua internacionalização com foco na inovação tecnológica. De maneira geral, observamos que as firmas de capital nacional ou misto que realizam processos de internacionalização com foco na inovação tecnológica são mais competitivas do que a grande maioria das firmas na indústria brasileira, e suas características se assemelham às das firmas estrangeiras, que são reconhecidamente mais competitivas.

No Brasil há diversos tipos de apoio governamental que as firmas podem usar para alavancar seu esforço inovativo. O apoio governamental está relacionado principalmente ao financiamento de atividades vinculadas à inovação tecnológica da firma. Além do apoio público, muitas firmas cooperam com outras organizações com o objetivo de desenvolver inovações. Qual é a importância do apoio financeiro público e da cooperação para as diferentes categorias de firmas? A Tabela 10 mostra o percentual de firmas em cada categoria que recebeu apoio público para o financiamento de atividades relacionadas com inovação tecnológica, assim como o percentual de firmas que estiveram envolvidas em arranjos cooperativos com outras organizações com vistas a desenvolver atividades inovativas.

Com relação aos recursos financeiros públicos, observamos que entre

TABELA 10
DISTRIBUIÇÃO, EM PERCENTUAL, DAS FIRMAS QUE RECEBERAM RECURSOS FINANCEIROS DE FONTES PÚBLICAS OU ESTIVERAM ENVOLVIDAS EM ARRANJOS COOPERATIVOS COM OUTRAS ORGANIZAÇÕES COM VISTAS A DESENVOLVER ATIVIDADES DE INOVAÇÃO TECNOLÓGICA, POR CATEGORIA, EM 2000

	Receberam recursos financeiros públicos (%)	Realizaram cooperação (%)
EST_BR	5,9	37,5
NAC_EXT	14,6	27,1
EST_EXT	5,1	36,9
NAC_BR	13,1	38,8
NAC_ISOLADA	3,8	8,8
EST_ISOLADA	1,3	19,7
MIST_ISOLADA	10,2	15,1

FONTE: Pintec-IBGE, PIA, Secex e Rais.
Elaboração própria.

as categorias, os maiores percentuais estão nas categorias NAC_EXT, NAC_BR e MIST_ISOLADA que são formadas por firmas de capital nacional ou misto. Para essas três categorias, mais de 10% das firmas em cada categoria receberam algum tipo de apoio financeiro público para alavancar suas atividades de inovação tecnológicas. No entanto, é importante observar que 5% das firmas estrangeiras da categoria EST_EXT recebem apoio público. Como nesta categoria está concentrada a maior parte dos gastos em atividades voltadas à inovação, é possível que essas firmas absorvam um volume considerável de recursos provenientes do setor público. A Tabela 10 mostra também que a cooperação pode ser um elemento importante para se obter êxito no processo de inovação, uma vez que nas categorias EST_BR, NAC_EXT, EST_EXT e NAC_BR há maior percentual de firmas que cooperam, e também o percentual de firmas inovadoras é maior nessas categorias.

Para dimensionar a importância de diversas fontes de recursos na probabilidade da firma ser uma inovadora foram estimados três modelos probabilísticos. A condição da firma ser inovadora, inovadora de produto e inovadora de processo foi explicada pela participação relativa de fontes própria, privada ou pública sobre o total de gastos em P&D e pela participação relativa de fontes própria, privada ou pública sobre o total de outros gastos em atividades relacionadas com inovação tecnológica. Os resultados foram apresentados na Tabela 11.

TABELA 11
IMPORTÂNCIA RELATIVA DAS DIFERENTES FONTES DE FINANCIAMENTO DE ATIVIDADES INOVATIVAS NA INOVAÇÃO TECNOLÓGICA DAS FIRMAS INDUSTRIAIS BRASILEIRAS
(MODELO PROBABILÍSTICO *PROBIT*, ANO 2000)

Variáveis explicativas: distribuição em percentual do valor dos gastos da firma em atividades inovativas	Inovadora Parâmetro (desvio-padrão)	Prob marginal	Inovadora de produto Parâmetro (desvio-padrão)	Prob marginal	Inovadora de processo Parâmetro (desvio-padrão)	Prob marginal
Fonte própria: gastos em P&D	0,0072*** (0,0002)	0,0028	0,013*** (0,0001)	0,0036	ns	–
Fonte privada: gastos em P&D	ns	–	0,011*** (0,0011)	0,0030	ns	–
Fonte pública: gastos em P&D	0,0036** (0,0019)	0,0014	0,0098*** (0,0012)	0,0027	0,0059*** (0,0014)	0,0019
Fonte própria: outros gastos	0,0250*** (0,001)	0,0100	0,012*** (0,0001)	0,0034	0,023*** (0,0001)	0,0078
Fonte privada: outros gastos	0,3300*** (0,0005)	0,0133	0,011*** (0,0003)	0,0030	0,033*** (0,0004)	0,011
Fonte pública: outros gastos	0,0280*** (0,0005)	0,0112	0,012*** (0,0004)	0,0035	0,028*** (0,0004)	0,0095
Estatísticas do modelo	Intercepto: -1,29(0,002) Loglikelihood$_1$: -19009,91 N°: 10328 N° parâmetros: 32 Loglikelihood$_0$: -44874,87 R^2: 0,58 OBS: *Dummies* por divisão CNAE não reportadas		Intercepto: -1,67 (0,019) Loglikelihood$_1$: -20452,05 N°: 10328 N° parâmetros: 32 Loglikelihood$_0$: -33479,86 R^2: 0,39 OBS: *Dummies* por divisão CNAE não reportadas		Intercepto: -1,44 (0,018) Loglikelihood$_1$: -19938,83 N°: 10328 N° parâmetros: 30 Loglikelihood$_0$: -40664,02 R^2: 0,51 OBS: *Dummies* por divisão CNAE não reportadas	

NOTAS: *** = significativo a 1%, ** = significativo a 5%, * = significativo a 10%.

FONTE: Pintec-IBGE, PIA, Secex e Rais.
Elaboração própria.

A análise dos resultados pode ser feita diretamente sobre a probabilidade marginal. No caso dos gastos em P&D a fonte de recursos própria é duas vezes mais importante para a firma alcançar a inovação tecnológica do que quando a fonte de recursos é pública. Os resultados mostram que um aumento na participação das fontes próprias em dez pontos percentuais sobre o total dos gastos em P&D aumentaria em 2,8% a probabilidade da firma realizar inovação tecnológica. Se a fonte de financiamento pública para as atividades de P&D aumentar em dez pontos percentuais a probabilidade das firmas realizarem inovações tecnológicas aumenta em 1,4%. Ainda com relação aos gastos em P&D, no caso da inovação de produto a fonte de gastos próprios continua sendo a mais importante para determinar a probabilidade da firma ser uma inovadora de produto, seguida por fontes privadas e, por último, por fontes públicas; no caso da inovação de processo, as fontes privada e própria não foram significativas e a fonte pública tornou-se a principal variável explicativa da probabilidade da firma inovar em processo.

Com relação aos outros gastos em atividade de inovação tecnológica, observa-se pelos resultados da Tabela 11 que a importância das diferentes fontes de financiamento na determinação das firmas serem inovadoras parece ser relativamente a mesma nos três modelos. No caso da inovação de processo a fonte pública parece ser relativamente mais importante que as outras fontes de financiamento, o que parece ser razoável porque as fontes públicas de financiamento como BNDES e Banco do Brasil financiam compras de máquinas e equipamentos que são utilizadas na inovação de processo.

Em síntese, esta seção encontrou evidências de que a cooperação é possivelmente um elemento importante para as firmas realizarem inovações tecnológicas, pois nas categorias EST_BR, NAC_EXT, EST_EXT e NAC_BR, nas quais o percentual de firmas que realizou inovações tecnológicas é maior, também é maior o percentual de firmas que participam de arranjos cooperativos. Nestas categorias também é maior o percentual de firmas que receberam recursos de instituições públicas para realizar inovações tecnológicas, o que seria uma evidência de que estes recursos públicos estariam sendo direcionados para firmas mais inovadoras e são positivamente relacionados com a probabilidade da firma realizar uma inovação tecnológica. Há alguma evidência também que uma parte significativa dos recursos públicos estejam sendo destinados para firmas de capital estrangeiro. Os resultados também mostraram que os recursos públicos são mais importantes para inovação de processo do que de produto e que, no caso dos gastos em P&D, os recursos próprios ganham mais relevância.

Tais resultados têm implicações importantes para a política industrial, tecnológica e de comércio exterior que o governo federal vem construindo e implementando, que possui a inovação como seu ponto fulcral. Uma vez que a indução da inovação passa pela redução do custo e do risco privados, devem ser elaborados instrumentos adequados. Relativamente à inovação de processo, o recurso público está bem posicionado, contribuindo para reduzir custos, como é o caso, por exemplo, de programas e ações do BNDES e de agências afins. O processo de redução do IPI para bens de capital, cujo primeiro movimento ocorreu no final de 2003, a redução do prazo para a compensação de créditos da Cofins anunciada em abril de 2004, e a eliminação de imposto de importação para máquinas e equipamentos não produzidos no Brasil são outros exemplos de medidas na mesma direção.

Assumindo porém que a inovação mais relevante é a voltada para o mercado (inovação de produto), temos a prevalência do gasto privado como variável explicativa. Se é fato que no ano base das análises aqui realizadas (2000) não havia o impuxo exportador atual nem os instrumentos que o novo governo (Lula) introduziu[16], os dados mostram que é absolutamente relevante estimular o gasto privado em P&D; um dos aspectos importantes para serem tratados pela Agência Brasileira de Desenvolvimento Industrial é a redução do risco da inovação não só para pequenas e médias, mas também para grandes empresas.

CONCLUSÃO

A conclusão deste trabalho volta-se para a seguinte questão: quais são os parâmetros para o governo apoiar a internacionalização das firmas brasileiras?

---

[16] Dentre esses instrumentos, destacam-se o novo posicionamento institucional e estratégico da APEX (Agência Brasileira de Promoção das Exportações), o Decreto 4.928 de 23/12/2003 (incentivos para P&D, patenteamento e certificação), a atualização do sistema brasileiro de metrologia e certificação (florestal, *software* etc.), o "substitutivo" da Lei de Inovação e a criação da Agência Brasileira de Desenvolvimento Industrial.

A análise aqui desenvolvida demonstrou que existem benefícios que podem resultar da internacionalização da firma com foco na inovação tecnológica. Verificou-se que essas empresas remuneram melhor a mão-de-obra, empregam pessoal com maior escolaridade e, portanto, geram empregos de melhor qualidade. Além disso, as empresas internacionalizadas com foco na inovação apresentam maior percentual de dispêndio em treinamento de mão-de-obra relativamente ao faturamento, o que impulsionaria de alguma forma a qualificação da mão-de-obra doméstica. Com relação às características da firma, observou-se que as firmas internacionalizadas com foco na inovação exportam mais do que as firmas que não fazem este tipo de internacionalização. Portanto, há evidências de que o aumento da competitividade das firmas é influenciado positivamente pelas inovações tecnológicas que são resultantes do processo de internacionalização, e que tal competitividade auxilia nas exportações. A abertura de mercados externos geraria maior potencial de expansão e crescimento da firma e também a própria internacionalização geraria mecanismos de retroalimentação da sua capacitação tecnológica.

A internacionalização com foco na inovação tecnológica das firmas industriais brasileiras é, neste sentido, um componente especialmente relevante da inserção internacional do Brasil, e há espaço para políticas públicas que incentivem a internacionalização com este intuito. É importante ressaltar que a inovação tecnológica exibe rendimentos crescentes no longo prazo, não quantificáveis em exercícios estáticos e, portanto, não comparáveis com os custos de curto prazo. Entretanto, o custo de curto prazo de uma política de incentivo como, por exemplo, uma linha de financiamento de longo prazo para estimular a internacionalização, pode ser relativamente reduzido se esta for focada na inovação tecnológica e restrita por ações pré-estruturadas que estabeleçam como critérios fazer com que as firmas de capital nacional que já fazem significativo esforço para realizar inovações tecnológicas ampliem seu potencial de inovação internacionalizando-se. Desta maneira, ficaria evidente que a ação pública deve levar em conta exemplos de êxitos empresariais nacionais que poderiam ser seguidos por outras firmas de capital nacional, principalmente aquelas que já fazem esforço inovador significativo. Deve ser ressaltado que os incentivos à internacionalização com foco na inovação tecnológica devem estar também associados à mecanismos que incentivem o aumento dos gastos privados em atividades inovativas no Brasil.

Dos resultados deste trabalho chama a atenção a importância da qualificação da mão-de-obra na probabilidade da firma inovar. Das quatro variáveis que mais afetam a probabilidade da firma ser uma inovadora, duas delas estão diretamente vinculada à mão-de-obra: treinamento e escolaridade. Neste aspecto, há um parâmetro importante para a política pública de longo prazo. Se a escolarização da força de trabalho por si só não vai levar automaticamente à inovação e à internacionalização das empresas, os dados mostram que as empresas que se internacionalizaram com foco na inovação empregam mão-de-obra mais escolarizada. Assim, uma política de incentivo à inovação na indústria passa por políticas de aumento da escolaridade da população.

Deve ser destacado também que um dos resultados deste trabalho é a evidência de que a cooperação é possivelmente um elemento importante para as firmas realizarem inovações tecnológicas. Se a cooperação é um elemento importante e, portanto, verifica-se que há busca de informação conjunta entre firmas que procuram inovar, há espaço para o poder público atuar na promoção de ações que procurem no exterior informações sobre oportunidades de negócio e que podem ser realizadas de forma compartilhada entre uma agência de promoção de desenvolvimento industrial e grupos empresariais interessados em internacionalizar-se com foco na inovação.

QUESTÕES A SEREM APROFUNDADAS

O presente trabalho traz o ineditismo de tratar a internacionalização abrangendo praticamente o universo das empresas industriais brasileiras. Tratou exclusivamente de um tipo específico de internacionalização, aquele com foco na inovação, conforme possibilitado pela exploração dos dados a partir de uma pergunta da Pintec. Algumas questões podem ser colocadas para o aprofundamento das análises em trabalhos futuros, alguns já em curso no Ipea:

a) As análises aqui desenvolvidas tomam a indústria como um todo. Se essa abrangência é necessária para se obter uma visão geral, é provável que setorialmente haja diferenças importantes, o que poderia ser verificado com o desmembramento setorial das análises;

b) Complementando a questão acima há os aspectos regionais. Outro desdobramento poderia ser o da espacialização, qual seja, de introduzir a variável locacional na análise, o que poderia dar subsídios para a política de desenvolvimento regional;

c) Apesar de permitir inúmeras elaborações, a Pintec possibilita o tratamento de um tipo específico de internacionalização das empresas industriais brasileiras. A internacionalização pode ocorrer de diversas formas, inclusive sem a utilização de bases no exterior como fonte principal de informação para a inovação tecnológica. O acesso a bases de dados mais amplas sobre a internacionalização de empresas brasileiras levaria a uma melhor compreensão dos seus efeitos, possibilitando a elaboração de políticas muito mais efetivas.

REFERÊNCIAS BIBLIOGRÁFICAS

BAUMANN, R. (1993). "Uma avaliação das exportações intrafirma do Brasil: 1980 e 1990". *Pesquisa e planejamento econômico*, v. 23, n. 3, p. 487-512.

BNDES (1995). "Caracterização do processo de internacionalização de grupos econômicos privados brasileiros". Rio de Janeiro, *Série Pesquisas empresariais* 1.

BRAGA, C. H. e HICKMANN, E. (1988). "Produtividade e vantagens comparativas dinâmicas na indústria brasileira – 1970-83", XVI Encontro Nacional da ENPEC.

BRAGA, H. C. e GUIMARÃES, E. P. (1985). "Estrutura industrial e exportações de manufaturados: Brasil, 1878". *Anais do 13º Encontro Nacional de Economia da ANPEC*.

BRASIL, H. NAC_ISOLADA., LEONEL, J. N.; ARRUDA, C. e GOULART, L. (1996). "Pesquisa de campo sobre a internacionalização das empresas brasileiras", *In*: BRASIL, H., ARRUDA, C. (eds). *Internacionalização de empresas brasileiras*.

CARVALHO, J. L. e HADDAD, C. L. (1977). "Um índice de qualidade de mão-de-obra: uma aplicação ao conceito de capital humano". *Revista Brasileira de Economia*, 31(1) 31-43.

COASE, H.R. (1937) "The Nature of the Firm". *In*: WILLIANSON, O. E.; WINTER, S. G. (1991) *The Nature of the Firm Origins, Evolution, and Development*. New York: Oxford University Press.

DE NEGRI, J. e ACYOLI, L. (2004). "Novas evidências sobre os determinantes do investimento externo na indústria de transformação brasileira e nos setores prioritários da política industrial". Texto para Discussão do IPEA (no prelo).

DE NEGRI, F. (2003). "Desempenho comercial das empresas estrangeiras no Brasil na década de 90". Unicamp, Dissertação de Mestrado.

DE NEGRI, J. A. "Rendimentos crescentes de escala e o desempenho exportador das firmas industriais brasileiras". Brasília, UnB, Tese de doutorado, 2003.

DIAS (1994). "Las empresas brasileñas: internacionalización y ajuste a la globalización de los mercados". *Documento de Trabajo, 33*.

DUNNING, J. H. (1988). *Explaining Inter-*

national Production. London: Unwin Hyman.

_____ (1991). *Multinational Enterprises and the Global Economy*. Addison-Wesley Publishing Company.

_____ (1993). *The Globalization of Business the Challenge of the 1990s*. Nova York: Routledge.

FLEURY, Afonso (1997). "Estratégias, organização e gestão de empresas em mercados globalizados: a experiência recente do Brasil". *Gestão & Produção*, v. 4, n. 3, p. 264-277.

HECKSCHER, E. (1919). "The Effect of Foreign Trade on the Distribution of Income". *Ekonomisk Tidskrift*, p. 497-512. [Republicado em A.E.A. Readings in the Theory of International Trade. Blakiston, Philadelphia, 1949, cap. 13, p. 272-300].

HELPMAN, E. e KRUGMAN, P. (1985). *Market Structure and Foreign Trade: Increasing Returns, Imperfect Competition and the International Economy*. MIT Press.

HIDALGO, A. B. (1985). "Intensidades fatoriais na economia brasileira: novo teste do teorema de Heckscher-Olhin". *Revista Brasileira de Economia*, 39 (1) 27-55.

_____ (1990). "O comércio intra-industrial brasileiro". *Anais do 18º Encontro Nacional de Economia – Anpec*.

_____ (1993). Mudanças na estrutura do comércio internacional brasileiro: comércio interindústria x comércio intra-indústria. *Anais do 21º Encontro Nacional de Economia – Anpec*.

KRUGMAN, P. (1979). "Increasing Returns, Monopolistic Competition and International Trade". *Journal of International Economics*, 9(4): 469-79.

_____ (1980), "Scale Economies, Product Differentiation, and the Pattern of Trade". *American Economic Review*, 70, p. 950-959.

_____ (1981). "Intra-industry Specialization and the Gains From Trade". *Journal of Political Economy*, 89(51): 956-73.

_____ (1986). "A 'Technology Gap' Model of International Trade". *In* JUNGENFELT, K. ed. *Structural Adjustment in Advanced Economies*.

LAFETÁ, Machado, D. (1997). "A qualificação da mão-de-obra no comércio internacional brasileiro: um teste do teorema do Heckscher-Ohlin". 20º Prêmio BNDES de Economia.

MACHADO, J. B. M. (1992). "Comércio regional e especialização produtiva: uma análise do comércio intra-industrial entre o Brasil e os países da ALADI". Texto para Discussão nº 283 IE/UFRJ.

MARKWALD, R. e PUGA, F. (2002). "Focando a política de promoção de exportações". Texto para Discussão nº 160, Funcex.

OHLIN, B. (1933). *Interregional and International Trade*. Cambridge: Harvard University Press.

PAULA PINTO, M. B. (1981). "Os efeitos dos incentivos sobre a estrutura das exportações brasileiras de manufaturados". *Estudos Econômicos*, 11(3) 115-132.

_____ (1984). "Efeitos alocativos da política de promoção de exportações: uma reavaliação". *Pesquisa e Planejamento Econômico*, 14(2) 547-560.

_____ (1994). "O custo dos recursos domésticos e a competitividade da agricultura brasileira". *Estudos de Política Agrícola* nº 27 – IPEA.

ROCCA, C. A. e BARROS, J. R. R. de (1972). "Recursos humanos e estrutura do comércio exterior". *Estudos Econômicos*, 2(5) 89-110.

SALERMO, Mario S.; MARX, Roberto e ZILBOVICIUS, Mauro (2003). "A nova configuração da cadeia de fornecimento na indústria automobilística no Brasil". *Revista de Administração*, São Paulo: Universidade de São Paulo, v. 38, n. 3, p.192-204.

SALERMO, Mario S.; MARX, Roberto; ZILBOVICIUS, Mauro; DIAS, Ana NAC_ISOLADA. C. "Política industrial em setores dominados por transnacionais: o Brasil como sede de concepção e projeto de produto". *In*: FLUERY, Afonso; FLEURY, Maria T.L., eds. *Política industrial 2*. São Paulo: Publifolha/ Coleção Biblioteca Valor, p. 67-91, 2004.

SAVASINI J. A. A. e KUME H. (1979). "Custos dos recursos domésticos das exportações brasileiras". *Estudos CE* n° 3, Funcex.

SAVASINI, J. A. A. (1978). *Export Promotions – The Case of Brazil*. Praeger Publishers.

SAVASINI, J. A. A. *et.al.* (1974). "O sistema brasileiro de promoção às exportações". Texto para Discussão n° 11 IPE/USP.

TEITEL, S. e THOUMI, F. E. (1986). "Da substituição de importações às exportações: as experiências argentinas e brasileiras no campo das exportações de manufaturas". *Pesquisa e Planejamento Econômico*, 16(1) 129-166.

VEIGA, P. e MARKWALD, R. (1997). "Pequenas e médias empresas nas exportações" in REIS VELLOSO J. P. (1997). *Fórum Nacional – o Brasil e o mundo no limiar do novo século*. Editora José Olympio, p. 243-278.

WILLIAMSON, O. E. (1985). *The Economic Institutions of Capitalism*. Nova York: Free Press.

Bases de um programa de eliminação das barreiras internas às exportações brasileiras

Benedicto Fonseca Moreira[*]

---

[*] Economista. Presidente da Associação de Comércio Exterior do Brasil (AEB).

APRESENTAÇÃO[1]

> "Subdesenvolvimento é simplesmente a prevalência
> da insensatez sobre o bom senso."

NO PRESENTE TRABALHO, procurou-se apresentar, ordenadamente, o universo do que seriam as bases e os fundamentos de uma política de comércio exterior dinâmica, capaz de eliminar a vulnerabilidade externa do Brasil, que perdura há 50 anos, e servir de sustentação para a retomada do crescimento econômico auto-sustentável, com estabilização.

A análise deveria conter apenas três tópicos: o que é o mundo, o que somos nós e o que queremos. Mas, por motivos didáticos e diante do acentuado viés antiexportação impregnado na cultura nacional, optou-se por alargar as considerações em torno das dificuldades do país no jogo internacional.

O comércio exterior de bens e serviços é instrumento de força e fator estratégico na sustentação do desenvolvimento econômico. No Brasil, lamentavelmente, essa realidade não é sentida, nem utilizada. Não se usa o comércio exterior como fator pró-ativo, ao contrário, a política no setor tem sido mera caudatária da economia mundial, quando não apenas ferramenta para ajustes internos e/ou externos. Jamais se definiu, para o setor, programa integrado e coeso de aplicação em curto, médio e longo prazos.

O resultado dessa marginalização está expresso em 43 anos de rígidos controles administrativos e cambiais e 14 anos de abertura, com liberdade

---

[1] Colaboraram no trabalho Lucia Maria O. Maldonado, José Augusto de Castro, Jovelino Pires, Wagner de Medeiros e Maria Helena Vieira de Matos.

não demarcada. Ao todo, 57 anos de crises, dificuldades, ações cambiais preventivas e políticas antiinflacionárias mal dirigidas, passando-se do total controle da economia – preços, juros, câmbio, exportação, importação etc. – para a recessão.

Ao longo de 50 anos, os *superávits* comerciais estiveram presentes, na sua grande maioria, não como decorrência da força da economia, mas como produto de controles e recessões econômicas.

O Brasil precisa retomar o crescimento a taxas mais elevadas e gerar empregos, para garantir governabilidade. Existem, contudo, três obstáculos principais:

1) Conseguir realizar o sonho das reformas político-institucionais modernizadoras, que abram caminho para a estabilização macroeconômica auto-sustentável e, em decorrência, à produção em escala de bens e serviços, com forte ampliação da produtividade e saltos na qualidade.

2) Romper a muralha externa da soberania compartilhada e do protecionismo, só possível com expressivo fortalecimento da economia nacional, acentuado aumento da capacitação competitiva e firme política negocial.

3) Eliminar completamente as barreiras internas à exportação, o que, por sua vez, depende: (i) de reformas político-institucionais; (ii) de adoção de medidas corretivas estruturais, principalmente desburocratização radical, política de investimentos inteligente e absorção de tecnologias; e (iii) de reorganização dos instrumentos de ação das políticas setoriais.

Nosso país é subdesenvolvido por vocação e incompetência. As lideranças não souberam alcançar e consolidar o desenvolvimento econômico quando havia a possibilidade de decisões unilaterais e soberanas. Hoje, o quadro é mais complicado porque o Brasil se vê obrigado a ampliar, cada vez mais, a sua inserção internacional e a concessão de preferências comerciais, enquanto barreiras internas limitam a produção e o crescimento econômico e dificultam a competição externa, tornando-o mais dependente do exterior, em todos os sentidos.

Como referencial, é importante lembrar que, desde a década de 1970, os países cada vez mais trocam parcela da sua soberania pela criação de novo espaço econômico capaz de induzir a ampliação da produção, da produtividade, da capacitação competitiva e da geração de emprego.

A soberania compartilhada é, portanto, a forma de aumentar o espaço econômico, por meio de "abertura" programada e programática. Passou-se da abertura unilateral e soberana para outras três formas, hoje presentes: negociada em caráter geral, como a Organização Mundial do Comércio (OMC); negociada para a formação de blocos preferenciais, regionais ou sub-regionais; e a chamada globalização da economia mundial, em que o acentuado avanço tecnológico e da informação retira a soberania dos países, global ou setorialmente.

Essa nova moldura mundial reduziu a eficácia das chamadas vantagens comparativas, principalmente dos países subdesenvolvidos, e realçou as vantagens competitivas, em que a tecnologia dá nova dimensão à competitividade e configurações diferentes para o protecionismo, o que é um meio de neutralizar ou minimizar o poder de competição do produto concorrente. Identifica-se não menos de dez formas de protecionismo, que não cabe analisar, mas apenas registrar: absoluto ou ideológico, corretivo, estrutural, conjuntural, institucional, setorial ou acordos "voluntários", tecnológicos, ecológico, social e fitossanitário.

Pode-se somar, a esse universo complexo, o novo "protecionismo" das exigências e controles antiterrorismo, que vieram para ficar; a tendência a fusões e acordos interempresas, ampliando a prática da "fragmentação" produtiva, e concentrando cada vez mais o comércio mundial em número decrescente de empresas.

É nesse contexto pleno de tropeços e armadilhas que se deve discutir a nossa política de comércio exterior, com ênfase na abrangência das barreiras internas à exportação e nas dificuldades para a sua superação.

No desenvolvimento do programa de eliminação das barreiras, não apenas se relacionam os constrangimentos e atos que limitam e cerceiam as exportações, mas, o que é mais importante, intenta-se expor por que existem barreiras internas, cujos efeitos negativos superam as barreiras externas, em um mundo cada vez mais normatizado, regulamentado, preferencializado e altamente competitivo. Busca-se mostrar a verdadeira face do subdesenvolvimento econômico brasileiro e as dificuldades político-culturais para superá-lo.

O trabalho é gratificante na medida da esperança da abertura de discussão de um tema decisivo para o desenvolvimento econômico e social do país, mas, por outro lado, profundamente frustrante, por se saber que os poderes do país ainda estão presos à formatação política e administrativa de um passado de controles e intervenções incompatíveis com a pretendida inserção internacional competitiva. A cultura brasileira ainda confunde Estado forte, com Estado "inchado" politicamente. No presente, o importante é o Estado eficiente, que atenda plenamente à sociedade.

Barreiras internas à exportação traduzem-se em burocracia agressiva e retrógrada, que afeta a competitividade, alimenta o subdesenvolvimento econômico, marginaliza o social e induz dependência à política externa, sendo mais danosas e constrangedoras do que as barreiras externas.

O trabalho procura, dessa forma, discutir os problemas gerados pelas barreiras, assim como suas origens. Se o governo não identificar e entender o cerne dos constrangimentos, jamais se poderá ter a esperança da eliminação das barreiras, significando marginalizar a capacidade de competição do país e, assim, o seu próprio crescimento econômico.

Incorpora, ainda, análises e propostas apresentadas no Seminário Especial "O novo governo e os desafios do desenvolvimento"[2], realizado em 2002, que continuam atuais e necessárias, por ainda não terem sido implementadas as ações corretivas necessárias, transcorrido um ano e quatro meses do novo governo.

CONCEITOS E EFEITOS DAS BARREIRAS INTERNAS À EXPORTAÇÃO: ANALISAR O PASSADO PARA ENTENDER O PRESENTE E PROGRAMAR O FUTURO, SEM ERROS

> "As barreiras internas são mais danosas e constrangedoras à exportação do que as barreiras externas."

CONCEITOS

As barreiras internas podem ser conceituadas como um conjunto de leis; atos públicos institucionais; decisões e ações políticas; deficiências estruturais; despreparo educacional e cultural; ideologismo; exacerbação da burocracia como sistema de controle hegemônico de grupos etc., que dificultam, desestimulam, limitam ou impedem o fortalecimento da pro-

---

[2] MOREIRA, B.F. "Bases e fundamentos para uma política de comércio exterior para o Brasil", apresentado no Seminário Especial "O novo governo e os desafios do desenvolvimento", promovido pelo Instituto Nacional de Altos Estudos – Inae, 2002.

dução e da capacitação competitiva na exportação. Por outro lado, também distorcem a relação e o poder de competição dos produtos e serviços nacionais com similares importados.

As barreiras estão inseridas e são encontradas nas políticas temáticas macroeconômicas; na ação para correções estruturais com vistas a estimular a política de produção e oferta, base da competitividade, e, principalmente, nas políticas setoriais corretivas dos preços de concorrência, tais como cambial, tributária, de financiamento, seguro de crédito e garantias, e logística integrada de transportes.

Eliminar apenas barreiras setoriais é positivo, mas não soluciona o problema da competitividade, visto do horizonte mais amplo da abertura econômica com inserção internacional e sujeição à normativa internacional e à crescente preferencialização do comércio mundial. Será preciso atuar também sobre os fatores estruturais que cerceiam e distorcem a construção da maior oferta de mercadorias e serviços, para atender ao mercado interno em expansão e ao aumento da exportação a taxas superiores à propensão a importar. Essa diretiva é determinante, ainda, para permitir ao país sair da "armadilha" do combate à inflação apenas com restrição da demanda.

São três os principais fatores estruturais para os quais a eliminação de barreiras é imprescindível, visando à formação da escala de produção a preços competitivos, e com isso dar maior consistência e sustentabilidade às medidas tópicas ou setoriais:

• Desburocratização e ação governamental.
• Política de investimentos.
• Política tecnológica.

É preciso ter uma visão mais ampla, de país-continente que necessita expandir sua economia continuadamente e a taxas mais elevadas, fator determinante para a segurança e a governabilidade e obrigatório para o respeito externo e sua aceitação como parceiro na nova realidade imposta pela globalização; condição básica para superar condicionantes inerentes aos processos de produção global, de preferências regionais, de protecionismo comercial, e de normatização e regulamentação da economia mundial.

É de grande importância a supressão de barreiras contidas nas políticas macroeconômicas, que dificultam e limitam as ações estruturais e/ou setoriais. Essas barreiras estão definidas na necessidade de modernizar o país e liberá-lo para o crescimento e o desenvolvimento econômicos, dependentes, entre outros, das reformas política, tributária, do judiciário, monetária, trabalhista, previdenciária etc., objetivando, em especial, a ampla desregulamentação e simplificação normativa, a ruptura do viés antiempresa privada e a redução do custo Brasil, ingredientes fundamentais e indutivos de investimentos.

RAZÕES FUNDAMENTAIS PARA A ELIMINAÇÃO DAS BARREIRAS INTERNAS

A razão lógica para a eliminação das barreiras internas à exportação está no bom senso. Contudo, para efeito de argumentação e maior entendimento, vale lembrar que o comércio exterior detém posição preponderante e de utilização estratégica como instrumento pró-ativo e de indução ao desenvolvimento econômico e social, fonte de geração de emprego e alicerce das modernas políticas industriais.

A exportação, em si, deve ser projeto nacional permanente, base de sustentação da produção e fator determinante da incorporação de tecnologias modernas, requisito para capacitação competitiva e fortalecimento do mercado interno. Por isso, deve estar acima dos partidos políticos e de ideologias, e integrar-se como ação estratégica e de preservação da soberania nacional.

Pode-se relacionar, pelo menos, cinco razões relevantes para o esforço programático de eliminação das barreiras internas:

- Promover o crescimento e o desenvolvimento econômico a taxas elevadas.
- Maximizar a capacitação competitiva tanto na exportação como em relação à importação.
- Adaptar-se às mudanças nas relações econômicas mundiais.
- Suprimir a incompatibilidade entre barreiras internas à exportação e a política de abertura econômica e inserção internacional.
- Eliminar os efeitos diretos das barreiras.
- Fragilidade do comércio exterior.
- Vulnerabilidade externa.

Promoção do Crescimento e do Desenvolvimento Econômico

A expansão econômica e social compreende duas vertentes: a horizontal ou crescimento econômico e a vertical ou desenvolvimento econômico.

O crescimento econômico é medido pela simples expansão da produção de bens e serviços, refletida no PIB. Mesmo quando possível, como no caso do Brasil, sustentá-lo, por meio da expansão da fronteira agrícola, da ampliação da industrialização e do avanço das tecnologias, a necessidade de competir em economia aberta somada à pesada e onerosa burocracia da legislação e das práticas trabalhistas e previdenciárias faz com que a absorção adicional de mão-de-obra seja limitada.

De outra parte, o novo e difícil quadro da economia mundial, expresso na exuberante regulamentação e normatização, impõe a redução paulatina das soberanias nacionais sobre a economia, nas decisões unilaterais. Com isso, induzir e sustentar o crescimento econômico, com expressiva geração de emprego e melhoria social, passa a depender, obrigatoriamente, da adoção de firme política vertical, voltada ao desenvolvimento econômico. Essa política se apóia em seis pilares principais, nos quais a exportação de mercadorias e serviços se destaca:

- Educação, para valorizar os salários, dignificar o trabalho, aumentar a produtividade, gerar emprego e fortalecer a competitividade.
- Tecnologia, para permitir saltos na qualidade, valorizar os produtos, aumentar a produtividade, reduzir os custos e maximizar a competitividade.
- Infra-estrutura, para integrar o país, fortalecer e estimular a produção, reduzir os custos, induzir a horizontalização da produção, fortalecer a competitividade externa e interna, atrair investimentos externos, gerar empregos etc.
- Desburocratização e racionalização, para reduzir expressivamente os custos internos do Estado e da sociedade, combater a inflação, estimular os investimentos e a produção, favorecer a competitividade, ampliar a exportação, gerar empregos e desenvolver a cidadania e dignificar o cidadão.
- Exportação de mercadorias e serviços, para garantir a ampliação da receita cambial, eliminar a vulnerabilidade externa, estimular a pro-

dução, gerar empregos, sustentar o regime de abertura e inserção internacional e promover a sustentação do alargamento da produção.
- Serviços, de todos os tipos, para absorver a mão-de-obra excedente dos setores primário e secundário, gerar crescente receita cambial para viabilizar a eliminação da vulnerabilidade externa, canal de exportação de mercadorias e vigoroso instrumento para o fortalecimento da imagem externa.

MAXIMIZAÇÃO DA CAPACITAÇÃO COMPETITIVA

Competitividade na exportação, essencial ao desenvolvimento econômico, é a capacidade da empresa – e do país – de colocar seu produto no exterior, no estabelecimento do importador, no menor tempo possível, com o menor preço, a melhor qualidade e nas melhores condições de pagamento e segurança.

Baseia-se, portanto, *em um conjunto de atos, práticas e situações nacionais que criem estímulos à produção e propiciem condições ideais de competição externa, que permitam superar seus competidores de modo permanente e conquistar a confiança e o respeito do mercado comprador.*

O conceito de competitividade – vantagens comparativas e competitivas – é dinâmico e evolui no tempo, mas sempre enquadrável em três vertentes: âmbito empresarial, esfera governamental e contexto internacional.

No *segmento empresarial*, a ação é concentrada na perene incorporação de tecnologias, com pesquisa e desenvolvimento de produtos e processos, visando melhorar permanentemente a produtividade e dar saltos na qualidade dos bens produzidos; na imagem positiva, decorrente de eficácia operacional; no respeito ao tempo prometido e às condições pactuadas; e na garantia de assistência técnica. Por isso, não pode sofrer constrangimentos burocráticos e barreiras onerosas.

No *âmbito governamental*, esperam-se medidas que concorram para a redução dos custos das empresas; facilitem a formação de preços de concorrência, com políticas pró-ativas cambiais, tributárias, de financiamento e de radical desburocratização; na forte ação para custos decrescentes na infra-estrutura de transportes; no apoio e em regras flexíveis que facilitem as empresas em ação externa agressiva e vendas *door-to-door*. Em resumo, espera-se que o governo seja capaz de entender e adotar política integrada para ação positiva.

No *contexto internacional*, compreende a ação conjunta e integrada de governo e setor privado em negociação, com vistas a obter vantagens e acesso a mercados com redução de tarifas aduaneiras, eliminação de barreiras não-tarifárias e firme presença nos mercados externos, em áreas de serviços ou investimentos, que facilite ou garanta a colocação cativa de produtos nacionais. Essa ação casada somente será alcançada quando o governo aceitar o setor privado como parceiro.

Na economia aberta, a capacitação competitiva não pode e não deve ser direcionada apenas para a exportação. Deve ter por fim a absoluta isonomia com os produtos e os serviços importados. A melhor isonomia não é, necessariamente, onerar mais a importação, mas reduzir drasticamente os custos internos à produção.

A competitividade integrada – exportação (mais) importação – cria bases sólidas para o crescimento do mercado interno que, por sua vez, é suporte para o econômico e para a expansão auto-sustentada da exportação.

O Brasil ainda não alcançou esse estágio, o que explica, em parte, seus 50 anos de desequilíbrios e de vulnerabilidade externa. Essa fragilidade, indutora de controles diretos e práticas recessivas, que precisava ser superada, de um lado, e os compromissos externos, de outro, impuseram um programa de reformas político-institucionais, em 1990, na busca de novas alternativas para a retomada do crescimento econômico, com maior estabilização.

Apenas a superação dos controles mais pesados e a abertura da economia foram efetivamente implementadas. As demais reformas não caminharam e o país ficou mais vulnerável externamente, o déficit estrutural do balanço em "transações correntes" e a política de combate à inflação passaram a depender, para a sua correção, da longa recessão interna, impelida por juros elevados e pesada carga tributária, inibidores da demanda e da importação.

ADAPTAÇÃO ÀS MUDANÇAS NAS RELAÇÕES ECONÔMICAS MUNDIAIS

Nos últimos 50 anos, foram profundas e positivas as modificações políticas, econômicas e sociais no mundo. Não obstante, ainda se convive com a dualidade dos fatores de dispersão negativos e dos fatores positivos de aglutinação e interdependência.

Nos negativos, se concentram os conflitos e divergências, definidos e decorrentes do baixo nível educacional de expressiva parcela da população mundial, fator de subdesenvolvimento; dos conflitos raciais remanescentes, fator de ódios; e do radicalismo ou fanatismo religioso, fator de agressões.

Nos positivos, assiste-se ao esforço de aglutinação e interdependência de países e regiões, impelidas pela globalização das economias e imposta pelos grandes avanços tecnológicos. Os três principais resultantes são:

- Expansão da preferencialização da economia mundial, em termos regionais, sub-regionais ou setoriais, na busca da formação de blocos que criem novo espaço econômico e facilitem acompanhar a evolução, absorver ou desenvolver tecnologias com vistas a garantir crescimento econômico com base em nova curva de aumento da produção, de saltos na qualidade e de geração de empregos.
- Fusões e acordos interempresas e ampliação do processo de fragmentação da produção e do comércio mundial.
- Necessidade de avanços expressivos na normatização e regulamentação da economia mundial. Isso significa, na prática, que países abdicam de parte da sua soberania do poder de decisão unilateral, em matéria comercial e em alguns outros segmentos, na expectativa de ganhos no crescimento econômico e social. A interdependência será, como esperança, um novo fator de desenvolvimento econômico.

Essa nova escalada aglutinadora de países e interesses, embora revestida de promessas e esperanças, implica mudanças de comportamentos ainda não solucionadas, razão de importantes divergências. O exemplo mais significativo é o do protecionismo mantido pelos países desenvolvidos, por meio da aplicação de diferentes mecanismos e políticas de barreiras não-tarifárias, de grande dispersão, tais como: práticas administrativas, sanitárias, fitossanitárias, tecnológicas, ambientais, de qualidade, rotulagem, tratamento da mão-de-obra etc., sempre justificadas como de curto prazo para atender reclames sociais ou problemas políticos.

Essa postura dúbia dos países desenvolvidos, apologistas da liberação comercial, ao tempo em que mantêm políticas protecionistas e comandam a regulamentação e normatização das relações mundiais, é fator de impacto perverso nas economias subdesenvolvidas ou em desenvolvimento. Economias, como o Brasil, não podem deixar de integrar o processo de negociações internacionais e de interdependência, mas também não têm força para superar os constrangimentos externos às suas exportações. Não podem, por outro lado, obstar a importação com medidas unilaterais protecionistas.

A única saída é acreditar no crescimento econômico, promovendo-o, e dogmatizar a eficiência e a competitividade. Para isso, não podem existir barreiras internas à exportação.

SUPRESSÃO DA INCOMPATIBILIDADE ENTRE BARREIRAS INTERNAS, POLÍTICA DE ABERTURA ECONÔMICA E INSERÇÃO INTERNACIONAL

A exportação deve ser apoiada por medidas transparentes, de curto, médio e longo prazos, que estabeleçam a confiança dos agentes da produção no governo e nas instituições, pela sua importância estratégica no processo de desenvolvimento econômico, condição para transformar-se em instrumento de força da sociedade para a criação de imagem e credibilidade externa.

A importação, como atividade essencial à produção e ao abastecimento interno e fator antiinflacionário coadjuvante, também não pode sujeitar-se a limitações radicais ou atípicas, porque:

- O coeficiente de dependência externa passou de 6% na economia fechada para cerca de 23% com a abertura econômica. Em 2003, cerca de 67% do valor das importações se referiu a matérias-primas e bens intermediários, essenciais ao processo produtivo, 21,5% a bens de capital, e 11,5% a bens de consumo.
- Os compromissos externos na OMC, Mercosul, Aladi e outros, além das negociações em curso – Alca e União Européia –, impedem ações artificialmente restritivas, de natureza administrativa. O Brasil não pratica barreiras não-tarifárias, ficando a proteção dependente da estrutura tarifária, hoje com incidência média nominal de 13% e efetiva em torno de 4,72%, com tendência à rápida redução, por força de negociações tarifárias internacionais. Essa proteção decrescente é agravada pelos elevados juros internos, pesada carga tributária, expressiva burocracia e acentuada distorção na infra-estrutura. De outro lado, o produto importado chega "limpo" de tributos, não raro subsidiado por juros muito baixos e financiamentos generosos.

Se a importação é fator de importância para o abastecimento interno, para absorver tecnologias e para a política de estabilização e, por outro lado, não se pode impor limitações administrativas, em razão dos compromissos externos, a única saída possível, para evitar vulnerabilidade externa, em regime de abertura econômica, é maximizar a capacidade de competição.

Não sendo alcançado elevado nível de capacidade de competição, poderá ocorrer:

- Propensão a importar maior do que a capacidade de exportar. Essa tendência, no passado, era corrigida pela aplicação do controle administrativo à importação, hoje vedado. A alternativa, na hipótese de ampliação da vulnerabilidade externa, é forçar a recessão da economia, como vem ocorrendo nos últimos anos, para conter a demanda.
- Desestímulo ao adensamento da cadeia produtiva e aos investimentos para renovação e inovação.
- Estímulo à produção industrial sob a forma C.K.D. etc.

Por todas essas razões, tanto na exportação como na importação, a eliminação de barreiras internas deve ser o objetivo prioritário e estratégico, com vistas a dotar o país de condições de elevada capacidade de competição no comércio exterior, por meio de saltos na eficiência e drástica redução de custos. Alcançar esse objetivo não só atende à eliminação da vulnerabilidade externa, como se transforma em importante instrumento de estímulo de investimento à produção, à exportação e ao emprego.

Se confirmada a consolidação da atual agenda de negociações externas, ficará institucionalizada, estruturalmente, ampla abertura da economia brasileira. O fato poderá ser vantajoso, se o país alcançar rapidamente elevado estágio de competitividade; caso contrário, e mantido o atual quadro burocrático – oneroso, conflitante, desestimulador de investimentos etc. –, o Brasil estará sujeito aos seguintes riscos, entre outros:

- Perda de investimentos estrangeiros, pois os investidores preferirão exportar para o Brasil a produzir localmente.
- Perda de investimentos nacionais, com os empresários estimulados a investir no exterior para fornecer ao mercado interno.
- Enfraquecimento da exportação, em especial dos produtos com maior grau de industrialização.

- Dificuldade para o comércio doméstico entre regiões distantes, que passarão a ser supridas pelo exterior.
- Propensão a importar acentuadamente maior do que a capacidade de exportar, ampliando a vulnerabilidade externa.

Abertura econômica com inserção internacional exige eficiência da economia nacional, e eficácia do governo, além de capacidade de competição do setor privado, com aproveitamento máximo das vantagens comparativas e maximização das vantagens competitivas.

Há, portanto, um perigoso conflito entre a pretendida consolidação da abertura e da inserção internacional da economia e a cultura brasileira de dificuldades internas impostas por barreiras no comércio exterior, que distorcem os conceitos fundamentais à competição relativos a custo/preços; tempo/eficiência; e tecnologia/qualidade.

ELIMINAÇÃO DOS EFEITOS DIRETOS DAS BARREIRAS INTERNAS

Fragilidade do comércio exterior

As barreiras internas, que dificultam o crescimento continuado e autosustentável da exportação de mercadorias e serviços, geram efeitos estruturais de importância, dos quais três são mais evidentes: a insignificante participação brasileira no comércio mundial; a forte instabilidade dos resultados da balança comercial e em "transações correntes", desde 1947; e a importante concentração das exportações em três nichos: empresas, produtos e mercados.

a) Participação no comércio mundial

A economia brasileira é bastante modesta no contexto mundial. Em 2002, a participação foi de apenas 1,4% do PIB mundial; de cerca de 1% das exportações (FOB); e de 0,8% das importações (CIF). Em 2003, a participação nas exportações foi de 1%.

Os Estados Unidos e a União Européia absorvem, respectivamente, 23,1% e 24,8% ou seja, 47,9% do total das exportações brasileiras. Esses valores representam apenas 1,29% e 0,62% das importações totais daqueles mercados. Por outro lado, aqueles países são fornecedores de 46,5% das compras externas brasileiras, que representam apenas 1,50% e 0,54% de suas vendas globais.

A participação restrita também ocorre na área da Aladi, onde o Brasil goza de preferências tarifárias, e do total importado pela área – US$ 247 bilhões, em 2002 – forneceu apenas US$ 9,9 bilhões, isto é, 3,9%. A mesma situação se observa na América do Sul, em que participa de apenas 10% das compras externas da região.

TABELA 1
PARTICIPAÇÃO DO BRASIL NO COMÉRCIO MUNDIAL
(US$ BILHÕES)

Ano	Exportação (FOB)			Importação (CIF)		
	Brasil	Mundo	Part.(%)	Brasil	Mundo	Part.(%)
1960	1,3	114,5	1,1	1,4	121,1	1,2
1970	2,7	299,7	0,9	2,8	314,4	0,9
1980	20,1	2.020,6	1,0	25,0	2.061,6	1,2
1990	31,4	3.377,7	0,9	22,5	3.478,7	0,6
2000	55,1	6.207,8	0,9	58,6	6.466,8	0,9
2002	60,4	6.235,1	1,0	49,6	6.473,1	0,8
2003	73,1	7.209,2	1,0	50,7	7.492,2	0,7

FONTES: Exp.e Imp.mundiais: OMC; Exp.e Imp.brasileiras: MDIC/Secex.
ELABORAÇÃO: AEB.

b) Instabilidade dos resultados da balança comercial

A análise das estatísticas do comércio exterior, na série histórica 1942-2003 (Anexo I), evidencia importantes oscilações dos valores de exportação e de importação, de ano para ano, sinal de crises e instabilidade das políticas.

Entre 1947 e 1989, período de crises e controle da economia, a tendência superavitária da balança comercial decorria mais da ação restritiva na importação do que da força da exportação. No período, ressalta-se:

- Entre 1959 e 1979, prevaleceu a lógica da substituição de importações, que alcançou o auge na década de 1970, quando o Brasil, sofrendo grande impacto da "crise" do petróleo, ampliou e firmou a base da sua industrialização.
- Até a metade da década de 1980, a política de comércio exterior subordinou-se às medidas de ajuste externo, e a política cambial passou

TABELA 2
PIB, COMÉRCIO MUNDIAL E A PARTICIPAÇÃO DO BRASIL - 2002
(US$ BILHÕES)

	PIB	Exportação (FOB)			Importação (CIF)		
		Total[1]	Destinada ao Brasil (nossas importações)		Total[2]	Originária do Brasil (nossas exportações)	
			Valor	%		Valor (**)	%
Mundo[3]	33.312,5	6.174,7	47,2	0,8	6.423,5	60,4	0,9
Alca	12.833,8	1.230,0	19,5	1,6	1.773,2	27,5	1,5
Estados Unidos, incl.Porto Rico	10.451,0	693,1	10,4	1,5	1.200,2	15,5	1,3
Aladi	1.537,3	259,4	8,2	3,2	250,7	9,9	3,9
América do Sul	901,8	98,2	7,6	7,8	71,2	7,5	10,5
Mercosul	572,1	28,5	5,6	19,7	12,6	3,3	26,2
Brasil	**452,4**	**60,4**	-	-	**49,6**	-	-
União Européia	8.628,0	2.466,1	13,1	0,5	2.463,1	15,1	0,6
Ásia, excl. Oriente Médio[1]	7.086,1	1.621,5	8,0	0,5	1.459,0	8,8	0,6
África	539,6	141,0	2,7	1,9	140,1	2,4	1,7
Oriente Médio	609,6	248,9	1,4	0,6	173,3	2,3	1,4
Europa Oriental	901,7	148,4	0,9	0,6	177,4	1,8	1,0

[1] Os totais do mundo, Alca, Aladi, América do Sul e Mercosul estão sem os valores referentes ao Brasil, por tratar-se de grupo de países em que o Brasil está inserido.
[2] Exportações brasileiras em valores FOB.
[3] Nas exportações, estão excluídas as reexportações de Hong Kong e Cingapura, nas importações, excluídas as compras desses dois países para reexportações.

FONTES: PIB: Banco Mundial; Exp. e Imp. mundiais: OMC; Exp. e Imp. brasileiras: MDIC/Secex.
ELABORAÇÃO: AEB.

a ser a principal promotora de exportação. No qüinqüênio seguinte, a prioridade sai do plano externo para a estabilização interna. Esses ajustes se expressavam na ampliação dos controles administrativos, na tentativa de elevados saldos comerciais.

• Em 1990, inicia-se o processo de abertura da economia, com a eliminação dos controles específicos da importação, concluído em 1994, quando as importações começam a crescer expressivamente: 22,9% em 1993, 31% em 1994 e 51,1% em 1995. Segue-se o Plano Real e a implantação de política recessiva, na busca da estabilização interna e da contenção da demanda externa.

Foram 43 anos de controles administrativos, na esperança de superação das crises, sobretudo cambial e inflacionária e 14 anos de abertura econômica, também com crises. A forma do ajuste das crises passou do campo específico e administrativo para a necessidade do controle recessivo da economia.

Os resultados comerciais de 2002 e 2003 foram positivos, criando alívio nas contas externas. Porém, deve-se ter presente que apenas minimizaram os problemas na área externa da economia, não os resolvendo. Fatores mais conjunturais que estruturais concorreram para esses resultados, dos quais dois avultam: melhoria dos preços das *commodities* e recessão interna. As razões dessa tendência ao desequilíbrio estrutural decorrem de três fatores entre outros:

- O Brasil, como país em desenvolvimento, tem necessidade de importar poupança externa para completar a poupança interna insuficiente, o que onera a conta "rendas".
- A política de exportação sempre esteve fragilizada, assim permanecendo, devido a visões distorcidas e à concentração excessiva das vendas em *commodities*, produtos de grande importância para o país, mas de reconhecida instabilidade no mercado externo. Ao longo desse tempo, inexistiu política específica ou a criação de condições para a implantação e a ampliação de indústrias de produtos com demanda dinâmica no mercado internacional e com maior valor agregado.
- Os governos passados jamais demonstraram preocupação com o fomento de política de exportação de serviços, fundamental para complementar o esforço de eliminação da vulnerabilidade externa. A visão brasileira, por motivos culturais, sempre esteve voltada para o *superávit* comercial; daí a rígida política de controle de importação entre 1947 e 1989.

A preocupação com a política de exportação de mercadorias e serviços sempre foi marginal, subordinada à prioridade da estabilização dos preços internos. No presente, as barreiras internas à exportação são mais evidentes.

Concentração das exportações

Três fatores de concentração – de empresas, de produtos, e de mercados – são destacáveis:

a) Empresas

Em um universo de mais de 7 milhões de empresas, em 2003, apenas 17.743 classificam-se como exportadoras, sendo que 14.299, correspondendo a 80,58% do total, participam com somente 2,88% do valor exportado; 814 empresas – 4,59% do total – são responsáveis por 85,37% do valor exportado, e dessas, apenas 117 – 0,66% das exportadoras – somaram 58,42% da receita de exportação.

As barreiras e dificuldades têm sido tão acentuadas que, registre-se, em 1972, há mais de 30 anos, excluído o café, 572 empresas respondiam por 85,3% do valor das exportações. Em 2003, 814 empresas, equivalentes a 4,5% do total de exportadoras, responderam por cerca de 85,4% do valor exportado.

A concentração de empresas expressa-se, ainda, no fato de 95% serem pequenas e médias exportadoras, não significando, necessariamente, serem pequenas e médias empresas. Muitas atuam eventualmente, por falta de segurança, apoio e confiança na política, nos instrumentos e nas instituições, e até empresas de maior porte aceitam ser exportadoras marginais, diante das dificuldades da atividade, o que contribui para a vulnerabilidade externa, tornando o Brasil dependente de reduzido número de empresas exportadoras.

Com relação à origem do capital, das 814 empresas responsáveis por parcela preponderante das vendas externas, 480 são nacionais, das quais

TABELA 3

Faixas de exportação	Empresas		Valores	
	Quantidade	%	US$ bilhões	%
acima de 100 milhões	117	0,66	42,7	58,42
de US$ 40 milhões até 100 milhões	147	0,83	9,0	12,32
de US$ 10 milhões até 40 milhões	550	3,10	10,7	14,63
Subtotal	814	4,59	62,5	85,37
de US$ 1 milhão até 10 milhões	2.630	14,82	8,5	11,64
abaixo de US$ 1 milhão	14.299	80,58	2,1	2,88
Total	17.743	100,00	73,1	100,00

FONTE: MDIC/Secex.
ELABORAÇÃO: AEB.

329 são exportadoras de *commodities*, e 334 de capital estrangeiro, sendo 101 exportadoras de *commodities*. Dessa forma, 430 empresas, representando 48,3% do valor exportado, são exportadoras de *commodities* (Anexo II).

b) Produtos

A pauta brasileira de exportação vem passando por transformações, que se acentuaram a partir da década de 1970, com o processo de industrialização. Segundo a nomenclatura oficial, em 2003 as exportações de produtos industrializados já representam 69,2% do valor exportado, dos quais 54,2% de manufaturados e 15% de semimanufaturados, e os produtos básicos apenas 29% (Tabela 4). Essa nomenclatura, adotada em meados da década de 1960, quando mais de 90% do valor exportado dependia de poucos produtos primários, teve por escopo mostrar o esforço de diversificação da pauta de exportação na direção dos produtos com maior grau de industrialização. Atualmente, os dados segundo a categoria de uso permitem melhor análise, diante de nova estrutura do comércio mundial, em que se destacam os produtos de alta tecnologia, de demanda dinâmica.

As exportações brasileiras são constituídas por produtos de baixa ou média tecnologia, concentrando-se em *commodities* dos setores agropecuário, químico, petrolífero e mineral, *in natura*, semimanufaturados, ou mesmo industrializados, as quais representaram 77,0% do valor da exportação em 2002 e 79,3% em 2003. Desse total, o setor agropecuário participou com cerca de 42% do total de exportação em cada ano. As vendas de bens de capital caíram de 14,2% em 2002 para 12,6% em 2003. Os duráveis, com destaque para automóveis, mantiveram-se estáveis, com cerca de 6,5% do total.

A baixa participação dos bens de capital e de consumo duráveis na exportação se deve, principalmente, a quatro fatores limitativos da competição externa:

- Incorporação de tecnologias e saltos na qualidade.
- Financiamento, em condições internacionais.
- Custos, decorrentes de burocracias, resíduos tributários, logística de transportes etc.
- Confiança e credibilidade.

TABELA 4
EXPORTAÇÃO BRASILEIRA POR CATEGORIA DE USO
(US$ MILHÕES FOB)

Categoria de uso	2003 (A)	Part.%	2002 (B)	Part.%	Var.% A/B
I - Bens de capital	9.197	12,6	8.549	14,2	7,6
II - Matérias-primas e intermediários, inclusive combustíveis e lubrificantes	45.946	62,9	36.643	60,7	25,4
• Óleos brutos de petróleo	2.122	2,9	1.691	2,8	25,5
III - Bens de consumo	16.712	22,9	14.126	23,4	18,3
• Não-duráveis	11.974	16,4	10.244	17,0	16,9
• Duráveis	4.738	6,5	3.882	6,4	22,1
• Automóveis	2.802	3,8	2.093	3,5	33,9
IV - Operações especiais	1.229	1,7	1.044	1,7	17,7
Total	73.084	100,0	60.362	100,0	21,1

FONTE: Secex.
ELABORAÇÃO: AEB.

Essa concentração das exportações em *commodities*, sem dúvida, confere certa fragilidade às vendas externas. A análise dos dados mostra a dimensão do mercado mundial dos diferentes setores, e a modesta presença do Brasil (Tabela 5). Apenas como exemplo, a exportação mundial de alimentos foi de US$ 583 bilhões, sendo a nossa participação de apenas 4,3%, representando 41% das vendas totais do país. Somando os itens que se enquadram como *commodities*, o total alcançou US$ 3,3 trilhões, 56,2% das exportações mundiais, com participação brasileira de apenas 1,4%. Máquinas e equipamentos somaram US$ 2,7 trilhões, 40,5% das vendas mundiais, tendo o Brasil contribuído com 0,5%.

Os números, se de um lado não favorecem o Brasil, de outro, evidenciam um extraordinário "espaço" para crescer, desde que haja expressiva melhoria na capacidade de competição.

c) Mercados
Verifica-se ter ocorrido alguma melhoria na diversificação dos mercados externos, embora se reconheça a concentração nos países desenvolvidos.

TABELA 5
EXPORTAÇÃO POR SETORES E PRODUTOS
(MUNDIAL E BRASILEIRA) – 2002
(US$ BILHÕES FOB)

Setores e produtos	Mundo Valor	Mundo Part. %	Brasil Valor	Brasil Part. %	Part. do Brasil no mundo (%)
Total	6.272	100,0	60,4	100,0	1,0
1 - Agronegócio	583	9,3	24,8	41,2	4,3
Alimentos	468	7,5	18,1	30,1	3,9
Matérias-primas (e obras derivadas do agronegócio)	114	1,8	7,2	12,0	6,3
2 - Produtos minerais e metalúrgicos	788	12,6	13,5	22,3	1,7
Minérios e outros minerais	63	1,0	3,2	5,3	5,1
Combustíveis (petróleo e derivados)	615	9,8	3,9	6,4	0,6
Metais não-ferrosos (metalúrgicos)	110	1,8	5,8	9,7	5,3
3 - Produtos industrializados	4.708	75,1	42,0	69,5	0,9
Semimanufaturados de ferro ou aço	142	2,3	1,4	2,3	1,0
Produtos químicos	660	10,5	3,9	6,4	0,6
Outros semimanufaturados	460	7,3	7,6	12,5	1,6
Máquinas e equipamentos de transportes, incl.elétricos e eletrônicos	2.539	40,5	14,9	24,7	0,6
• Produtos automotivos	621	9,9	9,0	14,8	1,4
• Máquinas de escritório e equipamentos de telecomunicação	838	13,4	2,0	3,4	0,2
• Outras máquinas e outros equipamentos de transporte	1.080	17,2	3,9	6,5	0,4
Têxteis, exclusive vestuário	152	2,4	0,6	1,0	0,4
Vestuário	201	3,2	0,6	0,9	0,3
4 - Outros bens de consumo	553	8,8	-	-	-

FONTES: Mundo: OMC; Brasil: Secex/Balança Comercial Brasileira.
ELABORAÇÃO: AEB.

Apenas os Estados Unidos e a União Européia absorvem, ainda, quase metade das exportações brasileiras (Tabela 6).

Um dos exemplos mais gritantes das distorções brasileiras se refere ao comércio com a América do Sul. Embora vizinhos e com preferências tarifárias – Mercosul e Aladi – o Brasil fornece apenas 10% das importa-

TABELA 6
EXPORTAÇÃO BRASILEIRA POR MERCADOS DE DESTINO - 2003
(US$ MILHÕES)

Mercados de destino	Valor	Part.%
Total Brasil	73.084	100,0
União Européia	18.102	24,8
EUA (inclusive Porto Rico)	16.900	23,1
Subtotal	35.002	47,9
Ásia	11.676	16,0
Aladi (exclusive Mercosul)	7.248	9,9
Mercosul	5.672	7,8
África	2.860	3,9
Oriente Médio	2.818	3,9
Demais mercados	7.808	10,7

FONTE: Secex
ELABORAÇÃO: AEB

ções totais da região. As razões podem ser encontradas nas deficiências de infra-estrutura e logística de transportes, inadequação do sistema de financiamento e pelo fato de o Brasil não ser "pólo de atração", pela força hegemônica da economia.

Vulnerabilidade externa

A vulnerabilidade externa, de conceituação polêmica, pode ser dimensionada na crescente dependência de recursos externos, *em caráter compulsório*, com percepção de aumento de riscos. O ponto central da discussão gira em torno da compreensão da diferença entre fluxo normal de capitais externos, em regime livre, atraídos pela força da economia e/ou confiança nos governos e instituições, e fluxos externos, que *precisam ser captados, obrigatoriamente*, para honrar os compromissos externos, em situação que fragiliza a confiança do investidor e sacrifica o desenvolvimento econômico do país, por manter recursos artificiais para a atração de capitais externos.

A discussão é saber qual patamar de *déficit* em "transações correntes" é administrável, com o objetivo de evitar-se a excessiva dependência de recursos externos compulsórios, em situação que possa fragilizar o poder soberano de negociações comerciais pelo país, pressionar as contas públicas e estagnar a economia.

A vulnerabilidade pode ser avaliada através da percepção de riscos:[3]

- Desconfiança sobre crescimento sustentável, definido por *déficit* fiscal global, elevado e continuado *déficit* em "transações correntes" e crescente dívida interna e externa.
- Ausência de perspectiva clara quanto à capacidade de superação, em caráter duradouro, dos riscos que compreendem (i) incerteza na possibilidade de política auto-sustentada de produção e oferta;(ii) desordenamento político *vis-à-vis* o desenvolvimento econômico; (iii) fragilidade da política de exportação e da capacitação competitiva; (iv) elevada carga tributária, que limita investimentos e afeta a exportação; (v) juros elevados, que inibem investimentos; (vi) fragilidade cambial; e (vii) custo Brasil.

Portanto, a vulnerabilidade externa da economia brasileira se traduz em dados concretos e na acumulação de problemas que induzem à permanente percepção de risco, subproduto da fragilidade das políticas de produção e de comércio exterior.

A dimensão da vulnerabilidade pode ser evidenciada na apuração dos seguintes índices:

- Acumulação de *déficits* no balanço de pagamento em "transações correntes", que no período 1995-2002 somaram cerca de US$ 186 bilhões (Anexo I).
- Relação dívida externa/exportação.
- Serviço da dívida consumindo expressivo valor da exportação.
- Relação pagamento dos juros/valor da exportação de mercadorias e serviços mais transferências privadas líquidas.
- Dívida líquida do setor público/PIB.
- Passivo externo líquido (PEL) representando elevado valor do PIB.

---

[3] Moreira, B.F. *Bases e fundamentos para uma política de comércio exterior para o Brasil*, op.cit.

DIFICULDADES A SEREM SUPERADAS PARA A ELIMINAÇÃO DAS BARREIRAS INTERNAS

POLÍTICO-CULTURAIS

O Brasil teve suas fases de país concessionário, nação outorgada, estado controlador, estado empresário etc. Ainda hoje, não abdicou do seu poder controlador da sociedade, ação praticada através do excesso de regulamentação e pesada tributação. Por motivos culturais, não se conseguiu superar a fase do exercício da política personalista e patrimonialista, em que o interesse de pessoas, grupos ou partidos políticos se impõe ao da sociedade, e em que a visão do curto prazo imediatista não permite o planejamento e a ação de médio e longo prazos. Nessa cultura, o desenvolvimento econômico é projeto apenas discursivo, e a exportação atividade marginal.

Não se consegue externar e concretizar projeto de coesão nacional, harmônico, entre Estado e sociedade na busca do desenvolvimento econômico. O antagonismo está presente. O "Estado empresário", na impossibilidade de se expandir, reage com controles e regulamentações que cerceiam as iniciativas da sociedade. As barreiras internas são apenas reflexo dessa postura distorciva do poder público.

O mais grave é que o "choque cultural" não existe apenas entre governo federal e sociedade, mas entre unidades da federação e entre estas e a União. Dentro do próprio governo as visões são diferenciadas e conflitantes entre ministérios e órgãos subalternos, que violentam a competitividade e as iniciativas empresariais.

O personalismo emocional, que prepondera no país, embaça a visão e não permite definir a hierarquia dos problemas e prioridades, principalmente, o pragmatismo do êxito.

Na impossibilidade "política" de definir e respeitar projetos nacionais permanentes, tais como educação, desenvolvimento econômico, tecnologia e exportação, o Brasil, subdesenvolvido em 1945, continua subdesenvolvido em 2004; o país com crise cambial e necessidade de controlar a inflação em 1947, continua, em 2004, com vulnerabilidade externa estrutural e controle da inflação via compressão da demanda por processo recessivo.

Em 1990, portanto há 14 anos, promoveu-se a eliminação de controles internos e de importação, com o objetivo principal e explícito de ser fator pró-ativo para a retomada do crescimento econômico e para eliminar a vulnerabilidade externa. No entanto, o desenvolvimento econômico continua marginal e a vulnerabilidade externa presente ou latente. Isso porque, a abertura da economia não foi complementada com a maior liberação da iniciativa privada. Prevalece, ainda, a "cultura" intervencionista e excessivamente regulamentadora, agravada pela alegada necessidade de políticas antiinflacionárias e de ajuste externo, baseada em juros elevados e pesada carga tributária, à qual se soma a imensa e inconseqüente burocracia.

Política baseada no binômio juros e tributos elevados, para ter êxito na estabilização, como pretendido, deveria ser compensada com intensa desburocratização, inteligente racionalização do sistema tributário, ênfase e apoio à absorção de tecnologias para melhoria da produtividade, estímulo aos serviços e destacado apoio às exportações.

REFLEXÕES SOBRE OS EFEITOS E AS OBRIGAÇÕES DO ESTADO NO REGIME DE ABERTURA ECONÔMICA

A partir da decisão política de praticar a abertura econômica e ampliar a inserção internacional – e consolidá-la –, adotando alentada agenda de negociações internacionais, pressupõe-se que haja, de parte do governo, visão precisa das vantagens e dos riscos, decisão política para empreender as grandes reformas modernizadoras do país e, ainda, clara consciência nacional das eventuais perdas e ganhos, principalmente, considerando-se que:

- A abertura econômica deve ser instrumento da expansão de economia e do desenvolvimento social, e não fator limitativo à produção, à exportação e ao emprego. Portanto, o país tem de ser altamente competitivo, tanto na exportação quanto em relação à importação de bens e serviços.
- Há absoluta incompatibilidade entre abertura econômica com inserção internacional e barreiras internas às exportações e para competir com a importação.
- As negociações internacionais, no âmbito de mercadorias e serviços, que consolidem a abertura econômica expressa em redução e eliminação de tarifas aduaneiras, práticas administrativas e outras barrei-

ras não-tarifárias, mantidas as barreiras internas constrangedoras do comércio exterior, poderão ter como resultado a ruptura do processo de crescimento econômico, com desindustrialização e desemprego.
- A abertura econômica, com programática inserção internacional, como fator indutivo do crescimento da economia e instrumento da política de estabilização implicará, no tempo, aumento da importação de mercadorias e serviços, gerando novas e maiores obrigações externas, somente atendíveis e cobertas com exportações de mercadorias e serviços com taxa superior à da importação, e com firme política de captação de poupanças externas, sob a forma de investimento para a produção de bens. Este, por sua vez, busca estabilidade, rentabilidade, confiabilidade e condição de competitividade que lhe permitam integrar o sistema de "fragmentação" produtiva.
- A inserção internacional, como projeto nacional permanente, obriga a uma nova visão e postura do governo em relação à produção, à exportação e à competitividade, promovendo profunda modificação no país. As recentes tentativas de reformas tributárias mostram que, politicamente, não existe consciência dos efeitos da abertura e negociações internacionais, e menos, ainda, das medidas necessárias para adaptar e preparar o Brasil para o novo quadro internacional em que está inserido.

O êxito da abertura econômica com inserção internacional, como fator impulsionador do crescimento econômico, em resumo, depende fundamentalmente de o governo entender e acreditar na necessidade de eliminar as barreiras internas, reestruturar-se e fortalecer a exportação, como fator:

- Imperativo à manutenção da abertura econômica e à defesa contra crises externas.
- Determinante para a redução dos juros e do *déficit* público e para a política ativa de produção e oferta, possibilitando criar massa crítica e valorizar a pauta de exportação.
- De estímulo à ampliação da industrialização, principalmente de produtos de alta tecnologia.
- De sustentação do crescimento econômico e geração de emprego.
- De maior poder nas negociações externas.

Reflexões sobre a inflação no Brasil

A política de combate à inflação, tal como vem sendo praticada, há anos, apenas com ênfase no controle redutivo da demanda, afeta os investimentos para a expansão da produção e da oferta, logo, limita a exportação quantitativa e qualitativamente, além de produzir efeitos colaterais negativos na burocracia, nos financiamentos, na carga tributária etc. Trata-se, portanto, também de barreira à exportação.

Naturalmente, não está em discussão a necessidade de disciplina fiscal e monetária, como determinantes básicos da política antiinflacionária, mas sim, os 50 anos de fracassos na tentativa de driblar a inflação, apenas restringindo a demanda em um país com fragilidade evidente por força do reduzido nível de desenvolvimento econômico. O que se observa, na história do país, é a marginalização da produção e dos seus instrumentos de apoio, e o destaque dos controles e restrições, de modo a ajustar a demanda, potencialmente explosiva, à oferta, formada pela produção interna, não raro, insuficiente, mais a importação que, muitas vezes, afeta a produção interna por isonomia inadequada.

Nos últimos tempos, passou-se a acreditar que a simples estabilização seria suficiente para estimular a retomada do crescimento da economia. Os mecanismos para essa estabilização, no entanto, são restritivos e onerosos, e afetam a lucratividade e a competitividade, logo, a disposição de investir para ampliar a oferta e atender, concomitantemente, à demanda interna, que se supõe insatisfeita, e à exportação, que tem de ser expandida.

Parece evidente que apenas o "controle" da demanda, inclusive por meio da recessão, praticada isoladamente e por tanto tempo, criou "resistência estrutural". À medida que se marginalizou a política de investimentos para maximizar a oferta, descurou-se da busca intensa de incorporação de tecnologias para obter saltos na produtividade, da importante redução nos custos pela drástica diminuição da burocracia e da fundamental racionalização do sistema tributário.

O propósito da reflexão não é discutir teoria de políticas de combate à inflação, que penaliza a sociedade, mas lembrar fatos reais que, ao limitarem a eficácia das políticas antiinflacionárias, terminam por gerar efeitos colaterais negativos sobre a produção, aumentando as barreiras internas à competitividade externa.

Resumidamente, para efeito de argumentação, seriam destacáveis os quatro fatores indutores da inflação brasileira, apresentados na Tabela 7.

TABELA 7
REFLEXÕES SOBRE AS BASES DA INFLAÇÃO NO BRASIL

Primeiro Fator

- **baixo nível educacional e de treinamento**
  - baixa produtividade
  - desperdícios
  - "caritatismo" e ampliação das despesas "sociais"

  ⟹ custo e pobreza

- **burocracia**
  - excesso de leis e normas
  - excesso de órgãos
  - excesso de gravames
  - politização dos recursos públicos

  ⟹ corrupção e ineficiência

Segundo Fator

- **excesso de tributação** (impostos, contribuições, taxas etc., cerca de 140, com baixo retorno para a sociedade)
  - desestímulo à produção e à oferta de bens e serviços
  - menor competitividade
  - maior ociosidade de fatores
  - burocracia na arrecadação
  - burocracia no controle
  - sonegação ⟹ corrupção e evasão
  - desemprego
  - estímulo à importação

  ⟹ custo e desemprego

- **juros demasiadamente elevados**
- **baixa relação capital de giro/PIB**

Terceiro Fator

- **infra-estrutura anárquica e logística distorciva**
  - desestímulo à exportação
  - estímulo à importação
  - distorção na concorrência interna e pressão nos preços

  ⟹ custo e perda de competitividade

Quarto Fator

- **20 anos de controle da demanda como instrumento de combate à inflação**
  - desestímulo à produção
  - limitação da oferta
  - cerceamento da exportação
  - desemprego
  - ociosidade de fatores ⟹ maior dependência externa e vulnerabilidade
  - custo, com maior agressividade social
  - acirramento da criminalidade
  - deformação da visão política

IDENTIFICAÇÃO DAS BARREIRAS INTERNAS À EXPORTAÇÃO E SUGESTÕES PARA SUA ELIMINAÇÃO

As barreiras internas à exportação, para efeito de análise, abrangem a exportação de mercadorias, a exportação de serviços e a importação. São partes indivisíveis da política integrada, inerente ao processo de abertura econômica e de inserção internacional.

Essas barreiras devem ser apreciadas em duas dimensões:

- Na visão das políticas temáticas que influenciam a decisão de investir, para ampliar a oferta e melhorar qualidade, e repercutem na formação dos preços de competição.
- No âmbito do impacto direto na formação dos preços de competição.

POLÍTICAS TEMÁTICAS

Embora com larga abrangência, essas políticas podem ser resumidas em cinco temas, que formam a base para a modernização competitiva do país:

- Reformas político-institucionais que facilitem e estimulem a modernização das instituições e as práticas administrativas; concorram para reduzir o excesso de leis e normas; introduzam simplificações normativas e de procedimentos, e produzam a ruptura do viés antiempresa privada.
- Política educacional consistente.
- Remoção e eliminação de estrangulamentos estruturais e regionais.
- Política de juros reais, em nível internacional.
- Reformas trabalhista e previdenciária que concorram para a redução da informalidade com melhoria de salários reais e redução de custos pela melhoria da produtividade.

AS BARREIRAS COM IMPACTO DIRETO NA FORMAÇÃO DOS PREÇOS DE COMPETIÇÃO

Os preços de competição são construídos com base, principalmente, em três ações, que se desdobram e se completam:

1. Ação estrutural
   - burocracia institucional, geopolítica e setorial
   - política de investimentos
   - política tecnológica

2. Ação setorial
   - política cambial
   - política tributária
   - política de financiamento
   - política de seguro de crédito e garantias
   - política de logística integrada de transportes

3. Ação externa competitiva.

A sustentação da competição no mercado internacional depende, preliminarmente, da produção em escala pela utilização plena dos fatores de produção, da produção e oferta desburocratizadas, e da intensa incorporação de tecnologias na produção, com vistas à permanente melhoria da produtividade e saltos na qualidade.

Essa ação estrutural primária, quando isenta de barreiras, há de ser complementada por políticas setoriais, eficientes e corretivas, que tenham por objetivo ajustar os preços internos às condições internacionais, obedecidas as normas da OMC.

Essas ações se completam e criam as condições necessárias para a política externa competitiva, cujo objetivo é a ocupação de espaços de mercado, em caráter permanente.

O comércio internacional é realizado em base de cotações de preços *door-to-door*, isto é, a mercadoria colocada no estabelecimento do importador, o que cria absoluta vantagem na competição. Quando o sistema de exportação é burocratizado, indefinido, instável, conturbado, oneroso etc., tal como no Brasil, o empresário, sobretudo o pequeno e o médio, encontra dificuldade em cotar o seu produto em termos FOB, quanto mais *door-to-door*. A tendência é manter sua oferta em nível de fábrica, de fazenda etc., perdendo poder negocial, força, garantia de mercado, imagem, receita cambial, e passando a depender de intermediários externos.

As medidas para correção das distorções apontadas devem compreender mecanismos que dêem ao exportador facilidades para cotar o preço *door-to-door*, bem como confiança operacional e garantia de cumprimento dos contratos pactuados. O Brasil ainda não alcançou esse estágio, por sua cultura burocrática e fiscalista, onerosa, que torna o comércio exterior brasileiro instável e conjuntural. Esse quadro, caso mantido, terá o seu desfecho com a consolidação da inserção internacional do país, com a conclusão das negociações com a União Européia e com a formação da Alca.

A dualidade constituída por barreiras internas à produção e à exportação, ou seja, à competitividade, ao tempo em que se procura consolidar a abertura com inserção internacional plena, é insustentável.

AÇÃO ESTRUTURAL E AS BARREIRAS

As ações estruturais, que constituem o cerne da competitividade, conforme salientado, comportam três vertentes: burocracia e ação do governo, política de investimentos e política tecnológica. Só se exporta aquilo que é produzido em quantidade capaz de garantir a continuidade do seu suprimento – conceito de escala – e com melhoria tecnológica, capaz de permitir saltos na qualidade e preços estáveis, para sustentar a permanência no mercado e a prevalência sobre os competidores. São as três vertentes decisivas para o Brasil internacionalizado. As demais políticas e ações, mesmo se eficientes, estarão a elas subordinadas.

Burocracia e a ação do governo

a) Burocracia

Burocracia excessiva é desrespeito ao cidadão e fraqueza do governo, e exacerba outros constrangimentos à exportação.

Define-se nos procedimentos, das mais diversas naturezas, que o poder público exige da sociedade, através de ações dos poderes Legislativo, Judiciário e Executivo. Teoricamente, regula as relações da sociedade – dos indivíduos ou grupos entre si e do cidadão com o Estado –, como um todo, e vice-versa. A extensão e o nível da burocracia variam com o grau de desenvolvimento econômico, social e cultural; com o regime político; com a visão dos líderes, e com a ideologia vigente no país.

Os estudos sobre burocracia, realizados por técnicos, filósofos, sociólogos etc., reconhecem-na em crescimento, seja na esfera pública, pelo alargamento das funções do Estado, seja em organizações de massa, megaempresas e sindicatos etc. devendo ser disciplinada, racionalizada e limitada, de forma a evitar que funcionários profissionais, aos poucos, se libertem dos controles e passem a dominar o poder de decisão, manipulando-o em proveito próprio e contra os interesses da sociedade.

Em países com regimes de força ou com menor grau de desenvolvimento, a burocracia tende a ser cerceadora da sociedade. Passa a ser um fim em si mesma, revestindo-se de instrumento de dominação do Estado. O resultante é a castração de iniciativas produtivas, elevação de custos, cerceamento à competição, abastardamento da educação, indução à inflação e alimentação de crises, enfim, instrumento do subdesenvolvimento.

A burocracia no Brasil é pesada, histórica, e decorre da base cultural, ou de sua falta. *A passividade do poder público e da sociedade, diante dos níveis escandalosos da burocracia é grave, na medida em que inibe o crescimento econômico; neutraliza e distorce o esforço para melhorar as condições sociais; marginaliza a educação; violenta a justiça, tornando-a não instrumento da dignidade, da democracia e do social, mas privilégio de minoria; onera o cidadão e corrói a poupança; gera desemprego; alimenta a demagogia e facilita a corrupção; limita o crescimento das atividades produtivas e da exportação etc.*

Ela se expressa e se define em nível *institucional, geopolítico* e *setorial*.

Em *nível institucional*, a burocracia traduz-se no excesso de legislação e de órgãos, levando a que apresente contornos antiéticos.

A legislação brasileira alcança a casa dos milhares de normas, em todas as esferas governamentais. Essa redundância normativa, não raro, leva a interpretações conflitantes, levando-se em conta que estão em vigor cerca de 3.600 atos que, direta ou indiretamente, normatizam o comércio exterior e as atividades correlatas.

Com relação à estrutura institucional, no âmbito federal, são 23 ministérios e dez gabinetes e secretarias com *status* de ministério, além de incontável quantidade de órgãos subalternos, regulando, normatizando e controlando. A estrutura se multiplica pelos 26 estados e o Distrito Federal e mais de cinco mil municípios, todos lutando por seu quinhão burocrático.

As conseqüências desses excessos são os conflitos entre autoridades e as superposições hierárquicas, constituindo custos para as empresas, repassados aos cidadãos, e refletindo-se em menores investimentos.

QUADRO 1

Ato	Quantidade
Constituição Federal e suas 43 emendas (*)	17
Lei Complementar	18
Lei	258
Decreto-Lei	105
Decreto	610
Ato Declaratório	148
Carta-circular/Circular	382
Comunicado (Bacen, Decex)	23
Instrução Normativa (Mapa, SRF, etc.)	518
Portaria (Ministeriais, ANP, CNEN, Secex, Ibama, SRF etc.)	1.206
Resolução (Bacen, Camex etc.)	329
Total	**3.614**

(*) Têm relação com o comércio exterior.

Os conflitos decorrentes ocasionam, quase sempre, a necessidade de criação de sistemas de coordenação decisória e recursal, que, na prática, se consubstanciam em novas instâncias burocráticas.

Exemplo de burocracia institucional – aquela que se expressa no excesso e na prolixidade de normas e órgãos, às vezes regulamentando o desnecessário e coagindo com fiscalização e punição severas – é a interveniência na exportação, setor que se ressente, especialmente, da matriz burocrática vigente no país (Tabela 8 e Anexo III).

TABELA 8
PRODUTOS SOB CONTROLE PRÉVIO NA EXPORTAÇÃO – ANUÊNCIA

Órgão	Quantidade
ANP	62
CNEN	80
Secex / Decex	44
Polícia Federal	404
Ibama	113
Ministério da Saúde	1.044
Ministério da Defesa (Exército)	331
Total	**2.078**

Outro exemplo é a obrigatoriedade de autorização prévia da Polícia Federal na exportação para a Bolívia, Peru e Colômbia de mais de uma centena de produtos, obrigando, inclusive, as empresas exportadoras a se registrarem junto àquele órgão.

Em *nível geopolítico*, refere-se à posição não harmônica dos estados e da União. Uma federação pressupõe, por princípio, descentralização administrativa e de poderes. No Brasil, ainda ocorre pesada centralização de poderes no governo federal, criando duplicação ou multiplicação de funções, áreas de atuação mal demarcadas, responsabilidades diluídas, superposição de exigências etc. São 27 governadores, com grande poder na área tributária e expressiva interveniência em muitos setores, sem clara delimitação de competências em relação à União e aos municípios.

Paradoxalmente, fato inusitado, poderá ocorrer de o Brasil enquadrar-se cada vez mais às normas internacionais, abrindo inteiramente o acesso a seu mercado, ao tempo em que se perpetue o desencontro entre os estados, com reflexos importantes no desenvolvimento econômico e social do país. A abertura da economia, com inserção internacional, impõe amplo esforço de reordenamento do relacionamento da União, estados, Distrito Federal e municípios, para compatibilizar o federalismo com a inserção externa, através da racionalidade, descentralização, desburocratização e competitividade.

Em *nível setorial*, a burocracia é mais evidente, expressiva e onerosa, afetando o custo dos investimentos, a rentabilidade das empresas, a formação dos preços de competição na exportação, a capacidade de competição do produto nacional *vis-à-vis* do importado, e a ação promocional e comercial externa.

As barreiras internas setoriais decorrem das políticas de investimentos, tecnológica, cambial, tributária, de financiamento, de seguro de crédito e garantias, de logística integrada de transportes e de promoção e comercialização externa.

b) Ação do governo

No âmbito federal, os ministérios e seus órgãos subalternos baixam medidas, isoladamente, que se transformam em barreiras burocráticas, de finalidade duvidosa, criando desordem e perplexidade, e eliminando a possibilidade das micro, pequenas e médias empresas participarem das atividades produtivas, em especial da exportação.

No âmbito estadual, a situação se duplica, triplica etc. pelas 26 unidades mais o Distrito Federal, em uma reação em cadeia, que vai se somar aos constrangimentos federais. E tem-se, ainda, a esfera municipal.

A exuberância das obrigações acessórias, em particular no comércio exterior, é ilógica, e nem mesmo os próprios funcionários, aplicadores das normas e exigências, por certo, as conhecem em sua totalidade. O que é mais grave, desconhecem o pesado custo incorrido para a sociedade, limitando a produção, a exportação e o emprego.

O comércio exterior brasileiro de mercadorias e serviços há anos se arrasta em crises, incompreensões e desajustamentos, em decorrência de mitos e falácias e, de outro lado, da fragilidade da organização institucional do governo e do próprio segmento privado, sem que seja considerada a necessidade premente de sua expansão, o que impede a adoção de política coesa, e pró-ativa.

A interferência excessiva de órgãos da estrutura executiva do governo na operacionalização burocrática do comércio exterior é agravada por uma insuficiente coordenação e falta de equalização da percepção da importância e do dinamismo de que se reveste o comércio exterior para a economia do país, o que, por outro lado, decorre da falta de um projeto nacional para o setor.

Política de exportação exige decisão colegiada e ação coordenada, como meio para superar a parafernália regulatória que transforma o empresário em refém da burocracia. Como ação permanente, e com visão de longo prazo, precisa gerar confiança e credibilidade para induzir o empresário a investir na ação externa, continuadamente, para o que necessita conhecer as regras internas e externas, ser capaz de cotar preços competitivos e confiar nas instituições e na política do país.

As diversas modificações promovidas nas estruturas do governo envolvidas na execução das atividades ligadas ao comércio exterior, nos últimos anos, não resultaram, na prática, no esperado. O que se observa é a proliferação de instâncias envolvidas no dia-a-dia operacional, com posições divergentes na solução e orientação das demandas das empresas, agravado pela falta de clareza e transparência do disperso, extenso, e por vezes contradizente, conjunto de normas.

Não se propõe que o governo abdique da sua prerrogativa de cobrar, quando devido; fiscalizar, quando necessário; e controlar, quando se impõe, mas, tão-somente, que envide esforços e desenvolva ações concretas para racionalizar o sistema como um todo, eliminando os gravames decorrentes de trâmites, documentos e exigências desnecessários e de superposição de órgãos e competências.

Pleiteia-se a reorganização institucional, a substituição do papel, do carimbo e do exagerado contato pessoal, que pode tomar contornos distorcivos, enfim, a adoção da lógica da coordenação, da racionalização, da informatização e da prévia confiança, com responsabilidade.

Sugestões para a redução da burocracia institucional

a) Organização institucional do comércio exterior

São importantes a organização e a adoção de projeto nacional para o comércio exterior, fundamentadas na seguinte estrutura:

- base única de decisão de políticas;
- base de coordenação executiva;
- base de apoio integrado e assessoramento;
- negociação internacional; e
- política de comércio exterior.

A base única de decisão de políticas requer fortalecimento de sistema de decisão colegiado, para o que a Câmara de Comércio Exterior (Camex) é uma tentativa importante de concentrar esforços e coordenar decisões, para simplificar a operacionalidade dos diversos órgãos envolvidos no comércio exterior.

Embora integrada por vários ministérios, não logrou ainda ser órgão de decisões completas e abrangentes, nem ser impositivo e mandatário na execução. Sua permanência, presidida pelo ministro do Desenvolvimento da Indústria e Comércio Exterior, como órgão colegiado, para decisões harmônicas de política requer poder pleno, uma vez que o comércio é instrumento da política geral e atividade-síntese, que exige decisão e ação coordenada, com vistas a impedir a proliferação de atos e decisões inócuas, burocratizantes, superpostas e conflitantes, que tumultuam as decisões empresariais, marginalizam a capacitação competitiva e concorrem para a concentração das exportações.

O fortalecimento da Camex é indispensável, e deve ser complementado por cinco diretivas, base da desburocratização, que dariam consistência à ação do governo e à política de exportação:

- Nenhum órgão do governo federal poderá baixar ato sobre o comércio exterior, sem a prévia aprovação da Camex, exceto quando relacionado à taxa de câmbio.
- Serão revistos pelas Camex, no prazo de até 120 dias, todos os atos existentes que versem sobre comércio exterior.
- Será procedida a revisão das anuências prévias na exportação e na importação, e definidos:
  – os produtos proibidos;
  – os produtos sujeitos à licença prévia;
  – os produtos sujeitos a acompanhamento.
- Os atuais produtos sujeitos à anuência, poderão ser liberados, informando a Secretaria de Comércio Exterior (Secex), mensalmente, ao órgão interessado, a relação dos produtos exportados e importados com valor, quantidade, exportador e importador.
- As leis e os decretos-lei em vigor devem ser revistos, visando à simplificação e à consolidação normativa, e permitindo que a "informação legal" seja acessível a qualquer empresa.

A base da coordenação executiva deve ser integrada por unidades das operações de comércio exterior, Secex; dos serviços aduaneiros, desempenhados no âmbito da Secretaria da Receita Federal; e dos serviços de câmbio, no âmbito do Banco Central.

É imprescindível o fortalecimento das unidades executivas, conferindo-lhes poder de decisão, recursos materiais e humanos, altamente treinados, de forma a permitir que exerçam, efetivamente, o papel de coordenação executiva do comércio exterior.

b) Siscomex

O Siscomex foi importante avanço na desburocratização e economia de tempo. Contudo, impõe-se, pelo tempo e experiência, evoluir no sentido de transformá-lo em sistema central de informação, não só das exportações e importações, como dos meios de transportes e de operações cambiais. Recomenda-se propor a atualização do sistema e a incorporação de outras informações inerentes às operações de comércio exterior.

A revisão deve incluir a desburocratização para o registro da empresa no Siscomex e, sobretudo, a retificação do registro de exportação (RE) e sua vinculação com o contrato de câmbio.

c) Procedimentos no sistema aduaneiro

O sistema de normas e preferências do comércio mundial, que se reflete na eliminação ou redução de tarifas, impõe mudanças nos serviços aduaneiros, que estão passando por adaptações importantes, principalmente com relação à intensa informatização para ampliar a ação indireta e prévia, reduzindo a ação de manuseio; ao redirecionamento, orientação e treinamento do pessoal, cada vez menos fiscal, arrecadador, e mais agente do comércio exterior, com capacidade para entender, interpretar e aplicar as regras decorrentes de compromissos internacionais; e ao reaparelhamento, com sofisticação, voltado para as preocupações presentes, concernentes ao terrorismo, contrabando de armas e similares e tóxicos.

Embora tema distante da percepção no Brasil, é importante a discussão, com vistas ao fortalecimento da aduana como órgão com visão de política de comércio exterior. A arrecadação fiscal em si é mera conseqüência e sua importância tende a ser redutiva, em termos relativos e absolutos, diante das negociações internacionais. No futuro não haverá quase imposto de importação a cobrar, mas, cada vez mais, normas sofisticadas a aplicar.

A tarifa aduaneira média, nominal, é de cerca de 13%. Segundo dados da Secretaria da Receita Federal, em 2003 a alíquota média aplicada, sem considerar acordos, situou-se em 8,98%; o cálculo, considerados os acordos, indica alíquota média de 7,38%; e a alíquota média real da pauta foi de 4,72%.

d) Organização do setor privado para contribuir no esforço de desburocratização e racionalização do comércio exterior

A política de comércio exterior, e medidas decorrentes, não mais podem depender exclusivamente de iniciativas governamentais. A abertura e o fortalecimento da economia impõem presença mais firme e coordenada do setor empresarial nas propostas de política de comércio exterior.

A organização empresarial brasileira guarda certa relação com a dispersão observada no governo. São confederações setoriais, federações com critérios geográficos, associações setorizadas, cuja harmonização de posições sofre natural dificuldade.

A necessidade gera a solução. A expressiva agenda negocial brasileira, por exemplo, estimulou e propiciou a criação da Coalizão Empresarial, que funciona no âmbito da Confederação Nacional da Indústria (CNI), como sistema integrado, com participação de todos os segmentos interessados, para análise e formulação da posição empresarial em negociações internacionais. Tornou-se interlocutor eficiente, privilegiado e principal coadjuvante na formulação de posição. A interação governo/setor privado, no caso, abre espaço e serve de ponte para proposta de aperfeiçoamento do setor empresarial no comércio exterior.

Vale, pois, colocar na pauta para discussão, dar maior consistência à Coalizão Empresarial, passando a ser sedimentada no Sistema de Coalizão Empresarial para a Política de Comércio Exterior, que operaria com base em duas unidades:[4]

- Negociações internacionais, como atualmente.
- Política de comércio exterior, com vistas a maior coordenação e concentração das discussões e propostas para a reorganização do comércio exterior. Uma unidade estaria complementando a outra, formando rede consistente e interlocutor credenciado com o governo.

A dinâmica do comércio internacional, crescentemente dependente de fatores, tais como segurança, eficiência, velocidade, fluxo racional etc., seja como garantia de abastecimento no tempo programado, competitividade e viabilização do sistema de "fragmentação" da produção, exige que o sistema aduaneiro, entendido como o conjunto de entidades e serviços que envolvem embarque, desembarque, fiscalização e desembaraço de mercadorias, tenha elevado grau de eficiência e fluidez. Esse sistema não pode ser "barreira" na exportação, pelo excesso de burocracia. Essa preocupação é hoje mundial, havendo recomendação e diretrizes da Câmara de Comércio Internacional, da Organização Mundial de Aduanas, da OMC e da Unctad.

O Brasil para ser competitivo em termos DDP ou *door-to-door*, precisa promover grande salto de modernização seja no porto em si e no acesso aos portos, seja na atuação dos diferentes órgãos governamentais que operam no segmento: Secretaria da Receita Federal, Ministério da Agricultura, Pecuária e Abastecimento, Ministério da Saúde, Agência Nacional de Vigilância Sanitária (Anvisa), Ministério do Trabalho, Polícia Federal, Ministério dos Transportes etc. Não há coordenação operacional e de lo-

---

[4] Moreira, B.F. *Bases e fundamentos para uma política de comércio exterior para o Brasil*, op.cit.

gística que garanta velocidade e fluidez às exportações. Cada órgão opera com normativa própria e independentemente, ocasionando custos desnecessários para o empresário e para o governo. Ninguém ganha e o país perde.

Reconhecendo a existência de conflitos de interesses, visões desatualizadas, preocupação com eventuais prestígios de órgãos, e até mesmo, politização no segmento, o que torna duvidosa a eventual iniciativa governamental, foi instituído a Aliança Pró-Modernização Logística do Comércio Exterior (Procomex), com o apoio de grande número de entidades de classe, para discutir e propor a modernização do sistema aduaneiro. Os referenciais básicos são: conhecimento e avaliação da realidade prática do sistema brasileiro; conhecimento da realidade e prática no mundo competitivo; e modificações recomendáveis para que o nosso sistema aduaneiro passe a ser fator de apoio e estímulo à exportação e não mais uma barreira. A Procomex identificou os seguintes fatores críticos e prioritários para a formulação do projeto de modernização, em parceria com o governo:

- Doutrina aduaneira em descompasso com o momento atual.
- Legislação aberta a múltiplas interpretações.
- Sistemas diferenciados para funções similares.
- Fortalecimento da confiança mútua.
- Fluxo único para mercadorias, documentação e tributos.
- Processos de fiscalização carentes de modernização.
- Prazos demorados e não sincronizados.
- Alto custo dos serviços.
- Baixo nível de informatização.
- Competitividade internacional.
- Margens reduzidas.

A proposta da Procomex não visa a retirar poderes normativos do governo, mas apenas alcançar o nível de racionalização que evite custos e afete a velocidade das operações, com efeitos sobre a competitividade.

POLÍTICA DE INVESTIMENTOS

A ausência de uma política industrial sistêmica é um dos importantes limitadores do aumento e da diversificação auto-sustentável das exportações, e fator de resistência à correção da vulnerabilidade externa.

Os governos se sucedem, mas sobrevive a sensação de antagonismo do ente público com a empresa privada. Por isso, torna-se necessário um esforço para romper o viés antiempresa privada, que vai além da visão ideológica.

É preciso romper esse viés negativo, com medidas direcionadas para recriar a confiança do empresário e permitir expectativa de melhoria na lucratividade. São condições mínimas para se iniciar o processo de produção em escala, que assegure o atendimento, simultaneamente, do aumento, não-inflacionário, da demanda no mercado interno, e da necessária expansão diversificada das exportações, a taxas elevadas. Nesse contexto, é fundamental assegurar a maior participação das micro, pequenas e médias empresas, somente viável com radical desburocratização, simplificação, expressiva desoneração e condições para a política da maior horizontalização de empresas.

Após a política de substituição de importação, implantada, sobretudo, na década de 1970, criando a base da indústria brasileira, faltou imaginação e iniciativa aos governos para manter o crescimento econômico, assentado no aumento da produção e da oferta com melhoria da produtividade, como fatores prioritários à política de combate à inflação. Sucederam-se ajustes externos e internos e a busca da estabilização, primeiro com pesados "controles" diretos da demanda e, em anos mais recentes, com recessão.

Parece haver uma tendência a dogmatizar a estabilização via recessão como mecanismo para estimular o investimento. O curioso nessa linha de procedimento é que, ao mesmo tempo em que se burocratiza a constituição de empresas e a exportação, elevam-se os custos de investimentos, onera-se pesadamente a produção e promove-se a redução na rentabilidade, isto é, o retorno do investimento. Enfim, é política paradoxal que, após repetidos fracassos, leva os governos a responsabilizar as empresas, gerando viés antiempresa privada, revelando perigosa dualidade entre o discurso e a prática.

Há equívoco em confundir-se política de apoio à ampliação da base industrial com subsídio. *O fundamental é criar condições de lucratividade e competitividade, para o Brasil sair da "camisa de força" da estabilização com recessão, ou recessão para a estabilização, fator de conflitos sociais e políticos e de desestabilização.*

Tendo em vista a estrutura de produção do país, a política de investimentos depende, preliminarmente, de ajustamento das políticas monetária e tributária, com vistas à maior e melhor racionalização, e de criação de melhores perspectivas de lucratividade para o setor privado. É difícil o ordenamento de política de investimentos em setores produtivos, enquanto as aplicações financeiras obtiverem resultados superiores às aplicações na produção

Em termos permanentes, política de investimentos deve ter como objetivos essenciais:

- A diversificação e a formação de escala de produção, para maximizar a oferta de bens e serviços, fator fundamental para dar auto-sustentação e consistência à política de combate à inflação, reduzindo o viés antiexportação da atual prática de exclusivo controle da demanda.
- Dar robustez e garantir a expansão da exportação, com a inclusão de produtos de maior valor agregado.

Entende-se por formação de oferta competitiva o aumento diversificado da produção, com agregação de valor pela incorporação de tecnologias e salto na qualidade. A formação de massa crítica de produção envolve a visão do maximercado, isto é, política que vise a estimular uma escala de produção que atenda, concomitantemente, o mercado interno com demanda em expansão e a exportação com aumento a taxas elevadas.

A formação de oferta deve ser ação de alta prioridade, com vistas à globalização, pela maior ocupação dos espaços e avanços na fronteira da produção. O fortalecimento do mercado interno é medida primária de estímulo à escala de produção, que se completa e robustece com a exportação. Para tanto, impõe-se um conjunto de medidas pragmáticas e programáticas.

O investimento também é afetado pelo aparato regulatório do trabalho e do emprego. É paradoxal que, ao tempo em que o governo clama pelo social e mais emprego, subsistam normas e procedimentos que estimulam as empresas a investir em modernização das máquinas e equipamentos, voltando-se para a melhoria da produtividade e competitividade, mas colaborando para reduzir a mão-de-obra. A equação do problema não está em se criar dificuldades à modernização das empresas, o que seria inimaginável em termos de competitividade, mas em se adotar uma política próativa de facilitação para abertura de empresas; sobrevivência e crescimento das micro, pequenas e médias empresas, com indução à horizontalização, apoio ao segmento de serviços etc., capazes de absorver não só a mão-de-obra substituída, como reduzir o atual desemprego e abrir espaço para os jovens no mercado de trabalho.

Fundamentos da política de investimentos

É importante enfatizar que, além da política de juros próxima das práticas internacionais, da política de estímulo à poupança, da política tributária e da confiabilidade na manutenção de regras, existem ações a serem desenvolvidas para que possa ser constituída a base da política de investimentos, em particular, na abrangência do universo da produção industrial, entre as quais:

a) Desburocratizar a constituição de empresas

O Banco Mundial, no documento "Doing Business in 2004 – Understanding the Regulation",[5] aponta que são necessários 152 dias e 15 procedimentos burocráticos, a um custo de 11,6% do PIB *per capita*, para a constituição de empresa no Brasil.

O elevado formalismo burocrático é injustificável, e de resultados duvidosos para a sociedade. A força do papel sobrepuja a da produção, do emprego e mesmo das ações governamentais para o crescimento do país. Esse é o retrato do subdesenvolvimento.

Na busca da racionalização, deve ser desenvolvido um trabalho de simplificação sumária dos atuais procedimentos, resumidos em não mais de quatro, com prazo limite, para cada um, e vedada a cobrança de taxas, exceto da Junta Comercial.

Como sugestão, poder-se-ia considerar os seguintes procedimentos:

- O registro na Junta Comercial seria acompanhado de ficha-cadastro, com todas as informações pertinentes, tendo no verso, informações sobre o que não é permitido à empresa, quanto ao meio ambiente, segurança de construção, preservação do patrimônio histórico e arquitetônico etc.
- O registro mais a ficha-cadastro seriam retransmitidos, eletronicamente, para efeito de anotação equivalente ao registro no INPI, SRF,

---

[5] *Doing Business in 2004: Understanding Regulation*, World Bank, Outubro 2003, Oxford University Press.

INPS, órgãos da receita do estado e da prefeitura, meio ambiente, Decex/Secex, Siscomex, sindicatos patronais etc.
- O mesmo documento-ficha serviria para pedir o alvará e solicitar talonários.
- Dever-se-ia, também, avaliar e propor simplificação no uso de livros pelos diferentes órgãos.

b) Desonerar bens de capital

Tributar bens de capital significa encarecer investimentos e, posteriormente, onerar os produtos decorrentes. Se considerada a incidência do IPI, do ICMS e do PIS/Cofins sobre esses bens, acrescida da burocracia e do custo para a constituição de empresa, ter-se-á a explicação da inviabilidade do aumento do número de micro, pequenas e médias empresas no país, e de sua sobrevivência.

No caso do ICMS, por exemplo, a denominada lei Kandir determinou o princípio da não-cumulatividade também para os bens do ativo permanente, assegurando o crédito do imposto que houvesse incidido na aquisição dos bens. Posteriormente, a Lei Complementar nº 102, de 2000, determinou que a recuperação do ICMS seria realizada no prazo de 48 meses, bem como que, ao final desse prazo, o eventual saldo remanescente do crédito deveria ser cancelado.

No âmbito federal, o IPI é custo na aquisição de bens do ativo e, com a implementação da não-cumulatividade do PIS e da Cofins, o aproveitamento dos valores das contribuições "embutidas" no custo de aquisição dos bens nacionais e importados far-se-á ao longo do tempo de vida útil – em média de dez anos.

Existe, pois, visão errônea quanto a se buscar receita tributária sobre investimentos, quando o correto é não onerá-los, por produzirem outros bens, que serão tributados ao circularem no mercado, com efeito arrecadador muitas vezes superior.

Por isso, deve-se insistir na plena desoneração dos bens de capital utilizados no processo produtivo, como estímulo à maximização da produção, da exportação, do emprego e da arrecadação fiscal.

c) Estimular a industrialização de produtos primários e semi-elaborados

Em 2002, segundo a OMC, e conforme consignado na Tabela 5 deste trabalho, a exportação mundial de *commodities* – produtos da agricultura e pecuária, minerais, químicos, petroquímicos, semi-elaborados etc. – alcançou cifra em torno de US$ 3,5 trilhões, e a exportação brasileira situou-se em US$ 46,9 bilhões, ou seja, 1,3% do total mundial, embora representando, naquele ano, 77% das nossas exportações. Trata-se de um conjunto de produtos destacáveis, cuja participação brasileira ainda é reduzida, mas tem espaço para crescer expressivamente. De outra parte, é nessa faixa de produtos que incidem mais medidas protecionistas, além da volatilidade dos seus preços.

Dever-se-ia considerar, nesse segmento, três ações básicas:
- Desenvolver programa para ampliar o grau de industrialização desses produtos.
- Melhorar a logística de transportes para viabilizar e garantir vendas DDP.
- Apoiar iniciativas empresariais associativas e/ou de ocupação de espaços externos, para fortalecer vendas e contornar eventuais barreiras externas.

Essas medidas resultariam em efeitos positivos, entre outros:
- Expressiva valorização da exportação.
- Importante impulso interno em termos de emprego e renda.
- Melhoria da renda do produtor agropecuário e do setor mineral, pela alternativa de expansão do seu mercado, além de menores perdas, no caso da agropecuária.
- Formação de larga "rede" de apoio e sustentação para a maior evolução da indústria de bens de capital, inclusive de alta tecnologia.

d) Estimular o acesso ao mercado interno

A indústria de bens de capital precisa de escala de produção que lhe permita programar suas atividades em médio e longo prazos, e operar sem ociosidade. Para isso, o mercado interno, ao favorecer a ocupação de fatores de produção, garante e estabelece padrão de competitividade externa. Um mercado complementa o outro, criando escala e reduzindo custos.

O governo regulamentou mecanismos que podem vir a fortalecer a indústria de bens de capital, como a operação de exportação ficta – no passado, denominada "venda interna equiparada à exportação" –, linhas de financiamento específicas para a modernização e renovação do parque industrial – Modermaq – entre outros. No entanto, corre-se o risco de, em lugar de política de estímulo à indústria, depararmo-nos com "política de boas intenções", em razão das barreiras internas.

Nas operações de exportação ficta, as vendas de máquinas e equipamentos para produção ou execução de obras e outros serviços, sem que ocorra a saída do território brasileiro, em que o contratante é estrangeiro e o pagamento em moeda conversível, são desoneradas da mesma forma que em uma operação de exportação para o exterior.

O empecilho à atuação efetiva dessas operações como instrumento de acesso ao mercado interno para os produtos nacionais, ocorre em razão de a empresa estrangeira poder comprar os bens de que necessita tanto no mercado brasileiro quanto no exterior, sem o pagamento de impostos e outros tributos na importação, como no Repetro, por exemplo.

No exemplo apresentado, a indústria nacional perde vultosas encomendas, com pagamento em moeda conversível, em razão das divergências geopolíticas, e da falta de garantia dos estados de não-incidência do ICMS.

A visão míope da arrecadação instantânea alija os investimentos nacionais da participação em outros investimentos em território nacional – indústria do petróleo e gás (Repetro), projetos de investimentos estrangeiros em atividades produtivas etc. –, deixando de lado os objetivos maiores de aumento da eficiência produtiva, do estímulo ao investimento e à produtividade no país, da receita cambial, da redução da vulnerabilidade externa e da geração de empregos.

Assim, deve ser garantido o tratamento de exportação, não só pelo governo federal, no que respeita aos tributos de sua competência, mas também pelos estados, com a aprovação pelo Confaz da não-incidência do ICMS às operações da espécie.

Querelas burocráticas institucionais, que emperram o acesso das indústrias de bens de capital ao mercado interno, por criar dificuldades de acesso aos recursos para o financiamento de máquinas e equipamentos, vêm reforçar os reclamos sobre os conflitos entre autoridades e as superposições hierárquicas, que se refletem em menores investimentos. Mantida a situação, "empurrando" parcela importante da produção para os mercados externos, em breve as análises de conjuntura voltar-se-ão muito mais para o comportamento das economias dos Estados Unidos, União Européia, China etc., destinos importantes das vendas brasileiras, do que para a demanda interna. Essa situação não se coaduna com os objetivos da política industrial, tecnológica e de comércio exterior do governo federal, em implementação.

e) Estimular as micro e pequenas empresas

O fortalecimento das micro, pequenas e médias empresas, que representam cerca de 99% do total de estabelecimentos, é vital para o aumento da produção e a geração de empregos e para a exportação.

Reconhece-se que os últimos governos, inclusive o atual, adotaram medidas para simplificar os trâmites e procedimentos voltados a essas empresas. Embora importante, seu efeito é paliativo e não impulsionador, porque persistem dúvidas quanto a sua continuidade.

Pelo menos, as seguintes medidas deveriam ser consideradas, para o apoio a essas empresas:

- Proposta do setor empresarial, coordenada pelo Sebrae, para a adoção de medidas visando a maior racionalização das exigências burocráticas.
- Extensão dos benefícios tributários vigentes na exportação às empresas no regime Simples.
- Amparo legal para estimular e fortalecer a agregação dessas empresas na exportação, sob a forma de consórcios ou cooperativas especiais.
- Acesso a financiamento para investimentos e capital de giro, através de linhas especiais do Banco do Brasil e da CEF e de recursos do Fundo de Amparo ao Trabalhador (FAT).
- Destinação de parte dos recursos do Sebrae para participação societária provisória (Sebraepar).
- Revisão da tributação no Simples, elevada para 8,1%. Dever-se-ia não tributar as microempresas, e estabelecer tributação máxima de 2,5% sobre as pequenas empresas e de até 5% para as médias empresas.
- Desenvolvimento de programa especial de treinamento em organização, fluxo da produção, controle, logística e tecnologia, sob a coordenação do Sebrae e com o apoio das entidades de classe e do governo.
- Adoção de sistema extremamente simplificado para a constituição e registro dessas empresas.

Essas providências concorreriam para a sua melhor preparação, e maximizariam a subcontratação e a terceirização de serviços e operações, por parte de grandes empresas. A subcontratação é, de modo geral, o mais importante mercado das micro e pequenas empresas.

O crescimento auto-sustentável dessas empresas é fator estratégico para o desenvolvimento econômico e social do país e garantia para a expansão da exportação, com a ampliação da base constituída por empresas em condições de competir no exterior. É importante ter presente que cerca de 90% das exportações brasileiras são direcionadas para o hemisfério norte, ou seja, por via marítima, o que obriga as empresas a enfrentar a complexidade da distância, difícil para as micro e pequenas empresas, isoladamente.

f) Abertura das estatísticas de importação

A Secretaria da Receita Federal, em 1998, por ato e interpretação próprios, decidiu que as estatísticas de comércio exterior não poderiam ser divulgadas de forma desagregada, por motivo de sigilo fiscal. Essa interpretação precisa ser revista, pois as informações estatísticas disponibilizadas ao longo de 50 anos são fundamentais para:

- Planejar os investimentos das empresas, para maior produção.
- Permitir, especialmente às micro, pequenas e médias empresas, avaliar e programar suas atividades de exportação.
- Informar e justificar processos *antidumping*, importante procedimento legal de defesa da produção nacional e, portanto, de estímulo a investimentos.
- Propiciar melhor e maior avaliação da qualidade do coeficiente de dependência externa.
- Permitir às entidades de classe e empresas auxiliar os serviços aduaneiros em sua função de averiguar subfaturamento e eventuais descaminhos.

g) Meio ambiente

Trata-se de preocupação crescente em todos os países, e que também se insere, atualmente, no elenco de novas formas de protecionismo. No Brasil, onde existe ministério para tratar do tema, há legítima preocupação, visando à melhoria da qualidade de vida, ao tempo em que se busca, ao que parece, não criar condições para a aplicação de barreiras externas às nossas exportações.

Essa nobre causa, entretanto, transformou-se, na prática, em fator de uso político, de um lado, e barreiras internas a investimentos e exportações de outro. A defensável política de meio ambiente, aos poucos, deixa de ser ação integrada do Estado, em benefício da sociedade, para ter uso específico e pontual, ao sabor da visão do administrador do momento. É política de sentido e alcance social que se transforma em ação inibidora e policial, com todos os vícios e descaminhos conhecidos.

O problema se inicia no fato de não haver, propriamente, norma federal integrada, abrangente e única, de aplicação nacional, que seja antes de tudo educativa, com parâmetros claros sobre a política de preservação e definição das ações mais danosas não permitidas, além de outros cuidados e programas de recuperação.

Atuam o governo federal, os governos estaduais e até mesmo os municipais. A realização de investimentos sujeita-se a autorizações prévias específicas, burocráticas, dispendiosas, que demandam tempo e paciência. Ao que se sabe, pende de "aprovação" grande número de investimentos. Serviços de melhoria de portos, fundamentais à exportação, não se realizam, dificulta-se a construção de estradas etc.

A política de meio ambiente visa à qualidade de vida, através do impedimento à agressão radical da natureza, mas sua inteligência e utilidade estão em que, ao fazê-lo, não seja obstáculo à expansão da economia, necessária à melhoria do padrão de vida da sociedade que, por sua vez, passa a ter mais cuidado com o meio ambiente.

A maior agressão ao meio ambiente decorre não da ação dos empresários, se bem orientados, mas do baixo nível educacional-cultural e do desemprego, cujos exemplos estão na favelização e nas invasões de propriedade, com devastação.

A atual política, pela sua dispersão, indefinição e burocratização, está se transformando em forte barreira interna aos investimentos e à exportação.

Seria desejável e recomendável uma *política nacional única*, educativa e auto-aplicável, sem o ranço da agressividade primitiva que somente leva ao descaminho.

Política de meio ambiente é instrumento e indução do desenvolvimento social correto, não um fim em si mesma. Não é problema de polícia, mas de educação e informação. A sociedade deve ser cooptada para participar, apoiar, ajudar, orientar e, até mesmo fiscalizar, jamais se colocar em posição antagônica devido às arbitrariedades do poder público.

h) Política regional

A importância de medidas globais e setoriais de apoio à produção em escala, salto de qualidade e incorporação de tecnologias, como base para competitividade, não exclui a conveniência de políticas regionais. É de se destacar o Nordeste, região cujo potencial, por si só, é capaz de, em prazo médio e longo, representar mercado interno adicional equivalente ao dos países parceiros do Mercosul.

A região, com população de cerca de 50 milhões, dos quais 25 milhões na zona da seca, têm PIB próximo a US$ 60 bilhões e renda *per capita* pouco acima de US$ 1 mil. Um correto programa de desenvolvimento para essa região teria extraordinário impacto no crescimento da economia nacional, principalmente pelo ganho social, com a eliminação da migração de pobreza absoluta, tornando-se, por outro lado, um dos maiores pólos de produção e de exportação do país.

As ações para a região estariam baseadas na tríade:

- Água-irrigação somada ao sol permanente, que transformaria a região, provavelmente, na maior produtora mundial de fruticultura, fibras e oleaginosas, base para o desenvolvimento de indústrias de transformação.
- Infra-estrutura: energia, malha rodo-ferroviária e portos.
- Adoção de sistema automático de benefícios para investimentos, ainda permitidos pela OMC.

i) *"Drawback* interno"

A indústria nacional de bens de capital encontra óbices, ainda, para competir com os bens importados. Sua maior participação é cerceada por mecanismos que, teoricamente, visam a desonerar a produção local, dotando-a de condições competitivas. Esse é o caso do dispositivo do artigo 5º da Lei nº 8.032, de 1990, que permite a aplicação do regime de *drawback* suspensão à importação de insumos destinados à produção de máquinas e equipamentos a serem fornecidos, no mercado interno, em decorrência de licitação internacional, contra pagamento em moeda conversível proveniente de financiamento concedido por instituição financeira internacional, da qual o Brasil participe, ou por entidade governamental estrangeira.

Conhecido como "*drawback* interno", o mecanismo esbarra em dificuldades de interpretação do texto legal, e os esforços no sentido de ser alterada a redação do texto legal não têm encontrado sucesso. Como conseqüências, a indústria nacional vem perdendo capacidade de competição, e os fornecimentos para os grandes projetos nacionais continuam a ser efetuados por empresas do exterior, o que, além de agravar as contas externas, concorre para o desemprego e para o fechamento e a venda de empresas nacionais.

Propõe-se seja dada nova redação ao referido artigo, como a seguir:

"Art. 5º - O regime aduaneiro especial de que trata o inciso II, do artigo 78 do Decreto-Lei nº 37, de 18 de novembro de 1966, poderá ser aplicado à importação amparada por financiamento de instituição financeira internacional, por entidade estrangeira, ou, ainda, pelo Banco Nacional de Desenvolvimento Econômico e Social – BNDES, com recursos captados no exterior, de matérias-primas, produtos intermediários e componentes destinados à fabricação, no país, de máquinas e equipamentos a serem fornecidos no mercado interno, em decorrência de licitação internacional."

j) Compras governamentais

Os governos, de modo geral, constituem importante "mercado" de apoio à produção nacional, sejam produtos para fins militares ou civis; sejam bens de capital para empresas e entidades controladas pelo governo, ou bens de consumo duráveis ou não utilizados pela administração central e demais.

O Brasil já praticou essa política, com grande benefício para a produção e a geração de empregos. Ao longo do tempo, os governos passaram, com equívoco de raciocínio, a dar mais importância ao formalismo da concorrência aberta. A preocupação com o melhor preço e a melhor qualidade, e com procedimentos éticos, é fundamental, mas, alargar o horizonte da concorrência para o âmbito externo, sem que haja financiamento externo é exagero, desvirtuamento, fraqueza e visão distorcida sobre prioridades e vantagens. Por isso, é defensável o estabelecimento de regras mais restritas para as compras governamentais, com preferência pelo nacional, como fazem todos os países desenvolvidos, contemplando:

- A compra de bens de consumo nacionais.
- A definição de "produto nacional"; para efeito de compra pelo governo e suas empresas, sendo aquele em que não menos de 51% do seu peso e valor seja nacional.

- A vedação de financiamento com recursos públicos dos bens que não se enquadram como "produto nacional".

Em síntese, a promoção e o apoio indutivo aos investimentos dependem de um conjunto de medidas objetivas, dentre as quais seriam defensáveis e necessárias:

- Estabilizar as normas, para permitir planejamento em médio e longo prazos.
- Simplificar os trâmites burocráticos e exigências documentais, que alongam e oneram o processo de constituição de empresas.
- Desonerar, plena e totalmente, os bens de capital incorporados ao processo produtivo na indústria, na agricultura e nos serviços, da incidência tributária (IPI, ICMS, PIS, Cofins).
- Ampliar o grau de transformação industrial dos produtos da agropecuária e do setor mineral, onde o país tem vantagens naturais, implementando programa consistente para investimentos.
- Adotar política de adensamento do processo produtivo.
- Estimular maior industrialização regional, em particular no Nordeste, que poderá ser grande pólo de produção de exportação.
- Apoiar e facilitar a incorporação de tecnologias necessárias à melhoria da produtividade e da qualidade dos produtos (P&D).
- Modernizar e racionalizar o sistema tributário, visando.
- Diminuir a carga tributária global e reduzir drasticamente a atual "infernália" de exigências burocráticas que, além de onerosa, induz à evasão fiscal.
- Orientar a tributação para induzir ou facilitar ao máximo a horizontalização das empresas, condição fundamental para fortalecer as micro, pequenas e médias empresas, como subcontratadas; estimular o adensamento da cadeia produtiva; substituir importação e gerar empregos.
- Modificar o sistema de procedimentos da legislação previdenciária e trabalhista, desonerando a folha de pagamentos e reduzindo exigências burocráticas.
- Priorizar a exportação de mercadorias e serviços.
- Dar maior apoio às micro, pequenas e médias empresas, por meio da ampliação da desburocratização e do acesso a financiamentos.

- Racionalizar e desdogmatizar a política de meio ambiente, para que não seja antagônica a investimentos.

POLÍTICA DE DESENVOLVIMENTO TECNOLÓGICO

O domínio de tecnologias, em todos os campos – produção, processos, qualidade, normatização, embalagens, padrões ambientais, transportes etc. –, passou a ser o termômetro de aferição da capacidade de crescimento e de competitividade de qualquer nação, portanto, fator determinante nos resultados do comércio exterior de mercadorias e serviços e na correção da vulnerabilidade externa. A abertura das economias faz com que a tarifa aduaneira, como instrumento de proteção, tenda a desaparecer, sendo substituída por mecanismos mais sofisticados, com apelos tecnológicos e sociais, tais como barreiras técnicas, controles sanitários e ambientais, entre outros.

O domínio do conhecimento científico e tecnológico é o único meio seguro e consistente de fortalecer a competitividade, vale dizer, passar do estágio de vantagens comparativas para o de vantagens competitivas, importante alternativa para superar ou minimizar o protecionismo e dar à produção nacional condição de competir com os concorrentes externos.

Alcançar elevado grau de competitividade é trabalho longo e sistemático. Exige investimentos em treinamento de recursos humanos, com mudanças na atitude e postura das pessoas e estreita parceria entre setor público e privado em programas P&D. Será necessário importante esforço de absorção de tecnologias, para que se alcance elevado nível de competitividade e de adequação dos produtos às exigências internacionais.

É indiscutivelmente urgente que o país defina um "projeto nacional" de P&D, que concilie o legítimo desejo de consolidar um programa de pesquisas científicas e pioneiras, de longo prazo de maturação, com a necessidade premente de incorporar tecnologias para o desenvolvimento de sistemas, produtos e serviços que garantam sua capacitação competitiva (Anexo IV).

A ênfase na tecnologia para o desenvolvimento de produtos tem sua razão na necessidade de capacitar competitivamente a indústria nacional, sobretudo a de bens de capital. A crescente abertura econômica, expressa na eliminação de controles administrativos na importação, na reduzida utilização de barreiras técnicas como defesa, na inexorável redução da tarifa aduaneira real média – com perspectiva de redução mais radical, diante das negociações com a União Européia e para a formação da Alca –, fragiliza a indústria nacional de bens de capital e a de bens de consumo duráveis, que, em grande parte, utilizam tecnologia importada. A abertura permitiu ao produtor estrangeiro a venda direta de seus equipamentos, alijando a produção local.

Seria recomendável, portanto, entre outras, as seguintes medidas:

- Incentivar a criação de sociedades anônimas para inovação e desenvolvimento tecnológicos.
- Garantir a desoneração plena dos impostos incidentes sobre máquinas e equipamentos utilizados em P&D, bem como depreciação acelerada.
- Apoiar a absorção de tecnologias estrangeiras através de parcerias e contratos de transferências.
- Adotar procedimentos que evitem que a burocracia inviabilize ou minimize os projetos de P&D.
- Ampliar a parcela de despesas em P&D dedutível do imposto de renda, inclusive em capacitação de pessoal.
- Dar preferência à aplicação de recursos em programas de desenvolvimento de produtos e processos.

AÇÕES SETORIAIS PARA A CORREÇÃO DOS PREÇOS DE COMPETIÇÃO (FOB, CIF, DDP)

Na competição internacional, o objetivo é a capacitação do país para permitir às empresas oferecerem seus produtos, sempre que possível, em condições DDP, isto é, mercadorias colocadas no exterior, no estabelecimento do importador. Esse tipo de ação pressupõe primeiro, atendidas as condições estruturais antes mencionadas quanto à desburocratização, ação participativa do governo, política de investimentos e política de absorção de tecnologias, que permitam reduzir custos e melhorar sucessivamente a qualidade das mercadorias vendidas; e segundo, um conjunto de ações de adequação e aperfeiçoamento das políticas setoriais – cambial, tributária, de financiamento, seguro de crédito e transportes – com vistas a eliminar os tributos internos e outros gravames previstos e permitidos pela OMC dos preços de oferta externa.

Em matéria de ajustamento dos preços internos à competição internacional, o Brasil está defasado. O conjunto de suas políticas setoriais ainda não alcançou a posição de sistema integrado e facilitado ou indutivo da exportação competitiva. São muitas as barreiras, os óbices e os constrangimentos, que limitam o crescimento auto-sustentável das exportações, principalmente dos produtos de maior valor agregado.

POLÍTICA CAMBIAL

O sistema de câmbio flutuante, ora praticado, colocou a taxa de câmbio em nível mais realista, o que atende à dinâmica do comércio exterior. A taxa de câmbio deve refletir a realidade da economia, e não ser utilizada como fator de estímulo à exportação e/ou desestímulo à importação. Sua "neutralidade", quando protegida por eficientes políticas tributárias, de financiamento e logística de transporte, atende à estratégia de comércio exterior. Utilizar a taxa de câmbio como fator de estímulo à exportação há de ser ação emergencial e de prazo curto. Outrora factível em economia fechada, em regime de economia aberta a medida pode ser inócua. No presente, com cerca de 23% de coeficiente de dependência externa e os setores dinâmicos da economia fortemente importadores de insumos, o benefício na exportação, exceto em algumas *commodities*, acaba por ser neutralizado pelo impacto dos custos na importação. Quanto mais longa a cadeia produtiva maior será o grau de neutralização.

As grandes vantagens competitivas devem ser alcançadas na desburocratização e na redução dos custos dos demais fatores, mais estáveis, em caráter permanente, sejam estruturais ou corretivos de ponta.

Não obstante, no contexto da política cambial, é importante e necessária a adoção de medidas desburocratizantes para compatibilizar as normas e procedimentos administrativos com o sistema de câmbio flutuante, em vista da crescente inserção internacional da economia e da dinâmica que se pretende na exportação, sobretudo vendas em condições CIF ou DDP, e ocupação de espaços externos de mercados.

A legislação cambial "velha" – Lei nº 4.182, de 1920, Decreto-Lei nº 23.258, de 1933 e Lei nº 9.025, de 1946 – mostra a necessidade de conciliar as normas antigas com os ajustes feitos após a estabilização e a maior liberdade cambial introduzida com o mercado de câmbio flutuante, além da introdução de necessárias normas prudenciais, as quais, todavia, conduzem ao surgimento de novos controles, que aumentam a burocracia ao se somarem aos persistentes controles antigos. Muitas das possíveis modernizações dos normativos encontram dispositivos legais constitucionais como barreiras.

Aparentemente, a política cambial, como um todo, mantém a mesma dualidade dos demais setores da economia. Promovem-se abertura e inserção internacional, mas conservam-se controles e rotinas da fase de economia fechada. Essa postura revela ao mercado a fragilidade da economia e a reduzida confiança na política de abertura econômica. O melhor exemplo está no fato de as normas sobre a movimentação das operações comerciais estarem atrasadas em relação ao regulamento das movimentações financeiras.

"Modernizar" a política cambial brasileira significa rever, consolidar, simplificar, atualizar, desregulamentar, descriminalizar, o que esbarra em, pelo menos, três fatores:

- 50 anos de controles diretos e indiretos, que acabaram por formar uma cultura da "criminalização" cambial.
- Percepção de risco de vulnerabilidade, devido à fragilidade ou desconfiança na força da economia para sustentar o crescimento da exportação de mercadorias e serviços.
- Resistências institucionais.

Muitas medidas simplificadoras foram propostas, mas não evoluíram devido a resistências internas no governo, seja por medo, ideologia, desconhecimento ou acomodação. É preciso romper essas barreiras e desmistificar a política cambial, trazendo-a à discussão em nível profissional adequado, como forma de colaboração com o Banco Central, em particular, e com os propósitos e objetivos de maior desenvolvimento econômico pretendido pelo governo.

Sugestões para a modernização do sistema cambial

A Bolsa de Mercadorias & Futuro, entidade de alta qualificação técnica e idoneidade, promoveu, em dezembro de 2003, o seminário "Aprimorando o mercado de câmbio brasileiro", com a presença de especialistas convidados, entre eles ex-dirigentes do Bacen. Essa iniciativa, rica em contribuições e desvinculada de interesses específicos, poderia ser o núcleo de ação de debates e propostas para a modernização da política cambial, compatibilizando-a com a visão da maior agressividade na exportação e com a maior inserção internacional do país. Para isso, ainda com o respaldo da Bolsa de Mercadorias & Futuro e com o apoio de outras entidades, como o Bacen, dever-se-ia instituir um "Fórum permanente sobre mercado de câmbio", cujo trabalho poderia ser desenvolvido em duas vertentes:

a) Medidas de apoio ao comércio, para adoção em curto prazo:
- Rever normas e procedimentos administrativos, eliminando-os ou simplificando-os, com vistas à redução de custos.
- Implementar procedimentos especiais para pequenas transações (contrato de adesão), de grande relevância na redução dos custos para o exportador e para o governo. Seria importante, para maior embasamento, que o Bacen voltasse a divulgar estatísticas de transações comerciais, principalmente as que indicam o porte das transações.
- Eliminar empecilhos na liquidação e baixa de contratos de câmbio, em situações de inadimplência do importador, nas operações financiadas, com garantia de seguro de crédito.
- Estabelecer maior tolerância no caso de processos administrativos devido a atrasos na liquidação dos contratos de câmbio, muitas vezes decorrentes de excessivas rotinas burocráticas, que postergam o despacho aduaneiro.
- Estender o prazo de exigência para liquidação do contrato de câmbio, sem necessidade de exame caso a caso.
- Simplificar o contrato de câmbio.
- Admitir o real como moeda alternativa, não obrigatória, nas transações no âmbito do Mercosul, mesmo que, inicialmente, nas vendas de bens de capital e em pequenas transações.
- Permitir que as corretoras de câmbio operem, em exportação e importação, contratos de valor reduzido – US$ 10 mil, com procedimentos simplificados, como já previsto para os bancos –, medida que facilitará a participação das micro e pequenas empresas, no comércio exterior.
- Propor a revogação do disposto na Lei nº 10.755, de 03.11.2003, sobre multas aplicáveis ao importador que descumprir prazos estabelecidos para contratar o câmbio destinado ao pagamento de compra, no exterior, de mercadorias. A lei brasileira transformou-se em fiscal-

garantidor do exportador estrangeiro, enquanto constrange o exportador nacional.
- Apoiar a proposta de criação do Sistema de Compensação e Liquidação de Operações Internacionais (comerciais e financeiras), com a Câmara de Compensação e Liquidação do Comércio Exterior, voltada inicialmente para o Mercosul, e, em seguida para a área da Aladi, como proposto pela Bolsa de Mercadorias & Futuro.

b) Medidas para discussão, e eventual adoção em médio e longo prazo:
- Unificação dos mercados de câmbio.
- Descriminalização das operações de câmbio.
- Liberação cambial na conta de capitais.
- Fortalecimento do Sisbacen e integração com o Siscomex.
- Outras iniciativas para a modernização da política cambial.

POLÍTICA TRIBUTÁRIA

O sistema tributário brasileiro é composto por nove espécies: impostos, taxas; contribuições de melhoria; empréstimos compulsórios; contribuições sociais; contribuições de intervenção no domínio econômico; contribuições de interesse de categorias profissionais ou econômicas; contribuição para sistemas de previdência e assistência social em benefício dos servidores dos estados, do Distrito Federal e dos municípios; e pedágio, prenunciando extrema complexidade.

A competência para cobrar os tributos é atribuída às três esferas governamentais – União, estados e Distrito Federal e municípios –, e compartilhada com os diversos órgãos e autarquias que compõem o labirinto da administração pública. É o minotauro tributário, o símbolo da fatalidade que determina o curso da vida dos empresários e dos cidadãos.

Acresçam-se outros gravames que, por compulsórios, tomam feições de tributo, como emolumentos judiciais, emolumentos por serviços notariais e de registros etc.

O excessivo número de tributos e gravames que integram os sistemas fiscal e parafiscal brasileiros, superior a uma centena, tem seus efeitos multiplicados pela igualmente volumosa legislação tributária e correlata – constituição federal, emendas constitucionais, leis complementares, leis ordinárias, medidas provisórias, decretos, resoluções, convênios, portarias, circulares, instruções, atos declaratórios, ordens de serviço –, constituindo-se na esfinge fiscal do contribuinte, devorado pela voracidade dos entes tributários.

A grandeza e a complexidade tributária impactam as empresas e, por transferência nos preços, oneram demasiadamente o cidadão, ao tempo em que reduzem o poder de compra, geram animosidade contra o governo, aumentam a informalidade, induzem à sonegação e, *in extremis*, levam à perda de confiança no poder público.

O sistema tributário de um país em desenvolvimento deve atender a três objetivos:

- Propiciar arrecadação fiscal para cobrir as despesas essenciais do Estado com e para a sociedade.
- Induzir a maximização da produção e oferta de bens e serviços, única forma de gerar empregos, combater efetivamente a inflação, elevar a renda e aumentar a exportação.
- Ser altamente simplificado e racionalizado, de modo a não se constituir em barreira à competição, em regime de abertura econômica e inserção, e ao crescimento econômico.

O tema "reforma tributária" tem sido recorrente nos debates nacionais, do ponto de vista do plano político, econômico ou social brasileiro, sem, entretanto, lograr-se êxito na efetivação das mudanças almejadas para a simplificação e a racionalização do sistema tributário nacional. Todavia, está claro que o Brasil necessita dessa reforma estrutural para elevação de sua eficiência econômica, estimulando a produção, o investimento produtivo e a geração de emprego e de renda. É certo que a reorganização desse sistema é decisiva, da perspectiva das relações internas ou internacionais, para o bom funcionamento da economia e a melhor equação para as questões sociais, especialmente em decorrência do desenvolvimento da produção nacional. Revela-se aí o desafio de mudar o modelo sem causar reduções nas receitas disponíveis e tampouco elevar a carga tributária total do país. A proposta de reforma tributária objetiva estimular a atividade econômica e a competitividade do país, através da racionalização e da simplificação dos tributos.[6]

---

[6] Antonio Palocci Filho, ministro de Estado da Fazenda e José Dirceu de Oliveira e Silva, ministro de Estado Chefe da Casa Civil da Presidência da República. PEC 41/2003. Transcrição do texto da Exposição de Motivos nº 84/MF/C.Civil, 30 de abril de 2003. Reforma Tributária.

O sistema em vigor e as propostas de reforma tributária do governo não atendem aos objetivos de maximização da produção e da oferta, bem como de simplificação e racionalização, por estarem voltados à premência da arrecadação fiscal e à conciliação política com os estados, em que pesem os objetivos inscritos na exposição de motivos que encaminhou a proposta de emenda constitucional de 2003.

O sistema tributário nacional, oneroso e conflitante com o bom senso, indiscutivelmente, é o maior responsável pela limitação das exportações brasileiras e por investimentos insuficientes, tendo entre as conseqüências impedir o desenvolvimento das micro, pequenas e médias empresas e inviabilizar sua maior participação na exportação.

A prática observada evidencia total desconhecimento do princípio da integração da economia, gerando dois procedimentos usuais, altamente perniciosos à competitividade: (i) taxar o setor de atividade isolada sem considerar os efeitos sobre os demais; e (ii) taxar a empresa crescentemente como um fim em si mesmo, ou seja, sem levar em conta que o ônus será transferido para o consumidor interno ou externo. São raciocínios e práticas simplistas que têm ocasionado grande prejuízo ao desenvolvimento econômico do país.

Um projeto para a eliminação de barreiras internas à exportação tem como determinante a efetiva, clara e indiscutível simplificação administrativa; a redução da tributação incidente sobre os investimentos e a produção; e a desoneração das exportações de mercadorias e serviços, devendo desenvolver-se em dois níveis de ações:

- Estrutura tributária, com a revisão das propostas encaminhadas ao Congresso mediante ampla discussão com os agentes econômicos.
- Práticas administrativas gravosas, com efeitos equivalentes a tributo, visando reduzir o custo da burocracia relativa aos controles fiscais; o custo financeiro da morosidade na efetivação de ressarcimentos de tributos; e o dos resíduos de tributos, em razão de não-cumulatividade parcial.

Se não houver profunda modificação estrutural – de conceitos e de procedimentos – na política tributária, o Brasil terá dificuldades de alcançar e sustentar níveis mais elevados de crescimento econômico; dificilmente conseguirá eliminar a vulnerabilidade externa, devido à instabilidade das exportações; e, o que poderá ser mais grave, incompatibilizará o sistema tributário interno com a plena abertura, no tempo, das importações de mercadoria e serviços decorrentes de negociações internacionais.

Tributos e outros gravames federais e o impacto direto e indireto na exportação

A União tem competência para cobrar parte preponderante dos tributos e gravames que impactam, direta e indiretamente, as operações de exportação (Anexo V).

São de competência federal os impostos sobre o comércio exterior – de importação e de exportação –, sobre produtos industrializados (IPI), sobre a renda e proventos (IR), sobre operações de crédito, câmbio e seguro, ou relativas a títulos ou valores mobiliários (IOF) e sobre propriedade territorial rural (ITR).

Os impostos sobre o comércio exterior têm pouca expressividade, encontrando-se em retração. Em 2003, representaram apenas 3%, e em 2002, 3,31% da arrecadação tributária total, sendo que, para o imposto de importação, parte se deve a acordos e outros mecanismos redutores da incidência, como ex-tarifários (Anexo VI).

Por outro lado, o imposto de renda contribuiu com cerca de 34% da arrecadação federal, observando-se expressiva imposição sobre as empresas não-financeiras, que responderam por mais de 80% do imposto arrecadado pelas pessoas jurídicas.

A queda na arrecadação do IPI incorpora os efeitos da política recessiva, por contenção da demanda, que vem sendo mantida.

Ainda na esfera da União, as contribuições sociais, de intervenção no domínio econômico e outras, vêm crescendo em número e conquistando importante papel arrecadatório, que se explica pelo fato de não serem partilhadas com os estados, Distrito Federal e municípios, embora sejam tributos de má qualidade e discricionários, penalizando as atividades produtivas e retirando a competitividade dos bens e serviços nacionais (Anexo VI).

Integram, também, a arrecadação da União, os valores pagos a título de taxas e emolumentos, pela prestação de serviços pelos órgãos e entidades federais (Anexo VI).

• Impacto na exportação

Na teoria, as exportações são desoneradas dos tributos internos, mas a prática demonstra que nem a força de mandamento constitucional é suficiente para amainar a voracidade arrecadadora da União.

O imposto de importação (II) incide sobre insumos utilizados em produtos exportados, sendo o custo repassado ao preço. A incidência pode ser reduzida, em parte, com a utilização de regimes aduaneiros especiais, como *drawback*, Recof etc., de utilização restrita quase que às grandes empresas, por terem processamento complexo e oneroso. Estudo desenvolvido no âmbito da SRF[7] demonstra que o *drawback*, apesar de ser o regime mais utilizado, é bastante concentrado, setorialmente, em fabricação e montagem de veículos automotores, equipamentos de transporte, aeronáutico e metalurgia básica, que responderam por 50,4% das exportações e 59,27% das importações sob o regime, em 2001. Vinte empresas foram responsáveis por cerca de 61% das importações e 40% das exportações ao amparo do *drawback*.

O Regime Aduaneiro Especial de Entreposto Industrial sob Controle Informatizado (Recof) está limitado às indústrias aeronáutica (Recof Aeronáutico); automotiva (Recof Automotivo); de informática ou de telecomunicações (Recof Informática); e de semicondutores e de componentes de alta tecnologia para informática e telecomunicações (Recof Semicondutores), sendo muito seletivo por exigir patrimônio líquido igual ou superior a R$ 25 milhões e sistema informatizado de controle de entrada, permanência e saída de mercadorias, de registro e apuração de créditos tributários devidos, extintos ou com exigibilidade suspensa, integrado aos sistemas corporativos da empresa no país, com livre e permanente acesso da SRF.

O imposto de exportação (IEx) tem por objetivo corrigir distorções ou garantir o mercado doméstico, tendo, atualmente, aplicação marginal.

O imposto sobre produtos industrializados (IPI) tem determinada, constitucionalmente, sua imunidade nas operações de exportação, bem como garantido o crédito do imposto incidente sobre insumos. No entanto, em razão de a SRF adotar o princípio do "crédito físico", ou seja, somente gera direito ao crédito o insumo que se incorpore ao produto, na prática, acaba ocorrendo a tributação em cascata residual. Outra questão que pre-

---

[7] Secretaria da Receita Federal/MF. *A concentração do regime de drawback*.

judica os exportadores é a complexidade e a morosidade no reconhecimento de saldos de créditos não aproveitados, por parte da autoridade fiscal, nos pedidos de ressarcimento, por impossibilidade de compensação com o próprio IPI ou outros tributos federais.

A tributação cumulativa dos bens de capital – o imposto incidente na aquisição não pode de forma alguma ser compensado – onera o investimento, reduzindo a competitividade do produto nacional. Pretendeu-se reverter tal situação esdrúxula na reforma de 2003, porém, a emenda revelou-se pior ainda, por dispor o novo texto que o imposto "terá reduzido seu impacto sobre a aquisição de bens de capital pelo contribuinte do imposto, na forma da lei", o que, em outras palavras, não quer dizer nada.

O imposto sobre a renda e proventos (IR) tributa o lucro das empresas exportadoras, bem como as despesas por serviços prestados por domiciliados ou residentes no exterior vinculadas à exportação. Somente as remessas para pagamento de promoção de produtos brasileiros no exterior, de alcance bastante restrito, são desoneradas do IR na fonte.

O imposto sobre operações de crédito, câmbio e seguro, ou relativas a títulos ou valores mobiliários (IOF) tem a alíquota reduzida a zero nas operações de câmbio vinculadas à exportação de bens e serviços; de crédito à exportação, bem como de amparo à produção para exportação ou de estímulo à exportação e relativas a adiantamento de contrato de câmbio de exportação; e de seguro de crédito à exportação e de transporte internacional de mercadorias.

São isentas do IOF as operações de crédito realizadas mediante conhecimento de depósito e *warrant*, representativos de mercadorias depositadas para exportação em entrepostos aduaneiros e por meio de cédula e nota de crédito à exportação.

As contribuições para o PIS/Pasep e a Cofins, por força de imunidade constitucional, não incidem sobre as receitas de exportação de mercadorias, inclusive vendas a empresa comercial exportadora com o fim específico de exportação; e sobre as receitas de prestação de serviços para pessoa física ou jurídica domiciliada no exterior, com pagamento em moeda conversível.

Pelo princípio da não-cumulatividade, recém-instituído para essas contribuições, é concedido o crédito do valor de aquisição de bens e serviços utilizados como insumo na produção ou fabricação de bens ou produtos destinados à exportação, bem como na prestação de serviços destinados à exportação. O regime de não cumulatividade do PIS e da Cofins apresenta uma série de imperfeições, constituindo-se em fonte de demandas judiciais e administrativas, onerando ainda mais as atividades produtivas e a própria exportação.

Em relação aos investimentos, além de onerados pelo PIS e Cofins, a compensação dos créditos pela aquisição de bens de capital far-se-á ao longo do prazo de amortização ou depreciação, a cada mês, o que poderá levar dez anos. Opcionalmente, o empresário poderá compensar o crédito no prazo de quatro anos, aplicando as alíquotas sobre 1/48 do valor de aquisição do bem.

As operações de exportação sofrem, ainda, o impacto direto ou indireto da Contribuição Provisória sobre Movimentação Financeira (CPMF); da Contribuição Social sobre o Lucro Líquido (CSLL); das Contribuições de Intervenção no Domínio Econômico (Cide) – AFRMM, Cide remessas ao exterior, Cide combustíveis etc –, das contribuições trabalhistas e previdenciárias – Previdência Social (INSS), FGTS, Incra, Senai, Sesi, Senac, Sesc, Sebrae, Senar, Sest, Senat, Sescoop, Faer, sindicais –, além de taxas, emolumentos, custas etc.

Tributos e outros gravames estaduais e do Distrito Federal e o impacto direto e indireto na exportação

Os estados e o Distrito Federal detêm competência para cobrar o imposto sobre operações relativas à circulação de mercadorias e prestação de serviços de transporte interestadual e intermunicipal e de comunicações (ICMS); o imposto sobre a propriedade de veículos automotores (IPVA), além de taxas e outros gravames que impactam, direta e indiretamente, as operações de exportação (Anexo VII).

Tem-se, atualmente, um quadro de grande complexidade da legislação referente ao ICMS. Cada um dos estados mantém a sua própria regulamentação, formando um complexo de 27 diferentes legislações a serem observadas pelos contribuintes. Agrava esse cenário a grande diversidade de alíquotas e de benefícios fiscais, o que caracteriza o quadro denominado "guerra fiscal". Tais circunstâncias trazem prejuízos ao cumprimento das obrigações tributárias pelos contribuintes, dificultam a administração, a arrecadação e a fiscalização do imposto e remetem, ainda, a graves problemas econômicos, pois os diferentes tratamentos estabelecidos provocam, muitas vezes, desequilíbrios concorrenciais e insegurança na definição de investimentos.[8]

• Impacto na exportação

O ICMS não incide – imunidade constitucional – sobre operações que destinem mercadorias para o exterior, bem como serviços prestados a destinatários no exterior, com direito à manutenção e ao aproveitamento do montante do imposto cobrado nas operações anteriores.

Representando parcela preponderante da arrecadação, o ICMS efetivamente incide sobre as exportações, apesar da imunidade constitucional, em razão de os estados imporem restrições ao aproveitamento do crédito dos insumos, o que pode vir a gerar créditos acumulados, de recuperação quase que impossível.

Tributos e outros gravames municipais e o impacto direto e indireto na exportação

Os municípios têm competência para cobrar o imposto sobre serviços de qualquer natureza (ISS), não compreendidos no campo de incidência do ICMS, além de taxas e outros gravames que impactam, direta e indiretamente, as operações de exportação (Anexo VIII).

• Impacto na exportação

O ISS não incide sobre as exportações de serviços, por força constitucional. A Lei Complementar nº 116, de 2003, em cumprimento ao dispositivo constitucional, determina a não incidência sobre as exportações de serviços para o exterior, excluídos os serviços desenvolvidos no Brasil, cujo resultado se verifique no país, ainda que o pagamento seja feito por residente no exterior. Dessa forma, são tributados os serviços vinculados ou prestados em operações de exportação ficta.

Os serviços utilizados na produção destinada à exportação são custos, em razão de não existir previsão legal de isenção ou aproveitamento do montante do imposto cobrado.

Sugestões para uma política tributária para a exportação

O descaso para com as atividades produtivas, em que se inclui a exportação, pode ser resumido como "em matéria tributária, fizemos o possível

---

[8] Antonio Palocci Filho, ministro de Estado da Fazenda e José Dirceu de Oliveira e Silva, ministro de Estado, Chefe da Casa Civil da Presidência da República. *op.cit.*

para atrapalhar nossa competitividade. E fomos bem-sucedidos: nosso sistema tributário atual é antagônico ao desenvolvimento."[9]

Os esforços, e o custo, para tramitar a reforma tributária de 2003, até o momento, não se justificaram, pelo menos para a sociedade, porque os resultados somente produziram aumento da carga tributária, sem se preocupar com o crescimento econômico e a retomada do desenvolvimento.

O Brasil precisa de reforma tributária madura e consistente, para alcançar três objetivos, pelo menos, concomitantemente: estimular o crescimento econômico e social, facilitar e induzir crescente competitividade e adequar-se ao projeto em curso da abertura econômica e inserção internacional, materializado na obediência às normativas da OMC e desagravamento tarifário, com sua possível eliminação por força de negociações internacionais.

Para isso, entende-se por necessários dois procedimentos:

- Como objetivo maior, "desconstitucionalizar" a tributação, deixando para a Constituição Federal apenas os princípios basilares e gerais.
- Em prazo curto, promover reforma tributária, por meio de decretos e atos administrativos, visando a redução de custos da produção e a competitividade, por meio da revisão, consolidação, racionalização e simplificação dos milhares de atos que dispõem sobre matéria tributária, eliminando-se obrigações acessórias superpostas e conflitantes que, ao longo do tempo, fruto de voluntariedades, tornou-se arbitrária, imprecisa e incorreta. Cresceram em quantidade e complexidade, sendo tanto ou mais onerosas que a obrigação principal – a de pagar o tributo.

Seria desejável, eficaz e civilizado o governo promover ampla discussão com os agentes econômicos para obter informações, contribuições e diretivas sobre o sistema tributário de que o país precisa para crescer e desenvolver-se, garantindo investimentos, produção e geração de empregos, sem sobressaltos econômicos ou financeiros. Os resultados obtidos integrarão o projeto de alteração da estrutura tributária brasileira, a ser encaminhado ao Congresso, com vistas à maior integração na economia mundial, em processo de preferencialização, em que será crucial maximizar a capacidade de competição.

---

[9] Varsano, Ricardo. *Por uma Reforma Tributária Modelo 2004.*2003

POLÍTICA DE FINANCIAMENTO

O financiamento é condição determinante para o êxito da exportação, principalmente quando se tem por objetivo maximizar as exportações de produtos de maior agregação de valor e as vendas de serviços.

Os produtos de maior valor agregado são fundamentais porque, além do efeito sobre o nível de emprego, imprimem maior consistência à receita cambial. Quanto aos serviços, diante dos pesados e tradicionais *déficits* dessa conta no balanço de pagamentos, e na impossibilidade de equilíbrio, sequer melhoria na conta "rendas", passa a ser estratégico alcançar-se *superávit* na conta "serviços comerciais".

Embora de grande importância na exportação, a nossa política de financiamento é frágil, incerta e inconsistente.

As exportações são tradicionalmente amparadas com financiamentos, mediante utilização de recursos de duas fontes:

– Recursos externos, provenientes de linhas de crédito comerciais obtidas no exterior, aplicados segundo as seguintes principais modalidades:

- Adiantamento sobre contratos de câmbio (ACC) – referente a exportações cujo prazo de pagamento, pelo importador, não exceda 180 dias, consistindo em antecipar, ao exportador, o valor da venda, pelo prazo máximo de 360 dias da data em que ocorrerá o embarque.
- Adiantamento sobre cambiais entregues (ACE) – em que a antecipação do valor, após o embarque, será por prazo igual ao previsto para pagamento pelo importador, o qual, por sua vez, não pode exceder os 180 dias da data do embarque.
- ACC Indireto – relacionado com o desconto de recebíveis detidos por fabricantes de insumos que irão integrar o processo produtivo de mercadorias destinadas à exportação, pelo prazo máximo de 180 dias, modalidade que requer uma operação de *hedge*, no caso de recebíveis em reais – por exemplo, duplicatas.
- Pagamento antecipado de exportação (pré-pagamento) com prazo máximo de 360 dias de antecedência ao embarque – modalidade que define o pagamento ao exportador, pelo importador ou por terceiros, no exterior, do valor da venda, mediante aplicação de recursos em moeda estrangeira na liquidação de contrato de câmbio de

exportação, admitida remessa de juros, sob normas do Banco Central do Brasil.
- Pagamento antecipado de exportação (pré-pagamento) com prazo de antecipação superior a 360 dias – modalidade na qual os recursos externos podem ser tomados não só pelo exportador do produto, como por qualquer outra empresa do mesmo grupo-econômico a que pertença a empresa exportadora.
- Securitização de exportações – modalidade pela qual se viabilizam empréstimos externos por investidores que possuam mecanismos de redução do risco-tomador, com vínculo a um fluxo de exportações previstas em contratos, assinados ou em perspectiva, que podem ser realizadas ou performadas por empresas não pertencentes ao mesmo grupo econômico do tomador, ocorrendo o pagamento do principal, exclusivamente, mediante embarques de mercadorias, conforme normas do Banco Central do Brasil.
- *Commercial papers* e *export notes* – são, igualmente, mecanismos que propiciam o financiamento de exportações, representados por emissões, lastreadas em exportações correntes e/ou em perspectiva, viabilizando recursos de curto prazo para a produção voltada à exportação.
- *Fortaiting* – modalidade de financiamento mediante desconto de recebíveis de exportação, ou seja, em geral, a assistência ocorre após a comprovação do embarque e assunção da dívida por parte do importador, sendo característica essencial desse mecanismo que o financiamento ocorre sem direito de regresso contra o exportador.
- *Factoring* – instrumento também de expressiva prática no mercado internacional como fomentador de exportação. Embora, no Brasil, seja ainda modesta sua utilização, as empresas de *Factoring International* brasileiras aguardam que sejam equacionados alguns aspectos operacionais, *vis-à-vis* a legislação brasileira, como autorização, pelo Banco Central do Brasil, para procederem diretamente o fechamento de câmbio nas exportações por elas financiadas.

– Recursos internos, orçamentários e do Fundo de Amparo ao Trabalhador (FAT):
- Proex-Financiamento – refere-se à concessão de recursos para financiamento de exportações, na fase do pós-embarque, podendo alcan-

çar prazos médios e longos, do Programa de Financiamento das Exportações (Proex), operado pelo Banco do Brasil, excluídas as operações de empresas de grande porte, exceto quando amparadas em acordos governamentais e em operações com o co-financiamento da Corporação Andina de Fomento (CAF).
- Proex-Equalização – consiste na utilização de recursos, na fase do pós-embarque do Proex, para conceder ao financiador equalização da taxa de juros para tornar o custo do financiamento das exportações, de médio e longo prazos, equivalente ao praticado no mercado internacional.
- BNDES-Exim pós-embarque – modalidade praticada, através da rede bancária de agentes, com recursos administrados pelo BNDES, em grande parte originários do FAT, aplicados no financiamento de exportações e serviços, de médio e longo prazos, com utilização do sistema Proex-Equalização.
- BNDES-Exim pré-embarque e pré-embarque especial, através da rede bancária de agentes – refere-se a operações de financiamentos para a produção de bens destinados à exportação, tendo por base, inclusive, programas de exportação apresentados pelas empresas exportadoras.

Dada a relevância de um consistente, autônomo e confiável sistema de apoio às exportações, através de financiamento e mecanismos de garantias, todos os países adotam, paralelamente ao apoio creditício do setor financeiro privado aos exportadores, um sistema público de financiamento complementar, para assistir às situações não atendidas pelo setor privado, seja por razões de risco, por inadequação dos prazos do *funding* das linhas externas, por questões de custos, ou por fatores ligados às variáveis macroeconômicas do país, dentre outros aspectos.

Para as *commodities* e para os produtos de ciclo curto de produção, em geral comercializados à vista, ou com pequeno prazo de pagamento, as modalidades de financiamentos tradicionalmente praticadas pelos bancos, compatíveis com os prazos de *funding* com que operam, constituem uma razoável malha de assistência às empresas, principalmente na fase de produção.

No caso de bens de capital e exportações de serviços de engenharia são demandadas condições diferenciadas, em razão do maior ciclo de fabricação, do extenso e complexo processo de negociação das vendas e da maior concorrência que fazem, entre si, os fornecedores internacionais.

Financiamentos com prazos mais longos e custos diferenciados, em princípio, não se conformam às estruturas de passivos dos bancos, mormente nos mercados financeiros de países em desenvolvimento, além de representarem níveis de riscos mais elevados, para os quais, nem sempre, o mercado tem "apetite". Assim, é inimaginável programar-se a expansão das vendas desses setores sem a existência de instrumentos específicos de créditos e de garantias, quase sempre providos pelo setor público.

Para atender às necessidades não satisfeitas pelos financiamentos privados, países que buscam o crescimento das exportações consideram oferecer mecanismos de créditos públicos, como estratégia, disponibilizando recursos durante a fase de produção, a custos compatíveis com a atividade exportadora, e, na fase pós-embarque, normalmente em operações de médio e longo prazos, a taxas de juros praticados no mercado internacional.

A adequação dos custos de financiamento à atividade exportadora nacional torna-se particularmente importante quando os juros domésticos são superiores àqueles com que contam os seus concorrentes internacionais.

No Brasil, o setor financeiro privado nacional tem apresentado expressiva participação no total de desembolsos relacionados com os financiamentos de exportações, representando algo em torno de 90% dos aportes ao setor exportador. Isso se deve ao desenvolvimento do Sistema Financeiro Nacional, que, a partir de sua abertura aos bancos estrangeiros, trouxe novas fórmulas de financiamento do comércio exterior, ensejando a realização das chamadas "operações estruturadas".

Ocorre que várias das modalidades utilizadas pelo setor financeiro privado, como as securitizações e os pagamentos antecipados, inclusive com recursos obtidos pelo processo de emissões, de um modo geral, apresentam-se complexas e mais acessíveis às empresas de maior porte, de baixo risco e com expressivos valores de exportação, normalmente para clientes também de baixo risco e situados em mercados sem problemas de pagamento. Em outras situações, apenas são disponíveis em função de garantias com alto grau de dificuldade de constituição, principalmente para empresas de menor porte, ou sujeitas ao atendimento de exigências de reciprocidade de variadas formas.

O maior problema das modalidades operadas pelo Sistema Financeiro Nacional a custos trade related, *é que as mesmas utilizam em maior escala recursos externos, cujos volumes estão vinculados à questão da vulnerabilidade externa do país, levando a que, no caso de crises, e conseqüente aumento do risco-país, as linhas se retraiam, ficando praticamente indisponíveis.*

Quanto à participação do setor público no esforço de sustentação das exportações, a partir da criação do Fundo de Financiamento das Exportações (Finex), em 1966, e do mecanismo de equalização de taxas de juros, criado pelo Banco Central do Brasil, em 1979, o país passou a contar com um sistema público de Financiamento e Seguro de Crédito à Exportação, constituído por um conjunto de modalidades de financiamentos e de garantias, em apoio às exportações, concebidas, particularmente, nos anos 1970 e 1980 e reformuladas nos anos 1990, após um período em que toda a estrutura então vigente havia sido praticamente desmontada.

As modalidades então disponíveis eram:

- Pré-financiamento (antes do embarque) para:
  - produção de bens de curto ciclo produtivo;
  - produção de bens de capital; e
  - aquisição de bens, no país, a serem incorporados a projetos de empreendimentos de venda de serviços de engenharia.
- Financiamento de apoio e complementação para:
  - a promoção comercial no exterior;
  - a exportação em consignação;
  - investimentos no exterior, sobretudo aqueles que iriam ensejar a expansão da venda de produtos brasileiros no exterior.
- Financiamento pós-embarque para:
  - exportação de produtos e bens brasileiros, a prazos de até 12 anos ou mais, se assim o exigisse a concorrência;
  - abertura de linhas de crédito comerciais a bancos e órgãos no exterior para, com simplificação da burocracia e da necessidade de exame caso a caso, expandir as vendas de produtos brasileiros no exterior, sobretudo de bens de capital e de serviços, em mercados não tradicionais;
  - equalizar a taxa de juros de financiamentos realizados com *funding* externo, ou seja, possibilitando que de uma exportação para pagamento a prazo, resultasse entrada de divisas à vista.
- Cobertura de riscos comerciais e políticos:

- emissão de apólices para cobertura de riscos comerciais e riscos políticos e extraordinários, pelo Instituto de Resseguros do Brasil (IRB), outorgando garantias em nome do Tesouro Nacional;
- Convênios de Pagamentos e Créditos Recíprocos (CCR) – mecanismo de financiamentos para os países que integram a Associação Latino-americana de Desenvolvimento e Integração (Aladi).

Em 1990, com a substituição do Finex, que tinha caráter rotativo e, assim se auto-recompunha com os retornos do financiamento, pelo Proex, exclusivamente dependente de recursos do orçamento, foram restabelecidas algumas das mencionadas modalidades, principalmente, aquelas mais focadas na venda do produto pronto, ou seja, na fase da comercialização, ficando o atendimento à fase da produção bastante comprometida, inclusive, em função das dificuldades de alocação de recursos orçamentários.

Parcialmente, procurou-se contornar a insuficiência de recursos, a partir do início da utilização dos recursos do FAT, pelo BNDES, para os programas de financiamentos BNDES-Exim, continuando sem assistência adequada a fase da produção de longo ciclo, e, lamentavelmente, impondo muitas restrições e dificuldades às exportações de serviços, particularmente os referentes a projeto e obras da engenharia brasileira no exterior.

Atualmente, os recursos do Proex e os programas disponibilizados pelo BNDES, os quais compõem o atual sistema público de financiamento das exportações nas modalidades de financiamento e de equalização, são praticamente os únicos mecanismos de que dispõem os exportadores para financiamento de suas operações de mais longo prazo.

O Proex-financiamento, por outro lado, obedece a condições de prazos e juros estabelecidas rigidamente pelo governo, através da Camex, considerados os parâmetros e limites praticados na Organização para Cooperação do Desenvolvimento Econômico (OCDE), embora o Brasil não seja membro.

A assistência ao exportador – sobretudo na fase do pré-embarque – propiciada pelo setor financeiro privado, além de sujeita à instabilidade decorrente das variações do risco-país, como acima comentado, basicamente se concentra nas operações de curto prazo, ficando prejudicada a melhor assistência à exportação de bens de capital e de serviços, além do apoio às empresas de menor porte que encontram dificuldades de acesso aos bancos privados. É quando se espera maior participação do setor público.

A natural seletividade do setor financeiro privado quando da assunção de risco, em função da situação econômico-financeira das empresas, é extremamente agravada em cenário de contração das linhas externas, tornando ainda mais restrito o uso dos mecanismos de crédito por um maior contingente de empresas, levando à elevação dos custos e à redução dos prazos dos financiamentos.

O setor público, em função das incertezas e limitações de recursos, igualmente acabou por fixar critérios de seletividade que resultam na exaustão e na concentração do atendimento a um grupo reduzido de grandes exportadores.

Sugestões para o sistema de financiamentos
O caminho para se alcançar maior ordenamento desse sistema de apoio à exportação, reduzir a incerteza e dar robustez à ação externa está, principalmente, em dois conjuntos de medidas:

- Medidas para aplicação em curto prazo:
  – modificar a legislação, de modo a transformar o Proex em fundo rotativo, como meio para fortalecer os recursos públicos no apoio às exportações. Significa que o principal e os juros dos empréstimos retornariam, automaticamente, para o "Fundo Proex", o qual, anualmente, seria reforçado com novas dotações;
  – dispensar de consulta ao Cadastro Informativo dos créditos não quitados de orgãos e entidades federais (Cadin) os financiamentos à exportação. A norma do Cadin, quando aplicada aos financiamentos, é absurda e contraditória, pois ao impedir a viabilização da operação, perde-se a oportunidade de aumentar a exportação e deixa-se de contribuir para que a empresa adquira condições financeiras para regularizar sua situação fiscal;
  – modificar a Portaria MICT nº 369, de 28.11.1994, que trata de vendas ao exterior com prazo de pagamento superior a 180 dias, financiadas pelo próprio exportador ou por terceiros. Não utilizando recursos da União, essas exportações devem ter mais flexibilidade e menos restrições operacionais, permitindo que a decisão empresarial de esforço de exportação pela procura de novos clientes e mercados, seja empreendida com mais desenvoltura. Os controles que se façam necessários para coibir situações fraudulentas – eventual-

mente possíveis, mas com ocorrência pouco improvável – seriam feitos mediante acompanhamento, *a posteriori*; e
– promover a desburocratização operacional, ensejando que o Banco do Brasil, com tradição de banco do comércio exterior, presença externa e capilaridade interna, assuma postura mais firme, tenha maior alçada para operação em financiamentos de pré-embarque, além da participação no pós-embarque.

- Medidas para aplicação em médio prazo:
  – criação do Fundo de Apoio à Exportação (Fapex), nele concentrando os recursos que hoje compõem o Proex, o Fundo de Garantia à Exportação – FGE, os retornos dos financiamentos concedidos, parcela do Fundo de Amparo ao Trabalhador (FAT) destinada ao programa, resultado da emissão de títulos governamentais que venham a ser utilizados como instrumento de captação de recursos especificamente destinados ao apoio da exportação, e outros que venham a ser designados (Figura 1); e
  – adoção de medidas de aperfeiçoamento institucional do mercado de capitais brasileiros, ensejando mais ampla utilização de mecanismos alternativos de mercado para financiamento das atividades das empresas, particularmente as pequenas e médias empresas exportadoras, com relação ao importante passo que a Comissão de Valores

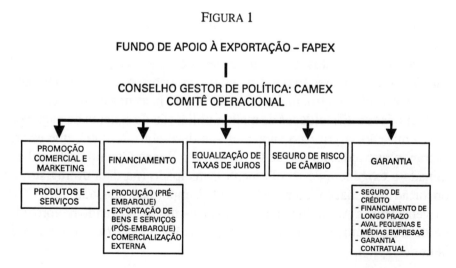

FIGURA 1

FUNDO DE APOIO À EXPORTAÇÃO – FAPEX

Mobiliários (CVM) deu no sentido de simplificar o longo processo de registro das emissões públicas de debêntures e distribuição desses títulos, objeto da Instrução CVM nº 404, de 13.01.2004.

Seguro de Crédito e Garantias

No sistema de seguro de crédito e de garantias, destacam-se, pelo menos, duas importantes questões:

1) No âmbito dos Convênios de Pagamentos e Créditos Recíprocos (CCR)

Instrumento criado em 1965, no âmbito do acordo de integração regional, até a década de 1980, o CCR foi um bem-sucedido mecanismo de promoção do comércio, por ele fluindo cerca de 80,55% do total das exportações brasileiras para os países da região, com o fluxo de comércio sendo beneficiado pelas três garantias básicas estabelecidas pelos convênios, isto é, garantia de conversibilidade, de transferibilidade e de reembolso.

A partir dos anos 1990, a tendência de utilização do CCR tornou-se cada vez menor, por dificuldades engendradas pelos próprios bancos centrais dos países integrantes do sistema de pagamentos, com o que, entre 1990 e 1999, o percentual médio das exportações brasileiras cursadas no convênio *versus* o total exportado para os países convenientes caiu para cerca de 30%, e para 5%, em 2002.

Em outubro de 2002, após inúmeras reclamações do setor exportador, o Banco Central do Brasil, que havia restringido a utilização do CCR às operações comerciais com prazo máximo de 360 dias, voltou a permitir a prática de prazos maiores, com a condicionante de garantia bancária e, no caso de financiamentos, de apólice de seguro para risco político, reembolsando os financiadores somente quando, e se, ocorrerem as compensações quadrimestrais (janeiro, maio e setembro) previstas nos convênios.

Mantidas as dificuldades de melhor utilização do sistema de pagamento em questão, o governo anunciou, em dezembro de 2003, que estaria retirando restrições ao uso do CCR, tendo o Banco Central do Brasil eliminado a exigência de recolhimento antecipado (na data do registro da operação no Sisbacen) do valor referente à importação cursada sob o CCR, exigência que a Argentina também havia instituído, alegando reciprocidade de tratamento, dificultando as exportações brasileiras, sobretudo de bens de capital.

Contudo, as medidas de flexibilização adotadas pelo Banco Central do Brasil quanto ao uso do CCR, ainda que apontem para a redução do custo do seguro de crédito, que continua sendo exigido como condição para o financiamento, na prática, pouco modificaram o quadro anterior, uma vez que a exigência de constituição do seguro de crédito mantém a dependência a limites fixados anteriormente, não considerando a redução de riscos que enseja a utilização dos convênios.

2) No âmbito do seguro de crédito à exportação

Em 1997, foi criada a Seguradora Brasileira de Crédito à Exportação (SBCE), passando a empresa a executar os serviços relacionados ao seguro de crédito à exportação para cobertura de riscos comerciais, políticos e extraordinários com garantias da União e respaldo do FGE, criado em 1999 para esse fim específico, por delegação do IRB, que detém a competência delegada pela União.

A SBCE, de cujo capital participa a Companie Française de Assurance du Commerce Exterieur (Coface), além do Banco do Brasil, do BNDES e de seguradoras brasileiras privadas, foi um importante avanço, uma vez que passou a concentrar o exame e os procedimentos para a cobertura de seguro específica e exclusivamente para operações relacionadas com as exportações.

Todavia, seu funcionamento tem suscitado reclamações por parte do segmento exportador, não só com relação aos custos dos prêmios, mas, com maior ênfase, sobre os critérios e fixação de limites para os clientes importadores, os quais exportadores, por vezes, supõem serem menores em função da cobertura dada pela Coface a exportações realizadas por empresas francesas.

O fato é que muitas das deficiências apontadas pelos exportadores na atuação da SBCE derivam da circunstância de que as coberturas concedidas por essa seguradora estão restritas às operações comerciais com prazo de até dois anos, ficando as de prazos superiores e as coberturas de risco político dependentes e limitadas ao volume possível de garantias da União.

Por outro lado, uma vez que a garantia é parte indissociável dos financiamentos, os sistemas de garantias providos pelo governo são os instrumentos que podem amenizar o impacto da mencionada seletividade, sobretudo em se tratando da parte mais atingida – as empresas de menor porte.

O fundo de aval – Fundo de Garantia para Promoção da Competitividade (FGPC) – criado em 1997, tem efeito muito limitado, uma vez que não é aplicado a todas as modalidades de financiamentos às exportações, estando restrito a algumas poucas e, ainda assim, somente quando operadas pelo BNDES.

O sistema de financiamento vigente é frágil e burocratizado, necessitando ser adaptado aos objetivos de política pró-ativa de exportação, para que melhor cumpra o seu relevante papel de impulsor das vendas ao exterior, imprescindível aos bens de capital e de consumo durável, como também de serviços.

A recente criação do Comitê de Financiamentos e Garantias (Cofig) foi oportuna, ao reunir, em um só colegiado, exame e decisões antes dispersos em diferentes instâncias, e que envolvem a aplicação dos recursos, seja nos financiamentos, seja na concessão de garantias com suporte do FGE, e representou um importante passo na desburocratização dos processos, ensejando a ampliação do apoio a um maior número de empresas na utilização dos mecanismos disponíveis.

Outras medidas devem ser consideradas, com prioridade, para dar maior consistência à política de exportação, dentre elas:

- Revisar a exigência de seguro de crédito no âmbito do CCR, considerando-se a redução de riscos pela utilização dos convênios.
- Ampliar a utilização do FGPC, atualmente exclusivo do BNDES, expandindo-o para apoiar qualquer modalidade de financiamento à exportação, seja concedida pelo Banco do Brasil, seja aquela em que as garantias são de responsabilidade do exportador (ACC, ACE etc.), elevando o montante de suas garantias, vinculando as garantias oferecidas pelo FGE e eliminando a restrição de valor.

LOGÍSTICA INTEGRADA DE TRANSPORTES

O sistema de transportes – terrestre, aqüaviário e aéreo –, no Brasil está superado e inadequado para a competitividade. Visto do ângulo da logística, isto é, de sua integração e máxima eficiência como fator de indução e sustentação da produção, da exportação e do emprego, o quadro é melancólico.

Estima-se que os produtos brasileiros têm gastos entre 20% e 35% do seu valor final com a logística dos transportes, em razão das suas deficiências. Nos países desenvolvidos, o custo da logística não seria superior a 10%.

Por ser país-continente, a infra-estrutura dos transportes é fator estratégico para a integração nacional, para o crescimento econômico, para a competitividade interna e externa, para a expansão da produção e da exportação e para a geração de empregos. Enfim, é fator de segurança e soberania, além de forte instrumento de apoio à política de combate à inflação, na medida em que reduz a perda de safras, facilita o abastecimento, diminui a necessidade de estocagem na ponta, amplia e agiliza a competição.

O Brasil não tem deficiências nesse setor por ser país em desenvolvimento, ao contrário, o seu crescimento marginal decorre, em grande parte, da limitação e ineficiência da infra-estrutura logística.

Essas distorções se refletem no comércio exterior de forma perversa, pelo menos em quatro vertentes:

- Reduz fortemente a capacidade de competição dos produtos nacionais na exportação, principalmente nas vendas DDP.
- Elimina a autonomia de ação externa comercial, como ação estratégica na diversificação de mercados e ocupação de espaços.
- Dificulta, crescentemente, a competitividade do produto nacional com o similar importado, fato que se agrava à medida que se ampliam as negociações internacionais para a redução de tarifas aduaneiras e se facilita maior acesso ao mercado.
- Amplia o *déficit* na conta serviços do balanço de pagamentos em "transações correntes", contribuindo, assim, para a sustentação da vulnerabilidade externa da economia.

Os dados estatísticos relativos à utilização dos modais de transporte permitem análise objetiva dessa realidade. Observa-se, por exemplo, que o transporte marítimo, em 2003, foi responsável por 95,5% da tonelagem transportada e 82,5% do valor. Os demais modais perfizeram somente 4,5% da carga e 17,5% do valor (Tabela 9).

1) Transporte aquaviário e portos

Como as exportações brasileiras são realizadas preponderantemente por via marítima, seria de se esperar que o país tivesse forte marinha mercante, com destacada presença não só no comércio de e para o Brasil, como em

TABELA 9
EXPORTAÇÃO BRASILEIRA POR VIAS DE TRANSPORTES

Via de Transporte	2003 1.000t	2003 Part.%	2003 US$ milhões	2003 Part.%	2002 1.000t	2002 Part.%	2002 US$ milhões	2002 Part.%	Var.% (2003/2002) Volume	Var.% (2003/2002) Valor
Marítima	306.619,9	95,5	60.326,5	82,5	283.996,2	96,1	48.225,6	79,9	8,0	25,1
Aérea	190,6	0,1	4.744,2	6,5	406,9	0,1	4.720,9	7,8	-53,2	0,5
Terrestre	4.378,5	1,4	4.663,1	6,4	3.503,9	1,2	3.411,8	5,7	25,0	36,7
Rodoviária	3.952,5	1,2	4.495,8	6,2	3.218,4	1,1	3.281,4	5,5	22,8	37,0
Ferroviária	426,0	0,1	167,3	0,2	285,6	0,1	130,4	0,2	49,2	28,3
Fluvial	8.326,2	2,6	463,0	0,6	6.355,0	2,2	642,9	1,1	31,0	-28,0
Meios próprios (*)	1.559,0	0,5	2.683,0	3,7	1.274,0	0,4	3.212,7	5,3	22,4	-16,5
Linha de transmissão	28,8	0,0	203,3	0,3	26,4	0,0	145,9	0,2	9,4	39,3
Postal	0,0	0,0	1,1	0,0	0,2	0,0	2,0	0,0	-83,8	-46,2
Total	321.103,0	100,0	73.084,1	100,0	295.562,5	100,0	60.361,8	100,0	8,6	21,1

(*) Referem-se a vendas de navios ou aviões, consumo de bordo e comércio de fronteira.

FONTE: Secex/Sistema AliceWeb.

outras rotas. No entanto, a marinha mercante de longo curso se esvaiu e foi sucateada, levando consigo todo o setor industrial representado pela construção naval e indústrias de suporte. Não foi exatamente por falta de recursos, por existir o Fundo da Marinha Mercante (FMM), suprido pelo Adicional ao Frete para Renovação da Marinha Mercante (AFRMM).

Contribuíram para essa grave lacuna no crescimento da economia e falha na estratégia da ação externa competitiva, entre outros:

- A visão distorcida que levou à marginalização do desenvolvimento do país e a instabilidade no comércio exterior.
- A longa prevalência da visão monetária como fim, e não meio, para o crescimento econômico, e que induziu o congelamento e uso indevido dos recursos do FMM.
- O desconhecimento efetivo do funcionamento prático da marinha mercante.
- A exigência de condições de prazos, juros e garantias incompatíveis com a realidade da construção naval, no mundo, e a política de fretes.
- As obrigações trabalhistas e previdenciárias incompatíveis com a realidade do negócio marítimo e a prática vigente em outros países.
- Os custos internos.
- A inflexibilidade na prática de registros de navios, etc.

O soerguimento da marinha mercante é de especial importância, não só como instrumento de ação comercial mais agressiva na diversificação de mercados, como também do ponto de vista do balanço de pagamentos em Transações Correntes, em que as despesas com frete são bastante onerosas. Esse programa há que contemplar:

a) construção naval;
b) navegação de longo curso, de cabotagem e fluvial; e
c) portos.

a) Construção naval

A construção naval foi segmento importante da indústria brasileira, desativado por falta de encomendas. No momento, inicia-se processo de recuperação com as plataformas da Petrobras, e provável encomenda de navios. Também armadores privados retomam o interesse, desde que as condições sejam equiparadas àquelas do mercado internacional. As barreiras compreendem custos dos navios e forma de equalização, burocracia na concessão do financiamento; exigência de garantias e seguro de desempenho para os estaleiros, e taxa de juros, fixada entre 4% e 6%, quando se pretende 4%, para poder competir.

É preciso ter presente que navio operando no longo curso é instrumento de apoio à exportação e fonte de receita cambial de serviços, razão para apoiar essa atividade.

Cogita-se, para contornar alguns problemas, em utilizar-se o sistema de *leasing*, tal como ocorre na aviação. É alternativa realista, que pode facilitar a retomada da construção naval.

b) Navegação de longo curso, de cabotagem e fluvial

A reorganização e o fortalecimento da navegação de longo curso são medidas estratégicas para o comércio exterior, além do efeito cambial e de geração de empregos. Contudo, o problema da cabotagem talvez seja mais grave, porque:

- É difícil aceitar o fato de que, em um país com mais de 8,5 mil km de costa, o caminhão, com capacidade limitada de carga possa competir com o navio. Deve-se analisar o porquê dessa anomalia.
- A fragilidade da cabotagem e a burocracia que a envolve irão dificultar a existência de *hub port* ou "portos concentradores de carga", tendência inevitável no comércio mundial.
- O fortalecimento da cabotagem e dos armadores nacionais nesse segmento pode se transformar na base de sustentação para o soerguimento da navegação do longo curso.

Os incentivos fiscais às empresas brasileiras de navegação são considerados inexpressivos, se comparados aos concedidos pelos países desenvolvidos. Limitam-se ao transporte de cargas internacionais e resumem-se à isenção de PIS e Cofins sobre as receitas de frete auferidas no transporte de cargas internacionais, pelos navios inscritos no Registro Especial Brasileiro (REB), (Lei nº 9.432, de 1997) e isenção de Imposto de Renda (IR) sobre os lucros auferidos no transporte de cargas internacionais, quando a fonte pagadora do frete estiver sediada no exterior.

Quanto ao AFRMM, embora seja um instrumento de incentivo financeiro para amortização dos financiamentos concedidos para aquisição de navios brasileiros, cria, por outro lado, um ônus fiscal. As receitas do AFRMM revertidas às empresas brasileiras de navegação, quando utilizadas na amortização da parcela principal dos financiamentos, têm que ser lançadas numa conta especial de depreciação, que é acrescentada à conta convencional de depreciação, portanto, acelerando esse mecanismo e antecipando o prazo após o qual os navios atingem valor contábil nulo. A partir daí, esses ativos tendem a aumentar sua margem de lucro tributável.

Em realidade, o transporte de cabotagem é desprovido de qualquer incentivo direto e ainda é onerado pela incidência de ICMS. Além disso, há tratamento diferenciado para os preços de combustíveis para navios no transporte internacional e no transporte de cabotagem. Enquanto no primeiro caso o abastecimento goza de total isenção fiscal e é, dessa forma, equiparado à exportação, no caso da cabotagem há incidência total de impostos, agravados pela Cide-combustíveis, que são repassados ao preço final. Assim, frustrou-se a intenção do legislador ao equiparar os preços para os dois setores na Lei nº 9.132, de 1997, pois a equiparação se dá apenas na base, antes da aplicação dos impostos para a cabotagem.

Após a reforma tributária a situação se agravou. A Instrução Normativa SRF nº 381, de 2003, criou a obrigação para os usuários do transporte marítimo internacional de reter e recolher 1% da Contribuição Social sobre o Lucro Líquido (CSLL) sobre os fretes, por ocasião do seu pagamento, como antecipação da contribuição a ser paga pelas empresas brasileiras de navegação. Além do custo administrativo para o usuário quando contrata o transporte com empresa brasileira, esta ainda se obriga ao mecanismo de compensação. A mesma Instrução Normativa obriga também as empresas públicas, sociedades de economia mista e outras entidades da União a reter e recolher 9,45% sobre o valor do frete pago à empresa brasileira de navegação, a título de antecipação de impostos e contribuições federais a serem pagas por essas últimas. Mais uma vez, evidencia-se a desvantagem competitiva das empresas brasileiras de navegação em relação aos competidores estrangeiros, que não estão obrigados à imposição desse mecanismo na prestação dos serviços de transporte marítimo.

Finalmente, a Instrução Normativa SRF nº 387, de 2004, criou a obrigação, para as empresas brasileiras, de preenchimento trimestral de controle de arrecadação das contribuições sociais, o Demonstrativo de Apuração de Contribuições Sociais (Dacon). Mais uma despesa administrativa que não é imposta ao competidor estrangeiro.

Essa minirreforma tributária agravou a desvantagem competitiva das empresas brasileiras no transporte internacional e onerou, ainda mais, o transporte de cabotagem. Observa-se que as empresas brasileiras inseridas nos dois segmentos – longo curso e cabotagem – tiveram suas desvantagens potencializadas, elevando seus custos. A antecipação de receitas fiscais para posterior compensação, ao fim de cada exercício, é uma forma de impor aumento temporário de carga tributária, e essa é a situação a que estão submetidas as empresas brasileiras de navegação, após as recentes alterações na legislação e sua correspondente regulamentação.

A Lei Complementar nº 116, à Constituição Federal, autorizou os municípios a expandir a base de cobrança do ISS, incluindo o agenciamento marítimo, a operação portuária e o apoio portuário. Além do aumento direto da carga tributária marítima, essa lei afeta o frete marítimo, de forma negativa, nos diversos tráfegos que respaldam o intercâmbio comercial brasileiro e também o frete de cabotagem.

O transporte aquaviário, para alcançar a dimensão e a eficiência desejadas e necessárias à integração e crescimento econômico do país, depende, preliminarmente, de um conjunto de propostas, dentre as quais ressaltam aquelas apresentadas pela Câmara de Logística Integrada da AEB:

- Adotar normas e procedimentos trabalhistas apropriados à realidade da navegação, principalmente tendo em vista a prática internacional, na qual estará inserida.
- Desonerar a atividade por se tratar de exportação direta ou indireta de serviços.
- Reduzir o elevado custo portuário, que está afetando a eficiência do setor de navegação.
- Minimizar os procedimentos legais, em todas as formas de navegação. A burocracia que envolve as atividades do setor induz ao consumo excessivo de tempo e recursos, comprometendo o desempenho do transporte marítimo, principalmente o da cabotagem.
- Simplificar a documentação para movimentação e despacho das cargas, principal dificuldade para a implantação, de fato, do operador de transporte multimodal (OTM).
- Uniformizar os procedimentos legais, no âmbito dos órgãos governamentais nos portos.
- Implementar a transmissão eletrônica de dados relativos ao B/L. O B/L é assinado no porto de embarque pelo agente do armador, sendo, na verdade, emitido pelo exportador. A sugestão é que se permita ao

agente marítimo emitir, no porto de destino, BL's e Manifestos de Carga, ou ainda Cartas de Correção. Esse procedimento agilizaria muito o processo, tornando possível a entrega de toda a documentação à Receita Federal com antecedência de 48 horas e a correção de qualquer documento até seis horas antes da atracação do navio.
- Agilizar o *transhipment*. Hoje a tramitação de documentos é lenta, havendo necessidade de autorização de descarga/embarque nos portos concentradores, o que inviabiliza o *feeder*, além de induzir custos mais altos. Tornar o trâmite documental mais ágil, mediante a simples comunicação do agente de navegação marítima ao operador portuário/Receita Federal, eliminando a necessidade da autorização para embarque/descarga. Exemplo: ao sair de seu porto de origem em direção ao *hub*, a carga já terá sido despachada, com os impostos pagos. Ao chegar ao *hub*, a descarga/embarque será automática ou haverá transferência para terminal alfandegado, para posterior embarque.
- Cumprir o determinado na Lei nº 9.432, de 1997, artigo 12, de que sejam extensivos às embarcações que operam nas navegações de cabotagem, apoio marítimo e apoio portuário, os preços de combustível cobrados às embarcações de longo curso. Em desrespeito ao que determina a lei, atualmente incidem sobre o preço dos combustíveis das navegações de cabotagem, apoio marítimo e apoio portuário, o ICMS, o PIS e a Cofins. Além disso, foi criada pela Lei nº 10.336, de 2001, a Contribuição de Intervenção no Domínio Econômico (Cide), que passou a acrescer, também, os preços dos combustíveis para abastecimento das referidas navegações, a partir de 1º de janeiro de 2001. Por se tratar de uma operação de exportação, o abastecimento das embarcações que operam no longo curso fica isenta dessa contribuição, aumentando o desequilíbrio nas condições de competitividade. É de se fazer valer a legislação que determina que devem ser iguais os preços praticados para o fornecimento de combustíveis às navegações de longo curso, cabotagem, apoio marítimo e apoio portuário, retirando do preço cobrado aos três últimos segmentos as cargas relativas ao ICMS, ao PIS, à Cofins e à Cide.
- Permitir a utilização da conta vinculada do armador para compensar os custos operacionais, mais elevados para as empresas brasileiras de navegação. Os custos operacionais das empresas brasileiras são superiores aos das empresas estrangeiras (exemplo: encargos sociais e

tributos incidentes sobre o combustível da cabotagem). Atualmente, a conta vinculada é utilizada, principalmente, para cobrir despesas referentes a custos de capital. Em face das conhecidas distorções nos custos operacionais, que colocam o navio brasileiro em condições desvantajosas de competição, sugere-se que a conta vinculada seja também utilizada para contrabalançar tais distorções, restringindo-se, porém, sua aplicação ao setor de marinha mercante.

c) Portos

No universo dos problemas e ineficiências da logística integrada dos transportes para a competitividade brasileira, aqueles no âmbito portuário são talvez os mais graves e onde as resistências à modernização estão mais presentes. Isso decorre da visão deformada e histórica de que os portos sempre foram considerados um fim em si mesmo, e não instrumento do navio e da carga. Resulta daí suas quatro características tradicionais: estatização, segurança nacional, base político-sindical, e excesso de órgãos governamentais intervenientes e presentes: marinha, transportes, fazenda, trabalho, previdência, saúde, agricultura, meio ambiente etc.

É preciso, como ação inicial, para se construir uma política portuária nacional capaz de transformar o porto em forte instrumento indutor da integração nacional e da ampliação do comércio interno e externo, desmistificar o segmento porto, retirando as conotações de interveniência política, pela desestatização da sua administração.

A Lei nº 8.630, de 1993, foi um passo importante para a privatização, mediante arrendamento de instalações e de terminais em áreas existentes nos portos. Houve expressiva melhora da produtividade: a tonelagem embarcada registrou aumento de 53% e a movimentação de contêineres 218%, com redução nos custos e danos às cargas. Esse processo modernizador foi retrasado com a inclusão dos portos no âmbito da Agência Nacional de Transportes Aquaviários e com a visão de administração portuária politizada.

A Comissão Portos – organização integrada por 46 entidades privadas brasileiras – define seis problemas a serem solucionados: administração dos portos, mão-de-obra avulsa, contratos de arrendamentos, investimento, bioterrorismo e burocracia.

A Comissão aprovou a seguinte definição de uma política portuária para o país:

Princípios orientadores

A Política Portuária Nacional deveria se fundamentar nos seguintes princípios, para permitir a consolidação e complementação da reforma iniciada com a Lei nº 8.630/93:

- Estímulo permanente à participação da livre iniciativa nos investimentos e nas atividades portuárias;
- Redução da interferência governamental, racionalizando a regulação e os processos burocráticos que incidem sobre as atividades portuárias;
- Eliminação do oneroso sistema de licitação financeira para arrendamento de áreas e instalações, substituindo-o por seleção da proposta que contiver compromisso com tarifas menores e maior produtividade;
- Administração do porto autônoma, ágil e com foco no mercado; e
- Obras de infra-estrutura de acessos terrestres e aquaviários – particularmente as dragagens – asseguradas pelo governo federal.

Objetivos principais

A formulação da Política Portuária Nacional tem como metas fundamentais:

- Dotar o país de um sistema portuário eficiente, ágil, flexível e com qualidade e preços competitivos.
- Assegurar a continuidade da implementação da Lei nº 8.630 e a preservação de seus princípios e disposições.
- Orientar a atuação da agência reguladora, que deve se pautar pela implementação da política governamental para o setor, pelo estímulo e segurança ao investidor e pela defesa do usuário.
- Reequipar e informatizar os portos como forma de aumentar a produtividade e a eficiência dos serviços e reduzir os custos, com linhas de crédito para os investimentos similares às ofertadas para as exportações e sem ônus tributários sobre os equipamentos e tecnologias, inclusive os importados.
- Remover os obstáculos e os custos que impedem as operações de transbordo para angariar mais cargas, estimular o transporte de cabotagem, as operações de *feeder service* e o uso mais intensivo da navegação interior.
- Formar e divulgar uma cultura portuária, inclusive junto às entidades de classe e universidades, com ênfase na sua importância como ele-

mento fundamental ao desenvolvimento nacional por constituir atividade criadora de riqueza, catalisadora de empreendimentos e geradora de empregos.

Na organização administrativa dos portos

É da maior importância que seja promovida, pelo governo federal, a extinção das Companhias Docas e entidades similares, e a criação, em seu lugar, de novas entidades adaptáveis às crescentes exigências do comércio internacional. Essas entidades devem ter modelo jurídico diferente dos atuais, atuação e visão voltadas para os objetivos econômicos e comerciais do porto, e devem observar as seguintes condições:

- Reafirmar a primazia e importância dos Conselhos de Autoridade Portuária (CAP's) no planejamento, administração e coordenação dos assuntos que envolvam a administração do porto.
- Estrutura orgânica, restrita ao mínimo necessário para o cumprimento de suas funções comerciais e administrativas.
- Administradores profissionais aprovados pelo CAP, independentes (político-partidária e empresarialmente), comprometidos com o desempenho comercial do porto e dotados de visão de conjunto sobre o papel econômico do porto, competindo-lhes assegurar uma adequada infra-estrutura física nos acessos, especialmente o aquaviário.
- Fomentar a livre competição no setor, a atração de investidores e o desenvolvimento tecnológico dos portos orientado para a obtenção de eficiência e de produtividade crescentes.
- Promover a integração do subsetor portuário ao sistema nacional de transportes.

Nas questões da mão-de-obra avulsa

As alterações tecnológicas que vêm ocorrendo no setor portuário requerem as seguintes providências:

- Fortalecer o Órgão de Gestão de Mão-de-Obra (OGMO) do trabalho portuário avulso como um departamento de recursos humanos, administrador, fornecedor de trabalhadores e de treinamento e desenvolvimento de pessoal.
- Promover, em cada porto, anualmente, estudos de dimensionamento do contingente de mão-de-obra necessário, em função das características operacionais dos terminais ali existentes.

- Estimular a negociação direta entre capital e trabalho para o estabelecimento de novas convenções e acordos de trabalho.

A burocracia nos portos é tão ou mais negativa que a administração politizada. São vários órgãos do governo que atuam isoladamente, com normas e visão próprias, onerando o porto em si, a empresa de navegação e, sobretudo, o usuário da carga. Constituem medidas prioritárias racionalizar a burocracia e uniformizar os procedimentos legais, pela integração dos diferentes órgãos, principalmente, Secretaria da Receita Federal, Ministério da Agricultura, Pecuária e Abastecimento e Ministério da Saúde.

Novo problema surge com a entrada em vigor, em 1º de julho de 2004, em todo o mundo, do *ISPS Code*, Código Internacional de Segurança de Navios e Instalações Portuárias, a ser adotado pelos 162 países que integram a Organização Marítima Internacional (IMO). No Brasil devem ser certificados 54 portos e 200 terminais privativos. Surgem novos problemas na área portuária que, provavelmente, redundarão em maiores custos para as exportações. Os problemas decorrentes seriam a necessidade de elevados recursos para investimentos, a cobrança de taxa, a falta de uniformidade na interpretação dos critérios de avaliação de riscos do ISPS e a dificuldade de diálogo e entendimentos entre terminais portuários e os órgãos governamentais responsáveis.

2) Transporte multimodal e contêineres

a) Multimodalismo

Multimodalismo é o sistema que permite a utilização de dois ou mais transportes, de forma integrada, buscando, no menor tempo, com menos burocracias e menor custo, colocar a mercadoria do estabelecimento do produtor no depósito do importador ou comprador. Sua importância no comércio internacional é vital à competitividade. No mercado interno, em país continental como o Brasil, é determinante para o abastecimento, a redução de custos e preços, além de fortalecer a capacitação competitiva do produto nacional *vis-à-vis* o importado, logo, fator de estímulo à produção e ao emprego. No intercâmbio sub-regional no continente, poderá ser indutor de maior integração e fortalecimento na conquista de mercados.

As principais barreiras internas à implantação do multimodalismo são:

- Exigência do ICMS sobre fretes, em transporte de cargas segmentado, na exportação, embora lei complementar determine a não inci-

dência. A desoneração depende de convênio no âmbito do Confaz, que aguarda aprovação desde março de 2001. A incidência onera a exportação em 1% a 2% do valor FOB.
- Exigência de apólice de seguro, que inviabiliza o registro obrigatório dos Operadores de Transporte Multimodal (OTM), no Ministério dos Transportes. Aguarda-se a decisão final da ANTT para encaminhamento de proposta de decreto, abolindo o seguro prévio obrigatório para o registro.
- Autorização para o OTM representar o importador e/ou exportador, perante a Secretaria da Receita Federal, como previsto na legislação em vigor, dependente de ato normativo daquela secretaria.
- Ausência de regulamentação dos aspectos aduaneiros que envolvem os países do Mercosul, impossibilitando a atuação do OTM no comércio intra-regional.

b) Contêineres
Devem ser revistos os procedimentos a seguir, que encarecem a utilização de contêineres:

- Taxação do AFRMM no reposicionamento de contêineres vazios do exterior para o Brasil, a fim de suprirem os embarques da exportação.
- Retenção dos contêineres com cargas sob suspeição de irregularidade.

É fundamental, ainda, a aprovação da não-incidência do ICMS no transporte rodoviário de contêineres vazios, a serem utilizados na exportação, em pontos do interior do país.

3) Transportes terrestres
É o segmento interno de transporte mais importante no país, mas com reduzida participação externa. Em 2003, participou com apenas 1,4% da tonelagem exportada e 6,6% da importada. Quanto ao valor, sua participação foi de 6,4% e 6,2%, respectivamente (Tabela 9).

Segundo a Associação Nacional do Transporte de Cargas e Logística (NTC), em torno de 63% da carga exportação/importação brasileira de/para a América do Sul é transportada pelo modal rodoviário. Desse total, 67% são realizados por empresas brasileiras, isto é, cerca de 42% do total de cargas rodoviárias.

Esses dados refletem três realidades. A primeira é a reduzida participação brasileira nas importações da América do Sul, ainda em torno de 10%, injustificável diante das preferências comerciais existentes; a segunda, a fragilidade da infra-estrutura de interligação na região; e a terceira, as dificuldades operacionais no transporte rodoviário.

Resumidamente, os problemas que afetam o setor e se constituem, também, em barreiras internas à exportação, são:

- Frota envelhecida, aumentando a concorrência predatória. O programa Moderfrota anunciado pelo governo não atende às necessidades do setor.
- Empresa que opera no segmento do transporte internacional não é considerada exportadora de serviços, sendo impedida de operar as linhas de crédito destinadas à exportação.
- Postos de fronteira funcionam no período das 7h às 19h, de segunda a sexta-feira, exceto sábados, domingos e feriados, implicando custos pela paralisação dos veículos ou despesas, sob a forma de taxas cobradas pelos serviços em horários não hábeis e em dias não úteis. Pleiteia-se que esses postos funcionem 24 horas por dia e 365 dias por ano.
- Problemas relativos ao transporte rodoviário com origem e destino em território brasileiro, de mercadoria destinada à exportação, que está sujeita à incidência do ICMS. Aguarda-se aprovação do Confaz da desoneração do imposto, desde 2001.
- Problemas relativos à segurança rodoviária: pesos, dimensões, roubos, falta de harmonia com a legislação dos países do Mercosul etc.

Em síntese, segundo a entidade setorial, a NTC, deve ser desenvolvido e implementado um programa de modernização do setor, contemplando:

- Renovação da frota, com condições adequadas de financiamento.
- Acesso a novas tecnologias.
- Modernização do parque de informática das empresas do setor.
- Incentivo à fusão de empresas.
- Incentivo à participação controlada de investimentos estrangeiros.
- Financiamento de terminais de cargas em grandes centros.
- Redução da carga tributária.
- Segurança rodoviária, fundamental para reduzir as elevadas despesas com seguros.
- Melhoria e ampliação das rodovias de integração na América do Sul.

4) Transporte ferroviário

Participa com apenas 0,1% da tonelagem e 0,2% do valor. Trata-se de setor privatizado, em início de recuperação. Apenas como referência, a produtividade da rede nacional corresponde a 30% do sistema norte-americano, e a velocidade média dos trens é de 23 km/h, contra 80 km/n nos Estados Unidos.

5) Transporte aéreo

É atividade em expansão, embora com baixa participação na tonelagem comercializada, ocupando o 2º lugar em valor transportado, tanto na exportação, com 6,5%, como na importação, com 23,7% (Tabela 9).

As principais características do transporte aéreo decorrem da necessidade de urgência na entrega da mercadoria, ou de seu elevado valor unitário, que requerem rapidez e segurança. É, pois, um modal de custo elevado por si só, razão por que não deve ser onerado com exigências ou práticas burocráticas.

Como exemplo de barreiras internas ao setor, cite-se o pleito da Junta de Representantes das Companhias Aéreas Internacionais no Brasil (Jurcaib) de modificação de procedimentos aduaneiros nos despachos de exportação, regulados pela Instrução Normativa SRF nº 028, de 1994, alterada pela Instrução Normativa SRF nº 354, de 2003, que conflitam com a convenção de Chicago, da qual o Brasil é signatário. Exemplificando, a maior parte dos vôos para o exterior está concentrada nos terminais do Rio de Janeiro e de São Paulo, contudo, grande parte das exportações tem início em outros estados, situados no território aduaneiro, determinando a utilização de regime especial de trânsito aduaneiro de exportação para embarque aéreo.

O despacho de exportação ocorre na unidade de origem da mercadoria, através do Siscomex, e uma vez concluído o trânsito:

- Não existe a possibilidade de ser alterado o local de embarque ao exterior.
- É impossível.
- Modificar um trânsito diferente do inicialmente previsto.
- Reiniciar o trânsito concluído.
- A empresa trabalhar com mais de duas unidades da aduana, dentro do território aduaneiro, por falta de previsão na IN SRF nº 028/94 e do sistema vigente.

No caso de impedimento do vôo da aeronave, seja por problemas técnicos ou de outra natureza, fica impossibilitada qualquer alteração na Declaração para Despacho de Exportação (DDE), restando duas opções:

- Reiniciar todo o processo de desembaraço aduaneiro; ou
- Retornar a carga a sua origem, para reiniciar o despacho de exportação.

Perdem o exportador, o transportador e o país. O curioso é que, no trânsito de importação, as normativas e o próprio sistema permitem superar os entraves; no Mantra, existe espaço para o transportador modificar os pontos que possibilitam cumprir o contrato de transporte, mas, na exportação, não há tal facilidade, impondo-se dificuldade burocrática, que se transforma em barreira interna.

Outro problema no transporte aéreo se refere à exigência, em Guarulhos, de que a carga, ao chegar ao local de embarque para o exterior, deve ser *necessariamente* armazenada, e determinado o seu confinamento ao fiel depositário, na maioria das vezes a Infraero, arcando a empresa aérea com as despesas de armazenagem. Essa "exigência", passível de se estender a outros aeroportos, prevalece mesmo com previsão de vôo em prazo exíguo.

Finalmente, dois tributos oneram as exportações por esse modal:

- A taxa de armazenagem, cobrada pela Infraero, com base *ad valorem* e referenciada ao dólar.
- O Ataero, adicional cuja receita se destina à construção e à melhoria de aeroportos, de 50% sobre todas as tarifas aeroportuárias incidentes sobre as cargas, aeronaves e serviços de auxílio aeronáutico.

6) Remessas expressas (*courrier*)

Trata-se de serviço de grande importância para envio urgente de pequenas encomendas, amostras, documentos, plantas etc., que, segundo a Associação Brasileira das Empresas Courrier (Abraec), possui duas deficiências que necessitam ser equacionadas:

- Desburocratizar os procedimentos regulamentais aduaneiros das remessas expressas.
- Permitir remessas expressas também por via terrestre, no caso do Mercosul.

O setor expressa, ainda, preocupação com o Projeto de Lei nº 1491/99, referente ao novo ordenamento da lei postal, que prevê o monopólio da

Empresa Brasileira de Correios e Telégrafos (ECT) na remessa de documentos. Se aprovado nos termos do texto em tramitação, criará expressivos problemas para a exportação brasileira, cujos documentos devem chegar, ao exterior, em mãos do importador, antes da mercadoria.

AÇÃO EXTERNA COMPETITIVA[10]

A formação dos preços de competição, ou competitividade, conforme salientado, é sustentada basicamente em dois pilares: ações estruturais e ações corretivas setoriais, mas se consolida e se encerra com ação de apoio externo comercial e negocial.

Na prática, os mercados externos estão todos ocupados, isto é, para qualquer demanda haverá sempre um ofertante de qualquer mercadoria. A ação externa de comercialização implica, tecnicamente, o esforço de qualidade e eficiência para deslocar concorrentes e transformar os espaços de mercado em *cativos*, no menor tempo possível. *Para que haja condição para a ocupação de espaço de mercado, são necessárias visão clara da importância estratégica em dominar os instrumentos da comercialização, construção da base de atuação, implantação de eficiente sistema de informação comercial e vigorosa ação negociadora externa.*

Essa preocupação com a ação externa comercial e negocial, que sempre foi importante, tornou-se fundamental nos dias presentes, diante das modificações que vêm ocorrendo no âmbito mundial, focadas, principalmente, em três vertentes:

- Crescente preferencialização e normatização do comércio mundial.
- Ampliação do processo de fusões de empresas e acordos interempresas, induzindo a prática da "fragmentação".
- Protecionismo presente em países desenvolvidos, que aos poucos sai do espaço formal comercial para as exigências tecnológicas e ambientais e caminha para constituir-se em decisões de grupos interligados.

É preciso ter presente que a maior parte do comércio mundial se realiza intra-empresas. Com o fortalecimento da comercialização externa, torna-

---

[10] Conceitos básicos constantes de:
- Moreira, Benedicto Fonseca. "Uma política de comércio exterior como base de sustentação do desenvolvimento econômico e social".
- Notas e Recomendações do XVII ENAEX

se crucial na competição. Entretanto, é nesse ponto que o Brasil tem dado demonstração de fraqueza, devido a barreiras e fatores de procedimentos internos. São três os principais fatores de inibição da ação externa:

Fatores preliminares e de apoio:

- A imagem do país, das suas instituições e sua estabilidade.
- A imagem e a confiabilidade da empresa, em honrar compromissos.

Nesses aspectos, o Brasil ainda tem um longo caminho a percorrer, embora tenha melhorado em outros. As greves de órgãos governamentais que atuam na exportação, por exemplo, Anvisa, Ministério da Agricultura, Receita Federal, Polícia Federal etc., são altamente negativas à confiabilidade no país.

Fatores para a construção da base de atuação:

- Eficiente estrutura de transportes, por qualquer via, o que ainda não se conseguiu, conforme analisado.
- Vendas na modalidade CIF, DDP (*Door-to-Door*) e outras previstas nos Incoterms, que aproximem mais o exportador do comprador. Essa realidade primária é obstada pela absurda incidência do imposto de renda na fonte sobre as remessas para cobrir despesas locais, no exterior, não tributárias, embora tais encargos sejam imediatamente ressarcidos com pagamento da venda ao exterior, sendo, na prática, imposto sobre a exportação.
- Celebração de contratos de fornecimentos em médio e longo prazo, de produtos agropecuários e do setor mineral-metalúrgico. São contratos raros, limitados pela incerteza na manutenção de regras em longo prazo.
- Abertura de sucursais ou rede de importação e venda de produtos nacionais. Os problemas repousam nas dificuldades de financiamento, nas remessas para investimentos, inclusive registros de marcas, no exterior, também sujeitos a incidência do imposto de renda.
- Fortalecimento de empresas transitárias, isto é, aquelas em condições e com capacitação para cuidar da mercadoria, desde a embalagem no estabelecimento do produtor até a entrega no estabelecimento do importador. Criou-se, no Brasil, em época recente, a figura do Operador de Transporte Multimodal (OTM), que pode exercer essas fun-

ções, desde que se consiga superar as dificuldades burocráticas relativas à aprovação definitiva do Conhecimento Único de Transporte Multimodal de Cargas, dependente do seguro de responsabilidade civil do OTM e da não-incidência do ICMS sobre os diferentes modais.
- Adoção, pelas empresas exportadoras, de normas técnicas e de gestão de qualidade, evitando-se restrições externas, além de capacitar a empresa nacional a ser aceita na sofisticada demanda dos países desenvolvidos. A normatização e a qualidade devem ser de alta prioridade para o governo, inclusive com financiamentos, a custos competitivos, para adequação das empresas nacionais. A qualificação nesse campo é importante, não apenas para facilitar a entrada em determinados mercados, podendo atuar, também, como barreira contra concorrentes em terceiros mercados e, sobretudo, barreira na importação, em competição com o produto nacional similar.
- Multipolarização de mercados, que minimize os eventuais efeitos de restrições circunstanciais de países específicos.

Fatores de ação de apoio externo:
A partir do momento em que, por necessidade ou por pressão diante de uma nova realidade, o Estado nacional cede parte da sua soberania, assumindo compromissos internacionais que consolidam a abertura da sua economia, fica na obrigação de sair da tradicional acomodação permitida e estimulada pelo poder de ação unilateral de defesa, para posição agressiva e com visão estratégica, em:

- Ação externa para facilitar e promover as exportações:
  – ação permanente negocial de tarifas;
  – ação negocial para a eliminação de barreiras não tarifárias;
  – ação para a facilitação de negócios, com orientação sobre normas e burocracias;
  – ação para a canalização de investimentos e transferência de tecnologias;
  – ação e organização para a captação de informações estratégicas necessárias e de interesse do exportador e do investidor nacional;
  – reorganização da promoção comercial, como instrumento de apoio à ação exportadora nacional; e
  – implementação de medidas para apoiar e facilitar a organização de rede externa de comercialização de produtos nacionais.

- Política de defesa da produção nacional *vis-à-vis* compromissos internacionais:
  – desburocratização radical da ação pública sobre o sistema produtivo;
  – racionalização e simplificação do sistema tributário, adaptando-o ao novo ambiente internacional;
  – sucessivos avanços na absorção e incorporação de tecnologias pelo sistema produtivo;
  – saltos na qualidade dos produtos;
  – integração da logística de transportes, amparada em acentuada redução dos custos e simplificação operacional; e
  – revisão do sistema de importação, adaptando-o às normas administrativas, processuais e de proteção admitidas pela OMC.

AS BARREIRAS À EXPORTAÇÃO DE SERVIÇOS

A exportação mundial de serviços comerciais alcançou, em 2003, cerca de US$ 1,7 trilhão, sendo que a América Latina participou com apenas US$ 60 bilhões (3,4%) e o Brasil com US$ 10,5 bilhões (0,5%).

Essa reduzida presença externa na venda de serviços indica visão distorcida sobre o comércio exterior, que limita e concentra o esforço exportador no campo das mercadorias. Explica, por outro lado, a vulnerabilidade externa estrutural presente no país há 50 anos. Mesmo com esse histórico, ainda se acredita na possibilidade de eliminar o déficit em "transações correntes", apenas com superávits comerciais.

TABELA 10
EXPORTAÇÃO DE SERVIÇOS – 2003
(US$ BILHÕES)

Serviços	Exportação Valor	Part. %
Mundo	1.763	100
América Latina	60	3,4
Mercosul	15	0,8
Outros	45	2,5
Brasil	**10,5**	**0,5**

FONTE: Brasil, Bacen; demais, OMC.

Em que pese a enorme importância do setor de serviços para a geração de empregos e de superávits auto-sustentáveis do balanço de pagamentos em Transações Correntes, a nossa posição é de fragilidade, expressa na acumulação de elevados déficits, exceto em 2003, por fatores conjunturais. É difícil prever-se a possibilidade de expressiva redução do déficit da conta "rendas". A essa realidade negativa soma-se a instabilidade no superávit da balança comercial, embora, no momento, beneficiada com os preços favoráveis das *commodities*, na exportação, e com a queda decorrente da recessão da economia, na importação. Esse quadro realista de instabilidades terá de ser superado, não somente com base em elevados superávits comerciais incertos, mas, sobretudo, com esforço do governo na adoção de firme política de apoio à expansão das exportações de serviços, hoje prioritária em todos os países.

A conta "serviços" vem registrando crescimento das exportações, mas mantendo déficits que precisam ser revertidos. Existem importantes trabalhos de entidades de classe mostrando as dificuldades na exportação, inclusive, recentemente, sobre as exportações de serviços de engenharia.[11] São dezenas de setores que poderiam estar gerando mais emprego e receita cambial, mas que estão inibidos ou limitados por três fatores principais: subjetivos, informativos e operacionais.

A eliminação da vulnerabilidade externa, auto-sustentável, devido ao déficit estrutural do "balanço de pagamentos em transações correntes", depende não só de esforço para a manutenção do superávit comercial, mas também, como ação determinante, da extinção do tradicional déficit na conta "serviços", e do apoio à ampliação das remessas de imigrantes brasileiros.

Fatores subjetivos estão compreendidos na visão deformada do poder público, que marginaliza o setor de serviços, como um todo, apesar de ser o único com capacidade para absorver o excedente da mão-de-obra dos setores agropecuário e industrial, ao tempo em que também nele repousa a efetiva possibilidade de alcançar-se equilíbrio ou superávits auto-sustentáveis no Balanço de Pagamentos em "transações correntes".

Fatores informativos passaram a ter importância determinante diante da aculturação do governo, em relação ao segmento. É fundamental massificar a informação sobre o que são os serviços e a sua importância

---

[11] LCA Consultores. "Subsídios para uma política de exportação de serviços de engenharia". 2003.

no mundo e no país. Abrir e divulgar as estatísticas dessas exportações parece o caminho inicial para a conscientização dos problemas e a valorização da atividade. A criação do Siscomex de Serviços, como ação inicial, de importância ímpar em negociações internacionais, ora presentes, é medida que se impõe com prioridade.

TABELA 11
BALANÇO DE PAGAMENTOS
(US$ MILHÕES)

Transações Correntes	1990	1995	1998	1999	2000	2001	2002	2003
	-3.785	-18.384	-33.416	-25.335	-24.225	-23.214	-7.718	4.051
Balança comercial	10.753	-3.466	-6.575	-1.199	-698	2.650	13.121	24.824
Exportações	31.414	46.506	51.140	48.011	55.086	58.223	60.362	73.084
Importações	20.661	49.972	57.715	49.210	55.784	55.573	47.241	48.260
Serviços e rendas	-15.369	-18.541	-28.299	-25.825	-25.048	-27.502	-23.229	-23.640
Serviços	-3.596	-7.483	-10.111	-6.977	-7.162	-7.759	-5.038	-5.088
Receitas	3.752	4.929	7.897	7.194	9.498	9.322	9.606	10543
Despesas	7.348	12.412	18.008	14.171	16.660	17.081	14.644	15.631
Rendas	-11.773	-11.058	-18.188	-18.848	-17.886	-19.743	-18.191	-18.552
Receitas	1.158	3.369	4.599	3.935	3.621	3.280	3.295	3.339
Despesas	12.931	14.427	22.787	22.783	21.507	23.023	21.486	21.891
Transferências unilaterais correntes	831	3.623	1.458	1.689	1.521	1.638	2.390	2.867
Receitas	873	3.861	1.815	1.969	1.828	1.934	2.627	3.132
Despesas	42	238	357	280	307	296	237	265

FONTE: Bacen.
ELABORAÇÃO: AEB.

Fatores operacionais dizem respeito a medidas práticas de apoio, facilitação e estímulo à exportação. Não se trata de subsidiar, apenas não agravar, dando ao empresário de serviços condições similares às disponibilizadas aos concorrentes no exterior. O setor de serviços é muito amplo e abrangente, com modais definidos pela OMC. Os problemas podem ser resumidos em três fatores: a irracional e imensa burocracia, o sistema tributário antidesenvolvimento, e as condições impróprias de financiamento.

Não há política, ou sequer esforço, para avaliar esses três limitadores, que represam o potencial de serviços do país. Menos ainda qualquer iniciativa que vise à coordenação para equacionar e superar os fatores inibidores.

Não cabe, naturalmente, discutir cada uma das dezenas de setores de serviços e seu potencial, passíveis de dar tranqüilidade à política econômica e ao crescimento do país, citando-se apenas quatro, com maior potencial de impacto positivo nas contas externas, que são: turismo; fretes; manifestações artísticas, culturais e esportivas; e serviços de engenharia.

Turismo
Em que pese o extraordinário potencial brasileiro, o turismo defronta-se com importantes limitações, como imagem negativa quanto à segurança; despreparo das pessoas no trato com o turista; orientação e apoio inadequado, inclusive em aeroportos e hotéis; escassez de informações corretas etc. O Brasil "vende" sol e natureza. Precisa ser competente para concorrer com o Caribe, a América Central, o Mediterrâneo e outros. Tenha-se presente que o turismo é fator decisivo para as contas externas de países como México, Espanha, França, Itália etc., e importante inclusive para os Estados Unidos.

Fretes
A conta Fretes, no balanço de pagamentos, é fortemente deficitária. Inúmeros fatores contribuem para essa situação, como citado no tópico "logística integrada de transportes". Reduzir o déficit de fretes é medida de importância destacável para as contas externas, e indicação de coerência na política de comércio exterior.

Manifestações artísticas, culturais e esportivas
Trata-se de segmento dos mais ricos e de grande poder no país, mas que não é potencializado em termos de exportação, com visão de política integrada e permanente. Política que, além de beneficiar grande contingente de pessoas, contribui para a valorização humana, a melhora do humor, para incutir auto-respeito na população; propagar favoravelmente o país no exterior e gerar receita cambial. Os problemas se resumem em organização, vontade, tributação e, em alguns casos, reduzido financiamento.

Serviços de engenharia
De importância estratégica em nossa ação externa, a engenharia brasileira, de reconhecida competência, está presente na Europa, na África, no Oriente Médio, nos Estados Unidos e na América Latina. Com grande

esforço e competindo com as maiores empresas do mundo, respaldadas pelos respectivos governos, contribuem com cerca de US$ 1 bilhão de exportações, não obstante as dificuldades impostas pelo governo brasileiro.

As vendas externas de serviços de engenharia podem, rapidamente, atingir a US$ 4 bilhões ou US$ 5 bilhões, com ações preponderantemente na América Latina, cujas importações de serviços, excluindo o Brasil, somam cerca de US$ 50 bilhões, com expressiva participação de obras públicas. O Brasil, através de suas empresas de engenharia, tem participação ínfima, estimada em apenas 5% das importações regionais de serviços. Seria de se indagar o porquê dessa baixa participação nas obras, bem como no fornecimento de mercadorias para a América do Sul, em que responde por apenas 10% do total importado. Naturalmente, as duas realidades se interligam.

A presença da engenharia brasileira na região é obstada pelo viés anti-serviços; pela absurda crença de que esse setor não gera empregos; pela burocracia; pela deformação do sistema tributário; e pelas condições inadequadas de financiamentos.

Por outro lado, também as exportações de mercadorias para a região são baixas, em que pese a imensa fronteira terrestre, em razão de inexistir política direcionada, com visão estratégica, para a maior ocupação econômica dos espaços vazios, em direção aos países vizinhos. A reversão desse quadro depende da construção de intercomunicação terrestre com esses países, de modo que a relação comercial passe a ser ação natural, criando-se salutar interdependência. A integração econômica depende da integração física.

O Brasil tem competência técnica, engenharia capacitada e pode captar recursos para empreendimentos voltados à interligação sul-americana. Falta, no entanto, apoio consistente do governo para maior presença da engenharia brasileira no exterior, em particular na América Latina, e com ênfase na América do Sul.

Para construir, pragmaticamente, agenda positiva, como alicerce de política auto-sustentável de exportação de serviços de engenharia, baseada na realidade da competição internacional, deve-se ter presente as seguintes verdades:

- Sua relevância para o desenvolvimento econômico e social, porque gera empregos nas empresas de engenharia, na indústria, no comércio, nas pequenas e médias empresas etc. São gerados 19,2 mil em-

pregos para cada US$ 100 milhões de exportações,[12] o que leva a pressupor 192 mil empregos diretos e indiretos para as exportações de serviços atuais, de cerca de US$ 1 bilhão. Projetando-se para a intenção de exportações de US$ 4 bilhões por ano, cria-se expectativa de quase 800 mil empregos, caso haja apoio do governo.
- Ser crescente a sua participação no comércio mundial, e, inserida no módulo "serviços", é destaque nas negociações internacionais.
- Concorre para o amortecimento dos choques sociais, por absorver a mão-de-obra "expulsa" da agropecuária e da indústria, por motivos tecnológicos.
- É fundamental para o maior equilíbrio do balanço de "transações correntes".
- É fator de sustentação de grande quantidade de empresas micro, pequenas e médias, subcontratadas na área dos diferentes segmentos da engenharia, em outros serviços, e na indústria.
- Gera encomendas à indústria nacional e forma canais cativos para a exportação de mercadorias.
- Cria imagem positiva no exterior, que valoriza o país e seus produtos, e projeta influência política.

O mercado mundial de serviços de engenharia é estimado em cerca de US$ 400 bilhões anuais, representando 22% do total de serviços comerciais. O potencial da América Latina, segundo o setor, seria de algo como US$ 10 bilhões a US$ 12 bilhões por ano.

Para a maior participação brasileira no mercado de serviços, algumas medidas – muitas já discutidas e de presença constante em vários trabalhos sobre o assunto – são fundamentais, entre as quais se destacam:

- Apoio direto às empresas de consultoria, com mecanismos tributários e de financiamento específicos, por serem o elo inicial da corrente.
- Estender aos diferentes segmentos da engenharia – consultoria, arquitetura, montagem, execução de obra etc. – o tratamento aplicável à exportação de mercadorias, nos aspectos tributários e de financiamentos.
- Adaptar o sistema de financiamento às condições internacionais.

---
[12] LCA Consultores, *op. cit.*

- Estender ao setor os financiamentos do Proex, definindo enquadramento e alçadas.
- Adequar a operacionalização do CCR.
- Modernizar as exigências quanto às garantias.
- Abolir a exigência do BNDES quanto à parcela mínima de conteúdo de bens nacionais, nos financiamentos, por ser inócua e meramente burocratizante. Em realidade, o BNDES financia exclusivamente a parcela que se refere aos serviços efetivamente contratados e utilizados no país, bem como equipamentos e materiais nacionais. Vale dizer, financia a parcela relativa ao ingresso líquido de divisas. É, portanto, de interesse da própria empresa utilizar-se, ao máximo, de insumos nacionais.

A fixação de limites mínimos para equipamentos parte do pressuposto que se estaria estimulando a criação de empregos, por acreditar o BNDES, equivocadamente, que os serviços de engenharia em si – estudos, pré-projetos, projetos, gerenciamento, construção, serviços auxiliares etc. –, criam poucos empregos. Trata-se de absoluta falácia e inversão da realidade. São os serviços que geram crescentes empregos. A engenharia, no caso, é uma grande impulsionadora de empresas de menor porte, que são sustentáculos na política de emprego.

Transferências unilaterais
Embora, tecnicamente não enquadrável na conta "serviços", mas em "transferências unilaterais correntes", as remessas de emigrantes detêm importância destacável e crescente para o ajuste das contas externas. É expressivo o contingente de brasileiros trabalhando no exterior, que remetem ou podem remeter recursos para o país, para suas famílias ou para investimentos. Ao que se sabe, não existe sistema de apoio e orientação para essas pessoas, muitas com situação não legalizada, o que dificulta a utilização de bancos para as remessas. Assim, socorrem-se de "operadores", sujeitando-se à cobrança de elevadas "taxas de serviços". De outra parte, receiam sujeitar-se a tributação no Brasil e outras exigências burocráticas.

CONCLUSÃO

O Brasil tem vulnerabilidade externa decorrente dos déficits estruturais em "transações correntes", mas também dos expressivos pagamentos de juros e amortizações de empréstimos. Essa realidade limita o crescimento da economia – marginal nos últimos 20 anos –, com reflexos negativos na estabilidade política e social. Não existe solução sem entendimento político que permita a aprovação das reformas político-institucionais capazes de reduzir custos e simplificar a vida do país; dar racionalidade à relação entre os poderes e entre União e estados; permitir a descentralização; e, por fim, diminuir o peso do Estado sobre a sociedade, liberando-a para exercer a plenitude de suas iniciativas empreendedoras e produtivas.

É preciso entender que promover o crescimento e o desenvolvimento econômico é mais complexo, nos dias presentes, em razão de o país ter optado pela inserção internacional e por participar do processo negocial de preferências tarifárias e outras, cedendo, em parte, o seu poder soberano de decisões unilaterais em matéria econômica.

O problema da vulnerabilidade externa, como colocado, somente será superado se possível a realização das reformas político-institucionais, em condições de incentivar investimentos, para a modernização e a ampliação da produção de bens e serviços.

É falácia imaginar-se a possibilidade de sustentação de superávits comerciais em nível suficiente para cobrir o déficit da conta "serviços" e "rendas" do balanço de pagamentos em "transações correntes", com 79% do valor das exportações em *commodities*. Será determinante a eliminação do déficit de "serviços"; a diversificação da pauta de exportações e, principalmente, reorganizar a política de comércio exterior, para alcançar-se competitividade comparável à dos países desenvolvidos, ou maior.

O Brasil definiu sua crescente inserção internacional, participando intensamente de negociações externas, em diferentes esferas e regiões. Ao fazê-lo, e caminhar para abrir o seu mercado a mercadorias e serviços estrangeiros, aceita a competitividade como princípio e política permanente. Não pode, por isso, sob nenhuma hipótese, manter sistema de produção interna não competitivo com a importação, como também é inadmissível a permanência de barreiras internas à exportação. As duas posições são absolutamente incompatíveis.

Dessa forma, deverá derrubar as barreiras internas, urgente e prioritariamente, e tornar-se país altamente competitivo, ou fechar a sua economia, o que seria retrocesso inadmissível no atual contexto mundial.

ANEXOS

ANEXO I
SÉRIE HISTÓRICA BRASILEIRA
(US$ MILHÕES)

Ano	Exportação	Var. %	Importação	Var. %	Saldo	Transações Correntes
1942	401	-	210	-	191	nd
1943	467	16,4	275	31,5	191	nd
1944	575	23,2	360	30,8	214	nd
1945	656	14,1	389	8,1	266	nd
1946	985	50,3	584	50,1	401	nd
1947	1.152	16,9	1.056	80,7	96	-204
1948	1.180	2,4	973	-7,9	207	-115
1949	1.096	-7,1	957	-1,6	139	-135
1950	1.355	23,6	942	-1,6	414	93
1951	1.769	30,5	1.725	83,1	44	-494
1952	1.416	-20,0	1.702	-1,3	-286	-725
1953	1.539	8,7	1.116	-34,4	423	-12
1954	1.558	1,2	1.408	26,2	150	-236
1955	1.419	-8,9	1.099	-21,9	320	-35
1956	1.482	4,4	1.046	-4,8	436	-23
1957	1.392	-6,1	1.285	22,9	106	-300
1958	1.243	-10,7	1.179	-8,3	64	-265
1959	1.282	3,1	1.210	2,6	72	-345
1960	1.269	-1,0	1.293	6,9	-24	-518
1961	1.403	10,6	1.292	-0,1	111	-263
1962	1.214	-13,5	1.304	0,9	-90	-453
1963	1.406	15,8	1.294	-0,8	112	-171
1964	1.430	1,7	1.086	-16,0	344	81
1965	1.595	11,6	941	-13,4	655	284
1966	1.741	9,1	1.303	38,6	438	-31
1967	1.654	-5,0	1.441	10,6	213	-276
1968	1.881	13,8	1.855	28,7	26	-582
1969	2.311	22,8	1.993	7,4	318	-364
1970	2.739	18,5	2.507	25,8	232	-839
1971	2.904	6,0	3.247	29,5	-344	-1.630
1972	3.991	37,4	4.235	30,4	-244	-1.688
1973	6.199	55,3	6.192	46,2	7	-2.085
1974	7.951	28,3	12.641	104,1	-4.690	-7.504

Ano	Balança Comercial					Transações Correntes
	Exportação	Var. %	Importação	Var. %	Saldo	
1975	8.670	9,0	12.210	-3,4	-3.540	-7.000
1976	10.128	16,8	12.383	1,4	-2.255	-6.426
1977	12.120	19,7	12.023	-2,9	97	-4.826
1978	12.659	4,4	13.683	13,8	-1.024	-6.983
1979	15.244	20,4	18.084	32,2	-2.839	-10.708
1980	20.132	32,1	22.955	26,9	-2.823	-12.739
1981	23.293	15,7	22.091	-3,8	1.202	-11.706
1982	20.175	-13,4	19.395	-12,2	780	-16.273
1983	21.899	8,5	15.429	-20,4	6.470	-6.773
1984	27.005	23,3	13.916	-9,8	13.089	95
1985	25.639	-5,1	13.153	-5,5	12.486	-248
1986	22.349	-12,8	14.044	6,8	8.305	-5.323
1987	26.224	17,3	15.051	7,2	11.173	-1.438
1988	33.789	28,8	14.605	-3,0	19.184	4.180
1989	34.383	1,8	18.263	25,0	16.120	1.032
1990	31.414	-8,6	20.661	13,1	10.753	-3.784
1991	31.620	0,7	21.041	1,8	10.579	-1.408
1992	35.793	13,2	20.554	-2,3	15.239	6.109
1993	38.555	7,7	25.256	22,9	13.299	-676
1994	43.545	12,9	33.079	31,0	10.466	-1.811
1995	46.506	6,8	49.792	50,5	-3.286	-18.384
1996	47.747	2,7	53.346	7,1	-5.599	-23.502
1997	52.994	11,0	59.749	12,0	-6.755	-30.452
1998	51.140	-3,5	57.746	-3,4	-6.606	-33.416
1999	48.011	-6,1	49.263	-14,7	-1.252	-25.335
2000	55.086	14,7	55.791	13,3	-705	-24.225
2001	58.223	5,7	55.581	-0,4	2.642	-23.215
2002	60.362	3,7	47.241	-15,0	13.121	-7.718
2003	73.084	21,1	48.253	2,1	24.831	4.051
2004 (*)	19.448	-	13.278	-	6.170	

(*) janeiro-março.
nd - não disponível

FONTES: Exportações e Importações: Cacex e Secex; Transações Correntes: Bacen.
ELABORAÇÃO: AEB.

ANEXO II
EXPORTAÇÕES POR ORIGEM DO CAPITAL E PRODUTOS
(US$ MILHÕES)

EXPORTAÇÕES 2003

ORIGEM DO CAPITAL E PRODUTOS	Acima de US$ 100 milhões Quant.	%	Valor US$	%	De US$ 40 milhões até US$ 100 milhões Quant.	%	Valor US$	%	Acumulado acima de US$ 40 milhões Quant.	%	Valor US$	%	De US$ 10 milhões até US$ 40 milhões Quant.	%	Valor US$	%	Acumulado acima de US$ 10 milhões Quant.	%	Valor US$	%
Nacional em geral	8	0,05	3.055	4,18	21	0,12	1.127	1,54	29	0,17	4.182	5,72	122	0,69	2.368	3,24	151	0,86	6.550	8,96
Nacional *Commodity* Agropecuária	35	0,20	8.578	11,74	38	0,21	2.377	3,25	73	0,41	10.955	14,99	159	0,90	2.940	4,02	232	1,31	13.895	19,01
Nacional *Commodity* Mineral	22	0,12	12.911	17,66	14	0,08	955	1,31	36	0,20	13.866	18,97	61	0,34	1.292	1,77	97	0,54	15.158	20,74
Subtotal Nacional 1	65	0,37	24.544	33,58	73	0,41	4.459	6,10	138	0,78	29.003	39,68	342	1,93	6.600	9,03	480	2,71	35.603	48,71
Multinacional em geral	29	0,16	9.660	13,22	52	0,29	3.058	4,19	81	0,46	12.718	17,40	152	0,86	3.055	4,18	233	1,32	15.773	21,58
Multinacional *Commodity* Agropec	15	0,08	6.815	9,32	12	0,07	784	1,07	27	0,15	7.599	10,40	29	0,16	608	0,83	56	0,31	8.207	11,23
Multinacional *Commodity* Mineral	8	0,05	1.679	2,30	10	0,06	738	1,01	18	0,10	2.417	3,31	27	0,15	492	0,68	45	0,25	2.909	3,99
Subtotal Multinacional 2	52	0,29	18.154	24,84	74	0,42	4.580	6,27	126	0,71	22.734	31,11	208	1,17	4.155	5,69	334	1,88	26.889	36,80
Subtotal geral 3 (1 + 2)	117	0,66	42.698	58,42	147	0,83	9.039	12,37	264	1,49	51.737	70,79	550	3,10	10.755	14,72	814	4,59	62.492	85,51
Total geral	17.743	100,00	73.084	100,00	17.743	100,00	73.084	100,00	17.743	100,00	73.084	100,00	17.743	100,00	73.084	100,00	17.743	100,00	73.084	100,00

FONTE: MDIC/Secex.
ELABORAÇÃO: AEB.

ANEXO III
MATRIZ DA BUROCRACIA NA EXPORTAÇÃO

Órgão Interveniência*	MDIC	Fazenda	Plane- jamento	Ciência e Tecno- logia (1)	Minas e Energia	Trans- portes	Saúde	Inte- gração	Defesa (2)	Meio ambiente	Mapa	MRE	Cultura (3)	Justiça (4)	Estados (5)
Institucional	▓	▓	▓	▓	▓	▓		▓	▓	▓					▓
Investimentos	▓	▓		▓	▓			▓		▓					▓
Tecnologia e P&D	▓	▓		▓							▓				▓
Câmbio		▓													
Tributação	▓	▓		▓	▓										
Financiamentos	▓	▓	▓												▓
Seguro de crédito	▓	▓													
Logística	▓					▓	▓		▓						▓
Promoção e Comercialização	▓				▓		▓					▓	▓		
Serviços	▓														▓

* Existem cerca de 2 mil itens (mercadorias) da NCM sujeitos, na exportação, a anuência prévia de dez órgãos do Governo Federal.
(1) A Comissão Nacional de Energia Nuclear é órgão anuente nas exportações.
(2) O Ministério do Exército é órgão anuente nas operações de exportações de inúmeras mercadorias.
(3) O IPHAN – Instituto do Patrimônio Histórico e Artístico Nacional é órgão anuente nas operações de exportação de bens do patrimônio histórico e artístico nacional.
(4) O Departamento da Polícia Federal/Ministério da Justiça é órgão anuente nas exportações de substâncias e medicamentos que possam determinar dependência física ou psíquica, além de outros produtos.
(5) Os estados vêm aumentando sua presença na burocracia, conflitando muitas vezes com normas federais.

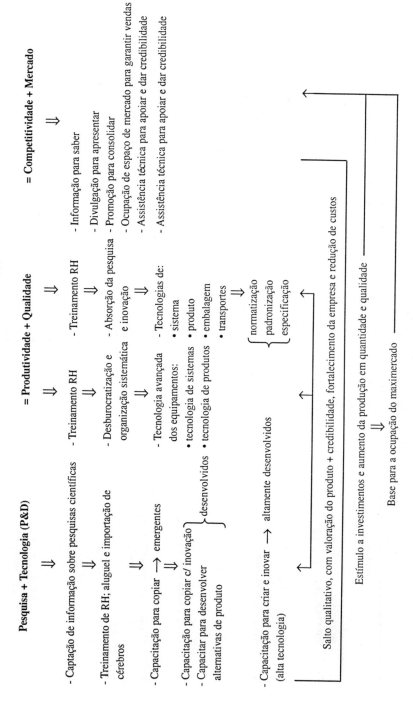

ANEXO V
TRIBUTOS E GRAVAMES DA UNIÃO

Tributo	Incidência na exportação		Tratamento na exportação	
	Produtos	Serviços	Produtos	Serviços
1. IMPOSTOS				
1.1 Importação (II)	Indireta	Indireta	Regimes aduaneiros especiais desoneram insumos da incidência, quando vinculados à exportação, como *drawback* etc.	não
1.2 Exportação (IEx)	Direta	não	Correção de distorções ou garantia do mercado doméstico;	não
1.3 Renda e proventos (IR)	Direta	Direta	O lucro da empresas exportadoras é tributado bem como as despesas vinculadas à exportação por serviços prestados por domiciliados ou residentes no exterior são tributadas na fonte, exceto promoção de produtos brasileiros	O lucro da empresas exportadoras é tributado bem como as despesas vinculadas à exportação por serviços prestados por domiciliados ou residentes no exterior são tributadas na fonte.
1.4 Produtos industrializados (IPI)	Direta	Indireta	Imunidade na exportação, com direito a crédito do imposto incidente sobre insumos, o que pode vir a gerar créditos acumulados;	não
1.5 Operações de crédito, câmbio e seguro, ou relativas a títulos ou valores mobiliários (IOF)	Direta	Direta	Alíquota zero, nas operações de: - crédito à exportação, bem como de amparo à produção para exportação ou de estímulo à exportação e relativas a adiantamento de contrato de câmbio de exportação; - câmbio vinculado à exportação de bens; - seguro de crédito à exportação e de transporte internacional de mercadorias. Isenção nas operações de crédito realizadas mediante conhecimento de depósito e *warrant*, representativos de mercadorias depositadas para exportação em entrepostos aduaneiros e por meio de cédula e nota de crédito à exportação.	Alíquota zero, nas operações de câmbio vinculadas à exportação de serviços.

Tributo	Incidência na exportação		Tratamento na exportação	
	Produtos	Serviços	Produtos	Serviços
2. CONTRIBUIÇÕES				
2.1 Sociais				
2.1.1 PIS/Pasep	Direta	Direta	Não-incidência (imunidade constitucional) sobre as receitas de exportação de mercadorias, inclusive vendas a empresa comercial exportadora com o fim específico de exportação. Crédito do valor de aquisição de bens e serviços utilizados como insumo na produção ou fabricação de bens ou produtos destinados à exportação. (regime de não-cumulatividade, em contestação) Crédito presumido do IPI para a empresa produtora e exportadora de mercadorias nacionais, como ressarcimento das contribuições para o PIS/Pasep que haja incidido sobre as aquisições, no mercado interno, de matérias-primas, produtos intermediários e material de embalagem, utilizados em produtos exportados. (regime de cumulatividade, em contestação)	Não-incidência (imunidade constitucional) sobre as receitas de prestação de serviços para pessoa física ou jurídica domiciliada no exterior, com pagamento em moeda conversível. Crédito do valor de aquisição de bens e serviços utilizados como insumo na prestação de serviços destinados à exportação. (regime de não-cumulatividade, em contestação)
2.1.2 Financiamento da seguridade social – Cofins	Direta	Direta	Não-incidência (imunidade constitucional) sobre as receitas de exportação de mercadorias, inclusive vendas a empresa comercial exportadora com o fim específico de exportação. Crédito do valor de aquisição de bens e serviços utilizados como insumo na produção ou fabricação de bens ou produtos destinados à exportação. (regime de não-cumulatividade, em contestação). Crédito presumido do IPI para a empresa produtora e exportadora de mercadorias nacionais, como ressarcimento das contribuições para a Cofins que haja incidido sobre as aquisições, no mercado	Não-incidência (imunidade constitucional) sobre as receitas de prestação de serviços para pessoa física ou jurídica domiciliada no exterior, com pagamento em moeda conversível. Crédito do valor de aquisição de bens e serviços utilizados como insumo na prestação de serviços destinados à exportação. (regime de não-cumulatividade, em contestação).

Tributo	Incidência na exportação		Tratamento na exportação	
	Produtos	Serviços	Produtos	Serviços
2.1.3 Provisória sobre movimentação financeira – CPMF	Direta	Direta	interno, de matérias-primas, produtos intermediários e material de embalagem, utilizados em produtos exportados. (regime de cumulatividade, em contestação) Incide sobre as movimentações financeiras vinculadas à exportação, até 31.12.2004.	Incide sobre as movimentações financeiras vinculadas à exportação, até 31.12.2004.
2.1.4 Lucro líquido – CSLL	Direta	Direta	Incide, inclusive, sobre o resultado do exercício (resultado comercial – lucro líquido) relativo à exportação, antes da provisão para o imposto de renda, ajustado pelas adições e exclusões determinadas na legislação	Incide, inclusive, sobre o resultado do exercício (resultado comercial – lucro líquido) relativo à exportação, antes da provisão para o imposto de renda, ajustado pelas adições e exclusões determinadas na legislação
2.2 Intervenção no domínio econômico (Cide)				
2.2.1 Adicional ao frete para a renovação da marinha mercante – AFRMM (1)	Indireta	não	Incide sobre o frete, a remuneração do transporte aquaviário da carga de qualquer natureza descarregada em porto brasileiro. Regimes aduaneiros especiais suspendem o pagamento do AFRMM incidente sobre o transporte de mercadoria importada, até o término do prazo concedido pelo Ministério dos Transportes ou até a data do registro da correspondente declaração de importação em caráter definitivo, realizado dentro do período da suspensão concedida.	não
2.2.2 Programa de estímulo à interação universidade-empresa para o apoio à inovação – Cide Remessas ao Exterior dos	Indireta	Indireta	Incide sobre o pagamento, o crédito, a entrega, o emprego ou a remessa de importâncias, a residentes ou domiciliados no exterior, a título de *royalties* ou remuneração previstos nos respectivos contratos relativos a fornecimento de tecnologia; prestação de assistência técnica (serviços de assistência técnica; serviços técnicos especializados; cessão e licença de uso de marcas; cessão e licença de exploração de patentes)	Incide sobre o pagamento, o crédito, a entrega, o emprego ou a remessa de importâncias, a residentes ou domicilia- no exterior, a título de *royalties* ou remuneração previstos nos respectivos contratos relativos a fornecimento de tecnologia; (serviços de assistência técnica; serviços técnicos especializados; cessão e licença de uso de marcas; cessão e licença de exploração de patentes)

Tributo	Incidência na exportação		Tratamento na exportação	
	Produtos	Serviços	Produtos	Serviços
2.2.3 Importação e a comercialização de petróleo e seus derivados, gás natural e seus derivados, e álcool etílico combustível – Cide Combustíveis	Indireta	não	Não incide sobre as receitas de exportação, para o exterior.	não
2.2.4 Desenvolvimento da indústria cinematográfica Nacional	não	não	Isenta a exportação de obras cinematográficas e videofonográficas brasileiras.	Isenta a programação brasileira transmitida para o exterior.
2.2.5 Lojas francas, entreposto aduaneiro e depósitos alfandegados (Fundaf)	Indireta	não	Onera serviços de logística	não
2.2.6 Financeira sobre a exploração de recursos minerais	Direta	não	Compensação financeira pela exploração de recursos minerais, para fins de aproveitamento econômico, de até 3% sobre o valor do faturamento líquido resultante da venda do produto mineral, obtido após a última etapa do processo de beneficiamento adotado e antes de sua transformação industrial.	
2.2.7 Faturamento empresas informática (Fundo Setorial de Tecnologia da Informação)	Direta	Direta	Mínimo de 0,5% do faturamento bruto das empresas de desenvolvimento ou produção de bens de informática e automação que recebem incentivos fiscais da Lei de Informática.	Mínimo de 0,5% do faturamento bruto das empresas de desenvolvimento e prestação de serviços de informática e automação que recebem incentivos fiscais da Lei de Informática.
2.2.8 Outras contribuições econômicas	Direta/ indireta	Direta/ indireta	Incidem	Incidem
2.3 Trabalhistas/Previdenciárias				
2.3.1 Previdência Social (INSS)	Indireta	Indireta	Onera a produção, retirando competitividade dos produtos nacionais.	Onera a prestação, retirando competitividade dos serviços nacionais.
2.3.2 INSS – adicional para o financiamento das aposentadorias especiais	Indireta	Indireta	Onera a produção, retirando competitividade dos produtos nacionais.	Onera a prestação, retirando competitividade dos serviços nacionais.
2.3.3 Salário-educação	Indireta	Indireta	Onera a produção, retirando competitividade dos produtos nacionais.	Onera a prestação, retirando competitividade dos serviços nacionais.
2.3.4 Salário-família	Indireta	Indireta	Onera a produção, retirando competitividade dos produtos nacionais.	Onera a prestação, retirando competitividade dos serviços nacionais.
2.3.5 Contribuições para:	Indireta	Indireta	Oneram a produção, retirando competitividade dos produtos nacionais.	Oneram a prestação, retirando competitividade dos serviços nacionais.
2.3.5.1 Incra				
2.3.5.2 Senai				

	Tributo	Incidência na exportação		Tratamento na exportação	
		Produtos	Serviços	Produtos	Serviços
2.3.5.3	Sesi				
2.3.5.4	Senac				
2.3.5.5	Sesc				
2.3.5.6	Sebrae				
2.3.5.7	Senar				
2.3.5.8	Sest				
2.3.5.9	Senat				
2.3.5.10	Sescoop				
2.3.5.11	Faer – Fundo Aeroviário				
2.3.5.12	Desenvolvimento ensino profissional marítimo				
2.3.6	Programa de ensino fundamental	Indireta	Indireta	Onera a produção, retirando competitividade dos produtos nacionais.	Onera a prestação, retirando competitividade dos serviços nacionais.
2.3.7	Seguro de acidente do trabalho	Indireta	Indireta	Onera a produção, retirando competitividade dos produtos nacionais.	Onera a prestação, retirando competitividade dos serviços nacionais.
2.3.8	Reclamatória trabalhista	Indireta	Indireta	Onera a produção, retirando competitividade dos produtos nacionais.	Onera a prestação, retirando competitividade dos serviços nacionais.
2.3.9	Contribuições sindicais:	Indireta	Indireta	Oneram a produção, retirando competitividade dos produtos nacionais.	Oneram a prestação, retirando competitividade dos serviços nacionais.
2.3.9.1	Patronal				
2.3.9.2	Confederativa (sistema confederativo patronal)				
2.3.9.3	Cota-parte da contribuição sindical				
2.3.10	Outras contribuições previdenciárias	Indireta	Indireta	Onera a produção, retirando competitividade dos produtos nacionais.	Onera a prestação, retirando competitividade dos serviços nacionais.
2.2.11	Adicional a contribuição previdenciária	Indireta	Indireta	Onera a produção, retirando competitividade dos produtos nacionais.	Onera a prestação, retirando competitividade dos serviços nacionais.
2.3.12	Demissão empregado sem justa causa	Indireta	Indireta	Onera a produção, retirando competitividade dos produtos nacionais.	Onera a prestação, retirando competitividade dos serviços nacionais.
3	**TAXAS (2)**				
3.1	Mineração	Direta	não	Incidem	não
3.2	Cadastro empresas, licenças de funcionamento, guias de trânsito, autorizações de importação, exportação e reexportação de produtos e insumos químicos que possam ser destinados à elaboração da cocaína em suas diversas formas e de outras substâncias entorpecentes ou que determinem dependência física ou psíquica – Departamento de Polícia Federal	Direta	não	Incidem	não

Tributo	Incidência na exportação		Tratamento na exportação	
	Produtos	Serviços	Produtos	Serviços
3.3 Licenciamento, controle, fiscalização de material nuclear e radioativo e instalações – CNEN	Direta	Direta	Incidem	Incidem
3.4 Fiscalização produtos controlados pelo Exército	Direta	não	Incidem	não
3.5 Fiscalização de vigilância sanitária	Direta	não	Incidem	não
3.6 Registro de produto	Direta	não	Incidem	não
3.7 Controle e fiscalização ambiental	Direta	não	Incidem	não
3.8 Serviços administrativos – Tsa – Suframa				
3.10 Judiciária da Justiça do Distrito Federal	Indireta	Indireta	Incidem	Incidem
3.11 Utilização Siscomex	Indireta	não	Incide sobre operações de importação, e não são desoneradas se vinculadas à exportação	não
3.12 Processuais	Indireta	Indireta	Incidem	Incidem
3.13 Classificação de produtos vegetais	Direta	não	Incidem	não
3.14 Serviços cadastrais – INCRA	Indireta	não	Incidem	não
3.15 Serviços metrológicos	Direta	Indireta	Incidem	Incidem
3.16 Utilização do mercante – MT	Indireta	não	Incidem	não
3.17 Outras taxas	Direta/indireta	Direta/indireta	Incidem	Incidem
4 Emolumentos				
4.1 Controle fiscalização produtos e insumos químicos	Indireta	Indireta	Incidem	Incidem
4.2 Mineração	Direta	não	Incidem	Incidem
4.3 Consulares	Indireta	Indireta	Incidem	Incidem
4.4 Justiça do Distrito Federal	Indireta	Indireta	Incidem	Incidem
4.5 Custas da Justiça do Distrito Federal	Indireta	Indireta	Incidem	Incidem
4.6 Custas judiciais	Indireta	Indireta	Incidem	Incidem
4.7 Processuais	Indireta	Indireta	Incidem	Incidem
4.8 Outros emolumentos	Indireta	Indireta	Incidem	Incidem

(1) A Medida Provisória nº 177, de 2004, dispõe que deverão também ser disponibilizados ao Ministério dos Transportes, por intermédio do responsável pelo transporte aquaviário, os dados referentes à exportação na navegação de longo curso, inclusive na navegação fluvial e lacustre de percurso internacional, após o término da operação de carregamento da embarcação.

(2) As taxas são cobradas pelo exercício regular do poder de polícia ou a utilização, efetiva ou potencial, de serviço público específico ou divisível, prestado ao contribuinte ou posto à sua disposição, alcançando um elevado número e os mais diversos motivos.

ANEXO VI
IMPOSTOS FEDERAIS
(R$ MILHÕES)

Impostos	Arrecadação (preços correntes) 2003	Crescimento em relação a 2002 (%)	Participação na arrecadação tributária total (%) 2003	2002
Importação	8.143	2,16	2,98	3,28
Exportação*	46	-0,38	0,02	0,03
IPI	19.674	-0,63	7,20	8,15
IPI - importação	4.565	-6,60	1,67	2,01
IPI - fumo	1.994	3,65	0,73	0,79
IPI - bebidas	1.900	5,80	0,69	0,74
IPI - automóveis	2.314	-13,15	0,85	1,10
IPI - outros	8.902	4,40	3,26	3,51
Imposto de Renda	93.017	8,41	34,03	35,31
Pessoa Jurídica	33.833	-0,18	12,38	13,95
Financeiras	5.871	3,00	2,15	2,35
Demais empresas	27.962	-0,82	10,23	11,60
IR Fonte	54.079	13,98	19,78	19,53
Rendimentos trabalho	26.455	17,69	9,68	9,25
Rendimentos capital	19.056	16,47	6,97	6,73
Remessas p/exterior	5.596	4,19	2,05	2,21
Outros rendimentos	2.972	-8,19	1,09	1,33
IOF	4.451	10,65	1,63	1,66
ITR	291	18,57	0,11	0,10
Total impostos	**125.576**	**6,57**	**45,94**	**48,49**
Total receitas administradas SRF	259.576	11,54	94,96	95,76
Demais receitas	13.782	33,89	5,04	4,24
Total receitas tributárias[1]	**273.358**	**12,49**	**100,00**	**100,00**

Fontes: Arrecadação das Receitas Federais - SRF/MF; * Demonstração da Execução das Receitas Tributárias/Orçamento fiscal e da seguridade social/Exercício de 2003 - STN/MF
[1]/Receitas Administradas SRF (mais) Demais Receitas

CONTRIBUIÇÕES FEDERAIS

(R$ milhões)

Impostos	Arrecadação 2003	Crescimento em relação a 2002 (%)	Participação na arrecadação total (%) 2003	2002
Cofins	57.522	13,11	25,44	26,27
CPMF	22.984	13,41	10,17	10,47
PIS/Pasep	16.507	32,35	7,30	6,44
CSLL	15.661	26,55	6,93	6,39
Contribuições e *royalties* petróleo, gás natural etc.	17.834	32,81	7,89	6,94
Empresas sobre segurados assalariados	32.399	-5,83	14,33	17,77
Segurado – Assalariado	14.220	-10,59	6,29	8,22
Demais contribuições	48.936	44,53	21,65	17,50
Total contribuições	**226.063**	**16,79**	**100,00**	**100,00**

Fonte: * Demonstração da Execução das Receitas Tributárias/Orçamento fiscal e da seguridade social/Exercícios de 2003 e 2002 - STN/MF

TAXAS FEDERAIS

(R$ milhões)

Impostos	Arrecadação 2003	Crescimento em relação a 2002 (%)	Participação na arrecadação total (%) 2003	2002
Fiscalização telecomunicações	795	22,23	38,39	37,40
Fiscalização serviços energia elétrica	181	20,99	8,74	8,57
Serviços administrativos – Tsa (Suframa)	156	17,31	7,53	7,65
Custas judiciais	146	3,38	7,05	8,11
Emolumentos consulares	146	39,25	7,05	6,04
Fiscalização de vigilância sanitária	143	11,24	6,90	7,42
Migração	78	11,84	3,77	4,03
Controle e fiscalização ambiental	66	15,23	3,19	3,28
SISCOMEX	62	0,25	2,99	3,57
Demais taxas	298	-18,77	14,39	13,93
Total taxas	**2.071**	**23,18**	**100,00**	**100,00**

Fonte: Demonstração da Execução das Receitas Tributárias/Orçamento fiscal e da seguridade social/Exercícios de 2003 e 2002 - STN/MF

ANEXO VII
TRIBUTOS E GRAVAMES DOS ESTADOS E DO DISTRITO FEDERAL

Tributo	Incidência na exportação - Produtos	Incidência na exportação - Serviços	Tratamento na exportação - Produtos	Tratamento na exportação - Serviços
1. IMPOSTOS				
1.1 Circulação de mercadorias e prestação de serviços de transporte interestadual e intermunicipal e de comunicações (ICMS)	Direta	Direta	Não-incidência (imunidade constitucional) sobre operações que destinem mercadorias para o exterior, com direito à manutenção e ao aproveitamento do montante do imposto cobrado nas operações anteriores. Restrições dos Estados e Distrito Federal ao aproveitamento do crédito do imposto cobrado nas operações anteriores, o que pode vir a gerar créditos acumulados.	Não-incidência (imunidade constitucional) sobre serviços prestados a destinatários no exterior, com direito à manutenção e ao aproveitamento do montante do imposto cobrado nas prestações anteriores. Pode ocorrer a hipótese de créditos acumulados, em razão de restrições dos Estados e Distrito Federal ao aproveitamento do imposto cobrado nas prestações anteriores.
1.2 Propriedade de veículos automotores (IPVA)	Indireta	Indireta	Onera atividades de logística (transportes vinculados à exportação)	Onera atividades de logística (transportes vinculados à exportação)
2 TAXAS (1)				
2.1 Prestação de serviços aos contribuintes estaduais, inclusive eletrônicos (certidões etc.)	Indireta	Indireta	Onera empresas	Onera empresas
2.2 Atos decorrentes do poder de polícia (controle e fiscalização)	Indireta	Indireta	Onera empresas	Onera empresas
2.3 Licenças para funcionamento de indústria ou comércio (alvarás etc.)	Indireta	Indireta	Onera empresas	Onera empresas
2.4 Licenciamento e vistoria de veículos	Indireta	Indireta	Onera empresas	Onera empresas
2.5 Monitoração ambiental	Indireta	Indireta	Onera empresas	Onera empresas
2.6 Expediente	Indireta	Indireta	Onera empresas	Onera empresas
2.7 Outras	Indireta	Indireta	Onera empresas	Onera empresas
3 EMOLUMENTOS				
3.1 Emolumentos por serviços notariais e de registro (Junta Comercial etc.)	Indireta	Indireta	Incidem	Incidem

(1) As taxas são cobradas pelo exercício regular do poder de polícia, ou a utilização efetiva ou potencial de serviço público específico ou divisível, prestado ao contribuinte ou posto à sua disposição, alcançando um elevado número e os mais diversos motivos.

ANEXO VIII
TRIBUTOS E GRAVAMES DOS MUNICÍPIOS

Tributo	Incidência na exportação		Tratamento na exportação	
	Produtos	Serviços	Produtos	Serviços
1. IMPOSTOS				
1.1 Serviços (ISS)	Indireta	Direta	Os serviços utilizados na produção destinada a exportação são custos, em razão de não existir previsão legal de isenção ou aproveitamento do montante do imposto cobrado.	Não-incidência sobre as exportações de serviços para o exterior do país. O ISS incide sobre a prestação de serviços em operações de exportação ficta (serviços desenvolvidos no Brasil, cujo resultado se verifique no país, em que o pagamento seja feito por residente no exterior).
2 TAXAS (1)				
2.1 Fiscalização de estabelecimentos	Indireta	Indireta	Onera empresas	Onera empresas
2.2 Prestação de serviços aos contribuintes estaduais, inclusive eletrônicos (certidões etc.)	Indireta	Indireta	Onera empresas	Onera empresas
2.3 Atos decorrentes do poder de polícia (controle)	Indireta	Indireta	Onera empresas	Onera empresas
2.4 Licenças para funcionamento de indústria ou comércio (alvarás etc.)	Indireta	Indireta	Onera empresas	Onera empresas
2.5 Expediente	Indireta	Indireta	Onera empresas	Onera empresas
2.6 Outras	Indireta	Indireta	Onera empresas	Onera empresas
3 EMOLUMENTOS				
3.1 Emolumentos por serviços notariais e de registro.	Indireta	Indireta	Incidem	Incidem

(1) As taxas são cobradas pelo exercício regular do poder de polícia, ou a utilização efetiva ou potencial de serviço público específico ou divisível, prestado ao contribuinte ou posto à sua disposição, alcançando um elevado número e os mais diversos motivos.

Uma política industrial e tecnológica voltada para o potencial das empresas

*Antonio Barros de Castro**
*Jorge De Paula Costa Ávila***

---

* Professor do Instituto de Economia da UFRJ. Ex-presidente do BNDES.
** Petrobras.

SOBRE O CONTEXTO

A DIVERSIDADE DAS RESPOSTAS À ABERTURA

DE ACORDO COM a sabedoria convencional e os esquemas teóricos a ela associados, o destino das economias que são abertas para o comércio externo, após o esgotamento ou o fracasso da substituição de importações, é a especialização. Esta se faria, predominantemente, em atividades altamente empregadoras de mão-de-obra, ou em ramos baseados na exploração de recursos naturais. Estariam com isto sendo criadas condições propícias a uma saudável reassignação de recursos, em proveito das autênticas vocações de cada economia – e contra a opção por atividades capital-intensivas, características da substituição de importações. Abertas para o comércio externo nas últimas décadas, as economias latino-americanas estariam todas incluídas nesta categoria. A reassignação de recursos a ser promovida pela reabertura teria se tornado, aliás, cada vez mais necessária, à medida que o processo de substituição de importações levado a efeito no pós-guerra supostamente se tornava cada vez mais capital intensivo – e ineficiente.

Em resumidas contas, a abertura permitiria um recomeço. Propiciaria também a retomada dos investimentos, com as atividades econômicas sendo agora (corretamente) eleitas, a partir da abundância relativa de fatores. Dela resultaria não apenas o crescimento, como a paulatina desconcentração da renda[1]. Ulteriormente, e na medida em que mudassem as proporções

---
[1] Entre os textos clássicos a este respeito podem ser citados Little, Ian, *Economic Development, Theory, Policy and International Relations*, Basic Books, Inc., Publishers, 1982 e Lal, Deepak, *A pobreza das teorias desenvolvimentistas*, Instituto Liberal, 1987.

entre os fatores disponíveis, surgiriam oportunidades em atividades mais densas em capital. Desta forma, a evolução para atividades mais sofisticadas se daria, não por desígnio político, e sim pelo encarecimento de certos fatores ou recursos, e o barateamento de outros.

Esta visão, lógica e mesmo elegante, em diversos sentidos flagrantemente não corresponde ao ocorrido nas economias recentemente abertas aos fluxos internacionais de comércio[2]. Descobriu-se, por exemplo, que antes que as novas especializações ganhem corpo, pode ocorrer uma autêntica implosão da indústria, acompanhada, em maior ou menor medida, do mergulho da economia. O Chile de 1976 a 1985 e a Rússia do colapso do comunismo, em 1991, até 1999, são casos espetaculares de regressão pós-abertura. Pode também verificar-se, que a especialização ocorra de forma eminentemente passiva, como uma espécie de retorno ao passado, não sendo acompanhada de novas ondas de investimentos. Surge com isto a figura da especialização regressiva, na qual tende a imperar o marasmo – e de onde não se parece evoluir para uma especialização mais afirmativa. Há também casos em que a especialização, enquanto tal, funciona, mas apesar do forte crescimento das exportações, a economia como um todo não reencontra o caminho do crescimento. Este seria o caso do México, onde, ademais, a renda passou por um brutal processo de reconcentração. Por fim há também que advertir que em determinados casos, após a regressão (ou mesmo implosão) inicial, a especialização e o crescimento (re)surgem acompanhados de novos investimentos e de uma expansão mais vigorosa do que no passado. Este é o caso do Chile pós-1985 e poderá, talvez, vir a ser o caso da Rússia nos próximos anos. Finalmente, existe a possibilidade – negada por defensores e críticos da abertura – de que esta confirme, em grande medida, os resultados alcançados pela substituição das importações. Este é o caso do Brasil, de cuja especificidade falaremos mais adiante.

Enfim, a realidade é muito diversa – e num grande número de casos, como já foi dito, as expectativas acerca dos resultados da abertura nem de longe vieram a ser confirmadas. A fase inicial pode ser traumaticamente

---

[2] Para uma avaliação crítica da abertura, que não rejeita seus fundamentos teóricos, vide Rodrik, Dani. *Has Globalization Gone Too Far?* Institute for International Economics, 1997. Para uma visão alternativa, em que ao invés da especialização guiada pelos preços dos fatores, preconiza-se a industrialização, amigável com o mercado, mas ativamente promovida por políticas públicas, vide Woo-Cumings, Meredith, *The Developmental State*, Cornel University Press, 1999.

dolorosa, a especialização pós-abertura pode custar a surgir e, ainda quando se revele dinâmica, como no México, pode não arrastar consigo a economia. Além disso, os dados deixam claro que o crescimento médio das economias que passaram pela abertura veio a ser substancialmente inferior ao crescimento médio alcançado durante a fase caracterizada pela substituição de importações (nos anos 1950 e 1960 do século passado). Acrescente-se, por fim, que em nenhum caso dela decorreu uma significativa redução das desigualdades. No Chile, onde inegáveis melhorias foram alcançadas do ponto de vista social, isto se deveu a políticas sociais ativas e exitosas – e não a reassignação de recursos propelida pela abertura.

Face ao ocorrido, vieram a predominar duas reações: uma considera que o ocorrido após a abertura apenas confirma o desastre previsto por muitos; a outra atribui as frustrações à insuficiência das reformas, cabendo, portanto, retomá-las e ampliá-las.

Frente a este quadro, como fica a experiência do Brasil?

ESPECIFICIDADES DO CASO BRASILEIRO

Não obstante a modestíssima evolução do nível de atividades (crescimento de 1,8% ao ano, de 1990 a 2003) seria um grave equívoco supor que estamos diante de um quadro de marasmo. Antes de mais nada, porque a quase estagnação, no caso brasileiro, oculta, vigorosas retomadas, seguidas de fortes recaídas. Graficamente isto se traduz numa seqüência de movimentos em forma de V, do nível de atividades, o que estatisticamente explica os pífios resultados alcançados a médio e longo prazos. No caso, pois, de modo algum se deve associar estagnação com paralisia ou inércia.

Mas não é apenas a alta variância do nível de atividades – e da indústria muito particularmente – que caracteriza o resultado brasileiro. Outras marcas diferenciadoras seriam o fato de que as retomadas e recaídas não surgem como reação a movimentos da demanda externa pelos produtos daqui exportados, como usualmente ocorre nas economias especializadas, e, num outro plano, o fato de que a reestruturação levada a efeito no âmbito das empresas industriais se revelou extensa e profunda. Este último ponto merece destaque: é a partir dos resultados da reestruturação microeconômica verificada nos anos 1990, como resposta das empresas à abertura, que deve ser concebida a política industrial e tecnológica.

Sumariando os traços mais marcantes da reestruturação verificada no âmbito das empresas industriais, destacaríamos: a profunda mudança das formas de gerenciamento e organização do trabalho; o recurso intenso, em diversos ramos, à desverticalização; a introdução de novos insumos e equipamentos, freqüentemente importados; e a enorme renovação do portfólio de produtos levados a mercado pelas empresas industriais[3]. Em suma, é bem verdade que as empresas que emergiram do processo de reestruturação perderam (ou cederam, via terceirização) funções fabris. Mas a desverticalização daí resultante, longe de caracterizar um sério processo de esgarçamento das cadeias e esvaziamento (*hollowing*) de empresas, em muitos casos, após uma fase inicial de paralisia, ou regressão, corrigiram verticalizações excessivas anteriormente existentes. Também é verdade que no caso de certas empresas automobilísticas recentemente chegadas ao país, o coeficiente de importações mostra-se bastante elevado, em flagrante contraste com a tradição brasileira. As empresas preexistentes, no entanto, apenas reforçaram suas importações não chegando a desfazer cadeias. Desta forma, o tecido industrial brasileiro continua denso, a articulação com fornecedores locais (mediante esquemas e associações profundamente renovados) continua a prevalecer, e o perfil setorial da indústria praticamente não se alterou[4]. Ao longo do processo ocorreram no entanto importantes mudanças no tocante ao controle patrimonial – aí incluída, em determinados ramos, ampla desnacionalização.

Vistas as mudanças em perspectiva, seria lícito afirmar que as melhores e mais agressivas empresas realizaram, em resposta à abertura, o equivalente de um parcial emparelhamento (*catch up*)[5] – limitado à operação de plantas industriais e à atualização dos produtos por elas levados ao mercado. Mas há igualmente que chamar a atenção para o fato de que numerosas empresas passaram por mudanças muito mais modestas – ou mesmo se limitaram a improvisar soluções para sobreviver. Parece, assim, haver prevalecido uma trajetória singular, da qual resultou um tecido pro-

---

[3] Castro, Antonio Barros de, "A reestruturação da indústria brasileira nos anos 1990. Uma interpretação." *Revista Brasileira de Economia Política*, jun./set. de 2001.
[4] A permanência do perfil industrial da indústria vem sendo confirmada por diferentes estudos. Veja-se, por exemplo, "Competitividad industrial em Brazil, 10 años despues", Ferraz, João Carlos, Kupfer, David e Looty, Mariana. *Revista de la Cepal* n. 82, abril de 2004.
[5] Castro, Antonio Barros, "Brazil's Second Catch Up: Characteristics and Constraints", *Cepal Review*, 80, agosto de 2003.

dutivo de grande complexidade (vide adiante tipologia das empresas). Não cabem dúvidas, além disso, que a especialização, antevista tanto por defensores da abertura (que a concebiam como positiva) quanto pelos seus críticos (que a viam como um desastre iminente), não ocorreu.

Admitida a preservação da diversidade, alguns analistas passaram a preocupar-se com o fato de que a reestruturação, mesmo ali onde foi amplamente levada a efeito, privilegiou em demasia a fabricação e, genericamente, a eficiência operacional. Ou seja, a reestruturação, ali onde foi amplamente levada a efeito, mostrou-se desbalanceada, privilegiando a produtividade da mão-de-obra diretamente empregada na produção (ocorrendo, em certos ramos, redução de 30% a 50% do contingente de trabalhadores), e não dando a devida importância a certas funções corporativas – entre elas, destacadamente, a concepção de novos produtos, a pesquisa e desenvolvimento e a criação de marcas[6]. Desta constatação podem ser derivadas implicações extremamente relevantes para o desenho de políticas industriais e tecnológicas adaptadas a peculariedades do contexto brasileiro.

Em suma, há razões para se crer que a heterogeneidade intra-setorial e regional da indústria brasileira veio a ser reforçada pelas reações vigorosas e altamente diferenciadas, ensejadas, direta ou indiretamente, pela abertura. Assim, ilustrando, a reestruturação provocou, na vanguarda da estrutura produtiva, a já referida transformação dos métodos de gestão, a renovação de insumos e equipamentos e, destacadamente, a renovação do portfólio de produtos. Disto resultariam empresas próximas ao estado das artes no que toca à fabricação e demais características operacionais. Já no pólo oposto, que reúne as empresas com graves deficiências, a sobrevivência foi em muitos casos alcançada por soluções, digamos, híbridas, combinando, na mesma unidade produtiva, atraso e modernidade, formalidade e informalidade. Além destas situações polares, haveria ainda importantes camadas de empresas situadas, a vários títulos, em situação intermediária (veja adiante o item tipologia das empresas)[7]. Convém talvez

---

[6] Castro, Antonio Barros e Proença, Adriano, "Novas estratégias industriais: sobrevida ou inflexão?" Em Velloso, João Paulo dos Reis, org., *Como vão o desenvolvimento e a democracia no Brasil?* Editora José Olympio, 2001.

[7] Encontra-se em curso no Ipea uma ampla pesquisa, da qual deverá resultar um mapa das empresas integrantes da indústria brasileira. O critério maior da tipologia adotada na pesquisa consiste na presença ou ausência nas empresas, de diferentes funções corporativas. O resultado desta pesquisa poderá vir a ser extremamente útil para o balizamento de políticas industriais e tecnológicas.

chamar a atenção, a este propósito, para o fato de que diferentemente do ocorrido no Brasil, as indústrias mais avançadas, procedentes da substituição das importações (como a automobilística) tenderam, em outras economias latino-americanas, a regredir para a mera montagem. Enquanto isto, indústrias tradicionais (confecções, calçados, utensílios domésticos) eram varridas do mapa pelas importações[8]. Em tais casos, caracteristicamente, só seriam reforçados, no campo industrial, empreendimentos dedicados ao processamento de recursos naturais, ou intensamente empregadores de mão-de-obra e finalizadores de processos produtivos cujas etapas mais complexas são levadas a efeito no exterior.

Ao que precede deve por fim acrescentar-se que a extrema heterogeneidade setorial e regional – resultante de um processo de substituição de importações que chegou às indústrias pesadas e tecnologicamente densas, e das peculiares reações à abertura aqui verificadas – ajuda a "explicar", no sentido estatístico do termo, boa parte da desigualdade característica dessa economia.

Do anterior podem ser extraídas duas conclusões. Primeiramente, as políticas industriais e tecnológicas devem atuar, neste país, sobre um universo excepcionalmente complexo e heterogêneo, sendo de se esperar que as soluções por elas ofertadas se mostrem bastante variadas, de modo a poder atender (e mesmo estimular) demandas, seguramente, também muito variadas. Além disto, na medida em que se tenha êxito na implementação de soluções para atividades de média e baixa eficiência, a política industrial e tecnológica estará não apenas se mostrando adequada ao contexto, como dando a sua contribuição para o enfrentamento do problema maior da desigualdade.

Por último, mas também importante, convém assinalar que ao captar e refletir a complexidade e heterogeneidade da economia, esse tipo de política, necessariamente de amplo espectro, tenderá a enfrentar dificuldades institucionais e mesmo legais, inexistentes quando o foco das políticas é a fronteira das técnicas. Com efeito, políticas de apoio a atividades tradicionais (ou mesmo tecnologicamente maduras) tendem a sofrer, no mundo pós-rodada Uruguai, restrições muito maiores do que aquelas previstas para o apoio a tecnologias de ponta.

---

[8] Katz, Jorge, "Reformas estructurales, produtividad y conducta tecnológica en América Latina", Fondo de Cultura Económica/Cepal, 2000.

A EXISTÊNCIA NAS EMPRESAS DE UM AMPLO REPERTÓRIO DE POSSIBILIDADES A EXPLORAR[9]

A noção de potencial foi diversas vezes utilizada em economia. Hirschman, por exemplo, a colocou no centro de suas idéias sobre desenvolvimento econômico. Para ele o desenvolvimento depende, em grande medida, do despertar do potencial subutilizado na economia – e não unicamente da acumulação de capital, como era praxe dizer-se em seu tempo. Já Penrose, tratando de teorizar o crescimento das empresas, havia chamado a atenção para a possibilidade de se extrair, na sua linguagem, diferentes serviços dos recursos por elas comandados. Contemporaneamente, a chamada Visão Baseada em Recursos retoma e desenvolve idéias de Penrose, focalizando, sobretudo, a formulação de estratégias a partir do potencial contido nas empresas[10].

As políticas industriais tradicionais, no entanto, sejam elas voltadas para a construção de setores ou para a correção de falhas de mercado, ignoram, ou apenas tangenciam, a noção de potencial. Já as políticas industriais e tecnológicas contemporâneas[11], voltadas para a capacidade de inovar, dão um importante passo em direção à focalização do potencial. Argumentamos neste artigo, contudo, que o caso brasileiro apresenta hoje características que tornam a idéia do potencial contido nas empresas excepcionalmente importante – devendo ser por isso convertida em eixo das políticas industriais e tecnológicas. Vejamos porque, começando com argumentos que não se restringem ao Brasil.

A transição da automação rígida para a automação flexível, associada a outras propriedades introduzidas pela informatização, tornaram as tecnologias contemporâneas particularmente flexíveis e versáteis. Em outras palavras, aptas para a geração de múltiplas soluções. A importância desse

---

[9] Supõe-se, ao longo de todo o texto, que as dificuldades enfrentadas pelas empresas para crescer estão deixando de provir dos distúrbios macroeconômicos imperantes de 1980 até o presente. O quadro macroeconômico teria, em outras palavras, se tornado "permissivo" em relação ao crescimento. Isto posto, para que as empresas efetivamente explorem o seu potencial, há outras dificuldades a serem vencidas – e é para este último tipo de problema que estaremos voltados, nos demais itens deste trabalho.

[10] Hirschman, Albert O., *The Strategy of Economic Development*, 1958, Yale University Press; Penrose, Edith, *The Theory of the Growth of the Firm*, 1959 e Foss, Nicolai J., *Resources Firms and Strategies*, Oxford University Press, 1997.

[11] Castro, Antonio Barros de, "A rica fauna da política industrial e a sua nova fronteira". *Revista Brasileira de Inovação*. v. 1, n. 2, jul./dez. de 2002, p. 253-274.

fenômeno no presente contexto brasileiro veio, porém, a ser ainda reforçada pelo fato de que a abertura se deu aqui retardatariamente – e já em plena vigência da informatização. Além disto, as próprias preferências dos consumidores já haviam se tornado, por toda parte, excepcionalmente voláteis, distanciando-se enormemente das chamadas "necessidades" do ser humano[12]. Como conseqüência de tudo isto, as empresas se vêem hoje, em princípio, diante de grandes oportunidades no tocante a variação de seus produtos. Multiplicam-se, a rigor, não apenas as oportunidades imediatas de aproveitamento dos recursos e aptidões por elas comandados, como, em certa medida, as próprias rotas evolutivas que podem trilhar. Estamos, em suma, a enorme distância do mundo em que a uma tecnologia correspondia um produto e, possivelmente, uma escala ideal de produção.

O que acaba de ser dito aplica-se, evidentemente, a todas as economias. Como já foi anteriormente sugerido, no entanto, no caso da economia brasileira, hoje, há fortes razões adicionais para se crer na multiplicidade das possibilidades latentes em cada empresa.

Buscando avançar nesta direção ressaltemos, primeiramente, o fato de que, não obstante os frustrantes resultados alcançados durante os últimos 24 anos pela economia brasileira, é plausível supor que o mero uso das instalações fabris, tecnologias e materiais levou empresários e gerentes a entrever novas possibilidades de aproveitamento dos recursos disponíveis nas empresas. Mas os elevadíssimos juros nominais e reais em regra imperantes, ao estabelecer custos de oportunidade verdadeiramente punitivos, e a sempre presente ameaça de abruptas freadas, terão matado no ovo numerosas possibilidades – que permaneceram apenas vislumbradas.

Por outro lado, com as compras externas ameaçando tomar o mercado doméstico – e as empresas tendo que lançar, rapidamente, sucedâneos locais para os artigos cuja importação estava disparando – a reestruturação das empresas fez-se a toque de caixa. Neste quadro, não fazia sentido deter-se para, mediante pesquisa e desenvolvimento, explorar o potencial contido nos recursos controlados pelas empresas. Além disto, era óbvia a direção para a qual os mercados se moviam: para as importações finalmente liberadas. Comparativamente estávamos, de fato, produzindo "carroças", restando saber se os produtos atualizados seriam aqui tentativamente

---

[12] Bauman, Zygmunt, "Consuming Life". *Journal of Consumer Culture*. 2001. vol. 1(1): p. 9-29.

"replicados" ou pura e simplesmente importados. Já se sabe a resposta dada por numerosas empresas industriais neste país: produzir aqui. Agindo sob tão prementes circunstâncias, as empresas rapidamente se adaptaram à produção de artigos atualizados, sem que as possibilidades nelas contidas (ou introduzidas pelos novos insumos e equipamentos) fossem exploradas ou até mesmo percebidas. Em outras palavras, pacotes de soluções eram comprados, não sendo efetivamente "abertos". Na realidade, as remessas associadas a tecnologia saltaram de US$ 209 milhões para US$ 2.207 milhões entre 1990 e 2000[13] – e o potencial latente nas empresas foi com isto, também, presumivelmente ampliado.

Há ainda que acrescentar que após crescer explosivamente de 1994 a 1996/97, diversos mercados pararam de expandir-se, ou mesmo sofreram retração. Seja pela espetacular ampliação das vendas nos três primeiros anos do Plano Real (dando a impressão de que os mercados domésticos eram muito maiores do que jamais se supôs), seja porque alguns mercados se contraíram, sensivelmente, nos últimos anos da década de 1990, verificou-se o surgimento, em diversos segmentos, de ampla sobrecapacidade. Em suma, ao altíssimo custo de oportunidade das aplicações não financeiras (os juros reais médios alcançaram 26% ao ano em 1998) veio somar-se a frustração das expectativas de mercado, conspirando, ambos, contra a exploração do potencial da indústria[14].

Resta por fim lembrar que as empresas que aí estão são sobreviventes de condições a tal ponto inóspitas ou agressivas, que se torna difícil duvidar de sua capacidade de iniciativa. Esta, porém, só poderia vir a tona num ambiente minimamente convidativo, o que, de 1997 até o presente, só ocorreu, fugazmente, no ano de 2000.

Os fatos aqui recapitulados sugerem, em suma, a formação de um amplo repertório de possibilidades, antevisto ou mesmo suspeitado, apenas pelos temperamentos mais ousados, entre empresários, gerentes e demais funcionários das empresas. Isto indica que às razões gerais antes aponta-

---

[13] Elias, Luiz Antonio e Cassiolato, José Eduardo. "O balanço de pagamentos tecnológico brasileiro" em Viotti, Eduardo e Macedo, Mariano, orgs., *Indicadores de ciência, tecnologia e inovação no Brasil*, Editora Unicamp, 2003.

[14] O próprio fato de que o *agribusiness* ofereceu, ao longo, digamos, dos últimos dez anos, oportunidades muito atraentes, também contribuiu para manter elevado o custo de oportunidade das aplicações na indústria, contribuindo, assim, em certas regiões mais que em outras, para tolher a exploração das novas possibilidades.

das (de oferta, bem como de demanda) se acrescentam razões contextuais levando o potencial de médio prazo das empresas a adquirir uma outra ordem de grandeza. Se assim é para as empresas de propriedade doméstica, com mais razão o será para empresas multinacionais, que tem "prontas" soluções já testadas em outros ambientes e que podem facilmente transferi-las para o país, desde que este produza sinais convincentes de estar ingressando em rota sustentável de crescimento[15].

A argumentação anterior pode ser encerrada com a invocação de mais uma razão (bem conhecida, aliás) para a existência de um potencial inexplorado de soluções. Refiro-me a que, contrariamente ao ocorrido no Brasil, os países que levaram adiante uma política de emparelhamento (*catch up*) usualmente se valeram de políticas (especificamente) tecnológicas em complemento ao esforço de implantação de novos setores. A bem dizer praticavam políticas industriais no sentido amplo do termo, estando as políticas tecnológicas aí integradas como, digamos, uma dimensão. Esta não foi, contudo, a experiência do Brasil. Aqui as políticas tecnológicas surgiram, em regra, referidas a nichos *high-tech* e a partir de iniciativas procedentes de elite burocrática. Isto é, pouco tinham a ver com a indústria como ela era – e com a própria política industrial. Os caminhos se mantiveram, aliás, até o presente, em boa medida paralelos – apesar de alguns esforços visando transformar a política tecnológica numa dimensão avançada da política industrial, especialmente por ocasião do II PND[16]. A experiência contrasta, enormemente, por exemplo, com os casos japonês e coreano[17]. E teve como uma de suas implicações a modesta capacidade de inovar – ressalvado o caso de empresas verdadeiramente excepcionais como, entre outras, a Embraer. Em resumo, tanto o *catch up* clássico (de 1940 a 1980), quanto o restrito, e em grande medida espontâneo, dos anos 1990, se fizeram praticamente sem políticas tecnológicas – o que, possivelmente, mais uma vez reforça o repertório hoje existente de opor-

---

[15] Deve estar claro para o leitor que não nos referimos acima à modernização de fábricas e dos métodos de gerenciamento e organização do trabalho que, no fundamental, já foram levados a efeito. Vide, a propósito, o item "Tipologia das empresas, para efeitos de políticas industriais e tecnológicas."

[16] Houve sim, cabe registrar, preocupação com a engenharia nacional, e as compras das estatais, em alguns casos (a Petrobras é, aqui, um exemplo notório), buscavam induzir o desenvolvimento de fornecedores.

[17] Amsden, Alice, *Asia's Next Giant: South Korea and Late Industrialization*. Oxford University Press, 1999.

tunidades de inovação[18]. Em última análise tudo se passou como se, consistente com a importância decisiva do mercado doméstico – ávido por mais do mesmo – o crescimento dispensasse inovações autóctones.

Em profundo contraste com a experiência passada, a estratégia por trás da nova política industrial e tecnológica deveria ser concebida como voltada para a liberação da energia potencialmente contida nas empresas[19]. Mas os técnicos que integram agências de financiamento, institutos de pesquisa e outros órgãos voltados para o desenvolvimento podem também estimular – e mesmo dar partida a – iniciativas inovadoras a serem desenvolvidas pelas empresas. Esta liberação exige, além da eliminação da turbulência conjuntural, apoios múltiplos capazes de prover meios, assegurar convergências e, claro, aumentar a ousadia das empresas. Para a economia como um todo, os esforços sistematicamente orientados nesta direção deverão resultar na elevação da taxa sustentável de crescimento.

SOBRE AS POLÍTICAS

A NATUREZA DAS INOVAÇÕES, FOCO DA NOVA POLÍTICA INDUSTRIAL E TECNOLÓGICA

Admitido o potencial das empresas com uma referência central da política industrial e tecnológica, fica subentendido que é amplo o espectro de empresas por ela abrangido. Esta proposição se torna ainda mais evidente se tivermos em conta que uma política deste tipo não pretende apenas o aprimoramento de produtos e processos produtivos. Afinal, toda mudança que aumente a capacidade de agregar valor das empresas poderia ser considerada liberadora do seu potencial e, portanto, objeto de apoio da política industrial. Entram, pois, aqui, todas as iniciativas destinadas a aumentar a capacidade de conquistar (ou manter, face a novos desafios) espaços no mercado. Isto inclui inovações nos processos fabris, desenvolvimento de novos canais e práticas de comercialização, inovações que geram propriedade intelectual (marcas e patentes) e, mesmo, o desenvolvimento de modelos mais sofisticados de negócios.

---

[18] Parece existir aqui algo do gênero "vantagens do atraso", na linguagem de Alexander Gerschenkron. Do autor, *Economic Backwaedness in Historical Perspective*, Harvard University Press, 1966.
[19] Sobre a conversão da inovação em referência central da política tecnológica no Brasil vide Plonsky, Guilherme Ary, "Mantras da inovação", em *Política Industrial – 2*, Publifolha, 2004.

Da prioridade conferida à liberação de potencial, decorre que não é das inovações fundadas no avanço da fronteira do conhecimento formal que se deve esperar os maiores resultados das políticas aqui referidas. Na realidade, o avanço do conhecimento implicado em grande parte das inovações constitui uma extensão do patrimônio de saberes da firma, destinado a permanecer sob a forma de conhecimento tácito. Inovações desse gênero são usualmente referidas como de natureza incremental. É importante advertir, no entanto, que o passo adiante dado pelas empresas, via inovação, ainda quando despretensioso, pode incorporar idéias e técnicas recentemente desenvolvidas. Entre outras razões, porque os produtos estão se tornando mais complexos e porque estamos caminhando na direção do estreitamento das relações entre produção e conhecimento científico.

Foi claramente sugerido, no que precede, que se pretenderia estimular o esforço inovativo do mais vasto espectro de empresas no campo industrial. Convém lembrar, a esse propósito, que todas as empresas em operação neste país foram capazes de sobreviver, não apenas a uma turbulência sem paralelo, como à brutal intensificação da competição verificada nos últimos anos. Isso, por si só, as qualifica como dotadas de agilidade e iniciativa e, por conseguinte, objeto de interesse das políticas do tipo aqui consideradas. Há, contudo, inegavelmente, candidatos mais e menos aptos. Afinal, há empresas que já estão se destacando – inclusive como inovadoras – e que poderão ir muito mais longe. Se, além da estabilidade macroeconômica, tivermos políticas industriais e tecnológicas versáteis e ágeis, ou seja, capazes de sintonizar-se com diferentes especificidades e possibilidades, tanto o grupo que já inova quanto, digamos, os segmentos mais passivos, poderão avançar de modo a contribuir para o crescimento da economia (tema retomado na terceira parte deste estudo).

Enquanto, usualmente, a idéia de que o crescimento deve vir do avanço do conhecimento se aplica, primordialmente, aos setores *high-tech*, aqui, pelo contrário, há que estimular o possível esforço inovativo da massa de empresas que povoa a nossa heterogênea estrutura industrial. Neste sentido, convém sublinhar, a política industrial de que aqui tratamos focaliza a inovação no nível da firma, e não exclusivamente ao nível da indústria. A inovação seria assim convertida em idéia-força, de abrangência tão ampla quanto possível. Lembremos mais uma vez que, ao incluir segmentos altamente deficientes, a nova política industrial (ainda quando não seja este seu objetivo precípuo), estará dando a sua contribuição para a melhoria da distribuição da renda no país.

SOBRE O SIGNIFICADO DAS POLÍTICAS

O item anterior pode transmitir a impressão de que a nova política é um veículo sem rumo, ou no qual qualquer um pode entrar. Se assim fosse, não estaria havendo escolhas – e nem sequer políticas, no sentido próprio da palavra. O item que aqui tem início busca mostrar que a nova política implica em escolhas, exclui, e elege opções.

A idéia integradora, conforme mencionado anteriormente, é a criação de condições favoráveis à produção de inovações e, através delas, a conquista pelas empresas de maiores espaços, de preços-prêmios, ou mesmo do acesso a mercados mais dinâmicos. Tais avanços exigem o reforço de capacitações que habilitem as empresas a, recorrentemente, conceber e experimentar mudanças. A materialização das inovações, por sua vez, freqüentemente requer a ampliação da capacidade instalada nas empresas.

Tendo-se claro que o maior entrave a tais iniciativas são os riscos para os atores individuais, e aceitando-se a hipótese de que os riscos sistêmicos tenham sido substancialmente reduzidos, as diretrizes da política devem, fundamentalmente, promover a redução, a diluição e o compartilhamento dos riscos inerentes à inovação. Cumpre destacar que iniciativas alinhadas a tais diretrizes podem ser consideradas "leves" (mesmo ali onde se mostre necessário assumir diretamente parcelas dos custos envolvidos), quando comparadas ao financiamento público da instalação de capacidade produtiva, bem como à concessão de amplas vantagens fiscais para novos investimentos.

Ações do tipo aqui visualizadas são comentadas e ilustradas em seções posteriores deste trabalho. Cumpre, por ora, reduzir o nível de abstração, e tentar um desdobramento preliminar do que seria a política aqui descrita.

Trata-se de um tipo de política industrial que se propõe induzir as empresas a demandar (de forma estruturada, como veremos mais adiante) determinados apoios para o aproveitamento do seu potencial. A contrapartida dessas demandas consiste na organização da oferta de incentivos, tidas em conta visões de longo prazo quanto às melhores maneiras de aproveitamento dos recursos disponíveis na economia. Tais ações não devem, contudo, impor direções singulares: apenas sinalizam às empresas quanto aos rumos que serão privilegiados na oferta de infra-estrutura, incentivos e outros instrumentos de apoio.

A primeira função da política industrial seria, pois, a de formular visões de longo prazo, atraentes para as empresas e favoráveis ao país. Para que sejam efetivamente atraentes, essas visões devem obviamente levar em consideração as reais potencialidades das empresas e, num plano maior, as possibilidades inscritas em cada contexto. Entenda-se que tais oportunidades dificilmente seriam (individualmente) percebidas pelas empresas, se os agentes públicos não se propusessem a remover determinados entraves e compartilhar certos riscos. Lembremos ao leitor, a este propósito, que as escolhas feitas nos anos 1980 e 1990, tanto pelas empresas, quanto pelos próprios atores públicos, foram profundamente condicionadas por circunstâncias prementes e excepcionais, ignorando-se, em regra, o longo prazo. Desperdiçaram-se, assim, oportunidades que poderão, daqui por diante, ser contempladas na formulação de futuros realistas e desejáveis. Certas escolhas adiadas podem mesmo ser presentemente entendidas como "imperativos situacionais"[20] – expressão que se refere a oportunidades altamente atraentes, mas que, por diferentes motivos, (ainda) não foram aproveitadas.

Voltemo-nos, agora, momentaneamente, para as operações singulares de política, tema a que é dedicada a terceira parte deste trabalho. Sua concepção não implica a prevalência de modelos *top-down* de tomada de decisões. A grande complexidade da economia, bem como a diversidade de atores e, inclusive, os diferentes caminhos para o aproveitamento de oportunidades, conspiram contra isso. Uma política industrial de alcance amplo requer, na realidade, estruturas voltadas para a montagem de alternativas consistentes, através do alinhamento das decisões dos atores envolvidos. Não é preciso insistir em que a busca de sinergias e externalidades positivas é, aqui, uma questão primordial.

Advirta-se, também, que as opções singulares de política a que nos referimos não substituem as iniciativas de natureza horizontal, ou seja, ações e instrumentos que se destinam a apoiar, indiscriminadamente, atores e atividades produtivas. Pelo contrário, o desenvolvimento de estratégias singulares será tão mais simples e efetivo, quanto melhor estiverem

---

[20] O conceito é utilizado, por exemplo, por Chalmers Johnson em *MITI and The Japanese Miracle: The Growth of Industrial Policy, 1925-1975*. Stanford University Press, 1985.

atendidas as condições básicas para a realização da inovação e/ou do investimento produtivo. Ademais, instrumentos horizontais são, também, diretamente úteis no planejamento de estratégias ativas, pois acarretam, em geral, a coleta de informações que serão empregadas no desenho de ações e na calibragem dos instrumentos de apoio.

Note-se, também, que quando nos referirmos a estratégias singulares, não temos em vista o atendimento das demandas de um pequeno conjunto de candidatos. Idealmente, aliás, tais estratégias são compostas de amplos leques de iniciativas e instrumentos diferenciados, de alcances variados, capazes de induzir comportamentos sinérgicos entre distintas classes de atores.

Passando de aspectos metodológicos a considerações de natureza mais substantiva, realçamos no que segue três grandes problemas para cuja solução a política industrial e tecnológica deve dar a sua contribuição.

O primeiro consiste na situação de fragilidade externa em que ainda se encontra a economia brasileira. No que tange à competitividade de nossas exportações (como também à disputa por espaços no mercado doméstico), dotar os produtos de atributos que lhes permitam escapar da competição das regiões de salários baixos, ou alterar processos produtivos de modo a obter reduções substanciais dos custos, podem ser contribuições de grande valor no equacionamento da crítica questão da fragilidade externa. É importante sublinhar que nas condições atuais de concorrência, escapar dos mercados mais pressionados e obter preços-prêmios é algo distinto de simplesmente migrar para versões mais avançadas dos mesmos produtos. Na realidade, o que se busca são maiores margens de retorno – e a conseqüente capacidade de pagar maiores salários. Para tanto, o tradicional *up grade* pode se revelar uma política pouco promissora. Isto porque a mesma saturação da demanda poderá ser (re)encontrada, em faixas mais sofisticadas do mercado. Em suma, o que de fato é capaz de gerar margens elevadas é o desenvolvimento de diferenças significativas de custo de produção, ou do benefício gerado para (ou percebido pelo) consumidor. Ou seja, o que importa é adquirir atributos efetivamente diferenciadores, resultantes de inovação[21]. As mudanças assim introduzidas podem, inclusi-

---

[21] Este tipo de afirmativa deve ser matizado. Assim, por exemplo, é óbvio, no caso das exportações de matérias-primas, que é melhor acrescentar valor – mesmo que o mercado "de cima" esteja também saturado e operando com margens comprimidas.

ve, redefinir faixas de mercado, seja incorporando consumidores mais exigentes, seja incluindo novas faixas de público, em decorrência de reduções do preço final.

O segundo grande problema, para a solução do qual a política industrial e tecnológica poderia dar a sua contribuição, seria o da modesta taxa de crescimento a que esta economia parece tender a crescer, (mesmo) na ausência de turbulência macroeconômica. Mas precisamente, às políticas industriais e tecnológicas, caberia aumentar a eficiência dos investimentos, de modo a permitir que o país cresça mais, por unidade de capital acumulado (redução da relação capital/produto). A premência dessa questão decorre de que, superada a fase de mero reaquecimento da economia, o prosseguimento da expansão passará a depender, fundamentalmente, do volume e da eficiência dos investimentos – e não mais da utilização de capacidade ociosa. É bom sublinhar, a esse propósito, que há dois motivos para que o crescimento rápido e sustentado não possa provir do mero aumento relativo dos investimentos: nas condições de endividamento em que o país se encontra, a poupança externa (déficit de transações correntes) não deve ser ampliada (em relação ao PIB); além disto, o consumo, especialmente o popular, não pode ser ainda mais comprimido. Em tais circunstâncias, crescer mais rápido exige uma maior eficiência dos investimentos. Tendo em vista o que acaba de ser dito, fica devidamente realçada a idéia de que interessa, especialmente, ao país, inovar na própria esfera dos investimentos. Isto pode se dar tanto por melhorias na produção de equipamentos e insumos usados nos investimentos, quanto mediante avanços nas formas de gerenciamento e organização dos novos empreendimentos.

Os dois objetivos até aqui contemplados têm a ver com a necessidade consensual de voltar a crescer – e de fazê-lo a taxas médias superiores às obtidas nas duas últimas décadas. Já o terceiro problema refere-se a difícil questão da redução das desigualdades. A política industrial e tecnológica pode, em princípio, de duas maneiras, promover avanços nesta direção. Primeiramente, ao oferecer uma saída "por cima" para as empresas constitutivamente deficientes, onde se encontram os trabalhadores menos remunerados. Esta contribuição poderia naturalmente ser buscada, em sintonia com estratégias especificamente voltadas para a redução de desigualdades regionais. O segundo tipo de contribuição, de sua parte, seria buscado através da concentração de esforços na promoção de inovações capazes de reduzir custos e melhorar a qualidade dos bens integrantes da cesta de consumo da população de baixa renda.

TIPOLOGIA DAS EMPRESAS PARA FINS DE POLÍTICA INDUSTRIAL E TECNOLÓGICA

A tipologia consistente com a abordagem adotada neste trabalho deve basear-se na capacidade das empresas de proteger, ampliar e melhorar suas posições no mercado. A partir desta concepção será proposto no que segue uma classificação que distingue cinco tipos de empresas:

1. As empresas integrantes deste grupo são robustas no tocante à fabricação (elevado valor agregado por trabalhador nas fábricas) e têm liderança no mercado nacional (e possivelmente no Mercosul), onde possuem marcas amplamente conhecidas. Além disto, têm inserção comercial e, por vezes, fabril, no mercado externo. Não obstante algum esforço inovativo, essas empresas situam-se muito abaixo dos líderes internacionais de seus segmentos no tocante à concepção de novos produtos (*design*) e a P&D de um modo geral. Em muitos casos as empresas deste grupo conseguem, no entanto, obter e sustentar preços-prêmios no mercado externo, ainda quando este objetivo seja dificultado pela relativa debilidade no que toca a competir via inovações. É fundamental, para esta categoria, o apoio ao desenvolvimento de capacidade tecnológica autônoma, bem como o desenvolvimento de marcas próprias nos mercados dos países desenvolvidos e nas economias emergentes da Ásia.

2. Empresas dotadas de capacidade fabril atualizada, capazes de produzir seus próprios produtos diferenciados (e, inclusive, de variá-los sob encomenda), mas não de concebê-los e colocá-los nos mercados finais. Na realidade, é modesta ou nula a sua capacidade de recortar e desenvolver mercados – dizendo-se, usualmente, a seu respeito, que tais empresas não vendem, "são compradas". Seus mercados são predominantemente nacionais, mas eventualmente se estendem à América Latina, ou mesmo, (atendendo a encomenda) a países desenvolvidos. Trata-se de empresas que pouco ou nada investem em pesquisa e desenvolvimento. Para este grupo, faz muito sentido associar-se para, coletivamente, enfrentar desafios como a aquisição de capacidade autônoma de *design* e comercialização, obter escala e desenvolver marcas próprias, individuais ou coletivas.

3. Empresas de médio e pequeno portes que oferecem produtos indiferenciados, de qualidade relativamente inferior, e que disputam mercados unicamente via preços. Sua inserção é, usualmente, apenas regional. Não desenvolvem atividades de pesquisa e desenvolvimento e a mão-de-obra de que se valem é de baixa qualificação, e não dispõem, em geral, de programas de treinamento. Os equipamentos apresentam pouca consistência, podendo conviver, na mesma unidade produtiva, soluções (e equipamentos) originários de diferentes safras tecnológicas. As práticas de gestão são claramente deficientes, raramente tais empresas operam em consórcios, e a própria qualificação dos proprietários e/ou gerentes deixam muito a desejar. O conhecimento de como estas empresas tomam decisões e se financiam é, na realidade, bastante deficiente. Faz muito sentido oferecer a essas empresas a possibilidade de uso ou acesso a ativos que, individualmente, não podem possuir, mas que se mostram de crucial importância para a evolução de seus negócios. Tais facilidades de uso coletivo podem incluir equipamentos de teste, depósitos refrigerados, serviços especializados de diferentes naturezas e até mesmo centros de *design* e marketing.

4. Empresas que, ainda quando de modesto porte, se caracterizam por um certo grau de sofisticação tecnológica. Em muitos casos, esse tipo de empresas tem por origem profissionais da pesquisa ou de universidades. Sua importância pode tornar-se crucial, na medida em que a política industrial e tecnológica passe efetivamente a ter por eixo a inovação, já que os produtos por elas gerados têm alta chance de integrar-se às melhorias introduzidas nas demais categorias de empresas.

5. Empresas multinacionais, sendo de se destacar, preliminarmente, a seu respeito, que 450 das 500 maiores empresas já operam no país. Em diversos casos, esta presença data da fase heróica da industrialização (anos 1950 a 1980). A mais recente onda de chegada de multinacionais, verificada na segunda metade dos anos 1990, trouxe para a economia brasileira grande parte das multinacionais que ainda não se encontravam no país. As multinacionais têm, no Brasil, instalações fabris muitas vezes equivalentes ao estado das artes no mundo desenvolvido, e revisaram, em regra, nos anos 1990, seu portfólio de produtos, passando a produzir artigos de classe mundial. Em algumas indústrias, a fabricação de componentes de mais alto valor agregado não se faz no país, e isto é particularmente evidente na eletrônica e na farmacêutica. Já no tocante

à realização de atividades de P&D no Brasil, o comportamento das multinacionais é muito diferenciado. Existe um pequeno número de empresas que desenvolve aqui novos produtos, e parece haver disposição, em outros casos, para trazer para cá um maior número de atividades extrafabris. No caso da indústria automobilística esta disposição parece ter declinado logo após a abertura, e recrudescido recentemente[22]. De qualquer forma, as decisões quanto a exportar a partir daqui (ser ou não plataforma exportadora), e de trazer ou não um maior volume de atividades geradoras de alto valor agregado (como P&D), parecem ser questões em aberto para certas empresas. Ou seja, trata-se de possíveis objetos de política. Note-se, também, que a situação presente retrata, fundamentalmente, o posicionamento espontâneo das multinacionais no país, pois jamais houve políticas industriais e tecnológicas sistemáticas para esta categoria de empresas.

SOBRE A OPERAÇÃO DAS POLÍTICAS

Planos de Desenvolvimento Industrial e Ações Pré-estruturadas de Fomento

O Estado, nos três níveis de governo, dispõe de uma ampla gama de possibilidades no tocante ao desenho de ações e à operação de instrumentos financeiros e não financeiros de fomento. Suas diferentes agências operam variadas modalidades de apoio à atividade produtiva e se segmentam segundo critérios de especialização tais como: porte das empresas, localização geográfica, setor de atividade, modalidades de operação etc.

As empresas, por sua vez, visam valorizar seus ativos através do aproveitamento de oportunidades que a elas se apresentam. Por outro lado, é razoável supor que dentre as possibilidades de escolha (ou, mesmo, alternativas estratégicas) que a elas se apresentam, algumas estejam mais alinhadas aos propósitos da política do que outras. Não é preciso insistir em que tais possibilidades se apresentam de maneira bastante variada, dada a heterogeneidade do parque empresarial brasileiro.

---

[22] Consoni, Flavia Luciane e Carvalho, Rui Quadros, "Desenvolvimento de produtos na indústria automobilística brasileira: perspectivas e obstáculos para a capacitação local", *Revista de Administração Contemporânea*, jan./abr., 2002.

A decisão de aumentar a capacitação, para proteger ou conquistar mercados, implica traçar trajetórias e enfrentar riscos e dificuldades relativos à iniciativa que se tem em vista. Em economia, apoiar o desenvolvimento de tais trajetórias requer esforços correspondentemente concebidos, respeitadas as grandes escolhas feitas pelos gestores da política industrial e tecnológica.

A indução do desenvolvimento de iniciativas é tarefa que pode ser executada de distintas formas. Assim, é inegável que, por si só, ações pontuais relevantes, como a melhoria do sistema de transportes, o financiamento de longo prazo a juros reduzidos, ou o direcionamento de encomendas governamentais, são, por si só, capazes de induzir decisões de investimento. É, contudo, também inegável que ações deste gênero tornam-se mais eficazes quando executadas e operadas de modo coordenado, visando ao aproveitamento de sinergias.

Os instrumentos e competências presentes nas agências de fomento formam um mosaico que pode ser composto de distintas formas, o que permite, muitas vezes, ir além das práticas usuais de tais agências. Ou seja, a combinação de instrumentos e a cooperação interinstitucional, ainda pouco praticadas, ensejam possibilidades de apoio mais amplas e variadas, do que tem sido possível conceber e implementar.

Uma tal composição de instrumentos de incentivo ofertados às empresas – combinada com ações complementares sobre os ambientes onde elas operam ou deverão operar – pode ser denominada "ação pré-estruturada de fomento". Assim definidas, além dos incentivos individualmente apropriáveis, tais ações compreendem a constituição de ativos de uso coletivo tais como: bancos de dados, laboratórios, melhorias de infra-estrutura física etc. Iniciativas de tal natureza podem ser conduzidas por uma ou mais agências, cooperando em torno de uma agenda de propósitos previamente acordada. Constituem-se, assim, em "atratores" que promovem a convergência das escolhas das distintas categorias de empresas para os objetivos da política.

Ações estruturadas definidas desta maneira estão situadas em posição intermediária entre os objetivos gerais da política industrial e tecnológica, e os objetivos particulares de cada empresa por ela estimulada. Obter a adesão das empresas aos objetivos e estratégias da política torna-se, assim, equivalente a procurar a convergência das intenções da política e das demandas e interesses empresariais.

Aceita estas considerações, o desafio de operar a política consiste em induzir a reflexão das empresas quanto aos rumos que poderiam tomar para a melhor realização de seu potencial, a partir de certas visões de futuro antevistas pelos gestores das políticas públicas. Como resultado de tal reflexão, e tida em conta a oferta pré-moldada de incentivos, poderão as empresas detalhar seus planos de médios ou longos prazos. Convém talvez relembrar que o esforço de conciliação entre empresas e agentes públicos decorre do reconhecimento de que são múltiplas tanto as possibilidades que as empresas têm diante de si, quanto as formas de se atingirem os objetivos da política industrial e tecnológica. O que acaba de ser dito será recolocado, de forma menos abstrata, a seguir.

Advirta-se ainda que, conforme antecipado no item "A inovação como foco", a separação entre capacitação para inovar e capacidade de produção é, em certa medida, um recurso didático. De fato, para que a capacitação ampliada se torne útil (e até mesmo para completar-se, via testes de mercado e em plantas-piloto), é usualmente necessário ampliar a capacidade produtiva. Assim sendo, daqui por diante, tendo claro que o foco da política é a promoção da inovação, trataremos em simultâneo as duas dimensões.

A ORGANIZAÇÃO DA DEMANDA POR INCENTIVOS

Estruturar a demanda por incentivos se torna necessário, quando se deseja apoiar trajetórias de médio e longo prazos visando consolidar a inovação como prática usual. As estratégias das empresas, por sua vez, combinam investimentos tradicionais em equipamentos e instalações com outros de mais longo prazo, visando, sobretudo, o desenvolvimento das chamadas "novas armas da competição". Estas se corporificam na criação, para uso individual ou coletivo, de diversas modalidades de ativos intangíveis, dentre eles, destacadamente, conhecimento tácito e propriedade intelectual.

Algumas características desse tipo de investimentos devem ser compreendidas, para que eles possam ser adequadamente apoiados. Cumpre notar, primeiramente, que, enquanto as ações tradicionais de fomento visam prover recursos de longo prazo para a realização de projetos inteiramente definidos, o mesmo não é verdadeiro quando se encontra envolvido o desenvolvimento de ativos intangíveis. Nestes casos, não é possível, em regra, ter clareza quanto aos resultados que se vai atingir – mas apenas quanto às intenções gerais e às estratégias a serem inicialmente seguidas. Além disso, quando se fala em viabilizar o desenvolvimento tecnológico ou a construção de um novo modelo de negócios, não se trata mais de financiar (a longo prazo) algo que se conclui no curto prazo. Trata-se, efetivamente, de apoiar algo que, literalmente, se desenvolve ao longo do tempo. Cabe também observar que essas estratégias e intenções gerais são sujeitas a reorientações e redefinições. Mais do que nas decisões de investimento em tangíveis, passa a ser não apenas desejável, como necessário, que os resultados de cada etapa sejam avaliados e condicionem o rumo das etapas seguintes. Finalmente, deve-se ter claro que, apesar da alta probabilidade de que ocorram reorientações, tais estratégias somente são compreensíveis (e traduzíveis em resultados econômicos) quando concebidas e apreciadas tendo em vista o longo prazo.

Decorrem dessas características algumas indicações quanto à forma de se modelar os investimentos que incluem a geração de intangíveis:

1. A demanda por incentivos que tem por origem planos de investimentos é, por natureza, distinta daquela que decorre de projetos pontuais, e mais dependente dos resultados que vão sendo obtidos. Ao financiar a construção de uma planta, por exemplo, faz sentido estabelecer períodos de carência e execução, bem como períodos de amortização, tido em conta o começo das operações industriais. Tal lógica não se aplica, contudo, aos planos de longo prazo, necessários ao desenvolvimento da capacitação das empresas. Ou seja, é na medida em que toda uma linhagem de mudanças encadeadas passe a ser visualizada pelas empresas, que elas adquirem interesse em ajustar-se (confirmados e/ou redefinidos seus objetivos) aos propósitos da política industrial e tecnológica.

2. A credibilidade dos planos de longo prazo requer que na sua própria formulação encontre-se antevista a possibilidade de revisões periódicas. Conseqüentemente, a informação sobre as ações futuras contextualiza e justifica os dispêndios imediatos, mas não deve ser entendida como um compromisso inamovível. As alterações justificadas por mudanças contextuais devem, obviamente, ser incorporada ao plano, mesmo ao custo de se admitir certos cursos de ação como superados.

3. Os planos de investimento e mudança devem almejar avanços no tocante à estruturação empresarial, e à maior sofisticação dos modelos de ne-

gócios. Níveis crescentes de habilitação da empresa se expressam na criação de novas atividades, bem como na busca de parcerias e sinergias. Modelos de negócios sofisticados revelam-se na montagem de esquemas de cooperação ao longo das cadeias, na estruturação em *clusters* e no desenvolvimento de estratégias horizontais ou verticais de fusões ou incorporações.

A sistematização de planos empresariais, de forma semelhante ao que acaba de ser apontado, já são hoje incentivados pelo Ministério da Ciência e Tecnologia (MCT). Trata-se dos Programas de Desenvolvimento Tecnológico na Indústria e na Agricultura (PDTI e PDTA), instituídos pela Lei nº 8.661/93 para fins de incentivo fiscal às atividades de P&D. A lei previu que tais planos podem ser apresentados nas modalidades: "individual" (de uma única empresa), ou "coletivo" (admitindo-se esta categoria qualquer forma de associação entre empresas). Devidamente adaptados, tais instrumentos poderiam servir de base para a qualificação das iniciativas apoiáveis pela nova política industrial e tecnológica. Para fins de construção da proposta que ora se esboça, este instrumento, devidamente adaptado, será denominado PDI – Plano de Desenvolvimento Industrial.

A utilização de um instrumento de tal natureza seria particularmente adequada para induzir a formulação de demandas por parte das empresas, de maneira a facilitar o seu "encaixe" com as ações pré-estruturadas de fomento, a seguir consideradas.

AÇÕES PRÉ-ESTRUTURADAS DE FOMENTO, COMO CONTRAFACES DOS PDIS

Desenvolver ações pré-estruturadas é mais do que buscar a complementaridade das formas de apoio às empresas. Trata-se, de fato, de: estabelecer agendas comuns; identificar e executar conjuntamente ações sobre o ambiente produtivo; desenvolver consorciadamente instrumentos de fomento; "empacotá-los" para que sejam divulgados e oferecidos aos potenciais interessados; e, perseguir a coerência e sincronia no desenvolvimento das ações e na operação dos instrumentos.

Para tanto, sugerimos que os atores públicos envolvidos na pré-estruturação da oferta sejam concebidos como integrantes de três distintos níveis: uma agência federal coordenadora das políticas; os provedores de recursos financeiros ou outros meios; e os modeladores da oferta de incentivos de maneira a articulá-la à demanda das empresas. Tal articulação teria em conta, naturalmente, os já referidos PDIs, individuais ou coletivos.

Esquematicamente, o funcionamento do sistema poderia ser assim delineado:

Quanto à coordenação:

Nível 1: Instituição orientadora do sistema e supervisora de sua execução: Agência Brasileira de Desenvolvimento Industrial (ABDI).

Nível 2: Instituições provedoras de recursos financeiros e outros meios: fundos, instituições financeiras de desenvolvimento, CNPq, Sistemas federal e estadual, outros organismos multilaterais, federais, estaduais e municipais de desenvolvimento.

Nível 3: Atores responsáveis pela concepção, coordenação e encaminhamento das iniciativas: instituições financeiras de desenvolvimento (federais, regionais e estaduais), ou as próprias empresas, que em qualquer caso devem ter papel particularmente ativo neste nível.

Quanto à operação:

1ª etapa: Desenho e divulgação dos meios disponíveis e de suas regras gerais, tão flexíveis quanto possível.

Negociação entre a ABDI e as instituições provedoras de recursos (níveis 1 e 2), partindo a iniciativa de qualquer dos dois lados. A ABDI tomaria como base os instrumentos que as instituições provedoras de recursos se dispusessem a ofertar para a montagem de ações pré-estruturadas de fomento. Os meios e as condições gerais de sua utilização seriam ajustados entre cada instituição e a ABDI. Deverá estar claro que os meios ofertados poderão, a partir de sua aprovação, ser operados por quaisquer agentes financeiros (nível 3), que venham a constituir-se como coordenadores de ações estruturadas de fomento.

2ª etapa: Elaboração interativa de PDIs e ações pré-estruturadas de fomento.

Propostas de PDIs podem ser originadas nas empresas ou em conjuntos de empresas. Evidentemente, os PDIs, em sua formulação, já devem ter em conta os incentivos básicos disponíveis que condicionam ou balizam as escolhas das empresas.

PDIs individuais fazem maior sentido, em princípio, para empresas capazes de mobilizar amplos recursos (categorias 1 e 5 da tipologia anteriormente apresentada). PDIs coletivos são particularmente indicados para outras categorias de empresas, sobretudo ali onde os investimentos no desenvolvimento de facilidades de uso coletivo se mostrem tão ou mais relevantes que os incentivos individualmente apropriados pelas empresas. Deixe-se claro, contudo, que iniciativas individuais de investimento devem também estar presentes (como projetos) nos PDIs coletivos. Por sua vez, a participação de grandes empresas em PDIs dessa natureza é possível e, muitas vezes, desejável (como no caso de planos de cooperação ao longo das cadeias produtivas). Os PDIs devem ser objeto de negociação e, na medida do possível, devem também encontrar-se espelhados, da melhor maneira possível, nas propostas de ações pré-estruturadas de fomento. Estas, por sua vez, devem descrever os investimentos a serem empreendidos ou apoiados, assim como os instrumentos de apoio direto que serão oferecidos às empresas envolvidas.

3ª etapa: Articulação e calibragem detalhada dos instrumentos que integram a ação pré-estruturada.

Quando necessário, (isto é, na medida em que não houver autorização automática para o uso de certos recursos), os coordenadores da execução (nível 3) negociariam ajustes com os provedores dos recursos financeiros (nível 2) bem como com os provedores de recursos não financeiros. Concretamente, negociariam eventuais ajustes nos volumes de recursos envolvidos, formas de enquadramento, procedimentos operacionais e critérios de repartição de riscos e resultados. Por simplicidade e segurança operacional, todos os recursos financeiros seriam preferencialmente repassados a esse coordenador. Quando necessário, as decisões de enquadramento de projetos poderiam ser feitas ou ratificadas por comitês inter-institucionais. O apoio não financeiro deveria ser concedido, em princípio, aos projetos enquadrados para apoio financeiro, sendo negociadas, tão-somente, as alterações porventura necessárias na infra-estrutura e demais facilidades disponíveis.

Destaque-se que as ações poderão ser repactuadas sempre que surjam mudanças nos PDIs ou que contribuições de novos agentes possam ser incorporadas.

4ª etapa: Operação.

Projetos enquadrados nas ações deverão estar descritos em PDIs individuais ou coletivos, único mecanismo de organização das demandas reconhecido pelo sistema. Os projetos que compõem o PDI poderão ter que ser detalhados para análise pelos coordenadores da ação (nível 3), antes de sua execução.

Exemplos práticos:

Exemplo 1: Atração de atividades de P&D, ação voltada para empresas multinacionais (categoria 5).

Imaginemos, primeiramente, um PDI que visasse à atração de atividades de P&D de companhias multinacionais para o país. A ação estruturada a ele correspondente poderia ser coordenada pelo BNDES, e ser inicialmente composta da maneira a seguir indicada:

a) Ofertar financiamentos em condições especiais para os tipos de investimento descritos no PDI, possivelmente na forma de créditos oriundos do BNDES, equalizados com recursos do Fundo Verde-Amarelo – ofertados pela Finep mediante autorização do comitê-gestor do Fundo – e complementados por recursos não reembolsáveis na forma de bolsas (oriundas do Programa RHAE do CNPq).

b) Executar as ações de melhoramento da infra-estrutura pública de pesquisa (iniciativa também descrita no PDI), de modo consorciado entre a União (possivelmente com recursos de diversos fundos setoriais), e os estados ou municípios interessados (suponhamos, na proporção de 1 para 1).

Uma vez acordados BNDES, Finep e CNPq quanto aos termos desta oferta de incentivos, a ação seria imediatamente operável: as empresas poderiam formalizar suas candidaturas aos financiamentos e demais incentivos junto ao BNDES. Do mesmo modo, estados ou municípios poderiam submeter propostas de co-financiamento junto ao banco coordenador da ação.

Bolsas e avais poderiam ser ofertados por instituições estaduais de fomento à pesquisa, assim como recursos complementares e serviços de repasse pelos bancos e agências de desenvolvimento dos estados. Nesses casos se estaria procedendo à criação de novas ações pré-estruturadas. Estas deveriam se espelhar em PDIs específicos (possivelmente simplificados, por se tratar de planos derivados), e seriam naturalmente operadas por atores estaduais, a quem se transferiria a responsabilidade pela coordenação no âmbito do estado.

Exemplo 2: Apoio à aquisição de tecnologias, ação voltada para grandes empresas nacionais (categoria 1 na tipologia de empresas).

Coordenada pelo BNDES, esta ação ofereceria recursos reembolsáveis para a formatação inicial do negócio e para viabilizar a captação de recursos adicionais nos mercados internacionais. O objetivo seria estimular a aquisição no exterior de tecnologias, ou mesmo de empresas que as detenham. Ação semelhante poderia ser concebida para a aquisição de marcas, ou de canais de distribuição.

Exemplo 3: Apoio à comercialização nos mercados internacionais, ação voltada para arranjos produtivos de empresas de boa qualificação fabril (categoria 2 na tipologia de empresas).

Coordenada e operada pelo BNDES, ou pela Finep, esta ação congregaria instrumentos e recursos dessas agências e do CNPq, para financiar a abertura de novos canais de comercialização, a adaptação de produtos às necessidades dos mercados, a aquisição ou desenvolvimento de marcas, etc. A Apex poderia prestar apoio via informação e promoção comercial, enquanto o Sebrae poderia estruturar atividades de desenvolvimento dos métodos de gestão. Finalmente, institutos de pesquisa ou universidades se encarregariam de prover apoio tecnológico e contribuiriam para a maior compreensão das possibilidades contidas no negócio. Parece claro que ação deste grau de complexidade deverá requerer apoio continuado, não apenas das diferentes instituições provedoras de recursos, como de associações representativas das empresas.

Exemplo 4: Fomento ao desenvolvimento de arranjos produtivos locais de empresas de capacitação fabril deficiente (categoria 3 da tipologia).

O porte e a natureza das empresas a serem atingidas em arranjos produtivos locais sugere que a coordenação de ações compete, neste caso, necessariamente, a agentes locais. Atores estaduais desenvolveriam PDIs junto aos arranjos selecionados que, no caso, enfocariam a atualização dos processos fabris e o desenvolvimento de estratégias de expansão, visando, pelo menos, o mercado nacional. Aqui também os agentes estaduais (possivelmente agências estaduais de desenvolvimento) especificariam particularidades de cada tipo de apoio junto aos provedores de recursos, sendo as ações por eles coordenadas e operadas. É importante frisar que neste tipo de iniciativa, muito mais que nas apresentadas nos demais exemplos, são os investimentos públicos em ativos de uso coletivo, as peças fundamentais da ação pré-estruturada.

Exemplo 5: Apoio à criação e à capitalização de empresas de base tecnológica.

Focalizaremos agora uma ação de natureza semelhante à aqui chamada pré-estruturada, e que já vem sendo conduzido pela Finep (em cooperação com o BID, a Anprotec, o Sebrae, o IEL e a Rede de Tecnologia do Rio de Janeiro), tendo por objetivo a criação de empresas de base tecnológica. Na referida experiência estão articuladas: ações que visam a constituição de fundos de capital de risco mediante a participação direta e a atração de outros investidores; o apoio à criação de empresas mediante a concessão de subvenções e financiamentos; e iniciativas para desenvolver um ambiente propício ao investimento (das quais têm participado a Bovespa e a Associação Brasileira de Capital de Risco).

A articulação de instrumentos do CNPq e de recursos do BNDES à ação em curso poderia propiciar maior efetividade, tanto nas fases iniciais (bolsas do CNPq), quanto nas fases mais maduras do desenvolvimento das empresas atingidas pela ação (apoio do BNDES na forma de crédito ou participação).

Pode-se imaginar, ainda, a hipótese de aperfeiçoamentos deste tipo de ação, voltadas, por exemplo, para o desenvolvimento da inovação farmacêutica. Mais do que mudanças nas ofertas de incentivos diretos às empresas, tal especialização permitiria concentrar esforços no aperfeiçoamento do ambiente para a inovação.

Observe o leitor que ações assim estruturadas, vistas em seu conjunto, apresentariam uma natureza que se poderia denominar de fractal, pois o trabalho de especificar instrumentos e outras formas de contribuição, nos diferentes níveis, é sempre da mesma natureza. Parte-se, simultaneamente, do que se pretende atingir e da característica geral das ofertas já presentes, no ambiente sobre o qual se vai operar. São definidos os componentes do novo mecanismo, que além de representar um instrumento integrado e (mais) focado, funciona também como balcão de oportunidades para que atores de fomento, ainda mais focados, agreguem contribuições específicas e melhorem as condições da oferta para os seus públicos. Um tal processo de enriquecimento progressivo das ações pode e deve ser realizado em quantos níveis forem necessários, para que se obtenha o melhor e mais completo sistema de indução, e se incorpore a contribuição de todos os atores dispostos a participar.

O mercado internacional e as estratégias de crescimento no Brasil

*Cláudio R. Frischtak**

---

* Presidente da Inter.B Consultoria Internacional de Negócios. Ex-economista do Banco Mundial.

INTRODUÇÃO

JÁ HÁ ALGUNS anos que o debate sobre o crescimento econômico e industrial no país oscila entre pólos quando o objeto é a legitimidade e a eficácia das intervenções de governo sob a forma de políticas ativas. Para alguns, a política industrial, em particular, é o *deus-ex-machina* da transformação produtiva no país; para outros, um retrocesso, na medida em que apenas cabem políticas amplas, de natureza "horizontal", não discriminatórias setorialmente, e voltadas para a redução das distorções e do tamanho da cunha fiscal, bem como do custo de capital, particularmente da taxa de juros. A resposta da oferta viria naturalmente.

Perdidas nesse debate estão duas questões talvez de fundo sobre a natureza decisiva da ação de governo no comportamento dos agentes. Primeiro, o governo, por suas ações, estabelece, de fato, um quadro de referência ao anunciar suas intenções, sinalizar os preços básicos da economia e suas trajetórias, projetar indicadores, e estabelecer o regime regulatório e de segurança jurídica para os investimentos. Um quadro pouco nítido, opaco ou contraditório é possivelmente fator maior para o desestímulo ao investimento. Inversamente, se o governo é capaz de comunicar de forma crível um projeto de médio e longo prazos para o país, uma estratégia para persegui-lo e uma política – um conjunto de ações articuladas – capaz de suportar esta estratégia, coordenando desta forma as expectativas das empresas, estas são levadas a uma sincronização dos seus investimentos. Maximizar a eficácia de uma política de crescimento, inclusive para a indústria, requer inscrevê-la nesse quadro mais amplo de referência.

Segundo, governos, por ação ou omissão, intervêm na economia, e afetam diretamente os setores produtivos. Ter uma estratégia de intervenção bem definida, com seus custos identificados, *trade-offs* avaliados, perseguindo objetivos claros, é geralmente uma opção superior. No âmbito das políticas ativas, a expansão da oferta tem sido alvo preferencial dos governos, principalmente em economias de industrialização tardia, apoiando empresas e setores emergentes. Esta, contudo, não é geralmente uma estratégia de custo baixo ou de pequeno risco, sendo dependente de disponibilidade de recursos fiscais e capacidade de mirar bem os alvos (móveis). Historicamente, uma abordagem de "oferta" tem sido praticada recorrentemente no país, com maior ou menor ambição e organicidade. A nova política industrial segue, basicamente, essa forma de organizar e instrumentalizar a ação do governo.

Este trabalho sugere que uma política voltada à indústria (no sentido amplo, incluindo o agronegócio e os serviços avançados) sob a ótica da demanda, é potencialmente a mais adequada ao país, considerando-se o grau de maturidade da indústria, a presença de agentes capazes de conformar a oferta, e a necessidade de avançar nos mercados mundiais com cadeias mais longas e de maior valor agregado. Esta ótica é informada pelas mudanças nos padrões de consumo, e tem por foco os vetores de acesso aos mercados (empresas e outros agentes).

O fundamento de uma política de demanda parte da seguinte premissa: mais além da estabilidade macroeconômica, o desafio maior do país, certamente nos últimos 20 anos, é se conectar aos mercados, àqueles de maior tamanho, que mais crescem, e que demandam bens de maior valor agregado. Estes são os mercados mundiais. Fizemos contudo, até recentemente, o caminho inverso[1].

A indústria foi submetida por anos a um relativo isolamento do mercado global. Este foi, possivelmente, *um erro de política de grandes proporções*, na medida em que o mercado doméstico, motor do crescimento, entrou num longo período de letargia, e o comércio internacional se expandia vigorosamente. Durante cerca de 30 anos, o mercado mundial provou ser mais dinâmico e, na maior parte do tempo, menos volátil que o mercado doméstico (Quadro 1). Maior escala, dinamismo e menor (ou aproximadamente igual) volatilidade em dois dos três períodos, teriam sido atri-

---

[1] Nesse período, a participação das nossas exportações se reduziu de 1,47% em 1984, para cerca de 1% em 1994, e após atingir um nadir de 0,84% em 1999, retornou a 0,98% em 2003. Ver Bradesco Departamento de Estudos e Pesquisas, *Boletim diário*, 6/4/04.

QUADRO 1
CRESCIMENTO DOS MERCADOS MUNDIAL E DOMÉSTICO
1973-1983, 1983-1993, 1993-2002

	1973-1983	1983-1993	1993-2002
Mundo			
σ (desvio-padrão)	16,6760	6,3469	7,3608
μ (crescimento médio)	12,2266	7,1803	6,1321
σ/μ (coeficiente de variação)	1,3639	0,8839	1,1204
Brasil			
σ	5,5158	4,0414	1,8997
μ	4,2018	2,7779	2,6761
σ/μ	1,3127	1,4548	0,7099

FONTE: OMC; Ipeadata. Mercado Mundial – exportações mundiais; mercado doméstico – PIB do país.

butos centrais para um desempenho da indústria radicalmente distinto ao historicamente observado[2].

Com a redução do grau de proteção na década de 1990, e os compromissos assumidos pelo país no contexto das negociações multilaterais (principalmente Mercosul e OMC), o mercado doméstico se tornou mais aberto e fluido. Alterou-se o cálculo empresarial: para um número crescente de empresas, o mercado externo passou a ser visto como extensão natural, ou pelo menos como *hedge* para suas vendas domésticas[3]. Ainda assim, o grau de abertura da indústria brasileira permanece baixo, e seu desempenho dependente do crescimento da renda nacional.

Se conectar aos mercados mundiais requer um conjunto de políticas e ações que removam, em primeiro lugar, os obstáculos interpostos pelo próprio governo nas suas diferentes instâncias; e segundo, que ajudem as empresas do país a superar as barreiras comerciais, logísticas e de distribuição que as impedem de penetrar mercados, principalmente os mais dinâmicos, e agregar maior valor aos produtos e chegar ao consumidor, diretamente ou por meio de outros vetores.

---

[2] A escala do mercado mundial é cerca de 14 vezes o do mercado doméstico; e seu crescimento em média próximo a três vezes mais rápido.
[3] De acordo com a Sondagem Industrial da CNI, a participação média das exportações no faturamento das empresas tem aumentado de forma monotônica nos últimos anos, chegando em 2003 a 13,3% para o conjunto das empresas, e 22,5% para as grandes (comparado a 11,3% e 19,6% em 2001).

A seção 2 do trabalho discute as condições de eficácia de uma política voltada à indústria: um mínimo de "normalidade" macroeconômica; um ambiente microeconômico que dê garantias jurídicas e suporte regulatório aos contratos, e suporte físico (infra-estrutural) aos investimentos; e uma política ativa que ao estimular a oferta, seja sensível ao primado da demanda e voltada ao desenvolvimento dos mercados. A seção 3 discorre sobre o desenho de uma política industrial e seus dois elementos centrais: um quadro de referência que informe e dê consistência à política; e uma estratégia (e os instrumentos daí decorrentes) que maximizem sua eficácia. O trabalho sugere que o incentivo ao investimento e ampliação da oferta deveriam ter por referência uma estratégia calcada na dinâmica de demanda dos mercados globais, na remoção das barreiras que dificultam às empresas se conectarem a esses mercados, e na constituição de novos vetores de penetração.

As seções 4 e 5 ilustram a importância de uma ótica da demanda em dois casos bastante distintos: siderurgia e eletrônicos, respectivamente. Enquanto o setor siderúrgico é claramente um pólo competitivo em termos globais, as vantagens comparativas do complexo eletrônico são mais rarefeitas, principalmente num contexto em que o processo inovador e manufatureiro na indústria se reconcentra em poucos países. Os dois casos, contudo, evidenciam a criticidade de uma ótica da demanda, ao estabelecer uma estratégia, identificar os obstáculos de acesso ao mercado, e eleger os meios de transpô-los. O desafio, portanto, é integrar políticas atualizadas de expansão da oferta com uma perspectiva da demanda e integração aos mercados. A seção 6 sintetiza as conclusões.

REFLEXÕES SOBRE O CRESCIMENTO INDUSTRIAL

O crescimento da indústria no país nos últimos anos foi relativamente medíocre, e sob qualquer perspectiva: quando comparado ao mundo, às demais regiões em desenvolvimento, e de forma mais acentuada, ao sul e sudeste da Ásia (Quadro 2).

Ao mesmo tempo, este foi um crescimento altamente volátil, submetendo produtores a uma maior opacidade e incerteza quanto à trajetória futura da indústria, diminuindo conseqüentemente a atratividade dos projetos e a vontade de investir.

QUADRO 2
CRESCIMENTO DA INDÚSTRIA DE TRANSFORMAÇÃO
1981-1991, 1991-1996, 1996-2001

	1981-1991	1991-1996	1996-2001
Mundo	3,1	2,8	2,0
Regiões em desenvolvimento	5,2	6,5	4,3
Sul e Sudeste Asiático	8,5	6,9	4,4
América Latina e Caribe	1,3	2,7	0,5
Brasil	0,9	2,6	0,6
Memo:			
σ (desvio-padrão)	7,0068	7,7758	3,3136
μ (média)	0,8627	2,6526	0,5998
σ/μ (coeficiente de variação)	8,1219	2,9314	5,5245

FONTE: Unido; Ipeadata. Elaboração própria.

Freqüentemente atribui-se essa trajetória à falta de uma política ativa direcionada à indústria que, com um misto de estímulo e proteção, carreasse os investimentos necessários para sua expansão. Não é possível afirmar ou negar essa hipótese por ser de natureza contrafactual. Contudo, uma reflexão sobre as condições mais gerais que sustentariam um crescimento mais rápido e menos volátil da indústria sugere que estas são precedentes – essenciais mesmo – para que uma política voltada à industria venha a ter impacto material na sua trajetória de médio e longo prazos.

Primeiro, a eficácia da política industrial depende das condições de equilíbrio macroeconômico do país. A afirmação parece óbvia, mas não seu corolário. *Enquanto se estiver longe da "normalidade" macroeconômica, qualquer política industrial estará fadada se não ao insucesso necessariamente, mas a um reduzido impacto.*

Segundo, o ambiente em que os agentes econômicos operam pode ser entendido como o entorno "microeconômico" da política industrial. Um ambiente claramente favorável ao crescimento da indústria supõe não apenas capacidade de governo de definir políticas públicas favoráveis à produção – no sentido de regras críveis e estáveis, que promovam o investimento e a inovação – e os meios institucionais e materiais de implementá-las, como uma percepção por parte dos agentes da virtuosidade de tais políticas. Talvez não haja setor em que o entorno microeconômico seja tão fundamental quanto o de infra-estrutura, que por sua vez ancora o ambiente onde a indústria opera[4].

A expansão da indústria nos próximos anos, assim como dos agronegócios, está predicada na resolução de gargalos e fragilidades em infra-estrutura, que irão requerer investimentos talvez da ordem de US$ 20 bilhões ao ano, dos quais cerca de ¾ oriundos do setor privado, e conseqüentemente, marcos institucionais mais sólidos. Vale enfatizar que, diferentemente de setores não regulados ou com razoável flexibilidade de precificação de serviços, e cujo horizonte de retorno se contam em poucos anos, os investimentos privados em infra-estrutura são extremamente sensíveis às regras do jogo e suas mudanças. Por vezes, é mais importante a credibilidade das instituições, a estabilidade das regras e a previsibilidade das decisões, do que seu conteúdo propriamente dito.

Terceiro, *o ambiente microeconômico é capaz de frear ou desacelerar o investimento; mas não se deve subestimar o impacto de uma retomada da economia, induzida por fatores macroeconômicos, sobre a trajetória da indústria.* Nesta perspectiva, deve-se sublinhar um fato aparentemente trivial: *o setor privado move-se atrás do mercado.* Há, contudo, um forte corolário: *ignorar o primado da demanda é se arriscar a incorrer em erros grosseiros de política.* Afirmar a primordialidade da demanda tem um importante mérito: menos do apoio a inovações radicais, capazes de criar seu próprio mercado (que por definição não preexiste), suporte de governo à oferta – seja para criação de capacidade ou modernização nas suas várias dimensões – estaria condicionada a uma visão estratégica de mercado, e o vetor necessário para se conectar à demanda. Deve-se sublinhar que mesmo para setores com histórico de sucesso no mercado internacional, o desenho de política que apóia a projeção das empresas brasileiras nos mercados globais não é trivial, dada as dificuldades de se estabelecer o melhor posicionamento do país na oferta mundial. A análise, contudo, é particularmente complexa quando se examina o apoio a setores/empresas cujas vantagens comparativas são apenas emergentes ou não consolidadas. A seção seguinte discute alguns dos parâmetros que informariam o desenho de uma política industrial no país voltada à demanda.

---

[4] Há uma segunda "âncora", igualmente fundamental, que é a segurança jurídica dos investimentos e contratos de modo mais geral. Há uma percepção de que esta diminuiu frente a intervenções discricionárias no âmbito fundiário, ambiental etc.

O DESENHO DA POLÍTICA INDUSTRIAL

Nos últimos anos o país tem experimentado com políticas que têm tido impacto não desprezível sobre a indústria, mas que raramente se autodenominavam "políticas industriais". Talvez a razão maior é que a estas políticas foram associadas à má alocação de recursos privados e públicos, inclusive sob a forma de subsídios e incentivos a setores e empresas com critérios pouco transparentes, baixo grau de monitoramento dos resultados, assim como forte protecionismo, penalizando o consumidor. Efetivamente, houve no passado distorções significativas de política, algumas justificadas historicamente, outras fruto de captura, e talvez o mais danoso, da incapacidade do Estado de atualizar suas práticas.

Não há espaço para um retorno ao passado, tanto que raros são os agentes que propugnam pela distribuição de subsídios, inclusive pela impossibilidade fiscal de fazê-lo, e pela volta de forte protecionismo, dadas as restrições acordadas com organismos internacionais. Ao mesmo tempo, houve avanço significativo no país na compreensão do que vem a ser uma política industrial de caráter contemporâneo – tendo na sua horizontalidade talvez o traço mais marcante. Vale aqui um breve *excursus* sobre a política industrial recentemente anunciada[5].

As bases da nova política parecem ser inquestionáveis: inovação e capacitação tecnológica em áreas de futuro; aumento da eficiência produtiva e competitividade das empresas brasileiras; geração de emprego e renda; criação de um ambiente propício ao investimento público e privado; e integração e coordenação das ações de governo nas diversas instâncias, com o setor privado e a comunidade científico-tecnológica. Da mesma forma, é positiva sua abrangência de certo modo mais limitada e foco mais definido, a explicitação dos recursos – com o reconhecimento que praticamente a totalidade deles será de natureza extra-orçamentária –, e um conjunto de medidas horizontais que geram forte consenso[6]. Daí que paralelamente à menção ocasional de setores específicos denominados "estratégicos" – bens de capital, semicondutores, *software*, fármacos e medicamentos – e elementos "portadores de futuro", a exemplo da nanotecnolo-

---
[5] Ver documentos relevantes em www.mdic.gov.br
[6] O anúncio pelo governo, em 31 de março de 2004, contempla recursos da ordem de R$ 15,05 bilhões, sendo R$ 14,5 bilhões provenientes do BNDES, Banco do Brasil e Finep, e repassados às empresas sob a forma de linhas de crédito diferenciadas.

gia e biotecnologia, os documentos de política enfatizem a importância de ações que afetem positivamente o conjunto da indústria, seja pela melhoria do ambiente, redução dos custos ou estímulo à inovação[7].

Talvez a maior novidade da política não tenha sido tanto seu conteúdo, mas a forma como foi gestada e anunciada. Tradicionalmente há, no interior dos governos, um grau normal de oposição entre Fazenda e Desenvolvimento, até porque as perspectivas das duas instâncias são bastante distintas: a estabilidade e seus requisitos fiscais no caso da Fazenda; o crescimento e os recursos necessários para induzi-lo, no caso do Desenvolvimento. Há, evidentemente, formas de compatibilizar os dois objetivos, e a nova política espelhou, em certa medida, uma solução de compromisso, seja na sua abordagem na essência horizontal, seja no seu escopo com foco mais limitado, seja ainda na natureza dos recursos anunciados.

O problema da nova política não é tanto o que ela se propõe a fazer: boa parte das ações podem ter potencialmente impacto positivo sobre as empresas e a economia do país, ainda que possam ser eventualmente questionados seus custos e o viés capital-intensivo dos projetos decorrentes das medidas para baratear o custo do investimento. *O cerne da questão é que há uma política, mas não está claro o quadro que se inscreve, que lhe é anterior, e que a informa, lhe dá coerência, e a torna inteligível e crível para os agentes econômicos e para o país.* Esse quadro de referência mostraria que há uma visão de futuro para a indústria (incluindo o agronegócio, a extração mineral e os serviços avançados), e como esta se inscreve em um projeto de país. E que os objetivos estratégicos para a indústria – explicitados no seu projeto – são consistentes com os meios e as condições de contorno, desta forma dando consistência e credibilidade à política industrial. *Ao demonstrar a organicidade do projeto de indústria e sinalizar os rumos do país, o quadro atenua a percepção de risco, ajuda a coordenar as expectativas e facilita a sincronia dos investimentos.*

Ademais, a atual política não inova. Como no passado, a ênfase é na "oferta", seja no estímulo à inovação tecnológica, à modernização, ao aumento de capacidade, seja no uso dos instrumentos creditícios, com a exceção significativa do setor de bens de capital, cujo incentivo virá basi-

---

[7] A exemplo da simplificação dos procedimentos de abertura e fechamento de empresas, desburocratização do sistema alfandegário, melhoria do sistema e da institucionalidade de propriedade intelectual, e aumento da oferta de crédito em termos mais competitivos para aquisição de bens de capital.

camente do financiamento à aquisição de bens seriados (via o Modermaq) e sob encomenda (com um novo programa específico visando tanto comprador como produtor). Em contraposição, em um país razoavelmente maduro, tanto em termos produtivos quanto empresariais, a questão é como remover as barreiras domésticas e externas que dificultam as empresas se conectarem com a demanda, e facilitar a constituição/atração de vetores que conectem o país aos mercados globais[8]. O restante desta seção discute os elementos de um "quadro de referência" e de uma estratégia na ótica da demanda.

O QUADRO DE REFERÊNCIA

Os agentes não operam no vazio, mas com os recursos que detêm, respondem fundamentalmente a fatores de duas ordens: a natureza e os incentivos do ambiente econômico; e as informações novas que recebem. Exatamente pelo forte elemento subjetivo da ação empresarial – imortalizada por Keynes na expressão *animal spirits* – e as externalidades associadas à coordenação das expectativas e à sincronia dos investimentos no tempo, há um papel não trivial para a ação do Estado. Aqui se denominam de "quadro de referência" as informações que facilitam ambos os processos.

Este quadro tem por objetivo, em primeiro lugar, oferecer aos agentes uma perspectiva de médio e longo prazos, respondendo às seguintes questões: de que forma a política industrial se encaixa em um projeto de país e as grandes linhas de ação daí decorrentes? Dentre as grandes opções de política, quais foram as elegidas? Por quê? Quais são as premissas que informam essas escolhas?

Segundo, e como visto acima, a eficácia da política industrial está condicionada às condições de equilíbrio macroeconômico e ao entorno microeconômico. Ambos envolvem um processo de coordenação de expectativas empresariais. Da mesma forma que a coordenação das expectativas macroeconômicas pelos bancos centrais, ancorada na sua credibilidade, é essencial para garantir a eficácia da política monetária, sendo que parte deste processo envolve estabelecer uma comunicação eficiente com o mercado (financeiro), o quadro de referência da política industrial ne-

---

[8] Outros temas cruciais que deveriam ser parte integrante de uma política industrial são o elevado custo de capital e a insuficiência de capital humano no país.

cessita ser instrumento de coordenação das expectativas dos produtores quanto ao futuro econômico do país e do ambiente em que operam.

Este quadro teria por preâmbulo o que o governo aponta para o futuro em termos de trajetória da economia. Tal qual no caso da política monetária, quão mais críveis forem as projeções, menores serão os gastos de recursos de política industrial para atingir um dado resultado de investimento. *Ao setor produtivo interessaria particularmente entender como o governo visualiza a trajetória do lado real da economia.*

A ausência de um quadro de referência também se faz sentir no plano microeconômico. Mais além de explicitar o conteúdo da agenda microeconômica de direta relevância para a indústria, particularmente no que diz respeito ao fortalecimento do regime regulatório e de investimentos em infra-estrutura, alavancadores da atividade industrial, o fundamental neste quadro é demonstrar que as ações do governo têm coerência, são parte de um conjunto articulado de políticas e medidas, e que dão efetiva sustentação aos investimentos privados, facilitando desta forma sua sincronia.

A DEFINIÇÃO DE UMA ESTRATÉGIA DE INTERVENÇÃO

O grau de ativismo do governo é objeto de forte controvérsia. Para alguns, os governos deveriam ser frugais, intervindo no "ponto de distorção", geralmente com ações de criação, adensamento e/ou sustentação dos mercados, sob a premissa de ser essa a forma mais eficaz e menos custosa de remover a distorção e garantir o bom funcionamento da economia. Na prática, nem sempre é possível realizar intervenções dessa natureza, inclusive pela dificuldade de identificar onde, de fato, está a distorção que gera a falha de mercado. Uma visão mais "prática" aceita a necessidade de intervenções – nem sempre horizontais ou não discriminatórias – com base nas vantagens no plano de coordenação e/ou informação que o governo detém[9].

No caso das políticas industriais, estas envolvem um câmbio quantitativo ou qualitativo na oferta. Em certo sentido, a intervenção sobre a ofer-

---

[9] Na realidade, uma das maiores críticas à intervenção do governo diz respeito a falhas percebidas como fruto de informação limitada. Na maior parte das vezes, o setor produtivo e suas empresas líderes detêm mais informação diretamente relevante à conformação de uma estratégia do que o próprio governo. Criar mecanismos de co-definição destas estratégias parece ser o primeiro passo para assegurar seu acerto.

ta tem como pressuposto implícito a preexistência de uma demanda ou então que a própria oferta seja capaz de criar sua demanda. Esta última hipótese é, no mais das vezes, heróica. *Stricto sensu*, a demanda só preexiste se o mercado for efetivamente anônimo – a exemplo das *commodities* cotadas no London Metals Exchange (LME), ainda que mesmo para essas, a menos de vendas *spot*, há necessidade de identificar compradores que tenham interesse em suportar contratos de prazo mais longo. Nesta perspectiva, quanto mais elaborados forem os produtos, mais importante o papel de "vender" e não "ser comprado", e conseqüentemente, mais críticas seriam a remoção de barreiras e a criação de mecanismos de acesso ao mercado. Ao mesmo tempo, quanto mais consolidadas forem as vantagens comparativas do país em determinado setor, maior é a probabilidade de as empresas superarem obstáculos que impedem ou dificultam o acesso ao mercado, com intervenções mais limitadas pelo lado da demanda.

Assim, somente nos casos de produtos/setores com fortes vantagens comparativas e mercados relativamente abertos e acessíveis, a questão da demanda se tornaria marginal. Nos demais segmentos, a política de governo necessita ser informada pela dinâmica dos mercados, conformando instrumentos de estímulo e mecanismos que removam barreiras e ajudem produtores a acessá-los. De modo mais geral, o sucesso da política industrial é predicado em saber combinar e articular essas duas abordagens – consolidar vantagens comparativas pelo lado da oferta e facilitar acesso aos mercados no lado da demanda – dosando-as de forma a maximizar a eficácia da política e a resposta empresarial.

O Quadro 3 sintetiza o posicionamento competitivo de 14 grandes cadeias e complexos, e 47 segmentos e setores no seu interior, consolidados em quatro grandes blocos, de acordo com seu desempenho comercial em 2003. É importante sublinhar que o indicador utilizado de vantagens comparativas "reveladas" capta não apenas as vantagens competitivas intrínsecas, mas também as barreiras de acesso aos mercados enfrentadas pelas empresas do país – comerciais, logísticas e de distribuição[10]. O quadro

---

[10] O índice de vantagens comparativas reveladas foi calculado com base nos dados da Secex, utilizando a seguinte fórmula desenvolvida em Lafay, "Les indicateurs de spécialisation internationale", em *Centre d'Études Prospectives et d'Informations Internationales*, janeiro de 1988:

$$100 \cdot \left(\frac{X_i - M_i}{\sum_i (X_i + M_i)} - \frac{(X_i + M_i) \cdot \sum_i (X_i - M_i)}{\left(\sum_i (X_i + M_i)\right)^2} \right)$$

, em que X_i e M_i são as exportações e importações do

revela que o país detém suas maiores vantagens comparativas nas cadeias agropecuária e florestal, em contraposição aos demais blocos, sendo que as vantagens revelam-se de modo geral maiores em produtos na base das cadeias, o que sugere importância de remover barreiras e avançar com bens processados.

QUADRO 3
SÍNTESE DO POSICIONAMENTO COMPETITIVO DOS GRANDES BLOCOS DA ECONOMIA BRASILEIRA, 2003, EM US$ MILHÕES

Classificação	Exportação	Importação	Saldo	VCR*
Bloco agropec. e florestal	26.584,2	1.194,6	25.389,6	16,240
Bloco químico-mineral	18.114,0	17.388,2	725,9	(5,387)
Bloco manufatureiro	17.473,5	17.493,0	(19,5)	(5,911)
Outros	10.912,4	12.183,8	(1.271,4)	(4,942)
Total	73.084,1	48.259,6	24.824,5	0

* Índice de vantagens comparativas reveladas (ver nota 10 abaixo).

O Quadro 4 detalha as principais cadeias do *agrobusiness* no país. Em determinados casos – como nas cadeias do café, açúcar e fumo – nota-se a perda de competitividade em produtos mais processados, em parte em função do custo de capital no país, e como resultado das barreiras enfrentadas pelos produtores brasileiros (em especial na União Européia). Em outros, não há esta linearidade: madeiras processadas aparentam ser mais competitivas do que em bruto, da mesma forma que calçados em relação a couros e peles. De modo geral, contudo, à medida que se avança na cadeia, os obstáculos se tornam maiores, seja em função da escalada tarifária (e não-tarifária), seja pelos custos de investimento mais elevados, seja pelas dificuldades de atingir o consumidor final.

---

setor i. O indicador reflete não tanto a balança comercial do setor, cadeia, complexo ou bloco i, mas a relação da sua contribuição para o superávit ou déficit comercial do país frente à magnitude da sua participação na totalidade da corrente de comércio. Ver também Felipe Tâmega, "A balança comercial brasileira sob a ótica das vantagens comparativas reveladas," em *Carta Econômica Galanto*, abril de 2004, para uma discussão focalizada na evolução das vantagens comparativas reveladas no país ao longo dos últimos anos, com base numa classificação distinta e a um nível maior de agregação.

QUADRO 4
POSICIONAMENTO COMPETITIVO DO BLOCO
AGROPECUÁRIA E FLORESTAL
2003, EM US$ MILHÕES

Classificação	Exportação	Importação	Saldo	VCR
Cadeia de grãos e carnes	**12.634,0**	**435,1**	**12.198,9**	**7,850**
Soja e milho	7.332,9	357,0	6.976,0	4,452
Óleo de soja bruto e refinado	1.232,5	18,2	1.214,4	0,790
Carnes	4.068,5	60,0	4.008,5	2,607
Couros, peles e calçados	**2.776,2**	**175,9**	**2.600,3**	**1,645**
Couros e peles	1.056,9	121,9	935,0	0,572
Calçados, etc	1.719,3	54,0	1.665,2	1,073
Cadeia da cana-de-açúcar	**2.420,2**	**9,5**	**2.410,8**	**1,577**
Açúcar	1.350,0	–	1.350,0	0,885
Açúcar refinado	790,0	–	790,0	0,518
Álcool	146,8	1,4	145,3	0,095
Produtos de confeitaria sem cacau	133,5	8,0	125,4	0,080
Cadeia do café	**1.533,1**	**–**	**1.533,1**	**1,005**
Café em grãos	1.302,3	–	1.302,3	0,854
Café solúvel	230,8	–	230,8	0,151
Cadeia da laranja	**923,6**	**–**	**923,6**	**0,605**
Laranjas frescas ou secas	13,3	–	13,3	0,009
Suco de laranja	910,2	–	910,2	0,597
Cadeia do fumo	**1.075,2**	**–**	**1.075,2**	**0,705**
Fumo em folhas e desperdícios	1.052,4	–	1.052,4	0,690
Fumo manufaturado e sucedâneos	22,7	–	22,7	0,015
Cadeia florestal	**5.222,0**	**574,1**	**4.647,9**	**2,853**
Madeiras	707,3	–	707,3	0,464
Madeira processada	1.257,5	21,2	1.236,3	0,803
Móveis	666,5	97,8	568,7	0,340
Celulose	1.743,6	138,0	1.605,5	1,006
Papel	847,1	317,1	530,0	0,240
Total do bloco agropec. e florestal	**26.584,2**	**1.194,6**	**25.389,6**	**16,240**

O bloco da cadeia mínero-metalúrgica e do complexo químico-petroquímico (Quadro 5) apresenta duas faces bastante distintas, possivelmente relacionadas em última instância às condições de oferta (e de formação de preços) das matérias-primas ou insumos básicos. Uma oferta elástica de minério de ferro, assim como de bauxita e alumínio, junto com substanciais investimentos em siderurgia e na metalurgia de não-ferrosos nas últimas duas, três décadas possibilitou, para o conjunto da cadeia mínero-metalúrgica, um forte posicionamento no mercado mundial (ver a discussão mais detalhada no caso siderúrgico na seção 4). Em contraposição, uma conjugação de nó societário e problemas de oferta de matérias-primas na petroquímica e em fertilizantes, conjugado com fragilidades tecnológicas no complexo químico-farmacêutico, e num contexto de indefinição estratégica para esses setores, levou a uma situação de maior desvantagem comparativa revelada para este complexo, quando comparado com todos os demais da economia brasileira.

QUADRO 5
POSICIONAMENTO COMPETITIVO DO BLOCO QUÍMICO-MINERAL
2003, EM US$ MILHÕES

Classificação	Exportação	Importação	Saldo	VCR
Cadeia mínero-metalúrgica	**10.821,7**	**1.943,0**	**8.878,8**	**5,165**
Minérios metálicos	3.577,0	261,1	3.315,9	2,086
Semimanufaturados siderúrgicos	2.662,0	49,5	2.612,5	1,696
Siderúrgicos manufaturados	2.553,9	777,6	1.776,3	0,902
Outros semimanufaturados metálicos	1.273,2	356,0	917,2	0,481
Outros metálicos manufaturados	755,6	498,8	256,9	0,000
Complexo químico-petroquímico	**7.292,3**	**15.445,2**	**(8.152,9)**	**(10,552)**
Químico	1.630,2	4.902,2	(3.272,0)	(3,798)
Petróleo e gás	3.712,3	5.314,2	(1.601,9)	(2,842)
Fertilizantes	347,7	1.002,7	(654,9)	(0,767)
Petroquímico	1.102,3	2.358,9	(1.256,6)	(1,619)
Fármacos	499,8	1.867,3	(1.367,5)	(1,526)
Total do bloco químico-mineral	**18.114,0**	**17.388,2**	**725,9**	**(5,387)**

Finalmente, o Quadro 6 estabelece o posicionamento do bloco manufatureiro, em termos de vantagens comparativas reveladas. A economia brasileira tem na indústria de veículos (principalmente carros compactos, ônibus, caminhões, tratores máquinas agrícolas), bem com na produção de aviões, claras vantagens, alavancadas pela presença no país de empresas multinacionais (no caso de veículos), que comandam e integram plataformas locais aos seus sistemas internacionais de produção. Já a indústria aeronáutica tem (por motivos até idiossincráticos) uma empresa com capacidade efetiva de se projetar e co-liderar globalmente o segmento de aeronaves regionais. Enfim, em ambos os casos conta com vetores de penetração dos mercados, ainda que enfrente dificuldades no plano comercial (e exemplo da ausência de novos acordos que facilitem a exportação de veículos), logístico e administrativo (a exemplo do tempo de desembaraço para importações e exportações, que atualmente se medem em dias, e que deveria sê-lo em horas[11])

QUADRO 6
POSICIONAMENTO COMPETITIVO DO BLOCO MANUFATUREIRO
2003, EM US$ MILHÕES

Classificação	Exportação	Importação	Saldo	VCR
Complexo automotivo	**8.672,9**	**3.885,0**	**4.787,8**	**1,828**
Veículos	4.849,3	1.343,4	3.505,9	1,845
Partes e peças	3.823,6	2.541,6	1.281,9	(0,017)
Indústria aeronáutica	**2.061,3**	**1.326,6**	**734,7**	**0,034**
Aviões	1.938,6	36,1	1.902,5	1,235
Partes e peças	122,7	1.290,5	(1.167,8)	(1,201)
Bens de capital e de consumo durável*	**3.248,9**	**5.350,0**	**(2.101,2)**	**(3,181)**
Máquinas e equipamentos	2.310,1	3.750,5	(1.440,5)	(2,209)
Aparelhos e partes elétricas	531,4	1.479,7	(948,4)	(1,121)
Linha branca	407,4	119,7	287,7	0,148
Complexo eletrônico	**2.271,4**	**6.281,0**	**(4.009,6)**	**(4,746)**
Componentes eletrônicos	87,2	3.989,0	(3.901,8)	(3,903)
Bens de informática	184,2	603,2	(419,0)	(0,478)
Equipamento de telecomunicações e AV	1.777,9	545,6	1.232,3	0,624
Instrumentos	222,1	1.143,2	(921,1)	(0,989)
Cadeia têxtil	**1.219,1**	**650,4**	**568,8**	**0,154**
Algodão	188,5	134,0	54,5	(0,009)
Fios de algodão	103,2	6,0	97,2	0,062
Fios sintéticos	105,3	304,4	(199,1)	(0,233)
Tecidos de algodão	239,6	10,3	229,3	0,147
Tecidos sintéticos	31,5	195,7	(164,2)	(0,174)
Vestuário	551,0	–	551,0	0,361
Total do bloco manufatureiro	**17.473,5**	**17.493,0**	**(19,5)**	**(5,911)**

* Exceto audiovisual (AV), incluído no complexo eletrônico.

[11] De acordo com a Embraer, o tempo de desembaraço aduaneiro tanto para importações como exportações deveria ser reduzido de 4,5 dias para cinco horas, dado que sua logística é bastante sensível por conta de sua localização (hemisfério Sul) *versus* a dos seus clientes. Ver *Jornal do Comércio*, 12/05/04, p. B4.

A cadeia têxtil é relativamente forte no algodão (fios e tecidos), e em vestuário, e enfrenta problemas nos sintéticos. O término do acordo multifibras ao final de 2004, e a fortíssima posição dos países asiáticos na indústria, requerem uma maior compreensão do novo padrão de demanda emergente, e uma estratégia para mercados crescentemente abertos. Por último, as desvantagens do bloco manufatureiro se concentram em bens de capital e no complexo eletrônico (este último discutido na seção 5 deste trabalho), assim como na produção de partes, peças, componentes, e insumos intensivos em escala ou tecnologia. Superar esta desvantagem supõe expandir a demanda derivada destes elementos intermediários, que depende por sua vez da constituição de plataformas de bens finais com empresas que assegurem uma conexão mais forte e permanente aos mercados mundiais.

Os resultados acima sugerem, primeiro, que o isolamento da economia, o elevado custo de capital, e barreiras significativas para as empresas chegarem aos mercados levaram não apenas a um baixo e altamente volátil crescimento da indústria, mas enviesaram sua estrutura, com uma maior fragilidade revelada, ao passo que a transformação avança (com relativamente poucas exceções). Segundo, na medida em que blocos, cadeias ou complexos no seu conjunto enfrentam obstáculos comuns, há necessidade de se desenvolverem estratégias amplas ou horizontais, combinadas com ações específicas cujo alvo são indústrias ou segmentos com barreiras diferenciadas. E terceiro, a importância de uma política voltada à indústria que melhor articule o desenvolvimento da oferta com meios e ações que suportem a conexão dos vetores nacionais a mercados mais amplos e que apresentem maior dinamismo. Da mesma forma como as empresas, a política necessita ter o mercado como norte e a oferta como corolário, como se verá a seguir.

A ÓTICA DA DEMANDA: O PAPEL DO MERCADO DOMÉSTICO E A DINÂMICA DO MERCADO INTERNACIONAL

Uma política industrial (ou seja, voltada à produção de bens e serviços avançados) pela "ótica da demanda" supõe, em primeiro lugar, que os instrumentos e medidas de apoio à oferta sejam formatados ou condicionados por um entendimento do padrão de demanda, e suas conseqüências para o crescimento do setor. A *perspectiva da demanda* funcionaria para informar eventuais ações de suporte à oferta, exceto – como já aludido acima – em casos em que o acesso ao mercado não é uma variável determinante no cálculo empresarial.

Segundo, esta abordagem implica que a política estaria direcionada – ainda que não exclusivamente, e dependendo do caso concreto – à própria demanda, alterando sua magnitude, composição ou facilitando meios de acessar mercados, seja no plano horizontal, das cadeias produtivas, setorial ou ao nível das empresas. O Quadro 7 discrimina de forma não exaustiva políticas voltadas à produção e informadas pela ótica da demanda.

QUADRO 7
POLÍTICAS DE PRODUÇÃO NA ÓTICA DA DEMANDA

Plano de Intervenção	Mercado Doméstico	Acesso ao Mercado Externo
Horizontal	Deslocar a demanda agregada por meio de políticas de renda e emprego	Taxa de câmbio competitiva Ações amplas de fomento ao comércio: acordos multilaterais e regionais Investimento na logística do país
Cadeia produtiva	Fomentar demanda derivada (Moderfrota, Modermaq)	Remoção de barreiras comerciais específicas Apoio à ponta da distribuição
Setorial	Criar demanda direta via compras governamentais Desgravação tributária	Remoção de barreiras setoriais Acordos bilaterais Financiamento às exportações
Empresarial	Idem Idem	Atrair multis como plataforma *Joint venture* com contrato de *offtake* Fomentar multis brasileiras Promoção comercial

Possivelmente as políticas de demanda mais eficazes são aquelas de natureza horizontal, que satisfazendo as restrições macroeconômicas do país, estimulem o crescimento da renda e emprego, seja pela redução da taxa de juros, por transferências de renda (inclusive, em caráter emergencial, pela criação de frentes de trabalho), pelo investimento público. As empresas respondem à demanda: um deslocamento da curva e uma percepção de não transitoriedade, principalmente se combinado com um ambiente propício ao investimento privado, levaria a um processo virtuoso de retomada do crescimento econômico.

O nó da questão é que o processo de superação dos atuais constrangimentos macro – particularmente no que tange à solvência do país – é relativamente longo e de riscos (políticos, fundamentalmente) não triviais. Com os graus de vulnerabilidade externa e doméstica – causados em última instância pela irresponsabilidade fiscal de vários governos (e não apenas federal, mas em todos os níveis) e orientação basicamente equivocada quanto ao papel dos mercados internacionais na dinâmica da economia do país – caminha-se no fio da navalha.

Há um caminho mais curto? Uma redução menos cautelosa da taxa de juros pode ou não gerar desequilíbrios mais graves: para alguns, são duas as trajetórias de taxas de juros de equilíbrio, e o Banco Central estaria caminhando na mais elevada, adiando a retomada do crescimento. Alternativamente, uma redução mais agressiva levaria não mais do que a uma elevação marginal da inflação mas a uma diminuição mais acentuada da relação dívida-produto, reduzindo a percepção de risco pelos tomadores, e colocando o país numa trajetória virtuosa. Como não há experimentos para testar essa hipótese, teria de se "pagar para ver", o que parece não ser a opção do Banco Central[12].

O acesso ao mercado externo, por outro lado, se tem custos – a exemplo da manutenção de uma taxa de câmbio competitiva ou o compromisso de "não exportar impostos" – traz benefícios tão evidentes do ponto de vista de redução da vulnerabilidade externa, que há poucos analistas que em tese divergem da afirmação de que o país deve aprofundar sua inserção no mercado internacional, e se tornar um exportador relevante em número crescente de setores. Na prática, contudo, as políticas necessárias a uma maior inserção por vezes conflitam no curto prazo com o atendimento do mercado doméstico, os compromissos requeridos levam a perdas específicas de setores e empresas, e os incentivos capazes de levar a novas plataformas de exportação podem abrir maiores espaços para empresas multinacionais ou investimentos em infra-estrutura que podem ser percebidos com a construção de enclaves. Exatamente por esses motivos, o país hesita há décadas sobre o caminho que deve tomar.

Ainda assim, a experiência histórica sugere o acerto de uma política direcionada a conectar o país aos mercados externos: abrindo novos mercados e ampliando espaços por meio de acordos comerciais, especialmen-

---

[12] Ver, por exemplo, a entrevista de Eliana Cardoso em *Indústria Brasileira*, 4 (38), abril de 2004.

te no âmbito da OMC e no plano regional; removendo barreiras comerciais aos nossos produtos; melhorando dramaticamente as condições logísticas e aduaneiras do país; complementando o mercado no financiamento às exportações; apoiando a chegada dos nossos produtos à ponta consumidora, por uma forte ação comercial combinada com um estímulo à projeção global de empresas brasileiras; e pela atração de multinacionais para isoladamente ou em conjunto com nacionais construírem plataformas e acessar os mercados. Deve-se usar essas políticas para acelerar a transformação de setores com vantagens comparativas ainda frágeis, por uma maior especialização e ganhos de escala propiciados por mercados mais amplos.

Nenhuma dessas medidas exclui o apoio à expansão da demanda doméstica, seja pela inserção de novos consumidores (essencial para o dinamismo dos setores de bens de consumo), seja pelo deslocamento da demanda derivada dos setores de bens de produção. O Moderfrota, um programa de financiamento de máquinas agrícolas lançado em 2000 num contexto de expansão da agricultura comercial do país, preços em elevação e agricultores capitalizados, levou à transformação da indústria de implementos (tratores sobre rodas, colheitadeiras)[13] numa plataforma de exportação de âmbito mundial[14]. Espera-se que o Modermaq (programa da nova política industrial de financiamento para aquisição de máquinas e equipamentos seriados com prestações de juros fixos, à semelhança do Moderfrota) possa eventualmente ter um efeito semelhante sobre o parque fabril.

O SETOR SIDERÚRGICO

O caso do setor siderúrgico examinado abaixo ilustra a importância da dinâmica diferenciada da demanda mundial de produtos siderúrgicos, assim como a existência de mecanismos de acesso a mercados, para garantir a expansão da oferta de aço tendo o Brasil por plataforma, num caso em

---

[13] Mais recentemente, a rápida expansão do Pronaf (cujos recursos ampliaram-se em 127,8% para R$ 5,4 bilhões para a safra de 2003/2004), e o crescimento da agricultura familiar, vem alavancando as vendas de cultivadores motorizados (cresceram 51% em 2003) e outros implementos (*Valor* 26/04/04, B12).

[14] A Anfavea estima exportações e vendas domésticas em 2004 de 32.100 e 40 mil máquinas, respectivamente. *Ibid.* Em contraposição, as vendas domésticas eram de 25 mil unidades por ano até a safra de 1999/2000, e as externas relativamente pequenas (em 2002, ainda se situavam em 10.421 unidades).

que o país detém vantagens comparativas consolidadas e enfrenta grau moderado de dificuldade de acesso aos mercados.

Premissas Básicas

Primeiro, o Brasil é um pólo competitivo da siderurgia mundial, no sentido dos custos de produção estarem globalmente entre os menores. O Quadro 8 abaixo sintetiza a posição do país para o caso de placas, produto-chave e base do processo de transformação siderúrgica.

Quadro 8
CUSTO DE PRODUÇÃO DE PLACAS*
DIVERSOS PAÍSES
2001, EM US$

Brasil	152
Ucrânia	155
Austrália	173
Venezuela	176
Rússia, México	184
África do Sul	191
Índia	206
EUA (*mini-mill*)	209
EUA	241

(*) *Ex-overhead* e custos financeiros.
FONTE: World Steel Dynamics (WSD).

O posicionamento em custos das plantas brasileiras de laminados na curva de capacidade da indústria global reflete a elevada competitividade do país na produção de aço líquido: praticamente a totalidade da capacidade de produção do país em bobinas e demais laminados a quente e a frio se encontra no primeiro quartil dos custos de produção[15].

---

[15] Cerca de 1/3 da capacidade mundial em laminados se encontra na faixa mais baixa de custos. Outros países na fronteira de custos incluem a Rússia, Ucrânia, Coréia do Sul, Índia, China e Austrália. Inversamente, parte significativa da capacidade de produção dos EUA, Canadá, Bélgica, e em menor medida Japão está situada no quartil superior. Nos quartis intermediários está a capacidade localizada nos países europeus, México e (parte considerável do) Japão. A competitividade do país reflete não apenas vantagens comparativas naturais e herdadas, mas também os elevados investimentos realizados pós-1994 em qualidade, produtividade e controle ambiental, da ordem de US$ 12,2 bilhões. Ver Instituto Brasileiro de Siderurgia (IBS), *Investimentos e Capacidade Instalada*, abril 2003.

As bases da competitividade da indústria nacional são: os reduzidos custos operacionais – principal fonte de diferenciação das plantas localizadas no país[16]; os altos teores de Fe e baixos níveis de impureza do minério de ferro brasileiro[17]; a qualidade do produto e credibilidade no fornecimento[18]; e a logística de insumos a acesso aos portos de entrada nos mercados consumidores[19]. A composição de custos de produção de bobinas a frio reflete as vantagens comparativas do país, e a maior desvantagem das empresas aqui localizadas, o elevado custo de capital (Quadro 9).

QUADRO 9
COMPOSIÇÃO DO CUSTO DE PRODUÇÃO – BOBINAS A FRIO
EM US$/TON., 2001

	Brasil	Coréia do Sul	Japão	França	Alemanha	EUA
Min.ferro	40	59	56	61	62	55
Carvão	37	28	27	27	26	27
Outros mat.	135	134	150	142	148	172
Mão-de-obra	57	62	142	132	136	154
Custo de cap.	67	42	60	44	40	39
Total	336	325	435	406	412	447

FONTE: WSD, *Steel Strategist*, n. 27, julho de 2001.

Ainda que o país detenha vantagens absolutas de custo tanto em placas quanto em laminado, suas vantagens relativas na margem são substanciais e contrastantes na fase "quente" da produção siderúrgica. Olhando "verti-

---

[16] Estes são dados principalmente pelas vantagens de custo do minério de ferro e da mão-de-obra do país, que tem elevada participação nos custos de produção (no caso do minério de ferro), ou alta dispersão de custo (no caso da mão-de-obra) quando comparada internacionalmente.

[17] Isto se aplica mesmo ao principal competidor do país – a Austrália. Enquanto que a média de concentração de Fe no Brasil é superior a 67%, na Austrália as principais jazidas variam entre 57% (Robe River) e 63% (Brockman). No caso de impurezas em fósforo, alumina e sílica, se tomarmos o índice de impurezas de Carajás como base 100, as principais jazidas australianas são sem exceção inferiores, chegando Brockman a ter 189 em fósforo, e Robe River 405 e 857 em alumina e sílica, respectivamente.

[18] No caso de placas, o Brasil tem mantido, em anos recentes, um prêmio de US$ 20-30 sobre o produto oriundo da CEI devido a uma combinação de melhor qualidade (75% da capacidade da CEI tem mais do que 25 anos) e credibilidade nas entregas (em função de paradas não programadas na produção e dificuldades de operar portos em invernos rigorosos).

[19] Os custos de logística de acesso ao mercado americano (destino Nova Orleans) são menores no caso do México, Venezuela e Brasil – da ordem de US$ 6-9 por tonelada, comparado com US$ 13-17 nos casos da África do Sul, CEI, Índia e Austrália.

calmente" o Quadro 10 abaixo, nota-se que as vantagens do país são elevadas na produção de placas tanto em relação à Europa quanto aos EUA, e não só frente aos integrados mas em relação às *mini-mills*. Estas vantagens reduzem-se e eventualmente se tornam negativas "na margem" no caso de bobinas a frio (frente às *mini-mills* nos EUA).

QUADRO 10
VANTAGENS RELATIVAS DO BRASIL EM SIDERURGIA
EM US$/TON., 2001

	Europa	EUA (integrada)	EUA (mini-mill)
Placas*	187-143 = 44	241-143 = 98	209-143 = 66
Bobinas a quente**	71-49 = 22	81-49 = 32	50-49 = 1
Bobinas a frio***	n.d.	86-77 = 9	50-77 = -27

(*) Custo de produção de placas no Brasil: US$ 143 em redução, aciaria e lingotamento.
(**) Custo marginal de produção de BQ no Brasil: US$ 49/ton., em laminação a quente, e "pickling and oiling".
(***) Custo marginal de produção de BF no Brasil: US$ 77/ton. em laminação a frio.

A segunda *premissa básica* é que apesar dos custos extremamente competitivos, a *escala setorial da indústria brasileira ainda é relativamente baixa*, e não reflete a potencialidade e as vantagens comparativas do país. Para o país se tornar um ator relevante na indústria – situando-se dentre os *cinco* maiores produtores e *três* maiores exportadores –, é fundamental ampliar a capacidade do setor de 34 MT (milhões de toneladas/ano) de aço bruto[20] para pelo menos 60 MT até o final da década.

Neste sentido, vale notar que:

As *escalas técnicas* das plantas siderúrgicas no país são, no atual estágio do setor siderúrgico, adequadas. Ainda que haja espaço para ampliá-las – adicionando o terceiro alto-forno na CST (já em execução), duplicando a Açominas, e expandindo na margem a CSN e a Cosipa – é improvável que estas ampliações *brownfield* reduzam significativamente o patamar de custos das plantas.

As *escalas empresariais* não impedem o investimento doméstico ou a

---

[20] O país tem cerca de 20 MT de capacidade em planos, 11 MT em longos e 3 MT em aços especiais.

projeção internacional das empresas. O caso do grupo Gerdau é ilustrativo das possibilidades de usar plataformas locais que gerem caixa em volumes adequados como alavanca para a expansão externa, constituindo assim grupo com massa crítica empresarial e financeira. Esta trajetória é replicável, desde que bem executada, combinando crescimento orgânico com aquisições internacionais cuidadosas e integradas numa estratégia bem definida.

Porém é o *peso setorial* do país – cerca de 34 MT de capacidade – que ainda é pequeno. É evidente que não se aumenta capacidade por decisão puramente discricionária, mas em função das condições objetivas de investimento: perspectiva de expansão do mercado, oportunidades de novos projetos (*brownfield ou greenfield*) e/ou alvos atraentes, e custo de capital. O recuo das taxas de juro e do risco-país em 2003 combinado a melhorias significativas nos resultados operacionais das empresas siderúrgicas estabeleceram as precondições para criar nova capacidade produtiva e de exportação. Há claramente uma janela de oportunidade para contratar novos projetos, com o aquecimento do mercado mundial de produtos siderúrgicos, e as usinas operando perto do limite de sua capacidade. Há, como se propõe a seguir, um espaço no mercado mundial a ser preenchido; as precondições estão dadas.

Terceiro, *o mercado global de produtos planos siderúrgicos vem passando por mudanças estruturais*, que abre espaço para o país dar um salto produtivo e se reposicionar até o final da década dentre os cinco ou seis maiores produtores, e como segundo ou terceiro maior exportador de produtos siderúrgicos[21].

Já alguns anos que o comércio mundial de produtos siderúrgicos vem crescendo a taxas bastante superiores à produção (Quadro 11). Esta tendência se acentuou na década de 1990, quando a elasticidade das exportações em relação à produção saltou de 2,54 (1976-2001) para 4,03 (1990-2001).

O fenômeno transformador do comércio mundial de produtos siderúrgicos foi a entrada da China na ponta compradora na última década. Junto com os EUA, a China se torna o maior importador líquido individual de produtos siderúrgicos, invertendo – de forma acentuada – a razão entre

---

[21] Em 2003, o Brasil foi o 9° maior produtor (após a China, Japão, EUA, Rússia, Coréia do Sul, Alemanha, Ucrânia e Índia) e 4° maior exportador (após o Japão, Rússia e Ucrânia).

QUADRO 11
DINÂMICA DO MERCADO MUNDIAL DE PRODUTOS SIDERÚRGICOS

	1976-2001	1990-2001
ë	3,53	5,23
ÿ	1,39	1,30
ε	2,54	4,03

NOTA: ë – taxa de crescimento das exportações; ÿ – taxa de crescimento da produção; ε – elasticidade exportação em relação à produção mundial.
FONTE: IISI, *World Steel Figures*, 2003 Edition.

produção e consumo aparente de aço entre 1990 e 2001 (Quadro 12). Ao mesmo tempo, a CEI e Europa Oriental – e o Japão – reforçam sua posição de principais exportadores líquidos, enquanto que a UE e demais países da Europa Ocidental perdem capacidade exportadora. A posição dos demais mercados pouco se altera: Ásia, África e Oriente Médio permanecem como grandes importadores.

QUADRO 12
PRODUÇÃO DE AÇO BRUTO/CONSUMO APARENTE (P/CA),
1990 E 2001, EM %
EXPORTAÇÕES LÍQUIDAS (EL), 2001, EM MT
PAÍSES E REGIÕES SELECIONADAS

	P/CA 1990	P/CA 2001	EL – 2001
EUA	1,03	0,85	(23,4) *
China	1,24	0,91	(18,4)
Japão	1,18	1,45	25,5
Ásia (demais países)	0,79	0,78	(20,8)
União Européia (15)	1,29	1,18	3,6
Europa Ocidental (outros)	1,61	1,36	3,7
CEI e Europa Oriental	1,50	2,20	47,6 **
Outros países desenvolvidos	1,28	1,02	n.d.
América Latina	1,40	1,19	6,7
África	1,08	0,98	(23,7)
Oriente Médio	0,44	0,55	–

(*) América do Norte; (**) apenas Rússia, Ucrânia e outros países da ex-USSR; em parênteses – EL negativas.
FONTE: P/CA com base nos dados da WSD; EL de IISI (1993), p. 10.

No mercado global de produtos siderúrgicos, o *segmento mais dinâmico é o de semi-acabados*: desde 1990, as exportações de placas têm se expandido a uma taxa duas vezes superior à de produtos siderúrgicos em geral, cerca de 10% a.a., sendo que a volatilidade dos preços de placas tem sido significativamente menor comparada a de laminados[22].

As oportunidades abertas pelo mercado mundial no plano das exportações de produtos siderúrgicos, e de placas em particular, têm por referência não apenas o dinamismo da economia chinesa, mas também a expansão da demanda do sudeste Asiático, e mais fundamentalmente, a reestruturação do setor, com o fechamento de altos-fornos, e a desintegração vertical dos produtores, como parte de estratégia de permanência no mercado. A incidência deste fenômeno se dá principalmente no Nafta, e secundariamente na Europa.

No caso do sudeste Asiático, o crescimento da demanda por produtos planos e a maior utilização da capacidade das laminadoras, assim como a expansão destas, devem direcionar o mercado de placas. Em princípio, a demanda por semi-acabados *não* será impulsionada pelo fechamento das linhas quentes, pois os altos-fornos estão em boas condições e a produção das plantas de alto custo deve ser substituída pelo aumento da capacidade das plantas mais competitivas.

Para o Nafta (no caso, Estados Unidos e Canadá), a ineficiência e os custos diretos e ambientais de operação dos altos-fornos estão progressivamente deslocando a oferta de aço dos países para as *mini-mills*, e a demanda de importações para produtos semi-acabados[23]. Em um cenário conservador, entre 2003 e 2010 haveria uma redução de 13 altos-fornos em operação (de 42 para 29), e de 9,8 MT (de 63 MT para 53,2 MT) no volume de produção de placas convencionais (ainda que a capacidade sob risco seja consideravelmente maior). Ao mesmo tempo, com a reabertura do mercado americano a partir da decisão da OMC, o governo dos EUA ainda assim continuará a ameaçar países exportadores com processos *antidumping* e anti-subsídios, e tendo por alvo principal produtos acabados, particularmente em momentos de desaceleração no mercado doméstico.

---

[22] A série de preços mensais FOB América Latina cobrindo o período de 01/1998 a 01/2004 revela um desvio-padrão de 51,9 para BQ e 33,41 para placas (fonte dos dados primários: Metal Bulletin).
[23] Ainda que o aquecimento atual do mercado para produtos siderúrgicos e os elevados preços mascaram, até certo ponto, o gradiente de competitividade, adiando o fechamento dos altos-fornos e plantas menos eficientes, esta é certamente uma tendência inelutável.

Finalmente, na Europa, ainda que seja baixo o crescimento esperado da demanda de aços planos e mesmo sendo os custos de produção de placas mais competitivos, as pressões ambientais (a exemplo do Protocolo de Kioto) e os altos custos de determinadas plantas, ao levarem ao fechamento da linha quente, pode vir a impulsionar o mercado transoceânico de placas, ainda que levando em consideração a potencial oferta dos produtores da CEI, e suas vantagens locacionais[24].

A RESPOSTA DO SETOR SIDERÚRGICO NO BRASIL ATÉ 2007

Como deve o Brasil e sua indústria siderúrgica responder à oportunidade de suprir grandes volumes de planos, particularmente semi-acabados, nos próximos anos? Fundamentalmente estimulando às empresas a expandirem sua capacidade no país, cujo crescimento nos últimos anos tem se dado de forma marginal – via ganhos de produtividade tanto do trabalho como do capital (*capital-stretching*).

O Brasil produziu em 2003 31,1 MT, algo em torno de 92% de sua capacidade instalada. Chegar a 60 MT supõe ampliá-la em cerca de 26 MT em seis anos, o que corresponde a uma taxa próxima de 10% ao ano. Crescer a capacidade a estas taxas supõe um reposicionamento relativamente agressivo do setor, justificado pelo fato de que a indústria opera perto do limite da capacidade e tendo em vista as oportunidades derivadas do dinamismo de mercado internacional e a competitividade intrínseca das siderúrgicas brasileiras, já assinalados.

Quão longe está o país de responder ao desafio de *chegar a pelo menos 60 MT da capacidade produtiva* até o final da década? E como se daria essa ampliação? Qual a melhor estratégia para persegui-la?

Na realidade, o Brasil ainda se encontra distante de ter um papel central na siderurgia mundial. Sua participação na produção de aço bruto, ao contrário, declinou em 2003[25]. E no curto e médio prazos, as indicações

---

[24] A Arcelor anunciou o fechamento de cerca de 8 MT de capacidade em aço carbono, ou pouco abaixo de 20% de sua produção em 2002. Mais recentemente, a Arcelor ameaçou abandonar a Europa se tiver que pagar para cumprir o Protocolo de Kioto, que estabelece que as emissões de CO2 da UE em 2012 serão 8% inferiores às emissões de 1990. De acordo com Guy Dollé, CEO da Arcelor, a empresa "aceleraria o processo de inversões na Rússia e no Brasil, países que têm mineral, energia e mão-de-obra mais baratas". Ver *El País*, 20/02/04, p. 74.
[25] De acordo com o IISI, a produção de 63 países que perfazem cerca de 98% do total mundial se expandiu em 2003 em 6,7%, enquanto que a produção brasileira o fez em 5,1%.

são de *expansão na margem* da capacidade produtiva pelos grupos siderúrgicos líderes nacionais, basicamente com projetos *brownfield*.

Individualmente, observam-se ainda muito poucos projetos contratados, e um conjunto maior de projetos em desenvolvimento ou em estudo – discutidos mais adiante – que poderão ou não se concretizar nos próximos anos. Em particular:

- CST: construção do 3º AF com capacidade de 2,5 MT adicionais (em operação até meados de 2006).
- Belgo-Mineira: ampliação de fábrica de longos de Piracicaba em 0,5 MT (planejado para operar em 2006).
- Barra Mansa: ampliação da fábrica de longos em 0,5 MT em 2004 e um total de 1,0 MT em 2007.

Com base nestas indicações, a capacidade de produção cresceria cerca de apenas *4 MT até 2007*, sendo 62,5% em aços planos (e de responsabilidade de uma única empresa, a CST), e o restante em longos. Até este ponto da discussão, não são considerados estudos levados a cabo pelas siderúrgicas brasileiras seja para ampliações, seja para plantas novas, e cuja probabilidade de se transformar em projeto efetivo não é passível de avaliação, bem como projetos em desenvolvimento para os quais ainda não há uma decisão definitiva. Haveria assim um espaço de, no mínimo, *22 MT* a ser preenchido até 2010, para se alcançar o objetivo do país chegar a 60 MT ou mais de capacidade.

Os desafios até o final da década

A questão central do ponto de vista da estratégia de expansão a médio prazo do parque siderúrgico brasileiro é: qual deve ser a ênfase ou prioridade mercado-produto nesse processo?

O mercado externo como elemento-chave da ampliação do parque siderúrgico

Um fato se tornou patente nos últimos anos: o mercado internacional se transformou na principal fonte de crescimento setorial para os países mais competitivos. É esse o mercado que mais cresce e que tem escala suficiente (ao perfazer cerca de 40% da produção mundial) para acomodar um rápido crescimento em capacidade de um país como o Brasil, que almeja se tornar um ator significativo na indústria mundial.

Com a exceção da própria China, os países que têm por objetivo constituir e/ou consolidar uma siderurgia significativa em termos de capacidade no plano global, necessitam conectar-se estrategicamente com o mercado internacional. Mais: ter neste mercado o principal indutor de sua expansão.

Não há, nesta perspectiva, oposição entre os dois mercados, exceto no curto prazo, em que suprir o mercado doméstico e exportar podem se tornar momentaneamente antagônicos. *Em termos dinâmicos, os dois mercados e as duas estratégias (doméstica-externa) são fortemente complementares*: ao aumentar a capacidade de produção de aço voltada para o mercado externo e se conformar com os parâmetros de qualidade impostos pelo mercado internacional, os produtores domésticos estão *ipso facto* criando as bases para uma forte siderurgia no país.

O MERCADO DE SEMI-ACABADOS ENQUANTO ALVO PREFERENCIAL NUMA PERSPECTIVA DE CRESCIMENTO ACELERADO DA CAPACIDADE

Há fundamentalmente um caminho para o país chegar aos 60 MT de capacidade e cerca de 30 MT de exportações nos próximos anos, e desta forma se tornar um ator relevante na indústria e com capacidade de liderança nas exportações: o Brasil eleger o segmento mais dinâmico do mercado internacional e onde tem forte vantagem comparativa – semi-acabados, e mais particularmente placas – e construir capacidade suficiente de modo a influir nos rumos da indústria e no comportamento do mercado global. O grau de "agregação de valor" inicial é menos relevante do que o dinamismo de mercado, a qualidade do produto, as margens de Ebitda e a capacidade de resposta das empresas de gerar caixa para ampliar a capacidade, ganhar massa crítica e progressivamente – se for o caso e se o mercado demandar – investir cadeia abaixo[26].

---

[26] O caso da CST é ilustrativo a esse respeito. Orientada inicialmente para suprir o mercado externo com placas – inclusive para a California Steel (CSI), empresa laminadora 50% de propriedade da CVRD – a CST nos últimos anos fez investimentos substanciais em um laminador de bobinas a quente com capacidade de 2 MT (cuja produção se iniciou em 2002) e em 50% da Vega do Sul, *greenfield* em Santa Catarina, com planta constituída de laminador de bobinas a frio de 0,7 MT (2003) e linha de galvanização de 0,4 MT (2004), voltada para o mercado automotivo.

Verticalizar, no sentido de calcar o projeto de expansão em exportação de produtos acabados, cortados e/ou revestidos, supõe estrutura de distribuição e logística de acesso ao cliente que inexiste, e inviabilizaria economicamente o projeto *ab initio*, dado os elevados custos associados a esta estratégia. Ademais, se o mercado de semi-acabados tem espaço para absorver novos fluxos competitivos de produto, pelas razões já apontadas, o mercado para produtos acabados – regionalizado e fragmentado – é possivelmente uma ordem de magnitude mais restrita, mesmo no caso de plantas já posicionadas nos mercados consumidores.

Este movimento, de qualquer forma, requer agilidade e velocidade. O fato de o Brasil ser competitivo na produção de aço em geral e placa em particular, não irá se traduzir necessariamente em capacidade produtiva e de exportação sem uma estratégia clara, e que privilegie a inserção do país em um mercado global e de dinamismo crescente. Se o Brasil não se mover rapidamente, outros países – Índia, Rússia, Ucrânia, Austrália – o farão[27].

Neste contexto é importante sublinhar que a participação do Brasil na produção de aço bruto na última década está estagnada (Quadro 13). Em grande medida este fato reflete o baixo crescimento da economia brasileira e da indústria de bens duráveis ao longo desses anos, assim como dos investimentos em infra-estrutura e construção civil. Mas o fato de que a taxa de crescimento do consumo aparente da produção de aço bruto no período 1994-2002 foi mais do que duas vezes superior à expansão da produção no período (3,97% vs. 1,78%) sugere que o setor necessita de um alvo que vá além do mercado doméstico – em escala e taxas de crescimento – para ganhar peso específico no mercado mundial.

---

[27] O caso das exportações indianas de aço para a China é ilustrativo neste sentido. Em novembro de 2002, a China impôs tarifas de salvaguarda de 10-23% sobre as importações de produtos siderúrgicos de Japão, Coréia do Sul, Alemanha, entre outros. Naquele ano, a participação da Índia no mercado chinês foi de apenas 2%. As importações tendo origem na Índia não foram afetadas, pois se originariam de "país em desenvolvimento". Em 2003, e parcialmente "no vácuo" das salvaguardas, a Índia obteve o maior ganho de mercado siderúrgico, chegando a 6-7%, a partir de exportações da SAIL, Ispat, Tata Steel, entre outros. Em reação à preocupação expressa pelo governo chinês e subseqüente ameaça de imposição de tarifas contra as importações provenientes da Índia, o MD da Tata Steel, em reunião com a China Iron and Steel Association, em outubro de 2003, propôs a formação de uma JV para produzir semi-acabados na Índia e produtos siderúrgicos acabados na China, estratégia em linha com as tendências já observadas de mercado. Ver www.asiasource.org/trade. De fato, a primeira perna desta proposta é bastante semelhante aos esforços da Baosteel e da CVRD para produção conjunta de placas no norte do país.

QUADRO 13
PARTICIPAÇÃO DO BRASIL NA PRODUÇÃO DE AÇO BRUTO NO MUNDO
1994, 2000-2003, EM KT E %

	1994	2000	2001	2002	2003
Prod. Brasil	25.747	27.865	26.718	29.604	31.105
Prod. mundo	725.107	847.396	849.617	885.766	945.140
Part. Brasil	3,55	3,29	3,14	3,34	3,29

FONTE: IISI.

Escapar do paradoxo de um país com enormes vantagens competitivas e incapaz de avançar na produção global de aço requer do governo um novo direcionamento estratégico – tendo a exportação de semi-acabados como eixo – e das empresas, compromisso com investimento em novos projetos[28].

Apontamos anteriormente a necessidade adicional de, no mínimo, 22 MT em nova capacidade em aço bruto para o país atingir uma meta de 60 MT ou mais ao final da década. Quais projetos estão sendo desenvolvidos ou pelo menos estudados, e que distância ainda é necessário percorrer? Qual a contribuição que os diferentes grupos estão considerando para os próximos anos?

- CSN: estudos para construção do 3º AF com capacidade de 2,0 MT (com decisão prevista em 2004) e da usina de Itaguaí (4 MT de placas, sem previsão).
- Usiminas-Cosipa: estudos para adição de 2,0 MT de capacidade na Cosipa.
- Gerdau: estudos para construção de fábrica de fio-máquina em São Paulo de 1,0 MT e para duplicação da Açominas, adicionando 3,5 MT.
- CVRD: desenvolve 2 projetos para produção de aços planos. O mais importante é um complexo siderúrgico junto ao porto de Itaqui, em São Luís, a ser construído em três módulos de 7,5 MT, em duas fases cada de 3,75 MT. O primeiro módulo, em desenvolvimento, entraria em operação em 2008 e 2010, respectivamente, em sociedade com

---

[28] Além de placas, o país deve apoiar a produção de metálicos (a exemplo do ferro gusa) como forma de agregar valor ao minério de ferro e levando em conta as fortes vantagens competitivas, desde que em bases social e ambientalmente corretas.

investidores *offtakers*, neste caso a Baosteel (a maior siderúrgica chinesa, que tem um papel estratégico no crescimento daquele mercado) e a Arcelor (a maior siderúrgica do mundo, que vem em grande medida liderando a reestruturação da siderurgia européia e o fechamento das linhas quentes no continente[29]). Outros *dois* módulos em estudo poderiam vir a ser agregados em parceria com empresas *offtakers*, totalizando mais 15 MT até 2014, sendo 3,75 MT referente à primeira fase do segundo módulo até 2009. Já o segundo projeto em desenvolvimento é de escala menor, e contempla uma usina no Ceará, com capacidade de 1,5 MT em sociedade com a sul-coreana Dongkuk – uma das grandes compradoras de placa no mercado mundial – e a Danielli – que aportaria *equity* sob a forma de equipamentos siderúrgicos e entraria em operação em 2007.

Conclui-se que com base em projetos em implementação (4 MT), em desenvolvimento (9 MT) e em estudo (16,25 MT) – estes últimos se concretizando – , o país adicionará cerca de 29,25 MT até o final da década (Quadro 14) e mais 11,25 MT nos primeiros anos da década seguinte (até 2014).

QUADRO 14
PROJETOS SIDERÚRGICOS EM ESTUDO E DESENVOLVIMENTO
EM OPERAÇÃO PROJETADA NO PERÍODO 2006-2010, EM MT

Grupo	Em desenvolvimento	Em estudo	Total
CSN	–	6	6
Usiminas-Cosipa	–	2	2
Gerdau	–	4,5	4,5
CVRD e *offtakers*	9	3,75*	12,75
Total	9	16,25	25,25

(*) A segunda fase deste módulo entraria em operação em 2011.

Assim, o setor siderúrgico nacional atingiria os seguintes marcos ao final da década sob as premissas de expansão explicitadas acima:

---

[29] De acordo com as informações públicas fornecidas pela Arcelor, quatro de suas 17 plantas de aço carbono na Europa (Florange, Liège, Bremen e Eisenhusttensdadt) terão suas linhas quentes desativadas, o que equivale a 8 MT de capacidade.

- Capacidade de produção: 63,25 MT, com adição de 29,25 MT no período, sendo cerca de 12,5 MT *brownfield* e 16,75 MT *greenfield*.
- Volume e valor exportado: 34 MT e aproximadamente US$ 10 bilhões em produtos siderúrgicos exportados[30].
- Investimentos: cerca de US$ 12 bilhões[31].
- Criação de empregos: 58,500 diretos e 175,500 indiretos[32].
- Demanda derivada para o setor de bens de capital nacional: encomendas da ordem de US$ 8,4 bilhões[33].

AS CONDIÇÕES DE VIABILIDADE DE UMA EXPANSÃO SUSTENTADA

Como viabilizar a estratégia de expansão discutida neste trabalho? A transformação do Brasil numa das maiores plataformas produtora e exportadora de produtos siderúrgicos nos próximos anos irá depender de uma ação concertada entre empresas e governo. Nesta perspectiva, é fundamental:

1) Mirar o alvo certo – a expansão da capacidade

O foco estratégico da siderurgia brasileira é a expansão sustentada da capacidade. Este não parece ser um setor que necessita ser reestruturado, dado o nível de eficiência operacional das plantas, o grau crescente de solidez financeira das empresas e grupos siderúrgicos, e o potencial de seu crescimento orgânico e projeção global. Uma consolidação do setor – com o ruído que normalmente acompanha tais processos – senão incompatível, envolveria riscos significativos a um processo de expansão, que requer prioridade estratégica por parte de empresas e gestores, velocidade decisória, e transparência para o mercado de capitais.

---

[30] Supondo 22 MT em placas e 12 MT em produtos acabados, a um preço médio ponderado FOB de US$ 300 por tonelada (em valores de 2004).

[31] Tendo por premissa um custo médio aproximado de US$ 500 milhões por MT *greenfield* e pouco menos de US$ 300 milhões por MT *brownfield*.

[32] Estima-se 2.000 empregos diretos gerados por cada MT de capacidade adicional instalada. Cada emprego direto corresponde a três indiretos, principalmente fruto de demanda derivada de serviços à indústria.

[33] De acordo com o IBS, cerca de 95% dos investimentos previstos para o setor no período 2003-2007 são em bens "instrumentais" (máquinas e acessórios, ferramentas e utensílios, matrizes), dos quais 75-80% fabricados no país. Assim, pode-se inferir que as encomendas para a indústria nacional de bens de capital e outros bens instrumentais sejam da ordem de 70% do total investido. Ver IBS, "Investimento e Capacidade Instalada," *op.cit.*, p. 6-7.

2) Remover os maiores obstáculos – custo de capital e acesso a mercados

A indústria siderúrgica é capital-intensiva, como já visto. O custo da expansão e seu financiamento são as maiores barreiras para o país dar um salto de capacidade e escala no setor. Fundamental ainda é o acesso aos mercados, tanto por meio de novos arranjos empresariais, como por esforço continuado do governo no sentido de remover barreiras, ampliar espaços econômicos, e estabelecer acordos de liberalização de comércio e integração, principalmente no contexto da Alca e da relação Mercosul-União Européia.

a) *O custo da expansão*. O preço dos bens de capital, bem como e mais fundamentalmente o próprio custo de capital, são determinantes para a viabilidade dos investimentos. O governo tem evidentemente papel central na redução destes custos, além de prover infra-estrutura e serviços, como nos demais países[34].

b) *Custo de capital*. Talvez a maior desvantagem das empresas siderúrgicas nacionais frente a suas congêneres seja o custo de capital que enfrentam por terem seus ativos e operações no Brasil. É inquestionável que houve em 2003 uma redução dramática do risco-país (atualmente em torno de 530 pontos) e do custo de captação das empresas, seja em função da credibilidade da política macroeconômica do governo, seja fruto das condições de extraordinária liquidez nos mercados internacionais. Ainda assim o custo de capital das empresas siderúrgicas brasileiras permanece cerca de duas a três vezes maior que suas competidoras no Japão, Austrália, Índia ou Europa.

A redução deste custo de forma definitiva irá depender não apenas da redução da vulnerabilidade externa do país (inclusive e fundamentalmente por uma expansão acelerada – da ordem de 10% a.a. – das exportações nos próximos anos), do aumento do grau de solvência doméstico (pela

---

[34] A siderurgia é caracterizada pela movimentação de grandes volumes e pelo elevado consumo de energia elétrica. A localização das plantas (na imediação de facilidades portuárias e/ou ferroviárias), sua integração logística a fontes ofertantes de matérias-primas (particularmente minério de ferro e carvão) e a garantia de energia, são determinantes para a competitividade do projeto. Ainda que algumas facilidades sejam integradas às plantas (eventualmente portos e usinas), a infra-estrutura de acessos (rodoviários etc.), conexões à rede (elétrica), entre outras, dependem da atuação governamental.

redução da relação dívida líquida/PIB), como de ações no sentido do desenvolvimento do mercado de capitais (mesmo que estas só tenham efeito palpável a mais médio e longo prazos).

c) *Preço dos bens de capital*. Estudo recente demonstra – no plano agregado – a importância do preço dos bens de capital na determinação da taxa de investimento[35]. Tanto a retomada do investimento no plano macroeconômico quanto o impulso à expansão da capacidade em nível setorial se beneficiariam por uma redução dos preços dos bens de capital, inclusive pela eliminação da cunha tributária (previsto, pelo menos em parte, na reforma tributária). Se esta asserção – o impacto fortemente positivo sobre o investimento de uma redução do preço dos bens de capital – parece confirmada econometricamente para o setor industrial como um todo, com muito mais força se aplica ao setor siderúrgico, um dos mais capital-intensivos da economia.

d) *O financiamento da expansão*. A natureza "pesada" dos investimentos siderúrgicos, principalmente os *greenfield*, e em um contexto de elevado custo de capital, implica que o financiamento do projeto é talvez o elemento crítico para sua consecução. As fontes de financiamento no país revolvem em torno de:

e) *Recursos próprios*. De acordo com as projeções do IBS para o período 2003-2007, cerca de 47,8% dos investimentos em realização no período teriam por origem recursos próprios, sejam sob a forma de lucros acumulados e/ou contribuições ao capital dos próprios acionistas[36]. Pode-se afirmar que a estrutura implícita de capital – 48%/52% – é bastante conservadora, e talvez inconsistente com uma trajetória mais ambiciosa da siderurgia brasileira. Ao mesmo tempo, quando essas projeções foram realizadas (início de 2003), as condições macroeconômicas e setoriais eram mais adversas. A redução dos juros reais (da ordem de 3% durante o ano de 2003), a queda significativa do risco-país, e a considerável melhora das condições financeiras das empresas (seja pela redução do valor da dívida

---

[35] Ver Claudio R. Frischtak e Marco Antonio Cavalcanti, "O investimento e o caminho crítico das exportações," *in* João Paulo dos Reis Velloso (org.), *Governo Lula. Novas prioridades e desenvolvimento sustentado*, José Olympio, Rio de Janeiro, 2003.
[36] IBS, "Investimentos e capacidade instalada," *op.cit.*, p.5.

– quando em dólares –, do custo de endividamento ou pela melhoria da geração de caixa), possibilitariam um grau de alavancagem maior, possivelmente da ordem de 40 recursos próprios e 60 de dívida.

f) *BNDES*. O banco tem sido fonte tradicional de recursos para o setor. No período 1994-2002, o BNDES participou com cerca de 34% dos US$ 12,16 bilhões de investimento na siderurgia do país. Pelas projeções do IBS, o financiamento em moeda nacional (leia-se BNDES) deveria alcançar 30,3% no período de investimento 2003-2007. Por outro lado, uma elevação no grau de alavancagem para 60%, e no contexto de um programa estruturado de ampliação de capacidade, abriria espaço para uma participação inicialmente maior – talvez de 35-40% – e decrescente nos anos ulteriores, principalmente para projetos exportadores, que ofereçam *hedge* natural, e risco baixo e controlável.

g) *Suppliers'credit*. A outra fonte tradicional de recursos para projetos siderúrgicos é o financiamento em moeda estrangeira oferecido pelos provedores de bens de capital, geralmente com base em recursos das agências de promoção de exportações. As limitações neste caso se relacionam, fundamentalmente, ao conteúdo relativamente limitado de bens "instrumentais" importados, variando entre 18% em projetos de longos a 25% em planos. É provável que estes percentuais variem pouco nos próximos anos.

h) *Multilaterais*. Há alguns anos que as agências multilaterais têm estado ausentes de projetos siderúrgicos, em parte devido à percepção que estariam contribuindo para ampliar capacidade globalmente em uma indústria com problemas de excesso de capacidade nos países desenvolvidos. É possível que as mudanças estruturais no mercado apontadas ao início deste trabalho e as fortes vantagens comparativas do Brasil abram espaço para que os multilaterais tenham participação no programa de expansão dos próximos anos, o que tem importância tanto do ponto de vista de financiamento como para dar credibilidade (e conseqüentemente baixar os custos financeiros) ao projeto.

i) *Mercado de capitais*. A afirmação de que não há no país outra fonte de financiamento de longo prazo que não o BNDES é certamente verdadeira, principalmente no caso de projetos *greenfield*. É provável que a médio prazo – nos próximos dois/três anos –, a normalidade macroeconômica, a redução dos juros reais, e a procura de novas alternativas e instrumentos de investimento, facilitem a estruturação de operações visando o financiamento de projetos, como os do setor siderúrgico. Também o mercado acionário irá assumir relevância crescente enquanto fonte de financiamento de longo prazo para empresas competitivas, sólidas financeiramente, transparentes e bem governadas. De qualquer forma, estas parecem ser alternativas de médio e longo prazos para o financiamento da expansão do setor no país.

j) *Acesso aos mercados*. O aquecimento dos mercados mundiais de produtos siderúrgicos mascarou, até certo ponto, o protecionismo dos países importadores e as dificuldades das empresas brasileiras acessarem os maiores mercados. A remoção das barreiras interpostas pelos EUA foram fruto não apenas da pressão dos países exportadores na OMC e ameaças críveis de retaliação, mas também resultado da redundância das barreiras frente a uma demanda em rápido crescimento e preços em ascensão nos mercados mundiais. A indústria, contudo, é cíclica, e certamente novas barreiras serão interpostas uma vez seja superada a atual fase de expansão. É altamente provável que estas barreiras sejam direcionadas ou atinjam com maior força os produtos acabados, e é também neste sentido que uma estratégia com ênfase na exportação de placas e semi-acabados é menos arriscada do ponto de vista do país. Ainda assim, e mesmo tendo em vista o fechamento de altos-fornos e o fim da linha quente nos Estados Unidos, Europa e países asiáticos, a capacidade adicional do país – as exportações deverão se expandir de 13,3 MT em 2003 para acima de 30 MT em 2010 – irá gerar volumes exportáveis de magnitude tal que é necessário criar canais mais estruturados de exportação, a exemplo de:

l) *Joint-ventures com contratos de offtake*. No setor mínero-siderúrgico, esta tem sido uma modalidade empregada historicamente pela CVRD para pré-contratar o escoamento da produção para mercados internacionais, a exemplo do caso das pelotizadoras. O sócio da JV se encarrega de comprar/colocar a produção a preços de mercado, e a partir de condições preestabelecidas (evitando o risco de fazer da unidade centro de custo). Este arranjo é possivelmente o que minimiza o risco de mercado para o sócio nacional. Dado a natureza volátil do mercado de aço no mundo, e o potencial de (re)imposição de barreiras ao comércio, este modelo de negócio apresenta vantagens consideráveis para garantir acesso aos mercados.

m) *Integração vertical no plano internacional*. A experiência histórica mostra que há fortes sinergias entre o investimento direto externo de empresas nacionais e a exportação. A compra pela CVRD (em conjunto com a antiga Kawasaki – atualmente JFE) da CSI (California Steel) foi de grande importância nos primeiros anos para escoar a produção de placas da CST. Mais recentemente, a aquisição de (re)laminadoras nos EUA por parte de empresas brasileiras, por exemplo, cria potencialmente mercado para placas e bobinas produzidas no país[37].

Em síntese, a siderurgia brasileira se encontra no limiar de um salto de capacidade. Algumas das condições estão dadas: a competitividade do setor; as mudanças nos últimos anos nos mercados globais de produtos siderúrgicos; a presença de atores nacionais de peso, capazes de projetar a siderurgia brasileira no plano internacional. Falta ainda, contudo, construir uma estratégia clara, que defina os objetivos, a direção e as condições de entorno que irão viabilizar o salto de capacidade da siderurgia nacional. Alguns dos elementos desta estratégia seriam: a ênfase no crescimento voltado para os mercados internacionais de produtos siderúrgicos; o foco no segmento de semi-acabados, principalmente para projetos *greenfield*; e a criação de novos canais de exportação, inclusive pela criação de JVs com contratos de *offtake* e o investimento em plataformas de transformação/distribuição em mercados-alvo.

Deve-se enfatizar que há uma janela de oportunidade para decisões de investimento que irão conformar o setor nos próximos anos. É fundamental não perdê-la por indecisão ou falta mesmo de compreensão quanto às forças que movem a siderurgia mundial. Caso contrário o mercado será ocupado pelos competidores do país: Índia, Ucrânia, Rússia, China, entre

---

[37] Deve-se contudo alertar para os riscos associados a esta estratégia, como demonstram os problemas enfrentados pela Nippon e Kawasaki no mercado americano. Conseqüentemente, projetos de integração vertical devem ser cuidadosamente examinados, na medida em que a compra de empresas já estabelecidas nem sempre garante a "compra" de mercados locais pouco conhecidos. Ademais, passivos ocultos sob legislação e práticas menos conhecidas podem causar enormes danos financeiros ao investidor.

outros. Finalmente, o setor siderúrgico está irreversivelmente globalizado. O dinamismo setorial será dado pelo impulso propiciado a partir do crescimento do mercado doméstico e regional, e fundamentalmente pela expansão dos mercados globais. A penetração nestes não é trivial: crescentemente irá depender de contratos de longo prazo com *offtakers*. Cooptá-los para co-investir no país maximiza o investimento e criaria uma plataforma que alternativamente – se localizada em outro país – tiraria espaço da siderurgia brasileira no mercado internacional.

O COMPLEXO ELETRÔNICO[38]

A discussão que segue da indústria eletrônica é mais sintética e não sugere um aumento de escala setorial, mas sim potencialmente do peso de determinados segmentos e produtos, consistente com a natureza das vantagens comparativas do país, e a fragilidade da indústria de componentes, cuja superação requer a ampliação das escalas dos bens finais.

O CONTEXTO INTERNACIONAL

Nas últimas três décadas, a indústria eletrônica – e no seu cerne, o circuito integrado (CI) – foram responsáveis por uma revolução tecnológica sem paralelo desde a introdução do motor a combustão interna e a produção em massa de veículos há cerca de 100 anos. Nos dois casos, uma inovação radical possibilitou o aparecimento de uma nova classe de produtos em torno respectivamente do computador e do automóvel, e com conseqüências de longo prazo para a economia como um todo.

A indústria eletrônica se caracteriza por uma competição intensa, ciclos de rápida expansão e contração (principalmente no segmento extremamente capital-intensivo de componentes), assim como pela contínua introdução de novos produtos e ganhos de produtividade nos processos produtivos. A procura de novas plataformas eficientes e de baixo custo se acelerou nos últimos anos, na medida que os produtos amadureciam (no sentido do ciclo de produto de Vernon), os ciclos encurtavam, e os pa-

---

[38] O valor da produção do complexo ou indústria eletrônica – cujos segmentos principais são os componentes, equipamento para processamento de dados, equipamentos de telecomunicações e eletrônica de consumo – foi de cerca de US$ 1,4 trilhões em 2002, duas vezes o valor de 1990. Junto com a indústria de *software*, é possivelmente o maior setor da economia global.

drões e parâmetros de qualidade se tornavam universais. A conseqüência foi a indústria se tornar o principal motor do crescimento do comércio mundial nos últimos anos, impulsionada por uma demanda explosiva, alavancada por uma queda real de preços[39].

A indústria é fundamentalmente móvel no que tange à escolha de suas plataformas de produção. Anos atrás, a indústria eletrônica começou a migrar dos EUA (e da Europa, em menor escala) para o Japão e o Sudoeste da Ásia. Este movimento se acentuou com a concentração maciça da indústria de componentes em Cingapura, Taiwan, Malásia e Coréia do Sul, e um processo de intensa terceirização da produção (para firmas como a Flextronics e a Solectron). Este processo de concentração foi interrompido brevemente na década de 1990 quando o México se tornou a maior plataforma de exportação para os Estados Unidos. Desde então, a China vem atraindo capacidade a um ritmo veloz, em função de uma mistura de custos baixos, competência em engenharia – chave no caso da indústria eletrônica (exceto no caso de operações mais simples) – e mercados amplos.

Foi neste contexto que as multinacionais japonesas e do sudoeste da Ásia (particularmente da Coréia do Sul, e mais recentemente da China) assumiram um papel dominante em eletrônica de consumo, e se tornaram uma força significativa em outras áreas (circuitos integrados, telefones inteligentes, TV digitais). Na indústria de computação, as empresas americanas retomaram a liderança, em função de sua capacidade de estabelecer padrões (sendo arquétipo o *wintel* para PCs), bem como de introduzir novas formas de acessar o consumidor, evitando o varejo (a Dell sendo a empresa mais bem-sucedida neste aspecto), reduzindo margens, empurrando a fronteira de melhores práticas na produção e na logística, e reagindo com extrema velocidade às mudanças nos padrões de demanda.

Para responder em "tempo real" ao mercado com produtos de alto desempenho e baixos custos, firmas reorganizaram seus sistemas de produção, terceirizaram parte significativa e crescente de suas operações, retendo contudo o controle de suas áreas fundamentais, do P&D ao marketing.

---

[39] Em um *ranking* dos 40 produtos com os maiores ganhos de mercado nas exportações mundiais no período 1985-2000, os produtos eletrônicos se posicionaram como os quatro primeiros, em oito dos dez primeiros, e em 15 dos 40. Os ganhos mais expressivos foram os CIs, partes e componentes de computadores e equipamentos de telecomunicações, TVs, rádios e outros receptores. A segunda indústria mais dinâmica foi de veículos. Ver UNCTAD, *World Investment Report 2002*, "Overview", Quadro 7, p.13.

Nesta estratégia, todas as atividades deveriam se integrar em última instância tendo por referência minimizar custos e tempo (de desenvolvimento, produção, distribuição aos consumidores).

O fim da bolha tecnológica em 2000 afetou profundamente a indústria, e num processo de "destruição criadora" schumpeteriano, algumas empresas reduziram dramaticamente sua presença nos mercados, e outras assumiram ou consolidaram sua liderança na base de um conceito amplo de inovação, velocidade e custos. Agilidade no mercado e escala têm sido os marcos de referência das empresas que determinam o rumo da indústria neste início de século. O Quadro 15 classifica os principais atores da indústria de acordo com sua ênfase na inovação: em produtos, processos, ou serviços[40].

QUADRO 15
O FOCO DA INOVAÇÃO PELOS LÍDERES DA INDÚSTRIA

Produto	Processo	Serviços
Microsoft, Oracle	Dell	IBM
Nokia, Motorola	Intel, Texas Instruments, Samsung, Toshiba	Verizon
HP, Apple		eBay
Sony, Samsung		Google
LG, Phillips, Matsushita		
Cisco		

Do quadro acima pode-se inferir que a indústria permanece sendo fundamentalmente centrada em novos produtos: é a habilidade de trazê-los ao mercado em tempos cada vez mais reduzidos que caracteriza as empresas que alcançaram ou mantêm a liderança nos diferentes segmentos[41].

---

[40] As tecnologias básicas subjacentes aos novos produtos e serviços permanecem sendo: o poder de computação dos *chips*, que duplica de acordo com a Lei de Moore (i.e., aproximadamente a cada 18 meses); o enorme progresso em anos recentes em capacidade de armazenagem; e os ganhos em velocidade de conexão com a internet propiciada por uma nova classe de *modems*/equipamentos de transmissão.

[41] Velocidade efetivamente se tornou crucial. A Samsung, por exemplo, leva uma média de cinco meses do conceito ao lançamento do produto, a metade dos seus competidores japoneses, e significativamente menor dos que os 14 meses necessários ao final da década de 1990. Os ganhos de

Em segundo lugar, muitos líderes em produtos também o são em processos, a exemplo da Nokia, Cisco e Intel, entre outros, e o reverso também é verdadeiro[42]. Terceiro, na medida que tecnologias proprietárias tornam-se ou são suplantadas por sistemas abertos que dão origem a produtos amplamente disponíveis, empresas inovadoras estão se movendo na direção dos serviços, ilustrado pelas estratégias da IBM, Verizon, entre outros[43]. Quarto, empresas americanas (com algumas exceções, a exemplo da Nokia, Samsung, Phillips, Sony) permanecem na liderança da indústria em termos da capacidade de transformar conceitos e tecnologias em aplicações comerciais, a exemplo da Dell e seus processos supereficientes, eBay, que se transforma num mercado de mercados, e mais recentemente a Google, com sua quase universal dominância de mecanismos de busca.

Ao mesmo tempo, uma transformação sem precedentes ocorre na China. Empresas chinesas, a exemplo da SVA (em DVDs) ou da TCL (em TVs) expandem às custas de redução de capacidade no México e no restante do sudeste asiático. Mais significativo: o cálculo de praticamente todos os atores de relevância da indústria apontam para a necessidade de realocar capacidade para o país[44]. É improvável que o acesso à OMC e a sujeição da China às suas disciplinas, ou eventualmente uma apreciação do Yuan, irá reverter a tendência da China se tornar o centro manufatureiro mundial, particularmente em setores em que o custo do trabalho é determinante no cálculo locacional.

---

mercado da Samsung em áreas como telefones inteligentes, TVs digital e de plasma, memórias DRAM e *flash*, bem como em termos de valor de sua marca, também são função da variedade de produtos de que dispõe, e de uma estratégia de integração vertical calcada na sua capacidade de desenho e manufatura de CIs. Em 2003, a Samsung planejava lançar cerca de 92 produtos nos EUA, incluindo 42 TVs e 20 celulares (dez no caso da Motorola). E enquanto a Motorola renova sua linha de produto cada 12-18 meses, a Samsung o faz a cada nove meses. Ver *Business Week*, 20/06/03.

[42] No caso da Intel, além de sua liderança em CPUs, e mais recentemente em *chips* para comunicação sem fio (junto com TI e Samsung), é igualmente importante inovadora em tecnologias de processo, trabalhando de forma articulada com os fornecedores de ferramentas e equipamentos de fabricação de CIs.

[43] A IBM introduziu o conceito de computação sob demanda (*on-demand computing*), em que ela se propõe a ofertar capacidade computacional da mesma forma como a eletricidade é suprida.

[44] Há inúmeros exemplos. Apenas a título de ilustração, empresas com a Mitsubishi, Flextronics, Jabil Circuit, Xymox (componentes) estão deslocando capacidade do México para a China. A Samsung Electronics, maior empresa da Coréia do Sul, crê que a maior parte de sua manufatura irá ficar na China em função do diferencial de custos de trabalho (15 para 1) entre Coréia e China. Na Malásia, companhias como Seagate Technology, Motorola, Solectron, entre outras também estão tomando o mesmo rumo.

Plataformas regionais, a exemplo do México (e do Brasil em menor escala, e discutido adiante), irão permanecer significativas, mas o *locus* da fronteira da produção – no sentido de adições substanciais à capacidade de exportação – irá progressivamente se deslocar para a China, principalmente do sudoeste da Ásia, do México[45] e outros países. O Quadro 16 corrobora esta noção: entre 2000 e 2003, o único produtor de relevo que

QUADRO 16
IMPORTAÇÕES DE PRODUTOS ELETRÔNICOS
PELOS EUA, DE VÁRIOS PAÍSES*
1998, 2000 E 2002, EM US$ MILHÕES, E EM %

País	1998	2000	2003	G1	G2
Japão	29,725	35,493	20,380	-7,27	-16,88
China	12,660	21,026	39,003	25,24	22,87
Taiwan	14,782	19,175	12,952	-2,61	-12,26
Hong-Kong	1,823	1,842	1,096	-11,94	-22,86
Singapura	14,442	14,060	9,138	-8,75	-13,38
Coréia do Sul	9,578	17,500	9,564	-0,03	-18,24
Malásia	13,475	19,194	19,297	7,45	-0,18
Filipinas	6,746	8,848	5,271	-4,82	-15,86
Tailândia	5,103	5,722	4,626	-1,94	-6,84
Canadá	10,690	17,596	6,537	-9,37	-28,11
México	16,098	24,069	20,602	5,06	-5,05
Costa Rica	546	1,066	771	7,14	-10,23
Brasil	119	313	226	13,75	-10,29

(*) Inclui computadores, acessórios e partes, semicondutores, equipamentos de telecomunicação, e de vídeo e áudio. G1 e G2: taxa média de crescimento anual, 1998-2003 e 2000-2003 respectivamente.

FONTE: www.census.gov/foreign-trade/statistics/product/enduse/imports.

---

[45] De acordo com um estudo recente da Goldman Sachs, a China irá continuar a deslocar o México do mercado norte-americano em função de sua vantagem comparativa para produzir bens manufaturados intensivos em trabalho (a China tem uma força de trabalho de 634 milhões de trabalhadores, um número 4,5 e 11,5 maior do que os EUA e o México, respectivamente, enquanto que a força de trabalho na indústria chega a 83,1 milhões, 5,5 e 7 vezes maior do que os EUA e o México). Ademais, o trabalhador industrial no México custa 7,6 vezes mais do que o da China, e ainda que o processo de equalização dos preços dos fatores avance na medida da integração comercial, o aumento dos salários na manufatura chinesa incidirá sobre uma base baixa, com o crescimento salarial restrito por uma oferta infinitamente elástica de trabalhadores na forma da atividade manufatureira. Finalmente, a produtividade do trabalho no México não está avançando rápido o suficiente. Na realidade, a China apresenta as mais altas taxas de crescimento da produtividade do trabalho na manufatura. Ver *Latin America Economic Analyst*, 7/11/03 (tradução e edição livres).

ganhou mercado nos EUA foi a China; todos os demais tiveram perdas, algumas das quais significativas (contrações acima de 10%) a exemplo do Japão, Singapura, Taiwan, Hong-Kong, Coréia do Sul, entre outros. O Brasil, depois de ganhos iniciais alavancados pela desvalorização, também recuou de forma acentuada em 2003.

Enfim, no plano global, a indústria eletrônica parece estar irremediavelmente "bifurcada": a inovação sendo conduzida por empresas americanas, japonesas, algumas européias e da Coréia do Sul, sendo a atividade inovadora ainda, em grande medida, gerada nos países e regiões com os sistemas nacionais de inovação mais avançados[46]; enquanto que o processo de produção centra-se em empresas, algumas ainda integradas (a exemplo da Samsung), mas principalmente naquelas que produzem para terceiros e a baixo custo, localizadas na China e nos países mais competitivos da Ásia.

O COMPLEXO ELETRÔNICO NO BRASIL[47]

O complexo eletrônico no país é relativamente pequeno. Estima-se que sua participação no PIB seja pouco acima de 2% (em contraposição a mais do que 5% mundialmente). Usando uma classificação, forma de agregar os dados e fontes distintas das utilizadas na definição dos grandes blocos, cadeias e complexos acima (seção 3-2, particularmente Quadro 7)[48], tenta-se definir em maior detalhe os contornos do complexo (Quadro 17).

---

[46] Isso está mudando rapidamente com a migração de centros de inovação para Índia e outros países. Empresas como GE, TI, Cisco, Microsoft e muitas outras, em resposta a uma oferta elástica de engenheiros altamente qualificados (Índia gradua 260 mil engenheiros por ano) e salários altamente competitivos (um recém-graduado do sistema IIT da Índia ganha na média US$ 10 mil por ano, 1/8 de um profissional equivalente nos EUA), uma queda drástica dos custos de comunicação em banda larga, e a introdução de sistemas de *software* para o *design* interativo, o que possibilita o P&D ser levado simultaneamente em diferentes lugares.

[47] Ao se dimensionar o complexo eletrônico no país nesta seção do trabalho, separou-se a indústria elétrica da eletrônica, incluiu-se explicitamente a área de automação industrial (como é usual), excluindo-se, porém, a de instrumentos e aparelhos médicos, de radionavegação, e instrumentos e aparelhos de medida e verificação, exceto aqueles de aplicação em automação industrial. Na definição anterior dos blocos, todos os instrumentos foram incluídos, até pelo conteúdo eletrônico de praticamente sua totalidade, havendo ainda algumas diferenças de definição e classificação responsáveis pelas divergências quanto à dimensão das exportações e importações. Contudo, sob qualquer das definições, formas de classificação e agregação, pouco se altera o caráter frágil, do ponto de vista da competitividade, deste complexo no Brasil.

[48] O que explica também as diferenças de exportações, importações e conseqüentemente saldo comercial do complexo, ainda que as ordens de magnitude destas categorias não difiram substancialmente.

QUADRO 17
A CORRENTE DE COMÉRCIO DO COMPLEXO ELETRÔNICO NO BRASIL
2003, US$ MILHÕES

	Exportações	Importações	Saldo
Automação industrial	76,5	707,6	-631,1
Partes e peças, e componentes	624,2	4517,7	-3893,5
Partes e peças	272,8	1954,9	-1682,1
Componentes	351,4	2562,8	-2211,4
Telecomunicações	148,0	812,0	-664,0
Informática	nd	879,0	nd
Equipamentos de informática	193,3	653,0	-459,7
Equipamentos de telecomunicações	1333,9	604,7	729,2
Telefones celulares	1069,0	119,1*	949,9
Eletrônica de consumo **	211,1	100,0	111,1
TVs	77,8	2,8	75,0
Rádios e auto-rádios	126,7	31,7	95,0
Total	2439,0	6583,0	-4144,0

FONTES: ABINEE, exceto Secex (*), e Eletros-Alice (**).

O quadro acima revela algumas diferenças específicas entre as áreas que devem ser sublinhadas, na medida em que ajudam identificar os elementos competitivos e as fragilidades do complexo eletrônico, a partir das quais poderia se desenhar uma política que propicie um salto produtivo para os setores com maior potencial de dinamismo.

AUTOMAÇÃO INDUSTRIAL

Esta área é caracterizada talvez pelo mais significativo desequilíbrio (em termos relativos) na corrente de comércio, reflexo da natureza fragmentada e altamente intensiva em tecnologia do segmento, da necessidade de uma articulação mais íntima com a universidade enquanto formadora de recursos humanos, e da estagnação do desenvolvimento da indústria como um todo no país, isto é, do pólo demandante. O país conta com empresas competitivas (concentradas em São Paulo e no Rio Grande do Sul), porém numa escala setorial bastante limitada, e que têm feito um esforço de projeção externa nos últimos anos. A menos de uma forte e sustentada retomada do investimento industrial, e de um impulso da exportação de bens de capital, é improvável que o segmento dê um salto de escala capaz de propiciar uma mudança substancial na natureza de sua inserção internacional. De qualquer forma, o Modermaq deveria possivelmente contemplar este segmento, na esteira de um possível choque de demanda de bens de capital, e a progressiva constituição de uma plataforma de exportações deste setor.

PARTES, PEÇAS E COMPONENTES

Este segmento é visto com o calcanhar-de-aquiles da indústria. Não apenas é fortemente deficitário (em cerca de US$ 3,9 bilhões), como sua fragilidade é maior no que talvez se constitua o cerne dos projetos e motor de inovação da indústria, isto é, os circuitos integrados. Em 2003, o país importou entre dispositivos semicondutores, circuitos integrados e impressos, cerca de US$ 1,8 bilhão, 48,3 vezes o exportado nestas categorias (Quadro 18).

QUADRO 18
A CORRENTE DE COMÉRCIO NOS INSUMOS CRÍTICOS DO COMPLEXO ELETRÔNICO

	Export.	Import.	Saldo	VCR
Dispositivos semicondutores	–	80,345	-80,345	-0,0798
Circuitos integrados	23,961	1.470,527	-1.446,566	-1,4441
Circuitos impressos	13,772	159,385	-145,613	-0,1492
Circ. impressos/partes p/telefones	–	113,125	-113,125	-0,1123
Total	**37,733**	**1.823,382**	**-1.785,649**	**- 2,1282**

FONTE: Secex.

Como já mencionado anteriormente, este segmento é altamente intensivo em capital e escala, e está fortemente concentrado no sudoeste da Ásia, Japão, EUA, e crescentemente na China, fundamentalmente porque a produção se concentra nesses países e regiões, ou ainda em função dos custos afundados dos investimentos já realizados, e que constituem um forte desestímulo à relocalização. Ainda que haja exceções tópicas, o custo de uma planta para componentes de áreas que mais crescem, a exemplo dos 10-12 componentes-chave de um telefone celular, por exemplo, é de mais de US$ 1 bilhão. Ao mesmo tempo, a ausência de uma indústria de componentes é um fator extremamente relevante para a fragilidade do complexo como um todo.

Como sair desse "ardil"? Parece ser fundamental, em primeiro lugar, uma melhor compreensão das áreas de maior dinamismo da nossa indústria e que podem conseqüentemente concentrar demanda de insumos. Os dois segmentos no complexo que parecem ter o maior potencial nesse sentido parecem ser o de telecomunicações principalmente e (possivelmente) TVs (ver abaixo). São nesses segmentos que se deve focalizar esforços no sentido de ampliar a escala setorial, e discutir ativamente formas e meios de atrair fornecedores, de forma a sincronizar investimentos. Segundo, é absolutamente essencial possibilitar uma conexão fluida entre plantas de partes, componentes e insumos, não apenas com os clientes domésticos, mas com o mercado internacional. Dois aspectos são críticos: infra-estrutura e alfândega, barreiras que no passado já dificultaram ou mesmo inviabilizaram investimentos. Terceiro, são necessários programas de formação de recursos humanos voltados a atrair novos investimentos em áreas prioritárias, e reforçar o regime de propriedade intelectual não apenas no plano da legislação, como em termos institucionais (particularmente o INPI na área de patentes). Finalmente, deve-se fazer um esforço de estabelecer uma interlocução tanto com os atores que aqui já se encontram, como com os potenciais entrantes, de forma a maximizar a eficácia das políticas e ações de governo.

Equipamentos de telecomunicações

O Brasil se tornou nos últimos anos um mercado extremamente significativo para telefonia tanto fixa como celular. No caso da fixa, as operadoras reduziram seus pesados investimentos em planta e equipamento após 2001 (quando as importações caíram de US$ 2,340 milhões naquele ano para US$ 707 milhões em 2002), na medida em que estes inicialmente estavam direcionados pelo excesso de demanda do mercado, e posteriormente pela necessidade de cumprir metas determinadas e/ou contratadas com a Anatel. As operadoras vêm indicando há cerca de dois anos que contam com um excesso de capacidade (linhas não utilizadas), em função não apenas de uma queda real da renda e a disputa do *share of wallet* com outros serviços e bens, que afetaram praticamente todas as camadas da classe média para aquelas de renda inferior, como também pela competição (cada vez mais acirrada) com a telefonia celular, para a qual o mercado de voz parece migrar de forma inelutável.

Do ponto de vista do potencial de mercado e dinamismo da demanda, é a telefonia celular que tem surpreendido o setor. A migração das operadoras para padrões tecnologicamente mais avançados (principalmente o GSM, assim também o CDMA), a progressiva melhora dos serviços de banda larga, com a introdução de novas aplicações com a utilização de imagens, com câmaras acopladas, bem como a contínua introdução de novos modelos (parcialmente subsidiados pelas operadoras), transformou a telefonia celular no segmento dominante do setor. Desde 2003, o número de linhas celulares em operação é superior ao de linhas fixas, e as taxas diferenciadas de crescimento apontam para a consolidação da liderança dos celulares no mercado, sendo as escalas bastante significativas: em 2004, deve ser comercializado um total de 15 milhões de aparelhos, cerca de oito milhões de tecnologia GSM e sete milhões CDMA e TDMA[49], para uma base instalada de aproximadamente 46 milhões de unidade, o que em si gera uma demanda contínua e significativa de reposição.

Estes fatos são essenciais para informar uma estratégia não apenas para o setor de telecomunicações como de componentes. O primeiro passo é apoiar as empresas produtoras de aparelhos (e outros equipamentos) – vetores globais – a construírem plataformas, ou aumentarem sua escala e transformarem sua planta numa *facility* de escala mundial, voltada em simultâneo para os dois mercados. A planta da Nokia – maior exportadora de aparelhos celulares (embarcou US$ 626 milhões em 2003) – já funciona nesses parâmetros, e é importante que as demais líderes no mercado (a exemplo da Motorola e Samsung) sejam incentivados para transformar o país numa plataforma global.[50] Num segundo momento, uma vez di-

---

[49] De acordo com o vice-presidente da Sony-Ericsson. Ver *Valor*, 10/03/04, p. B4.
[50] Outros atores podem ter um papel também importante em transformar o país nesta direção. A Sony-Ericsson planeja voltar a fabricar celulares em 2004 no país (possivelmente terceirizada para a Flextronics), ainda que produzindo apenas 800 mil unidades (de um modelo direcionado para renda mais elevada), metade das quais voltadas para exportação para outros países da América Latina. Ver *Ibid*. A Siemens, cuja primeira fábrica em Manaus está integralmente direcionada ao mercado doméstico, e é a terceira planta de celulares da empresa (as outras estão na Alemanha e na China), pretende iniciar as exportações em 2004, com base numa nova unidade no mesmo local, destinando 30% da produção ao exterior. Ver *Valor*, 1/03/04, p. B4. Esta mesma empresa pretende fazer do Brasil sua plataforma mundial de exportação para centrais telefônicas de redes corporativas (PABX), com produção centrada em Curitiba, e projetada para ser 95% exportada, gerando anualmente US$ 80-100 milhões. Ver *Valor*, 18/05/04, p. B4.

mensionada a demanda agregada de componentes em função desses e outros investimentos, e em paralelo aos passos sugeridos acima para viabilizar a produção de insumos, deve-se executar um conjunto de ações deliberadas para atrair novos produtores de partes e componentes[51].

ELETRÔNICA DE CONSUMO

Uma outra área em que potencialmente pode-se derivar uma demanda significativa para componentes é a de imagem e som. Desde o final da década passada o país construiu uma plataforma regional na área de imagem, em paralelo a um pólo significativo de exportações de rádios e auto-rádios. Contudo, em ambos os casos, o setor vem perdendo substância por uma combinação de estagnação no mercado doméstico e competição com crescente intensidade da Ásia. As vendas externas de rádio e auto-rádios contraíram de US$ 311,7 milhões em 1998 para US$ 126,7 milhões em 2003, e o saldo comercial no segmento decresceu na mesma proporção. Em TVs a cores, após atingir um ápice de exportações e saldo comercial em 1991, houve igualmente uma contração significativa (de US$ 116,2 milhões e US$ 112,4 milhões para US$ 77,8 milhões e US$ 75,0 milhões)[52].

Em certo sentido, o país tenha talvez perdido uma oportunidade de criar uma indústria de componentes à época em que criou uma base de produção (e posteriormente exportação) em TV a cores. Ainda assim, é possível que uma nova oportunidade se abra com a introdução da TV digital, caso os preços dos aparelhos efetivamente caiam a um ponto de massificar seu consumo. De qualquer forma, as implicações para a indústria de componentes devem ser medidas cuidadosamente, e uma estratégia necessita ser desenhada para – havendo potencialmente escala suficiente – assegurar que uma política de demanda leve à internalização de uma base competitiva de componentes.

---

[51] Vale sublinhar que a Phillips Semiconductors tem uma planta em Manaus que fornece módulos com *display*, moldura de metal, guia de luz, base do teclado, alto-falante e polarizadores. O visor (*display*) do celular, porém, é fabricado apenas na China, pois, de acordo com a empresa, o volume ainda é insuficiente para justificar o investimento. De qualquer modo, está é a única planta fora da Ásia, onde mantém duas unidades na China e uma no Japão. Ver *Valor*, 26/02/04.
[52] Fonte Eletros-Alice.

Equipamentos de informática

A chamada indústria de informática se implantou na década de 1980, porém por erros no desenho da política, não chegou a adquirir massa crítica para se estruturar enquanto plataforma substantiva voltada para os mercados domésticos e internacional[53]. Quando houve uma mudança de orientação, o grau de atratividade do país já era menor, e muitos dos obstáculos para conformar uma indústria internacionalmente competitiva permaneciam. O resultado é que o mercado é dominado por pequenos integradores (estima-se em cerca de 69% das vendas de computadores no país) que operam à margem da legislação fiscal e de propriedade intelectual, enquanto que as maiores empresas não operam com escala suficiente para se tornarem vetores de penetração global[54].

Contudo, algumas das pré-condições para tanto já existem. Primeiro, o mercado não é pequeno: foram vendidos aproximadamente 4,6 milhões de computadores no país em 2003, ainda que apenas 1,4 milhão por fabricantes legais. Segundo, os maiores atores da indústria – IBM, HP-Compaq, Dell, além da Itautec, entre outras, estão presentes no mercado. Terceiro, o governo tem em mãos um instrumento bastante eficaz para simultaneamente ampliar o mercado consumidor e comprimir o mercado cinza, que é a continuidade da redução da cunha fiscal[55].

De fato, a eliminação de determinados impostos (particularmente sobre insumos importados) aproximaria as empresas legais das integradoras semiformais em termos de competitividade, e poderia ser considerada se houvesse um compromisso não apenas com o investimento, mas a adesão a um amplo programa negociado – com a indústria e seus principais atores – de reposicionar o país no mapa da indústria em termos dos mercados in-

---

[53] Para uma análise feita à época, ver, por exemplo, do autor "The Informatics Sector in Brazil: Policies, Institutions and Performance of the Computer Industry," *in* F.W. Rushing and C.G.Brown, eds., *National Policies for Developing High Technology Industries: International Comparisons*, Westview Press, 1986.

[54] Os cinco maiores fabricantes legais de computadores de mesa são responsáveis por apenas 15% do mercado, em comparação com 64,5% nos EUA.

[55] Este processo foi iniciado com o governo anterior ao isentar de IPI computadores com valor de vendas de até R$ 11.000. Mais recentemente, a Dell propôs ao governo zerar o imposto de importação sobre componentes, peças e partes – cuja alíquota média é de 13,5% – contra compromisso de investimento. Ver *Valor*, 4/05/04, p. B4.

ternacionais[56]. *O essencial da abordagem é possibilitar o uso estratégico do mercado doméstico para alavancar a indústria globalmente.* Atualmente este ativo nacional – de perto de cinco milhões de máquinas anuais – se perde em função da informalidade e da fragmentação dos produtores. Neste caso, somente uma política ativa de governo é capaz de mudar de forma significativa este quadro e possibilitar uma transformação do segmento de equipamentos de informática.

CONCLUSÃO

Este trabalho sublinha a importância de se filtrar as políticas de governo para o setor produtivo com uma ótica de demanda. O desafio colocado pela retomada do crescimento é fazê-lo sustentável, estimulando o investimento e o consumo, e obedecendo as restrições macroeconômicas. Neste espaço limitado, é fundamental combinar tradicionais políticas voltadas à expansão da capacidade, modernização e inovação, coladas contudo a uma perspectiva de demanda, com a remoção das maiores barreiras – comerciais, logísticas, de distribuição – interpostas entre empresas e mercados. Finalmente, a eficácia da política depende não apenas de combinar fatores propulsores da oferta e da demanda, como fornecer um quadro de referência capaz de coordenar expectativas, sincronizar investimentos e apontar para um projeto de país.

---

[56] Uma redução desta natureza beneficiaria igualmente produtores de terminais bancários, entre outros, um nicho de mercado em que o país detém vantagens competitivas, denotado pelas exportações emergentes de empresas como a Itautec (ATMs para Argentina e Uruguai, e equipamentos PDVs para França e Portugal), FIC (terminais de rede para México e Cuba), Interprom (terminais PDV e impressoras de cupom fiscal para Sérvia-Montenegro), entre outras. De acordo com a Interprom (por meio de seu presidente), o suporte do governo deveria ser centrado "no financiamento das exportações, em ações comerciais como feiras e seminários no exterior, além de linhas de crédito par o incremento da produção". Ver *Valor*, 28/04/04, p. F2.

Como converter conhecimento em riqueza: uma visão empresarial

*Eugênio Staub**

---
* Empresário.

FORAM APRESENTADOS no XVI Fórum Nacional excelentes trabalhos e proposições, preparados por membros da comunidade acadêmica, que se endereçaram à questão da política tecnológica de desenvolvimento e à ampliação das exportações, de forma apropriada e articulada. Gostaria, em complemento, de apresentar uma visão empresarial.

Temos no país muita capacidade de desenvolvimento tecnológico e uma comunidade acadêmica muito preparada. Isso é resultado de décadas de investimento, essencialmente pelo setor público, em educação superior, através do financiamento de mestrados e doutorados, aqui e no exterior. Poderia se dizer que, de certa forma, nossa capacidade em ciência e tecnologia está à frente de nossa capacidade de gerar riqueza no país. Em outras palavras, temos um potencial para converter esse conhecimento e essa experiência em geração de riqueza, através da priorização da inovação. Há exemplos eloqüentes de outros países, que 20 ou 30 anos atrás estavam no mesmo estágio do Brasil, e que hoje produzem tecnologia aplicada em produtos e serviços, que repercutem em rendimento para as respectivas sociedades e nações. Um clássico exemplo, comparem o número de patentes internacionais concedidas à Coréia no início da década de 1980, que era equivalente ao do Brasil, com o número de patentes internacionais concedidas no início do século XXI aos dois países, demonstrando que, no caso coreano, uma boa capacidade de mobilização e o conhecimento em favor da geração de riquezas produziram resultados impressionantes. Isso não é medido apenas em número de patentes concedidas, mas também, principalmente, em termos de renda *per capita*, que é a forma mais contundente de definir os resultados da inovação *versus* pura ciência.

Nada indica que o esforço e os recursos destinados à formação de cientistas e tecnólogos vá diminuir. Pelo contrário. Portanto, o problema consiste em:

1) Elevar a participação, na produção industrial, dos produtos inovadores, com conteúdo tecnológico de alto valor agregado.

2) Desenvolver a competitividade da indústria brasileira e a sua participação crescente na produção industrial mundial. Isso significa mais e melhores exportações.

Se agirmos com vigor e foco, numa política destinada a produzir resultados concretos para os dois objetivos anteriores, teremos melhorado nossa capacidade de exportação, gerado mais riqueza e ampliado o mercado interno.

Trata-se, em outras palavras, de colocar o mundo acadêmico a serviço do desenvolvimento.

Essa questão vem sendo discutida nos últimos anos, principalmente após a profícua gestão do ministro Ronaldo Sardenberg à frente do Ministério de Ciência e Tecnologia.

Há um amplo consenso hoje sobre a necessidade de converter nosso capital de conhecimento, e competência científica, em riqueza.

A questão principal é: *como* fazer isso?

O governo do presidente Lula se endereça a essa questão, em várias frentes, mas principalmente na nova política industrial, que está em início de elaboração.

O que eu gostaria de adicionar hoje é que ainda falta discutir, e atingir consenso, sobre a forma concreta de nós gerarmos riqueza nesse processo. Penso que falta ao país um planejamento estratégico, de médio e longo prazos, que defina para onde queremos levar o Brasil. Temos clareza sobre metas, principalmente macroeconômicas de curto prazo, mas não temos clareza sobre realmente o que se deseja para o país, num prazo maior, e certamente não temos metas para isso.

Há necessidade urgente de um PNDES (Plano Nacional de Desenvolvimento Econômico-Social), de médio e longo prazos, digamos, 15 ou 20 anos. Trata-se de procurar enxergar, numa visão que ultrapasse o mandato de um presidente, as oportunidades que o país tem, ou seja, qual é o nosso potencial do longo prazo. Repensar o Brasil e buscar o nosso destino. A existência de um plano desses, que teria que ser elaborado através de uma discussão ampla com diversos segmentos da sociedade, facilitaria sobremaneira a gestão pública, inclusive no curto prazo. Afinal, muitas decisões tomadas hoje terão impacto sobre o que será o país no futuro.

Enquanto não temos um plano como esse, é preciso tomar decisões e agir. Nesse ínterim, a meu ver, faltam-nos projetos ambiciosos, absolutamente pontuais e objetivos, que mobilizem recursos intelectuais e financeiros, na direção de um objetivo palpável e atingível no curto ou médio prazo. Estamos tratando de mobilizar conhecimento para produzir riquezas. Ora, para produzir riquezas é preciso gerar produtos e serviços que possam ser vendidos, aqui e no exterior. O comércio internacional tem mudado rapidamente quanto à natureza e qualidade dos produtos que são comercializados. Vinte anos atrás, o Brasil estava numa posição privilegiada, pois era produtor de bens que representavam importante parcela desse comércio internacional. Hoje verificamos que o comércio internacional evoluiu muito mais depressa do que a nossa capacidade de nos inserirmos nos novos itens desta pauta. Com isso, o Brasil perde espaço na economia mundial. É preciso reverter isso.

O comércio mundial cresceu muito de 1983 até setembro de 2001, mas esse crescimento se concentrava em novos setores dinâmicos. A questão, pois é, estamos presentes, de forma planejada, nesses setores que crescem mais, pois a verdade é estarmos ausentes da maioria deles por falta de esforço direcionado e ausência de políticas adequadas.

Projetos estratégicos do passado, como foram a Petrobras e o CTA – que resultou na Embraer, demonstraram, de um lado, a capacidade de nossa engenharia e, de outro lado, serve como exemplo claro dos efeitos de iniciativas focalizadas e implantadas com competência. Temos hoje carência de projetos de visão, mas realistas, que permitam atingir objetivos ambiciosos, como foram estes dois citados.

Minha proposta é que nos debrucemos sobre isso e, principalmente nas áreas de tecnologia de ponta, geremos projetos específicos, para os quais vamos direcionar nossos recursos de forma a produzir resultados concretos. Sendo mais específico e falando sobre o setor industrial que melhor conheço, que é o complexo eletrônico, penso que, em primeiro lugar, é preciso reconhecer que no complexo eletrônico convergem rapidamente telecomunicações, eletrônica de consumo e informática. Reconhecer ainda que *software* e semicondutores, ou microeletrônica, são partes integrantes desse processo, e também que nossa indústria eletrônica, principalmente na área de consumo, que é essencialmente de baixa tecnologia, não tem mais condições de competitividade com a China, país que está se tornando rapidamente o centro mundial de produção destes bens.

O que fazer diante destas constatações?

Parece-me que o correto seria redesenhar o modelo do complexo eletrônico, para um modelo muito parecido com os dos países de primeiro mundo. Temos competência tecnológica, organização industrial, isso sem falar em maturidade política, muito melhores do que países emergentes e notáveis, como é a China. Mais importante do que competir de frente com a China, é procurarmos um espaço onde a competência que já geramos possa ser transformada em produtos de maior valor agregado. No complexo eletrônico existem pelo menos meia dúzia de oportunidades, que poderão ter grande impacto no futuro, algumas delas sendo tão importantes, como a Petrobras e o projeto CTA-Embraer.

Evidentemente, uma proposta audaciosa como essa merece um detalhamento e muita discussão. Mas, pelo menos no que diz respeito ao complexo eletrônico, ela é possível. Disso eu tenho certeza. E nada nos autoriza a acreditar que não seja possível também em outras áreas de ponta, como são a biogenética, biotecnologia, nanotecnologia etc.

Enfim, meu recado é que precisamos pensar grande, com objetividade!

QUARTA PARTE

O CRESCIMENTO PRECISA DO MERCADO DE CAPITAIS

Mercado de capitais e financiamento do investimento privado

Carlos Antonio Rocca[*]

---

[*] Coordenador-técnico do Codemec-Ibmec. Professor de Economia da USP.

COLOCAÇÃO DO PROBLEMA

O GRANDE DESAFIO atualmente enfrentado pela economia brasileira é o de retomar o crescimento econômico sustentado, com a consolidação do ajuste fiscal e do equilíbrio das contas externas, condição necessária para reduzir o desemprego e os índices de pobreza.

Depois de alguns anos de relativa estagnação e aumento do desemprego, é compreensível a intensificação de demandas de natureza social e política no sentido de se obter rapidamente uma reversão desse quadro. Não parece razoável, entretanto, assumir que a questão central seja a necessidade de optar entre estabilidade e crescimento, como às vezes é entendido o recente debate entre os "desenvolvimentistas" e os defensores da estabilidade.

Toda a experiência brasileira e internacional sustenta a proposição de que a estabilidade é uma condição necessária da retomada do crescimento sustentado. Por outro lado, existem evidências[1] de que os principais fatores que sustentam altos prêmios de risco e taxas de juros elevadas estão ligados à vulnerabilidade externa, freqüentemente medida pela relação entre serviço de dívida e exportações, e o risco de insolvência da dívida pública, indicado pela relação entre dívida líquida do setor público e o PIB (DLSP/PIB). Em ambos os casos os índices para o Brasil se situam

---

[1] Uma análise econométrica preliminar, envolvendo o comportamento do índice EMBI+ do JP Morgan para seis países (Brasil, México, Coréia do Sul, Bulgária, Peru e Polônia) no período de 1999 a 2001, revela que aquele indicador é altamente correlacionado com duas variáveis: coeficiente de dívida pública como proporção do PIB e serviço da dívida externa como proporção das exportações. Embora se trate de um estudo preliminar, com amostra limitada (18 observações), é relevante registrar que o coeficiente de dívida pública e o peso do serviço da dívida externa "explicam" quase 95% da variância do EMBI+ entre anos e países e seus coeficientes são altamente significantes.

consideravelmente acima dos observados em países classificados como de baixo risco pelas agências internacionais de *rating* e cujos prêmios de risco são comparativamente mais baixos. Admitindo-se a validade dessa relação, o ajuste fiscal e a redução da vulnerabilidade externa são as condições para viabilizar uma redução sustentável das taxas de juros.

Desse modo, a defesa da política macroeconômica adotada no atual governo tem por base o argumento de que a manutenção de taxas de juros elevadas é indispensável para manter a inflação sob controle e evitar a fuga de capitais, ao mesmo tempo em que o superávit primário é o instrumento básico para reduzir a carga da dívida pública. A posição alternativa sustenta a idéia de que essa política compromete o crescimento, sendo indispensável a imediata redução da taxa de juros e a destinação do superávit primário (ou de uma parcela dele) para a realização de investimentos públicos.

Embora não haja garantia de sustentação dessas tendências a médio e longo prazos, os resultados obtidos até o momento contribuem para validar a política macroeconômica adotada. Além da acentuada queda das taxas de inflação, registram-se desde o terceiro trimestre de 2003 sinais de recuperação do nível de atividade liderada pelo crescimento das exportações. Pelo menos no curto prazo, é um desempenho que combina inflação baixa, crescimento e redução da vulnerabilidade externa, não obstante a acentuada queda do investimento direto estrangeiro. No período de 12 meses encerrado em abril de 2004, registra-se a geração de um superávit em contas correntes pela primeira vez nos últimos dez anos, da ordem de US$ 5,6 bilhões, a partir de um déficit que se aproximava de US$ 30 bilhões em meados de 2001. Muito embora esses resultados tenham sido obtidos num quadro interno de estagnação e tenham se beneficiado de uma conjuntura externa muito favorável, vários trabalhos mostram mudanças importantes dos fluxos de comércio exterior, em que o coeficiente de exportações dobrou desde a adoção do câmbio flutuante (de 6,5% em 1998 para 14,7% em 2003) com avanços consideráveis em termos de competitividade e de diversificação de mercados de destino das exportações[2].

Os resultados não são tão animadores quando se observa a evolução da dívida pública. Apesar da manutenção de um superávit primário em 2003 de 4,32%, maior que o observado em 2002 (3,89%), a relação DLSP/PIB

---

[2] Ver por exemplo, Ribeiro, Fernando J., e Markwald, Ricardo (2002).

elevou-se de 55,5% para 57,7% naquele ano. É certo que houve um avanço considerável na composição da dívida, com redução da parcela exposta à variação cambial e aumento da componente pré-fixada. Entretanto, a manutenção do superávit primário no nível de 4,25% do PIB em 2004 é suficiente apenas para projetar uma pequena redução da relação DLSP/PIB, desde que se mantenha a tendência de queda da taxa de juros (taxa Selic em torno de 14% em fins de 2004) e se confirme um crescimento do PIB de 3,5%.

Obviamente, a dinâmica da relação DLSP/PIB depende da evolução do numerador (a dívida líquida) e do denominador (o PIB). No limite, com um crescimento nulo do PIB, a redução daquele coeficiente requer a geração de um superávit primário equivalente à taxa real de juros aplicável à DLSP – nas condições atuais o superávit primário requerido deveria ser maior que o dobro da meta de 4,25%. Em outros termos, a queda do coeficiente DLSP/PIB, condição necessária para reduzir de modo sustentável os prêmios de risco e a própria taxa de juros, somente será obtida se o PIB crescer o suficiente para compensar a diferença entre a taxa real de juros aplicável à DLSP e a meta do superávit primário.

Desse modo, o espaço de atuação da política econômica é caracterizado por um contexto de interdependência, em que o movimento de queda continuada da taxa de juros é uma das condições para a retomada e sustentação do crescimento, ao mesmo tempo em que a consolidação de expectativas favoráveis quanto ao crescimento é elemento fundamental para a redução da percepção de risco, contribuindo para a redução das taxas de juros. Por sua vez, a consolidação dessas expectativas tem efeitos positivos sobre decisões de investir e também sobre o fluxo de investimentos diretos estrangeiros, favorecendo o ajuste das contas externas. Assim, existem razões para acreditar que o espaço para combinar a retomada sustentada do crescimento com a redução da carga da dívida pública e da vulnerabilidade externa é limitado e depende crucialmente de uma combinação favorável entre o crescimento do PIB, taxas de juros da dívida pública e superávit primário, por um lado, e, de outro, do desempenho das contas externas. Este por sua vez está condicionado pelo padrão de crescimento e competitividade da economia brasileira, sua atratividade em relação aos investimentos diretos estrangeiros e pelo comportamento da economia mundial.

Nesse contexto, é intuitivo que se trata de um processo cuja sustentação na direção de obter a retomada do crescimento acompanhada da redução da dívida pública e da vulnerabilidade das contas externas provavelmente implica a instalação de um ciclo virtuoso que se reforça na medida em que se dê início a uma tendência favorável das variáveis ou parâmetros mencionados anteriormente. No caso inverso, caminha-se na direção de uma situação de estresse, seja pelo comprometimento dos requisitos de redução da dívida pública e da vulnerabilidade externa, seja pela inibição do crescimento, ou de ambos. A questão é identificar a variável que concentra maior probabilidade de dar início a esse ciclo virtuoso, a partir das atuais condições da política macroeconômica, em que a meta de superávit fiscal e a manutenção do regime de taxa de câmbio flutuante permitem manter expectativas de continuidade de queda da taxa de juros. Uma hipótese que emerge naturalmente é de que essa variável é o investimento privado e o desafio é identificar as ações que podem destravar decisões de investimento numa escala suficiente para acelerar o crescimento e sustentar expectativas positivas quanto à retomada de um ciclo longo de crescimento.

Na verdade, existe amplo consenso de que a retomada do crescimento somente ocorrerá na medida em que aumente a taxa de investimentos hoje situada em níveis excepcionalmente baixos, em torno de 18% do PIB. Essa percepção é reforçada pela constatação de que vários setores fortemente exportadores de bens intermediários se encontram próximos da plena utilização de capacidade, ao mesmo tempo em que a oferta de serviços de infra-estrutura constitui hoje uma limitação física ao crescimento e à competitividade da economia brasileira, como é o caso de eletricidade e logística. Dada a limitada capacidade de investimento do setor público e o próprio avanço do setor privado no segmento de serviços públicos antes dominados pelo Estado, o crescimento vai depender essencialmente do aumento dos investimentos privados, inclusive na infra-estrutura.

A limitada capacidade de atuação autônoma sobre a taxa real de juros, condicionada também por efeito de arbitragem aos prêmios de risco influenciados pela relação DLSP/PIB, poderia caracterizar uma armadilha difícil de superar, na medida em que a taxa de juros de curto prazo fosse o único obstáculo ao crescimento do investimento privado. Entretanto, mantida a consistência da política macroeconômica de modo a sustentar a expectativa de continuidade de queda da taxa de juros, existem razões para acreditar que outros fatores são extremamente relevantes, nas atuais circunstâncias, para induzir e destravar projetos de investimento privado, especialmente na área de infra-estrutura. De um modo sumário, pode-se destacar pelo menos três fatores:

1. Confiança dos investidores

Além da manutenção da política de ajuste macroeconômico, trata-se da observância do respeito à propriedade privada e da promoção de avanços institucionais que assegurem ambiente regulatório estável no longo prazo, contendo condições eqüitativas e estimulantes ao investimento privado, de modo a reduzir a incerteza e permitir a formulação de expectativas de retorno compatíveis com o risco dos investimentos; inclui a construção de marcos regulatórios adequados e sólidos nos setores de infra-estrutura (especialmente eletricidade, gás, logística e saneamento), autonomia das agências reguladoras, garantia de respeito aos contratos e mecanismos ágeis de resolução de conflitos inclusive mediante o uso de arbitragem; implantação de mecanismos que viabilizem a participação de recursos privados em projetos de infra-estrutura prioritários mas com retorno insuficiente, como é o caso das PPPs.

2. Custos de capital e condições de financiamento

A grande maioria das empresas brasileiras não tem condições adequadas de financiamento e enfrentam custos de capital superiores à taxa de retorno dos investimentos; não obstante, um número limitado de grandes grupos nacionais e multinacionais, mas que responde por parcela significativa da capacidade de investir, têm mantido acesso a recursos em condições razoáveis, inclusive mediante emissões de dívida no mercado internacional de capitais. Com a construção de um ambiente favorável aos investimentos, mencionado no item 1, esses grupos e empresas têm condições de iniciar imediatamente a execução de projetos de investimento.

3. Expectativas positivas quanto ao crescimento da economia brasileira

Além dos pontos anteriores, a sustentação de expectativas positivas quanto ao crescimento da economia brasileira está ligada à manutenção da crença de que serão mantidos no médio e longo prazos as condições para a queda continuada das taxas de juros, ao avanço tecnológico, investimentos em educação e aumento da competitividade; no curto prazo, tem grande importância a interdependência das decisões de investimento, pela qual a realização dos investimentos em infra-estrutura tem especial impacto ao sinalizar a ampliação da oferta desses serviços, afastando o risco de escassez de energia e as limitações impostas por deficiências de logística.

Desse modo, mantida a política de ajuste macroeconômico, pode-se admitir que nas atuais circunstâncias da economia brasileira, a retomada do crescimento está condicionada pela velocidade e eficácia com que sejam manejados os instrumentos de política microeconômica e implementados os avanços institucionais de modo a induzir uma resposta positiva do investimento privado. Assim, a ação prioritária e urgente é fazer uma opção clara e inequívoca pelo investimento privado, mediante a construção das condições que consolidem a confiança dos investidores e promovam um salto favorável nas condições de financiamento.

Existem razões para acreditar que a redução dos custos de capital e adequação dos prazos de financiamento à maturação dos investimentos somente serão obtidas em prazo curto com a ativação do mercado de capitais. A redução da taxa Selic, objeto de grande controvérsia nos últimos tempos, embora relevante na determinação do custo de oportunidade do capital para as empresas e investidores capitalizados, é condição necessária mas não suficiente para a redução significativa do custo do crédito bancário. Como se verá adiante, uma parcela considerável do *spread* bancário é imputável a componentes cuja mudança em curto prazo é difícil ou improvável. Por outro lado, com exceção do crédito habitacional, que pode ser sustentado em parte pelos recursos da caderneta de poupança, a maior parcela do crédito bancário é de curto e médio prazos, condicionado pelo perfil dos depósitos.

A experiência internacional demonstra que o crescimento do mercado de capitais tem sido acompanhado da ampliação do leque de alternativas para o financiamento dos investimentos, da produção e do consumo, com forte redução do custo de capital, em resposta ao aumento da concorrência no sistema financeiro promovida pela redução de custos e *spreads*. Esse resultado é obtido a partir da utilização de sistemas e tecnologias mais eficientes, que permitem forte redução dos custos de intermediação, inclusive mediante a padronização de produtos financeiros e a exploração de economias de escala; seu impacto tem implicado amplo processo de reestruturação da indústria de serviços financeiros.

A principal proposição deste trabalho é a de que caberá ao mercado de capitais brasileiro desempenhar papel de primeira grandeza no financiamento da retomada do crescimento, suprindo inclusive recursos de longo prazo para projetos de infra-estrutura e habitação. Com os avanços realizados nos últimos anos, complementados por algumas ações adiante mencionadas, acredita-se que o mercado de capitais brasileiro tem condições de assumir esse papel:

a) Os custos de capital obtidos com a colocação de títulos de capital de risco ou de dívida respondem rapidamente à redução da taxa básica de juros e configuram *spreads* muito menores que os observados no crédito bancário, inclusive porque seus preços são formados em mercados organizados e transparentes, sofrem menor incidência tributária, não são sujeitos a depósitos e aplicações compulsórias, tem menor incidência de custos administrativos e em geral são objetos de *rating*, o que permite reduzir prêmios de risco.

b) Mantida sua tendência de crescimento (ver Tabela 3) o volume de recursos captado por investidores institucionais da ordem de R$ 675 bilhões em dezembro de 2003, volume superior ao dos depósitos bancários, deverá atingir 984 bilhões em 2008; com a estabilização da dívida pública, esse crescimento permitirá a destinação ao setor privado de cerca de R$ 309 bilhões (a preços de dezembro de 2003) até dezembro de 2008, podendo representar em média 18% da formação bruta de capital fixo nesse período.

c) Nos últimos dois anos, como resultado de ampla mobilização do setor privado em torno do Plano Diretor do Mercado de Capitais, do grande dinamismo dos órgãos reguladores e da adoção de auto-regulação por várias entidades privadas, o ambiente regulatório do mercado de capitais evoluiu consideravelmente. Além de avanços nos mecanismos de proteção ao investidor, foram criados e regulamentados mecanismos e instrumentos que viabilizam o financiamento de curto e longo prazos do setor produtivo, inclusive para sustentar a participação do setor privado nas PPPs; dentre eles destacam-se os Fundos de Investimento em Participações (FIPs), visando operações de *venture capital* e *private equity*, Fundos de Investimento em Direitos Creditórios (FIDCs); medidas recentes para dar liquidez aos CRIs (Certificados de Recebíveis Imobiliários) caminham na direção de dar funcionalidade ao SFI – Sistema Financeiro Imobiliário – fundado na securitização de recebíveis; por sua vez, o grau de desenvolvimento já atingido pelos mercados de derivativos no país tem permitido progresso considerável na administração e distribuição de riscos.

d) Com o desenvolvimento do mercado de capitais, os bancos oficiais, e especialmente o BNDES, poderão ter sua atuação e importância ampliados; o BNDES poderá utilizar sua reconhecida competência de avaliação de projetos para atrair a participação do setor privado para o financiamento de projetos que venha a aprovar e nos quais sua participação poderá ter caráter minoritário; essa atuação, análoga à adotada por algumas entidades internacionais de financiamento, como é o caso da IFC, poderá contribuir para reduzir a assimetria de informações, aumentar a eficiência alocativa do mercado e oferecer ao setor privado brasileiro recursos em condições mais próximas às disponíveis para nossos concorrentes internacionais.

Os trabalhos e debates promovidos pelo Codemec no âmbito do Plano Diretor do Mercado de Capitais[3] permitem verificar que se deve atribuir a máxima prioridade no curto prazo à complementação das condições necessárias ao desenvolvimento do mercado secundário de títulos de dívida privados e outros ativos de renda fixa, inclusive quotas de fundos fechados de investimento. Esse é um elemento essencial para operacionalizar vários dos instrumentos e mecanismos criados recentemente, de modo a oferecer adequado nível de liquidez a esses ativos, aí incluídos aqueles originados da securitização de recebíveis de curto e médio prazos e do financiamento de projetos de infra-estrutura e habitação. A padronização dos processos de originação e dos contratos e a eliminação da CPMF, para o que a criação da conta de investimentos é um primeiro passo, são algumas das ações necessárias.

Na seqüência, a racionalização da incidência da tributação sobre as transações financeiras em geral, favorecendo instrumentos de poupança de longo prazo, e uma ampla reforma tributária são os requisitos para a

---

[3] Um resumo dos trabalhos e propostas feitas no II Encontro Codemec realizado em setembro de 2003 pode ser encontrado em Rocca, Carlos A. e outros (org.) 2004 – Estudos Ibmec 3 – *Soluções do mercado de capitais para o crescimento sustentado*, José Olympio Editora, Rio de Janeiro; a íntegra dos trabalhos está no *site* do Ibmec – www.ibmec.org.br; Codemec é o Comitê para o Desenvolvimento do Mercado de Capitais, órgão de natureza técnica, sediado no Ibmec, do qual participam todas as entidades signatárias do Plano Diretor do Mercado de Capitais.

plena exploração do potencial de desenvolvimento do sistema financeiro. Nas condições atuais, o financiamento da atividade produtiva e a funcionalidade do sistema financeiro, bancos e mercado de capitais, são seriamente comprometidos pela magnitude e penetração da economia informal. Uma reforma tributária que reduza fortemente as alíquotas e amplie em igual proporção a base de contribuintes e de tributação é essencial para reduzir as assimetrias de informação e tornar financiável uma grande parcela da economia que hoje funciona quase que exclusivamente com recursos próprios.

Em conclusão pode-se afirmar que os instrumentos e mecanismos do mercado de capitais são indispensáveis para a retomada e sustentação do crescimento, permitindo mobilizar recursos para o financiamento de longo prazo de investimentos, inclusive nas áreas de infra-estrutura, habitação e empresas emergentes. Além de promover maior concorrência e especialização no sistema financeiro, fazendo com que mercado de capitais e bancos atuem nos segmentos e produtos em que apresentem maior competitividade, o desenvolvimento desse mercado permite alavancar a atuação do BNDES em operações casadas com o setor privado. A experiência dos últimos anos fornece razões para acreditar[4] que a existência de um sistema financeiro moderno e diversificado promove o crescimento e permite minimizar os efeitos e reduzir a duração de crises que venham a afetar um ou outro segmento do sistema.

O INVESTIMENTO PRIVADO É A VARIÁVEL ESTRATÉGICA PARA A RETOMADA DO CRESCIMENTO

Não obstante as taxas de crescimento econômico da economia brasileira nas últimas duas décadas sejam frustrantes, especialmente quando comparadas com as de algumas economias emergentes bem-sucedidas, algumas etapas importantes têm sido vencidas na construção das condições mínimas para a retomada do crescimento. Trata-se de um processo não linear e mais lento do que seria desejável, mas acompanhado também em

---

[4] Ver Greenspan, Alan (1999). Examinando a história do sistema financeiro nas últimas décadas, com foco em alguns exemplos de crises bancárias e choques de alta volatilidade nos mercados financeiros e de capitais, Greenspan sugere que esses episódios têm menor impacto negativo sobre a economia quando o sistema financeiro é diversificado.

muitos casos de avanços institucionais importantes, como é o caso da Lei de Responsabilidade Fiscal.

A bem-sucedida política antiinflacionária do Plano Real deixou pelo menos duas seqüelas, com as quais o país se defronta, refletidas nos índices de vulnerabilidade externa e no elevado grau de endividamento do setor público. A manutenção do regime de câmbio flutuante combinado com políticas macroeconômicas consistentes tem permitido ao país caminhar para a criação de uma das condições necessárias para a retomada do crescimento de modo compatível com o equilíbrio externo, promovendo o ajuste de preços relativos favoravelmente aos setores produtores de bens comercializáveis – exportáveis e substitutos de importações. O desempenho recente das contas externas mostra que o país tem caminhado consideravelmente no sentido de reduzir sua vulnerabilidade externa. É significativo notar a geração de um superávit em contas correntes da ordem de US$ 5,6 bilhões nos 12 meses terminados em abril de 2004, fato que ocorre pela primeira vez na última década, a partir de um déficit que se aproximava de US$ 30 bilhões em meados de 2001. Muito embora esses resultados tenham sido obtidos num quadro interno de estagnação e tenham se beneficiado de uma conjuntura externa muito favorável, vários trabalhos mostram mudanças importantes dos fluxos de comércio exterior. O coeficiente de exportações mais que dobrou desde a adoção do câmbio flutuante (de 6,5% em 1998 para 14,7% em 2003) com avanços consideráveis em termos de competitividade e de diversificação de mercados de destino das exportações[5].

Alguns desses setores exportadores esgotaram rapidamente sua capacidade produtiva, exigindo agora novos investimentos, como é o caso de produtores de bens intermediários, notadamente siderurgia e papel e celulose. Não se trata simplesmente de reproduzir e ampliar a estrutura produtiva instalada anteriormente ao processo de abertura e estabilização. A questão é ajustá-la às novas circunstâncias e isso requer um considerável esforço de investimentos, inclusive aqueles dirigidos à implementação de novas tecnologias.

Ao mesmo tempo, é evidente hoje que a oferta de serviços de infraestrutura constitui uma limitação física ao crescimento e à competitividade da economia brasileira. A continuidade do crescimento da agroindús-

---

[5] Ver, por exemplo, Ribeiro, Fernando J., e Markwald, Ricardo (2002).

tria já está ameaçada pela insuficiência dos sistemas de logística, seja pelo limite imposto pela capacidade de transporte e embarque no período de safras, seja pelo impacto desproporcional dos seus custos sobre sua competitividade internacional. Por outro lado, projeções de demanda de energia elétrica demonstram que após dois ou três anos de crescimento moderado o país se defrontará provavelmente com restrição de oferta desse insumo básico. Evidentemente tanto num como no outro caso, essas circunstâncias inibem ou pelo menos postergam decisões de investimento nos setores diretamente afetados e na economia em geral, até que se estabeleça a convicção de que esses pontos de estrangulamento serão superados pela execução de novos projetos.

O governo tem enfrentado com seriedade a questão da consolidação da estabilidade e do ajuste fiscal, com a reiteração do compromisso de manutenção do superávit primário pelo tempo necessário à redução da carga da dívida pública em níveis considerados adequados e compatíveis com a redução dos prêmios de risco e taxas de juros para padrões internacionais. Entretanto, é consenso entre os analistas que a tarefa de ajuste fiscal deve prolongar-se ainda por muitos anos. Além dos problemas criados pela excessiva inflexibilidade da despesa pública, com a vinculação de receitas e a existência de gastos compulsórios, será indispensável promover nos próximos anos novas reformas da previdência, cujos desequilíbrios foram apenas minimizados temporariamente pelos ajustes feitos nos últimos anos.

Dadas as restrições existentes à capacidade de investimento do setor público e o próprio avanço da privatização nos segmentos de serviços públicos antes dominados pelo Estado, o crescimento vai depender essencialmente do aumento do investimentos privado. Projeções feitas com base em modelos de consistência macroeconômica[6] a partir de hipóteses razoáveis quanto ao crescimento do PIB e à manutenção da carga tributária, demonstram que nos próximos anos mais de 97% dos investimentos a serem feitos na economia brasileira terão por origem o setor privado. No Gráfico 1 pode-se visualizar o resultado dessas projeções.

Dessas constatações, resulta a conclusão de que a criação de condições para a elevação do investimento privado é a ação estratégica prioritária para sustentar a retomada do crescimento e a geração de empregos.

---

[6] Giambiagi, F. (2003).

GRÁFICO 1
PROJEÇÃO DE INVESTIMENTO PÚBLICO E PRIVADO (% PIB)

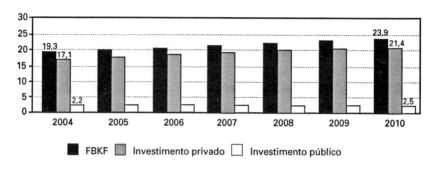

FONTE: Giambiagi, F. (2003).

MAIORIA DAS EMPRESAS BRASILEIRAS NÃO TEM ACESSO A CONDIÇÕES ADEQUADAS DE FINANCIAMENTO

O sistema financeiro nacional, aí incluídos bancos e mercado de capitais, teve seu desenvolvimento retardado e distorcido face ao direcionamento da maior parte da poupança financeira para o financiamento do déficit público. Inflação crônica antes de 1994 e altas taxas de juros depois do Plano Real têm comprometido a funcionalidade do sistema financeiro, para o que contribuem também as distorções de natureza regulatória e tributária, que elevam custos de transação e *spreads*. Não obstante os reconhecidos avanços tecnológicos do sistema financeiro brasileiro, comprometeu-se sua funcionalidade e a conexão positiva entre eficiência do sistema financeiro e o financiamento do setor produtivo. A correlação entre sistema financeiro e atividade produtiva passou a ser reconhecida como de contradição, contrariando a ampla evidência internacional em sentido contrário.

Todos os indicadores disponíveis demonstram que o sistema financeiro brasileiro é pouco desenvolvido, com exceção dos números relativos à dívida pública. Na Tabela 1, são apresentados alguns indicadores, em comparação com União Européia, Japão e Estados Unidos.

Esses indicadores demonstram a magnitude da repressão financeira a que está submetido o setor privado brasileiro quando comparado com os países desenvolvidos:

TABELA 1
INDICADORES DO TAMANHO DO MERCADO DE CAPITAIS

	Brasil		União Européia		Japão		EUA	
	(1997)	(2003)	(1995)	(2002)	(1995)	(2002)	(1995)	(2002)
PIB (US$ bilhões)	804	493	8.427	8.657	5.114	3.973	7.254	10.481
Capital bursátil (% PIB)	31,8%	44,7%	44,8%	66,2%	71,7%	52,7%	94,5%	105,5%
Títulos de dívida privados (% PIB)	3,7%	4,7%	45,8%	91,2%	36,7%	52,2%	59,2%	138,5%
Subtotal (% PIB)	**35,5%**	**49,3%**	**90,6%**	**157,4%**	**108,4%**	**104,9%**	**153,7%**	**244,0%**
Títulos de dívida pública (% PIB)	38,3%	64,7%	57,1%	57,0%	67,5%	121,9%	92,5%	43,3%
Ativos bancários* (% PIB)	47,1%	60,9%	175,8%	203,8%	144,3%	154,1%	68,9%	60,3%
Crédito dos bancos ao setor privado (% PIB)	25,9%	28,9%	n/d	109,2%***	114,5%	102,5%	38,0%	43,0%
Crédito dos bancos ao setor público (% PIB)**	15,7%	17,4%	n/d	27,6%***	14,1%	28,1%	5,1%	3,1%
Outros ativos (% PIB)	5,5%	14,6%	n/d	67%***	15,7%	23,6%	25,8%	14,1%
Total ex-crédito dos bancos ao setor público (% PIB)	**105,2%**	**157,5%**	**323,5%**	**390,6%**	**306,1%**	**352,8%**	**310,0%**	**344,4%**
Títulos de dívida privados (% PIB)	3,7%	4,7%	45,8%	91,2%	36,7%	52,2%	59,2%	138,5%
Crédito dos bancos ao setor privado (% PIB)	25,9%	28,9%	n/d	109,2%***	114,5%	102,5%	38,0%	43,0%
Operações de dívida do setor privado (% PIB)	**29,6%**	**33,5%**	**n/d**	**200,4%**	**151,2%**	**154,6%**	**97,2%**	**181,5%**

* Bancos comerciais.
** Inclui dívida mobiliária.
*** Para zona do euro.
FONTE: IFS, FMI, OECD.

a) O volume total de operações de dívida, crédito bancário e títulos no mercado de capitais (em relação ao PIB) nos países desenvolvidos é cerca de cinco a seis vezes maior que o observado no Brasil; o dado para o Brasil é de apenas 33,5% do PIB, contra 200,4%, 154,6% e 181,5% respectivamente na União Européia, Japão e EUA.

b) Nos EUA o mercado de capitais fornece cerca de ¾ dos recursos de dívida para o setor privado; naquele país, o volume de títulos de dívida corporativa colocado no mercado de capitais é cerca de 3,2 vezes maior que o crédito bancário.

c) Na União Européia, onde tradicionalmente o sistema financeiro tem sido dominado pelos bancos, observa-se que os recursos captados na forma de dívida junto ao mercado de capitais dobrou entre 1995 e 2002 (de 45,8% para 91,2% do PIB), aproximando-se rapidamente do montante de crédito bancário (109,2%) do PIB.

d) No Japão a importância relativa do mercado de capitais também aumentou, embora mais lentamente (de 36,7% para 52,2%) ao mesmo tempo em que se reduziu a parcela dos bancos (de 114,5% para 102,5%), que fornecem ainda ²/³ do crédito total.

e) Somente no caso da dívida pública os números do Brasil (58,2%) superam os dos EUA (42%), empatam com a União Européia (57%) e se situam abaixo apenas do Japão (121,9).

f) Embora os dados referentes à capitalização de mercado do Brasil (2003) estejam sendo comparados com os dados de 2002 dos demais países e tenham sido favorecidos pela forte valorização das ações ocorrida em 2003, o desempenho relativo nesse segmento é um pouco melhor que o observado no caso de operações de dívida.

Uma comparação dos dados de crédito ao setor privado no Brasil com países considerados individualmente é apresentada no Gráfico 2.

GRÁFICO 2
CRÉDITO DOS BANCOS NO SETOR PRIVADO (% PIB)
2002

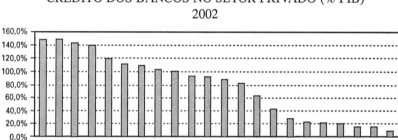

FONTE: IFS.

Fica evidenciado o pequeno volume de crédito concedido ao setor privado no Brasil, muito inferior inclusive ao de várias economias em desenvolvimento, como é o caso da China, Malásia, Coréia e Chile. Note-se que o número referente aos EUA é relativamente baixo, mas pouco significativo nessa comparação, levando em conta a predominância do mercado de capitais no suprimento de recursos para o setor privado.

Outra observação importante é que, contrariando a tendência de crescimento observada na maioria dos demais países considerados, a relação crédito ao setor privado sobre o PIB no Brasil ainda apresentou queda entre 1994 e 2002, como se verifica no Gráfico 3.

GRÁFICO 3
CRÉDITO DOS BANCOS AO SETOR PRIVADO
DIAGRAMA DE DISPERSÃO
1994

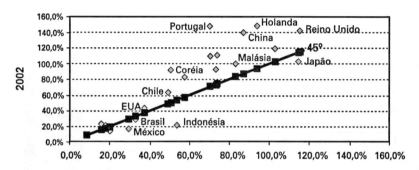

FONTE: IFS.

Em vários países, freqüentemente os que apresentaram taxas de crescimento elevadas no período, o crescimento do crédito ao setor privado foi muito significativo: China (de 87,1% para 139,5%), Coréia (de 50,3% para 91,8%), Irlanda (de 70,3% para 110,1%) e Portugal (de 70,5% para 147,6%).

Uma outra característica relevante observada na economia brasileira é que o acesso a fontes externas à empresa (bancos e mercado de capitais) é extremamente diferenciado. Mesmo no caso das empresas abertas, cujo acesso a recursos é relativamente melhor, verifica-se enorme disparidade de acesso a recursos externos. Verifica-se que somente as maiores empresas têm acesso a recursos de bancos ou do mercado de capitais. O Gráfico 4 reproduz a proporção utilizada de recursos externos às empresas (operações bancárias e do mercado de capitais) sobre os recursos totais, no período de 1994 e 1998, numa amostra de 156 a 170 empresas abertas, estratificada em cinco classes de tamanho (quintis).

Mesmo nesse subconjunto de empresas, que por ser de capital aberto e relativamente maior tem melhor acesso a recursos, verifica-se que somente no último quintil, constituído das maiores empresas, os recursos externos representam cerca de 70% dos recursos totais. Nas três primeiras classes de tamanho a proporção de recursos captados de fontes externas é inferior a 10% dos recursos totais e no penúltimo quintil atinge cerca de

GRÁFICO 4
CONCENTRAÇÃO DE RECURSOS EXTERNOS DE
FINANCIAMENTO ENTRE EMPRESAS
(PORCENTAGEM DE RECURSOS EXTERNOS TOTAIS PARA
QUINTINS DE TAMANHO DAS EMPRESAS)

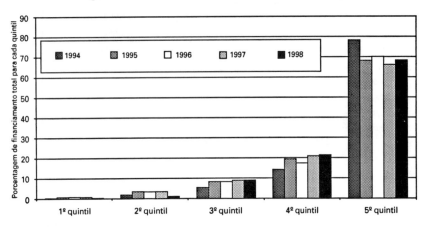

FONTE: 156 a 170 empresas listadas em Bolsa; baseado em dados do *Worldscope* agrupados por tamanho em cinco quintins.

ELABORAÇÃO: Stijin, Corporate, 2000. *Governance Reform Issues in the Brazilian Equity Markets.* Mimeo.

20%. Trata-se portanto de níveis de alavancagem muito baixos, revelando que as empresas se financiam basicamente com recursos próprios, ajustando-se a condições restritivas do mercado de crédito.

Com exceção de algumas linhas de financiamento oferecidas por bancos oficiais, o custo de capital de terceiros no Brasil é elevado e freqüentemente superior à taxa de retorno dos ativos produtivos. Numa amostra das 2.500 maiores empresas privadas de controle privado nacional[7], excluídas as estatais e as de capital estrangeiro, estimativas da taxa real de rentabilidade dos ativos calculada para 1997 mostraram que em apenas 7,3% das empresas fechadas e 13,5% das empresas abertas essa taxa era superior a 15%, número consideravelmente inferior ao custo médio do crédito bancário.

---

[7] Rocca, Carlos A., Silva, Marcos E. e Carvalho, A. G. (1998).

Existem razões para acreditar que a queda da taxa básica de juros é condição necessária mas não será suficiente para reduzir o custo do crédito bancário de modo acentuado no curto prazo. A principal razão para isso reside na rigidez dos fatores que sustentam o elevado *spread* bancário no Brasil, a diferença entre o custo para o tomador do empréstimo e a taxa de captação. No Gráfico 5 são apresentadas as últimas estimativas divulgadas pelo Banco Central do Brasil relativamente à composição do *spread*:

GRÁFICO 5
COMPONENTES DO *SPREAD* BANCÁRIO
(COMO PROPORÇÃO DO *SPREAD* TOTAL)
AGOSTO/2003

FONTE: Banco Central do Brasil.

Podem ser feitas as seguintes observações:

a) Mais de ¼ (27,34%) do *spread* é atribuível a impostos diretos e indiretos, cuja redução tem enfrentado forte resistência do governo, face ao seu impacto sobre a receita tributária.

b) A parcela imputável à inadimplência (19,10%) também não é fácil reduzir acentuadamente no curto prazo; níveis elevados de inadimplência não estão ligados somente a fatores conjunturais, mas a vários fatores institucionais e operacionais; morosidade e custos de execução de cobrança, ligados também, mas não somente, à lei de falências, oneram o processo e elevam as perdas; dificuldade de utilização de metodologias modernas e eficientes de avaliação de risco de crédito, num quadro em que a predominância da economia informal reduz a qualidade e confiabilidade dos dados contábeis nas pessoas jurídicas e dificulta a captação de dados de pessoas físicas, induz a utilização de procedimentos custosos e pouco eficazes, o que implica risco de crédito mais elevado.

c) Despesas administrativas (16,10%) estão associadas também aos custos elevados de análise e concessão de crédito e de execução da cobrança, bem como ao volume relativamente pequeno de crédito concedido; numa comparação internacional (Belaisch, Agnès – 2003), a proporção de empréstimos totais sobre ativos remunerados dos bancos brasileiros era de 36,8% em 2000, contra 68% em cinco dos maiores países da América Latina (Argentina, México, Chile, Colômbia e Peru), 67,8% nos EUA, e 63,5% no Japão; este componente deverá perder importância gradativamente à medida que os demais fatores permitam diluição de custos fixos e economias de escala.

d) A margem líquida dos bancos (37,5%) que isoladamente é o principal componente, é provavelmente afetada pelo menos por três fatores que apresentam considerável rigidez no curto prazo:

- O primeiro é o custo de oportunidade dos recursos dos bancos, que tem sido estabelecido em níveis excepcionalmente elevados pela taxa de juros garantida sobre os títulos públicos, ativos de alta liquidez e risco de crédito virtualmente nulo; sua redução depende da velocidade com que seja possível reduzir a taxa básica.
- O segundo é de natureza regulatória, pelo qual o recolhimento de depósitos compulsórios em proporção muito elevada e a existência de aplicações compulsórias a taxas mais baixas reduzem o volume de recursos que os bancos podem aplicar livremente e a sua margem, e elevam o *spread* líquido requerido sobre recursos livres para rentabilizar o capital próprio.
- O terceiro fator, objeto de controvérsias freqüentes, tem a ver com a concentração bancária e suas implicações sobre a baixa intensidade de concorrência no mercado de crédito, num contexto em que as alternativas oferecidas pelo mercado de capitais ainda não têm a escala necessária para influenciar a formação de preços nesse mercado; estudo recente (Belaisch, Agnès – 2003) rejeita as hipóteses de comportamento monopolístico e de concorrência perfeita no sistema bancário brasileiro no período de 1997 a 2000, sugerindo características

de formação de preços de oligopólio; uma resenha de vários estudos recentes [ver Nakane, Marcio I. (2003)] relata resultados contraditórios e conclui pela necessidade de estudos adicionais.

Não obstante tenha havido avanços consideráveis no ambiente regulatório, apresentados mais adiante, a participação do mercado de capitais na destinação de recursos para o financiamento do setor privado tem sido inexpressiva. Mesmo durante os períodos de crescimento do volume e da capitalização do mercado secundário de ações, como os observados na década de 1990 e no ciclo recente de recuperação das bolsas, as emissões primárias raramente ultrapassaram 1% da formação bruta de capital fixo, contra porcentuais de 10% a 30% em países com mercado de capitais ativo (ver Anexo 1). No mercado de títulos de dívida privada, as emissões primárias são um pouco mais expressivas, feitas pelas maiores companhias e por companhias de *leasing*. Representam ainda uma pequena fração dos recursos captados pelas empresas, e cujo saldo atingia apenas 4,7% do PIB em 2003 (Tabela 1).

EXPERIÊNCIA INTERNACIONAL: PAÍSES COM SISTEMAS FINANCEIROS EFICIENTES CRESCEM MAIS

As empresas brasileiras se defrontam no plano internacional com concorrentes de países que se beneficiam da redução de custos de capital e multiplicação de alternativas de financiamento oferecidas pelos novos produtos financeiros. Nos últimos 15 ou 20 anos, o aumento da participação do mercado de capitais na mobilização e alocação de recursos para o setor produtivo, acompanhado do reposicionamento dos bancos, tem representado uma vantagem competitiva para os países e economias que conseguiram criar essas condições, reforçando a desvantagem das empresas brasileiras.

Existe hoje ampla evidência internacional demonstrando que países com sistemas financeiros eficientes crescem mais. Estudos feitos com o objetivo de identificar os fatores determinantes do crescimento, tomando por base os dados de dezenas de países em períodos longos de tempo, mostram que taxas mais altas de crescimento são observadas em países cujos sistemas financeiros são mais desenvolvidos, mesmo quando se mantém sob controle as demais variáveis relevantes.

No Gráfico 6 são apresentados os resultados do trabalho de Levine, R. (1997a) em que se buscou identificar os principais fatores determinantes do crescimento de 39 países no período de 1976 a 1993. Constatou-se a existência de clara correlação líquida positiva e estatisticamente significante entre desenvolvimento bancário em 1976 e taxas de crescimento econômico no período, mesmo depois de se considerar na mesma relação um conjunto das principais variáveis reconhecidas tradicionalmente como determinantes do crescimento econômico.

GRÁFICO 6

DESENVOLVIMENTO BANCÁRIO INICIAL (MEDIDO PELA RAZÃO ENTRE EMPRÉSTIMO A EMPRESAS E PIB EM 1976) E CRESCIMENTO ECONÔMICO SUBSEQÜENTE (1976-1993)

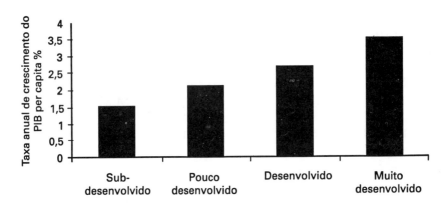

FONTE: LEVINE, R. (1997a).

Resultados semelhantes são obtidos quando se considera no modelo indicadores de desenvolvimento do mercado de capitais. Levine R. (1997a) verificou também que os países com mercados acionários mais líquidos em 1976 cresceram mais no período subseqüente (1976-1993), como está evidenciado no Gráfico 7.

Existem várias razões (ver, por exemplo, Crane, D. B., 1995) pelas quais um sistema financeiro eficiente, combinando a atuação do mercado de capitais com o sistema bancário, acelera o crescimento econômico:

GRÁFICO 7
LIQUIDEZ DO MERCADO DE CAPITAIS E CRESCIMENTO ECONÔMICO

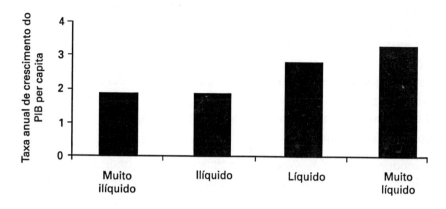

FONTE: LEVINE, R. (1997a).

a) Permite atingir taxas de investimento mais elevadas para um dado nível de poupança financeira bruta, ao reduzir vazamentos e transformar recursos de poupança de curto prazo em fontes de capital de risco e empréstimo de longo prazo, mediante a operação de mercados secundários eficientes.

b) Cria condições para aumentar a produtividade dos investimentos:
- Melhora a qualidade das informações e otimiza a alocação de recursos dirigindo-os para os investimentos mais produtivos.
- Viabiliza a adoção de escalas e tecnologias ótimas, ao liberar as empresas da estrita dependência do volume de seus recursos próprios.
- Propicia a geração de instrumentos e produtos financeiros eficazes para promover a oferta de recursos para financiamento de empresas emergentes e de inovação tecnológica, principal componente do aumento de produtividade.
- Reforça mecanismos de monitoração e transparência na gestão das empresas, elevando consideravelmente a qualidade dos padrões e práticas de governança corporativa.

c) Reduz custos operacionais e *spreads* mediante a criação de instrumentos, contratos e mecanismos padronizados, com redução da assimetria de informações e dos custos de transação, permitindo a exploração de economias de escala, simplificação e automatização da operação e do controle propiciadas pela informatização dos processos; esse aumento de produtividade intensifica a concorrência nos mercados financeiros, de crédito e de capitais e reduz o custo de capital.

d) Desenvolve mercados e instrumentos eficazes para administrar e distribuir os riscos, permitindo a empresas do setor produtivo assumir os riscos do negócio que lhes são próprios e transferir os demais para terceiros, seja para outras empresas com exposições de risco complementares (utilizando instrumentos de *swaps*, por exemplo) ou para outras entidades em condições de assumi-los.

A modernização dos sistemas financeiros nas economias mais bem-sucedidas nos últimos 20 anos tem implicado forte aumento da importância do mercado de capitais. Ao mesmo tempo, tem sido observado um processo de ajustamento do sistema bancário, mediante operações de reestruturação e consolidação, com foco em produtos diferenciados, além da originação e distribuição de ativos financeiros no mercado de capitais. Os principais componentes desse processo têm sido:

a) Institucionalização da poupança: crescimento de importância de fundos de previdência complementar, fundos mútuos de investimento e companhias de seguros, em que esses investidores institucionais substituem os investidores individuais.

b) Securitização de ativos e recebíveis: tem avançado rapidamente, mediante a colocação de títulos lastreados nos fluxos de caixa gerados por ativos, projetos e recebíveis em geral, emitidos por empresas não financeiras e colocados diretamente no mercado, destacando-se a securitização de hipotecas e outros créditos a pessoas físicas e a utilização desse mecanismo na estruturação de operações de *project finance*.

c) Os fundos de *venture capital* (VC) e *private equity* (PE) são veículos de mobilização de recursos captados predominantemente por investidores institucionais (destaque para fundos de pensão), alocados na forma de capital de risco e de empréstimos em empresas emergentes e de grande potencial. A recuperação desses investimentos em termos de retorno e liquidez se dá tipicamente em médio prazo (em geral entre três e sete anos) após a maturação das empresas investidas, mediante colocação de ações em bolsas de valores (IPO) ou venda de participações a investidor estratégico. Os fundos de VC e PE se caracterizam pela participação ativa de seus gestores na administração da empresa, desde a definição da estratégia e o recrutamento de profissionais qualificados até no apoio da gestão financeira, acesso a fontes de financiamento e parceiros nacionais e internacionais.

Nos EUA o mercado de *private equity* avançou fortemente após 1979, com a entrada dos fundos de pensão, que hoje destinam em torno de 4% de seus ativos a esses investimentos e detém cerca de 50% do patrimônio desses fundos. Atribui-se à atuação desses fundos parcela considerável do excepcional do desempenho da economia norte-americana nos últimos tempos, especialmente nos segmentos de fronteira tecnológica. Estima-se (Rozental, Nelson – 2003) que desde 1990 essa atividade tenha induzido investimentos totais da ordem de 11% do PIB (US$ 1,1 trilhão), respondendo por um em cada nove empregos de alta capacitação e pela geração de 12,5 milhões de empregos. Em 2000, ano de maior atividade, foram comprometidos recursos da ordem de US$ 100 bilhões de fundos de *venture capital* e mais de US$ 80 bilhões em *private equity*.

Entre 1990 e 2003, mais de 42 mil empresas se beneficiaram de recursos desses fundos, com um investimento médio da ordem de US$ 7,4 milhões cada uma, sendo que várias delas se tornaram empresas de projeção internacional, tais como Digital Equipament Corp., Apple, Federal Express, Compaq, Sun Microsystems, Intel, Microsoft e Genentech (fonte: NVCA – National Venture Capital Association – www.nvca.org). Uma parcela considerável dessas empresas se destaca por pertencer à fronteira tecnológica, caracterizada por fortes investimentos em pesquisa e desenvolvimento, fatores de aumento de produtividade e criação de novos produtos. Comparativamente a outras alternativas de investimento, esses fundos têm apresentado desempenho altamente positivo nos EUA. No período de 30 anos, entre 1969 e 1999, Brinson e Partners Inc., fonte citada por Rozental, Nelson (2003) estimou que esses fundos apresentaram taxa de retorno anual média da ordem de 16%, contra 12% a 14% dos investimentos em ações.

d) Administração de riscos: nas operações de mercado de capitais os riscos são assumidos diretamente pelos investidores e, em geral, os ativos financeiros são transacionados em mercados secundários que promovem sua precificação diariamente; foram desenvolvidas novas tecnologias e instrumentos de gestão de risco; a própria institucionalização da poupança, gerando carteiras de maior escala, amplia o escopo da diversificação de riscos, além do desenvolvimento acelerado dos mercados de derivativos, cujos instrumentos permitem precificar e distribuir de modo eficiente e seguro os riscos, reduzindo os descasamentos de moedas, juros e prazos ao nível de cada agente econômico e minimizando os riscos globais.

Essas mudanças têm gerado grandes benefícios para o setor produtivo:

a) Foi intensificada a competição entre intermediários financeiros tradicionais e mercados de capitais, gerando acentuada queda de margens, *spreads* e comissões, reduzindo o custo de capital para o setor produtivo; apenas para ilustrar esse ponto, apresenta-se na Tabela 2 um demonstrativo da estrutura de custos de uma operação de securitização de recebíveis de emissão de grandes empresas européias, em que o *spread* total é inferior a 50 pontos básicos ao ano (menos de 0,5%).

TABELA 2

SPREAD DE OPERAÇÃO DE SECURITIZAÇÃO DE RECEBÍVEIS DE COMPANHIAS EUROPÉIAS

Componentes de custo	Pontos básicos ao ano acima da Libor
Custo de captação	-7
Distribuição e administração	15
Reforço de liquidez	20
Custo de estruturação (anualizado)	10
Reforço de garantias	10
Custo (*spread*) total para o cedente	48

FONTE: CRANE, D.B. e outros (1995).

b) Os novos instrumentos de financiamento têm permitido ampliar a oferta de capitais de risco e de empréstimo inclusive para empreendimentos de alto risco (empresas emergentes, inovação tecnológica) projetos de longa maturação (*project finance*) e financiamentos de longo prazo (inclusive hipotecas).

c) O desenvolvimento de mecanismos mais eficientes de gestão e distribuição de riscos tem permitido, entre outras vantagens, a segregação do risco do negócio daqueles que as empresas usualmente não se dispõem a enfrentar (taxas de juros, moedas).

d) O resultado é a disponibilização de um conjunto mais amplo de alternativas de financiamento e menores custos de capital.

É evidente que a velocidade com que essas mudanças têm ocorrido representam um excepcional desafio para os órgãos reguladores, na construção das regras que assegurem a funcionalidade e eficiência dos novos instrumentos e mecanismos, a devida proteção aos investidores e minimização dos riscos para o sistema como um todo. A história das últimas décadas é rica de exemplos de crises bancárias e episódios de alta volatilidade nos mercados financeiros e de capitais. A experiência dos últimos anos fornece razões para acreditar (ver Greenspan 1999) que a existência de um sistema financeiro diversificado – bancos e mercado de capitais – além de favorecer o crescimento econômico, permite minimizar os efeitos e reduzir a duração de crises que venham a afetar um ou outro segmento do sistema.

MERCADO DE CAPITAIS BRASILEIRO TEM CONDIÇÕES PARA DESEMPENHAR PAPEL ESTRATÉGICO NA RETOMADA DO CRESCIMENTO

POUPANÇA MOBILIZADA PELOS INVESTIDORES INSTITUCIONAIS TEM VOLUME SUFICIENTE PARA FINANCIAR PARCELA CONSIDERÁVEL DOS INVESTIMENTOS

Nos últimos anos, observa-se no Brasil um avanço notável da institucionalização da poupança, processo que na experiência internacional tem apresentado elevada correlação com o desenvolvimento do mercado de capitais, em que parcela cada vez maior da poupança financeira é mobilizada por investidores institucionais – fundos fechados e abertos de previdência, fundos mútuos de investimento e companhias de seguros. Nas economias desenvolvidas, essas entidades aplicam parcela considerável desses recursos no mercado de capitais, direcionando-os diretamente ao financiamento das empresas, mediante aquisição de ações, títulos de dívida e quotas de fundos de investimento.

Resultados preliminares de um estudo recente (Risk Office, 2004) mostram que os recursos financeiros mobilizados pelos investidores institucionais têm crescido de modo acelerado e já superam a soma dos depósitos bancários (poupança mais depósitos à vista mais depósitos a prazo).

Projeções conservadoras mostram que esses recursos devem atingir pelo menos 54% do PIB em 2008. Com a estabilização da dívida pública (na verdade a meta é sua redução) esses investidores deverão aplicar todos os recursos adicionais no financiamento das empresas, via mercado de capitais. Pelo menos R$ 300 bilhões, a preços de dezembro de 2003, serão destinados ao setor privado nos próximos cinco anos, envolvendo, entre outras aplicações, ações, debêntures, quotas de fundos de direitos creditórios, fundos de investimento em participações (*private equity*), CRIs, e títulos originados de projetos realizados no modelo de Parcerias Público-Privadas (PPPs).

Os ativos dessas entidades foram consolidados de modo a eliminar a dupla contagem (por exemplo: fundos de pensão adquirem quotas de fundos de investimento). Os dados de depósitos bancários foram levantados com base nas estatísticas do Banco Central, que consolidam os dados dos bancos depositários. As principais conclusões são as seguintes:

a) Recursos mobilizados por investidores institucionais (fundos de pensão, previdência aberta, fundos mútuos de investimento e companhias de seguros) têm crescido acentuadamente nos últimos anos (Gráficos 8 e 9).

GRÁFICO 8
CAPTAÇÃO DOS INSTITUCIONAIS
(R$ MILHÕES DE DEZ/2003, INFLACIONADO PELO IPCA)

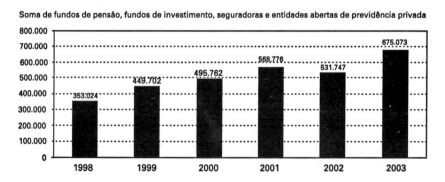

b) O ativo consolidado dos investidores institucionais já é maior que o saldo de depósitos na rede bancária (Gráfico 10).

GRÁFICO 9
CAPTAÇÃO DOS INSTITUCIONAIS (% PIB)

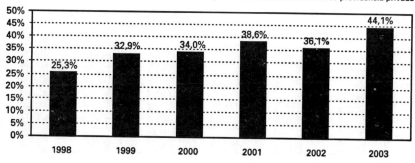

GRÁFICO 10
MOBILIZAÇÃO DA POUPANÇA FINANCEIRA
CAPTAÇÃO DOS INSTITUCIONAIS E DOS BANCOS* (% PIB)

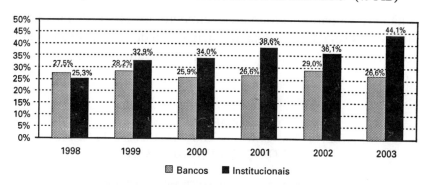

* Captação dos bancos: depósitos à vista mais depósitos a prazo, de poupança e outros depósitos.

c) Como proporção dos ativos bancários totais, os recursos dos investidores institucionais cresceram de 50% em 1998 para mais de 73% em 2003 (Gráfico 11).

d) Numa projeção conservadora, com base na tendência linear ajustada aos dados mensais entre maio de 1996 e dezembro de 2003, o saldo de poupança dos investidores institucionais deve atingir 54% do PIB em 2008 (contra 44% em 2003); basta que o coeficiente de títulos públicos sobre o

GRÁFICO 11
ATIVOS DOS INSTITUCIONAIS COMO PROPORÇÃO DOS ATIVOS
BANCÁRIOS TOTAIS*

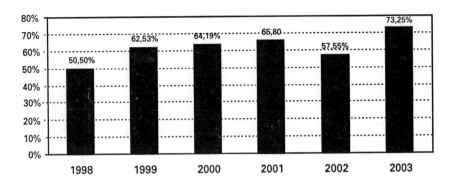

* Excluindo BNDES, bancos estaduais de desenvolvimento, agências de fomento, financeiras, sociedades de crédito mobiliário/APE, companhias hipotecárias e bancos de investimento.

PIB não cresça para que todo o crescimento dos ativos dos investidores institucionais seja destinado ao financiamento do setor privado, via mercado de capitais. No Gráfico 12 é possível visualizar os resultados dessa projeção.

GRÁFICO 12
RIQUEZA FINANCEIRA DOS INSTITUCIONAIS (% PIB)
PROJEÇÃO DE TENDÊNCIA

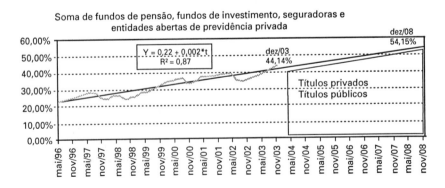

FONTE: RISK OFFICE (2004).

Esta projeção admite que o crescimento do saldo de recursos em mãos dos investidores institucionais em relação ao PIB nos próximos cinco anos acompanhe a mesma tendência linear observada no período de 1996 a 2003. Entretanto, existem razões para esperar aumentos mais expressivos, especialmente no que diz respeito à poupança previdenciária. Além do acentuado crescimento dos planos de previdência aberta nos últimos anos, deve-se lembrar as perspectivas de aumento do número de fundos de pensão, com a criação da figura de entidades instituidoras e a implantação dos fundos de pensão de funcionários públicos, nos três níveis de governo. Recentemente, o secretário da Previdência Complementar formulou a expectativa de que até 2010 o número de participantes dessas entidades deverá mais que dobrar, atingindo cerca de cinco milhões de pessoas.

Com a concretização da expectativa de estabilização (ou queda) do saldo de dívida pública como proporção do PIB, o crescimento dos ativos dos institucionais será destinado integralmente à aquisição de ativos emitidos pelo setor privado, via mercado de capitais. A Tabela 3 mostra que se for mantida a tendência de crescimento dos últimos anos, e o PIB crescer 3,5% ao ano, isso equivale a mais de R$ 300 bilhões (a preços de dezembro de 2003) nos próximos cinco anos:

TABELA 3
PROJEÇÕES – PIB E RIQUEZA INSTITUCIONAL

	PIB acumulado 12 meses (*)	Captação dos institucionais (**)			
		Captação		Aumento da captação (R$ milhões)	
	R$ milhões de dez./2003	R$ milhões de dez./2003	% PIB	No ano	Acumulado
Dez./2003	1.530.518	675.535	44,14%	–	–
Dez./2004	1.584.086	698.702	44,11%	23.168	23.168
Dez./2005	1.639.529	764.317	46,62%	65.615	88.782
Dez./2006	1.696.912	833.669	49,13%	69.352	158.134
Dez./2007	1.756.304	906.939	51,64%	73.270	231.404
Dez./2008	1.817.775	984.317	54,15%	77.378	308.782

(*) Projeção a partir de 2004: 3,5% ao ano.
(**) Projeção linear a partir de 2004.
FONTE: RISK OFFICE (2004).

e) Dadas as características de seus compromissos atuariais, as entidades de previdência privada poderão alocar parcela considerável de suas aplicações para investimentos de longo prazo, inclusive projetos de PPPs. Essa tendência será reforçada na medida em que a queda da taxa de juros estimule essas entidades a diversificar suas aplicações, aumentando a proporção de ativos privados, visando atingir suas metas atuariais. Note-se que os recursos de poupança previdenciária têm aumentado sua participação na poupança financeira (Gráfico 13) e devem ter desempenho especialmente dinâmico no futuro próximo.

GRÁFICO 13
POUPANÇA PREVIDENCIÁRIA COMO PROPORÇÃO DA POUPANÇA FINANCEIRA TOTAL (*) (**)

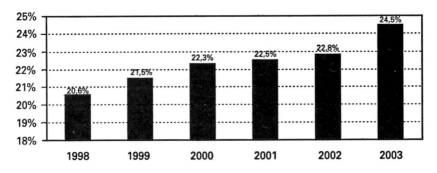

(*) Poupança financeira total = captação dos bancos + captação dos institucionais.
(**) Poupança previdenciária + fundos de pensão + entidades abertas da previdência privada.

Em conclusão, podem ser extraídas as seguintes observações:

a) A manutenção da tendência de crescimento do estoque de recursos dos investidores institucionais como percentagem do PIB permite projetar sua elevação dos 44% atuais para cerca de 54% em cinco anos.

b) Nesse período, as metas de endividamento público implicam a redução do saldo de dívida em relação ao PIB; mesmo adotando a hipótese de sua estabilização, todo o crescimento do volume de recursos buscará aplicações em ativos do setor privado.

c) Desconsiderando o fluxo de poupança financeira mobilizado por outros canais que não os investidores institucionais, e que podem se dirigir também ao mercado de capitais, estima-se a geração de um fluxo anual médio dirigido à compra de ativos privados da ordem de R$ 62 bilhões (preços de dezembro de 2003) por ano entre 2004 e 2008.

Trata-se de valor extremamente significativo, atingindo cerca de 3,6% do valor médio do PIB projetado no mesmo período, com crescimento de 3,5% a.a., da ordem de R$ 1.698 bilhões[8]. Apenas para avaliar melhor o significado desses números, pode-se lembrar que esse fluxo (R$ 62 bilhões) representa cerca de 18% do valor médio da formação bruta de capital fixo, admitindo-se um coeficiente médio de 20% do PIB no período de projeção (R$ 339,6 bilhões).

Outra comparação relevante é com o volume de financiamentos totais feitos pelo BNDES, de longe a principal fonte doméstica de recursos de financiamento de longo prazo. O saldo total de empréstimos, líquidos de provisões, tem se situado no últimos dois anos entre 8% e 9% do PIB, equivalente a quase 30% do volume total de crédito fornecido ao setor privado pelos bancos de depósito (Gráfico 14).

GRÁFICO 14
BNDES – EMPRÉSTIMOS LÍQUIDOS DE PROVISÕES (% PIB)

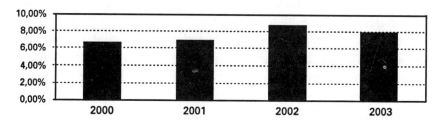

---

[8] Optou-se por utilizar a média anual no qüinqüênio, levando em conta um efeito estatístico que pode ser notado na tabela em que são apresentados os dados de projeção; embora o crescimento acumulado até 2008 atinja R$ 308,8 bilhões, o valor imputado a 2004 fica muito reduzido (apenas R$ 23,2 bilhões) de vez que o valor observado em 2003 ficou muito acima da linha de tendência estimada para aquele ano.

Os desembolsos atingiram em 2003 cerca de R$ 35 bilhões, valor próximo da média observada entre 2001 e 2003, de R$ 36 bilhões (preços de dezembro de 2003), equivalente a 2,3% do PIB e cerca de 13% da formação bruta de capital fixo. Esses valores estão muito próximos das consultas encaminhadas ao BNDES. Embora os desembolsos correspondam também a projetos aprovados em períodos anteriores, aparentemente o BNDES tem atendido a quase totalidade das consultas registradas (Gráfico 15).

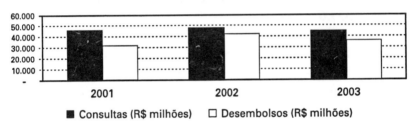

GRÁFICO 15
BNDES – CONSULTAS E DESEMBOLSOS
(R$ MILHÕES, DE DEZ./2003, USANDO IPCA)

É importante ressaltar que a simples comparação entre os números dos investidores institucionais e os do BNDES certamente subestima a importância que esse banco pode assumir num contexto de ativação do mercado de capitais brasileiro. Dada a sua reconhecida capacidade de avaliação de projetos, o BNDES pode atuar de modo análogo a algumas agências internacionais, como é o caso da IFC, ligada ao Banco Mundial, que tem permitido a mobilização de recursos adicionais aos do seu orçamento de empréstimos. A IFC tem cooperado com instituições financeiras, principalmente bancos comerciais, sendo que o programa mais ativo envolve a venda de participações nos financiamentos concedidos para projetos aprovados pela entidade. A IFC tem trabalhado também com instituições não bancárias. Investidores institucionais estão ampliando sua parceria com a IFC mediante a utilização de estruturas desenvolvidas para atender suas preferências de investimento. Desde que iniciou a utilização desse mecanismo a IFC colocou participações no total de US$ 21 bilhões (fonte: www.ifc.org).

Desse modo, nos projetos que vierem a ser aprovados, a participação do BNDES com recursos próprios poderá ser minoritária, complementado-se o montante requerido com a captação de recursos de investidores privados, e especialmente no mercado de capitais. Em outras palavras, em função da qualidade de sua avaliação, o BNDES pode induzir essa "alavancagem", mobilizando um volume total de recursos equivalente a um múltiplo dos recursos que aportar. Nesse contexto, a importância do BNDES pode ser ampliada pelo crescimento do mercado de capitais, ao mesmo tempo em que sua atuação se torna importante fonte de ativação e direcionamento desse mercado para os investimentos produtivos.

VÁRIOS OBSTÁCULOS AO DESENVOLVIMENTO DO MERCADO DE CAPITAIS TÊM SIDO SUPERADOS

O diagnóstico realizado no trabalho Estudos Ibmec 1 (Rocca, Carlos A. 2001), identificou os principais obstáculos ao desenvolvimento e funcionalidade do mercado de capitais brasileiro:

a) Taxas de juros elevadas.
b) Proteção insuficiente ao investidor, enquanto acionista ou credor.
c) Distorções do sistema tributário: especialmente o impacto da CPMF sobre o custo de transação, a incidência de imposto de renda na fase de acumulação dos planos de previdência, não discriminação de aplicações de curto e longo prazos.
d) Carga tributária potencial elevada (entre 55% e 60%) discrimina empresas abertas e incentiva economia informal; a magnitude da economia informal é um obstáculo ao financiamento da economia brasileira: compromete a avaliação de risco de crédito bancário, com elevação de riscos e *spreads*, e limita o uso de instrumentos do mercado de capitais, onde transparência é condição básica de eficiência.
e) Organização de mercados e instrumentos deficientes, especialmente quanto à formação de preços e liquidez do mercado secundário de renda fixa.
f) Obstáculos culturais: experiência histórica negativa; cultura de empresa familiar, controle concentrado; tradição de renda fixa, liderada por títulos públicos.

Nos últimos dois anos, o ambiente regulatório do mercado de capitais evoluiu consideravelmente e vários daqueles obstáculos foram superados ou tiveram seu impacto reduzido. Essa evolução é o resultado de uma ampla mobilização do setor privado em torno do Plano Diretor do Mercado de Capitais (integra o *site* do Ibmec – www.ibmec.org.br) e do alto nível de cooperação e dinamismo dos órgãos reguladores, notadamente a CVM, CMN, Banco Central, SPC e Susep. Em agosto de 2003 foi criado por portaria interministerial o Grupo de Trabalho do Mercado de Capitais e da Poupança de Longo Prazo, reunindo representantes de todos os órgãos reguladores, sob o comando do Ministério da Fazenda.

São significativos também os resultados das iniciativas de auto-regulação com a criação ou aperfeiçoamento de mercados e mecanismos de negociação visando maior transparência, mais segurança e baixos custos de transação, indispensáveis para a correta formação de preços e liquidez para os ativos de renda fixa, renda variável e derivativos. Destacam-se nesse esforço as iniciativas da Bovespa (Novo Mercado, Bovespa Fix), Anbid, Andima e BM&F.

Além de avanços nos dispositivos de proteção ao investidor, foram criados e regulamentados mecanismos e instrumentos que viabilizam o financiamento de curto e longo prazos do setor produtivo, inclusive para sustentar a participação do setor privado nas PPPs. Destacam-se os Fundos de Investimento em Participações (FIPs), visando operações de *venture capital* e *private equity*, Fundos de Investimento em Direitos Creditórios (FIDCs), além de mecanismos para dar liquidez aos Certificados de Recebíveis Imobiliários (CRIs) títulos criados no âmbito do SFI – Sistema Financeiro Imobiliário – fundado na securitização de recebíveis. Por sua vez, o grau de desenvolvimento já atingido pelos mercados de derivativos, em termos de qualidade dos instrumentos e volumes operados na BM&F tem permitido progresso considerável na administração e distribuição de riscos. No Anexo 2 é apresentado um sumário contendo algumas das principais inovações.

PRINCIPAIS INSTRUMENTOS PARA O FINANCIAMENTO DO CRESCIMENTO

Em recente evento promovido pelo Codemec (9) do qual participam todas as entidades signatárias do Plano Diretor do Mercado de Capitais, foram analisados as principais soluções oferecidas pelo mercado de capitais para o financiamento da retomada do crescimento da economia brasileira, bem como formuladas propostas para permitir plena exploração do seu potencial. Com base nas análises e propostas debatidas, na forma de apresentações e artigos[9], pode-se destacar o seguinte:

FUNDOS DE *VENTURE CAPITAL* E *PRIVATE EQUITY*

No Brasil a atuação de fundos de VC e PE é ainda muito limitada. Nos três anos entre 2000 e 2002, foram implementados cerca de 163 projetos, com o comprometimento de US$ 2,75 bilhões. Em 2003, a CVM editou a Instrução 391/03, institucionalizando os fundos de *private equity* sob a denominação de Fundos de Investimento em Participações (FIP), avançou consideravelmente em relação à regulamentação anterior, da Instrução 209 de 1992. Dentre outros pontos, destacam-se a possibilidade de realização de investimentos em companhias abertas e fechadas, sem limite de faturamento (a Instrução 209 limitava a R$ 100 milhões anuais), e o condicionamento da elegibilidade de companhias fechadas à adoção de boas práticas de governança corporativa. Acredita-se que a indústria de VC e PE está preparada para crescer e as condições agora são favoráveis, com destaque para o ambiente regulatório, existência de pessoal qualificado, com experiências bem-sucedidas.

Além de propostas de tratamento tributário favorecido, levando em conta tratar-se de empresas emergentes e que atuam dentro da formalidade, foram apresentadas sugestões com o objetivo de explorar mais plenamente o potencial desse mecanismo no mercado brasileiro, algumas das quais poderão ser implementadas por entidades privadas. Destacam-se: a) aperfeiçoamento dos padrões de governança dos FIPs, incluindo a adesão à câmara de arbitragem; b) adoção de critérios de contabilização que permitam a precificação adequada dos ativos da carteira, caracterizada por ações de companhias fechadas e ou abertas, mas de baixa liquidez; c) ativação do mercado secundário de quotas de FIPs, a partir da eliminação do CPMF;

---

[9] Comitê para o Desenvolvimento do Mercado de Capitais, órgão de natureza técnica sediado no Ibmec; o evento reuniu mais de 40 especialistas, organizados em quatro painéis na forma de mesas-redondas; concentrou-se o foco naqueles mecanismos e instrumentos do mercado de capitais com o maior potencial de utilização na economia brasileira: (1) Fundos de *Venture Capital* e *Private Equity* e Fundos Setoriais; (2) Securitização de Recebíveis; (3) Financiamento de projetos de investimento e infra-estrutura, com destaque para modelos de *project finance* e PPP (4) Sistemas de distribuição, mercado secundário e derivativos. A íntegra das apresentações está no *site* www.ibmec.org.br; um resumo se encontra em Rocca, Carlos A. org. (2004).

d) divulgação dos fundos e do desempenho de empresas investidas, a exemplo das mil menores e melhores dos EUA (Arruda, Mauro – 2003); e formação de pessoal qualificado para exame de projetos de VC e PE junto a investidores institucionais.

SECURITIZAÇÃO DE RECEBÍVEIS E FUNDOS DE DIREITOS CREDITÓRIOS

A securitização de recebíveis é um dos principais componentes da revolução observada no sistema financeiro das economias mais avançadas desde meados da década de 1980. São elegíveis para securitização desde recebíveis de curto prazo, relativos a crédito direto ao consumidor, até créditos imobiliários de longo prazo, recebíveis de pessoas jurídicas e receitas futuras de projetos de investimento em infra-estrutura. Em geral os títulos gerados no processo de securitização são padronizados, com avaliação de risco por agências de *rating*, e são transacionados em mercado secundário, permitindo combinar liquidez para os investidores e financiamento de longo prazo para os tomadores.

Para as empresas não financeiras a operação oferece várias vantagens, que incluem diminuição de alavancagem financeira e alongamento de prazos de financiamento. Trata-se do *principal instrumento de acesso das empresas de capital fechado ao mercado de capitais*, na medida em que o requisito básico é a transparência em relação aos ativos ou recebíveis objeto da securitização e não das empresas.

Para os investidores, as maiores vantagens envolvem, em geral, avaliação do risco de crédito por agências de *rating*, a existência de garantias independentes segregadas do patrimônio do originador dos créditos, a possibilidade de diversificação de risco, inclusive mediante aquisição de quotas de fundos por quotas de FIDCs. Além disso, dadas as demais condições de operação do mercado secundário, a geração de quotas de fundos e títulos de securitização padronizados favorecem sua liquidez e adequada precificação sem custos significativos.

Na experiência internacional, os bancos têm participado ativamente do processo, na qualidade de maiores originadores de créditos que posteriormente são securitizados e colocados no mercado. Dentre outros aspectos, a securitização de créditos tem constituído um dos principais instrumentos de adequação dos limites de alavancagem das instituições financeiras.

No Brasil, embora o volume de operações ainda seja pequeno, o ambiente regulatório criado pelo Bacen e a CVM para as operações de securitização e FIDCs é considerado adequado e moderno. No caso de recebíveis imobiliários, a legislação básica existe desde 1997 (Lei nº 9.514/97), tendo criado o SFI (Sistema Financeiro Imobiliário), baseado na securitização de recebíveis, com emissão de Certificados de Recebíveis Imobiliários (CRIs) e a alienação fiduciária dos imóveis financiados. Para aumentar a liquidez dos CRIs, foi editada recentemente a Resolução CMN nº 3.155 de 17/12/2003, regulando a emissão de carta de garantia de aquisição desses títulos, por parte das instituições financeiras. A securitização financeira, envolvendo outros créditos e recebíveis em geral, foi regulada pela Resolução CMN nº 2.493/98, buscando maior eficiência no *funding* do sistema financeiro. Os Fundos de Investimento em Direitos Creditórios (FIDC) estão regulados pela Resolução CMN nº 2.907 e Instruções da CVM nº 356 (dezembro de 2001) e 393 (julho de 2003). Por sua vez, a Cédula de Crédito Bancário e o Certificado de Cédula de Crédito Bancário regulado pela Medida Provisória nº 2.160-25 de 23/08/2001 e Resolução CMN nº 2.843.

Por iniciativa da Andima, foi criada a Timbre, empresa para auxiliar no processo de estruturação de operações de securitização. Trata-se de um ambiente de negociação de direitos creditórios que proporciona transparência às operações de cessão e a adequada segregação do fluxo de caixa da carteira cedida bem como o *disclosure* desta.

Acredita-se que a regulamentação da securitização para a originação e geração dos instrumentos financeiros, na forma de debêntures ou quotas de fundos, ofereça base razoável para seu desenvolvimento. As principais sugestões são:

a) Criar as condições para o desenvolvimento de mercados secundários ativos, componente essencial para assegurar a funcionalidade de todo o sistema com destaque para:
- eliminação da CPMF;
- padronização dos ativos e de processos de securitização, que pode ser objeto de auto-regulação.

b) Assegurar a isonomia tributária entre as Sociedades de Propósito Específico e os FIDCs; a utilização das SPEs tem sido restringida pela incidência tributária, inclusive da CPMF.

c) Regulamentar a Companhia Securitizadora de Créditos e Bens.

FINANCIAMENTO DE PROJETOS DE INVESTIMENTO E INFRA-
ESTRUTURA

Como já foi destacado anteriormente, a criação de condições favoráveis aos investimentos privados, inclusive nas áreas de infra-estrutura, adquire importância estratégica, dadas as limitações da capacidade de investimento do setor público.

No Plano Plurianual (PPA) 2004-2007 estão previstos grandes investimentos de infra-estrutura: mais de R$ 200 bilhões em energia (eletricidade, petróleo e gás), cerca de R$ 40 bilhões em transporte e logística, R$ 20 bilhões para saneamento e infra-estrutura urbana, cerca de R$ 20 bilhões para habitação e quase R$ 10 bilhões para infra-estrutura hídrica. Segundo informações do Ministério do Planejamento, a expectativa é a de captar cerca de R$ 30 bilhões de investidores privados para apoiar o financiamento desses projetos.

Pode-se identificar pelo menos três modelos básicos para o financiamento de investimentos de infra-estrutura com participação de investidores privados:

a) *Corporate finance*: financiamento de projetos de investimento relacionados com a expansão de capacidade produtiva de empresas produtoras de serviços de infra-estrutura, cuja viabilidade se sustenta principalmente nas condições econômico-financeiras da empresa.

b) *Project finance*: para projetos econômica e financeiramente viáveis, cujo fluxo de caixa gerado é suficiente para a amortização e a remuneração dos capitais investidos; os projetos de investimento em infra-estrutura de responsabilidade do setor privado no Brasil têm estruturado seu sistema de captação de fundos através de três canais: recursos próprios, recursos de financiamento tomados no sistema BNDES e recursos de investidores tomados em conceito de *project finance* através de debêntures de renda fixa ou variável.

c) *Parceria Público-Privada (PPP)*: para projetos considerados de interesse público, cuja viabilidade econômica e financeira não se sustenta, e nos quais a participação de investidores privados, objeto de licitação, requer a concessão de garantias do setor público, especialmente no sentido de assegurar a remuneração e amortização dos capitais investidos.

As principais condições requeridas para o aumento de investimentos privados dirigidos inclusive à infra-estrutura são (ver Bonomi, Claudio A., 2003):

a) Consolidação de instituições que sustentam a confiança dos investidores:
- Estabelecimento de marcos regulatórios adequados e estáveis;
- Autonomia das agências reguladoras.
- Criação da figura do *trust* visando permitir maior agilidade na criação de estruturas que exigem a propriedade fiduciária.[10]
- Adoção dos mecanismos de arbitragem para dirimir controvérsias nos contratos entre o setor público e empresas privadas.

b) Mecanismos de financiamento:
- Regulamentação das Parcerias Público-Privadas alinhada com as melhores práticas internacionais.
- Ativação de mercados secundários de títulos de dívida e quotas de fundos.
- Criação de um mercado de títulos públicos de longo prazo, para a formação da taxa de juros, de modo a fornecer a base para viabilizar a precificação de títulos privados[11].

Dada a magnitude dos recursos administrados e a necessidade de realizar aplicações de longo prazo consistentes com o perfil de seus compromissos atuariais, as EFPCs (Fundos de Pensão) constituem o segmento de investidores institucionais com maior potencial para participar de estruturas de financiamento ligadas às PPPs. Dentre algumas ações para reforçar essa participação, destacam-se a necessidade de criação do mercado secundário para os títulos e quotas de fundos, como já foi destacado, e a flexibilização dos limites de investimento, respeitado o perfil de seus compromissos atuariais.

MERCADO SECUNDÁRIO

A eficiente operação dos mercados secundários de quotas de fundos, títulos de dívida, inclusive debêntures de securitização e Certificados de Recebíveis Imobiliários constitui condição essencial para que esses instrumentos atendam ao objetivo central de viabilizar a oferta de financiamento de longo prazo para investimentos públicos e privados e habitação

---

[10] Ver Mussnich, Francisco A. M. (2003); www.ibmec.org.br.
[11] Ver Garcia, René (2003); www.ibmec.org.br.

É fundamental entender que mesmo para os investidores com visão de longo prazo, condicionada pela própria natureza de suas obrigações, como é o caso dos fundos de pensão, a garantia de liquidez é essencial para a alocação de seus recursos em títulos de longo prazo. A ausência de mercados secundários ativos e líquidos compromete a formação de preços, a valorização dos investimentos e a própria apuração da taxa de retorno desses ativos.

O mercado secundário de ações já alcançou no Brasil padrões regulatórios e operacionais de nível internacional. O mercado secundário de títulos de dívida e quotas de fundo caminha rapidamente para atingir esses mesmos padrões. As iniciativas de auto-regulação adotadas pela Anbid, os sistemas de registro da Andima, a criação do Bovespa Fix e do Soma Fix, mercados para a transação de valores mobiliários e outros títulos, a implantação do *bookbuilding*, a regulamentação e *market-maker*, a criação de debêntures padronizadas além da instalação de comitês na Bovespa para a contínua atualização desses instrumentos, asseguram moldura institucional e sistemas operacionais eficientes para o desenvolvimento desse mercado.

As propostas para a ativação do mercado secundário revelam a preocupação com a minimização de custos de transação e redução de *spreads*, em muitos casos agravados por incidências tributárias. O grande obstáculo para o desenvolvimento desse mercado tem sido a CPMF. A criação das contas de investimentos, com vigência prevista para o mês de agosto de 2004 representa um passo importante. Entretanto, será importante examinar os resultados finais de sua operacionalização e a magnitude das tarifas a serem estabelecidas pelo sistema bancário sobre essas contas.

SURGEM OS PRIMEIROS SINAIS DE ATIVAÇÃO DO MERCADO

Até o momento, essas inovações têm constituído uma revolução silenciosa, com impacto ainda pequeno no financiamento do setor real. Além do quadro macroeconômico pouco estimulante, deve-se notar que essas inovações são extremamente recentes e que o mercado de dívida corporativa, segmento com maior crescimento potencial no curto prazo, tem sido imobilizado pela incidência da CPMF.

Não obstante, como resultado da redução da taxa de juros e dos avanços da regulamentação surgem os primeiros sinais de ativação do mercado de capitais. Depois da virtual paralisação do mercado primário, são anunciadas duas operações de abertura de capital (Natura, CCR, Gol) com adesão ao Novo Mercado. Foram criados 24 Fundos de Investimento em Direitos Creditórios, com patrimônio líquido da ordem de R$ 1,5 bilhão, seis dos quais em 2004.

Embora não se disponha de informações sobre os custos finais dessas operações para as empresas cedentes dos recebíveis, existem indicações de que se situam consideravelmente abaixo do crédito bancário. O Gráfico 16 reproduz a distribuição de freqüência das taxas de retorno observadas no mercado secundário de debêntures na primeira quinzena de maio de 2004, cuja remuneração é referenciada ao CDI, divulgadas pela primeira vez pela Andima:

GRÁFICO 16
RENTABILIDADE DE DEBÊNTURES
(ATRELADA AO CDI) NO MERCADO SECUNDÁRIO

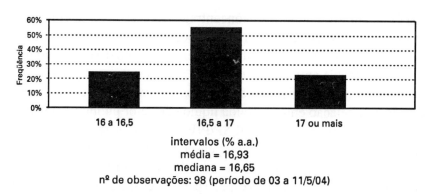

intervalos (% a.a.)
média = 16,93
mediana = 16,65
nº de observações: 98 (período de 03 a 11/5/04)

FONTE: Andima.

Alguns dados extraídos de prospectos de emissões recentes indicam que os custos de emissão, coordenação, colocação e garantias não devem ultrapassar 2% do valor emitido, pelo menos para operações da ordem de R$ 100 a R$ 150 milhões. Esse valor é considerado escala mínima de operações de securitização, de modo a diluir os custos fixos associados à emissão – inclusive publicação de editais, serviços advocatícios etc.

ALGUMAS CONCLUSÕES

Os elementos apresentados anteriormente permitem destacar algumas observações finais:

1) O grande desafio atualmente enfrentado pela economia brasileira é o de criar condições favoráveis e estimulantes à realização de investimentos privados, essenciais para a retomada do crescimento sustentado, dada a reconhecida limitação da capacidade de investir do setor público;

2) Nas atuais circunstâncias, não obstante a relevância de se manter a política macroeconômica que sustente expectativas de uma queda continuada da taxa de juros, a ação prioritária e urgente é fazer uma opção clara e inequívoca pelo investimento privado, mediante a construção das condições que consolidem a confiança dos investidores no ambiente regulatório e no crescimento do país, e promovam um salto positivo nas condições de financiamento.

3) O debate recente tem se concentrado excessivamente em torno da taxa de juros e não pode ignorar alguns pontos importantes:
a) Além da queda da vulnerabilidade externa, cujo desempenho recente revela tendência animadora, uma redução consistente da taxa de juros requer a diminuição dos riscos associados à solvência da dívida pública, indicada pela relação entre a dívida líquida do setor público e o PIB.
b) A queda do coeficiente DLSP/PIB, somente será obtida se o PIB vier a crescer o suficiente para compensar a diferença entre a taxa real de juros aplicável à DLSP e a meta do superávit primário econômica e politicamente viável; desse modo o espaço para obter simultaneamente a retomada do crescimento, a redução da carga da dívida pública e da vulnerabilidade externa é limitado e depende crucialmente de uma combinação favorável entre o crescimento do PIB, taxas de juros da dívida pública e superávit primário.
c) A queda da taxa básica de juros é condição necessária mas não será suficiente para reduzir o custo do crédito bancário de modo acentuado no curto prazo, dada a rigidez dos fatores que sustentam o elevado *spread* bancário; por outro lado, com exceção dos recursos da poupança, que podem ser alocados para o crédito imobiliário, o perfil dos recursos captados pelo sistema bancário é de curto prazo, não adequado para promover ope-

rações de médio e longo prazos requeridas para o financiamento de investimentos.

4) A experiência internacional mostra que países com sistemas financeiros desenvolvidos crescem mais; desde meados da década de 1980 tem aumentado fortemente a importância do mercado de capitais no financiamento do setor privado, mediante o suprimento de recursos de capital de risco (ações) e de empréstimo, destacando-se aí o papel de financiamentos de longo prazo de investimentos e habitação, mediante securitização de recebíveis, e o direcionamento de recursos para empresas emergentes e de fronteira tecnológica; com o desenvolvimento do mercado de derivativos foram criados instrumentos eficazes para distribuição e gestão de riscos.

5) Desse modo, existem razões para acreditar que o suprimento de recursos em condições e custos competitivos para financiar a retomada e sustentação do crescimento da economia brasileira somente poderá ser assegurado com a utilização dos instrumentos e mecanismos do mercado de capitais.

6) O mercado de capitais brasileiro tem capacidade de assumir posição de liderança no suprimento de recursos para o financiamento do crescimento:

a) O volume de recursos a serem mobilizados e carreados para os setor privado via mercado de capitais é extremamente relevante; os recursos captados por investidores institucionais hoje (44% do PIB) já é maior que os depósitos bancários (27%) e seu crescimento nos próximos cinco anos (cerca de R$ 300 bilhões a preços de dezembro de 2003) deverá ser integralmente destinado ao financiamento do setor privado, média anual equivalente a 18% da formação bruta de capital fixo, ainda que se mantenha (e não se reduza, como planejado) a proporção de dívida pública sobre o PIB.

b) O avanço do ambiente regulatório do mercado de capitais nos últimos dois anos foi muito significativo, tendo sido criados os principais instrumentos e mercados necessários para a mobilização e alocação de recursos para financiar a economia, inclusive projetos de infra-estrutura e habitação; é indispensável agora complementar as condições para o desenvolvimento do mercado secundário de ativos e títulos de dívida privada, mediante a isenção da CPMF nessas transações.

7) A ativação do mercado de capitais permite alavancar também a atuação do BNDES, que poderá utilizar sua reconhecida capacidade de avaliação de projetos para atrair a participação de investidores privados, na forma de capital de risco ou de empréstimo, no financiamento de projetos que vier a aprovar e nos quais sua participação poderá ser minoritária.

8) A plena exploração do potencial do mercado de capitais e do sistema financeiro em geral para acelerar o crescimento econômico requer avanços institucionais análogos aos requeridos para a retomada dos investimentos privados, especialmente aqueles focados em duas direções:

a) Implementação de reformas microeconômicas e ações governamentais visando a assegurar a proteção à propriedade e o cumprimento de contratos.

b) Reforma tributária e burocrática que crie condições favoráveis e competitivas à economia formal e permita incorporar a enorme parcela da economia hoje operando de modo ineficiente em condições de informalidade, mediante a redução das alíquotas dos impostos e ampliação da base de tributação.

ANEXO 1
EMISSÃO DE AÇÕES COMO PROPORÇÃO DA FORMAÇÃO BRUTA DE CAPITAL FIXO
(1996)

País	Emissão de ações sobre formação bruta de capital	País	Emissão de ações sobre formação bruta de capital
África do Sul	0,30	França	0,05
Holanda	0,18	Hungria	0,05
Estados Unidos	0,17	Quênia	0,05
Reino Unido	0,17	Alemanha	0,04
Austrália	0,15	Bahrain	0,04
República Tcheca	0,15	Coréia	0,04
Chile	0,14	Noruega	0,04
Malásia	0,14	Sri Lanka	0,04
Índia	0,11	Turquia	0,04
Jordânia	0,11	Dinamarca	0,03
Nova Zelândia	0,10	Finlândia	0,03
Omã	0,10	Grécia	0,03
Canadá	0,09	Irã	0,03
Eslovênia	0,09	Israel	0,03
Marrocos	0,09	Portugal	0,03
Suécia	0,09	Bangladesh	0,02
Filipinas	0,08	Itália	0,02
Indonésia	0,08	Peru	0,02
Nigéria	0,08	**Brasil**	**0,01***
Gana	0,07	Áustria	0,01
Paquistão	0,07	México	0,01
Tunísia	0,07	Polônia	0,01
Bélgica	0,06	Bulgária	0,00
Tailândia	0,06	Eslováquia	0,00
Zimbábue	0,06	Panamá	0,00
Colômbia	0,05	Uruguai	0,00

Carvalho, A. G. (2000). "Ascenção e declínio do mercado de capitais no Brasil. A experiência dos anos 90." In: *Estudos para o desenvolvimento do mercado de capitais*, Bovespa, junho/2000, pp. 24-47.

* Exclui emissão do Banco do Brasil no valor de US$ 8 bilhões.

FONTE: Rajan, Raghuram G. & Zingales Luigi (1999).
FONTES PRIMÁRIAS: FIBV e FMI (International Financial Statistics).

ANEXO 2
AVANÇOS RECENTES NA SUPERAÇÃO DOS OBSTÁCULOS AO DESENVOLVIMENTO DO MERCADO DE CAPITAIS BRASILEIRO

1. Taxa de juros

• Política fiscal conservadora e geração de superávits primários criam condições para queda consistente da taxa de juros.
• Meta de redução de dívida pública: expectativa de liberação de recursos para o setor privado.
• Superávit comercial reduz vulnerabilidade externa e contribui para redução do risco-país.

2. Proteção a investidores

• Nova lei das S.A.
• Novo mercado Bovespa.
• Comitê de arbitragem (decisão do STF).
• Divulgação e uso de informações – fato relevante.
• Nova disciplina e procedimento de ofertas públicas de compra.
• Gestão de recursos, governança, transparência em investimentos institucionais: EFPCs, EAPCs, Fundos mútuos (CMN, SPC, SUSEP).
• Auto-regulação: Bovespa, Anbid, Andima, Abrapp, IBCG, IBRI.

3. Tributação

• Emenda 37/2002: eliminou a CPMF de transações com ações e índices de ações em bolsa; operações de securitizadoras e de créditos imobiliários.
• Criação das contas de investimento a partir de agosto de 2004; transferências entre aplicações financeiras ficarão isentas da CPMF.

4. Organização de mercados e instrumentos

• Leis e reforma da previdência: instituidores de fundos de pensão, previdência complementar para funcionários públicos.

• Mercado de renda fixa: criação e operação do Bovespa Fix mercado destinado à negociação de ativos de renda fixa, inclusive quotas de fundos de investimento, nos mesmos moldes das ações.
• Sistemas desenvolvidos pela Cetip no mercado de renda fixa.
• Debêntures padronizadas – avanço fundamental para formação de preços e desenvolvimento de liquidez no mercado secundário (CVM).
• Leilão de *bookbuilding* – Cetip.
• Leilão de *bookbuilding* – Bovespa.
• Formador de mercado (*market-maker*).
• Fundos de investimento em direitos creditórios (FDIC).
• Fundos de investimento em participações (FIPs).
• Criação da Timbre – mercado de Cessão de Direitos Creditórios (Andima).
• Criação da Cédula de Crédito Bancário e o Certificado de Cédula de Crédito Bancário.
• Operações de derivativos de créditos por instituições financeiras.
• Centralização da regulamentação e fiscalização de fundos de investimentos (renda fixa e variável) na CVM.
• Auto-regulação: proposta de Comitê Brasileiro de Normas Contábeis.
• Desenvolvimento dos mercados secundário de títulos de dívida e outros instrumentos.
Novas medidas cuja adoção deverá ser formalizada brevemente:
• Nova Lei de Falências.
• Registro e exigências diferenciadas – conforme tamanho da empresa e tamanho e tipo de emissão (CVM).

5. Obstáculos culturais

• Programas da Bovespa – popularização do mercado de ações.
• Criação da INI – Instituto Nacional de Investidores.

6. Definição de prioridade

• Criação do Grupo de Trabalho do Mercado de Capitais e da Poupança de Longo Prazo (agosto de 2003).

REFERÊNCIAS BIBLIOGRÁFICAS

ARRUDA, Mauro (2003). "Financiamento das micro e pequenas empresas pelo mercado de capitais", em ROCCA, C. A. (org.). *Estudos Ibmec 3: Soluções do mercado de capitais para o crescimento sustentado.* José Olympio Editora, Rio de Janeiro.

BELAISCH, Agnès (2003). "Brazilian Banks Compete?", IMF, Working paper WP/03/113.

BONOMI, Claudio A. (2004). "A PPP poderá ser financiada por *Project Finance?*", em ROCCA, C. A. (org.). *Estudos Ibmec 3: Soluções do mercado de capitais para o crescimento sustentado.* José Olympio Editora, Rio de Janeiro.

CLAESSENS, Stijn. "Corporate, 2000", em *Governance Reform Issues in the Brazilian Equity Markets.* Mimeo.

CRANE, D.B. e outros (1995). *The Global Financial System: a Functional Perspective*, Harvard Business Press. Boston.

GARCIA, René (2003). "Resumo de apresentação no II Encontro Codemec", em ROCCA, C. A. (org.) (2004). *Estudos Ibmec 3: Soluções do mercado de capitais para o crescimento sustentado.* José Olympio Editora, Rio de Janeiro.

GIAMBIAGI, F. (2003). "Um cenário para a economia brasileira com permanência da austeridade fiscal e redução da vulnerabilidade externa." BNDES, texto para Discussão n. 98, abril.

GREENSPAN, Alan (1999). "As lições da crise global de 1997 e 1998", em *O Estado de São Paulo*, 03/10/1999, p. B-11.

LEVINE, R. (1997). "Stock Markets: a Spur to Economic Growth", em *Finance and Development*, março.

_____. "Financial Development and Economic Growth: Views and Agenda", em *Journal of Economic Literature*, n. 35 p. 688-726, junho.

MUSSNICH, Francisco A. M. (2003). "Algumas questões jurídicas", em ROCCA, C. A. (org.) (2004). *Estudos Ibmec 3: Soluções do mercado de capitais para o crescimento sustentado.* José Olympio Editora, Rio de Janeiro.

NAKANE. Marcio I. (2003). "Concorrência e *spread* bancário: uma revisão da evidência para o Brasil". *Site* da Febraban (www.febraban.org.br).

NVCA (National Venture Capital Association), *site*: www.nvca.org.

RIBEIRO, Fernando J. e MARKWALD, Ricardo (2002). Nota técnica Funcex, agosto, *site*: www.funcex.com.br.

RISK OFFICE (2004). "Investidores institucionais e o financiamento do crescimento", São Paulo, *site*: www.riskoffice.com.br.

ROCCA, C. A. (2001). *Estudos Ibmec 1: Soluções para o desenvolvimento do mercado de capitais brasileiro*, José Olympio Editora, Rio de Janeiro.

_____. (org.) (2004). *Estudos Ibmec 3: Soluções do mercado de capitais para o crescimento sustentado.* José Olympio Editora, Rio de Janeiro.

ROZENTAL, Nelson (2003). "Private equity e os fundos de pensão", apresentação feita no II Encontro Codemec, *site*: www.ibmec.org.br.

Importância do mercado de capitais para o desenvolvimento econômico sustentado

*Jorge Mattoso**

---
* Presidente da Caixa Econômica Federal.

SEM DÚVIDA, o tema deste painel ("O crescimento sustentado precisa do mercado de capitais"[1]) é de fundamental importância para a construção de um Brasil mais próspero, justo e digno para todos os brasileiros.

Um Brasil que seja capaz de reduzir sua histórica e imensa dívida social e caminhar para formar uma sociedade que deixe de ter uma das piores distribuições de renda do mundo.

Para construção desse novo Brasil, precisamos definir, através de um amplo diálogo, as ações capazes de conduzir o Brasil a uma trajetória de crescimento econômico sustentável.

Antes de mostrar o que a Caixa Econômica Federal tem feito para estimular o mercado de capitais brasileiro, desejo tecer algumas considerações sobre as prováveis razões para o Brasil ainda não ter desenvolvido um mercado de capitais à altura das necessidades da nossa economia, bem como sobre a possibilidade de conseguirmos alcançar esse objetivo no médio prazo.

Todos concordam que o crescimento sustentado de uma economia está estreitamente vinculado às condições de financiamento nela vigentes.

De fato, várias teorias e evidências empíricas indicam a correlação positiva existente entre condições adequadas de financiamento às atividades produtivas e taxas de crescimento econômico.

Portanto, qualquer país que deseje ingressar em uma trajetória de crescimento sustentável e ampliar o seu espaço no mercado internacional deve procurar aperfeiçoar as condições da oferta de financiamento de longo prazo da sua economia.

---

[1] Trata-se do terceiro painel o XVI Fórum Nacional (2004). (Nota do Organizador).

Como todos sabem, essa é uma deficiência histórica do Brasil.

O governo do presidente Lula está comprometido em reverter essa situação e, para tanto, busca encontrar caminhos que finalmente dotem o Brasil de um sistema financeiro privado, tanto via sistema bancário quanto via mercado de capitais, apto a fornecer crédito de longo prazo.

Como mostraram o ministro Guido Mantega e o professor Carlos Lessa antes de mim, várias são as iniciativas do governo para atingir esse objetivo.

Ressalto, mais uma vez, que entre elas está o estímulo e o aprimoramento do mercado de capitais brasileiro.

Certamente são vários os fatores macro e microeconômicos que travam o progresso desse mercado no Brasil.

Todavia, é inegável que o principal deles está na instabilidade macroeconômica gerada pelo alto endividamento do setor público e pelas fragilidades externas do país, as quais, infelizmente, se acumularam na segunda metade dos anos 1990.

Logo, a primeira medida para estimular o mercado de capitais é exatamente criar condições para a redução da crônica instabilidade econômica do país, o que significa apontar para a diminuição da relação dívida pública/PIB e para a expansão de nossas exportações.

Consolidado o novo contexto macroeconômico, teremos a ampliação da confiança em uma trajetória de crescimento econômico, o que irá contribuir para diminuir o grau de volatilidade dos preços dos ativos financeiros, reduzir o viés para aplicações de curto prazo e, portanto, estimular o mercado de capitais.

Ações da Caixa

Confiante na trajetória do Brasil para essa nova conjuntura econômica e institucional favorável à expansão do mercado de capitais, a Caixa tem trabalhado nos últimos meses para desenvolver e consolidar novos títulos e mercados de dívida, especialmente aqueles que possam se constituir em fontes alternativas de recursos para os investimentos em habitação e saneamento.

Um exemplo disso são as operações de securitizações imobiliárias, forma encontrada para reciclar os recursos já aplicados no setor imobiliário e para, assim, auxiliar no desenvolvimento do sistema de financiamento imobiliário (SFI).

Atualmente, a Caixa é a única instituição financeira a originar créditos no âmbito do SFI com a possibilidade de securitização.

Ou seja, a Caixa gera os contratos habitacionais padronizados necessários para a montagem de operações de securitização que dão origem a Certificados de Recebíveis Imobiliários (CRI) atrativos a investidores e gestores de recursos de longo prazo (fundos de previdência aberta e fechada, seguradoras, fundos de capitalização etc.).

Ao adquirirem os CRI, tais investidores estão fornecendo recursos para a concessão de novos financiamentos imobiliários através do SFI. E a Caixa contribuindo para o crescimento do mercado doméstico de securitização.

Mas a Caixa tem também procurado abrir o mercado de capitais lastreado em ativos privados para os pequenos aplicadores, os chamados "investidores de varejo".

Esse é o caso de fundos de investimento imobiliário, tal como o Fundo de Investimento Imobiliário Almirante Barroso, lançado no início de 2003.

Com um patrimônio de R$ 104,8 milhões e a exigência de aplicação mínima de R$ 1 mil, as cotas foram vendidas em apenas 75 dias através da rede de agências da Caixa.

O grande desafio é criar e aprofundar os mercados secundários para os certificados de recebíveis imobiliários e para as quotas de fundos de investimento imobiliário. Para isso, a Caixa tem trabalhado em parceria com Cibrasec e Bovespa.

Assim, buscando incentivar o desenvolvimento de um mercado secundário líquido e transparente, a Caixa registrou as cotas do Fundo Imobiliário Almirante Barroso no ambiente de negociação da Sociedade Operadora do Mercado de Ativos (Soma) da Bovespa, possibilitando a negociação diária das cotas. A procura no mercado secundário por essas cotas foi tão grande que as cotas foram vendidas com ágio.

O sucesso do fundo Almirante Barroso reforçou a disposição da Caixa em estimular o mercado de papéis imobiliários.

Prova disso é o início da distribuição na rede da Caixa de um novo fundo de investimento imobiliário denominado Fundo Torre Almirante, que também será aberto para pequenos investidores.

Diferente do Fundo Almirante Barroso, que foi elaborado e lastreado por imóvel da Caixa, o Fundo Torre Almirante é estruturado pela companhia hipotecária Brazilian Mortgages e lastreado pela locação de 40% do edifício de escritórios de alto padrão Torre Almirante.

O edifício Torre Almirante tem entrega prevista para setembro de 2004. 60% da propriedade permanecerão com a Hines Brasil, incorporadora do empreendimento.

O valor total do fundo é de R$ 104,7 milhões e cada cota também poderá ser adquirida por R$ 1 mil, tornando-se, portanto, acessível também aos pequenos investidores, sejam eles clientes ou não da Caixa.

Ao democratizar o acesso dos pequenos investidores aos papéis imobiliários, a Caixa segue o que já faz ao democratizar o acesso ao sistema bancário para as pessoas de baixa renda, vide o enorme sucesso das contas Caixa Aqui.

Outro exemplo de incentivo da Caixa para a criação de produtos e instrumentos financeiros capazes de contribuir para o desenvolvimento do mercado financeiro brasileiro é o Fundo Caixa Brasil Construir.

Lançado à luz do Programa de Incentivo à Implementação de Projetos de Interesse Social (PIPS), através do Fundo Brasil Construir, a Caixa articulou, de forma pioneira e segura, em um único processo, operações imobiliária, financeira e de crédito.

Foram captados R$ 106 milhões junto a investidores privados, principalmente institucionais, que estão financiando a construção de 1.694 imóveis residenciais e ampla área comercial no bairro de Itaquera, na cidade de São Paulo.

O sucesso dessa primeira experiência fornece a confiança para a Caixa ampliar a iniciativa em outros estados. Em breve, iremos anunciar mais projetos habitacionais financiados com recursos captados via fundos de direitos creditórios.

A Caixa tem também aperfeiçoado cada vez mais a gestão dos fundos de investimento que administra, tornando-a mais transparente e adequada às necessidades dos investidores.

Em reconhecimento, a Caixa recebeu o duplo A da empresa classificadora de risco Austin Rating por sua excelente administração de ativos de terceiros.

Não surpreende, assim, que após ter subido, em 2003, da sexta para a quinta posição no *ranking* dos administradores de fundos de investimento da Associação Nacional dos Bancos de Investimento (Andib), a Caixa tenha, em abril de 2004, passado a ocupar a quarta posição nesse *ranking*.

Essas são ações diretas da Caixa para estimular o mercado de capitais. Sem dúvida outras poderiam ser citadas.

Ressalto o significativo esforço que a Caixa, como banco comercial e de desenvolvimento urbano, tem feito para elevar a oferta de crédito bancário no Brasil.

De 2002 para 2003, a Caixa ampliou o crédito comercial em 25,3%. Para 2004, a meta é aumentar em mais de 50% e atingir um total de R$ 30 bilhões de concessões.

Nas operações direcionadas para habitação, saneamento e infra-estrutura, de 2002 para 2003 a Caixa elevou em 30% o valor dos empréstimos. Em 2004, o objetivo é contratar mais de R$ 11 bilhões, o que irá significar um crescimento superior a 60% em relação ao efetivado no ano passado.

Saliento que a Caixa tem realizado tal expansão de crédito seguindo todos os critérios da boa gestão de risco. Aliás, o aperfeiçoamento, nos últimos meses, dessa gestão tem proporcionado maior agilidade na avaliação das solicitações de crédito em todas as modalidades e também ampliado, substancialmente, suas taxas de aprovação.

Enfim, a Caixa é uma instituição financeira pública cada vez mais sólida e eficiente e tem dado importantes contribuições para o desenvolvimento econômico e social do nosso país, inclusive por meio de suas ações favoráveis ao fortalecimento do mercado de capitais doméstico.

O Banco do Nordeste e o mercado de capitais

*Roberto Smith**

---
* Presidente do Banco do Nordeste do Brasil S.A. Professor da Universidade Federal do Ceará.

EXISTEM EVIDÊNCIAS suficientes de que um sistema financeiro desenvolvido provoca impactos positivos na economia. Assim, o aprofundamento e alargamento do sistema financeiro proporcionam condições favoráveis para o aumento da produtividade, a acumulação de capital, o aumento de poupanças e investimentos e o crescimento econômico.

"Schumpeter, em 1912, já destacava o papel dos bancos no financiamento das inovações tecnológicas. Em 1969 John Hicks fez referência a que a Revolução Industrial teve que esperar pela revolução financeira, pois somente com o surgimento do mercado de capitais foi possível financiar projetos de longa maturação e de capital intensivo com liquidez."[1]

Estudos empíricos apontam uma relação entre crescimento econômico e desenvolvimento financeiro. Existem dois conceitos associados a esse debate. O primeiro deles, o de *demand following,* admite que instituições e serviços financeiros são criados na medida da necessidade de recursos para proporcionar o desenvolvimento, ou seja, o sistema financeiro cresce com a economia, mas pode restringi-lo, caso seja mal utilizado. O segundo, em termos de *supply leading* admite que o desenvolvimento pode ser induzido através da criação de instituições financeiras e fornecimento de serviços financeiros adequados.

Na verdade, é comum uma interação entre esses dois processos, onde se observa em alguns casos que, antes de ocorrer o crescimento sustenta-

---

[1] Andrezo, Andréa Fernandes e Lima, Iran Siqueira, *Mercado financeiro – aspectos históricos e conceituais*, São Paulo, Pioneira-FIPECAFI/USP, 1999, p. 15.

do dos setores modernos da economia, deve haver uma indução a esse crescimento do tipo *supply leading*. Porém, a partir do crescimento econômico real o sistema financeiro deve assumir uma gradual e crescente importância nos moldes de *demand following*.[2]

O retardamento do desenvolvimento financeiro brasileiro costuma ser atribuído basicamente à vigência de dois decretos de 1933: a Lei da Usura, que estabelecia o teto máximo das taxas de juros em 12% ao ano; e a Lei da Cláusula-Ouro, que vedava a celebração de contratos em outra moeda que não a nacional.[3] Todavia, as razões deste atraso são mais amplas do que aquelas de ordem normativa.

Na evolução histórica do mercado financeiro brasileiro o marco de referência situa-se na década de 1960 em que houve a promulgação da Lei da Reforma Bancária e da Lei do Mercado de Capitais evidenciando ações típicas de *supply leading*, buscando atingir crescimento econômico por meio da criação de novas instituições financeiras, produtos e serviços.

É sabido que a existência de fundos públicos e previdenciários que não propiciavam a alavancagem de um mercado de capitais representou uma oportunidade perdida. Esses fundos públicos seriam desvirtuados, como contraponto à não maturidade de um mercado de capitais no país. Para José Luís Fiori o *nacional desenvolvimentismo* foi sempre um pacto das elites, de natureza conservadora, que face às suas próprias debilidades impulsionava o Estado num processo de "fuga para a frente", gerando uma estrutura produtiva altamente desenvolvida, deixando para trás duas questões básicas não resolvidas: a falta de sustentação tecnológica e financeira, notadamente de estruturas de financiamento de longo prazo.

É importante, no entanto, ressaltar que o financiamento de longo prazo na economia brasileira, praticamente sempre teve como fundamento o seu desenvolvimento a partir de agências estatais, em que se destacam o Banco do Brasil, o Banco Nacional de Desenvolvimento Econômico e Social e o Banco do Nordeste do Brasil, dentre outros bancos regionais ou mesmo estaduais.

O Banco do Nordeste do Brasil S.A. foi criado em 1952, com o objetivo de fomentar empreendimentos produtivos que promovessem o desen-

---

[2] Op.cit. p. 20.
[3] Lei da Usura: Decreto nº 22.626, de 7 de abril de 1933. Lei da Cláusula-Ouro: Decreto nº 23.501, de 27 de novembro de 1933.

volvimento econômico da Área do Polígono das Secas, através de operações habituais de corretoras e bancos ou sociedades de investimentos tais como a emissão de títulos de renda fixa ou variável.

Em 1959 foi criada a Superintendência de Desenvolvimento do Nordeste (Sudene) e instituído um conjunto articulado de estímulos fiscais, creditícios e financeiros, operados em conjunto com o BNB, para investimentos pelo setor privado na região Nordeste. Inicialmente, privilegiava o setor industrial com a concessão de empréstimos subsidiados, isenção de impostos e taxas de importação de equipamentos, mais tarde estendida ao imposto sobre produtos industrializados, e a isenção e redução do imposto de renda.

A aprovação do I e do II Plano Diretor do Desenvolvimento do Nordeste, em 1961, e 1963, introduziu o que viria a ser conhecido como "Sistema 34/18". Embora tenha propiciado o aumento da captação de poupança extra-regional para investimentos produtivos no Norte e Nordeste, esse mecanismo deu margem a uma série de distorções que o comprometeram. Um dos principais motivadores do fracasso do sistema foi a paulatina perda de recursos para outros setores e regiões. A escassez na oferta desses recursos, agravada pelas incontroláveis comissões cobradas na sua intermediação para as empresas beneficiárias, levou o governo federal a editar o Decreto-Lei nº 1.376/74, que criou o Fundo de Investimento do Nordeste (Finor), o Fundo de Investimento da Amazônia (Finam) e o Fundo de Investimentos Setoriais (Fiset).

Procurava-se com o novo mecanismo garantir o equilíbrio entre oferta e procura dos incentivos, de forma que se assegurasse o cumprimento dos cronogramas dos projetos. Esperava-se, também, criar as bases para o surgimento e a organização de um mercado regional de títulos incentivados auto-sustentável no futuro. De fato, o novo sistema melhorou o desempenho dos incentivos regionais, mas também não foi capaz de proporcionar o desejado equilíbrio orçamentário.

Em 1991, a Lei nº 8.167 introduziu uma série de alterações no sistema, sendo a mais importante a que previa a aplicação dos recursos sob a forma de debêntures, conversíveis ou não em ações, como forma de possibilitar a realimentação dos fundos.

Em 2000, foi editada a Medida Provisória nº 2.058, alterando a legislação dos incentivos fiscais, e, em 2001, foi editada a Medida Provisória nº 2.146, que extinguiu a Sudene e revogou a possibilidade de opção pelo Finor, mantendo-a apenas para aqueles investidores que já a tivessem exercido.

O BNB, na qualidade de agente financeiro do Finor, mantém as responsabilidades essenciais tais como: administrar a sua carteira de ações e debêntures, as aplicações em projetos próprios e o sistema de cotas escriturais; realizar os leilões de ações das suas carteiras; e promover o seu acompanhamento contábil e gerencial.

A atuação do BNB como banco operador do sistema Finor foi sem dúvida sua principal ação no mercado de capitais. Até abril de 2004 haviam sido realizados 214 leilões especiais de títulos da carteira do Finor. Considerando somente os últimos dez anos o Finor negociou o equivalente a US$ 1,5 bilhão através de seus leilões especiais.

Outras ações de apoio a investimentos, via mercado de capitais, em empresas da região, entretanto, foram empreendidas pelo BNB, com recursos decorrentes de suas operações de tesouraria e de utilização de incentivos próprios da empresa, resultando na operação, por bastante tempo, de uma carteira própria de títulos e valores mobiliários.

Exemplo dessa participação foi aquela realizada no âmbito da Resolução 184, do Conselho Monetário Nacional que reduziu o recolhimento compulsório das instituições financeiras em 0,5%, desde que igual produto fosse aplicado em ações e debêntures conversíveis em ações de pequenas e médias empresas.

Como programa interno de desenvolvimento da pequena e média empresa e do mercado de capitais, o BNB também manteve por um período superior a dez anos o Fundo de Investimentos Diretos. O FID resultava de aplicação de um percentual de até 15% dos resultados líquidos do Banco, na forma de destinação de parte de seu lucro, mediante aprovação de seu Conselho de Administração, para o desenvolvimento do mercado de capitais.

Com o advento do programa nacional de desestatização que obrigou o depósito das participações minoritárias detidas por empresas estatais (exceção para o BNDES, o BB-BI e o IRB) junto ao Fundo Nacional de Desestatização, gerido pelo BNDES, as participações do BNB foram sustadas e transferidas para aquele fundo.

O BNB também proporcionou a participação de investidores da região em lançamentos de empresas ao mercado tais como Petrobras, Usiminas e Copene, dentre outras, participando como *underwriter* em vários desses processos, promovendo a distribuição e a possibilidade de subscrição primária através de sua rede de agências.

Durante sua última administração o BNB viu desmontada a sua estrutura voltada para investimento e desenvolvimento do mercado de capitais propriamente dito. Nesse período, limitou a sua atuação à concessão de crédito de longo prazo, decorrentes da operacionalização de programas no âmbito do FNE em benefício de pequenos e médios empreendimentos instalados na região Nordeste.

A atual administração procura resgatar a função de "banco de investimento" do BNB, mediante a condução de projetos voltados para o desenvolvimento da cultura empreendedora e de capital de risco regionalmente.

Exemplo dessa ação é o Programa de Reforço das Capacidades dos Empresários e Modernização da Gestão Empresarial no Nordeste do Brasil, desenvolvido em conjunto com o BID, através do Fundo Multilateral de Investimentos – Fumin, além de outros co-executores.

Este programa trabalha com três componentes complementares entre si. O primeiro refere-se ao investimento, por parte do BNB, do BID/Fumin, e outros investidores no Nordeste Empreendedor – que é um Fundo Mútuo de Investimentos em Empresas Emergentes, na forma de capital de risco. O segundo e terceiros componentes prevêem uma assistência técnica para facilitar a fase de pós-incubação e, em geral, a primeira expansão das empresas, através da capacitação de empresários e a formação de redes de apoio empresarial, contribuindo, assim, para criar um ambiente mais propício ao desenvolvimento do capital de risco.

O Fundo de Capital de Risco tem um patrimônio comprometido de R$ 36 milhões destinados a investimentos em valores mobiliários de emissão primária de empresas emergentes, com sede social na região Nordeste, com faturamento líquido anual ou volume de ativos inferior a R$ 12,5 milhões. Essas empresas devem apresentar condições de significativo crescimento, lucratividade e observar as normas relacionadas ao meio ambiente e à segurança do trabalho. A Pactual Asset Management é a administradora da carteira de investimentos. Esta iniciativa deverá promover um efeito demonstração, funcionando como piloto para atrair investimentos semelhantes para empresas situadas na região Nordeste, quer seja mediante aumento de seu patrimônio comprometido, quer pela constituição de outros fundos com a mesma finalidade.

Os componentes de assistência técnica do programa contam com recursos da ordem de US$ 1,5 milhão e se realizam em Salvador (BA), Fortaleza (CE) e no Recife (PE), sendo executados sob a responsabilidade do Banco do Nordeste, com apoio da Universidade Federal de Pernambuco, do Centro de Estudos e Sistemas Avançados de Recife (Cesar), da Universidade Federal do Ceará, do Instituto de Software do Ceará (Insoft) e do Núcleo Regional da Bahia do Instituto Euvaldo Lodi (IEL).

Estes componentes do programa prevêem a realização de atividades tais como: sensibilização e formação de empresários e agentes financeiros do mercado acerca do capital de risco; apoio à experiências das incubadoras, reforçando os programas de apoio ao desenho de planos de negócio; implantação de cursos especializados de gerência, empreendedorismo e capital de risco, nas universidades; suporte à criação de redes de apoio e investimento empresarial constituídas por empresários experientes, como "tutores de negócios" (*business angels*), dispostos a dedicar uma pequena parte de seu tempo e ou de seu capital aos empresários menores que sejam dinâmicos e inovadores.

A nova direção do BNB que assumiu em 2003 se deparou com um quadro onde as ações do Banco não estavam voltadas para o investimento efetivo de recursos na região. Foi necessária, portanto, uma ação emergencial para redirecionar as atividades do banco de acordo com as diretrizes de governo e interação com o mercado.

Percebeu-se, então, a necessidade de criar meios para ampliar a atuação do banco, permitindo-lhe atuar em áreas diversas das que vinha operando ultimamente. Assim, sem deixar de operar com o crédito às micro e pequenas empresas, passou-se a trabalhar também com as médias e grandes empresas, atuando no curto, médio e longo prazos. Aliás, é bom lembrar que a atuação do banco como um financiador de projetos de longo prazo representa uma atuação como Banco de Investimento e, portanto, como um agente ativo do mercado de capitais.

Nesse sentido, o Banco do Nordeste pretende ampliar sua participação no mercado de capitais, e vir a poder contar com uma subsidiária específica para operar neste segmento do mercado financeiro. Com isso buscará oferecer soluções financeiras diferenciadas e apoiar produtos de investimentos alternativos ao crédito de longo prazo, e sobretudo resgatar funções previstas quando da criação do próprio BNB e extintas ou desestimuladas ao longo das últimas administrações. Além disso, poderá oferecer serviços de assessoria, estruturação e coordenação de emissões de terceiros, tanto no mercado interno quanto em operações de captações externas para empresas nordestinas públicas ou privadas e nos processos de avaliação destas para obtenção de *ratings*.

Outras atividades que podem vir a ser incorporadas à pretendida subsidiária são o desenvolvimento de ferramentas adequadas ao acompanhamento e estruturação de operações societárias, envolvendo subscrições de títulos e abertura/fechamento de capital, bem como conhecer, estruturar e coordenar operações de securitização e de *project finance* no interesse do desenvolvimento regional do Nordeste. Toda essa atuação reveste-se de uma visão complementar à atividade de concessão de crédito e está comprometida com a promoção do desenvolvimento sustentado do Nordeste.

Outra vertente de atuação do BNB diz respeito ao mercado de previdência privada, que aponta para o fortalecimento de um sistema de previdência complementar capitalizada, gerador da poupança necessária a realização dos investimentos na região. Essa visão permite que o BNB fique atento ao papel dos investidores institucionais no processo de formação de poupança interna.

O BNB dispõe, ainda, de instrumentos de apoio diferenciado ao desenvolvimento da região, coerentes com a política produtiva para o Nordeste, ora sendo estruturada, como os Programas Integrados de Desenvolvimento-PID's, as ações de estruturação de cadeias produtivas, as estratégias territoriais tais como os Pólos de Desenvolvimento Integrado, os Arranjos Produtivos Locais, recuperação de áreas irrigadas e irrigáveis, bem como instrumentos destinados ao desenvolvimento da ciência e tecnologia como a destinação de recursos ao Fundo de Desenvolvimento Científico e Tecnológico – Fundeci e as atividades de pesquisa realizadas pelo Escritório de Estudos Econômicos do Nordeste – Etene do Banco do Nordeste.

Estamos deixando para trás as duas décadas perdidas, que envolveram o país numa grande fragilidade financeira, com intenso debate sobre a sua infra-estrutura e base produtiva, que iria requerer do novo governo em 2003 uma conduta sensata e precisa de recuperação dos fundamentos econômicos e financeiros. Como afirmou o ministro Palocci, "uma coisa é retomar a atividade, outra é crescer de verdade. O que queremos é a volta do crescimento sustentado"[4]. O investimento produtivo é o que diferen-

---

[4] Revista *Exame*, Ed. 799, 20 de agosto de 2003, p. 45.

cia uma coisa da outra. O país viveu uma série de avanços importantes nos últimos anos, porém fracassou na tentativa de trazer de volta o crescimento sustentável. E esse tem sido o maior desafio do governo Lula.

Hoje a taxa de investimento fixo do país é baixa, mas já mostra uma expressiva inflexão, e começa a se elevar, requisito indispensável para dar sustentação à expansão da economia. A pergunta relevante tem sido: o que pode ser feito para fazer os investidores retomarem os investimentos? Carlos Lessa tem afirmado que "o investimento privado geralmente se move como uma segunda onda, a partir de sinais dados pelo setor público"[5], o que se torna mais verdade ainda em relação a análise econômica que se faz para o Nordeste do país. Portanto, o governo deve liderar esse processo posicionando-se nos mercados internacionais, incentivando os investimentos nos gargalos de infra-estrutura, e sobretudo dando uma sinalização efetiva em relação à baixa da taxa de juros de longo prazo. Isso envolve, portanto, a necessidade de um reforço à confiabilidade entre os agentes públicos e privados, confiabilidade esta que é a base dos contratos sadios que regem a economia de mercado, o fio de barba de antanho. Nesse sentido não faltam recursos, pois o BNDES e a Caixa Econômica os possuem e o próprio Banco do Nordeste também, recursos para serem investidos em bons projetos no Nordeste recentemente afirmados no programa Cresce Nordeste. Volta a existir uma agenda de política industrial para o país, prepara-se uma política produtiva para o Nordeste. Cartas na mesa, pois.

---

[5] Idem, p. 52.

O mercado de capitais brasileiro e o desenvolvimento recente do mercado secundário

Luiz Chrysostomo de Oliveira Filho[*]

---

[*] Diretor da Anbid e diretor-geral do Banco JP Morgan S.A.

INTRODUÇÃO[1]

O PRINCIPAL OBJETIVO deste artigo é ressaltar os avanços e discussões recentes sobre o mercado de capitais no Brasil, particularmente o tratamento que tem sido dado à liquidez no mercado secundário.

Não se tem notícia de nenhuma nação que tenha atingido níveis satisfatórios de desenvolvimento do seu sistema financeiro, sem uma presença marcante de um mercado de capitais local organizado e líquido.

Sem querer discutir aspectos de natureza macroeconômica (política monetária e fiscal) ou institucionais que possam influenciar o comportamento de um mercado eficiente, dividimos o trabalho em três seções, além desta introdução. Na primeira seção faz-se uma breve análise da evolução do comportamento do mercado de valores mobiliários de renda variável e renda fixa, no período 1999-2003. Na segunda, são listados os avanços regulatórios, liderados pela Comissão de Valores Mobiliários (CVM) nos últimos dois anos. O foco principal são as mudanças que afetam o crescimento dos mercados secundários, principalmente os de renda fixa. Por último, na terceira seção, são apresentados alguns tópicos de discussão e sugestões organizadas pela Anbid (Associação Nacional de Bancos de Investimento), que tem feito um esforço conjunto com outras associações e entidades governamentais no intuito de promover um debate sincero e crítico na mudança dos rumos do mercado de capitais brasileiro.

---

[1] O autor gostaria de agradecer a Luiz Kaufman e Mara Limoge, da Anbid, e a assistência de Guilherme Casrelan e Raquel Solito.

OFERTAS PÚBLICAS NO MERCADO DE CAPITAIS BRASILEIRO (1999-2003)

Nos últimos cinco anos o mercado de capitais brasileiro mostrou-se tímido e com uma forte tendência à estagnação.

As estatísticas organizadas pela Anbid apontam claramente, tanto à nível de ofertas públicas de renda variável como de renda fixa, para um nível decrescente de atividade, seja analisando-se pela ótica do valor total de transações, seja pelo número de operações realizadas.

É verdade que nos últimos cinco anos o Brasil tem vivido momentos de alta volatilidade, tendo experimentado situações de elevada desvalorização cambial (1999 e 2002), altas taxas de juros e de baixo crescimento do Produto Interno Bruto.

Quando observamos o comportamento das ofertas públicas de renda variável percebemos a quase inexistência deste mercado, sobretudo quando levamos em conta o tamanho da economia brasileira. Entre 1999 e 2003, em termos de emissão de novas ações (aumento de capital ou abertura de capital), foram realizados um total de 27 operações, sendo que no ano de 2003 apenas uma (Gráfico 1).

GRÁFICO 1
AÇÕES – AUMENTO DE CAPITAL

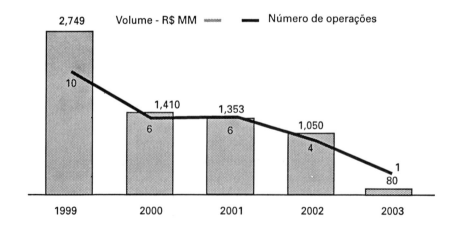

FONTE: Anbid.

O volume total no período sequer atingiu o equivalente em dólar ao montante de US$ 1 bilhão. Em 2003, o volume restringiu-se a R$ 80 milhões ou a menos de US$ 35 milhões.

Quando se consideram as vendas de ações via *block trades*, ou ofertas secundárias, o quadro não difere muito. Os números permaneceram estagnados, exceto nos anos de 2000/2001 quando houve respectivamente 24 e 29 transações. Mesmo assim os volumes (em milhões de reais) são modestos, pouco contribuindo para a ampliação da liquidez no mercado secundário brasileiro (Gráfico 2).

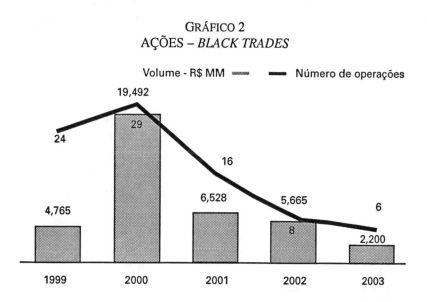

GRÁFICO 2
AÇÕES – *BLACK TRADES*

FONTE: Anbid.

Entre 2000 e 2003, o número de transações reduziu-se em 80%, enquanto em termos de valor total, a redução atingiu 89%.

No mercado de debêntures conversíveis, ou de *convertibles*, a situação é idêntica. Apesar do Brasil poder ser considerado um mercado mais atrativo para esse tipo de produto, dada a alta volatilidade dos juros, raros foram os momentos em que as empresas e os emissores puderam contar com o apetite dos investidores. Neste caso, entre 2002/2003 ocorreram apenas três transações, com um valor total inferior a US$ 40 milhões (Gráfico 3).

GRÁFICO 3
DEBÊNTURES CONVERSÍVEIS

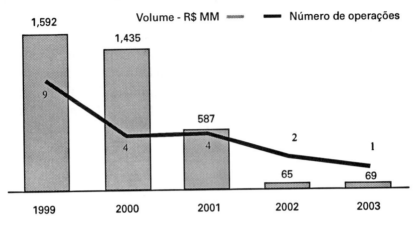

FONTE: Anbid.

A quase completa ausência de um mercado de capitais ativo em renda variável tem alimentado uma contínua desconfiança e desinteresse por parte de investidores. Ainda que não seja a causa única, a timidez desse mercado contribui diretamente para a depreciação dos volumes da Bovespa e a contínua redução do número de empresas listadas em bolsa (Gráfico 4).

GRÁFICO 4
NÚMERO DE EMPRESAS LISTADAS NA BOVESPA

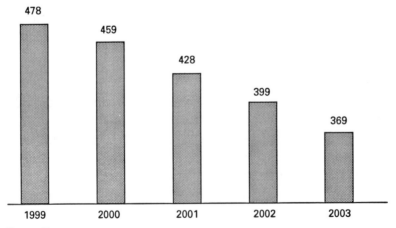

FONTE: Bovespa.

Do ponto de vista do mercado de renda fixa, a tendência das ofertas públicas também não diferiu nos últimos cinco anos. Conforme pode ser visualizado nos Gráficos 5 e 6, os valores totais de debêntures simples (exceção de 2001 e 2002) e o número total de transações permanecem estagnados. O mesmo raciocínio vale quando se observa o mercado de notas promissórias (curto prazo) ou *commercial papers*. Entre 1999 e 2003, as transações reduziram-se de 65 para 12, enquanto os volumes negociados em milhões de reais caíram para 25% do volume inicial em 1999.

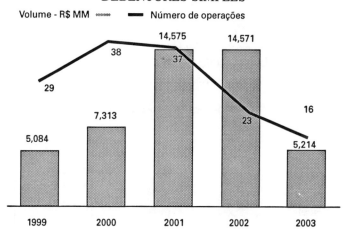

GRÁFICO 5
DEBÊNTURES SIMPLES

FONTE: Anbid.

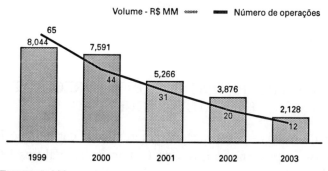

GRÁFICO 6
NOTAS PROMISSÓRIAS

FONTE: Anbid.

Vale ressaltar que concomitantemente com os volumes, os prazos destas operações, em raras ocasiões, significaram alongamento para a dívida dos emissores. Além do mais, parte das transações refletiu algumas vezes um processo de reestruturação de dívida, onde o emissor renegociou seu passivo bancário em troca de outros valores mobiliários, não significando, portanto, emissão de dívida nova.

Hoje, dada a dimensão e a preponderância da dívida pública interna, caracterizada por altas taxas de juros, prazos curtos e títulos públicos com alta liquidez, a participação de valores mobiliários de dívida corporativa representa menos de 5% do total hoje alocado nos Fundos de Investimento Financeiro (FIF's) (Gráfico 7).

GRÁFICO 7
TÍTULOS DE DÍVIDA CORPORATIVA X PATRIMÔNIO DO FIF'S
R$ MILHÕES

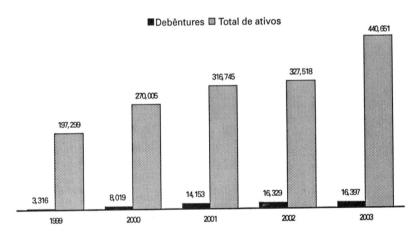

FONTE: Bacen.

AVANÇOS RECENTES NO AMBIENTE REGULATÓRIO E NA AUTO-REGULAÇÃO

Apesar da relativa paralisação do mercado de capitais no Brasil nos últimos anos, o governo, através da Comissão de Valores Mobiliários (CVM), particularmente ao longo de 2003 e 2004, modernizou e regulou uma série de novas regras que afetarão determinantemente o futuro deste mercado.

Dentre os diversos avanços, podemos notar aqueles que se destinaram a criar condições para a ampliação do mercado/instrumentos de crédito, e aqueles que visaram diretamente o maior desenvolvimento dos mercados primário e secundário.

No primeiro caso, a publicação das Instruções 391 e 393 de julho de 2003, contribuiu não só para modernizar, mas sobretudo introduzir a possibilidade de uma expansão de mecanismos de financiamento via fundos de investimento em participações, ou os investimentos de *private equity* e *venture capital* (Instrução 391).

Já com a Instrução 393, realizaram-se mudanças importantes na regulamentação dos Fundos de Investimento em Direitos Creditórios (FDICS), o que em um curto espaço de tempo já permitiu a constituição e lançamento de uma variedade de fundos.

Com relação aos mercados primário e secundário, vale mencionar os esforços para consolidar as Instruções 400 (dezembro de 2003) e 404 (fevereiro de 2004).

A Instrução CVM 400 revogou as antigas instruções de números 13 e 88 da década de 1980, para introduzir um novo e moderno arcabouço regulatório para as ofertas públicas. Entre outras alterações, a instrução simplificou o processo de lançamento de novos valores mobiliários (Registros de Prateleira), dispensou de registro alguns requisitos, inclusive publicações e prazos de certos procedimentos, bem como permitiu a constituição de uma opção de distribuição de lote suplementar para a instituição intermediária, nas mesmas condições de preços dos valores mobiliários inicialmente ofertados, precisamente, até 15% a mais que o originalmente estabelecido.

Além disso, sobre este lote pode ser acrescido, a critério do ofertante (sem alterações nos termos da oferta), um montante que não exceda em 20% a quantidade inicialmente estipulada (*green-shoe*).

A mesma instrução ainda contribuiu para a melhoria do mecanismo de formação de preços, (determinação de intervalos de preço no processo de *book-building*), e introduziu formalmente o processo de *market-reading*, permitindo a consulta prévia a potenciais investidores, anterior à data da oferta, entretanto limitando o número destes e exigindo confidencialidade e controle da operação.

Com propósitos semelhantes, a Instrução 404, veio também na direção de dar mais transparência e liquidez ao mercado secundário.

Ao criar uma escritura de formato único (debênture padronizada) de dívida corporativa, a 404 facilitou a análise e o registro das emissões.

Tal debênture impôs condições para o emissor, entre outras, a de ter que divulgar uma classificação de risco de crédito; de ter distribuído publicamente outros valores mobiliários (ações, debêntures, bônus de subscrição) nos cinco anos anteriores ao pedido de registro; de estar em dia com a entrega de informações obrigatórias; além de ter que possuir declaração firmada e prova da admissão em bolsa de valores ou em entidade do mercado de balcão organizado.

Com relação também ao mercado secundário, a Instrução ainda passou a exigir que as companhias emissoras contratassem um formador de mercado (*market-maker*), com a finalidade de prover maior visibilidade e liquidez aos títulos. Ou seja, padronizando a estrutura e dando mais incentivo à transparência e liquidez, a CVM contribuiu em muito para aumentar o potencial de distribuição e absorção de dívidas corporativas por parte de um número maior de investidores institucionais e individuais.

Como complemento a esses avanços regulatórios, vale mencionar que o próprio mercado vem tendo uma atuação marcante e contínua no desenvolvimento dos mecanismos de auto-regulação.

A Anbid desde 1998 vem sistematicamente contribuindo para isto. Em 2002 fez aprovar no âmbito da associação o código de auto-regulação para as Ofertas Públicas de Títulos e Valores Mobiliários.

A regulamentação do código aplica-se tanto às ofertas primárias quanto às ofertas secundárias. Ele tornou-se obrigatório para todas as instituições participantes da Anbid ou de signatários do próprio código.

O código estabelece condições mínimas para uma oferta, criando elevados padrões de informação, abordando, em detalhe, nos prospectos, desde a descrição de fatores claros de riscos, informações setorias, análise e comentários da admistração sobre as demonstrações financeiras, até a descrição de pendências jurídico-administrativas, negócios com partes relacionadas e outros elementos.

Através da Comissão de Mercado de Capitais e do Conselho de Auto-Regulação do Mercado de Capitais, com presença não somente de membros da própria Anbid, mas também de outros participantes do mercado de capitais nacional, o código se fez representar, garantindo aos demais membros do mercado, emissores e investidores, um componente adicional de controle de qualidade, transparência, e elevados padrões éticos, o que permite que o mercado se desenvolva com um nível maior de confiança e de responsabilidade.

ALGUMAS PROPOSTAS PARA O AUMENTO DE LIQUIDEZ DO MERCADO SECUNDÁRIO

É sabido que sem um consistente e contínuo crescimento do mercado secundário, dificilmente se conseguirá imprimir uma radical mudança no mercado de capitais brasileiro.

Como visto anteriormente, diversas alterações recentes na legislação, combinado a um melhor ambiente de negociação, (Bovespa Fix, CetipNet e o Somafix) permitem antever uma mudança positiva num cenário futuro.

No intuito de contribuir com o debate, a Anbid vem, conjuntamente com as entidades reguladoras e outros orgãos governamentais, promovendo discussões e elaborando sugestões sobre como imprimir uma maior eficácia à questão.

Separamos, assim, um elenco complementar de idéias em dois níveis diferentes, a saber, aqueles que dependem eminentemente do setor privado (agentes do mercado) e aqueles que necessitam da presença e decisão das autoridades reguladoras.

INICIATIVAS POR PARTE DO MERCADO

Maior diluição da colocação primária

É necessário priorizar por parte das instituições coordenadoras das emissões, um esforço maior de ampliação dos sindicatos nas ofertas primárias, seja de renda fixa ou de renda variável. A ampliação dos sindicatos possibilita não apenas um maior acesso a novos investidores, sejam institucionais, sejam pessoas físicas, como também podem resultar em uma melhor negociação nos mercados secundários pelo natural aumento de *players*.

O grande exemplo recente de sucesso no esforço de pulverização, via a constituição de amplo sindicato, foi a oferta pública em 2002 da emissão de debêntures da Petrobras de R$ 700 milhões, onde só as pessoas físicas adquiriram mais de R$ 50 milhões.

Pesquisa para investidores de renda fixa

Apesar da tradicional cobertura no Brasil por parte dos departamentos de pesquisa dos bancos e corretoras da área de renda variável, é raro o mesmo tipo de esforço acontecer quando se trata de renda fixa.

É condição fundamental para a maior negociação de títulos de dívida corporativa que ocorra de forma periódica a divulgação de relatórios de análise financeira dos emissores (pré- e pós-lançamento), com foco na capacidade de pagamento destes. A circulação destas informações de forma organizada e sistemática auxilia no processo de precificação, cria transparência e amplia a negociação em todos os mercados.

Equipes de distribuição com foco no mercado secundário

Após a recente regulamentação e obrigatoriedade de contratação por parte dos emissores da figura do *market-marker* de renda fixa, faz-se necessário criar uma contrapartida por parte dos demais agentes do mercado envolvidos. Uma das possibilidades seria a maior disciplina das instituições financeiras em treinar e criar equipes que tivessem foco nas negociações de papéis de dívida corporativa, ou do "operador de debêntures", vinculado diretamente às mesas de operação das instituições intermediárias.

Em paralelo ao exposto, sugere-se abaixo um conjunto de ações complementares por parte das autoridades reguladoras.

INICIATIVAS DO GOVERNO

Concessão de prerrogativa de operar vendido

Sensível a esta discussão, o governo recentemente atendeu ao pleito, regulamentando através da Resolução 3.197 do Conselho Monetário Nacional, o direito de operar vendido no caso de títulos de renda fixa privados.

O principal objetivo da proposição, neste caso, foi melhorar a negociação de títulos de dívida corporativa, dada a limitação de só se poder operar a partir de posições compradas, sem a prerrogativa de operar vendido ou a descoberto.

A opção de operar vendido já existia no mercado de renda variável (Bovespa), onde neste caso a liquidação financeira se dá via aluguel de ações em custódia na CBLC (Câmara Brasileira de Liquidação e Custódia).

Neste contexto a Anbid trabalhou em conjunto com as diferentes entidades de registro e liquidação visando remover potenciais entraves que prejudicassem a negociação, criando critérios de ajustes na hipótese de uma das partes decidir operar vendida. As estruturas analisadas levaram em conta sistemas que integravam e garantiam a liquidação de posições, bem como estabeleciam limites de crédito entre as partes.

Redução do peso da alocação de capital das carteiras de trading

O objetivo é incentivar a maior negociação e giro de títulos privados de renda fixa, via a liberação de capital alocado às tesourarias, de acordo com os critérios da Basiléia.

Caso as instituições financeiras respeitassem limites máximos de permanência (exemplo: 90 dias) com o título privado em tesouraria e se responsabilizassem em inserir diariamente ofertas de compra e /ou venda na tela dos sistemas Bovespa Fix ou CetipNet, tais instituições poderiam ter uma redução do capital alocado.

Neste sentido, seria criado uma escala de classificação de risco do Banco Central equivalente aos *ratings* gerados pelas agências Moody's, S&P e Fitch.

Assim, por exemplo, caso um determinado título privado tenha risco medido pelas agências Aaa (Moody's), ou AAA (S&P e Fitch), teríamos a atribuição de risco equivalente A pelo Banco Central. Neste modelo, a instituição financeira contaria com uma redução de 50% do capital alocado. Para riscos inferiores, esta redução de alocação seria reduzida proporcionalmente. Exemplo:

Classificação de risco de crédito	% alocado
A	50%
B	65%
C	80%
Demais*	100%

* Demais poderiam ser riscos inferiores a B1 (Moody's) ou B+ (S&P e Fitch).

Redução de compulsório para liberação de recursos na aquisição de títulos privados para trading

Apesar do grau de sensibilidade do tema proposto, dado seu impacto direto na gestão da política monetária, o volume de recursos potencialmente liberado ocasionaria um efeito permanente nos mercados secundários de valores mobiliários.

Da mesma forma como descrito no item anterior, após fixadas metas de permanência em carteira dos títulos e estabelecidos compromissos de ofertas de compra e venda diários, as instituições teriam acesso a um volume adicional de recursos nas tesourarias, alocado especificamente para o *trading* de dívida corporativa.

Considerando-se uma liberação de 5% do percentual do total de depósitos compulsórios, à vista e a prazo, o impacto direto seria de aproximadamente 24% do total do estoque de debêntures, significando um aumento substancial de liquidez direcionada ao mercado secundário.

Alterações nas formas de tributação

Da mesma forma que no caso anterior, o tratamento das questões tributárias é considerado item delicado, dentro de uma perspectiva maior da necessidade de manutenção de um elevado e contínuo superávit primário das contas públicas.

Entretanto, um dos maiores empecilhos ao desenvolvimento dos mercados secundários é exatamente o peso da tributação.

Dentre os elementos defendidos e discutidos destacam-se alguns relevantes:

1) Alteração na forma de recolhimento de retenção na fonte sobre as aplicações de renda fixa – atualmente o investidor que possuir os títulos na data de pagamento dos rendimentos, será tributado de forma idêntica ao investidor que comprou o papel na data de sua colocação.

2) Incentivos tributários para aqueles que negociem em mercados organizados (de balcão), comparativamente aos mercados não-organizados.

3) Estímulos ao alongamento das aplicações via redução de tributação para todos os tipos de aplicação financeira (criação de uma escala temporal).

4) Estímulos fiscais para empresas que apresentem melhores padrões de governança corporativa.

Cálculos preliminares concluem que o efeito destas mudanças não impactam substancialmente o nível agregado de arrecadação, e introduzem enorme potencial de crescimento nos mercados primário e secundário de capitais.

Por último, gostaria de ressaltar o papel primordial e histórico do BNDES (Banco Nacional de Desenvolvimento Econômico e Social) no estímulo e desenvolvimento do mercado de capitais.

Primeiro como detentor e gestor de uma vasta e diversificada carteira de valores mobiliários de renda fixa e variável. Segundo como criador e fomentador de novos produtos financeiros.

Uma das discussões em curso com esse banco é a criação, conjuntamente com demais agentes do mercado, de um fundo de liquidez. Tal fundo teria como objetivo desenvolver um mercado de valores mobiliários ativo, estimulando a formação de preços e atraindo novos investidores ao mercado.

Incialmente pensado para ter um volume de R$ 1 bilhão, o fundo seria constituído na forma de um fundo fechado com prazo mínimo de vida estabelecido (suficientemente longo). Deveria investir prioritariamente em valores mobiliários de renda fixa emitidos por empresas privadas (não necessariamente), de acordo com níveis aceitáveis de crédito e *rating*, respeitando aspectos de concentração por empresa ou setor, bem como estabelecendo prazos máximos de permanência desses títulos na carteira. A tomada de decisão deveria ser exercida por um comitê de investimento misto entre agentes de mercado e o próprio BNDES.

O BNDES poderia subscrever até o limite de 50% de sua própria participação (parte da subscrição deverá ser feita pelo próprio mercado), em ativos de sua própria carteira de renda fixa. Neste caso a integralização deveria ser feita a preços de mercado. Os recursos resultantes da integralização em dinheiro deveriam ser aplicados em ativos de liquidez diária, devendo ser utilizados para negociação de valores mobiliários de renda fixa disponíveis no mercado de capitais brasileiro.

Os administradores do fundo deverão ser escolhidos entre gestores privados com larga experiência em capital de risco, avaliação e reestruturação de empresas, bem como gestão de risco.

O BNDES estaria assim contribuindo de forma direta na alavancagem de suas próprias participações, permitindo também maior amplitude e visibilidade ao mercado de capitais nacional.

CONCLUSÃO

Nos últimos cinco anos (1999-2003) o mercado de capitais brasileiro permaneceu quase paralisado. Independentemente das razões macroeconômicas e institucionais, observou-se que a ausência de liquidez nos mercados secundários é fonte adicional de perturbação e inibição do seu desenvolvimento.

Entretanto, desde o final de 2002, e mais particularmente ao longo dos últimos 18 meses (2003/2004), os orgãos reguladores, especialmente a Comissão de Valores Mobiliários (CVM) iniciaram uma importante mudança e modernização na legislação.

Essa alteração da legislação combinada a um esforço patrocinado por diversas associações do mercado financeiro, em particular a Anbid, vem contribuindo na construção de uma nova mentalidade junto aos agentes de mercado.

A expectativa é de que a partir de 2004 esta combinação de modernização regulatória, aumento do número de investidores, melhorias no ambiente físico de negociação e participação direta das autoridades governamentais na solução e discussão dos problemas (grupo de trabalho de Mercado de Capitais – Ministério da Fazenda, Banco Central, CVM e Secretaria da Receita Federal), revigore substancialmente a dimensão das ofertas públicas.

Os primeiros meses de 2004 já dão um indício desta transformação.
É esperar para ver.

REFERÊNCIAS BIBLIOGRÁFICAS

DOWERS, Kenroy e MASCI, Pietro (orgs.) (2003). Focus on Capital. New Approaches to Developing Latin American Capital Markets, Inter-American Development Bank, Washington, D.C.

ROCCA, Antônio (org.) (2004). *Soluções do mercado de capitais para o crescimento sustentado*, Ibmec e Editora José Olympio.

A vez do mercado imobiliário: por que não?

*Márcio Fortes**

---

* Presidente da Ademi e presidente do Conselho de Desenvolvimento da ACRJ. Presidente do Conselho Diretor do Inae (Fórum Nacional).

> Há uma série de outros fatores que interferem no desenvolvimento efetivo de um setor produtivo e o mercado de capitais é apenas um deles.

É DESNECESSÁRIO repetir a importância da construção civil para todo o processo de desenvolvimento brasileiro. Particularmente, o caso do nosso Rio de Janeiro talvez seja o mais dramático do país. O arrefecimento no ritmo da construção civil vai além das implicações sociais, atingindo também a segurança pública da cidade, muitas vezes conseqüências das condições de habitação sub-humana e subnormal. Faz parte do conceito de cidadania morar ou não morar dignamente.

A forte influência do setor na geração de emprego é reconhecidamente um importante fator de desenvolvimento econômico. Hoje, as cerca de 450 mil empresas de vários portes que compõem a indústria da construção civil no país, vivenciam uma atividade em declínio, bastante combalida. Os indicadores de consumo de materiais de construção civil pintam um retrato dessa realidade: ao longo de 2003, o consumo de cimento caiu 11% em relação a 2002, que já tinha caído 14% em relação a 2001. Logo, não se constrói no Brasil.

Sem qualquer sentido de crítica ou de pedido de providências, constato que o setor privado produtivo brasileiro não quer mais participar do risco brasileiro. Não se trata apenas da concessão de crédito. Há uma série de outros fatores que interferem no desenvolvimento efetivo de um setor produtivo e o mercado de capitais é apenas um deles. Financiar essa atividade econômica é um dos elos de uma cadeia, da mesma forma que matéria-prima, logística, transporte, fábrica, mão-de-obra, energia, produção, comercialização, porto etc.

A Encol faliu há 11 anos e até hoje existe uma espécie de "síndrome da Encol" que teima em prejudicar empresas que trabalham com seriedade e responsabilidade. A palavra de ordem é "Não se pode repetir o caso da Encol." O fato é que a questão da insegurança jurídica é apontada como a principal causa do não-financiamento. Mas eu aponto outra: a absoluta inadequação do crédito, não só na atividade imobiliária brasileira mas em tantas outras áreas. As emissões de debêntures são descasadas do interesse dos projetos, feitas por cláusulas de reparticipação, de compromissos de recompra, de renovação não-obrigatórias, muitas vezes gerando no curso dos processos a quebra da continuidade de projetos de grande validade.

Não é suficiente apenas o mercado de capitais funcionando. É preciso também adequar a existência dos recursos à efetiva necessidade do processo produtivo, como foi feito, por exemplo, com o caso da exportação. Na abertura deste fórum, o presidente Lula anunciou, fora do seu discurso escrito, que em um ano se exportou US$ 80 bilhões. E se pudesse anunciar que hoje, em maio de 2004, o país alcançou a marca de financiamento da construção da décima milionésima casa nas cidades brasileiras? Ou ainda, falar de um total de cinco milhões de pessoas empregadas formalmente, da mesma forma como foi anunciado o sucesso da exportação?

O que aconteceu na exportação não é fruto do acaso. O assunto foi estudado profundamente tendo em vista a sua vinculação com os fatores macroeconômicos e a dependência da economia brasileira à economia internacional, passando sobre todos os elos da cadeia produtiva. Até aqueles segmentos eficientes sofreram a interferência. Os portos melhoraram? Melhoraram. Por quê? Para melhorar a exportação.

Pergunto: porque não melhoram as questões do desenvolvimento interno, se nem tudo é dinheiro nessa questão? Nossa única parceira é a Caixa Econômica Federal. Lamentavelmente, os instrumentos existentes ainda são inadequados para os desafios que se propõe. Seja para produzir tecido, sapato, gravata, abrir uma loja, comercializar fruta ou qualquer outra coisa, o mercado de capitais não está adequado.

QUINTA PARTE

ECONOMIA DO CONHECIMENTO, CRESCIMENTO E INCLUSÃO SOCIAL: NOVAS DIMENSÕES DA AGENDA DE DESENVOLVIMENTO

O governo Lula e a inclusão social

*Patrus Ananias**

---

* Ministro do Desenvolvimento Social e Combate à Fome.

CONFESSO QUE fiquei um pouco em dúvida sobre se deveria dar ao tema uma abordagem mais teórica, tratando a questão da economia do conhecimento, da articulação e integração do desenvolvimento social com o desenvolvimento econômico, ou se deveria trabalhar de uma forma um pouco mais objetiva, no sentido de apresentar a estrutura, os principais programas do Ministério do Desenvolvimento Social e Combate à Fome. Optei por isso, fazer uma apresentação sucinta do Ministério, que é um Ministério novo, recente, e dos nossos principais projetos, programas e prioridades.

Eu fiquei um período sem mandato desde que saí da prefeitura de Belo Horizonte, em 1997, e nesse período voltei às minhas atividades acadêmicas de pesquisa, de estudos. Quando assumi, recentemente, o Ministério, depois de um ano também na Câmara como deputado federal, fui fazer uma exposição e uma pessoa muito querida ouviu atentamente e depois comentou comigo: "Olha, você não é mais pesquisador, mestrando, doutorando em Direito, você agora é ministro, tem que falar de programas concretos e não de reflexões mais acadêmicas." A partir da advertência, entendi que seria melhor manter-me mais vinculado às minhas atividades, inclusive no sentido de prestar contas.

Como é do conhecimento de todos, o presidente Lula decidiu, em janeiro deste ano, unificar as políticas sociais do governo, aquelas políticas sociais mais diretamente voltadas para as pessoas, as famílias e as comunidades em situação de risco, os mais empobrecidos, aqueles que estão vivendo perigosamente no limiar da indigência, de uma exclusão social quase que absoluta, da mendicância e correndo sérios riscos mesmo de perder o sentido maior da vida, da dignidade humana, da esperança e da auto-estima.

É claro que não houve uma unificação, e nem poderia haver, de todas as políticas sociais. Ministérios históricos, fundamentais na área social continuam com as suas atividades, como as pastas da Saúde, Educação, Trabalho, Previdência Social e Cultura. Houve, portanto, uma unificação de políticas sociais que poderíamos chamar de emergenciais, mas que nós queremos cada vez mais integrar com políticas estruturantes, políticas emancipatórias, possibilitadoras do exercício pleno dos direitos e deveres da nacionalidade e da cidadania. Não se trata de um superministério, inclusive porque, objetivamente, alguns ministérios por razões históricas, por razões jurídicas ou até de vinculação de recursos orçamentários, têm recursos bem mais representativos do que o nosso, como o caso do Ministério da Saúde e da Educação. Aqui não vai nenhuma queixa com relação aos recursos que nós temos, nenhum questionamento; é apenas uma constatação, porque colocou-se aí a idéia de um superministério! Trata-se de um ministério importante, estratégico, mas que se insere no contexto de outros ministérios que também atuam e que têm presença importante na área social.

Houve uma integração do antigo Ministério da Assistência Social, do Ministério da Segurança Alimentar e da Secretaria da Bolsa-Família, até então diretamente vinculada à presidência da República. O antigo Ministério da Assistência Social, hoje a nossa Secretaria Nacional de Assistência Social, desenvolve uma série de projetos. Os mais importantes são chamados Benefícios de Prestação Continuada, que são os benefícios previstos na Lei Orgânica de Assistência Social (Loas) e agora também no Estatuto do Idoso, uma lei importante que foi votada e aprovada no Congresso, e sancionada pelo presidente Lula no ano passado. Esta legislação garante um salário mínimo para até o máximo de dois beneficiários por família, portanto, os benefícios podem ser acumulados, aos idosos com mais de 65 anos e pessoas portadoras de deficiências que estejam dentro das condições previstas na legislação mencionada.

É um programa de monta no Brasil hoje, expressivo, porque nós estamos atendendo a 2,8 milhões de pessoas, aproximadamente, com recursos que já transcendem a casa dos R$6 bilhões por ano. Além dos Benefícios de Prestação Continuada, temos também os chamados Serviços de Ação Continuada, que são ações de apoio a pessoas idosas, portadores de deficiência, crianças e adolescentes em situação de risco e os abrigos para acolher pessoas desamparadas. Além destes, há programas como o Peti, de erradicação do trabalho infantil, o Sentinela, de prevenção e combate à exploração sexual de crianças e adolescentes, e o Agente Jovem, de apoio ao jovem de 15 a 17 anos, inclusive para a sua inserção comunitária. Nós estamos procurando integrar esses programas, todos eles com forte caráter familiar, ao nosso Programa de Atenção Integral à Família.

Estamos buscando, portanto, uma linha mais racional, mais universal dos programas de assistência social e um dos compromissos prioritários é a construção do SUAS – Sistema Único de Assistência Social, basicamente nos moldes do SUS, o Sistema Único de Saúde, ou do FNDE, do Ministério da Educação, para garantir repasses fundo a fundo, superando entraves burocráticos na execução de programas sociais. O SUAS expressa, sobretudo, o esforço de criar no país uma política de assistência social, dissociando completamente a assistência social – que é uma política pública, asseguradora de direitos, que promove direitos e deveres para o exercício da cidadania, executada através de ações integradas entre o governo federal, estados, municípios – de acertos menores, de critérios clientelísticos ou partidários. Ao mesmo tempo, o SUAS estabelece as normas de participação da sociedade civil e de entidades no sistema de assistência social, contribuindo para a criação de quadros de pessoas capacitadas para essa área, dissociando, portanto, Assistência Social de assistencialismo. Então nessa linha, nós estamos buscando políticas nacionais, mas como o Brasil é um país complexo, diferenciado, com muitos desníveis e diferenças sociais e regionais, é claro que nós temos também que ter uma sensibilidade para iniciativas locais, regionais, de prefeituras, de consórcios intermunicipais, governos estaduais, setores da sociedade, igrejas, universidades, empresários, que estejam também desenvolvendo projetos nas suas cidades, comunidades e que sejam importantes naqueles espaços geográficos.

Ao lado da Assistência Social, incorporamos o antigo Ministério Extraordinário de Segurança Alimentar, que hoje é nossa Secretaria de Segurança Alimentar e Nutricional. Os principais programas que nós estamos também consolidando, alguns já vinham sendo implementados na gestão do ministro José Graziano. Eu mencionaria aqui a compra de safra da agricultura familiar, para a qual temos R$ 140 milhões previstos no orçamento. Já autorizamos a liberação de mais de R$ 70 milhões, beneficiando 70 mil famílias. Com isso, nós estamos formando também uma reserva de alimentos para atender comunidades em situação de risco, comunidades mais empobrecidas, comunidades indígenas, quilombolas, as famílias que estão aguardando a terra do Programa de Reforma Agrária, populações de rua etc.

Temos também dois programas importantes no Nordeste, um em parceria com os governos estaduais, que é o programa de distribuição de leite em dez estados do semi-árido, inclusive o norte de Minas. São 775 mil litros de leite distribuídos por dia, gerando e garantindo, inclusive, em torno de 12 mil empregos na área de produção. Também na região Nordeste, especialmente no semi-árido, operamos o programa de construção de cisternas para captação de água da chuva. Nosso objetivo é atingir 50 mil cisternas este ano. Esta é uma parceria com a Febraban, Federação dos Bancos, que se dispôs a construir dez mil cisternas, e com a Articulação do Semi-Árido (ASA), que reúne entidades ligadas àquela região.

Ainda na área de segurança alimentar, incentivamos a implantação de bancos de alimentos, restaurantes populares, hortas e cozinhas comunitárias. Com relação aos restaurantes populares, enviamos, dentro de uma determinação do presidente da República, uma carta a todos os governadores e a todos os prefeitos de cidades com mais de 100 mil habitantes, propondo a construção de restaurantes populares, em projeto no qual o governo nacional garante os recursos para construção e equipamentos e o município na ponta, diretamente ou através de terceiros, opera. O que nós achamos importante enfatizar é que esses operadores não podem ter caráter lucrativo.

Concluindo a constituição do Ministério, nós incorporamos a Secretaria Nacional do Bolsa-Família, que hoje é a nossa Secretaria de Renda de Cidadania, cujo carro-chefe é o Bolsa-Família, atendendo hoje em torno de quatro milhões de famílias no Brasil. Nós pretendemos chegar, também dentro de uma determinação do presidente Lula, a 6,5 milhões de famílias até o final do ano, para, até 2006, cumprirmos nosso compromisso e a determinação do presidente de atender todas as famílias que estejam vivendo abaixo da linha da pobreza no Brasil.

O Bolsa-Família paga hoje um benefício médio de R$ 73 e buscamos parcerias com os governos estaduais e municipais, dentro do respeito ao pacto federativo, para convergir os programas de transferência de renda. É um programa flexível quanto à participação dos parceiros.

O Ministério conta ainda com mais duas secretarias. A Secretaria de

Articulação Institucional e Parceria busca uma ação integrada e parcerias com outros ministérios, com outros agentes públicos, estaduais, municipais, mas também com a sociedade, iniciativa privada, movimentos sociais, organizações não-governamentais, Ocips etc. E temos também uma secretaria importante para avaliar os nossos programas, acompanhar e ter o retorno do impacto socioeconômico de nossas políticas, que é a Secretaria de Avaliação e Gestão da Informação.

Em resumo, as políticas sociais no nosso governo não são assistencialistas. Além de serem políticas sociais e emancipatórias, muitas delas como o caso do Bolsa-Família e dos benefícios de prestação continuada, estão dentro de marcos regulatórios fortes. São investimentos sociais superiores a R$ 14 bilhões, valor somado dos benefícios que transferimos à sociedade. Para nós, o desenvolvimento social é um pressuposto do desenvolvimento econômico, quer dizer: a integração das pessoas na vida econômica do país como cidadãos, consumidores, geradores de bens, de riquezas, possibilita uma vida mais rica e mais plena para todos.

Nosso Ministério está tratando com ênfase, em parceria com outros ministérios, com a sociedade, com outras esferas governamentais e não governamentais, as políticas de geração de trabalho e renda, nas quais se enquadra o desenvolvimento regional, os chamados arranjos produtivos locais, regionais, os micro, pequenos e médios empreendimentos, o apoio ao cooperativismo e ao associativismo. É claro que nós não vamos agir sozinhos nesse espaço. Mas como o grande desafio do país hoje é a questão do trabalho, o que perseguimos é o crescimento econômico vinculado à distribuição de renda, aos compromissos com a justiça social.

Outra área também que nos desafia, eu penso que toca o coração e a sensibilidade de todas as consciências bem formadas, de todas as pessoas de bem do Brasil, é a questão da juventude. É também uma prioridade do nosso governo. O presidente Lula determinou ao ministro Luiz Dulci, secretário-geral da Presidência da República, coordenar as políticas nessa área – mas como nós operamos programas como o agente jovem, nós estamos também aportando nossa contribuição – para enfrentarmos esse que é seguramente um dos maiores desafios do Brasil hoje: a violência praticada pelos e contra os jovens, numa guerra que sabemos que não tem vencedores e perdemos todos.

Por último, quero fazer uma breve, muito despretensiosa, reflexão sobre o Fome Zero. Com muita freqüência, pessoas nos interpelam e até escrevem e publicam textos, reportagens, como se o Fome Zero estivesse extinto no Brasil. Isso não é verdade.

Na verdade, no âmbito do Fome Zero foi criado o cartão alimentação, instrumento de transferência de renda para a aquisição de alimentos pelas famílias beneficiadas. O cartão alimentação ficou muito marcado como a face operacional do Fome Zero. Ocorre que o cartão alimentação foi depois integrado ao Bolsa-Família, junto com outros programas de renda de cidadania. Tal incorporação pode ter deixado a sensação de que o Fome Zero perdeu conteúdo.

Entretanto, nossa compreensão é que o Fome Zero não é um programa específico, mas um conjunto de políticas sociais, de políticas públicas governamentais e não-governamentais. O Fome Zero decorre dessa ação vigorosa que o Estado brasileiro assumiu depois da posse do presidente Lula na questão da segurança alimentar, mas incorpora também todas as boas iniciativas da sociedade. Então, o Fome Zero está presente nas políticas mais diretamente voltadas para o combate à fome e à desnutrição, como os restaurantes populares, hortas e cozinhas comunitárias, educação alimentar e nutricional, merenda escolar, o nosso programa de compra de safra, apoio às comunidades mais carentes, distribuição do leite, mas ele está presente também em todas as políticas públicas que melhorem a vida das pessoas. Ao melhorar a vida das pessoas, nós estamos melhorando também as condições de alimentação, assegurando o direito à alimentação das famílias. Nesse sentido, o Programa Bolsa-Família faz parte do Fome Zero, isto é, é o instrumento de transferência de renda que materializa esta política pública.

Os efeitos do Fome Zero se estendem para além dos programas de segurança alimentar e de transferência de renda. Os Benefícios de Prestação Continuada, da Loas, do Estatuto do Idoso e de outros programas sociais, também são instrumentos de combate à fome e à exclusão social. Da mesma forma, as políticas de geração de trabalho e renda, da economia solidária, da reforma agrária, do apoio à pequena e média produção rural, política de apoio também à industrialização, à agroindústria, enfim, tudo que possibilita conquistas emancipatórias, civilizatórias, incorpora os conceitos do Fome Zero, porque garantem e possibilitam que as pessoas tenham acesso a alimentos em melhores condições e de melhor qualidade. Esta não é só uma questão de Estado: onde houver pessoas de bem, homens e mulheres de boa vontade, organizações religiosas, a sociedade civil, cuidando para que os nossos semelhantes tenham acesso a alimentos de boa qualidade e nas porções necessárias, o Fome Zero está presente. É um conjunto, portanto, de ações integradas do Estado e da sociedade.

O presidente colocou um desafio histórico para o Estado e para a sociedade brasileira – alçar o combate à fome a condição de questão política central da agenda nacional. Historicamente, a segurança alimentar e nutricional, o direito sagrado à comida, nunca foi uma questão do Estado brasileiro. Era uma luta de expoentes da sociedade, de pessoas que entraram para a história e que ocupam hoje lugar especial nos corações e mentes dos brasileiros, como D. Helder Câmara, Josué de Castro e Betinho. Foi um momento importante, quando o presidente Lula propôs o desafio de erradicar a fome para o Estado em seus três níveis – o Estado nacional, mas também as unidades federadas e os municípios – e para a sociedade. O Fome Zero é também hoje um tema universal assumido pela ONU, porque se é um desafio para nós, brasileiros, é também uma afronta que toca a consciência universal, porque é um problema que atinge bilhões de seres humanos, direta ou indiretamente na face da Terra.

Políticas de distribuição e conhecimento
Vinod Thomas[*]

---
[*] Diretor para o Brasil e vice-presidente do Banco Mundial.

AS ÚLTIMAS DÉCADAS do século XX viram grandes progressos em algumas partes do mundo, mas registraram também estagnação e reveses até mesmo em países que haviam alcançado anteriormente as mais rápidas taxas de crescimento econômico. Essas diferenças ensinam-nos muito sobre o que contribui para o desenvolvimento. Observando conjuntamente os lados quantitativo e qualitativo do processo de crescimento, tornam-se evidentes três princípios-chave, tanto para os países em desenvolvimento quanto para os industrializados: (1) o enfoque sobre todos os recursos do país: capital físico, humano e natural; (2) o atendimento aos aspectos distributivos no decorrer do tempo; e (3) a ênfase sobre a estrutura institucional para o bom governo.

A experiência revela a importância destes aspectos, que não apenas contribuem diretamente para os resultados desenvolvimentistas como também aumentam o impacto que o crescimento tem sobre o progresso social e a sustentabilidade ambiental. É a mistura dessas políticas e instituições que delineia o processo de crescimento de forma sustentável e eqüitativa, o principal foco deste estudo.

NATUREZA DA DISTRIBUIÇÃO DE RENDA MUNDIAL

A DESIGUALDADE NO MUNDO AUMENTOU OU DIMINUIU?

A desigualdade na América Latina é maior que na maioria dos países da Ásia e em todos os países da Europa (Gráfico 1). Mesmo no país mais eqüitativo da América Latina, o Uruguai, a distribuição da renda é pior que no país com maior desigualdade da Europa Oriental ou países industrializados e não muito diferente do país mais desigual da Ásia.

GRÁFICO 1
COEFICIENTE GINI: DISTRIBUIÇÃO *PER CAPITA* DA RENDA EM
ALGUMAS REGIÕES NA DÉCADA DE 1990

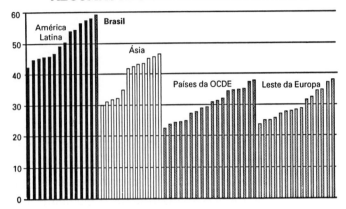

FONTE: Banco Mundial: Banco de Dados Sima.

Mesmo após um aumento no início da década de 1990, as taxas de pobreza continuam caindo. O Gráfico 2 mostra a evolução da pobreza em várias regiões entre 1981 e 2001. Pode-se ver que as taxas de pobreza têm diminuído no Sul e Leste da Ásia e na China. Devido ao crescimento modesto e à alta desigualdade, elas têm aumentado na África e quase não mudaram na América Latina.

GRÁFICO 2
VARIAÇÃO DA POBREZA POR REGIÕES

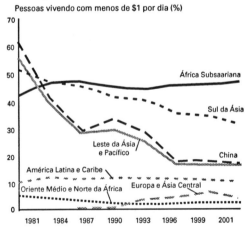

O Gráfico 3 mostra a concentração de pobres por região. Em 1990, 1,2 bilhão de pessoas, 28% da população dos países com renda entre média e baixa, viviam com menos de US$ 1 por dia. Em 11 anos, o PIB nestes países cresceu 31% e até 2001 a taxa de pobreza reduziu 21%. No mesmo período, a população destes países cresceu 15%, ultrapassando 5 bilhões de habitantes, dos quais 1,1 bilhão permanece em situação de pobreza extrema.

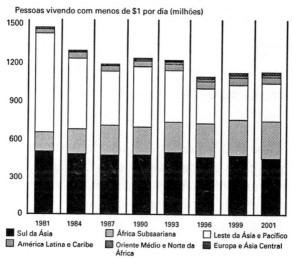

GRÁFICO 3
CONCENTRAÇÃO DA POBREZA

FONTE: World Bank Staff Estimates.

Nos países que estabeleceram uma boa base para o desenvolvimento, os indicadores sociais continuam melhorando. Contudo, o progresso não é universal e fatores como crescimento lento, poucas melhorias na educação e saúde e conflitos civis continuam sendo obstáculos para muitos países, fazendo com que a obtenção das metas do milênio represente um grande desafio para o qual muito trabalho ainda deva ser feito.

No Gráfico 4, os pontos são mostrados como círculos cujas áreas são proporcionais à população dos países representados. A linha de ajuste seria decrescente, sugerindo que o número de pobres está diminuindo. Os desempenhos da China e Índia constituem fatores decisivos para esta configuração, pelo fato de estes países terem populações enormes e rápido crescimento do PIB *per capita* nos últimos anos.

541

GRÁFICO 4
CRESCIMENTO DO PIB *PER CAPITA* PROPORCIONAL
À POPULAÇÃO

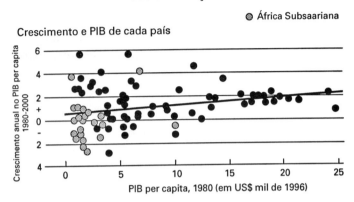

FONTE: Fischer, Stanley: *Globalization and its Challenges*, 2003.

Ao contrário, se o enfoque for alterado do contingente populacional para o número de países, como mostrado no Gráfico 5, a linha de ajuste dos pontos seria crescente demonstrando que, em média, os países ricos estão enriquecendo mais rápido que os pobres.

GRÁFICO 5
CRESCIMENTO DO PIB *PER CAPITA*

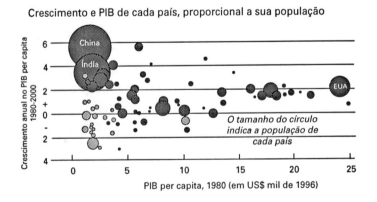

FONTE: Fischer, Stanley: *Globalization and its Challenges*, 2003.

Apesar da desigualdade entre as pessoas estar diminuindo, ao se comparar o desempenho entre países nota-se que as desigualdades permanecem, ou até aumentam. Por que alguns países (e no caso da África, praticamente uma região inteira) estão excluídos do processo de desenvolvimento?

POBREZA E DESIGUALDADE NO BRASIL

O Brasil tem 17 milhões de habitantes vivendo abaixo da linha internacional de pobreza equivalente a US$ 1 por dia. Isso o coloca entre os dez países no mundo com o maior número de pobres, embora abrigue menos de 2% deles. Em termos da linha nacional de pobreza, 13,4% da população, 24 milhões de brasileiros, vivem com menos de R$ 62 por mês (indigência), e 32,9%, 58 milhões de brasileiros, vivem com menos de R$ 125 por mês (pobreza). Apesar de modesta, houve redução nas taxas de pobreza entre os anos 1992 e 2002, como é mostrado no Gráfico 6.

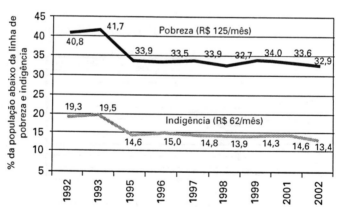

GRÁFICO 6
POBREZA E INDIGÊNCIA NO BRASIL: 1992-2002

FONTE: Ipea.

Apenas sete países no mundo são mais desiguais que o Brasil, onde os 20% mais ricos ganham 31 vezes mais que os 20% mais pobres. As reformas realizadas na década de 1990, a estabilidade econômica e a queda da inflação foram fundamentais para a redução das desigualdades. Entre 1993 e 1999, a renda dos 10% mais pobres cresceu quase 40%; enquanto a dos 10% mais ricos cresceu apenas 20%, diminuindo as diferenças entre estes dois grupos. Esses dados estão representados nos Gráficos 7 e 8.

GRÁFICO 7
A DISTRIBUIÇÃO DE RENDA NO BRASIL, PARA CADA R$ 1,00

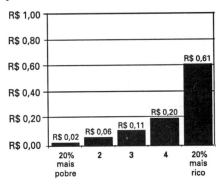

FONTE: Banco Mundial: Attacking Brazil's Poverty n° 20475-BR, 2001; IBGE: Estatísticas do século XX.

GRÁFICO 8
DISTRIBUIÇÃO DE RENDA NO MUNDO: 96% DA POPULAÇÃO MUNDIAL VIVE EM PAÍSES COM MAIS EQÜIDADE QUE O BRASIL

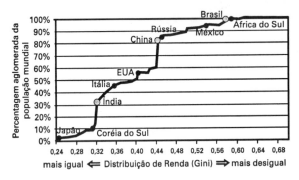

FONTE: Banco Mundial: Banco de Dados.

A redução da desigualdade tem forte poder de redução da pobreza. Por exemplo, se o Brasil distribuísse sua renda de forma similar ao Uruguai, mesmo sem alterar o volume total de recursos disponíveis no país, o grau de pobreza seria apenas 1/3 da que é hoje. Estima-se que uma queda de

10% no grau de desigualdade no Brasil reduziria a extrema pobreza em dez pontos percentuais – isto é, de 15% para 5%.

Quanto menor a desigualdade de renda mais forte é a relação (direta) entre crescimento econômico e redução da pobreza. Assim, países mais desiguais precisam de uma taxa de crescimento mais alta do que países mais igualitários para obter uma dada redução percentual na incidência da pobreza.

O Brasil precisaria de uma taxa anual de crescimento quatro vezes superior à da Índia para que a renda dos seus pobres aumentasse na mesma proporção. Comparações entre as taxas de desigualdade, medidas pelo Índice Gini, e o potencial de redução da pobreza para cada 1% de crescimento na China, Brasil e Índia são mostradas no Gráfico 9.

GRÁFICO 9
COM MAIOR IGUALDADE DE RENDA, O CRESCIMENTO ECONÔMICO
TEM MAIOR EFEITO SOBRE A REDUÇÃO DA POBREZA

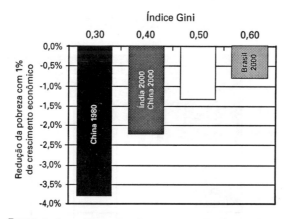

FONTE: De Ferranti, Perry, Ferreira, et al: *Inequality in Latina América and the Caribbean*, 2003.

Brasil: 17 milhões de pessoas extremamente pobres. Entre os dez países do mundo com o maior número de pobres, embora abrigue menos de 2% deles. A estabilidade econômica foi o fator mais importante para a redução da pobreza nos últimos 20 anos.
China: 205 milhões de pessoas extremamente pobres, abrigando 20% de todos os pobres do mundo. Dez anos atrás, havia 373 milhões de pobres. A China conseguiu tirar 168 milhões de pessoas da pobreza, o equivalente à população do Brasil. O fator mais importante foi o crescimento econômico.
Índia: 358 milhões de pessoas extremamente pobres, abrigando 35% de todos os pobres do mundo. A pobreza caiu de 46% para 26% da população (em termos de linhas nacionais) entre 1980 e 2000, devido ao forte crescimento econômico. Nos últimos cinco anos, porém, o crescimento não tem beneficiado a maioria dos pobres no meio rural.

Apesar de o Brasil ter apresentado uma das mais expressivas taxas de crescimento nos anos 1970, a desigualdade no país também aumentou, dificultando a continuidade do crescimento e a redução das taxas de pobreza. Os três principais fatores responsáveis pela desigualdade brasileira são: (1) os níveis desiguais de educação entre ricos e pobres; (2) os altos retornos à educação (o mercado de trabalho remunera muito mais os que têm formação) e; (3) a incidência das transferências públicas.

O Brasil apresenta um histórico de grande desenvolvimento econômico: no século passado, sua economia foi uma das três que cresceram mais rapidamente no mundo. Entre 1901 e 2000, o PIB *per capita* aumentou a uma taxa média anual de 4,4%; neste período, a taxa de crescimento da Argentina e do Chile, por exemplo, foi de cerca de 3,3%. No entanto, o crescimento do Brasil nas últimas duas décadas foi menos expressivo, e o contraste com períodos anteriores ampliou a sensação de decepção.

GRÁFICO 10
ANOS PARA DUPLICAR O PIB *PER CAPITA*

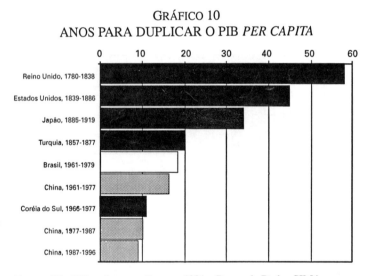

FONTE: World Development Report, 1991 e Banco de Dados SIMA.

As melhorias relacionadas ao comércio, aos níveis de ensino superior e à maior integração global, que acarretam uma ampliação do acesso ao crédito, sugeriam que o Brasil teria taxas mais altas de crescimento nos anos 1990 do que nos anos 1970. Como explicar a divergência entre essas taxas reais e as previsões esperançosas?

São exemplos de fatores que contribuíram para a desaceleração do crescimento: a dívida brasileira, o declínio do investimento em infra-estrutura (particularmente no setor de transporte), o esgotamento dos benefícios das transformações para um quadro urbano industrial e a lacuna na competitividade da força de trabalho brasileira.

GRÁFICO 11
CRESCIMENTO DO PIB *PER CAPITA*

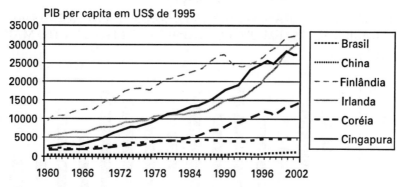

FONTE: Sima; World Bank.

O mundo também mudou e há mais inovações tecnológicas. Os intercâmbios de conhecimento tornaram-se mais rápidos e globais, e os fluxos de capital internacional cresceram de forma exponencial. Essas mudanças são acompanhadas da necessidade de reformas políticas. Para uma nova agenda de desenvolvimento que considere a produtividade como fonte do crescimento econômico sustentável e eqüitativo são importantes: (1) melhor focalização das transferências e gastos sociais; (2) a adoção de políticas adequadas de incentivo; (3) ampliação do capital humano; (4) promoção e difusão do conhecimento e das novas tecnologias; (5) uso sustentável dos recursos naturais.

POLÍTICAS PARA INCLUSÃO

TAXAS E TRANSFERÊNCIAS

São objetivos centrais dos gastos assistenciais tornar a distribuição dos recursos da sociedade mais eqüitativa e oferecer proteção aos segmentos da população em situação de maior risco social.

Apesar de ter uma renda *per capita* relativamente baixa (comparada à renda *per capita* de países industrializados), o Brasil tem alcançado uma arrecadação tributária equivalente à dos países ricos. No entanto, contrariamente ao que ocorre nesses países, o Brasil não tem conseguido usar os sistemas tributários e de gasto social de forma a afetar substancialmente a extrema desigualdade de renda, como mostrado no Gráfico 12.

GRÁFICO 12
OS IMPOSTOS E TRANSFERÊNCIAS REDUZEM A DESIGUALDADE
NO BRASIL EM 14%; EM OUTROS PAÍSES, O EFEITO É MUITO MAIOR

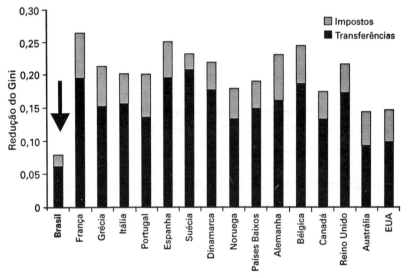

FONTE: Immervoll, Levy, Nogueira, et all: *Simulating Brazil's Tax-Benefit System Using BRAHMS*, 2003.

Os baixos índices de desigualdade observados em países desenvolvidos, além de serem conseqüência de fatores como distribuição eqüitativa da educação e dos bens produtivos, refletem também o impacto dos seus sistemas de tributos e benefícios, que em geral incorporam um alto grau de solidariedade, promovendo redistribuição dos recursos de grupos de renda alta para grupos de renda baixa. Nesses países, com exceção dos Estados Unidos e da Austrália, os sistemas de transferências e de tributos diretos reduzem o coeficiente de Gini em mais de um terço, enquanto no Brasil a redução é de apenas 12%. Mesmo no caso da Austrália e dos

Estados Unidos, a redução conseguida na desigualdade de renda é mais que o dobro da observada no Brasil.

O Gráfico 13 compara a distribuição das transferências monetárias e de tributos realizadas no Brasil e no Reino Unido. Observa-se que no Reino Unido há uma relação inversa entre o recebimento de transferências e o decil de renda *per capita*. Em contraste, no Brasil, a relação é direta implicando que os pobres pagam menos impostos, mas são pouco beneficiados pelas transferências efetuadas.

GRÁFICO 13
TRANSFERÊNCIAS E TRIBUTOS MÉDIOS POR DOMICÍLIO
EM DIFERENTES CLASSES DE RENDA

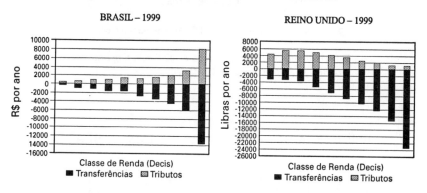

FONTE: Brasil – Immervoll, Levy, Nogueira, O'Donoghue e Siqueira, 2003; Reino Unido – Lakin, 2001.

MELHOR FOCALIZAÇÃO NOS GASTOS SOCIAIS

Algumas transferências são bem-sucedidas adotando como meta a universalização de sua cobertura como educação e saúde, por exemplo. Esta abordagem, contudo, muitas vezes faz com que os benefícios não sejam bem direcionados aos pobres, prejudicando seu impacto na redução das desigualdades. Nos últimos dez anos, muitos programas têm sido elaborados para corrigir estas distorções, beneficiando os pobres, inclusive aqueles sob condições de pobreza extrema. O Gráfico 14 mostra a importância, dado o percentual correspondente da renda bruta, que as transferências feitas pelo governo têm para cada decil. O Gráfico 15 mostra a focalização das transferências feitas pelo governo conforme o tipo de benefício.

GRÁFICO 14
BRASIL – TRANSFERÊNCIAS COMO PROPORÇÃO
DA RENDA BRUTA POR DECIL

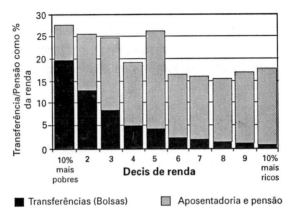

FONTE: Immervoll, Levy, Nogueira, et all: *Simulating Brazil's Tax-Benefit System Using BRAHMS*, 2003.

GRÁFICO 15
EFICIÊNCIA DOS PROGRAMAS SOCIAIS NO BRASIL

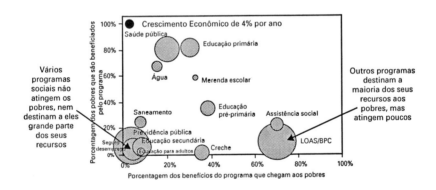

FONTE: Banco Mundial: Attacking Brazil's nº 20475-BR, 2001.

Programas como o Progresa/Oportunidades, no México, o Bolsa Escola e agora o Bolsa Família, no Brasil, têm forte impacto sobre a redução imediata da pobreza, aumentando em 20% a renda dos 10% mais pobres.

Além disso, a vinculação das transferências à freqüência escolar e às visitas médicas ajuda a capacitar os pobres e a reduzir a pobreza no futuro.

No Brasil, para erradicar a pobreza extrema, seria necessário transferir 1,6% do PIB todo ano diretamente aos mais pobres. Os gastos com programas sociais já superam em mais de dez vezes esta estimativa, porém, mais de 60% destes recursos vão para aposentadorias e pensões, que beneficiam, sobretudo, os 20% mais ricos.

Importantes reformas no sistema previdenciário e a reestruturação do sistema de assistência social por meio da integração de programas, ações e do próprio governo, tendo em vista a reforma ministerial recentemente realizada, constituem importantes iniciativas com notáveis melhorias na abrangência destes programas, na sua focalização e no impacto dos resultados. O Quadro 1 estabelece uma comparação entre os principais programas sociais na Índia e no Brasil. O sucesso das iniciativas brasileiras têm servido de exemplo na elaboração de projetos de assistência social em diversos países.

QUADRO 1
PROGRAMAS SOCIAIS NA ÍNDIA E NO BRASIL

• **Índia**: três programas de combate à pobreza consomem 7% do orçamento federal e representam 1% do PIB:
1. **Distribuição de alimentos**. Isso ajudou a eliminar a fome aguda e epidemias durante períodos de seca, mas não reduziu a pobreza. 40% dos alimentos comprados e armazenados pelo governo são distribuídos; o restante se deteriora ou é vendido ilegalmente.
2. **Apoio a microempresas**, com empréstimos subsidiados para pequenos grupos de pobres. Os membros do grupo se ajudam para que todos possam ter melhor desempenho em seus negócios.
3. **Construção de infra-estrutura**, agora com prioridade direcionada à construção e não à geração de empregos. O antigo enfoque sobre a geração de empregos ao invés da eficiência dos projetos de construção não estava produzindo os resultados desejados.

• **Brasil**: destina 15,5% (R$ 204 bilhões) do PIB à área social, dos quais, 66% vão para a previdência pública. Três programas, representando 6% dos gastos sociais e 0,8% do PIB, focalizam-se na redução de pobreza e vulnerabilidade:
1. **O Bolsa Família**: promete ter impactos importantes sobre a redução da pobreza e a inserção dos mais pobres no crescimento nacional.
2. **O Fome Zero** é um programa criado para combater a fome e a miséria. Foi concebido para garantir a segurança alimentar de todos os brasileiros e reúne um conjunto de políticas públicas que envolvem os três níveis de governo e todos os ministérios. A integração do Cartão Alimentação no Bolsa Família agiliza a expansão do seu alcance.
3. **O Primeiro Emprego**, embora ainda em fase de aperfeiçoamento, facilita a inserção de jovens carentes no mercado de trabalho, ajudando-os a encontrar atividades mais rentáveis no futuro. A oferta de oportunidades também promete diminuir a inserção dos jovens no crime e nas drogas.

POLÍTICAS PARA O CRESCIMENTO

Um regime econômico e institucional apropriado é essencial para assegurar um retorno dos investimentos feitos para estimular o crescimento. Elementos-chave para tal regime incluem sistemas legais compatíveis, um ambiente competitivo, mercados financeiros fortalecidos, mão-de-obra qualificada e boa governabilidade.

A regulamentação excessiva do setor produtivo resulta em menor crescimento, menos inovação, maior desemprego, maior informalidade e mais oportunidades para corrupção. No Brasil os procedimentos são muito burocráticos estando entre os mais lentos e inflexíveis do mundo, como mostrado nos Gráficos 16 a 18.

GRÁFICO 16
FLEXIBILIDADE PARA CONTRATAR NOVOS FUNCIONÁRIOS

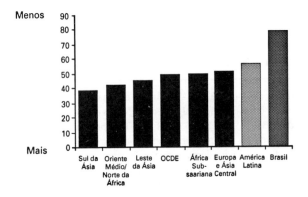

GRÁFICO 17
DIAS PARA COMEÇAR UM NOVO NEGÓCIO

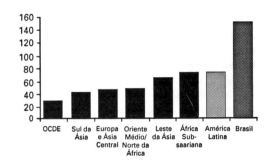

GRÁFICO 18
DIAS NA JUSTIÇA VALIDAR

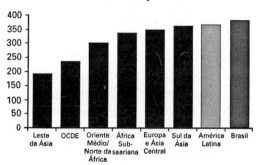

FONTE: Banco Mundial: Doina Business, 2004.

Vale ressaltar ainda, que um sistema regulatório inadequado é a causa principal do baixo nível de investimento estrangeiro direto, dificultando a entrada de conhecimento e tecnologia, além de levar a um baixo desempenho dos mercados financeiros e de capitais, afetando a inovação e modernização do país.

Em se tratando da aquisição de bens de capital, esta é facilitada por juros mais baixos e por isenção de impostos, porém isso não promete que qualquer aumento da produção gere empregos. A contratação de maior número de funcionários qualificados também contribui para aumentar a produção, porém os encargos sobre a folha de salário no Brasil estão entre os mais altos do mundo e certos benefícios, como o atual FGTS, incentivam a rotatividade e diminuem a qualificação da mão-de-obra.

Maior facilidade na contratação de novos funcionários aumentaria a produção e diminuiria a taxa de desemprego. Igualmente, maior facilidade para abrir novas empresas aumentaria a base de produção e geraria mais competição, diminuindo pressões inflacionárias e permitindo juros reais mais baixos.

Tais medidas são essenciais para aumentar a competitividade, especialmente das micro e pequenas empresas, e facilitar a regulamentação dos seus empregados. Atualmente estas empresas são responsáveis pela criação de 56% dos empregos e, entre 1996 e 2000, geraram, em média, cinco vezes mais postos de trabalho que as grandes companhias. É necessário diminuir os encargos sobre as pequenas empresas, aumentando a rentabilidade destas. Isto pode trazer resultados no aumento dos salários que, geralmente, variam entre um e dois salários mínimos, colocando os funcionários e seus dependentes entre os mais pobres do país.

É importante também a definição de metas como a do superávit primário para reduzir a vulnerabilidade em virtude da elevada dívida pública, ter instituições, como o Banco Central, que respondam às questões técnicas para nortear o país rumo ao crescimento sustentável. Tais medidas são importantes para aumentar a credibilidade, propiciando maior estabilidade econômica, controle da inflação e crescimento. A queda na taxa de inflação dos anos 1990 foi a maior responsável pela redução nas taxas de pobreza do país, como demonstra o Gráfico 19.

GRÁFICO 19
NOVOS EMPREGOS GERADOS ENTRE 1996/2001
(EM MILHARES)

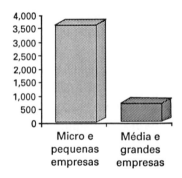

FONTE: *O Estado de S. Paulo*: "Pequena empresa emprega 56% no setor privado", 01/02/04.

Para aumentar a competitividade no país o governo federal, com o apoio do Banco Mundial, elaborou um projeto de assistência técnica, cujos principais enfoques são: (1) redução dos custos logísticos, (2) melhoramento do ambiente de negócios, (3) o melhoramento da eficiência financeira, e (4) o fortalecimento da política de inovação.

Esse projeto visa a apoiar o crescimento econômico do Brasil através de empréstimos de investimento em infra-estrutura e através de um empréstimo de US$ 505 milhões para aperfeiçoar o marco regulatório e é particularmente oportuno dadas as atuais pressões por crescimento e em-

GRÁFICO 20
BRASIL – QUEDA DA POBREZA COINCIDE COM A DE INFLAÇÃO

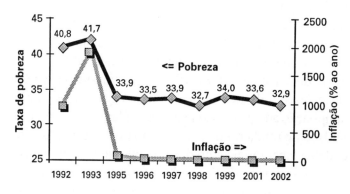

FONTE: Ipea.

prego após um ano de difíceis ajustes econômicos e uma taxa de crescimento de -0,2%, sendo que a média entre os anos 1992/2002 foi de 1,2% ao ano. Dados recentes mostram que o Brasil vem retomando o crescimento econômico, com estimativas de que crescerá 3,5% este ano. Uma das mais importantes lições oferecidas pela China é a necessidade de aproveitar o crescimento econômico para prosseguir com a agenda de reformas. Em um cenário positivo, torna-se mais fácil implementar reformas, pois, com forte crescimento econômico, mesmo os segmentos da sociedade prejudicados não têm tanto prejuízo.

POLÍTICAS DE DESENVOLVIMENTO HUMANO

EDUCAÇÃO

O investimento no capital humano, se bem distribuído e direcionado para os pobres, pode facilitar a inclusão social auxiliando os grupos mais vulneráveis a transpor os obstáculos sociais e aumentar sua produtividade. A educação básica capacita os pobres para aprender sobre seus direitos civis e políticos, a exercer estes direitos pelo voto e a corrida aos cargos públicos, e a procurar encaminhamentos legais e exercitar visão pública. Isso propicia o fortalecimento das instituições, melhorando o governo e combatendo a corrupção.

Os melhores exemplos de desenvolvimento educacional – Estados Unidos entre 1850 e 1950, Coréia e países escandinavos – seguiram todos um padrão de evolução de baixo para cima, ou seja, primeiro ampliando os níveis básicos, depois o nível secundário e finalmente o universitário. A transição progressiva garante que os estudantes mais bem qualificados terão acesso às universidades, diminuindo as desigualdades.

Durante as décadas de 1960 e 1970, observou-se na América Latina uma evolução desequilibrada, aumentando as vagas universitárias sem que houvesse ampliação adequada do ensino secundário. Uma importante causa da desigualdade de renda no Brasil consiste justamente nas diferenças de oportunidades educacionais e no desempenho dos trabalhadores dos diferentes grupos socioeconômicos. Ao passo que um jovem de família rica geralmente completa a educação universitária, mesmo ao nível de pós-graduação, a probabilidade de que um estudante dos três decis mais baixos (um grupo de renda aproximadamente equivalente à população de renda inferior à linha de pobreza) conclua sua educação primária é de apenas 15% e a probabilidade de que chegue a completar a educação secundária é de apenas 4%.

Entretanto, nas duas últimas décadas os indicadores da educação básica no Brasil mostraram um avanço impressionante. No início dos anos de 1980, o brasileiro adulto tinha, em média, menos de quatro anos de escolaridade; somente metade da população concluía o ensino primário e 17% o secundário. No final dos anos 1990, a população registra uma escolaridade média de 6,5 anos; o acesso à educação primária é quase universal; um em cada dois estudantes tem acesso ao secundário e cerca de 1/3 completa esse nível.

Nos últimos 20 anos houve um aumento de 14 pontos percentuais na taxa de matrícula das crianças entre sete a 14 anos no ensino fundamental – um dos maiores aumentos do mundo. Atualmente, a taxa de matrícula primária no Brasil é de 97%, enquanto a média é de 93% em países com mesmos níveis de renda.

O Brasil foi um dos cinco países no mundo que mais melhoraram sua taxa de matrícula primária entre 1980 e 1999 (ver Gráfico 21). Abaixo da média internacional em 1980, dada a sua renda *per capita*, o Brasil conseguiu aumentar a taxa de matrícula e agora está acima da média.

As grandes melhorias no ensino fundamental começaram a se traduzir em uma explosiva demanda social por educação secundária: a matrícula

GRÁFICO 21
TAXA DE MATRÍCULA EM ESCOLAS PRIMÁRIAS
PIB *PER CAPITA*

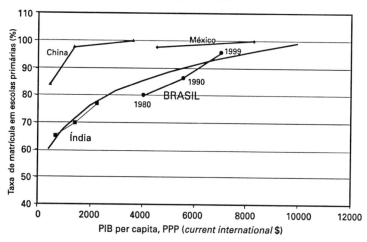

FONTE: Banco Mundial: Banco de Dados Sima.

nesse nível aumenta em mais de meio milhão por ano. O governo do Brasil enfrenta o duplo desafio de aumentar rapidamente o acesso à educação secundária e, ao mesmo tempo, transformar os currículos e melhorar a qualidade do ensino. Uma vez que a educação particular é viável apenas para os ricos, a baixa qualidade do ensino público reduz severamente o potencial gerador de renda das crianças de famílias pobres. As crianças pobres só podendo ir para escolas de baixa qualidade, possuem poucas oportunidades de obter trabalhos mais bem remunerados e os pais são desestimulados a mandá-las para a escola.

O Gráfico 22 demonstra a grande defasagem do ensino secundário no Brasil quando comparado com outros países com mesmos níveis de renda.

A educação superior é crucial para o progresso tecnológico e o crescimento da produtividade, mas pode ser considerado um bem privado, porque a maior parte dos retornos pode ser interiorizada por indivíduos e empresas. Assim, enquanto o governo tem o papel direto na educação primária e na secundária, ele precisa encorajar investimentos privados e Parcerias Público-Privadas para a educação superior.

Durante as décadas de 1960 e 1970, o Brasil adotou um modelo de crescimento e de educação que enfatizava o ensino universitário público

GRÁFICO 22
TAXA DE MATRÍCULA NO ENSINO SECUNDÁRIO
E PIB *PER CAPITA*

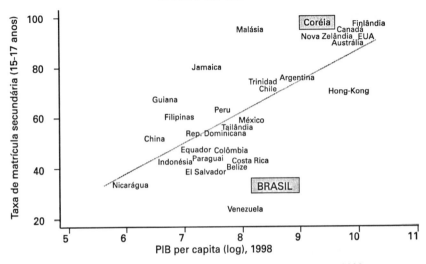

FONTE: Banco Mundial: Closing the Gap in Education and Technology, 2003.

gratuito, que beneficiou indiretamente, devido à estrutura do ensino secundário, os 40% de estudantes na faixa superior de renda do país. A realocação de gasto público e a melhoria de sua eficácia freqüentemente podem melhorar resultados, especialmente quando os recursos públicos estão subsidiando a educação para os ricos. O Brasil gasta 14 vezes mais por cada estudante em universidade pública do que com cada estudante no ensino fundamental e médio.

A partir da experiência internacional, sabe-se que a educação é crucial, mas que também são necessários outros fatores complementares. O Brasil pode desfrutar dos benefícios decorrentes do progresso educacional que fez desde a década de 1990. Contudo, as reformas das políticas são igualmente importantes na promoção de um crescimento igualitário. Uma maior troca de boas experiências internacionais – somadas às reformas internas que promovam um nível de produção compatível com as habilidades da população – poderá garantir que a educação tenha maior impacto sobre o crescimento e que o crescimento forneça incentivos para melhorar a educação e a igualdade, tendo em vista a grande diferença de salários pagos para trabalhadores com melhor formação (ver Gráfico 23).

GRÁFICO 23
RENDA RELATIVA (QUATRO ANOS DE EDUCAÇÃO = 1)

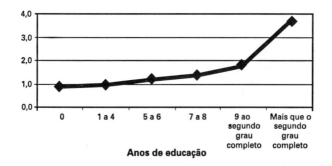

SAÚDE

O acesso a bons serviços de saúde – prevenção e tratamento – é uma das maiores exigências que as populações de todo o mundo fazem aos governos. O Brasil demonstrou notável avanço nos índices de saúde nos últimos anos. A taxa de mortalidade infantil para cada mil crianças nascidas vivas caiu de 48 em 1991 para menos de 30 em 2000. A expectativa de vida de recém-nascidos aumentou em 2,5 anos – de 65,6 para 68,1. Além disso, à semelhança da educação, houve melhoria dos índices de saúde apesar do discreto crescimento econômico do país, o que se explica principalmente pelas mudanças nas políticas públicas. Merecem destaque a universalização de serviços (o Sistema Único de Saúde – SUS), programas direcionados (como o Programa de Atendimento Básico e programas voltados para a Aids e a malária), a descentralização de serviços e maior participação das comunidades (como no caso da criação dos agentes comunitários de saúde).

Apesar dos avanços, ainda são grandes as disparidades no financiamento da assistência de saúde entre as regiões geográficas e nos índices de utilização entre grupos sociais. Uma possível opção para corrigir algumas dessas distorções é examinar a alocação de recursos a fim de melhorar a eqüidade nos índices de saúde entre estados e municípios. Possíveis opções para melhorar os índices de saúde incluem: (1) desenvolver, de modo mais amplo, acordos de desempenho entre fontes pagadoras e os prestadores de serviço, (2) estimular a maior autonomia na gestão dos

GRÁFICO 24
MORTALIDADE INFANTIL E PIB *PER CAPITA*

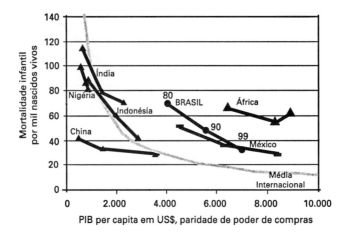

FONTE: Banco Mundial: Banco de Dados Sima.

hospitais, com maior participação da população, e (3) desenvolver sistemas integrados de prestação de serviços em nível microrregional.

A poluição da água também constitui grande preocupação no Brasil e mais uma fonte de doenças evitáveis, especialmente a diarréia, responsável por grande número de mortes entre recém-nascidos e crianças. A mortalidade infantil está estreitamente relacionada a doenças veiculadas pela água e atinge principalmente as populações carentes. Nas regiões mais pobres dos estados do Nordeste, a mortalidade infantil atinge taxas superiores a 60 mortes por cada mil crianças nascidas vivas.

TECNOLOGIA E CONHECIMENTO

O que move as economias modernas é o conhecimento. Estas economias dependem da capacidade de promover a inovação para chegar mais perto da fronteira tecnológica, ponto crucial para reduzir a distância entre os países industrializados e os em desenvolvimento.

Dado o seu nível de renda, a América Latina, como um todo, tem um déficit educacional que impede a absorção e desenvolvimento de novas tecnologias, diminuindo a produtividade, como pode ser observado no Gráfico 25.

GRÁFICO 25
DÉFICIT/SUPERÁVIT COMPARADO COM A MÉDIA INTERNACIONAL, DADO O NÍVEL DE RENDA

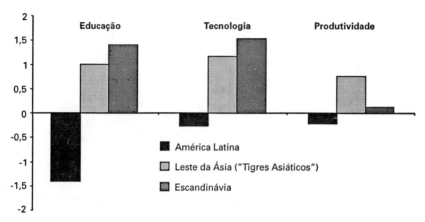

FONTE: Banco Mundial: Closing the Gap in Education and Technology, 2003.

Praticamente 50% do crescimento parecem estar associados não a fatores de acúmulo de produção, mas a uma melhor utilização desses mesmos fatores. Para inovar, um país necessita de uma economia que consiga criar, absorver, capturar e disseminar o conhecimento. Por sua vez, o conhecimento é gerado através de pesquisa e desenvolvimento (P&D), com apoio de um regime de incentivos adequado, de uma estrutura de competição e de um regime de direitos à propriedade intelectual.

O Brasil, em comparação aos padrões da América Latina e do Caribe, é um dos países que mais investem recursos públicos em P&D. No entanto, os resultados não são proporcionais aos investimentos. Para melhorar os resultados, uma sugestão seria fortalecer os elos entre as instituições de pesquisa e a indústria, aumentando o nível e a participação dos investimentos do setor privado em P&D, por meio de melhor estrutura de incentivos: fornecendo subsídios para contrapartidas, fortalecendo os direitos à propriedade intelectual, aprimorando o registro de patentes e simplificando o arcabouço regulatório, facilitando a disseminação da inovação e da tecnologia e aprimorando a coerência do sistema nacional de inovação.

Em torno da cidade de Campinas, estado de São Paulo, começa a consolidar-se um primeiro conglomerado de parques de ciência e tecnologia,

GRÁFICO 26
GASTO TOTAL EM PESQUISA E DESENVOLVIMENTO

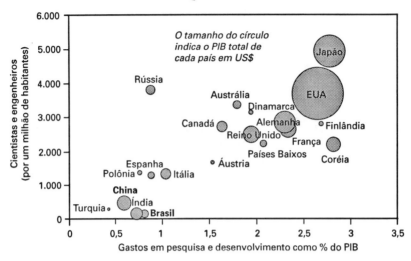

FONTE: Knowledge for Development, WBI.

com 13 universidades e instituições de pesquisa que aparecem responsáveis por 16% da produção científica do país, que gera 9% do PIB. Apesar de alguns esforços e histórias de sucesso (ver Quadro 2), são ainda frágeis os elos entre as instituições de pesquisa e a indústria. Os cientistas brasileiros não manifestam o mesmo espírito empreendedor que as pessoas em outros segmentos da economia, em parte porque o regime de incentivos não lhes permite colher os frutos de suas inovações. No final do ano 2000, apenas 462 doutores estavam trabalhando em incubadoras de empresas – menos do que 1,7% dos 27.700 profissionais com doutorado atuando nos departamentos de universidades e em instituições de pesquisa.

O ambiente para a inovação no Brasil é afetado por um regime problemático de direitos à propriedade intelectual, o que limita os investimentos do setor privado em P&D. O Brasil concede mais patentes do que outros países da América Latina e do Caribe, mas, no ajuste por investimentos em P&D, os números brasileiros aparecem abaixo da média regional. No cenário internacional, o Brasil surge com 0,18% do número total de solicitações de patentes à World Intellectual Property Organization (WIPO) em 2000. Em contraste, a China aparece com 0,64%, a República da Coréia com 1,7%, e os Estados Unidos com 42%.

QUADRO 2
PESQUISA E DESENVOLVIMENTO NO BRASIL: CASOS DE SUCESSO

> Cientistas e engenheiros brasileiros deram contribuições importantes em inúmeras áreas. Foram os cientistas brasileiros os primeiros a conseguir quebrar o código genético da *Xylella*, bactéria que ataca laranjeiras e vinhedos; foram desenvolvidos programas de nível mundial no setor de aeronáutica (Embraer), satélites (CBERS), exploração de petróleo em águas profundas (Petrobras), agricultura tropical (Embrapa) e biotecnologia (Genoma). Tudo isso ilustra o potencial brasileiro para a promoção da inovação, caso todos esses esforços fossem sistêmicos e criassem ramificações significativas, em vez de serem altamente focalizados e pontuais. Por outro lado, todos esses investimentos bem-sucedidos em P&D vieram do setor público. Não incluindo as empresas estatais, menos de 30% das atividades de pesquisa e desenvolvimento no Brasil são realizadas pelo setor privado – muito menos do que na Irlanda (70%), na Coréia (73%) ou nos Estados Unidos (70%).
> O Brasil é o país da região, juntamente com a Costa Rica, que mais investe, em termos do PIB: em torno de 1,3%. Além disso, é um dos poucos países que tentaram construir um Sistema Nacional de Inovação, com todo um leque de iniciativas, sob a liderança do Ministério da Ciência e Tecnologia. Entretanto, a esses esforços faltou com freqüência coerência e sustentabilidade.

Estabelecer tecnologias de informação e de comunicação, com um sistema eficaz de redes, é fundamental para a divulgação do conhecimento e da informação, a qual é necessária para aprimorar os resultados da educação e expandir a produtividade de micro, pequenas e médias empresas.

RECURSOS NATURAIS

As riquezas naturais do Brasil constituem um patrimônio importante, que permitem uma renda *per capita* mais alta para um certo nível de produtividade. Entretanto, muitas economias baseadas em recursos naturais têm sido sujeitas a relações de troca e padrões de produção voláteis, talvez declinantes, que não favorecem a inovação e o crescimento da produtividade. Há uma corrente do pensamento desenvolvimentista que sugere que as economias baseadas em recursos naturais tendem a crescer mais lentamente que as demais. As explicações mais comuns para isso são o declínio dos preços dos produtos básicos e índices de inovações mais altos nas manufaturas do que nas atividades baseadas em recursos naturais, como agricultura ou mineração.

Existem, entretanto, evidências mais recentes que se opõem a essa inquietação, indicando que não é exatamente o que se produz o fator determinante para a geração de vantagens comparativas, mas como se produz. A história oferece numerosos exemplos de como o crescimento contínuo e dinâmico é possível baseado em vários padrões de especialização de exportações. O sucesso industrial do Japão e outros países asiáticos é uma alternativa; porém, grande parte dos países desenvolvidos do mundo – Austrália, Canadá, Escandinávia, e Estados Unidos – tiveram seu desenvolvimento baseado no uso de recursos naturais.

O Brasil poderia fazer parte dessa lista de nações através da utilização judiciosa dos recursos renováveis e da antecipação da fronteira agrícola móvel em áreas de sensibilidade ambiental. Para promover o uso sustentável, é necessário ajuste de políticas, fortalecimento das instituições públicas e a educação dos usuários privados, com o objetivo de otimizar sua utilização.

O uso da floresta para pecuária ou cultivo contribui para o crescimento econômico e as exportações (ver Quadro 3). Benefícios tangíveis e imediatos precisam ser comparados a ganhos futuros e incertos com a manutenção da cobertura florestal. Apesar dessa incerteza, estudos mundiais indicam que a floresta adulta pode ser muito mais valiosa se preservada. As enchentes na China, em 1998, servem como exemplo de como a degradação ambiental pode trazer grandes prejuízos econômicos, sendo sua restauração difícil e financeiramente dispendiosa conforme mostrado no Quadro 4.

QUADRO 3
PECUÁRIA NA AMAZÔNIA

> Um estudo recente realizado pelo Banco Mundial mostra que a pecuária é a principal causa de aumento do desmatamento. Os lucros privados para pecuaristas são duas vezes mais altos em regiões ao redor da Amazônia do que em fazendas tradicionais no Sudeste do Brasil. É importante reconhecer a rentabilidade da pecuária no estado do Amazonas e criar instituições e mecanismos para compensar os fazendeiros por reduzirem atividades em áreas vulneráveis. Outras medidas incluem limitações de acesso para terras desocupadas, promovendo silvicultura sustentável e agricultura na região, e ampliando capacidade institucional para fortalecer os registros de terra e os direitos de propriedade.

Quadro 4
SEQÜELAS DA DEGRADAÇÃO AMBIENTAL: O EXEMPLO DA CHINA

A China é o quinto país em termos de maior área florestal do mundo, mas tem apenas 1/3 da área florestal do Brasil. Esta área, porém, representa somente metade das suas florestas originais que já foram desmatadas. O governo chinês proibiu o desmatamento, quando, em 1998, uma das maiores enchentes já registradas na história chinesa desabrigou 75 milhões de pessoas. Um dos fatores que contribuiu para a gravidade desta enchente foi o desmatamento, que provocou maior erosão e a sedimentação dos rios.

Desde então, a China tem reflorestando 13.500 km^2 por ano – o maior esforço de reflorestamento no mundo, e pouco mais que metade da área que o Brasil vem desmatando anualmente. A proibição da extração de madeira, em prática desde 1998, embora tenha contribuído para evitar maiores desastres ambientais e sociais, também tem causado maior desemprego e pobreza para os que viviam da extração. A China destinou US$ 22 bilhões para ajudar as populações diretamente afetadas por esta proibição (1,2 milhão de madeireiros e suas famílias). Mesmo assim, a pobreza para este grupo, que já era alta, tem aumentado ainda mais.

A experiência da China revela a necessidade de agir para promover o desenvolvimento sustentável, em vez da estratégia de "desenvolvimento a qualquer custo", que prevaleceu naquele país antes das reformas econômicas dos anos 1980. As tentativas de agora corrigir os erros do passado têm sido implementadas a custos muito altos, em termos financeiros, de desemprego e de pobreza dos que são diretamente afetados.

Para um país democrático como o Brasil, com três vezes a área florestal e um sétimo da população, implementar uma proibição total do desmatamento não é viável. Melhor seria uma estratégia que evitasse, do começo, a devastação ambiental.

O vínculo entre manejo de recursos naturais e os pobres reside no fato de vários desses recursos serem, em geral, ativos compartilhados, e como os pobres possuem poucos bens próprios, os ativos naturais compõem a maior parcela de sua riqueza. Os bens naturais constituem fator essencial de sustento para várias populações carentes.

A vantagem comparativa dos recursos naturais leva, portanto, a uma estratégia econômica que enfatiza a abertura comercial (inclusive a necessidade de manter pressão sobre a abertura dos mercados nos países industrializados), uma força de trabalho instruída e flexível, um clima positivo para inovações (tais como vínculos entre pesquisa e comércio e, possivelmente, pesquisa e desenvolvimento do setor privado, particularmente os relacionados à agricultura e à gestão de recursos naturais) e um ambiente favorável à tecnologia da comunicação e à internet.

CONCLUSÃO

Experiências econômicas sugerem que uma ênfase na qualidade do processo de crescimento é essencial em três pontos. Em primeiro lugar, qualidade promove diretamente o bem-estar ao influenciar uma distribuição mais uniforme da educação e dos cuidados de saúde e uma melhoria ambiental. Em segundo lugar, as taxas de crescimento são menos voláteis e mais sustentáveis quando os aspectos qualitativos são levados em consideração. E ainda, as economias que se focam na qualidade são capazes de gerenciar melhor os conflitos entre crescimento, sustentabilidade ambiental e distribuição da renda.

Os temas emergentes ajudam a esclarecer quatro dimensões que formam a qualidade do processo de crescimento: (1) distribuição de oportunidades; (2) sustentabilidade do meio ambiente; (3) o desenvolvimento de políticas de distribuição de renda que tenham melhor focalização dos gastos para os pobres; (4) políticas que incentivem a inovação e a produtividade.

Os capitais humano, natural e físico são os principais recursos de um país para o desenvolvimento e as melhorias do bem-estar. Sua formação, distribuição, crescimento e produtividade determinam amplamente a renda do povo e sua qualidade de vida. Para que o crescimento reduza de modo efetivo a pobreza, os bens dos pobres precisam ser aumentados. Sendo o capital humano seu principal bem, as desigualdades de acesso à educação e às oportunidades de trabalho representam um dos maiores desafios na promoção de uma sociedade com mais igualdade.

Nas últimas décadas, o Brasil obteve grandes avanços, principalmente nos indicadores sociais e nas instituições econômicas. O recente progresso no ensino foi notável, tendo partido de uma situação difícil com taxas de matrícula e qualidade de ensino baixas. As taxas de matrícula nas escolas de ensino médio, embora tenham melhorado significativamente, ainda representam hoje a mais óbvia deficiência em relação aos índices internacionais, afetando tanto a eqüidade quanto a produtividade. As políticas educacionais poderiam enfatizar não apenas o sistema de ensino médio, mas também a qualidade da educação fundamental.

Na questão ambiental, exemplos como o dos países escandinavos, Costa Rica, Canadá, entre outros, demonstram a viabilidade do desenvolvimento baseado no uso de recursos naturais desde que seja feito de forma judiciosa e responsável. Para promover o uso sustentável é necessário ajustar as políticas, fortalecer as instituições públicas e atuar na conscientização da sociedade. O Brasil tem realizado grandes progressos, principalmente no que tange as políticas e instituições, contudo, o desmatamento na Amazônia, a expansão das atividades pecuárias e o controle da poluição nas áreas urbanas permanecem como grandes desafios.

Analisando o cenário econômico nota-se que enquanto a desigualdade entre os países aumentou nos últimos anos, a desigualdade entre pessoas diminuiu. China e Índia constituem fatores decisivos para esta configuração, pelo fato de serem países com populações enormes e terem alcançado um rápido crescimento do PIB *per capita* nos últimos anos, tirando milhões de pessoas da pobreza.

Um ambiente político macroeconômico sólido é essencial para o crescimento sustentado, mas experiências recentes mostram que a estabilidade macroeconômica deve ser complementada com a promoção da distribuição de renda e das oportunidades para que uma parcela cada vez maior da população possa participar do crescimento, a exemplo do que ocorreu no Leste e Sul da Ásia. Além de o governo ter papel principal na distribuição dos bens públicos essenciais para realizar um crescimento equilibrado e sustentado e para reduzir a pobreza, precisa também ter regimes reguladores eficazes e aperfeiçoados, para corrigir as falhas de mercado, melhorando a burocracia e erigindo a capacidade institucional.

Com base nos recentes avanços, o Brasil demonstra estabilidade e parece estar preparado para uma década de amplas melhorias na qualidade de vida de seu povo. O progresso do país no século XXI pode ser muito maior que nas duas últimas décadas. A manutenção do superávit primário e a reforma do setor financeiro têm a possibilidade de desencadear o potencial da economia brasileira. Os programas socioambientais poderão oferecer apoio à inclusão social e ao progresso em larga escala. Ações amplas e corajosas transformarão esta visão de um país mais justo, competitivo e sustentável em realidade.

Crescimento sustentado e política de emprego

*Cláudio Salm**

---
* Professor de Economia da UFRJ.

NÃO É EXAGERO dizer que existe um clamor popular por oportunidades de emprego. Mas, formular políticas de emprego viáveis e consistentes, hoje, é um enorme desafio, quase um salto no escuro.

Não tanto por causa das dificuldades para voltar a crescer de forma sustentada, condição absolutamente necessária para enfrentar o desemprego. Podemos partir da suposição que as condições que nos impuseram políticas monetárias e, principalmente, fiscais fortemente contracionistas começam a esmaecer (principalmente em decorrência do bom desempenho das exportações) e que daqui para frente seremos capazes de retomar, pelo menos em parte, a capacidade de investimento do Estado, inclusive sua capacidade, tão debilitada, de induzir e articular o investimento privado. Vamos, então, supor que é possível voltar a crescer a taxas em torno de 3,5% que é, ainda (19 de abril), a expectativa de grande parte dos analistas.

Mais arriscado é apostar na sustentação desse ritmo face às oscilações nas expectativas empresariais provocadas pelas incertezas, seja quanto às variáveis macroeconômicas – inflação, juros, câmbio –, seja quanto à duração da bonança no cenário econômico mundial. Mas não precisamos nos ocupar aqui sobre as razões de nossa vulnerabilidade externa e podemos aceitar também a suposição que alcançaremos alguma continuidade no crescimento.

Tampouco queremos insistir na tecla de que crescer àquelas taxas é meta modesta e de que seria preciso crescer a taxas chinesas para resolver o problema do emprego. A verdade é que hoje ninguém se sente muito seguro em estimar qual o impacto do crescimento econômico no emprego. Entre as opções de investimento em infra-estrutura, por exemplo, os impactos relativos sobre a criação de empregos são simplesmente inescrutáveis (embora certamente muito positivos em geral).

Nesta matéria, passamos de um extremo pessimismo, provocado pela literatura do tipo "fim do emprego" – e pelo que se observou entre 1993 e 1997 –, a um otimismo exagerado que deposita toda a responsabilidade pelo combate ao desemprego na retomada do crescimento.

Muitos dos que entre nós temem o "crescimento sem emprego", baseiam a hipótese no que ocorreu entre 1993 e 1997, período que pode ser considerado como atípico, entre outras razões, por causa da sobrevalorização cambial que potencializou os efeitos diruptivos da liberalização comercial sobre o emprego: crescimento explosivo das importações, reorganização defensiva das empresas ("enxugamentos") seguido de renovação acelerada de equipamentos, estimulada pelos baixos preços de importação. Em conseqüência da turbulência provocada por esses fatores, os cálculos da elasticidade emprego-produto para aquele período mostram valores muito reduzidos para o emprego assalariado, algo entre 0,25 e 0,28 (Costa, 2004). A partir de 1998 e, principalmente, depois da adoção do regime de câmbio flutuante, as estimativas apontam para comportamentos bem mais positivos da elasticidade emprego-produto.[1]

Um dos maiores problemas para estimar o efeito do crescimento econômico na diminuição do desemprego está na instabilidade da População Economicamente Ativa (PEA), da oferta de mão-de-obra. A variação na taxa de atividade é muito grande, principalmente por causa da participação feminina, que tem se comportado de forma pró-cíclica: aumenta quando a economia tende a crescer, elevando, assim, a taxa de desemprego, e se retrai na baixa, escamoteando o aumento do desemprego. Mas, apesar desta dificuldade, há evidências de que taxas de crescimento entre 3,5 e 4% a.a. seriam mais que suficientes para impedir o aumento da taxa média de desemprego (Sabóia, 2001). Não só o nível, mas a qualidade do emprego (grau de formalização) também parece voltar a acompanhar as taxas de crescimento do PIB, como pudemos observar ao longo de 2000/2001, durante os meses da nossa última fase de crescimento.

Mas, se não cabe falar em "fim do emprego", também não cabe ter ilusões a respeito do poder do crescimento econômico para incluir, como

---

[1] Costa (2004) calcula em 4,62 a elasticidade produto-emprego assalariado para 1998/1999 e em 1,63 para 2000/2002.

no passado, a maioria da PEA hoje desempregada ou subempregada no regime de assalariamento regular (com registro em carteira). Consolidaram-se novas formas de organização industrial e de cooperação entre grandes e pequenas empresas que implicam em novas modalidades de relações e contratos de trabalho. O desafio que se apresenta é o de redesenhar a estrutura tributária e a legislação trabalhista, adequando-as àquelas novas modalidades, permitindo assim escapar da disjunção formal *versus* informal. O "Simples" foi um primeiro passo nessa direção, pode e deve ser melhorado, e já neste ano começará no Congresso a discussão da Reforma Sindical e também, talvez, da Reforma Trabalhista. Mas pouco se avançou na desburocratização, fator essencial para levar as Micro e Pequenas Empresas (MPEs) à formalização.

Quais seriam, então, as maiores dificuldades para a formulação, hoje, de uma política de emprego?

Primeiro, desde logo, o volume, a dimensão que alcançou o desemprego estrutural, entendendo-se por esta designação o contingente de desempregados e subempregados que não encontrarão ocupação produtiva apesar da economia voltar a crescer.[2]

Segundo, que o desemprego e o subemprego distribuem-se de forma muito heterogênea entre regiões, gêneros e idades, o que exige políticas diferenciadas.

Vejamos a questão do "estoque" de desemprego. As políticas de emprego que ainda privilegiamos para combater o desemprego estrutural, concebidas nas circunstâncias das décadas do pós-guerra, parecem ter perdido eficácia. O desemprego estrutural era percebido, em grande medida, como fruto de determinadas carências de parte da mão-de-obra que a impedia de aproveitar as oportunidades abertas pelo crescimento. O problema estaria, portanto, do lado da oferta. Entre elas, a principal carência seria a falta de qualificação, mas que poderia ser suprida pelo treinamento profissional, até porque a estrutura ocupacional, inclusive a da indústria, não era muito exigente em escolaridade para a maioria dos trabalhadores.[3]

---

[2] Consideramos como "subempregados" aqueles ocupados em atividades de produtividade tão baixa que os rendimentos auferidos os colocam, com suas famílias, abaixo da linha de pobreza.

[3] A rigidez salarial como obstáculo ao pleno-emprego já era coisa do passado, embora tenha sido resgatada hoje pela dominância do pensamento liberal. A minguada adesão ao Programa Nacional de Primeiro Emprego – PNPE, que subvenciona empresas que contratarem jovens entre 16 e 24 anos, demonstra o erro do diagnóstico.

O sistema semipúblico de formação profissional que montamos ainda no primeiro governo Vargas, o chamado Sistema "S", dava conta da demanda por trabalhadores qualificados e semiqualificados.[4]

Não que hoje este problema esteja superado, mas o que se verifica, por um lado, é que para atender os requisitos de empregos que oferecem alguma qualidade, cursos curtos de qualificação são incapazes de compensar a falta de educação básica completa. E, por outro lado, o que mais impede hoje a contratação para postos menos exigentes em escolaridade – que ainda são a maioria –, não é a ausência de capacitação específica da mão-de-obra, mas de demanda pelos produtos e serviços produzidos.[5]

A nossa experiência com o Plano Nacional de Formação (Planfor) deixou isso muito claro. Não há indicações de que o treinamento oferecido pelo Planfor (agora Plano Nacional de Qualificação – PNQ) tenha resultado em maiores salários ou aumentado as chances de emprego para a grande maioria dos egressos de seus cursos: "um desempregado que teve acesso a cursos de qualificação tem a mesma dificuldade para retornar ao mercado de trabalho do que um que não participou".[6]

Não queremos, de forma alguma, negar que existe um novo paradigma de produção que impôs maiores requisitos de escolarização. Salvar a nossa Escola Pública é a tarefa mais urgente. Chegamos ao ponto em que até mesmo parcela expressiva dos trabalhadores considera a Escola Pública como um "bem inferior".

Mas, mais que um exagero, é um mito erigir a subescolaridade como a razão maior do desemprego, como se toda a estrutura ocupacional houvesse se tornado homogênea quanto às novas exigências educacionais. Se isso fosse verdade, os menos educados apresentariam as maiores taxas de desemprego e sabemos que não é assim. A taxa de desemprego no Brasil hoje é mais elevada entre aqueles que possuem educação média, completa ou incompleta, que é a condição típica do operário industrial, o grande prejudicado pela forma com que conduzimos a abertura comercial e as privatizações.

Toritama, cidade do agreste semi-árido de Pernambuco, é um caso exem-

---

[4] Cabe lembrar, porém, que os cursos de Aprendizagem do Senai ofereciam também alguma base de conteúdos gerais, ainda que na forma de instrumentação para a formação específica.
[5] No Brasil, chegamos a sofrer de falta de mão-de-obra não-qualificada para a construção civil no início dos anos 1970.
[6] Hélio Zylberstajn, citado por Cavalcanti, C., 2004.

plar relatado por Sonia Rocha e Roberto Cavalcanti.[7] Embora o nível educacional das pessoas em Toritama seja muito baixo (bem inferior ao do próprio Nordeste), "há na cidade ocupação para quase todos, inclusive para trabalhadores igualmente desqualificados, que para lá se dirigem, todos os dias, vindos de municípios vizinhos. É que em Toritama desenvolve, há mais de dez anos, quase inteiramente por iniciativa local, a microindústria de confecções. De boa qualidade, a produção, altamente competitiva, é comercializada, a baixos preços, em todo o Nordeste e no país".[8] Toritama encontrou mercado tão amplo para seus produtos, que foi capaz de tornar escassa a sua mão-de-obra sem qualificação.

Portanto, o problema mais grave hoje está na insuficiência de demanda. A pergunta é o que pode ser feito a respeito se aceitarmos como factível e razoável um crescimento moderado.

Uma recomendação sensata é canalizar a demanda adicional para as atividades mais dinâmicas em relação ao emprego como, aliás, proposto de forma enfática no Programa de Governo do PT.

Apesar das dificuldades metodológicas já assinaladas, não estamos totalmente às cegas quanto a saber que atividades seriam essas. O BNDES realiza estimativas de geração de empregos por unidade (valor) de produção para 41 setores da economia, levando em conta não só os empregos diretos, mas também os indiretos e os resultantes de multiplicadores keynesianos de renda (Najberg e Pereira, 2004). Os principais setores pela ordem de geração de empregos seriam os seguintes:

1) Serviços prestados à família[9].
2) Artigos do vestuário.
3) Agropecuária.
4) Comércio.
5) Madeira e mobiliário.
6) Indústria do café.
7) Fabricação de calçados.
8) Fabricação de açúcar.
9) Abate de animais.
10) Serviços prestados à empresa.

---

[7] Rocha, S. e Cavalcanti de Albuquerque, R., 2004.
[8] Ib. p. 74.
[9] Entre os quais, o emprego doméstico é de longe o mais expressivo.

11) Beneficiamento de produtos vegetais.
12) Fabricação de óleos vegetais.
13) Laticínios.
14) Outros produtos alimentares.
15) Administração pública.

Um exame superficial dos resultados[10] indica que os setores mais promissores são, na maioria, aqueles mais sensíveis ao poder de compra dos salários, quer dizer, ao consumo corrente; que são também setores pouco intensivos em importações e que muitos são altamente competitivos em exportações, desde que a taxa de câmbio não jogue contra. Ademais, não se tem notícia de que algum deles sofra de escassez de mão-de-obra qualificada.[11]

É bem possível que nas classes de altas rendas, muitos daqueles produtos se caracterizem por uma baixa elasticidade-renda da demanda, mas é intuitivo que o mesmo não ocorre para pelo menos 80 ou 90% da população. Portanto, estimular a demanda por bens de consumo popular parece ter efeitos claramente favoráveis ao emprego, além de não comprometer o necessário superávit estrutural da balança comercial.

"Nosso consumo popular é de um dinamismo represado espetacular" (Castro, 2004). Para dinamizá-lo, há que examinar tanto as ações pelo lado da oferta como pelo lado da demanda. Castro enfatiza o lado da oferta, a importância de inovações que baixem os custos dos produtos que compõem aquele consumo. Mas sabemos que os esforços para elevar a produtividade decorrem, em geral, de expectativas positivas quanto à expansão do mercado consumidor.

Cabe ressaltar que a melhoria na distribuição de renda dos países hoje desenvolvidos teve por base o aumento da produtividade na produção de bens de consumo popular *pari passu* com o aumento dos salários.[12]

A expansão do mercado interno, ou seja, da massa salarial, gera opor-

---

[10] Temos notícia de que o BNDES pretende realizar novos estudos com vistas ao aprimoramento da metodologia em que se baseiam as estimativas, principalmente as referentes à geração de empregos indiretos.

[11] Verifica-se, também, que a renúncia fiscal, recorrentemente aplicada à venda de automóveis, bem como os estímulos à construção civil, não parecem constituir as melhores opções do ponto de vista da criação de empregos. Segundo as estimativas do BNDES estes setores estão em 37º e 17º lugares, respectivamente, entre os 41 setores analisados dessa ótica.

[12] Ver a respeito, Medeiros, Carlos A. (2002).

tunidades de emprego para todos, inclusive para a mão-de-obra não-qualificada (embora não necessariamente na indústria). Como bem observou Anne Krueger (2004) a respeito da experiência recente dos EUA: "...a elevação no padrão de vida que os americanos desfrutaram trouxe também consigo um aumento na demanda por serviços não-qualificados – uma demanda tão grande que a economia dos EUA passou a ser também uma grande importadora de mão-de-obra".[13]

Da perspectiva do aumento da demanda, que instrumentos utilizar? Excluídas alternativas românticas – aquelas que simplesmente ignoram as leis do mercado – caberia examinar a eficácia relativa de algumas opções (ou de combinações entre elas), tais como: melhor focalização dos gastos públicos assistenciais nos mais pobres; mudanças na estrutura tributária que redistribua os impostos indiretos em favor dos produtos de consumo popular[14]; e a elevação dos salários de base.

Esta última, por sua vez, requer a convergência de pelo menos três movimentos. Primeiro, a elevação do valor real do salário mínimo, dado que continua sendo o principal fator na determinação dos salários mais baixos. Segundo, o fortalecimento da representação sindical, condição para conquistar maiores pisos salariais nas negociações coletivas.[15] Terceiro, a diminuição da oferta de mão-de-obra não-qualificada, sem o quê aqueles dois movimentos não se sustentam.

Qualquer escolha deve levar em conta não só os impactos distributivos, como também os efeitos fiscais, que podem exigir o sacrifício de outros gastos tão ou mais importantes para o emprego, como o investimento público em infra-estrutura. Evidentemente, poderíamos ampliar nosso raio de manobra se lográssemos diminuir significativamente a taxa de juros.[16]

O governo tem dado ênfase aos programas de cunho assistencialista, atribuindo-lhes poder de fogo suficiente para lograr o objetivo de redi-

---

[13] "...the increase in living standards that Americans enjoyed also brought a surge in demand for unskilled service jobs – demand so great that the U.S. economy is now also a large importer of labor".

[14] Já existe consenso quanto à necessidade de aliviar a carga tributária que incide sobre os produtos da Cesta Básica.

[15] O Relatório Final sobre a Reforma Sindical, recém-elaborado pelo Fórum Nacional do Trabalho (2004), propõe novas normas que visam promover maior liberdade de organização e maior representatividade sindical, condições consideradas necessárias para o avanço das Negociações Coletivas na resolução dos conflitos trabalhistas.

[16] Ver Sabóia (2004).

recionar a demanda setorial (Ministério da Fazenda, 2003, p.17). Não conhecemos os fundamentos dessa proposição, mas ela nos parece inconsistente.

Acreditamos mais na eficácia da recuperação do valor real do salário mínimo, que vale hoje pouco mais que a metade do que valia 40 anos atrás. Infelizmente não dispomos de simulações confiáveis que avaliem os efeitos da duplicação do poder de compra do salário mínimo sobre o grau de pobreza e sobre a distribuição da renda.

Quanto à segunda ordem de dificuldades – a heterogeneidade da incidência do desemprego –, sabe-se que o desemprego é um problema maior nas metrópoles, especialmente nas periferias das grandes cidades, muito maior entre os jovens do que entre os maiores de 25 ou 29 anos, e também maior entre as mulheres do que entre os homens.[17]

Para enfrentar estas diferenças, temos que pensar em diferentes linhas de ação. Antes de abordá-las pelo lado da demanda, cabe lembrar algumas medidas que afetam a oferta de mão-de-obra.

Julgamos dispensável qualquer demonstração de que temos um enorme excedente de mão-de-obra. Basta verificar as filas quilométricas que se formam quando se anunciam vagas até mesmo em postos temporários e de salário mínimo "a seco".

Diante deste quadro, como foi dito, torna-se muito difícil sustentar qualquer política de elevação do salário mínimo e, em decorrência, fazer diminuir o peso das atividades de baixa produtividade que sobrevivem graças a esta disponibilidade de mão-de-obra barata. Recriam-se desta forma as condições para a manutenção do elevado grau de pobreza e dos índices de desigualdade.

A conclusão é que precisamos diminuir a pressão sobre o mercado de trabalho, principalmente por parte dos segmentos cujas possibilidades de ganho acarretam, também, elevados custos futuros para a sociedade. É nitidamente o caso dos jovens subescolarizados e das mães chefe de família, pelo inevitável descuido com os filhos. Neste sentido, o PETI (Programa de Erradicação do Trabalho Infantil) deveria ser estendido a todos os jovens carentes que estiverem empenhados em completar a educação média e, quanto às mulheres pobres, deveriam ser remuneradas pela

---

[17] Maior, também, entre negros e pardos do que entre os brancos, mas já temos problemas suficientes para tratar.

dedicação aos filhos (bem como aos idosos).[18] Tais gastos podem ser vistos como investimentos de alto retorno social.

Quanto às linhas de ação diretamente voltadas para a demanda de mão-de-obra do ponto de vista espacial, a prioridade deve estar nas periferias das grandes cidades que é onde se concentram os pobres, os desempregados e a criminalidade. Investir nessas periferias e favelas é algo que se justifica *per se*. Mas, além dos empregos diretos que podem ser gerados, os investimentos em urbanização certamente irão criar externalidades favoráveis ao florescimento de micro e pequenas empresas. Não se pode perder de vista que o maior custo do nano-empresário é ele mesmo, ou seja, o custo da sua subsistência, do seu deslocamento, da aquisição da sua documentação etc. Programas de urbanização de favelas possuem forte impacto na diminuição dos custos em que se incorre por morar nelas, representados pelo difícil acesso aos serviços públicos – educação, segurança, correios, transporte etc. – e podem, portanto, ser muito efetivos na viabilização de microempresas.

Já as pequenas cidades do interior que, em princípio, poderiam ser atrativas para o investimento produtivo – entre outras razões pelo custo de vida mais baixo – muitas vezes não conseguem se desenvolver a partir de suas vantagens competitivas potenciais por carências na infra-estrutura, especialmente em logística. Conectá-las ao mercado (nacional e mundial) deve ser a prioridade. Dado que o transporte, em todas as suas modalidades e formas de integração entre elas, já é uma prioridade estabelecida em nível nacional – em grande medida como decorrência das potencialidades da agroindústria para nossas exportações – cabe fazer um esforço de agregar os interesses locais a estes investimentos.

Cada município, isoladamente ou em consórcio, deve ser capacitado a desenvolver projetos que justifiquem sua conexão à expansão da infra-estrutura, especialmente à rede nacional de transporte. O impacto decorrente sobre a criação local de empregos tende a ser significativo (inclusive pela expansão do turismo). As externalidades promovidas pelos investimentos em infra-estrutura se manifestam na promoção da diversificação de atividades. A intensificação do uso da maior capacidade em infra-estrutura apresenta custos marginais reduzidíssimos e eleva a produtividade

---

[18] Esta já é hoje uma recomendação feita amplamente. Ver Cepal, 2004; Lavinas e Garson, 2003.

do capital investido.[19] Esta linha de ação é particularmente relevante para promover a produtividade dos assentamentos da reforma agrária e da agricultura familiar em geral (Tavares, 2004).

Reunir municípios em consórcios capazes de formular planos empresariais de interesse comum não é tarefa trivial. O país já dispõe de uma fonte razoável de financiamento para apoiar tais iniciativas, que é o FAT (Fundo de Amparo ao Trabalhador). Entretanto, para estabelecer as prioridades locais com vistas à geração de emprego e renda, o conselho que administra o FAT, o Codefat, apóia-se nas recomendações das Comissões Municipais de Emprego, o que nos parece inadequado. Pela proximidade com os problemas, as Comissões Municipais podem ser muito úteis para atividades assistenciais ou para orientar compras governamentais – outro instrumento que deve compor as políticas locais de geração de emprego. Mas não estão aparelhadas para traçar diretrizes e prioridades para atividades mais complexas como, por exemplo, o apoio à formação de cadeias ou Arranjos Produtivos Locais, que dependem de visão prospectiva e articulação com outros municípios e órgãos estaduais e federais.

Ao invés de pulverizar seus recursos em nome da criação de empregos – no que não parece ter tido muito êxito até aqui – o FAT deveria concentrá-los em projetos de desenvolvimento.[20] Para tanto, será preciso resgatar o papel das agências de desenvolvimento regional e local a fim de fomentar as sinergias necessárias e construir o capital social sem o qual o espírito empreendedor ou fica inibido, e faz o negócio retroceder a níveis de uma pobre subsistência, ou se esvai em iniciativas oportunistas (Locke, 2001) de escassos efeitos econômicos positivos, quando não claramente anti-sociais e deletérios para o desenvolvimento econômico e para o meio ambiente.[21]

É possível que diante das restrições fiscais a que estamos submetidos, não possamos tão cedo recuperar a capacidade de investimento do Estado. Mas, mesmo os mais fervorosos inimigos do investimento esta-

---

[19] O mesmo raciocínio – intensificação do uso da infra-estrutura – aplica-se à expansão da oferta de energia ou de irrigação.

[20] Com o quê parece concordar o novo presidente do Codefat, Lourival Dantas. Ver declarações em *O Globo* (17/03/04, p. 24).

[21] Quanto às agências de desenvolvimento regional, infelizmente o projeto de recriação da Sudene parece ter sido abortado. Sobre o conceito de "capital social" e sobre sua importância para o desenvolvimento, ver Locke, 2001.

tal reconhecem que o seu papel na articulação e promoção dos investimentos em infra-estrutura permanece fundamental. Assim como o projeto de PPP (Parcerias Público-Privadas) representa uma proposta de infundir confiança ao setor privado para que invista em infra-estrutura, as agências de fomento podem cumprir papel equivalente para os empreendedores locais.

Ademais do elemento "confiança", as agências regionais e locais de desenvolvimento devem servir de canal para levar às redes de pequenos negócios o crédito, o apoio à comercialização, inclusive para o exterior, e a capacitação tecnológica e organizacional disponível em grandes instituições nacionais como as universidades, os institutos tecnológicos, a Embrapa e o Sebrae.

Precisamos definitivamente afastar a idéia, tão difundida pelo pensamento liberal, de que a auto-regulação do mercado pode eliminar o desemprego desde que se flexibilizem os salários e se invista em qualificação. Sem um esforço para integrar as iniciativas de âmbito nacional às instâncias regionais e locais de planejamento e fomento, dificilmente as "milhões de pequenas vontades de investir" (Franco, 2004) poderão ultrapassar o estágio de pequenos negócios isolados de baixa produtividade e se transformar em Arranjos Produtivos Locais capazes de avançar tecnologicamente, elevar a produção e a produtividade e, dessa forma, alcançar mercados que garantam o crescimento sustentado e a criação de empregos de qualidade.

SÍNTESE DAS RECOMENDAÇÕES

- Recuperar o papel de coordenação e fomento das agências de desenvolvimento local e regional.
- Redirecionar e concentrar os recursos do FAT nas linhas de ação que privilegiam o desenvolvimento econômico.
- Integrar projetos de interesse local aos investimentos em infra-estrutura de apoio à agroindústria, especialmente aos investimentos em transporte.
- Incentivar a formalização das MPE's através da adequação da estrutura tributária, da legislação trabalhista e previdenciária.
- Induzir e apoiar a formação de Arranjos Produtivos Locais capazes de competir nos mercados nacional e mundial.

- Dar prioridade às periferias das grandes cidades nos investimentos em infra-estrutura urbana.
- Estimular o aumento da produtividade e a demanda de produtos de consumo popular através de medidas redistributivas. Avaliar a eficácia relativa de algumas dessas medidas – gastos assistenciais, aumento real do salário mínimo, estrutura tributária – levando em conta, além dos efeitos sobre a distribuição da renda, os seus impactos fiscais.
- Diminuir, através de transferência de renda, a pressão da oferta de mão-de-obra não-qualificada sobre o mercado de trabalho, principalmente aquela exercida por jovens subescolarizados e mães chefe de família. A participação desses segmentos na PEA, quando se dá em detrimento da formação básica e do cuidado com os filhos, pode acarretar elevados custos para a sociedade.

REFERÊNCIAS BIBLIOGRÁFICAS

CEPAL (2004). *Panorama social de América Latina, 2002-2003*, Santiago, fevereiro.

CASTRO, A. B. (2004). "Política Industrial pode acionar 'motor do crescimento'", *Valor*, 2 de abril.

CAVALCANTI, C., P. N., LANFOR (2004). "Qualificação para o novo paradigma produtivo ou política compensatória para os excluídos do mercado de trabalho?", tese de doutoramento, Escola de Serviço Social, CFCH-UFRJ, março.

COSTA, A. C. (2004). "A elasticidade emprego-produto para a economia brasileira na década de 90", IE-UFRJ, monografia de bacharelado, março.

FÓRUM NACIONAL DO TRABALHO (2004). "Reforma Sindical – Relatório Final", março.

FRANCO, G. (2004). "Transição inacabada", "Mais!," *Folha de S. Paulo*, 21 de março.

KRUEGER, A. (2004). "An Intolerable Surge? International Capital Flows and the Indian Policy Response", Address to National Institute for Bank Management, Pune, India, site do FMI, janeiro.

LAVINAS, L. e GARSON, S. (2003). "Gasto social no Brasil: transparência, sim, *par-ti-pris*, não!", in *Econômica*, v. 5, n.1, junho.

LOCKE, R. M. (2001). "Construindo confiança", *Econômica*, v. 3, n. 2, dezembro.

MEDEIROS, C. A. (2002). "Distribuição de renda como política de desenvolvimento", BNDES, *Desenvolvimento em Debate*, Painéis do Desenvolvimento Brasileiro-II.

MINISTÉRIO DA FAZENDA (2003). "Política econômica e reformas estruturais", www.fazenda.gov.br.

NAJBERG, S. e PEREIRA, R. O. (2004). "Novas estimativas do modelo de geração de empregos do BNDES", in *BNDES – Sinopse Econômica*, n. 133, março.

ROCHA, S. e CAVALCANTI DE ALBUQUERQUE, R. (2004). "Geografia da pobreza extrema e vulnerabilidade à fome", in *A nova geografia da fome e da pobreza*, Fórum Nacional, José Olympio, Rio.

SABÓIA, J. (2001). "Crise energética e desemprego", *Jornal dos Economistas*, julho.

_____. (2004). "Impasse no salário mínimo", www.ie.ufrj.br/APARTE/, 16 de abril.

TAVARES, M. C. (2003). "Política econômica e emprego", *Folha de São Paulo*, 11 de maio.

Ambientes favoráveis às micro e pequenas empresas e inclusão social

*Silvano Gianni**

---
* Diretor-presidente do Sebrae.

PRIORIZAR A REDUÇÃO da pobreza, no Brasil de hoje, implica criar as condições para a execução de um modelo de desenvolvimento que seja capaz de combinar crescimento econômico e redução da desigualdade.

Crescimento apenas não basta, num país com a renda *per capita* do Brasil, onde – segundo estimativas do Ipea – cerca de 60% da pobreza devem-se ao excesso de desigualdade em relação ao que seria de se esperar, para os padrões internacionais.

Se já fomos capazes de crescer (e muito) no passado, nunca conseguimos diminuir a desigualdade de forma significativa, pelo menos não no país como um todo.

A desigualdade não é obra do acaso, nem da natureza, mas resultado de nossa história. Tem raízes na forma em que fomos colonizados, na escravidão e em sua abolição tardia e passiva, mas também no modelo de desenvolvimento implementado a partir do Estado Novo, que floresceu com JK, amadureceu na ditadura e decaiu a partir do início da década de 1980.

Esse modelo foi ancorado numa aliança estratégica entre o Estado Nacional e a grande empresa, traduzida numa ampla intervenção do Estado nos mais diferentes mercados, como trabalho, crédito, divisas. Era a maneira a atrair os investimentos necessários para industrializar e fazer crescer a nossa economia.

Nesta concepção, as micro e pequenas empresas eram vistas apenas como um "resquício", que tenderia a ser absorvido pelos setores "modernos" na medida em que estes fossem crescendo. Nenhum tipo de política, portanto, foi imaginado para estas empresas – embora elas se tornassem cada vez mais numerosas, sobretudo no setor de serviços das grandes regiões metropolitanas.

Pode-se argumentar que o modelo, de alguma maneira, teve êxito, pois conseguiu produzir uma profunda metamorfose em nossa economia e nossa sociedade.

Entre o final da segunda guerra mundial e a virada da década de 1970 para a de 1980, o PIB foi multiplicado por 11 (em termos reais), o PIB industrial por 16, a população dobrou e as proporções de pessoas vivendo no campo e nas cidades se inverteram.

Essa inversão significa que todo o crescimento demográfico, de 60 milhões de pessoas, se concentrou nas cidades e, em particular, nas grandes metrópoles da região Sudeste – que comandaram o processo de industrialização. Este crescimento econômico todo, contudo, foi pouco eficaz para produzir aquele que deveria ter sido o seu principal objetivo: o de reduzir a pobreza.

A proporção de pobres diminuiu, mas o número absoluto de pobres não. A pobreza, no entanto, deixou de ser essencialmente rural para se tornar, cada vez mais, um fenômeno urbano – e metropolitano.

Para combinar crescimento econômico e redução da desigualdade, portanto, não nos cabe reeditar o modelo de desenvolvimento do passado. É urgente, ao contrário, forjar um novo paradigma, sem as distorções do antigo e mais condizente com a sociedade aberta e democrática que estamos construindo.

A construção deste novo modelo de desenvolvimento tem como precondições a manutenção da estabilidade macroeconômica, a melhora dos indicadores de escolaridade e o aprofundamento de reformas que permitam o redirecionamento dos gastos públicos sociais em favor das camadas mais pobres da população.

Mas é preciso ir além, consolidando o processo de descentralização em curso, ampliando o leque de parcerias entre os diferentes níveis de governo, a sociedade civil e a iniciativa privada na oferta conjunta de bens e serviços públicos. Só assim poderemos criar ambientes favoráveis ao desenvolvimento das empresas de pequeno porte. É nesta tarefa que o sistema Sebrae está empenhado.

A distribuição de renda no Brasil se mantém inalterada desde que somos capazes de medi-la. Nas últimas duas décadas, saímos de uma ditadura para a democracia, conhecemos oito diferentes planos de estabilização, mudamos de moeda cinco vezes, abrimos a economia, privatizamos empresas estatais, descentralizamos, reformamos o Estado. Não fomos capazes, contudo, de produzir mudanças significativas na estrutura da distribuição de renda.

O contingente de 1% mais rico continua, segundo a PNAD/IBGE, se apropriando sistematicamente de uma fatia de renda superior à dos 50% mais pobres, enquanto os 10% mais ricos detêm cerca da metade da renda nacional.

Para estar no contingente 1% mais rico da população, segundo a PNAD-2002, bastaria uma renda familiar *per capita* superior a R$ 3.150 mensais, ao passo que para estar nos 10% mais ricos seria suficiente ter uma renda familiar *per capita* de R$ 815 mensais. A metade mais pobre da população sobrevivia com menos de R$ 195 mensais *per capita*.

Esses números do IBGE causam desconforto. Muitos dos que se deparam com eles sempre se julgaram pertencentes às camadas médias da população e se percebem, através deles, como membros das elites de nossa sociedade. O que é mais chocante, todavia, é perceber que o percentil mais alto da distribuição equivale a cerca de 16 vezes a mediana.

O fato a ser ressaltado aqui, porém, é o de que as nossas elites não se percebem como elites: elas se camuflam de "classe média" – como se não estivessem no Brasil, mas num país da Europa ou da América setentrional.

Esse imaginário desfocado leva a distorções graves: aqueles que se imagina serem os pobres pertencem, na verdade, às camadas médias da população, e os verdadeiramente pobres tornam-se invisíveis, não apenas aos olhos da opinião pública, mas também das políticas públicas.

A partir dos dados apresentados e das linhas de indigência e de pobreza elaboradas pelo Ipea, é possível constatar:

a) No que diz respeito à escolaridade:
- Mais de ⅓ das famílias indigentes e mais de ¼ das famílias pobres são chefiadas por adultos que não completaram sequer um ano de estudo.
- Nos ¾ mais pobres da população, praticamente não há chefe de família que tenha atingido a universidade.
- O grosso daqueles que são considerados "ricos" e "riquíssimos" teve acesso à universidade.

b) No que se refere à raça:
- As famílias chefiadas por afrodescendentes representam 45% do total, mas são 63% dos pobres e 70% dos indigentes.
- Entre os "riquíssimos", 90% são brancos.

c) No que tange ao meio:
- Os "ricos" e "riquíssimos" se concentram nas áreas urbanas e, sobretudo, metropolitanas.
- Os pobres e indigentes, porém, não se encontram apenas no meio rural: estão também fortemente representados tanto no meio urbano quanto no metropolitano – o que significa, entre outras considerações, que as regiões metropolitanas devem ser consideradas o palco privilegiado em que deve se levar o combate à desigualdade.

d) Quanto à região:
- 60% dos indigentes e cerca da metade dos pobres estão na região Nordeste.
- Contudo, uma parcela significativa dos pobres (27,6%) e dos indigentes (21%) estão na região Sudeste.

e) Quanto à posição na ocupação:
- Apenas 31% das famílias são chefiadas por empregados com carteira de trabalho assinada. Os dados mostram também que a legislação trabalhista tende a proteger sobretudo as camadas médias da população, incidindo muito pouco entre pobres e, sobretudo, indigentes.
- Outros 7% das famílias são chefiados por funcionários públicos, e seu peso é crescente com o nível de renda da camada socioeconômica.
- Somando-se os dois grupos, temos que menos de 40% das famílias brasileiras são beneficiadas, de uma maneira ou de outra, pela legislação trabalhista, seja a que regulamenta o mercado no setor privado, seja aquela que se refere ao funcionalismo público.
- Em torno de 16% das famílias são chefiadas por empregados sem carteira de trabalho assinada, ou seja, por trabalhadores que vendem seu tempo e seu esforço para empresas que não têm condições de arcar com os custos de contratação previstos na legislação trabalhista.
- O peso relativo destas famílias tende a ser decrescente com o nível de renda da camada socioeconômica; ou seja: as famílias chefiadas por este tipo de trabalhador estão muito bem representadas na indigência (35%) e na pobreza (29%) e mal representadas entre os "ricos" (10%) e "riquíssimos" (8%).
- O mesmo tipo de incidência ocorre com as famílias chefiadas por trabalhadores autônomos (ou "nano-empresários"), cujo peso na po-

pulação total é equivalente ao das famílias chefiadas por empregados com carteira assinada.

Somando-se empregados sem carteira de trabalho assinada e trabalhadores por conta própria, temos que mais de 70% dos indigentes e cerca de 60% dos pobres de nosso país estão ligados ao universo das micro e pequenas empresas, as MPEs.

Dados ainda do IBGE, referentes a 2001, revelam que as micro e pequenas empresas formais, legalizadas, somam 4,6 milhões. Representam 99,2% do número de empresas existentes e 56% da mão-de-obra de carteira assinada.

As últimas estatísticas do IBGE medindo diretamente a informalidade datam de 1997, devendo estar, portanto, bastante defasadas. Com o patrocínio do Sebrae, aliás, essa pesquisa está sendo atualizada.

Ela mostra que havia na clandestinidade 9,5 milhões de micro e pequenas empresas, dando ocupação a 13 milhões de pessoas – ou 25% da população ocupada no meio urbano.

Pesquisa internacional citada pelo projeto GEM, o Global Entrepreneurship Monitor, que mede a atividade empreendedora em 31 países, mostra que o Brasil é o segundo país em porcentagem do PIB na informalidade, depois da Tailândia, com 33,4%.

Ocupamos igualmente a segunda colocação no número de trabalhadores na informalidade, atrás da Croácia, com 49,2%, isto é, praticamente a metade.

É por esta razão que uma política de desenvolvimento centrada na criação de um ambiente favorável às MPEs é essencial numa estratégia que priorize o combate à pobreza.

É essencial por ser impensável imaginar que o crescimento econômico, por si só, e por maior que seja, será capaz de gerar oportunidades de emprego formal a todos aqueles que hoje se concentram nas empresas de menor tamanho.

É óbvio que não será por decreto que se reduzirá a pobreza e se irá melhorar a distribuição de renda, mas o ambiente favorável ao fortalecimento da pequena empresa está ao alcance da mão por meio da legislação.

Trata-se da lei complementar prevista no Artigo 146 da reforma tributária, que dá tratamento favorecido, diferenciado e simplificado aos negócios de menor tamanho.

É o que estamos chamando de Lei Geral da Pequena Empresa.

A futura lei, fruto de debates no sistema Sebrae que envolveram seis mil pessoas no país inteiro, em outubro passado, já tem um primeiro copião.

A Lei Geral poderá uniformizar, dar transparência e, sobretudo, simplificar as várias regras e legislações hoje existentes sobre as obrigações e direitos das pequenas empresas.

Poderá trazer grandes inovações. Uma delas, por exemplo, é o cadastro único, um dos maiores avanços na desburocratização.

Com o cadastro único, teremos o registro da empresa num só cadastro nacional e com um único número em todos os órgãos da administração pública federal, estadual e municipal.

Poderá, também, promover a arrecadação unificada de tributos federais, estaduais e municipais, criando-se uma única exigência englobando todos os tributos aplicáveis à empresa de pequeno porte, com obrigatoriedade de repasse imediato dos recursos aos respectivos entes.

Sem contar a dúzia de capítulos que deverá ter o formato do projeto da Lei Geral, somente essas duas medidas contribuirão, sem dúvida, para uma drástica redução da informalidade.

Com o cadastro único e a arrecadação unificada, em vez de ocorrer uma aparente perda de receita tributária, teremos justamente o contrário.

Teremos, isto sim, aumento da arrecadação pela ampliação da base de tributação, com o ingresso na legalidade de milhões de micro e pequenas empresas que hoje não recolhem impostos por estarem à margem da lei.

Pesquisa recente da FGV num universo de 50 mil pequenos negócios, coordenada pelo professor Marcelo Néri, estima que reduzir à metade a carga tributária sobre o segmento pode elevar a arrecadação em mais de 1.000%.

A Lei Geral é um projeto ousado? Sim, com certeza, mas sem coragem e criatividade não iremos melhorar o Brasil.

Aproveito esta rara oportunidade, de ter a honra de participar de fórum de tão alto nível, para solicitar o apoio de todos os senhores, formadores de opinião, ao projeto da Lei Geral da Pequena Empresa, que, esperamos, possa chegar ao Congresso em três semanas.

Não é um projeto do Sebrae, longe disso, mas uma demanda da sociedade. É muito mais do que uma lei complementar. É uma estratégia de país.

Passo agora à última parte da nossa intervenção, que trata do território e dos APLs, os Arranjos Produtivos Locais.

Em decorrência do próprio modelo de desenvolvimento adotado no passado, que priorizou a acumulação do capital nas mãos de grandes empresas, os serviços de desenvolvimento empresarial no Brasil se direcionaram primordialmente às firmas individuais.

Ao longo do tempo, esta lógica evoluiu, aos poucos, para um horizonte setorial – centrado nas cadeias produtivas, que têm forte influência até hoje. Isso, contudo, já não faz muito sentido.

Por um lado, porque distinguir entre indústria e serviços e entre trabalho material e imaterial tornou-se irrelevante; por outro, porque as cadeias produtivas aparecem crescentemente integradas entre si, compondo verdadeiros complexos produtivos industriais e de serviços.

O território apresenta-se como o âmbito que pode dispor dos recursos econômicos, sociais e institucionais necessários para a constituição de redes de cooperação entre micro, pequenas e médias empresas.

Além do mais, como acontece, por exemplo, nos distritos industriais italianos, é o território, na sua dimensão social, o elemento que favorece a aprendizagem coletiva, a difusão das inovações tecnológicas e a construção das relações de confiança entre os empreendedores, a sociedade local e as instituições públicas.

A importância da dimensão territorial vem crescendo, na medida em que a globalização está colocando fora do alcance dos governos nacionais os parâmetros econômicos, sociais, institucionais e legais que costumavam estar sob seu controle.

Ao mesmo tempo, as trajetórias de desenvolvimento dos países estão ainda mais ligadas à competitividade de suas regiões, às fraquezas e às forças de suas economias locais.

Na globalização, o desenvolvimento se torna cada vez mais local, e o bem público mais importante é o ambiente cognitivo (cultura, reputação, conhecimentos tácitos, aprendizagem) que sustenta os atores locais na produção de conhecimentos e de inovações para competir.

É nesse âmbito local que se formam as redes de relações, pois é ali que se produzem as condições de integração social e de sustentação das dinâmicas produtivas das empresas, das indústrias e da inovação.

O território compreende, portanto, um determinado recorte de espaço cognitivo – parte de um município, um município, rede de municípios, bacias hidrográficas, vales, serras.

O território se caracteriza, sobretudo:
- Pela articulação entre as empresas e pelo relacionamento com outros agentes do local.
- Por uma certa regularidade e intensidade nos relacionamentos e nas articulações entre diferentes tipos de agentes sociais.
- Pela construção de confiança e cooperação.
- Pela troca sistemática de informações e conhecimento que possibilite aprendizagem e ganhos comuns.

Territórios se constituem, também, pela presença e a integração de instituições e de bens e serviços públicos (mas não necessariamente estatais).

Traduzindo: educação, saúde, crédito, telecomunicações, transportes, centros de pesquisa, estações de tratamento de água, agências de desenvolvimento, plataformas logísticas, que associam um certo nível de qualidade a uma expressiva universalização.

Dessa forma, o território é desenhado pela extensão das redes sociais, técnicas e institucionais que criam e recriam esses bens e serviços públicos. Sua competitividade é função da cooperação entre os atores locais, organizados nessas diferentes redes.

Os territórios não devem ser vistos, portanto, apenas como dimensões administrativas, burocráticas, e ainda menos como realidades puramente físico-geográficas – mas como redes locais de cidadãos.

Essas redes, entre as quais estão as empresariais, mas também as sociais e as institucionais, precisam ser reconhecidas e valorizadas. São elas que investem na construção de um ambiente favorável à inovação, principalmente na área social, condição indispensável para o surgimento das inovações técnicas necessárias ao desenvolvimento.

A dinâmica produtiva dos territórios não se reduz, pois, à presença de MPEs operando em certos níveis de proximidade espacial. O que define a capacidade das MPEs de serem competitivas em níveis globais e por uma inserção competitiva focada na agregação de valor são suas bases locais, ou seja, a densidade de seu capital social.

Na mesma medida em que os territórios requerem a presença e a gestão democrática de serviços e de equipamentos públicos, passam a demandar uma nova geração de políticas públicas integradas de desenvolvimento.

Não há mobilização dos territórios para o desenvolvimento sem políticas públicas. Mas essas políticas só são efetivamente *públicas*, isto é, só conseguem mobilizar efetivamente os territórios, quando são constituídas democraticamente pelas redes de cidadãos que desenham esses territórios.

É o caso, por exemplo, da recém-aprovada lei dos distritos produtivos do Vêneto, na Itália.

Ela tem o objetivo de, simultaneamente, fortalecer os territórios mais dinâmicos da região (onde estão os distritos industriais e o desemprego é de cerca de 2%) e induzir os mais atrasados (onde a taxa de desemprego é de quase 20%) a se mobilizarem para o desenvolvimento.

Operamos um vasto programa de Desenvolvimento Local Integrado e Sustentável, o DLIS, presente em 1.650 municípios com estímulo ao protagonismo.

Está no direcionamento estratégico do Sebrae atuar nos APLs. Estima-se que haja cerca de 500 APLs ou potenciais APLs no país. O Sebrae atua em 260 deles.

Ajudamos o Ministério do Desenvolvimento, Indústria e Comércio Exterior a montar um Programa Nacional de APL que, acreditamos, contribuirá decisivamente na mudança do modelo de desenvolvimento por que tanto nos batemos.

O Sebrae está convicto de que o desenvolvimento será tanto mais sustentável e integrador quanto mais fincar suas raízes em processos locais de participação democrática.

Para concluir:

Dissemos que para acelerar o combate à pobreza no Brasil é necessário implementar um modelo de desenvolvimento que seja capaz de combinar crescimento econômico com redução da desigualdade.

Afirmamos também que praticamente nada aconteceu em termos de distribuição de renda no país como um todo ao longo das últimas duas décadas e que a reversão deste quadro passa pela criação de ambientes favoráveis ao desenvolvimento de MPEs.

Nossa proposta de um modelo deste tipo não se ampara em "achismos" ou na defesa corporativa dos interesses do Sebrae, mas na experiência empiricamente verificada no país ao longo da última década.

Tabulações especiais da PNAD/IBGE para o período 1992/2002 mostram que a renda *per capita* no estado de Mato Grosso elevou-se muito mais do que a média nacional, em função do dinamismo do grande latifúndio provocado pela expansão da fronteira agrícola.

(Esta e outras tabelas estão incluídas na íntegra da nossa intervenção).

As tabulações revelam que o Mato Grosso conseguiu, por este forte crescimento, obter resultados muito melhores que os do conjunto do país na redução da pobreza e da indigência – apesar de ter registrado um significativo aumento da desigualdade, como resultado do próprio modelo de desenvolvimento adotado no estado.

Essa mesma tabela também mostra que, embora sua renda *per capita* tenha crescido mais de três vezes menos que a mato-grossense (e menos ainda que a nacional), Santa Catarina obteve resultados melhores do que os de Mato Grosso em termos de diminuição da pobreza e da indigência. Por quê? Porque sua desigualdade de renda diminuiu de forma muito significativa ao longo do período.

Esta queda da desigualdade ocorreu porque Santa Catarina perseguiu um modelo de desenvolvimento diferente, porque apostou no fortalecimento de suas redes de micro e pequenas empresas, ao invés de somente nas grandes empresas.

Chama a atenção, aliás, o fato de que o processo catarinense é quase um órfão político. Num momento em que a prioridade nacional é a de reduzir a pobreza, ninguém reivindica sua paternidade.

Isto talvez se deva à sua própria natureza, com suas raízes locais e seus múltiplos protagonismos: da mídia local, das associações empresariais catarinenses, da cooperação internacional, das próprias grandes empresas do estado e de outros atores locais, no sentido de criarem, conjuntamente, um ambiente favorável ao desenvolvimento de micro e pequenos negócios.

A exceção catarinense aconteceu em outros lugares do mundo que passaram por experiências semelhantes, como algumas regiões do Nordeste da Itália e do Oeste da Alemanha.

O fato é que Santa Catarina foi capaz, com este jogo interativo entre diferentes atores, de ir democratizando o acesso aos serviços que as empresas, independentemente de seu tamanho, precisam para poder se desenvolver.

Conseguiu, assim, demonstrar que diminuir a desigualdade não é uma fatalidade e que é possível acelerar o combate à pobreza e a indigência a partir dos negócios de menor tamanho.

Não se trata, evidentemente, de sair copiando por aí o "modelo catarinense". Mas, visto que nosso forte desejo de mudança se traduz facilmente numa prioridade ao combate à pobreza, seria um erro imperdoável não prestar atenção no que anda acontecendo em Santa Catarina.

O Sebrae, como "parceiro dos brasileiros", está cada vez mais empenhado neste esforço de produzir, no país inteiro, as articulações necessárias para fomentar esta mobilização produtiva dos territórios.

Seja nos arranjos produtivos locais, da moda íntima em Nova Friburgo aos calçados em Campina Grande, seja nos setores de serviços das regiões metropolitanas ou ainda nas áreas mais pobres do semi-árido.

Não é uma tarefa fácil.

Implica, no Brasil de hoje, inverter a maneira em que se pensou a questão do desenvolvimento até o momento. Implica em romper as barreiras entre o econômico, o social e o político, apontando, nestas três direções simultaneamente, para um amplo aprofundamento das práticas democráticas, descentralizadas e participativas.

Isso significa sepultar de vez a herança do nacional-desenvolvimentismo, concebendo o desenvolvimento como um processo que passa, em primeiro lugar, pela criação de condições para que ocorra uma vasta e diversificada gama de experiências de desenvolvimento local.

Esta é a maior contribuição que o sistema Sebrae pode oferecer para promover a inclusão social no país.

Acesso ao microcrédito e geração de emprego e renda

Ivan Gonçalves Ribeiro Guimarães[*]

---

[*] Diretor-presidente do Banco Popular do Brasil.

COMPARTILHO A IDÉIA de que promover a inclusão econômica e social é um dos grandes temas da agenda de desenvolvimento do nosso país. O Banco do Brasil tem muito a dizer a esse respeito, por ter uma estratégia de atuação que concilia o desempenho rentável com o fomento de políticas públicas essenciais.

Sobretudo, estamos diante de um novo público, o de menor renda, de uma nova política de crédito, o microcrédito, e de novos projetos de vulto, como o do Banco Popular do Brasil. Tentamos, portanto, estar em dia com as atuais diretrizes do governo federal.

No caso dos bancos, as ações voltadas para a população de menor renda se desdobram em duas frentes: a primeira otimiza processos já existentes. A segunda frente é a possibilidade de desenvolver novas formas de atuação, a partir dos marcos regulatórios criados no atual governo.

Em ambos os casos, as ações que permitem atingir os objetivos propostos são a "bancarização", a criação de novas formas de atendimento e a democratização do crédito.

"Bancarizar" é possibilitar o acesso ao sistema bancário da população que não tem conta em banco e que, por isso, entre outros problemas, está exposta ao crédito caro e perigoso, abundante no sistema financeiro paralelo.

As novas formas de atendimento estenderão facilidades tecnológicas para a menor renda e aproximarão produtos e serviços bancários da população carente, através da disseminação de pontos de atendimento em correspondentes bancários, por exemplo. É preciso que não só recursos, mas também que facilidades para obtê-los estejam ao alcance dessa população.

Democratizar o acesso ao crédito, por seu turno, é massificar as ofertas de recursos, criando linhas adequadas aos diferentes perfis de renda – no caso, especialmente da menor renda. Isso não é simples: trata-se, por exemplo, de fomentar uma nova cultura de atendimento a esses novos clientes. Isso envolve trabalho com o público interno, divulgação do produto em larga escala, comunicação adequada para os tomadores potenciais do crédito, criação de metodologias de análise de risco que não coloquem o banco em situação vulnerável.

Faço o destaque dessas condições não para evidenciar dificuldades, mas para mostrar que a geração de emprego e de renda, por meio desses vetores, promove mudanças muito mais significativas do que aquelas privilegiadas pelo enfoque financeiro. O horizonte dos novos projetos é a inclusão, palavra que está em voga nos dias atuais, mas que poucas vezes ganha forma através de medidas concretas, como as que vou mencionar neste painel.

A menor renda normalmente não tem acesso ao crédito porque o custo desses financiamentos seria muito alto, e de pouca rentabilidade para os bancos. O acesso às novas tecnologias, para esses clientes, não só é dispendioso, como também de difícil assimilação. É preciso, portanto, reinventar estruturas de custos, formar alianças e bases locais de apoio, automatizar os processos em larga escala e fazer um árduo trabalho de comunicação. Isso porque não só os clientes – em grande parte populações rurais e semi-urbanas – mas também os funcionários dos bancos precisam conhecer os novos produtos e serviços.

No microcrédito, os bancos são novos atores em um cenário antes mapeado apenas por organizações não-governamentais e fundos públicos com atuação localizada. O microcrédito não é tema novo apenas no Brasil. Segundo pesquisa do Fundo Monetário Internacional, em 2000, apenas 12,5 milhões de pessoas no mundo inteiro movimentaram recursos destinados ao microcrédito, com empréstimos no valor médio de 50 dólares. No Brasil, a Organização Internacional do Trabalho estima que apenas 215 mil pessoas tenham sido atendidas entre 1996 e 2000.

Claro, o Banco do Brasil já tem um compromisso histórico com os setores menos privilegiados da população e com o desenvolvimento social. Esse fato está consolidado em programas longevos, que geram bons resultados, e nos quais o Banco do Brasil atua conforme as prioridades de seu acionista majoritário, a União. Ou seja, temos experiência na área, o que inclusive nos permitiu dar respostas rápidas às prioridades do novo governo.

Os resultados do primeiro trimestre de 2004 foram anunciados segunda-feira, em São Paulo, e revelaram de forma inquestionável o desempenho de um banco que conseguiu conciliar uma atuação lucrativa e o compromisso com as políticas públicas.

Mas a idéia de gerar rentabilidade e bons resultados esteve historicamente associada à conquista das economias de quem tem mais recursos. Mas conforme recentemente destacou o próprio presidente da República, neste governo um outro cliente está à porta dos bancos, especialmente dos bancos públicos.

É pelos vetores citados – bancarização, novas formas de atendimento e democratização do crédito – que acreditamos em mudanças estruturais, na delimitação concreta de formas de inclusão, enfim, nas transformações tão almejadas pela população brasileira.

De fato, muitas ações hoje consolidadas no Banco do Brasil estão em consonância com as diretrizes do novo governo. No que se refere à democratização do acesso ao crédito, está a abertura de 800 mil contas simplificadas para beneficiários do INSS. Esse público tem acesso à linha BB Crédito Benefício, dentro dos parâmetros do microcrédito, lançada em agosto de 2003. Os beneficiários com renda de até R$ 480 podem contratar operações com prazos de dois a 24 meses, taxa de 2% a.m. e limite de até R$ 480. Até hoje, foram contratadas 102.391 operações, que correspondem a um valor total de R$ 25 milhões.

Outras linhas criadas recentemente, como a do Crédito Material de Construção – um *mix* que tem 70% de recursos do FAT e o restante de *funding* próprio do Banco do Brasil – também conciliam democratização do crédito e facilidade no atendimento e contratação. Em nove meses, foram contratadas 218.755 operações, no valor total de R$ 521 milhões.

As linhas de Crédito Consignado em Folha permitem acesso totalmente automatizado e já registram R$ 1,1 bilhão em empréstimos. No caso específico do crédito consignado para servidores federais, esse valor é de R$ 290 milhões.

Dentre as formas de promover a bancarização, o Banco do Brasil criou as contas Universitária e Jovem, às quais têm acesso hoje mais de um milhão de correntistas jovens. A própria ampliação da base de clientes é um dado concreto da abertura massificada de contas: mais de três milhões no ano passado. Só no primeiro trimestre deste ano, cerca de um milhão.

A carteira de crédito pessoal oferecido por meio de facilidades eletrônicas, que atestam o empenho do BB em criar novas formas de atendimento, é hoje de R$ 8,7 bilhões. Cerca de 13,5 milhões de clientes têm crédito pré-aprovado, no Banco do Brasil.

Ou seja, o Banco do Brasil tem medidas concretas, e que geram resultados, nas duas frentes em que é possível atuar conforme as diretrizes do governo federal. Tanto no que se refere à otimização de processos existentes, como na criação de soluções ancoradas em novos marcos regulatórios.

O resultado trimestral não deixa dúvidas: até março, o crédito no BB cresceu R$ 13,9 bilhões, com expansão de 21,2% nos últimos 12 meses. No primeiro trimestre deste ano, o índice de crescimento foi de 2,6%, contra 1,7% de expansão do Sistema Financeiro Nacional como um todo.

Temos aplicados R$ 79,6 bilhões no setor produtivo. No Programa Nacional de Fortalecimento da Agricultura Familiar, Pronaf, o volume aplicado, de R$ 2,75 bilhões, é 90% superior ao do mesmo período do ano passado, e beneficiou 894 mil famílias.

A criação do Banco Popular do Brasil, do qual sou presidente, é também uma forma de promover a convergência dos vetores que citei. Ou seja, no Banco Popular, tornamos esses vetores uma realidade e atuamos no âmbito de um marco regulatório que certamente veio para mudar a face do país.

O Banco Popular começou a operar em fevereiro, e hoje está em três cidades: Brasília, São Paulo e Recife. Não trabalhamos com agências, mas com uma rede de correspondentes bancários. Em junho de 2004, a expectativa é estar em 15 estados. Temos metas ambiciosas, de cadastrar cerca de dois milhões de contas, em dois anos. Recentemente, ultrapassamos a primeira etapa, a dos mil clientes cadastrados.

É uma proposta factível, já que temos produtos adequados às demandas desse público. Temos contas simplificadas – sem uso de cheques e sem tarifas, conforme se obedeça a determinados limites de movimentação. O Banco Popular também oferece microcrédito, tanto para pessoas físicas como para microempreendedores. No primeiro caso, por meio da oferta de financiamentos com limite entre R$ 50 e R$ 300, prazo de até seis meses e taxa de juros de 2% ao ano. Para microempresas, limites de financiamentos de até R$ 1 mil.

Também é possível trabalhar com perspectivas de acesso a planos de previdência, soluções de seguridade, novas fórmulas de poupança e de investimento. São perspectivas de exercício de uma efetiva cidadania financeira.

Os microempreendedores compõem parte significativa do mercado informal, que hoje é 62% de um total de 78,2 milhões de pessoas – o universo da população ocupada no Brasil. No primeiro trimestre, o crédito utilizado pelas Micro e Pequenas Empresas alcançou R$ 10,4 bilhões. O destaque é a linha BB Giro Rápido, destinada a empresas desse porte, e que entre março de 2003 e março de 2004 registrou aumento de 67% no saldo de operações, que hoje é de R$ 3 bilhões.

Temos consciência de que a informalidade é um fenômeno de raízes profundas, bastante complexo, e que não vai se resolver apenas com medidas de inclusão bancária. Mas através dos bancos é possível fazer os temas desse fórum se comunicarem, como espelhos de duas faces: as realizações em uma das vertentes se reflete em outra e vice-versa. O acesso ao crédito movimenta um círculo virtuoso que amplia o rendimento das famílias e, conseqüentemente, o consumo. Assim o setor produtivo investe mais, aumentam os índices de produtividade e se fecha esse traçado que almejamos tanto.

As mudanças anunciadas, que priorizam a Menor Renda e dão destaque para o microcrédito terão um impacto maior do que se imagina. A adequação dos bancos a essa nova realidade, que compreende medidas profundas, vai se propagar para outros setores e envolver toda a sociedade na busca desses novos horizontes. Sobretudo, são iniciativas que têm, entre seus principais méritos, um perfil aderente às singularidades da realidade brasileira. Não importam modelos, apenas, ou requentar projetos anteriores. Estamos diante do novo, e isso nos estimula.

Parcerias em projetos bem-sucedidos de inclusão social

*André Spitz**
*Gleyse Maria Couto Peiter***
*Marcos Roberto Carmona****

---

* Presidente do Conselho Deliberativo do Coep (Comitê de Entidades no Combate à Fome pela Vida).
** Superintendente da Coordenação de Responsabilidade Social de Furnas Centrais Elétricas.
*** Analista de projetos da Oficina Social do Coep.

PROPOSTA GERAL

O COEP (Comitê de Entidades no Combate à Fome e Pela Vida) é uma rede nacional de mobilização social, criada em 1993 a partir de uma iniciativa do sociólogo Herbert de Souza, o Betinho, e do professor Luís Pinguelli Rosa.

Inicialmente, o Coep reunia 30 organizações com representação nacional, mas ao longo dos anos foi crescendo e se estruturando como uma importante rede de ação cidadã, que tem hoje cerca de 800 associadas, entre entidades públicas e privadas, atuando nos 26 estados brasileiros e no Distrito Federal na promoção do desenvolvimento humano e social.

Em 2003, o Coep decidiu ampliar sua atuação de duas formas: criando os primeiros Coeps municipais em Rondônia (Ji-Paraná e Ouro Preto) e no Paraná (Foz do Iguaçu) e passando a incorporar à Rede pessoas físicas, que atuam como mobilizadores, promovendo ações voluntárias em apoio às iniciativas do Coep.

A participação é por adesão, não implica ônus e é regida por estatuto, que preserva a autonomia e a lógica empresarial e institucional de cada organização.

A atuação do Coep é bastante ampla e envolve diversas ações, que visam:

• Mobilizar e articular organizações e pessoas – estímulo para que as associadas incorporem à sua cultura organizacional a responsabilidade pelo combate à miséria e formem parcerias para a atuação social, somando esforços e ampliando o impacto dos resultados. Como estratégia para atingir tal objetivo o Coep concede prêmios; estimula a publicação do balanço social; estimula o trabalho voluntário dos funcionários; e sensibiliza os jovens para o exercício da cidadania.

• Incentivar a prática de projetos na área social – a atuação do Coep resultou em realizações e experiências bem-sucedidas e em projetos inovadores de combate à miséria, tais como: cooperativas de trabalho; oficinas de informática parta jovens; contratação de portadores de necessidades especiais; doação de bens móveis a comunidades de baixa renda; uso de terras públicas para produção de alimentos; padarias comunitárias; projetos de convivência com a seca no semi-árido nordestino; iniciativas de desenvolvimento local; valorização da agricultura familiar; e educação para a cidadania.

• Capacitar para melhoria das práticas sociais – para aprimorar as práticas sociais desenvolvidas no âmbito de sua rede e ampliar o universo de pessoas que possam atuar de forma mais efetiva nessa área, o Coep desenvolve cursos, palestras, *workshops* e teleconferências, abordando diversos temas.

• Divulgar iniciativas bem-sucedidas – visando contribuir para a multiplicação, em todo o país, de iniciativas voltadas para a redução das desigualdades sociais, o Coep incentiva e promove a divulgação de conhecimentos, metodologias e tecnologias na área social e práticas de promoção da cidadania por meio de publicações e vídeos.

O Coep trabalha em três níveis, a saber:

• Em nível estratégico – Possibilitando um diálogo público entre pessoas, organizações e comunidades, influenciando formadores de opinião e líderes da sociedade.

• Em nível institucional – Fortalecendo a rede e suas entidades associadas trabalhando a capacitação dos participantes e possibilitando parcerias e trocas de experiência.

• Em nível comunitário – Fortalecendo a organização comunitária e apoiando o processo emancipatório da comunidade que transforma seus membros em agentes de seu próprio desenvolvimento.

Por meio de estratégias de mobilização e de articulação de parcerias entre suas associadas, tem desenvolvido projetos inovadores, muitos dos quais tornaram-se referência e hoje são replicados nas diferentes regiões do país, alguns dos quais são destacados a seguir.

COOTRAM – COOPERATIVA DOS TRABALHADORES AUTÔNOMOS DE MANGUINHOS

A Fiocruz está localizada na região de Manguinhos, na Zona Norte do Rio de Janeiro. Ao seu redor há 11 comunidades faveladas reunindo um número aproximado de 40 mil habitantes. O conjunto dessas comunidades, conhecido como "Complexo de Manguinhos", é marcado por sérios problemas ambientais, econômicos e sociais: fome, miséria, elevado nível de desemprego, emprego desqualificado de baixa remuneração, violência, falta de saneamento, entre outros.

Essa situação social crítica da população do entorno provocou uma condição de convívio diário com a violência no ambiente da instituição. Houve ocorrência de balas perdidas em salas de aula, um caso de morte de um funcionário e outras ocorrências semelhantes que causaram um clima constante de apreensão no ambiente de trabalho.

Em 1993, por meio do projeto Universidade Aberta, a Escola Nacional de Saúde Pública da Fiocruz iniciou um processo de reaproximação com as comunidades através da mobilização dos moradores e dos presidentes de associações locais para em conjunto com a instituição buscarem uma saída para a situação. Foi feito um diagnóstico socioambiental para a área onde foram identificados os principais problemas das comunidades, entre eles o altíssimo índice de desemprego entre a população em idade produtiva: cerca de 81%. Assim, procurando atender à demanda existente foram definidas como prioritárias ações de geração de trabalho e renda e de educação para o trabalho.

Vários projetos surgiram no bojo deste processo, dentre eles a Cootram em 1994, iniciativa da Fiocruz, no âmbito do Coep, em parceria com algumas entidades associadas e com a participação das associações de moradores das comunidades de Manguinhos. A Cootram (Cooperativa dos Trabalhadores Autônomos de Manguinhos) teve como finalidade precípua a geração de trabalho e renda, buscando responder à necessidade prioritária apontada no diagnóstico de 1993.

A cooperativa, que congrega mais de 1.300 cooperados, atua hoje nas seguintes atividades: limpeza (incluindo hospitais e laboratórios), aterro sanitário, manutenção viária, coleta seletiva e reciclagem de lixo, jardinagem (horta comunitária, horto, espelhos d'água, vermicultura), manutenção de equipamentos (serviços preventivos corretivos, pequenas instalações), corte e costura (roupas e uniformes), controle de vetores (apicultura, saneamento básico, controle de larvas e mosquitos) higienização de acervos bibliográficos e documentais e fabricação de tijolos e outros materiais de construção.

Avaliação

Como primeiro resultado deste projeto, pode-se destacar o aumento de cerca de 70% da renda dos cooperados e redução dos custos da Fiocruz em mais de 25% bem como a criação de um grande número de postos de trabalho para uma comunidade que apresentava um índice altíssimo de desemprego. Calcula-se que o contingente de 1.300 cooperados represente a viabilização do sustento para cerca de cinco mil pessoas

Entre as atividades da Cootram está a fabricação de tijolos. A fábrica da cooperativa produz hoje em torno de 110 mil tijolos de quatro tipos diferentes por mês, além de vigas pré-moldadas.

Esta experiência acarretou numa significativa redução da violência no local e gerou uma nova relação da Fiocruz com as comunidades, além de ganhos importantes para os moradores, como o fortalecimento da organização comunitária.

Outro importante resultado derivado dessa ação foi a articulação de um programa de Desenvolvimento Local e Sustentável para o Complexo de Manguinhos – DLIS Manguinhos, como uma estratégia inovadora para a solução dos problemas sociais da região, incluindo aspectos sociais, humanos, econômicos, culturais e ambientais, mobilizando diversos atores e setores da administração pública, visando a melhoria das condições de vida da população.

Tendo em vista a participação e a co-responsabilização da comunidade como eixo fundamental de programas de desenvolvimento, deveriam ser constituídos mecanismos de interlocução entre os parceiros institucionais, poder público e a população organizada. Mas, como envolver a comunidade de maneira efetiva? Como incluir os moradores no processo e torná-los protagonistas de seu próprio desenvolvimento?

Foram estabelecidas, portanto, várias etapas no processo, como a realização de um Diagnóstico Rápido Participativo (DRP) – feito pela Fundação Bento Rubião – para identificar os problemas e potencialidades locais; a sistematização e difusão das informações para as comunidades; a implantação do Fórum Comunitário; a mobilização da comunidade para potencialização do Fórum; e elaboração de propostas para o programa.

Em decorrência da mobilização da população, foi constituído o Fórum Comunitário Regional "Acorda Manguinhos", com a participação de 67 membros, representando os Fóruns Locais, com no mínimo quatro representantes eleitos por comunidade.

Os Fóruns Locais são espaços fundamentais para efetivação do processo participativo, nos quais os moradores tiveram a oportunidade de se informar e discutir a respeito do DLIS, além de serem espaços legítimos para escolher as pessoas para participar do Fórum Regional.

Foi criada uma comissão executiva, composta por 16 membros representativos das entidades populares e comunitárias locais que, com o objetivo estratégico de estimular a cidadania ativa e o fortalecimento da sociedade civil do Complexo de Manguinhos, incentivou o Coletivo de Mulheres e estimulou a construção dos Coletivos de Jovens e Cultural, ampliando a diversidade de atores sociais.

A mobilização e participação comunitária, com o conseqüente fortalecimento da sociedade local, vêm permitindo um processo contínuo na definição das ações de desenvolvimento, haja vista novas iniciativas que estão sendo construídas, como o fórum de educação, denominado "A educação que queremos em Manguinhos" e o grupo ambiental.

PRONINC – INCUBADORAS DE COOPERATIVAS POPULARES

O sucesso com a experiência de Manguinhos – Cootram – levou à idéia da criação de um espaço nas universidades onde a iniciativa pudesse não só ser repetida, mas que viesse a tornar-se um espaço de discussão, de estudos e de implementação de um processo de inserção social com bases cooperativistas.

No desenvolvimento da Cootram, como em qualquer cooperativa, a grande dificuldade residia na capacitação da comunidade para se trabalhar num sistema cooperativo – onde não há patrão nem dono – sendo responsável por gerir o próprio negócio. Disso depende o sucesso de uma cooperativa. O Coep reuniu suas associadas para discutir como superar os desafios da capacitação e da gestão. A Coppe/UFRJ, que tinha à época uma incubadora de empresas, propôs a idéia de se constituir uma Incubadora Tecnológica de Cooperativas Populares, que contou com o apoio da Gerência de Cooperativismo do Banco do Brasil.

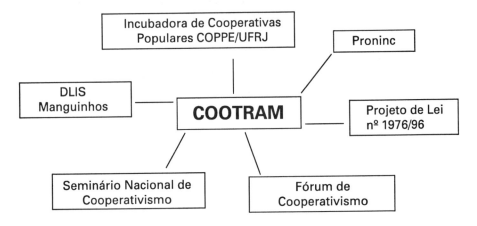

FIGURA 1
INICIATIVAS REALIZADAS PELO COEP NO ÂMBITO DO COOPERATIVISMO COMO DESDOBRAMENTO DO PROJETO COOTRAM

A incubadora, sediada na Universidade Federal do Rio de Janeiro, envolvendo os técnicos, pesquisadores e alunos, tem como principal objetivo o apoio na constituição das cooperativas, formada por moradores de comunidades de baixa renda, sem perspectivas de ocupação formal e sua capacitação no sistema cooperativo, em gestão e administração, bem como na melhoria de suas práticas.

Um novo desafio foi colocado a partir de então: como multiplicar esta experiência, que começou com seis cooperativas incubadas?

Uma das características do Coep é a articulação de parcerias entre suas associadas para o desenvolvimento ou apoio de projetos conjuntos. Assim, em 1995, foram contatadas outras entidades – Finep, Fundação Banco do Brasil e a Secretaria Executiva do Programa Comunidade Solidária, além da Coppe/UFRJ, para se iniciar um processo de replicação da experiência da incubadora.

Esse foi o embrião do atual Programa Nacional de Incubadoras de Cooperativas Populares (Proninc), que procurou manter os aspectos considerados essenciais para o sucesso da Cootram: o apoio técnico, teórico e prático, a educação permanente dos membros, o espaço de trabalho e discussão, o apoio financeiro e o acompanhamento (*Cadernos da Oficina Social 10*, p. 31).

No âmbito do programa, além do fortalecimento da incubadora da Universidade Federal do Rio de Janeiro (UFRJ), foram criadas incubadoras em cinco universidades – Universidade Federal Rural de Pernambuco (UFRPE), Universidade de São Paulo (USP), Universidade Federal de Juiz de Fora (UFJF), Universidade Estadual da Bahia (UNEB) e Universidade Federal do Ceará (UFC).

No Coep, o desenvolvimento de uma iniciativa inovadora abre a possibilidade de mobilizar suas associadas em torno de outras ações complementares, ampliando a atuação de cada projeto.

Neste sentido, foi criado também o Fórum de Cooperativismo, em 1997, de caráter consultivo de articulação, para servir como mecanismo de apoio e discussão em torno de questões referentes à economia solidária.

A partir deste novo enfoque, o cooperativismo é discutido nacionalmente como uma alternativa real de trabalho, particularmente para quem não está no mercado. Outra discussão é sobre o papel social das universidades. A incubadora teve também o mérito de trazer a questão da capacitação de comunidades de baixa renda para dentro das universidades. Para a população, quem é a universidade? Com a incubadora isso se torna cristalino.

Alguns resultados

Além dos pontos já citados, outros diversos resultados positivos foram obtidos pelo Proninc como:

• Somente nos dois primeiros anos as 15 cooperativas incubadas haviam gerado mais de mil postos de trabalho em diversos setores de atividade.
• A criação de espaços de discussão entre alunos das universidades, líderes comunitários, professores, cooperados, dirigentes de cooperativas, fazendo das cooperativas não só um meio de gerar trabalho mas também um espaço onde é possível se desenvolver uma consciência social que leve os envolvidos a discutir e enfrentar os problemas com uma visão de futuro que antes não lhes era possível ter.
• A viabilização de trabalhos acadêmicos baseados na experiência e na

conscientização dos estudantes de que é preciso unir teoria e prática e aceitar a responsabilidade social da universidade, levando os conhecimentos acadêmicos para a realidade circundante.
• O desenvolvimento de metodologia de incubação.

PROJETO ALGODÃO: TECNOLOGIA E CIDADANIA

É impossível lutar contra a seca. A estiagem é um fenômeno climático natural que ocorre em diversos países do mundo. É preciso aprender a conviver com ela.

Este projeto tem como finalidade maior estimular atividades que facilitem a convivência com a seca, por meio da transferência de novas técnicas agrícolas e tecnologias para incremento de renda de pequenos agricultores familiares do Nordeste. Tem como principais objetivos a melhoria da qualidade de vida dos agricultores familiares, através do estímulo à produção do algodão em um sistema integrado: agricultor X indústria X agente financeiro, e o incremento da economia municipal, gerando emprego e renda para os pequenos produtores.

E por que o algodão? A cultura algodoeira é uma atividade agrícola de reconhecida importância socioeconômica, principalmente no Nordeste, podendo ser hoje, como foi no passado recente, a mola propulsora de geração de trabalho e renda no campo, graças a alguns fatores: existência de uma nova semente mais resistente à seca, resultado de pesquisa nacional; domínio de tecnologia para controle de pragas e uso de equipamentos para processar o algodão na própria comunidade, diminuindo o papel do intermediário e tornando-se uma possibilidade de ganho real para as famílias produtoras, mesmo em região de risco climático.

A história do algodão faz parte da história do Nordeste. No início da década de 1980, a população do semi-árido do Nordeste era de 20 milhões de pessoas, sendo que 2,3 milhões envolvidas diretamente no cultivo de 3,5 milhões de hectares de algodão, fazendo o Nordeste exportador.

Em meados de 1980, uma praga – o bicudo – alastrou-se pelo Brasil, destruindo completamente as plantações de algodão em boa parte do país. Além disso, no início da década de 1990, a liberalização das taxas de importação, com a abertura dos mercados, fez com que as indústrias passassem a importar a fibra do algodão de outros países, com a oferta de preços mais baixos.

De alguma forma, os grandes produtores conseguiram diversificar sua produção, mas, para o pequeno agricultor, principalmente no Nordeste, a conseqüência foi o abandono da cultura, a migração. Seis milhões de pessoas, direta ou indiretamente foram afetadas por essa crise, em toda cadeia produtiva no Nordeste.

No final da década de 1990, a população do semi-árido se reduziu para 16 milhões de habitantes, sendo 250 mil empregadas no cultivo de 135 mil hectares de algodão.

No entanto, essa crise gerou uma oportunidade. Como as grandes usinas de beneficiamento de algodão fecharam, causando uma quebra no antigo modo de produção – os grandes produtores vendiam sua produção diretamente para as usinas beneficiadoras e os pequenos agricultores para os intermediários, e estes, para as usinas – foi possível, através de inovações tecnológicas, se criar um novo modo de funcionamento, em que os agricultores familiares pudessem agregar valor ao seu produto e reduzir a atuação do intermediário.

Em meados de 2001, portanto, o Coep, tendo como principal parceiro a Embrapa, responsável pelo desenvolvimento de cultivos modernos, de alto rendimento com poucos recursos hídricos, implantou um projeto-piloto, no município de Juarez Távora (PB), para a revitalização da cultura do algodão, para pequenos agricultores familiares: Algodão: Tecnologia e Cidadania.

Substituindo as grandes usinas beneficiadoras, foi desenvolvido um protótipo de miniusina para beneficiamento, na própria comunidade, do algodão colhido, e de uma prensa enfardadeira para transformar as fibras beneficiadas em fardos de cerca de 120 kg, para serem enviados diretamente para as indústrias têxteis da região.

Com a implantação dessas máquinas e capacitação dos agricultores familiares em novas técnicas de cultivo, manejo de solos, controle de pragas, uso de defensivos agrícolas e de armazenamento, foi obtido algodão com alta qualidade e alta produtividade, agregando, em média, cerca de 60% de renda ao agricultor.

A amplitude da rede do Coep, que atua em todas as unidades da federação, com mais de 800 entidades associadas, permite a replicação e ampliação de projetos inovadores exitosos – os "projetos de referência" – para outros locais, agregando diversos parceiros.

Os resultados obtidos em Juarez Távora caracterizaram o êxito do projeto, transformando-o num "projeto de referência".

Como um próximo passo, o Coep articulou, entre suas associadas, a formação de parcerias – Finep, Companhia Hidrelétrica de São Francisco (Chesf), Coppe/UFRJ, além da Embrapa – para a expansão do projeto para cinco outros locais: São José de Piranhas, na Paraíba; Barro, no Ceará, Nova Cruz, Rio Grande do Norte; Água Branca, em Alagoas; e Surubim, em Pernambuco.

Avaliação Quantitativa

Alguns dos resultados alcançados são visíveis quando comparamos alguns números.

No município do Barro (CE), no início do projeto, em 2002, havia cinco agricultores plantando em uma área coletiva de 1ha de acordo com as técnicas e metodologias apresentadas pelo projeto – hora certa de plantar, obedecendo ao zoneamento agrícola do local, utilização dos defensivos na medida correta, uso de curvas de nível e outras. Após a primeira safra, os resultados obtidos fizeram com que o número subisse para oito agricultores, cultivando agora em sua próprias áreas em 2004 o número de agricultores que aderiram ao plantio foi de 42, ampliando a área plantada para cerca de 60ha e trazendo uma nova dimensão ao projeto.

Exemplificando com casos reais: o sr. Severino, da comunidade do Assentamento Margarida Maria Alves, no município de Juarez Távora, plantou 1ha de algodão, obteve uma produção de 1.453kg. Processou toda sua produção e vendeu pluma e caroço em separado obtendo um lucro de aproximadamente R$ 1.909,00. Caso houvesse vendido sua produção em estado bruto (em rama) seu lucro seria de aproximadamente R$ 1.139,00. Ou seja, a venda do produto processado ofereceu um retorno cerca de 67% maior do que a venda em rama, conforme demonstra a Tabela 1.

Num outro caso, em Barro, no Ceará, o sr. Antônio vendeu sua produção em estado bruto. De sua área de 1,05ha colheu 1.300kg de algodão, vendendo-o a R$ 1,10/kg. Descontando os custos de produção, sua renda com a cultura foi de R$ 850,00. Considerando os valores na região nessa época, se houvesse vendido a produção após processá-la, seu lucro seria de aproximadamente R$ 1.411,00, ou seja, cerca de 66% maior. A Tabela 2 demonstra os números.

TABELA 1
DADOS DE VENDA DE PRODUTO PROCESSADO E SIMULAÇÃO DE
VENDA EM BRUTO (JUAREZ TÁVORA, PB. PRODUTOR: SR. SEVERINO)

Comercia-lização	Valores unitários (R$/kg)			Renda por item (R$)			Custos produção* (R$)	Renda líquida
	Rama	Pluma	Caroço	Rama	Pluma	Caroço		
1.453kg em rama	1,25			1.816,25			677,35	1.138,90
1.453kg processados		3,86	0,70		2.018,78	640,50	750,00	1.909,28

* Custo de beneficiamento considerado: R$ 50,00/ton.

TABELA 2
DADOS DE VENDA DE ALGODÃO BRUTO E SIMULAÇÃO DE VENDA
PROCESSADO (BARRO, CE. PRODUTOR: SR. ANTÔNIO)

Comercia-lização	Valores unitários (R$/kg)			Renda por item (R$)			Custos produção* (R$)	Renda líquida
	Rama	Pluma	Caroço	Rama	Pluma	Caroço		
1.300kg em rama	1,10			1.430,00			580,00	850,00
1.300kg processados		3,26	0,70		1.483,30	573,3	645,00	1.411,60

* Custo de beneficiamento considerado: R$ 50,00/ton.

A seguir é demonstrado um panorama geral da evolução do cultivo ao longo do projeto e algumas características das comunidades.[1]

---

[1] Importante ressaltar que a localidade de Água Branca (AL) não aparece nos gráficos, pois devido às secas muito intensas ocorridas em 2002 e 2003 toda a área plantada foi perdida ou apresentou um rendimento extremamente reduzido.

A localidade de Bezerros (PE), embora continue fazendo parte do projeto, não aparece nos gráficos, pois devido a questões edafoclimáticas e estruturais está sendo substituída por comunidade em Surubim (PE), no que diz respeito a atividades ligadas diretamente ao cultivo e processamento de algodão.

Os dados de 2004 para Nova Cruz (RN) e Juarez Távora (PB) estão baseados na intenção de plantio, já que este esta sendo iniciado ou ainda em curso.

GRÁFICO 1
NÚMERO DE FAMÍLIAS NAS COMUNIDADES INICIAIS
(TOTAL: 337)

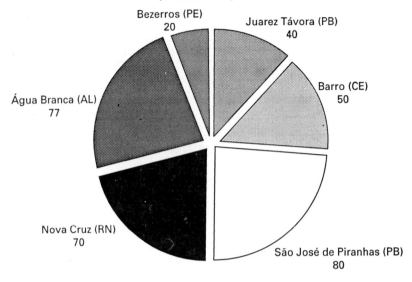

O Gráfico 1 mostra o número aproximado de famílias nos núcleos iniciais do projeto, ou seja, onde foi iniciado o trabalho e, com exceção do município de Bezerros, onde estão instaladas as miniusinas de processamento. No decorrer do trabalho a área abrangida acaba se ampliando, agricultores de comunidades vizinhas passam a aderir ao cultivo e processamento, aumentando o alcance dos benefícios do projeto.

TABELA 3
RENDA E PROPRIEDADE DA TERRA

Localidade	Renda familiar (R$)	Renda *per capita* (R$)	Renda principal oriunda da propriedade	Propriedade da terra
Água Branca (AL)	241,49	50,12	70%	82%
Juarez Távora (PB)	180,32	32,50	97%	91%
Barro (CE)	254,13	59,79	55%	45%
Bezerros (PE)	188,13	35,83	44%	100%
Nova Cruz (RN)	174,02	35,74	89%	98%
São José de Piranhas (PB)	259,02	52,74	69%	67%

Os dados das Tabelas 3 e 4 foram coletados em 2002 nas comunidades onde o projeto foi iniciado em cada município. As comunidades são as seguintes: Quixabeira em Água Branca (AL); Assentamento Margarida Maria Alves em Juarez Távora (PB); Engenho Velho em Barro (CE); Boi Torto em Bezerros (PE); Assentamento José Rodrigues Sobrinho em Nova Cruz (RN); Lagoa de Dentro e Peba dos Lira em São José de Piranhas (PB).

TABELA 4
INFRA-ESTRUTURA E PARTICIPAÇÃO EM ASSOCIAÇÕES

Localidade	Energia elétrica nas residências	Rede de água nas residências	Cisternas nas residências	Participação em associações e similares
Água Branca (AL)	45%	100%	0%	62%
Juarez Távora (PB)	100%	0%	97%	100%
Barro (CE)	100%	45%	3%	73%
Bezerros (PE)	94%	6%	38%	81%
Nova Cruz (RN)	37%	100%	46%	98%
São José de Piranhas (PB)	89%	4%	4%	100%

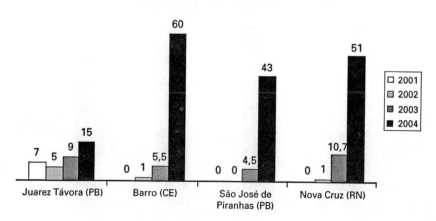

GRÁFICO 2
EVOLUÇÃO DA ÁREA DE CULTIVO DE ALGODÃO DE 2001 A 2004
(INCLUINDO ÁREAS COLETIVAS/HA)

GRÁFICO 3
EVOLUÇÃO DA ÁREA TOTAL ENTRE QUATRO DAS LOCALIDADES
(INCLUINDO ÁREAS COLETIVAS/HA)

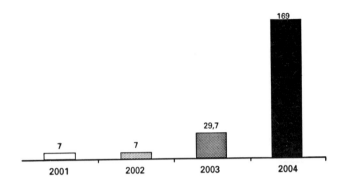

A área de produção vem, paulatinamente, sendo aumentada nas comunidades. A adesão ao cultivo, na maioria das vezes, depende da comprovação por parte do agricultor de que plantar e processar vale realmente a pena. Normalmente, após comprovar a eficiência do processo trabalhando ou observando o trabalho em uma área coletiva ou através da constatação de que outros agricultores da comunidade obtiveram lucro, o agricultor implanta ou amplia sua área de produção. É possível observar através dos Gráficos 2 e 3 o grande aumento na área plantada a partir de 2004, período em que o projeto alcança um nível maior de consolidação.

GRÁFICO 4
NÚMERO DE AGRICULTORES DIRETAMENTE ENVOLVIDOS
(INCLUSIVE EM ÁREAS COLETIVAS)

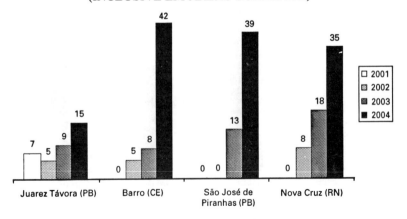

GRÁFICO 5
NÚMERO DE AGRICULTORES DIRETAMENTE ENVOLVIDOS
EM QUATRO DAS LOCALIDADES
(INCLUSIVE EM ÁREAS COLETIVAS)

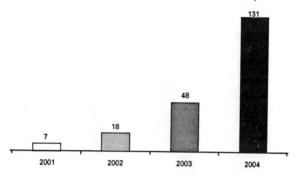

Os Gráficos 4 e 5 complementam a demonstração de que o número de envolvidos aumenta conforme o agricultor comprova, através de sua experiência com a cultura, que é possível obter resultados satisfatórios. Nos primeiros anos os números são reduzidos e em alguns casos, como em Barro (CE) ou em Nova Cruz (RN), em 2002 havia apenas indivíduos cultivando uma área coletiva. Já em 2003 e 2004 o crescimento do número de plantadores foi bastante acentuado, envolvendo agora áreas de cultivo particulares e, em vários casos, novas áreas coletivas que além de estimular novos agricultores a plantar, gera renda para as associações comunitárias.

GRÁFICO 6
RENDA GERADA NAS COMUNIDADES COM A VENDA
DE ALGODÃO EM RAMA, PLUMA E CAROÇO (R$)
(INCLUSIVE EM ÁREAS COLETIVAS)

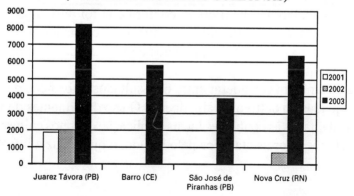

GRÁFICO 7*
RENDA MÉDIA GERADA POR AGRICULTOR ENVOLVIDO (R$)
(CONSIDERANDO APENAS ÁREAS PARTICULARES)

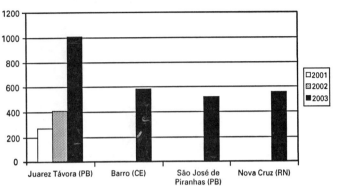

* Valores não indexados.

Através dos Gráficos 6 e 7 é possível observar a renda gerada nas comunidades e uma média da renda por agricultor que cultivou o algodão. Há uma tendência no aumento da renda ao longo dos anos de plantio em função do aperfeiçoamento do agricultor nas técnicas agrícolas, o que deve levar a uma redução dos seus custos de produção. Outro fator que se espera encontrar é o aumento do número de agricultores que processam seu produto vendendo-o em forma de pluma e caroço/semente, o que aumenta a margem de lucro, como foi demonstrado acima nos exemplos dos agricultores Severino e Antônio. Importante, ainda, é considerar que a média de hectares cultivados por agricultor nos primeiros anos foi baixa. Em Juarez Távora ela se manteve em cerca de 1ha nos três anos, em Barro a média caiu para cerca de 0,68ha e em São José de Piranhas e Nova Cruz ficou pouco abaixo de 1ha. Porém, conforme já foi dito, a partir do aumento da confiança do agricultor na cultura e processamento do algodão, não só o número de hectares cultivados como também a área cultivada tende a aumentar.

Deve-se também considerar entre os resultados a absorção de técnicas mais adequadas ao cultivo do algodoeiro. O uso de sementes de variedades mais adaptadas às condições locais a aplicação de tratos culturais como a cata de botões florais atacados pelo bicudo, o que reduz a infestação; a

---

[2] Valores não indexados.

colheita com sacos de algodão e cuidados no armazenamento para evitar a perda de qualidade da fibra; e o plantio em curvas de nível para conservar o solo, entre outras práticas, têm sido cada vez mais adotadas entre os produtores. Esse fator por si só cria condições para o aumento do rendimento da produção em quantidade, qualidade e, portanto, para a redução de custos.

Avaliação Qualitativa

Ao longo de seus dez anos de atuação, o Coep vem construindo uma metodologia de ação para o desenvolvimento de comunidades, que vem sendo adaptada aos resultados da experiência efetiva de inserção comunitária.

Nesse sentido, esta metodologia, hoje, pressupõe que o alicerce fundamental para a implantação de qualquer ação de promoção do desenvolvimento esteja no fortalecimento da organização comunitária, por meio de suas associações e lideranças, implicando na participação efetiva da comunidade como sujeito determinante do processo de transformação de sua condição socioeconômica.

Todas as fases de implantação do projeto, portanto, foram precedidas de reuniões com as lideranças e associações e todas as etapas foram analisadas em conjunto com as comunidades. A participação dos moradores envolvidos no projeto, na tomada de decisões, trouxe mudanças importantes em seu comportamento, com um sensível aumento de sua auto-estima.

Ao se fazer uma análise mais profunda dos resultados obtidos, verifica-se também que além dos ganhos visíveis – incremento da renda, melhoria das condições das moradias, aumento do comércio local – houve ganhos intangíveis, perceptíveis apenas com a convivência amiúde com as comunidades, visitas periódicas e reuniões com as lideranças locais.

Como exemplo pode-se citar a capacidade de organização e a mobilização das comunidades. Em Quixabeira (Água Branca, AL) por exemplo, a capacidade de organização da comunidade foi notadamente melhorada a partir da intervenção do projeto. Nesse local, a associação comunitária esteve durante anos inativa, e irregular. A partir da necessidade de haver uma organização legal para receber os equipamentos envolvidos no projeto, ela foi reativada e tem tido um papel decisivo na organização da comunidade. Segundo relatos das lideranças locais, há anos não havia um mutirão no local, mas nessa fase do projeto todas as estruturas que foram construídas tiveram participação coletiva. Foi dessa maneira que se ergueu o galpão onde está instalada a miniusina. E a sede da associação construída recentemente. Essa última teve a participação popular não só como mão-de-obra, mas também na compra do terreno, que teve seu custo dividido entre os membros da associação.

Eventos semelhantes têm ocorrido de modo geral entre as comunidades envolvidas. Um exemplo marcante é a construção ou a reforma de instalações de telessalas de informática com acesso via satélite à internet. A partir de uma articulação do Coep com o Ministério das Comunicações, as comunidades foram incluídas no Programa Gesac (Governo Eletrônico – Serviço de Atendimento ao Cidadão), recebendo por essa via o equipamento necessário, de computadores a antenas, para a instalação das salas. As comunidades, sem exceção, se organizaram participando da construção, seja com a mão-de-obra, seja com parte do material ou articulando-se com os poderes locais para obtenção de apoio.

Já há exemplo, inclusive, de organização entre comunidades para a venda de algodão. A safra de 2003 de Barro (CE) e de São José de Piranhas (PB) que são duas comunidade próximas, foi comercializada em conjunto. Isso permite que se obtenham melhores condições para a venda, já que aumenta o volume de produto oferecido, e otimiza o transporte podendo reduzir custos com frete, por exemplo. Espera-se que com a interligação das comunidades via internet, através das telessalas, a possibilidade de venda em conjunto aumente.

Em vários casos a introdução do projeto trouxe em seu bojo melhorias estruturais às comunidades, como a instalação de energia elétrica ou sua conversão de monofásica a trifásica. Dois casos patentes são as comunidades do Assentamento Margarida Maria Alves em Juarez Távora (PB) e de Quixabeira. No primeiro local, onde se desenvolveu o piloto do projeto, não havia luz elétrica até a chegada da miniusina, e havendo a necessidade de instalar uma rede para o funcionamento da usina, somaram-se os esforços da comunidade e a rede foi instalada, atendendo atualmente à totalidade das residências. Em Quixabeira havia apenas rede monofásica. Atualmente a rede que serve à miniusina é trifásica, o que abre possibilidades para um futuro redimensionamento do transformador para que a linha possa se estender a residências na comunidade.

A transformação social ocorrida nas comunidades foi incorporada pelos moradores, que de modo geral, tornaram-se mais confiantes, conscientes da importância de seu trabalho e da qualidade da sua produção. Esta postura possibilitou a criação de novas relações, dentro da própria comunidade – mais confiança, respeito mútuo e parceria – bem como com os interlocutores externos, como exigência de seus direitos – melhores estradas, meios de comunicação e outros, além da participação na discussão sobre a utilização local de recursos públicos.

O que se viu foi a criação de um núcleo gerador de trabalho e renda, um vetor de crescimento e mudança social, que possibilitou ao Coep a articulação de novas parcerias para a agregação de outros projetos – inclusão digital, alfabetização e gestão – bem como ações saneadoras de problemas existentes no local, como água, comida e energia.

Está sendo desenvolvido também, nesses municípios, projeto para a implantação de cisternas de placa nas residências e barragens subterrâneas para as comunidades de modo geral; transferência de tecnologia para a produção de forrageiras e criação de ovinos e caprinos como fonte de alimento para os moradores; implantação de viveiros de mudas para a produção de madeiras propícias ao uso em fogões de queima limpa. Ainda, numa etapa subseqüente à implantação das mini-usinas então em implantação teares de médio porte, para a fabricação de redes e outros produtos , o que representa uma alternativa de trabalho que não oscila, como a agricultura, em épocas de entressafra ou devido a características climáticas.

Muito ainda se tem para fazer. O desenvolvimento dessas comunidades está apenas começando. Mas foi dado um passo fundamental, quando os moradores apropriaram-se dessas ações, numa atitude que não tem volta. Outros passos poderão ser dados, num contínuo processo de emancipação comunitária.

CONCLUSÕES

Ao se analisar estes e outros projetos desenvolvidos no âmbito da rede do Coep, fica evidente a importância do fortalecimento das comunidades. O sucesso da sustentabilidade das ações é diretamente dependente do grau de emancipação das populações envolvidas. Quanto mais organizadas elas se tornam, mais rápido e duradouro é o processo de desenvolvimento.

No cerne de cada uma dessas ações tem de haver a constante preocupação de estimular, valorizar e facilitar a independência social, econômica e cultural das comunidades.

Com o fortalecimento das comunidades, por meio da participação e mobilização da sociedade será possível a garantia dos direitos, dos cidadãos conforme estabelecido na Constituição Brasileira

O Coep é um espaço público de articulação, um ponto de encontro, diálogo, de cooperação e de trocas entre comunidades, organizações e pessoas que querem construir novas relações e caminhos para mudar o Brasil, que dizem não à indiferença e não aceitam viver num país com tanta gente passando fome e vivendo em condições desumanas de miséria.

O Coep valoriza e incentiva a participação das pessoas como agentes de inovação e de mudança da cultura das organizações. Criado em 1993 a partir do Movimento pela Ética na Política, subscreve em seu manifesto:

"Não se pode viver em paz em situação de guerra.
Não se pode comer tranquilo em meio à fome generalizada.
Não se pode ser feliz num país onde milhões se batem no desespero do desemprego, da falta das condições mais elementares de saúde, educação, habitação e saneamento.
Não se pode fechar a porta à consciência nem tapar os ouvidos ao clamor que se levanta de todos os lados."

Movimento pela Ética na Política/março de 1993

A Semana Nacional de Mobilização pela Vida é realizada em todo o Brasil pelo Coep. Uma mobilização de homenagem ao seu fundador, o Betinho. Em conjunto com a CNBB, FBSAN, Conic e Ibase, elaborou o projeto de lei que cria o Dia Nacional de Mobilização Pela Vida. Nos dias 9 de agosto (data de falecimento de Betinho) de cada ano, os poderes executivo, legislativo e judiciário devem prestar contas do que fizeram para acabar com a fome e a miséria.

O Coep é uma grande rede de organizações, pessoas e comunidades que, como Betinho, acreditam que

"Há uma tremenda força de mudança no ar. Há um movimento poderoso, tecendo a novidade através de milhares de gestos de encontro. Há fome de humanidade entre nós, por sorte ou por virtude de um povo que ainda é capaz de sentir e de mudar."

Betinho

Sociedade do conhecimento e inclusão social: algumas idéias

Lúcia Vânia[*]

---

[*] Senadora, presidente da Comissão de Assuntos Sociais do Senado Federal.

A TEMÁTICA DESTE XVI Fórum Nacional é vasta. Por isso optei por destacar algumas idéias a partir do meu campo de experiência como secretária nacional da Política de Assistência Social no primeiro mandato de governo do presidente Fernando Henrique e agora como senadora presidente da Comissão de Assuntos Sociais do Senado Federal.

A sociedade do conhecimento e, mais particularmente, a economia do conhecimento já se fazem presentes no contexto brasileiro, mesmo junto a regiões e camadas populares, aquelas mais castigadas pela pobreza.

É o conhecimento, e não mais a propriedade privada, que determina o desenvolvimento e a inclusão social. Em sentido mais radical é o conhecimento a porta para a cidadania.

Esta consciência altera o modo de pensar não apenas o desenvolvimento e o crescimento sustentável, mas, sobretudo o enfretamento da pobreza.

De alguma forma perdura nas elites e profissionais da política pública idéias gradualistas e tutelares em relação a programas sociais.

O gradualismo diz respeito à concepção, a objetivos e metas propostas em nossos programas que, no geral, são muito estreitas, primárias, graduais no trato da pobreza; por exemplo, os nossos programas revelam um entendimento de que os pobres, primeiro, devem ter três refeições, escola para crianças, empregos/ocupações manuais, operativas, para depois galgar, também de forma gradual, o diálogo/aproximação com o conhecimento e a tecnologia.

A tutela, marca maior do assistencialismo, não tem permitido ousadia no desenho de programas sociais compatíveis com os tempos/demandas atuais da economia do conhecimento.

E aí, há um potencial de ousadia na sociedade brasileira que pouco avança no campo da política social.

Por exemplo, o sucesso do voto eletrônico, num país de iletrados, ou o cartão eletrônico em programas de transferência de renda para famílias em situação de pobreza, atestam a adesão e uso da tecnologia, próprios da sociedade do conhecimento.

Já conseguimos em décadas passadas, atingir a condição de oitava economia mundial e desenvolvemos um parque de negócios invejáveis, com trabalhadores brasileiros com uma média inferior a três anos de estudos. O que desejo salientar aqui é que a ausência da escolaridade formal não impediu o desenvolvimento de nosso parque produtivo. É que os trabalhadores brasileiros desenvolveram, paralelamente, uma escola não formal, de autoria deles próprios, e conquistaram uma instrução necessária para enfrentar os desafios daquela época.

Parece que não estamos apostando, no presente, nessa capacidade de apreensão do conhecimento e de tenacidade da população pobre do Brasil, seja porque os encastelamos na condição de miseráveis (a mídia e o governo só apresentam este retrato do pobre), seja porque os nossos técnicos e burocratas perderam a capacidade de olhar este potencial; enxergam apenas problemas e carências que os embalam na tutela e levam ao gradualismo na ação.

Este hoje é o maior risco-Brasil.

Dados de novembro do ano passado, divulgados no Relatório da Anatel, trazem algumas informações importantes sobre a inclusão digital no país:

• 14,7 milhões de internautas em domicílios residenciais;
• entre empresas, escolas, hospitais e demais serviços somam 26 milhões;
• maior problema para expansão não é nem mesmo a infra-estrutura, mas os preços do microcomputador para o consumidor brasileiro (20% acima dos preços internacionais).

Muitos municípios já possuem telecentros espalhados em seus bairros e projetos como o dos CDIs coordenados por Rodrigo Baggio, que povoam as favelas das grandes cidades. Estes fatos são parte da nossa ousadia.

É preciso muito mais ousadia. E aqui pretendo falar dos avanços necessários:

• Para além da universalização do acesso a educação básica como meta indispensável para caminharmos na economia do conhecimento, é preciso maior agilidade e empenho para que as linguagens multimídias adentrem a escola. Isto é, para que as tecnologias genéricas – informática-eletrônica, internet – cheguem de forma massiva à escola e à casa do professor.

- Com certeza, o professor podendo possuir um microcomputador e acessar em sua casa a internet terá outra prontidão para utilizar e otimizar com seus alunos a sala de informática que muitas escolas já possuem.
- Outra questão fundamental é o incentivo à criação de programas de ensino da leitura e escrita pela via do computador. É preciso acordar para o índice de jovens nas grandes cidades, cerca de 48%, que não completaram o ensino fundamental. Estão mal alfabetizados, mas não voltarão para classes de alfabetização regular. Parte de um falso pressuposto a prioridade de alfabetização de jovens e adultos, tal qual alardeada no Brasil: o que a população jovem adulta deseja é um supletivo com certificado de ensino fundamental que parta do seu potencial de letramento. A tecnologia até aqui desenvolvida precisa estar ao seu alcance. Não é possível limitar as universidades, o desafio de construir e desenvolver tais programas (diretriz do MEC), mas abrir esta possibilidade às ONGs e a outros centros.
- Outra meta ambiciosa: não precisamos de primeiro emprego para jovens. Este é também um pressuposto falso: num contexto de baixo crescimento/ recessão e desemprego, a oferta de trabalho deve estar sendo estimulada para o adulto. Para os jovens é preciso oportunizar programas de incentivo à inovação e à criação tecnológica. Portanto, não é mais o caso de ofertar cursos de adestramento profissional, mas uma política incentivadora da criação tecnológica. O país carece deste potencial de ousadia e aposta na população pobre (não mais como carentes) mas como capazes de também criar. Exige-se, portanto um novo olhar menos tutelar e residual como temos tido para com os pobres.

Duas últimas questões para reflexão. Na sociedade do conhecimento, dois fatos dizem respeito a valores e condutas:

Vivemos numa sociedade que já possui uma nova racionalidade cognitiva expressa num modo de aprendizado difuso, descentrado e contínuo para se manter incluído socialmente. Já não vale mais apenas o aprendizado seqüencial e linear do sistema escolar. A televisão, o controle remoto, o telefone celular já são predominantes nos lares pobres brasileiros.

Há uma adesão irreversível do povo brasileiro às estradas digitais na ampliação da cidadania.

O aumento da escolaridade como projeto de toda uma sociedade caminha na esteira da inserção nas redes digitais.

As necessidades cada vez maiores do uso das tecnologias de informação tornaram necessária a capacitação dos cidadãos para caminharem com segurança nessa direção.

Finalmente quero dizer que não há falta de recursos para este empreendimento; o que há é falta de ousadia e reconhecimento do potencial da população brasileira (em situação de pobreza), para inovar e galgar maior acesso à sociedade/economia do conhecimento.

Crescimento e inclusão social: um comentário

Carlos Mariani Bittencourt*

---

* Vice-presidente do CIRJ (Centro Industrial do Rio de Janeiro).

O BRASIL PRECISA de uma agenda de desenvolvimento que leve à retomada do crescimento e promova a inclusão social.

Felizmente, temos um governo aberto a discutir esse caminho com as forças produtivas.

O crescimento é condição fundamental para o sucesso dos programas de inclusão social e o primeiro passo para alcançá-lo são regras claras, respeito aos contratos e uma política econômica conduzida com seriedade e transparência. Neste sentido, o Brasil já deu inúmeras provas de que não há sobressaltos nem mudanças de rumo à vista. A estabilidade econômica é uma realidade, um dado concreto, uma conquista.

O que se precisa agora é aprofundar reformas no arcabouço institucional que proporcionem uma travessia tranqüila da estabilidade para o crescimento.

É necessário, em primeiro lugar, garantir um ambiente favorável aos negócios. Só assim poderemos recuperar a capacidade de investimento. Quero chamar atenção para um estudo da maior importância sobre a evolução das contas públicas brasileiras. É assinado pelo economista Raul Velloso[1] e foi apresentado no início do mês em seminário promovido pela Firjan. Ele traz números impressionantes.

O investimento da União caiu pela metade como conseqüência da deterioração das contas públicas: de 0,8% do PIB, em 1997, para 0,4% atualmente. É o nível mais baixo dos últimos dez anos. Uma boa explicação está no fato de que as chamadas despesas rígidas, como previdência, assistência social, saúde e pessoal representam hoje 86% das despesas

---
[1] Os dados do estudo citado, atualizados, foram incorporados ao texto de Raul Velloso publicado neste volume (*Nota do coordenador*).

não financeiras. Em 1987 o peso era de apenas 49%. No mesmo período a carga tributária cresceu de 24% para 36% do PIB. E o pior é que as despesas continuaram a crescer mais do que as receitas. Não há como produzir e crescer assim.

O saneamento das contas públicas requer superávits primários, mas eles não podem ser obtidos apenas com aumento de arrecadação e corte de investimentos.

O estudo também mostra que este corte de investimentos atingiu profundamente a infra-estrutura, essencial para viabilizar o crescimento econômico.

O fato é que o Brasil depende hoje do investimento privado para produzir riqueza, gerar empregos e transformar um sistema social injusto e marcado por graves desequilíbrios. Para que isso seja possível, é necessário viabilizar reformas urgentes, capazes de conferir nova feição ao Estado e aumentar o investimento produtivo.

É algo que passa pelo aprofundamento de reformas estruturais, como a previdenciária, pela menor regulação nas relações trabalhistas, pela menor incidência de impostos nos investimentos. Também implica reduzir a informalidade, a burocracia, a sonegação e a concorrência predatória.

Outro obstáculo ao crescimento é o custo do capital no Brasil. Boa parte das altas taxas de juros se deve não ao rigor da política monetária, mas aos elevados *spreads* bancários. E uma das razões para esse custo é a incidência de tributos. O Banco Mundial acaba de revelar que o Brasil apresenta uma das maiores participações de tributos em *spreads* bancários.

Também não é novidade que o custo do investimento é elevado no país. Mais uma vez a razão está no sistema tributário que, apesar das mudanças recentes, não desonera totalmente os investimentos e funciona como entrave ao crescimento.

Outra demanda importante é modernizar a legislação trabalhista para estimular a contratação e reduzir a informalidade. Mantida a atual legislação, a expectativa é de que o país ostente em pouco tempo a marca de 60 milhões de "desassistidos", incluídos desempregados e integrantes do mercado informal.

Todos esses problemas impedem as empresas de competir e crescer como seria desejável.

O governo brasileiro tem sido impecável no compromisso com a estabilidade monetária e fiscal. É preciso agora transformar essa estabilidade em prosperidade para todos os brasileiros, de forma a reduzir os desequilíbrios e afastar de vez o traço de injustiça que marca nossa sociedade.

O setor produtivo tem dado mostras de que é possível mudar esse quadro e combater a exclusão social. São inúmeros os programas educacionais, culturais e sociais bancados pela iniciativa privada. Destaco o TransFormar, desenvolvido pelo Sesi do Rio de Janeiro, considerado pelas Nações Unidas um programa de alto impacto social para o desenvolvimento. Em menos de cinco anos, o TransFormar alfabetizou mais de 20 mil jovens, que também foram treinados para gerar renda nas áreas de artesanato, culinária e estética.

A despeito do sucesso deste e de outros programas de combate à exclusão, a grande massa que hoje espera por trabalho, renda, educação e saúde só pode ser totalmente atendida quando houver crescimento econômico. E para isso a agenda de aumento do investimento é indispensável.

Acredito que, ainda neste governo, o país terá diante dos olhos o Brasil com que todos sonhamos. Um Brasil capaz de crescer de forma sustentada e duradoura. Uma nação mais justa e fraterna.

Jovens em risco: uma resposta simples para um problema difícil

*Rubem César Fernandes**

---

* Antropólogo. Diretor-executivo do Viva Rio.

A VIOLÊNCIA URBANA cresceu no Brasil nos últimos 20 anos como um surto epidêmico. Uma política de controle precisa combinar intervenções corretivas (punitivas) com ações preventivas que reduzam e isolem os focos a serem tratados com medidas de segurança senso estrito. Apresento aqui uma proposta de prevenção. Não será a única, evidentemente, mas poderia ser estratégica.

A violência atinge toda a sociedade, mas é mais intensa em certos grupos de idade e de gênero. O grupo de risco da violência armada é composto de adolescentes e jovens do sexo masculino.

GRÁFICO 1
TAXA DE MORTALIDADE POR PAF, POR FAIXA ETÁRIA E SEXO
ANO 2000, BRASIL

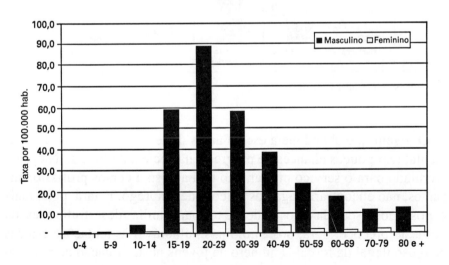

Estudos feitos sobre a escolaridade das vítimas de homicídio e de seus agressores permitem uma aproximação mais específica. O grupo de risco é formado, sobretudo, de adolescentes e jovens (como visto no Gráfico 1) que *abandonaram a escola entre a 5ª e a 7ª séries do Ensino Fundamental*. Isto faz sentido: considerando que a quase totalidade das crianças de sete a 14 anos estão hoje na escola, o adolescente que entra na faixa de risco terá, via de regra, completado já uns quatro anos de estudo. Os analfabetos, que, relativamente, não são tantos entre os jovens, parecem estar tão fora do "sistema" que sequer participam dos círculos da violência. Por outro lado, aqueles com mais de oito anos de estudo, com Ensino Médio ou profissionalizante, estão associados, no mais das vezes, a estratégias de vida com perspectivas de crescimento por dentro do sistema legal.

GRÁFICO 2
DISTRIBUIÇÃO PERCENTUAL DE VÍTIMAS DE HOMICÍDIO E DE POPULAÇÃO POR ESCOLARIDADE

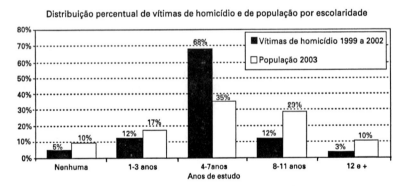

FONTE: Pesquisa Iser, 2003.

O jovem que abandona a escola antes de terminar o Ensino Fundamental tem poucas chances de progredir na sociedade formal. Não será recrutado para o serviço militar, não terá acesso a cursos profissionalizantes, não encontrará vaga nos balcões de emprego. Estará, pois, mais exposto aos riscos da ociosidade, de formar famílias desestruturadas, da gestação precoce. Será, portanto, mais vulnerável às tentações criadas pelo uso ilegal da força. O número de jovens nesta situação de risco no

Brasil é fenomenal. Na população de 15 e 24 anos de idade, cerca de 31% (ou 10,6 milhões) abandonaram a escola antes de terminar o Ensino Fundamental.

GRÁFICO 3

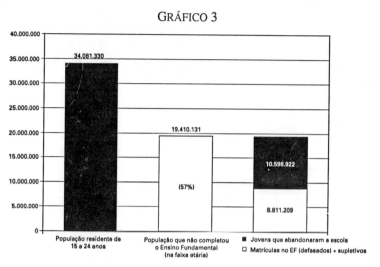

FONTE: Pesquisa Iser, dados IBGE e Inep.

Feito o diagnóstico, uma indicação salta aos olhos: *urge uma política de re-inclusão educacional para jovens que abandonaram a escola antes de terminar o Ensino Fundamental, e sobretudo na faixa da 5ª à 7ª séries.* Ocorre, contudo, que o sistema escolar não está organizado para cumprir esta tarefa. O sistema dá prioridade, como é natural, à população que o freqüenta. Saiu da escola, o jovem deixa de existir para ela. Mais grave, porém, é que, pelas regras em vigor, a escola não é estimulada a procurar de volta os alunos perdidos. O Fundo de Manutenção e Desenvolvimento do Ensino Fundamental e de Valorização do Magistério (Fundef) não reconhece os estudantes dos antigos supletivos, hoje EJA, Programas de Educação de Jovens e Adultos, como membros plenos da comunidade escolar. No inteligente sistema de distribuição de verbas segundo o número de alunos matriculados, há uma falha que agrava o nosso problema: os estudantes do EJA não contam como alunos regulares financiáveis pelo Fundef. Sem a receita correspondente, as Secretarias de Educação e as escolas relutam em fazer a despesa.

A proposta aqui apresentada visa corrigir essa falha. Estimula a escola pública a abrir suas portas para recuperar quem ficou de fora. A procura é grande. Tipicamente, a evasão ocorre na crise da adolescência e a busca de uma nova chance cresce dramaticamente no ingresso à vida adulta. A evasão em grandes números ocorre a partir dos 15 anos de idade e a demanda por voltar a estudar avoluma-se a partir dos 18. O Gráfico 4 mostra o fluxo da evasão do Ensino Fundamental, por anos de idade. A linha inferior delimita aqueles que ainda continuam matriculados e a linha superior os que já deixaram a escola. Entre as duas, o grupo de risco.

GRÁFICO 4

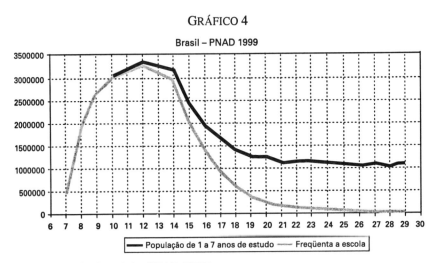

FONTE: Pesquisa Iser, dados PNAD, IBGE.

Há um mecanismo, porém, que, com um simples ajuste, pode ajudar a resolver o problema. A Aceleração Escolar é uma modalidade de ensino que vem sendo promovida pelo MEC para corrigir o fluxo dos alunos ao longo das séries escolares. A Aceleração, via de regra, transmite o conteúdo de dois anos curriculares em um, reduzindo, assim, a defasagem entre a idade do aluno e a série em que está inscrito. Dirige-se, portanto, a um público bem próximo daquele que nos ocupa. São jovens que se atrasaram em relação aos colegas, alienando-se progressivamente de suas turmas e pesando como um custo extra sobre o sistema. São eles, *nota bene*, os candidatos à evasão que vão se somar ao grupo de risco. Os números desses alunos "defasados" na relação série/idade no Ensino Fundamental são igualmente assustadores: algo como 8,8 milhões, quase tantos quanto os que já abandonaram a escola. A proposta, portanto, é composta de dois pontos:

a) Priorizar a Aceleração Escolar, disseminar o conceito e investir na qualidade de sua aplicação (análise crítica das metodologias já praticadas, materiais pedagógicos específicos, instrumentos de avaliação de valor comparativo, capacitação especializada de professores etc). Valorizando a modalidade da Aceleração, enfrentamos, a fundo, o problema da defasagem série/idade.

b) *Atrair os jovens que estão fora da escola* e que desejam voltar a estudar, incluindo-os nas turmas de Aceleração. Teríamos, assim, uma Aceleração Escolar Inclusiva, com turmas mistas, de jovens ainda matriculados, aos quais se somariam os jovens recém "incluídos".

A proposta é simples e possui consideráveis vantagens operacionais e pedagógicas:

a) Não requer mudanças legais ou de regime administrativo. Aproveita modalidade de ensino já regulamentada, posto que o MEC e o Fundef reconhecem os alunos da Aceleração Escolar como membros plenos da rede regular de Ensino Fundamental.

b) Não onera o orçamento da União, dos estados ou dos municípios. Ao contrário, pode inclusive representar uma economia para o sistema no médio prazo. Senão, vejamos: os novos alunos seriam cobertos pela mesma fonte que já financia o Ensino Fundamental. O Fundef determina que 15% do ICMS sejam aplicados no Ensino Fundamental e que sejam distribuídos segundo a receita em ICMS e o número de alunos matriculados de cada unidade da rede escolar. Em 2004, dividindo o total da receita Fundef para as séries da 5ª à 8ª pelo número total de alunos, temos um valor médio por aluno de R$ 965,00 (ver Tabela 1). Supondo a inclusão de um milhão de novos alunos por ano, este valor seria reduzido a R$ 901,00. No entanto, um programa de Aceleração que, por hipótese, incluísse um novo aluno para cada um e meio defasados, estaria, a médio prazo, liberando um número de alunos superior ao número dos incluídos, reduzindo o número de alunos no sistema e, conseqüentemente, aumentando o investimento médio por aluno.

TABELA 1

A. Valores destinados para 5ª a 8ª séries e E. Esp.	13.561.856.329
B. Matriculas na 5ª a 8ª mais E. Esp.	14.046.986
C. Proposta de alunos a incluir por ano	1.000.000
D. Valor por aluno atual (A/B)	R$ 965
E. Valor por aluno com a inclusão (A/B+C)	R$ 901
F. Impacto da proposta no valor médio atual do Fundef por aluno	- 7%

FONTE: Pesquisa Iser, tendo por base dados do MEC.

c) Temos hoje um universo de 6,2 milhões de alunos matriculados entre a 5ª e a 8ª séries com defasagem série/idade e 5,5 milhões fora da escola com este mesmo nível educacional. Simulando a inclusão de um milhão por ano, sendo um incluído para 1,5 defasado, e supondo o sucesso escolar do programa, teríamos feito um grande avanço para a superação do problema da defasagem e da inclusão educacional dos jovens em risco em cinco anos. É cenário convincente o bastante para tentar e testar a proposta com afinco. Raciocínio análogo pode ser feito para as faixas dos defasados e dos excluídos entre a 1ª e a 4ª séries.

d) A vantagem pedagógica reside na formação de turmas de alunos que se encontram num grupo de idade confortável. Ao invés da situação atual, onde jovens e adultos que resistem à evasão convivem com crianças numa mesma turma, destacando-se como alunos-problema e submetendo-se a uma linguagem infantil, que não responde às experiências, informações, responsabilidades e juízos feitos por eles, teríamos um conjunto pedagógico (ritmo, materiais e interações) respeitoso de sua mentalidade e, portanto, mais estimulante e eficaz.

A proposta já vem sendo testada, com bons resultados. No Acre e no Ceará, aplicou-se a metodologia do Telecurso 2000, desenvolvida pela Fundação Roberto Marinho, em turmas presenciais de Aceleração que cobrem o conteúdo da 5ª a 8ª séries em 14 meses. O foco destas experiências é a redução da defasagem série/idade dentre os alunos já matriculados, mas a própria dinâmica do projeto tem atraído jovens e adultos que voltam a estudar no embalo da Aceleração. O resultado para a Rede Estadual de Educação do Ceará pode ser observado no Gráfico 5. Zerou, praticamente, a defasagem no Ensino Fundamental nas escolas estaduais, reduzindo, em conseqüência, o número de alunos na rede e liberando recursos para a sua função maior, que é o Ensino Médio.

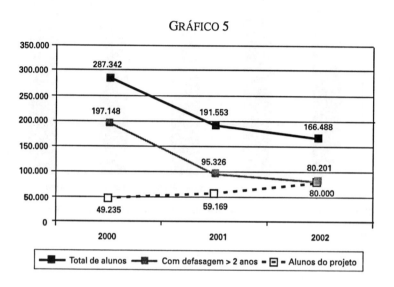

GRÁFICO 5

O Viva Rio, por sua vez, tem se dedicado exclusivamente aos jovens que estão fora da escola, em turmas montadas em escolas públicas e em associações comunitárias. Aplica a mesma metodologia, do Telecurso 2000, com alunos que abandonaram a escola entre a 5ª e a 7ª séries. Em um ano, eles são capacitados a passar nos exames elaborados pela Secretaria Estadual de Educação e obter o seu diploma de Ensino Fundamental. Os professores são engajados num processo contínuo de formação e supervisão, os materiais são focados no mundo trabalho, testes de avaliação são regularmente aplicados, por módulos do conteúdo curricular, orientando alunos, professores e supervisores quanto aos pontos fracos e fortes de cada turma. Mais de 65 mil estudantes já passaram por este sistema. Os resultados, excelentes, para as turmas de 2003, são registrados no Gráfico 6.

Há outras metodologias de aceleração sendo aplicadas com bons resultados no país. A Fundação Ayrton Senna faz um belo trabalho, em vários estados, para turmas da 1ª à 4ª séries. O Serviço Social da Indústria (Sesi) desenvolveu e aplica uma metodologia própria para a educação de jovens e adultos e a CUT possui também experiência, com um programa chama-

GRÁFICO 6
TAXA DE APROVAÇÃO DOS ALUNOS PRESENTES

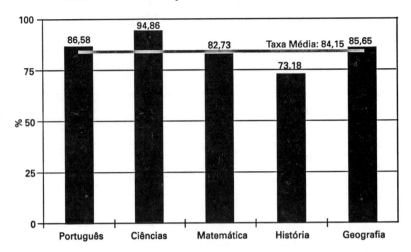

Resultados de 2003, com 244 telesalas em 18 municípios dos estado do Rio de Janeiro.

FONTE: Pesquisa Iser – Telecurso Comunidade.

do Integrar. Em diversas unidades da federação, programas do EJA desenvolvem materiais e competência pedagógica específica. É tempo desses esforços dispersos formarem uma onda integradora, que faça justiça ao problema, pelos números e pela qualidade. Temos as metodologias e os recursos, falta uma liderança nacional que impulsione o sistema a investir na inclusão educacional dos jovens em situação de risco que, via de regra, abandonaram a escola na adolescência, entre a 5ª e a 7ª séries.

Inclusão social: o papel da Ação Comunitária do Brasil

*Marília Pastuk**

---

* Socióloga. Superintendente da Ação Comunitária do Brasil.

É CONSENSO DE que não existe crescimento sustentado sem inclusão social, o que já deve ter sido repetido aqui dezenas de vezes. Afinal, estamos falando de crescimento sustentado para quem, num país onde a desigualdade, a concentração de renda e de riquezas e a exclusão social são vergonhosos e têm perdurado por tantas décadas.

Crescimento sustentado no Brasil implica na adoção de políticas emancipatórias, redistributivas e universais como o caso da Renda de Cidadania, cujo projeto de lei, de autoria do Senador Eduardo Suplicy foi sancionado em janeiro desse ano pelo presidente Lula para ser implementado, de forma gradual e responsável a partir de 2005.

Crescimento sustentado no Brasil implica, ainda, na adoção de políticas emergenciais, compensatórias e focalizadas como as diversas iniciativas de transferência direta de renda para populações mais vulneráveis, destacando-se dentre estas o Bolsa-Família hoje sob o competente comando do ministro Patrus Ananias. Neste caso tais políticas podem ser percebidas como ações afirmativas em prol da justiça social, respeitando o segundo princípio de justiça formulado pelo famoso filósofo John Rawls, na sua clássica obra, *Teoria da justiça*.

Quanto à economia do conhecimento, faz sentido em países como o nosso, se estiver a serviço da inclusão social. Assim a infoinclusão não se restringe ao acesso a equipamentos, a abertura de espaços e a instalação de máquinas e conectividade. Na realidade o acesso à inovação tecnológica é absolutamente pertinente desde que inclua a informação de como utilizar os equipamentos afins para socializar e potencializar conhecimentos, oportunidades, talentos e vocações.

Amarthya Sen trata com muita propriedade dessa questão quando fala do acesso de populações de mais baixa renda a oportunidades concretas de desenvolvimento. Segundo ele, o acesso por si só a direitos fundamentais de cidadania como a educação, saúde, moradia, trabalho – via políticas públicas não garante nada. É preciso igualmente que essas populações tenham condições de fazer uso dessas oportunidades que lhes são ofertadas, ou seja, que possam pegar o trem quando ele passar na sua estação, cabendo a elas definir onde querem chegar, respeitando sua soberania e direito à liberdade. Assim, a única inclusão que existe é a social – de conhecimento, informação, gênero, raça, justiça e cidadania, como ressalta Alexandre Rangel.

Mas tal inclusão, para ser autêntica e legítima deve resultar de um processo de construção coletiva, que passa necessariamente pela consolidação democrática e dos canais de participação cidadã visando ao *empowerment* de grupos usualmente excluídos ou desfiliados, como Castel prefere considerar.

Pensando nos termos considerados, o governo Lula acertou quando implantou os Consórcios Sociais da Juventude como uma vertente do Programa Primeiro Emprego (PPE), contando com o apoio decisivo do Banco Mundial. Tais Consórcios visam promover a inclusão social de jovens em situação de risco por meio da realização de experiências-piloto na área de geração de trabalho, emprego e renda, protagonizadas por representantes da sociedade civil organizada. Visam ainda construir/consolidar redes de solidariedade tomando como parâmetro áreas temáticas previstas no PPE, destacando-se dentre estas a atenção específica aos jovens em conflito com a lei e/ou em situação de rua; a elevação da escolaridade; o empreendedorismo e a economia solidária; a promoção da igualdade racial e da eqüidade de gênero.

No caso do Rio de Janeiro, estão participando do consórcio dez ONGs com larga experiência na área, entre essas a Fase, a Fundação Bento Rubião, a Ação Comunitária do Brasil do Rio de Janeiro, que também é a entidade âncora do consórcio, suas respectivas parcerias, e 842 jovens oriundos da Maré, da Rocinha, da Mangueira, do Santa Marta, do Vidigal, do Complexo do Alemão, do conjunto habitacional de Cidade Alta, da Baixada Fluminense, entre outras. Tais jovens, que contam com uma renda familiar igual ou menor a 1/2 SM por mês, além de receberem uma bolsa-cidadania, no valor de R$ 150 mensais, recebem uma formação integral de 400 horas que inclui reciclagem em português e matemática, alfabetização digital, aulas de empreendedorismo e apresentação pessoal, além de formação específica em mais de 20 profissões. São ainda encaminhados para o mercado de trabalho formal ou estimulados a participar de formas cooperativas de trabalho, tendo como princípio a solidariedade.

Ainda que a experiência esteja numa fase embrionária, impressionam os resultados que já têm alcançado. Primeiro, a alta receptividade dos jovens com relação à proposta; sua preocupação efetiva com relação ao seu próprio futuro; e sua consciência das próprias limitações com relação ao seu grau de escolaridade e a baixa qualidade da mesma, ressaltando que menos de 20% deles sabem ler e escrever razoavelmente apesar de contarem com primeiro grau completo ou, no caso de alguns, estarem cursando o ensino médio. Segundo, impressionam o talento e a criatividade que revelam, estando aptos a protagonizar sua vida e alcançar uma inserção social que faça jus ao seu potencial desde que tenham oportunidades neste sentido e condições de usufruí-las, conforme mencionei anteriormente.

De fato, já temos muitos casos interessantes de educandos para apontar no próprio Campus da Juventude do Rio de Janeiro, que funciona na sede da Ação Comunitária no conjunto habitacional de Cidade Alta, local que serviu para tomadas de cena do filme *Cidade de Deus*, já que se trata da mesma comunidade que, quando reassentada de favelas da Zona Sul, foi dividida. Acreditamos por esse motivo que os parceiros envolvidos com o Consórcio do Rio, sobretudo do governo e dos organismos de cooperação deveriam dar maior visibilidade para a iniciativa que estão realizando de forma pactuada.

No caso do Rio de Janeiro a experiência é *sui generis* traduzindo-se numa das importantes iniciativas em que o poder público, a sociedade civil organizada, a iniciativa privada, a academia e outros setores estão trabalhando em parceria, de forma harmônica, em prol de um objetivo comum: romper com a exclusão social de jovens como esses para evitar que sejam as próximas vítimas da violência dos contextos onde estão situados.

Acredito que com relação a esta experiência em particular e a outras de natureza similar a mídia tem um papel importantíssimo para desempenhar. Como muitas agências já perceberam, está na hora de mostrarmos um Brasil possível, que pode dar certo. Caso consigamos sensibilizá-la certamente teríamos muitos novos adeptos à iniciativa, tão necessários à parceria quando assumimos o desafio de contribuir com a inserção de jovens que estão situados numa região perigosa – fronteiriça.

O mesmo diria com relação aos jovens que hoje vivem no Complexo da Maré, com quem a Ação Comunitária trabalha há mais de 30 anos. Estes aparecem freqüentemente nos meios de comunicação de uma maneira perversa, já que são moradores de uma comunidade situada próxima das Linhas Vermelha e Amarela, conhecida como uma área violenta, onde os confrontos entre representantes do crime organizado entre si e destes com a polícia são uma constante, além das balas perdidas. No entanto, esses mesmos jovens têm histórias fantásticas para contar, histórias de sucesso onde sua capacidade de protagonismo e empreendedorismo estão mais do que evidenciadas. Exemplos neste sentido são o Buffet Mareação, criado por sua iniciativa, o Grupo de Produção de Bonecas Banto, o Salão Comunitário e o Programa Fazendo a Cabeça tratando de temas tabu na comunidade como a eqüidade nas relações de gênero e a violência doméstica, a Cerâmica Étnica, a Serigrafia Artística e Cultural, entre outras oficinas educativas/produtivas que realizam na sede local da Ação Comunitária do Brasil. E o fazem de forma silenciosa e invisível. Está na hora de darmos visibilidade a essas iniciativas. É só querer ver! Estão todos convidados!

Inclusão digital, sim, mas sustentável

Rodrigo Baggio[*]

---

[*] Diretor-executivo do Comitê para Democratização da Informática.

COOPERAR E COMPARTILHAR. Esses dois verbos passaram a dar o tom do uso das tecnologias de informação, a partir das tecnologias de comunicação. Desde então, o mundo ideal das famosas TICs virou o mundo das redes, da circulação e troca de dados, a tempo e a hora. E nos colocou diante de um enorme desafio: disseminar democraticamente as informações. Utilizá-las para gerar conhecimentos que nos levem a uma sociedade mais justa.

Em dezembro de 2003, durante a primeira etapa da Cúpula Mundial da Sociedade da Informação, em Genebra, este desafio tornou-se mais evidente. Dezenas de representantes da sociedade civil demonstraram, na prática, caminhos para superação do impasse durante a exposição paralela "ITC for Development" – quase todos baseados na educação, em valores locais e práticas sustentáveis consistentes com a realidade global, e no acesso ao conhecimento para todos os seres humanos. A mensagem explícita? Precisamos construir uma sociedade sem limites ao conhecimento.

Parece utópico e idealista demais, especialmente aos setores da sociedade pós-industrial que consideram que seu principal insumo é o conhecimento. O botão vermelho que acaba de ser apertado alerta para o fato de que o conhecimento precisa ser distribuído para permitir a construção de uma sociedade menos concentradora, mais saudável do ponto de vista econômico e social, que possa proporcionar uma melhor qualidade de vida. Conclama governos, empresas e organizações da sociedade civil para a realização da mais difícil das tarefas: buscar um equilíbrio entre as ambições de crescimento da humanidade, a eqüidade social e os limites do uso dos recursos.

A *Declaração da sociedade civil* entregue ao presidente da cúpula na última reunião plenária, a qual o CDI (Comitê para Democratização da

Informática) apóia, defende que a sociedade do conhecimento em rede tem que integrar a riqueza do conhecimento e as práticas regionais. E que a sociedade global do futuro tem que se basear em comunidades locais assentadas em sua herança cultural, que participem da sociedade do conhecimento. Entendida de maneira mais ampla do que o simples acesso ao computador, a inclusão digital é um conceito que, na visão do CDI, engloba acesso às TICs, educação, protagonismo, possibilitando a construção de uma cidadania crítica e empreendedora. É por acreditarmos que esta inclusão digital é um meio para promover a melhoria da qualidade de vida, garantir maior liberdade social, gerar conhecimento e troca de informações, que hoje acompanhamos os trabalhos desenvolvidos em 863 Escolas de Informática e Cidadania, criadas em parceria com entidades locais, espalhadas por 20 estados brasileiros e 11 países.

Compartilho da visão daqueles que acreditam que a jornada rumo à sociedade do conhecimento não começa em Genebra nem termina na Tunísia, em 2005. Precisa ser planejada em âmbito local, regional e nacional, através de ações como as que promovemos em nossas Escolas de Informática e Cidadania (EICs), bem como as ações de muitos projetos de inclusão digital Brasil afora. A luta contra a exclusão digital começa a se voltar para a construção de tais "comunidades de aprendizagem", embrionárias na troca de experiências, *expertises* e disseminação de soluções para o desenvolvimento local sustentável, que, além de abrir novos postos de trabalho e oportunidades de geração de renda, favoreçam a promoção do bem-estar coletivo das comunidades menos favorecidas. Mas isso só será possível se aprofundamos cada vez mais os vínculos entre pessoas, entidades, empresas e governos. Tenho dito, aliás, que a profundidade desses vínculos é que determinará a qualidade da futura sociedade do conhecimento.

O Dia da Inclusão Digital, por exemplo, criado em 2001 para lançar na agenda brasileira a questão da exclusão digital, é uma mobilização pública promovida anualmente pelo CDI que busca sensibilizar a sociedade civil, empresas e governos sobre a importância da inclusão digital de comunidades de baixa renda e públicos com necessidades especiais, como forma de garantir a igualdade de oportunidades e o desenvolvimento local. O importante, em iniciativas dessa natureza, não é tanto a quantidade, mas a qualidade da mobilização, a atitude proativa, a capacidade empreendedora de cada voluntário. Precisamos ter em mente que todo indivíduo pode contribuir, de alguma forma, para a redução gradual, constante e perene da exclusão digital, que terá peso significativo na luta contra outros tipos de segregação social.

A SITUAÇÃO NO BRASIL

Em novembro de 2003, a União Internacional das Telecomunicações (UIT) divulgou um estudo sobre a inclusão digital no mundo. O Brasil ficou em 28° lugar, empatado com a Rússia, o México e as Ilhas Maurício. O estudo identificou 64 países com condições de inclusão melhores que o Brasil. A classificação teve como base o Índice de Acesso Digital (IAD), que leva em consideração:
- a disponibilidade de infra-estrutura;
- o poder aquisitivo do usuário;
- o nível educacional do usuário;
- a qualidade dos serviços; e
- o uso efetivo da internet.

O Brasil ficou com 0,50 ponto, numa escala de 0 a 1. Em primeiro lugar na lista está a Suécia (0,85), seguida da Dinamarca (0,83), da Islândia e Coréia do Sul (0,82) e da Noruega, Holanda, Hong Kong, Finlândia e Taiwan (0,79). Os Estados Unidos (0,78) empataram na quinta posição com o Canadá. Em último fica o Níger (0,04). Os países foram divididos em quatro grupos: o superior, o alto, o médio e o baixo. O Brasil está no nível alto, o mesmo de países europeus como Espanha, Portugal e Grécia, e de sul-americanos como Chile, Uruguai e Argentina.

Já o *Relatório Global de Tecnologia da Informação 2002-2003*, publicado pelo Fórum Econômico Mundial e pela Insead, elenca 82 países de acordo com um Índice de Aptidão para Integrar Redes (em inglês, Network Readiness Index ou NRI), que mede a capacidade de cada país ter acesso às tecnologias da informação e comunicação e utilizá-las de maneira eficiente. O índice mede três itens: ambiente, aptidão e uso. O ambiente leva em conta como os mercados, os sistemas legal e político e a infra-estrutura do país apóiam o desenvolvimento e o uso das tecnologias. A aptidão relaciona a capacidade de os indivíduos, as empresas e o governo usarem a tecnologia de maneira eficiente, enquanto o uso mede a incidência de adoção da tecnologia pelos três agentes.

Outro índice, da Economist Intelligence Unit, tem um enfoque parecido, com ênfase maior nos aspectos econômicos, e avalia 65 países. O Brasil está em 29° lugar no *ranking* do NRI, com uma pontuação acima da média. Na lista da Economist, porém, fica em 36.º, abaixo da média.

Um dos indicadores do desenvolvimento da rede mundial em cada país é o número de *hosts*, computadores que hospedam conteúdo de internet. De acordo com dados da empresa Network Wizards, o Brasil ocupava o décimo lugar, em julho de 2002, entre os países com o maior número de *hosts*. Nas Américas, o país estava em terceiro lugar, vindo logo após os Estados Unidos e o Canadá.

Existem cerca de 148 milhões de brasileiros sem acesso à internet. Mas o problema da exclusão digital no país não se limita ao indivíduo. Mesmo para as empresas brasileiras, a inclusão digital não é um problema resolvido. O Serviço Brasileiro de Apoio às Micro e Pequenas Empresas (Sebrae) ouviu 1.163 pequenas e microempresas no Estado de São Paulo, de setembro de 2002 a fevereiro de 2003, e descobriu que 46% delas não têm acesso à internet e que 16% dependem de acesso fora da empresa para se comunicar. As principais aplicações usadas pelos entrevistados do Sebrae são:

- serviços de bancos, notícias e governo (83%);
- correio eletrônico (83%);
- pesquisas sobre negócios, preços e fornecedores (57%);
- *site* para divulgação da própria empresa (40%);
- compra de mercadorias e/ou matéria-prima (23%); e
- venda de produtos e serviços (16%).

Apesar do acesso limitado à tecnologia na sociedade brasileira, a informática e as telecomunicações já são um segmento importante da economia. O mercado local de tecnologia da informação movimentou cerca de US$ 18 bilhões em 2001, ou R$ 42,3 bilhões. Os serviços de telecomunicações tiveram receita de US$ 7,3 bilhões no mesmo ano, ou R$ 17,2 bilhões, enquanto a indústria de equipamentos faturou R$ 11,4 bilhões. O agregado tecnologia da informação e telecomunicações somou então R$ 70,9 bilhões, o que representa 6% do Produto Interno Bruto Brasileiro (PIB), que acumulou R$ 1,2 trilhão em 2001, segundo o Instituto Brasileiro de Geografia e Estatística (IBGE).

Como mostram os diversos estudos apresentados neste capítulo, ainda existem muitos desafios a serem enfrentados para resolver o problema da exclusão digital no Brasil.

SEXTA PARTE
UM PODER JUDICIÁRIO MODERNO PARA O BRASIL

A reforma do Judiciário no Senado Federal
*José Jorge**

---
* Senador (PFL-PE). Relator do projeto de reforma do Judiciário no Senado Federal.

AS ÚLTIMAS DÉCADAS viram profundas modificações na sociedade brasileira. Tornamo-nos uma sociedade urbana e industrial, muito diferente daquela de 50 ou 60 anos atrás. Esse processo, porém, não foi acompanhado pela simultânea modernização do Estado. A conseqüência principal disso é que o Estado, hoje, é incapaz de responder, satisfatoriamente, às demandas do povo. Este, assim, tornou-se descrente e cético em relação às instituições governamentais.

De acordo com o economista Armando Castelar, o crescimento do PIB – Produto Interno Bruto – é 20% menor do que seria se o Judiciário tivesse padrões similares aos dos países desenvolvidos. Aperfeiçoar as instituições brasileiras tornou-se, portanto, uma necessidade e uma obrigação de todos aqueles que se dedicam à vida pública.

Estamos trabalhando, agora, para reformar o Poder Judiciário. Reforma, no caso, significa aperfeiçoamento. Como observou o professor Jairo Saddi, em artigo na *Gazeta Mercantil* de 26 de março, um sistema judicial deve atender a três funções básicas na sociedade: resolver conflitos de forma ágil e imparcial, fornecer aos demais agentes econômicos os parâmetros das condutas desejadas e oferecer garantias de que se constitui numa arena de liberdade contra o abuso de poder, tanto por parte do Estado como do poder econômico. É isso que nós, congressistas e sociedade, queremos que o Judiciário seja capaz de fazer!

Para que tais objetivos sejam alcançados, é preciso que o Judiciário seja reformado em quatro aspectos. O primeiro é a modernização da estrutura administrativa dos órgãos do Poder Judiciário, tarefa que deve ser levada a cabo pelo próprio Judiciário. O segundo é a reforma da legislação processual civil e penal, a fim de tornar mais ágil e rápida a prestação da Justiça. O terceiro aspecto é o aumento do número de juízes e promotores (O segundo e o terceiro aspectos dependem, fundamentalmente, da alteração da legislação ordinária e são tarefas que deveremos enfrentar no futuro próximo). O quarto aspecto, por fim, é aquele que estamos a tratar no Projeto de Emenda à Constituição nº 29, de 2000, isto é, aprimorar a forma como a Carta de 1988 trata o Poder Judiciário.

Não basta que o Legislativo elabore as leis e o Executivo as sancione. É preciso que o Judiciário assegure a sua execução no caso concreto.

O Brasil precisa, pois, de um sistema judiciário moderno, capaz de atender às necessidades de nossa sociedade. Com as mudanças que ora estão sendo votadas no Senado Federal, estaremos dando um passo decisivo nesse sentido. Lembro, porém, que muito ainda carece de ser feito nos próximos anos para que possamos melhorar a qualidade da prestação jurisdicional oferecida pelo Estado brasileiro. Se isso não for feito, corremos o risco de frustrar as expectativas de nosso povo e de tornar inócuas as mudanças trazidas pelo Projeto de Emenda à Constituição nº 29, de 2000.

Para produzirmos o relatório referente ao Projeto de Emenda à Constituição nº 29, de 2000, aprovado pela Comissão de Constituição e Justiça do Senado, buscamos traduzir os principais anseios e expectativas tanto da comunidade jurídica como da sociedade, a quem a tutela jurisdicional é prestada.

Assim, foram realizadas 14 audiências públicas, quando contamos com a participação de ministros do Supremo Tribunal Federal, e de todos os tribunais superiores.

Também participaram das audiências públicas representantes de diversas entidades, tais como, da Ordem dos Advogados do Brasil, da Associação Nacional dos Magistrados do Brasil, da Associação dos Juízes Federais, do Conselho Nacional dos Membros do Ministério Público e da Associação Nacional dos Procuradores da República.

Recebemos, ainda, diversas sugestões de entidades e de órgãos legislativos estaduais e municipais, órgãos dos poderes judiciários estaduais e, também, de cidadãos.

Houve, portanto, um debate fecundo sobre a reforma do Poder Judiciário, com todos os segmentos envolvidos, o que contabilizou inúmeras e valiosas contribuições e sugestões, todas devidamente apreciadas.

Neste momento, terminamos de votar na Comissão de Constituição,

Justiça e Cidadania, os quase 200 destaques ao Projeto de Emenda Constitucional da Reforma do Poder Judiciário. Agora, o parecer da CCJ será examinado pelo plenário na forma de dois textos substitutivos.

Como o parecer coincide em muitos pontos com aquele que foi aprovado pela Câmara dos Deputados, propus um texto que, caso seja aprovado sem alterações pelo plenário, será enviado à promulgação; o outro, que contém as modificações no texto da Câmara, aprovadas pela CCJ, deverá ser enviado de volta àquela Casa para novo exame após votação no plenário do Senado.

Podemos dizer, sem medo de errar, que diversos avanços foram obtidos. Entre os muitos pontos que merecem registro estão a instituição da "súmula vinculante" e a criação do Conselho Nacional de Justiça. Estes, talvez, sejam os pontos mais significativos de toda a reforma do Poder Judiciário.

Com a "súmula vinculante", o Supremo Tribunal Federal poderá, de ofício ou por provocação, mediante decisão de dois terços de seus membros, após reiteradas decisões sobre a matéria, aprovar súmula que terá efeito vinculante em relação aos demais órgãos do Poder Judiciário e à administração pública direta e indireta, nas esferas federal, estadual e municipal.

A medida é importante porque agilizará a tramitação dos processos perante o Poder Judiciário. Além disso, deverá diminuir, consideravelmente, a quantidade de trabalho do Supremo Tribunal Federal. Ressalte-se que enquanto a Corte brasileira julga mais de 60 mil processos por ano, a sua congênere americana aprecia aproximadamente 150 processos. Com menos processos repetitivos para julgar, o Supremo Tribunal Federal poderá ater-se ao julgamento das questões constitucionais mais relevantes para a sociedade.

Em relação ao Superior Tribunal de Justiça (STJ) e ao Tribunal Superior do Trabalho (TST) foi aprovada, pela CCJ, a súmula impeditiva de recursos. Por este instrumento processual, os mencionados tribunais superiores, de ofício, ou por provocação, poderão, após reiteradas decisões sobre a matéria, aprovar súmulas que a partir da publicação constituir-se-ão em impedimento à interposição de quaisquer recursos contra a decisão judicial que a houver aplicado.

Um dos pontos mais polêmicos, o Conselho Nacional de Justiça, foi mantido no parecer da CCJ. Competirá ao Conselho o controle da atuação administrativa e financeira do Poder Judiciário e do cumprimento dos deveres funcionais dos juízes. O Conselho se constituirá, ainda, em importante canal de comunicação entre os órgãos do Poder Judiciário e a sociedade. De um lado, será o fiscalizador das atividades do Poder Judiciário. De outro, será o porta-voz das sugestões apresentadas pela sociedade. O objetivo é tornar o sistema judiciário mais transparente e mais compreensível para o cidadão comum.

Além disso, a votação na CCJ não alterou a composição do Conselho aprovada na Câmara dos Deputados. Isso é relevante na medida em que assegura que o órgão terá componentes da sociedade civil escolhidos pela Câmara e pelo Senado. Em relação a esse tópico, convém observar que o Conselho não mais fará parte da estrutura do Poder Judiciário. Assim, está eliminada a possibilidade de o órgão determinar a perda de mandato de magistrado. Tal medida é importante porque assegura a manutenção das garantias constitucionais de vitaliciedade ao juiz e garante que o juiz não se sinta intimidado no exercício de suas funções.

De igual forma, foi aprovada, na CCJ, a criação do Conselho Nacional do Ministério Público, que terá competência para controlar a atuação administrativa e financeira do Ministério Público e o cumprimento dos deveres funcionais de seus membros.

Além desses, são relevantes também outros pontos.

Os tratados e convenções internacionais sobre direitos humanos – aprovados em dois turnos, em cada uma das casas do Congresso Nacional, por três quintos dos votos dos respectivos membros – serão equivalentes às emendas constitucionais. A medida assegura maior efetividade ao sistema de proteção internacional dos direitos humanos.

Ainda acerca dos direitos humanos, é importante verificar a federalização dos crimes relativos a direitos humanos. Apesar dos avanços que temos verificado nos últimos anos, o Brasil é apontado, por entidades como a Anistia Internacional, como país onde os direitos humanos são violados com freqüência. Assim, nas hipóteses de grave violação de direitos humanos e para assegurar o cumprimento de obrigações decorrentes de tratados internacionais de direitos humanos, dos quais o Brasil seja parte, o procurador-geral da República poderá suscitar incidente de deslocamento de competência para a Justiça Federal, perante o Superior Tribunal de Justiça, em qualquer fase do inquérito ou processo.

Além disso, é proposto que o Brasil se sujeite à jurisdição de Tribunal Penal Internacional a cuja criação tenha manifestado adesão. Essas modificações do texto constitucional assinalam, pois, significativo progresso.

Entre os muitos pontos que merecem registro, encontram-se a determinação de que as sessões dos tribunais devem ser públicas; a proibição de se nomear parentes para cargos de confiança no âmbito dos respectivos tribunais ou juízos; e a inclusão de dispositivo, no capítulo dos direitos e garantias individuais, que assegura a todos, no âmbito judicial e administrativo, a razoável duração do processo e os meios que garantam a celeridade de sua tramitação.

O ingresso na magistratura e no Ministério Público também foi aperfeiçoado. Agora, é exigido, no mínimo, três anos de atividade jurídica para que seja possível exercer um desses cargos. Ainda em relação à magistratura e ao Ministério Público, foi mantida a quarentena de três anos para que juízes e procuradores aposentados voltem a advogar nos foros em que atuaram antes de sua aposentadoria.

Além disso, foram extintos os Tribunais de Alçada, cuja existência não era mais justificável. Isso, certamente, racionalizará o trabalho dos Tribunais de Justiça.

É importante registrar, ainda, a aprovação de dispositivos que asseguram a autonomia funcional e administrativa, bem como a iniciativa de apresentação de proposta orçamentária, para as defensorias públicas da União, dos estados e do Distrito Federal, medida que reverterá em benefício dos cidadãos menos favorecidos.

Nem todos os pontos constantes da presente reforma são consensuais. Nada mais natural. Todos sabemos que qualquer processo de mudança traz alguma apreensão. Esse sentimento, no entanto, não pode ser a tônica de nosso comportamento. Agora é o momento de ter coragem na tomada de decisões. O Brasil precisa de uma justiça célere, acessível e que esteja mais próxima do povo.

Creio que a presente Proposta de Emenda à Constituição é apenas o primeiro passo no processo de aperfeiçoamento do Poder Judiciário. Precisamos dar continuidade ao trabalho por meio de outras mudanças tão necessárias na legislação constitucional e infraconstitucional. Para tanto, estou encaminhando novas propostas para tratar de temas como a instituição dos juizados de instrução criminal para certas infrações penais e a substituição do instituto do precatório pelo dos títulos sentenciais, ou seja, o Estado, após perder em juízo, deverá incluir o valor no orçamento do ano seguinte e efetuar o pagamento em até dez parcelas.

Tenho a firme convicção de que estamos no caminho certo. A reforma do Poder Judiciário é mais um passo para que possamos colocar o Brasil no caminho certo do desenvolvimento e da melhoria das condições sociais.

Os obstáculos à reforma do Poder Judiciário

José Eduardo Cardozo[*]

---

[*] Deputado federal (PT-SP). Presidente da Comissão de Reforma do Judiciário da Câmara dos Deputados.

A AFIRMAÇÃO do Estado de Direito e o aprofundamento da democracia em nosso país exige mudanças orgânicas e funcionais que possibilitem o exercício eficiente, transparente, regrado e controlado das atividades estatais. É nessa dimensão que deve ser compreendida a urgente necessidade de serem realizadas profundas alterações, não apenas na estrutura orgânica do Poder Judiciário, mas também em todo o sistema responsável pela prestação jurisdicional do Estado brasileiro.

Juízes, advogados, promotores de justiça, delegados de polícia, professores das faculdades de direito de todo país, e porque não dizer, toda a sociedade brasileira, há muitos anos, têm afirmado a necessidade da realização desta reforma. Partem, na maior parte das vezes, de um diagnóstico comum dos problemas a serem enfrentados, a saber, a lentidão na solução de litígios e na aplicação definitiva de penas; a ausência de transparência e de controle social na gestão do Poder Judiciário em aspectos relativos à sua administração, à destinação dos seus recursos orçamentários e à sujeição disciplinar dos seus membros; a imprevisibilidade das suas decisões e os problemas econômicos e sociais que dela decorrem; o péssimo nível dos nossos cursos universitários formadores dos denominados "operadores do direito"; a presença de focos de corrupção que acabam por comprometer a segurança e por questionar a legitimidade do exercício da atividade judicial; a ausência de uma distinção ética entre prerrogativas indispensáveis para o exercício de competências e indevidos privilégios funcionais dos agentes que exercem as funções essenciais à Justiça; a falta de modernidade e a irracionalidade estrutural da máquina judiciária; e, finalmente, a profunda exclusão da grande maioria da população da possibilidade de acesso à Justiça.

Há, pois, boa dose de consenso na indicação dos problemas que devem ser enfrentados ao longo da denominada "reforma do Poder Judiciário". São, portanto, conhecidos os males que devem ser tratados.

Da mesma forma, não podemos negar que, via de regra, existe também grande concordância quanto aos rumos que devem ser seguidos para a realização dessa reforma. Em geral, afirma-se que as alterações que devem ser introduzidas no nosso sistema de prestação jurisdicional devem passar por três dimensões diferentes.

A primeira estaria situada no plano das *alterações a serem introduzidas na nossa Constituição Federal*. Afirma-se, entre outras, a necessidade de certas redefinições estruturais postas no plano da criação de mecanismos de controle do Poder Judiciário e, também, de instrumentos que garantam a maior uniformidade das decisões judiciais e a eliminação do acúmulo de processos nos tribunais superiores. Discute-se também a redefinição das competências dos órgãos jurisdicionais do Estado, na perspectiva de se assegurar maior racionalidade ao nosso sistema processual.

A segunda se apresentaria na perspectiva de *alterações a serem feitas na nossa legislação infraconstitucional*. Mudar as nossas leis processuais, sem prejudicar o amplo direito de defesa dos demandados, de modo a impedir a interposição de recursos procrastinatórios que arrastam a solução de demandas por décadas, ou ainda a existência de procedimentos lastreados em uma irracionalidade prejudicial à ágil solução das demandas, costuma ser apresentado como um dos pontos inadiáveis a serem enfrentados com a apresentação e a aprovação de projetos de lei. Do mesmo modo, a aprovação de um novo estatuto da magistratura com a afirmação de regras que enfrentem os problemas existentes no reconhecimento de prerrogativas e na afirmação de deveres para os magistrados na sua capacitação e na sua atuação funcional, bem como em questões pertinentes à democratização e à transparência da atuação do Poder Judiciário, é também sempre lembrado como de fundamental importância.

Também neste plano se apresenta a necessidade da criação de instrumentos e estruturas que possibilitem a ampliação do acesso à Justiça. Embora seja sabido que em nosso país temos um elevado número de demandas em relação a outros países (a partir de uma comparação entre suas respectivas populações e o número de litígios propostos), a realidade demonstra que uma grande maioria de brasileiros não tem acesso efetivo à Justiça, a não ser quando são demandados como réus em processos criminais. A ampliação e o fortalecimento das denominadas Defensorias Públicas, a criação de órgãos e procedimentos judiciários mais acessíveis à população, seriam, assim, mecanismos apropriados para o combate desta verdadeira *exclusão jurisdicional*.

E, finalmente, a terceira se formularia no plano da própria *gestão judiciária*. A introdução de processos de informatização em todas as atividades judiciárias é também tida como inadiável, em face da realidade hoje existente. Além de permitir maior segurança e agilidade na prestação jurisdicional, ela possibilitaria indiscutivelmente maior transparência e controle de todas as atividades administrativas e judiciais.

É forçoso então perguntarmos: se existe uma elevada dose de consenso em relação aos problemas que permeiam o sistema de prestação jurisdicional do nosso Estado, e se existe uma compreensão generalizada dos caminhos a serem percorridos para que esta reforma seja realizada, por que ela então se arrasta sem solução há anos? Por que propostas de alteração na Constituição e projetos de lei tramitam no Congresso Nacional sem solução há décadas?

Várias respostas podem ser apresentadas para essas questões. A primeira, e mais superficial, embora de certo modo verdadeira, poderia repousar na compreensão de que a complexidade da matéria propicia propostas muito divergentes, impedindo o consenso ou a formação de maiorias parlamentares que possibilitem a viabilização de qualquer uma delas. Isto, porém, não explicita o principal óbice que se coloca a impedir que uma doença diagnosticada e que tem médicos definidos para empreender sua cura, ainda caminhe aos tropeços na hora da definição e na aplicação de seu tratamento.

A meu ver, o problema central desta indefinição deve-se a que essa discussão é inacessível à grande maioria da sociedade brasileira. Boa parte dos cidadãos sabe e sente os problemas do sistema de prestação jurisdicional, mas não tem possibilidade de compreender, de participar desta discussão e, por conseguinte, de pressionar os legisladores e autoridades judiciárias quanto a adoção desta ou daquela solução. A discussão de temas jurídicos, seja pela sua dimensão técnica, seja pela sua linguagem característica do mundo do direito, coloca-se como distante e inacessível àqueles que não são "iniciados" na "arte jurídica"[1]. Todos os debates, habitual-

---

[1] Isto se explica, primeiro, por uma dimensão ideológica que marca a produção do fenômeno jurídico. Sendo expressão do poder, o direito desenvolve certos mecanismos que permitem a sua aplica-

mente, se concentram dentre os denominados "operadores do direito" (juízes, promotores de justiça, advogados, professores de direito, delegados de polícia, estudantes etc.). Disto decorrem os mais agudos obstáculos a que esta reforma se realize.

Deveras, em geral, todas as discussões em torno da reforma do Poder Judiciário são marcadas por um forte espírito corporativo das carreiras que gravitam em torno do nosso sistema de prestação jurisdicional. Preocupações com a remuneração, com a carga de trabalho, com o *status* profissional, na grande parte das vezes, sufocam discussões maduras acerca de propostas gerais que podem viabilizar a solução de problemas. Pensa-se mais na carreira, na própria função, do que na sociedade.

Sendo assim, no choque entre as grandes corporações, e diante da inexistência de pressão social efetiva para que esta ou aquela solução seja adotada, as propostas ficam paralisadas, aguardando definição. E os problemas, de todos conhecidos, permanecem intocados, intangíveis, a espera de uma solução que se arrasta no tempo.

Tenho assim a absoluta convicção de que enquanto não conseguirmos traduzir para a grande maioria da sociedade brasileira as principais discussões que permeiam a realização desta reforma, dificilmente sairemos do lugar em que nos encontramos. Poderemos ter um ou outro ponto aprovado, modificado, a partir de uma excepcional vitória corporativa, ou de uma casuística pressão de um grupo de poder que exija uma solução específica para certa realidade incômoda. Mas não teremos uma verdadeira reforma global do nosso sistema judiciário, de forma a atacarmos de frente, dentro de uma perspectiva mais ampla, todo o universo de problemas que marca o nosso sistema de prestação jurisdicional.

Por isso, creio que a propalada "reforma do Poder Judiciário" não pode ser compreendida apenas como uma simples mudança dos aspectos orgânicos pontuais e superficiais desse poder. Não pode ser um encargo atri-

---

ção da forma mais efetiva possível. Um deles é a própria construção de uma linguagem, de uma simbologia, de rituais que buscam tirar do cidadão comum a percepção de que por trás das regras jurídicas existem relações de poder a serem afirmadas e mantidas. Por isso, a aplicação do direito, quanto mais inacessível à compreensão comum e quanto mais associada a poderes supra-humanos de imparcialidade e justiça, é rigorosamente mais eficaz na perspectiva de que seja cumprido nas suas determinações sem contestações.

Por outro lado, em nosso País, o caráter pouco democrático e transparente do nosso Poder Judiciário agrava ainda mais o desconhecimento do cidadão comum acerca dos mecanismos institucionais pelos quais a "Justiça" é aplicada e efetivada.

buído unicamente aos magistrados, ou aos denominados "operadores do direito". Deve ser uma intervenção muito mais ampla e abrangente, tanto no seu conteúdo como no universo de pessoas e agentes que deverão empreendê-la. Por isso, e para isso, é necessário abrir-se de imediato uma ampla discussão com cidadãos, entidades não governamentais, autoridades públicas, centrais sindicais, movimentos populares, partidos políticos e demais forças vivas da sociedade, na busca do consenso ou da afirmação democrática de propostas que possam trazer legitimidade, transparência, controle social, inclusão, racionalidade e eficiência a todo o sistema de prestação jurisdicional do Estado brasileiro. Somente assim esta reforma poderá passar finalmente do plano das conjecturas, das teses e dos projetos, ou ainda das pequenas alterações pontuais, para o plano de uma verdadeira transformação.

A reforma do Judiciário: um depoimento

Cláudio Baldino Maciel*

---

* Presidente da Associação dos Magistrados Brasileiros (AMB).

GOSTARIA DE FAZER algumas observações sobre a Reforma do Judiciário: observações de natureza pessoal, um depoimento de quem é magistrado de carreira, que fez concurso público lá pela metade dos anos 1980 e que esteve em diversas comarcas do interior do estado, na Justiça Estadual, e hoje compõe uma câmara do Tribunal de Justiça do Estado do Rio Grande do Sul. E essa é a única legitimação que me traz aqui. Portanto, esse depoimento somente pode ter alguma valia na medida em que demonstra uma experiência de quem é magistrado, de quem se dedica à magistratura e, quem sabe por isso mesmo, possa auxiliar no debate a respeito do Poder Judiciário.

No meu modo de ver, o Poder Judiciário brasileiro tem uma boa estrutura, um bom perfil constitucional. Se nós compararmos o Judiciário brasileiro com o Judiciário de outros povos civilizados, enfim, avançados, veremos que o perfil constitucional do Poder Judiciário brasileiro não é ruim. Nós temos um Judiciário que exerce uma dupla forma de controle da constitucionalidade das leis – a concentrada, pelo STF, e a difusa, exercida por iniciativa do juiz dentro do processo –, que se insere no sistema de freios e contrapesos com os demais poderes de uma forma digna, de uma forma efetiva, eficiente. Nós temos um Poder Judiciário que, na sua base, é composto por juízes concursados, que realizam concursos públicos rigorosos; são técnicos e estão afastados do poder político local. Em decorrência, o sistema de acesso à carreira, embora possa ser melhorado, é um sistema razoável, que não compromete o Poder Judiciário; podemos dizer isso com orgulho porque nem sempre é assim em países com grau de maturidade política e desenvolvimento institucional similares ao nosso. Parece-me, portanto, que, embora a Constituição Federal possa e deva ser modificada para que se melhore, se aprimore o perfil constitucional do

Poder Judiciário, penso que os problemas por ele apresentados, ele que hoje atravessa uma crise de funcionalidade, não estão postos exatamente na questão constitucional, estão postos em outros aspectos.

Nós temos, antes de tudo, uma cultura jurídica rigorosamente ritualística, nós temos uma cultura jurídica que busca muito mais do que uma solução útil, uma solução ideal, e hoje nós temos uma sociedade dinâmica que exige soluções úteis e a tempo. Nós temos hoje um amor exagerado pela formalidade, como sempre tivemos, resquícios, ainda, de uma herança ibérica cartorial, a tal ponto que, se formos investigar uma faculdade de Direito, veremos que há tantas horas/aula para o Processo Civil quanto para o Direito Civil. Até muito pouco tempo atrás, antes de entrar em vigor o novo Código Civil, se escreviam muito mais obras de Processo Civil do que de Direito Civil. Hoje, as questões judiciárias, as decisões judiciais são proferidas muito mais sobre aspectos processuais do que sobre aspectos de direito material. Acredito que esse fato constitui-se em uma tremenda disfuncionalidade. É sobre essa disfuncionalidade que se deve tratar, antes de tudo, se quisermos, efetivamente, um Poder Judiciário mais ágil, mais eficiente, mais efetivo. Ou seja: é com a reformulação conceitual e doutrinária de nossos códigos de processo que principiaremos a simplificar e agilizar a tramitação e o julgamento dos litígios.

Eu, outro dia, conversava com dois cidadãos norte-americanos de uma determinada fundação, tratando de questões referentes ao Poder Judiciário. Dizia a eles, eu e outros colegas: "Nós temos grave problema de acesso à Justiça no Brasil". Desenvolvíamos essa tese e logo depois, tratando de outro assunto, dizíamos que os nossos tribunais e varas estão abarrotados de processos, e eles flagraram este paradoxo: como é possível termos problemas sério de acesso à Justiça no país e termos tribunais e varas abarrotados de processos! Então, nós identificamos, e perdoem-me aqui o simplismo do que vou dizer e talvez o equívoco das palavras, a hipótese de estarmos lidando com inúmeros casos, talvez na maior parte dos casos, de litígios não verdadeiros. O que significa falso litígio? Por exemplo, se eu e o nosso querido senador José Jorge numa determinada esquina de Brasília colidirmos os nossos automóveis. Eu sei que não tenho razão, ele sabe que tem razão, o juiz desde logo sabe que ele tem razão, ninguém de nós em sã consciência duvida disso, mas nós vamos levar ainda assim três, quatro, cinco anos para ter uma decisão judicial a esse respeito.

E por quê? Porque me parece amplamente favorável resistir a uma pretensão judicial, porque é muito mais fácil para mim, economicamente é muito mais útil que o meu adversário recorra à justiça, que eu resista tanto quanto possa por meio de um processo sinuoso, complexo, que me permite inúmeras possibilidades de resistência. Eu vou, certamente, cansá-lo, ao meu adversário, possivelmente obter um acordo vantajoso e se esse acordo não for obtido depois de quatro, cinco, seis anos, na pior das hipóteses eu vou pagar o meu débito com juros de meio por cento ao mês. É um grande negócio dever em juízo! E é um grande negócio dever em juízo para os maus devedores, isso foi descoberto, é um grande negócio dever em juízo para a União, para os estados, para os municípios, para os entes públicos. Isso vale a pena economicamente, e não é por outro motivo, penso eu, que todos nós identificamos esses problemas, não é por outro motivo que há consenso a respeito disso, de que há necessidade de mudarmos, efetivamente, as regras processuais, de transformarmos o processo em algo útil para a parte que tem direitos. Mesmo assim não conseguimos promover mudanças. Por quê? Porque há interesses, há interesses em manter-se as coisas como são e como estão. Esses interesses são poderosos. Nós ainda convivemos com normas de processo penal arcaicas. Por exemplo, como juiz já tive que anular um júri depois de anos de sumário de culpa, de investigação policial, porque o edital de citação, o edital de intimação não foi afixado no átrio do foro. Ora, como se as pessoas do século XX fossem aos sábados de manhã para os átrios do foro ler editais. Nós estamos anulando processos por conta disso! Quem ler os editais de citação e intimação ainda hoje lerá as mesmas expressões que eram lidas no século XVIII, sem tirar nem pôr: "Quem deste edital vir ou dele tomarem conhecimento....", ou seja, essa cultura ritualística existe, essa tremenda sinuosidade processual existe, mas o que é mais importante, que me parece relevante fixar aqui, é que ela responde a interesses, ela responde a uma soma poderosa de interesses, e me permitam dizer, e aí eu falo de todos os operadores do direito, inclusive há interesses concernentes ao mercado de trabalho. Assim, parece-me que, se quisermos efetividade do Poder Judiciário, se quisermos um Poder Judiciário realmente efetivo, nós teremos que identificar esses interesses, combatê-los com clareza e propor alternativas impactantes, mesmo sobre esse ritualismo que tem levado o Poder Judiciário a ser melhor para quem não tem direitos do que para quem, efetivamente, tem direitos.

O exemplo mais acabado do falso litígio ou, se preferirem, da instrumentalização negativa do processo, diz respeito aos assim chamados processos de massa em que a União é ré, em relação aos quais já existe jurisprudência consolidada dos tribunais superiores. Por razões de conveniência meramente econômica e fiscal, e com o objetivo explícito de retardar ao máximo o pagamento a que será condenada e, com isso, poder neutralizar o incremento do déficit público, a União, mesmo dispondo de mecanismos para findar os processos, não os utiliza. Refiro-me ao mecanismo da súmula administrativa da Advocacia-Geral da União. Por ela, o advogado-geral da União, em havendo jurisprudência iterativa dos tribunais, pode editar súmula administrativa com efeito vinculante para toda a Administração Pública. Por uma simples decisão do advogado-geral da União, os milhares de processos que tramitam na justiça e em que a União seja parte e em relação aos quais já exista jurisprudência iterativa dos tribunais, poderiam ser finalizados.

Isso, do ponto de vista econômico, tem provocado algumas conseqüências dramáticas. Se investe materialmente muito mais na primeira instância do que nos tribunais e nos tribunais superiores; existem comarcas e varas distribuídas pelo Brasil afora onde há prédios, funcionários, juízes, onde materialmente se investe muito. E o que acontece hoje com a primeira instância no Brasil? Ela é uma etapa insignificante de passagem onde não há o menor grau de efetividade da jurisdição; de tudo se permite recurso, fazendo com que a sentença não tenha nenhum valor. Com relação aos atos do Poder Executivo ou do Legislativo, partimos do princípio de que são válidos e geram efeitos; na sentença de primeiro grau, ao contrário, partimos do princípio de que não é válida e não gera efeitos se houver recurso, e o recurso existe sempre. Então entendo que devamos inverter-se essa lógica – e, no meu modo de ver muito modesto – ao contrário de pensarmos em um Judiciário mais verticalizado, inclusive por conta da necessidade de um determinado grau de previsibilidade das decisões, acredito deveríamos valorizar os primeiros graus de jurisdição, deixando para os tribunais superiores, para o Supremo Tribunal Federal as grandes questões nacionais, as questões efetivamente de repercussão nacional, inclusive para conferir dignidade maior para essas instâncias judiciárias responsáveis por decidir sobre grandes questões e não sobre questões que muitas vezes não passam do interesse pessoal e unipessoal de quem procura as cortes superiores.

Com a finalidade de contribuirmos de maneira concreta para a agilização da Justiça, a associação que tenho a honra de presidir constituiu Comissão para a Efetividade da Justiça. No início deste ano, a Associação dos Magistrados Brasileiros (AMB) entregou formalmente ao ministro da Justiça e aos presidentes da Câmara dos Deputados e do Senado Federal diversas propostas de reformulação do Código de Processo Civil. Dentre elas, especialmente duas, se aprovadas, trariam grande benefício para a agilização da prestação jurisdicional: a que estabelece a prisão por *descumprimento de ordem judicial* e a que institui cobrança de *juros progressivos* para as hipóteses de retardamento do cumprimento das decisões judiciais transitadas em julgado. A primeira fornecerá, principalmente ao juiz de primeiro grau, um instrumento poderoso para induzir ao cumprimento de suas decisões. A segunda estabelecerá um mecanismo eficaz ao instituir juros progressivos ao recorrente que interpõe recursos meramente procrastinatórios.

Por outro lado, também penso que temos uma crise de gestão no Poder Judiciário. Os administradores judiciários não são somente os juízes mais antigos, não necessariamente os mais aptos a exercer a tarefa importante de gerir o poder. Até 1988, o Poder Judiciário não tinha autonomia financeira e orçamentária; a função de um presidente de tribunal era um pouco mais do que honorífica. Hoje não, hoje há necessidade de administradores naqueles postos, e para que se identifiquem esses melhores administradores, como se faz hoje? Os tribunais, sobretudo os menores, fazem o sistema de rodízio entre os magistrados mais antigos, e por ser um sistema de rodízio a portas fechadas – é necessário que se diga isso com coragem –, não há planejamento, não há cobrança de resultados, não há divulgação de metas e nem de programas de gestão. Qual é a proposta que temos? Pelo menos trazer para o colégio eleitoral das administrações dos tribunais toda a magistratura vitalícia, inclusive de primeiro grau, retirando esta discussão do âmbito fechado da corte e levando-a para todo o Judiciário. Com isso, certamente, haverá maior transparência nesta questão, inclusive na eleição dos administradores do Poder Judiciário. Haverá também muito mais cobrança de resultados, e compromissos com metas e com propósitos mais claros e públicos.

Por isso tudo, penso – e aqui concluo – que, embora a reforma constitucional do Poder Judiciário traga alguns elementos importantes, outros tantos são, no meu modo de ver, mais importantes. Acredito já que o correto diagnóstico revela que o problema maior não está no perfil constitucional do Poder Judiciário, mas em uma brutal crise de funcionalidade que está posta nas ferramentas que estão à disposição do Poder, ferramentas anacrônicas, atrasadas, que não guardam nenhum amor pelo resultado útil dos processos, que cultivam o resultado ideal dos feitos e que os leva a uma tramitação infindável. Por tudo isso, penso que há que se ter coragem para identificar aqui quais são os interesses que estão por trás da manutenção desse estado de coisas e, identificados esses interesses, que tenhamos todos coragem para enfrentá-los e para podermos, aí sim, avançar com novos instrumentos e um novo ferramental que permitam dar-se justiça efetiva a esse povo sofrido, justiça em tempo social e economicamente hábil.

A crise da Justiça brasileira

Roberto Antonio Busato[*]

---

[*] Presidente nacional da Ordem dos Advogados do Brasil (OAB).

QUERO TRAZER à reflexão questões relativas à reforma do Poder Judiciário, que é hoje não apenas uma prioridade, mas uma emergência institucional brasileira.

É tão importante que, se fosse possível resumir a crise brasileira numa só palavra, diria que é uma crise de justiça – justiça no sentido amplo, de um país em que há mais excluídos que incluídos socialmente; e justiça no sentido institucional, de um país cujo Poder Judiciário não é acessível à maioria da população.

O Poder Judiciário sofre, como todas as instituições do Estado contemporâneo, os múltiplos reflexos e impactos de um mundo em vertiginoso processo de mutação.

É mais que evidente que sua estrutura tornou-se anacrônica, disfuncional, inadequada às demandas da sociedade moderna. Sua estrutura orgânica está ultrapassada. Apesar de todas as transformações por que passa o mundo – nos campos da tecnologia, das técnicas de gerenciamento e administração e dos padrões de comportamento –, nenhuma maior evolução efetiva foi introduzida nos diversos estágios de formação da decisão judicial.

O Judiciário, ao longo das últimas décadas, tem estado alheio às transformações, indiferente à ação do tempo. Diga-se, em sua defesa, que não é o único dos poderes da República nessa condição. O Estado brasileiro, com muita lentidão e parcimônia, somente há poucos anos começou a discutir ajustes estruturais indispensáveis a seu funcionamento.

O Judiciário, por suas características de apoliticidade e independência, resiste mais a esse processo.

A OAB não é a única voz a proclamar essa falência estrutural do Judiciário. Vozes ilustres e qualificadas do próprio Judiciário já o fizeram.

Cito, entre outras, a do presidente do Superior Tribunal de Justiça, ministro Edson Vidigal, e a do presidente do Supremo Tribunal Federal, ministro Nélson Jobim.

Trata-se de problema que não é apenas brasileiro. É mundial, com ênfase maior, claro, nos países em desenvolvimento.

O anacronismo estrutural do Poder Judiciário brasileiro torna-o ineficaz, acessível apenas aos mais afortunados. Na grande maioria do território nacional, a Justiça convive com a escassez e a precariedade. Em numerosas comarcas não há sequer papel.

O exemplo eloqüente desse estado de coisas vivenciamos ontem no estado da Bahia onde nos denunciaram que há mais de 200 comarcas sem juízes, que as audiências dos Juizados Especiais estão designadas para o ano de 2007 e estão sem provimento 4.500 cargos de serventuários da Justiça. Isto num estado de 14 milhões de habitantes cujo Tribunal de Justiça possui 30 desembargadores.

Em plena era da civilização digital, não há computadores e as velhas máquinas datilográficas mecânicas do início do século, em regra quebradas, são a tecnologia dominante.

Se queremos levar justiça ao povo, tornar o Brasil um país menos iníquo, o ponto de partida, a ação primeira é dotar o Poder Judiciário dos meios materiais básicos para que funcione.

Sem estrutura – aí entendidos magistrados em número suficiente e bem-formados, mão-de-obra assessora qualificada, equipamentos e recursos mínimos para que a máquina funcione –, a Justiça não tem como chegar ao povo.

A impunidade, verdadeiro flagelo da cidadania brasileira, não é apenas um desvio moral e cultural – é também resultado inevitável da precariedade estrutural do Judiciário. Imagine-se o que é dispor de apenas dez mil juízes para distribuir justiça a um país de mais de 175 milhões de pessoas!

Para que se tenha uma base de comparação, basta dizer que um país como a Alemanha, com 80 milhões de habitantes, menos da metade do nosso, dispõe de 120 mil juízes – 12 vezes mais que nós.

Na Itália, o Tribunal de Apelação, que corresponde ao nosso Superior Tribunal de Justiça, possui 400 juízes. O nosso STJ possui apenas 33. Com tal estrutura, não é de admirar que o Judiciário funcione precariamente e sua cúpula pretenda que a litigiosidade do povo brasileiro se ajuste ao estado de insuficiência no qual sobrevive. Mas não é tudo.

Além dessa estrutura insuficiente, há ainda a sobrecarga que lhe causa nossa legislação processual – e esse aspecto, como é óbvio, não está contemplado na proposta de reforma do Judiciário em curso no Congresso. São indispensáveis mudanças urgentes nas codificações processuais, onde é rotina, numa mesma causa, haver inúmeros agravos de instrumento e recursos aos tribunais superiores.

Tem-se aí uma repartição de responsabilidades. O Judiciário não é apenas problema do Judiciário, mas fruto também da omissão que lhe devotaram, ao longo dos anos, os demais poderes. E isso decorreu não apenas da falta de leis ou de investimentos estruturais na máquina administrativa judiciária. É preciso que o Estado promova medidas concretas destinadas a preparar as próximas gerações de operadores do sistema judiciário brasileiro.

Este é outro dos graves problemas da crise judiciária brasileira (e que certamente não atinge apenas esse setor): o empobrecimento do sistema educacional. Os juízes de amanhã, como os de hoje, são oriundos de faculdades condenadas pela avaliação oficial. Eis o quadro real: no último triênio, a OAB foi favorável à criação de 19 cursos jurídicos. O Conselho Nacional de Educação autorizou, no mesmo período, a criação de 222 cursos.

Vejam a disparidade: apenas 19 desses cursos preenchiam as condições técnicas básicas, elementares. Os outros 203 estavam numa escala de precariedade simplesmente inaceitável. Mesmo assim, entraram em funcionamento.

Nossa esperança é o compromisso assumido conosco pelo ministro da Educação, Tarso Genro, de não apenas suspender por 90 dias a homologação de qualquer processo de abertura de novos cursos de Direito, e agora por mais 180 dias, como também de promover rigorosa fiscalização nos cursos já em funcionamento. Mais: comprometeu-se S. Exa. a examinar que os pareceres técnicos da OAB, que hoje são apenas informativos, tenham efeito deliberativos. Se isso se confirmar – e não temos por que duvidar da palavra de S. Exa. –, não há dúvida de que terá sido um avanço.

Vivemos, por enquanto, a trágica circunstância de recrutar em estabelecimentos de ensino inadequados funcionários e magistrados despreparados para a nobre e indispensável missão de produzir justiça.

Eis aí, portanto, outra questão basilar, prioridade das prioridades, se se quer efetivamente remodelar o Poder Judiciário, reduzir sua taxa de ineficiência, seus problemas de natureza ética e disciplinar.

Passemos agora ao tópico que tem merecido mais destaque – e, em decorrência, provocado mais equívocos e mal-entendidos – nos debates em torno da reforma do Judiciário: o seu controle externo, tese que tem na OAB voz pioneira, pois iniciamos sua discussão em 1986 na Conferência Nacional dos Advogados realizada em Belém, no Pará, portanto há 18 anos.

Antes de mais nada, é preciso que se diga que não se cogita de controlar consciências, manietar juízes ou de estabelecer competência jurisdicional paralela. Fala-se de controle como forma de racionalizar o exercício do poder administrativo.

Alguns magistrados, que ainda não assimilaram o caráter benéfico do controle externo, perguntam por que os demais poderes da República e a própria advocacia não se submetem a uma instância supervisora externa equivalente. Alguns indagam por que os parlamentares, quando pilhados em desvios éticos, são julgados por seus próprios pares.

Por que os magistrados também não? – é uma pergunta feita com freqüência. Por que não haveria um controle externo para parlamentares e advogados, por exemplo? E ainda: quem controlará os encarregados do controle externo do Judiciário? São indagações perfeitamente cabíveis – e que levam a reflexões importantes.

O controle externo do Legislativo e do Executivo já existe: é a opinião pública, que, em eleições periódicas, promove julgamento em massa de seus representantes, defenestrando os que julga ineptos e reelegendo os que considera eficazes.

Bastaria esse ponto para distingui-los profundamente dos magistrados e procuradores, que, além do mais, detêm prerrogativas singulares, como a da vitaliciedade e da inamovibilidade. Mas não é só: não há poder mais aberto à crítica e à investigação da imprensa – a mais poderosa arma de controle externo que há – que o Parlamento.

Basta lembrar as sucessivas devassas internas promovidas por CPIs, sobretudo a do orçamento, no governo Itamar Franco, que resultou em numerosas cassações de mandato. Ou mesmo o *impeachment* de Fernando Collor, em 1992. Essas cassações decorreram de pressões da opinião pública, que se impôs e sobrepôs ao espírito corporativista presente em qualquer instituição incumbida de julgar a si mesma, forçando as punições.

Os advogados, por sua vez, não são um Poder da República, mas apenas uma categoria profissional, cujas eventuais faltas submetem-se não apenas a julgamentos corporativos na OAB (que tem sido rigorosa nessas avaliações), mas também ao julgamento do Poder Judiciário, que, em última instância, é o "controle externo" de qualquer corporação e dos demais poderes da República.

A propósito, o Tribunal Superior Eleitoral acaba de cassar dois mandatos parlamentares – do senador João Capiberibe e de sua esposa, a deputada Janete Capiberibe –, no livre e soberano desempenho de seu papel de controle externo do processo eleitoral.

Exatamente porque é a instância que administra e distribui justiça a todos os cidadãos e poderes da República, possuindo membros vitalícios – nomeados, no caso dos tribunais superiores e do STF pelo poder político –, é que o Judiciário precisa de alguma forma de controle externo. Esse controle é uma via de mão dupla: garante à sociedade uma Justiça transparente e garante à Justiça a intocabilidade de sua imagem perante o público.

E isso, hoje em dia, é particularmente valioso. Sem credibilidade, as instituições do Estado enfraquecem e perdem eficácia.

Pergunta-se então: e quem controla os membros desse Conselho que exercerá o controle externo sobre o Judiciário? Ora, eles terão mandatos; não serão vitalícios e estarão submetidos à vigilância das próprias instituições que os designarão.

Terão dedicação exclusiva, o que evitará conflito de interesses. Lá estarão advogados, magistrados, professores universitários. A pluralidade, somada à periodicidade dos mandatos, garante vigilância recíproca. Não há novidade nisso. Os países da União Européia, que estão entre as democracias mais acreditadas do planeta, adotam o controle externo com a maior eficácia.

Aqui, na América do Sul, a Bolívia, desde 1996, exerce controle externo sobre seu Judiciário. Se a Bolívia, que não é exatamente um primor de estabilidade institucional, consegue dar funcionalidade e eficácia àquele instrumento, por que nós não?

O Judiciário, pela natureza de suas atribuições e pelos efeitos políticos e sociais que suas decisões produzem, tem posição vital na vida pública. A ele, são destinados recursos públicos consideráveis, cabendo-lhe fixar as prioridades quanto às suas despesas. O mesmo, claro, acontece com os demais poderes. A diferença está em que os demais estão submetidos a alguma espécie de controle. O Judiciário, não.

Há o controle formal dos tribunais de contas, mas a palavra final, na eventualidade de questionamento de algum ato de seus dirigentes, cabe ao próprio Judiciário. Nem o Ministério Público, nem os advogados dispõem de meios para forçar as corregedorias a não se omitirem quanto às faltas funcionais ou disciplinares de ministros e desembargadores – e essas faltas, como a imprensa tem mostrado nos últimos tempos, não são raras.

São rotineiras as denúncias de desperdício de recursos financeiros. Basta ver o tristemente emblemático TRT de São Paulo, objeto de CPI no Senado Federal há alguns anos e ainda hoje alvo de numerosas denúncias. Gasta-se muitas vezes com o supérfluo, enquanto faltam recursos para ampliação de serviços essenciais, como melhoria das instalações de primeira instância e modernização do equipamento.

Há ainda outras práticas que desvirtuam a função judicial, tais como a lentidão no encaminhamento de processos, descumprimento freqüente de prazos legais e regimentais (sem que os faltosos respondam por isso) etc.

A conduta humana está ainda longe da perfeição. As instituições, criadas e geridas pelos homens, refletem inevitavelmente essas imperfeições – e por isso mesmo precisam de controles recíprocos. O Judiciário não é exceção.

Aceita essa premissa – que felizmente muitos magistrados já admitem –, resta discutir forma, operacionalidade e composição desse órgão de controle. E aí reside a discórdia. Alguns magistrados querem que seja composto apenas de magistrados.

Pensamos diferente – e felizmente esse pensamento está sendo acatado pelo Congresso e consta da emenda que em breve o Senado votará. Sustentamos que esse órgão de controle externo, o Conselho Nacional de Justiça, precisa ter entre seus membros não apenas juízes de diferentes instâncias, mas também profissionais de alta qualificação que conheçam as atividades judiciárias e não pertençam ao quadro da magistratura.

As decisões desse Conselho, como é óbvio, não podem conflitar com o ato jurisdicional puro, nem aspirar a sobre este ter precedência. E é bom que se saiba que o controle externo não pode ser visto como panacéia para os males do Judiciário. Ele é um aspecto importantíssimo de sua modernização administrativa. Mas não é o único.

Há o aspecto ético, que cumpre ressaltar e se expressa sobretudo na adoção de dois princípios: o fim do nepotismo e o estabelecimento da quarentena, que impede que magistrados aposentados ou exonerados exerçam a advocacia perante o juízo ou tribunal do qual se tenham afastado antes de decorridos três anos do afastamento.

A OAB diverge de alguns pontos da reforma do Judiciário. Opõe-se, por exemplo, à súmula vinculante, por considerá-la inibidora da independência dos juízes de primeira instância, restringindo suas prerrogativas e obrigando-os a homologar cartorialmente sentenças preestabelecidas. Contra ela, continuaremos a nos bater na votação final no Senado, cenário último da discussão.

Ressalte-se que o Poder Legislativo no Brasil já sofre razoável desvio de função por força da edição reiterada e abusiva de medidas provisórias sem urgência e relevância e agora abre outro viés de desvio, autorizando o Egrégio Supremo Tribunal Federal a expedir normas de efeito obrigatório, por meio das súmulas vinculantes.

Nessa luta, nos sentíamos razoavelmente tranqüilos, pois acreditávamos ter ao nosso lado o presidente da República, que, ainda candidato, em julho de 1998, entregou ao Conselho Federal da OAB, em Brasília, documento firmando alguns compromissos para quando chegasse à Presidência da República. Não chegou naquela oportunidade, mas chegou na eleição seguinte. E, dentre esses compromissos, está o de lutar contra a súmula vinculante. Dizia ele, literalmente:

> "Assumo o compromisso de contribuir para a independência e fortalecimento do Poder Judiciário. Por essa razão, meu governo interromperá toda e qualquer iniciativa para a adoção da súmula vinculante, por considerá-la fator de debilitamento e até mesmo de esterilização do Poder Judiciário."

Para nossa surpresa – e sem uma explicação razoável para isso –, o governo não foi acompanhado pelo seu partido, o PT, em relação à posição do presidente Luiz Inácio Lula da Silva. Seu líder de governo no Senado, senador Aluísio Mercadante defende hoje a súmula vinculante, que é combatida pelo ministro da Justiça, Márcio Thomaz Bastos, que deveria ser a voz do governo face à natureza do tema. De qualquer forma, concordamos plenamente com o compromisso do então candidato Lula – e continuaremos a lutar para que o Congresso reveja essa proposta, que consideramos nociva ao aperfeiçoamento da Justiça no Brasil.

Antes de concluir, quero enfatizar que a OAB tem sido zelosa de seu compromisso estatutário, que a compromete com a defesa do Estado democrático de Direito, da Constituição, dos direitos humanos e do aperfeiçoamento do ensino e das instituições jurídicas do país. Cumpre essa missão sem envolver-se no jogo das paixões e interesses político-partidários.

A ética no trato da coisa pública deve ser o norte das instituições cíveis da República e neste prisma que nos últimos dias defendemos a higidez ética da Lei Eleitoral vigente no país, falo especificamente do artigo 41-A nascedouro de iniciativa popular que contou com mais de um milhão de assinaturas coletadas pela OAB e CNBB.

No entanto, a OAB, entidade não preconceituosa, está aberta para auxiliar no aperfeiçoamento, a todo o tempo, da legislação brasileira, conforme defendemos juntamente com o presidente do Egrégio Supremo Tribunal Federal, ministro Nélson Antônio Jobim, em recente reunião ocorrida na sede do Conselho Federal da OAB, em Brasília, com presença de ilustres senadores em relação a Lei Eleitoral.

O Brasil é ainda um país sedento de justiça, e cabe a nós, operadores do Direito, imensa parcela de responsabilidade no resgate dessa dívida – que, antes de ser política ou social, é moral.

Os gargalos do processo jurisdicional

*Sérgio Quintella**

---

* Conselheiro do Tribunal de Contas do Estado do Rio de Janeiro.

REFORMA DO JUDICIÁRIO: OS GARGALOS
DO PROCESSO DECISÓRIO

O PODER JUDICIÁRIO, ou melhor a Justiça Brasileira, vive momento de grande questionamento acerca da sua capacidade de garantir a todos o "acesso à Justiça". É de difícil definição, mas inspirados por Mauro Cappelletti[1], entendemos que tal momento é útil para se definir as duas finalidades precípuas do sistema jurídico – o sistema pelo qual as pessoas podem reivindicar seus direitos e/ou resolver seus litígios sob os auspícios do Estado. Primeiro o sistema deve ser igualmente acessível a todos; segundo, ele deve produzir resultados que sejam individual e socialmente justos.

Pelo que tem reclamado a sociedade brasileira, e é reconhecido pela classe política, tal efetividade não tem sido alcançada. O Estado brasileiro tem-se mostrado lento no processo de construção da igualdade e cidadania baseadas no efetivo acesso de todos, destacadamente os menos providos de recursos, ao sistema jurídico de prestação de justiça. O que se deve buscar é um sistema garantidor dos direitos e liberdades que constitucionalmente devem ser prestadas pelo Poder Judiciário moderno, ágil e preparado para prestar a jurisdição em tempo hábil para que suas decisões tenham efetividade. De nada adianta a justiça feita quando o direito já tiver perecido ou quando os prejuízos forem de tal ordem que inexista sentença capaz de repará-los.

Assim é que o Poder Legislativo, em questão levantada pelo deputado Hélio Bicudo, propôs através da Emenda Constitucional nº 96/92, a refor-

---

[1] Cappelletti Mauro. *Acesso à Justiça,* tradução e revisão Ellen Gracie Northfleet. Porto Alegre: Sergio Antonio Fabris Editor, 1988.

ma do Poder Judiciário, que tramita atualmente no Senado Federal sob o nº 29/00, cuja votação vem de ser encerrada na Comissão de Constituição, Justiça e Cidadania daquela Casa, tendo sido aprovados os principais pontos, a seguir destacados:

Propostas que ainda terão que ser apreciadas pela Câmara

• Sessões Públicas: todas as sessões dos Tribunais serão públicas, inclusive as administrativas, em que são discutidas questões internas.
• Isonomia: equiparação do Ministério Público ao Judiciário em relação às carreiras e à estrutura funcional e administrativa.
• Recurso extraordinário: derrubada a proposta que conferia ao STF a prerrogativa de decidir se julgaria ou não determinado recurso.
• Nomenclatura: os procuradores do Ministério Público passarão a ser chamados todos de promotores.

Propostas que terão que voltar à Câmara para votação

• Foro privilegiado: mantida a prerrogativa de ex-ocupantes de cargos eletivos a serem julgados pelo STF e pelo STJ em ações criminais, estendida também para os casos de ação popular e ação de improbidade.
• Procurador-geral: desoneração do procurador-geral da República a dar parecer em todas as ações tramitando no STF.

Propostas sujeitas tão-somente à votação no Plenário do Senado, podendo serem promulgadas em seguida

• Controle externo: criado o Conselho Nacional de Justiça e o Conselho Nacional do Ministério Público que fiscalizarão as atividades dos magistrados e dos promotores.
• Súmula vinculante: os juízes de instâncias inferiores deverão seguir as súmulas publicadas pelo STF.
• Quarentena: quem deixar a magistratura ou o Ministério Público por aposentadoria ou exoneração terá que aguardar um prazo de três anos para poder advogar.
• Súmula impeditiva de recursos: impede a interposição de recurso quando a causa houver sido decidida de acordo com súmula do STJ ou TST.

- Direitos humanos: o procurador-geral da República poderá deslocar o julgamento de crimes graves contra direitos humanos para a Justiça Federal.
- Defensorias públicas: as defensorias públicas ganharam autonomia funcional.
- Procurador-geral da República: rejeitada a proposta de lista tríplice, mantida a escolha pelo presidente da República.
- Nepotismo: proibida a nomeação de cônjuge, companheiro e parente de até terceiro grau para cargos de confiança no Judiciário.

Pelo que se observa, não só das propostas acima elencadas, mas também dos demais itens constantes do texto integral da PEC 96/92 na Câmara dos Deputados, e que originou a PEC 29/00 no Senado Federal, não nos parece que sejam suficientes para a derrubada das barreiras de acesso à prestação jurisdicional, uma vez que emerge de forma bastante clara que a grande virtude desta emenda pode ser aprisionada nas mudanças administrativas da máquina judiciária, com grande ênfase ao controle externo, não só do Judiciário como também do Ministério Público.

Entendemos que a grande reforma a ser perseguida é aquela que venha a aumentar a demanda ao Judiciário, fazendo com que as decisões sejam produzidas na mesma velocidade. "Decisões mais velozes farão os cidadãos acreditarem na capacidade do Poder Judiciário de distribuir 'justiça', e como conseqüência outros se sentirão cada vez mais encorajados a procurá-lo, fazendo com que o estado de direito e as formas alternativas de resolução dos conflitos se fortaleçam, retirando da sociedade a força da lei do mais forte, da violência e da passividade, que destroem caracteres e desagregam a cidadania."[2]

Esse diagnóstico é encontrado também no sentir do autor da PEC 96/92, deputado Hélio Bicudo,[3] segundo o qual o bom senso estaria, a partir de um processo de descentralização, em regionalizar-se a Justiça de segunda instância, "criando-se tribunais menores para o atendimento de grupos de comarcas, com uma pequena Corte para harmonização da jurisprudência desses tribunais; fazer alguns retoques no processo civil e crimi-

---

[2] Falcão, Joaquim. *Acesso à Justiça: diagnóstico e tratamento*. Rio de Janeiro: Editora Nova Fronteira.

[3] Bicudo, Hélio. "Um Poder Judiciário eficaz". Rio de Janeiro: *Justiça & Cidadania*, edição 43 2004.

nal, eliminando-se o excesso de recursos e prevenindo-se contra a indústria de liminares". Estando assim em boa companhia, fazemos coro com aqueles que entendem que a reforma do Judiciário, da maneira como está posta em tramitação no Congresso Nacional, não trará a celeridade processual por que a sociedade tanto anseia.

Despiciendo se torna no momento dilatar essa discussão, uma vez que é axiomático o sentimento de que a mudança no texto constitucional não vai resolver o problema maior da justiça, a morosidade. "Na realidade, o fundamental é a mudança dos códigos de processo, dos procedimentos em todos os ramos do Poder Judiciário. Se não houver uma diminuição no número de recursos, uma maior racionalização, de nada adiantará qualquer alteração na estrutura dos órgãos judiciais. Atualmente, há a possibilidade de interposição de oito, dez, 12 recursos durante a fase de conhecimento do processo. Posteriormente, o mesmo número de recursos poderá ser intentado na fase de execução."[4]

Feitas essas considerações iniciais, entendemos já ser possível a ousadia de identificar alguns pontos onde ocorrem os "gargalos" que impedem o desenvolvimento regular dos processos e, feito isso, sugerir, pragmaticamente, algumas ações com o fim de buscar a agilidade que possa tornar a prestação da jurisdição eficaz, eficiente e efetiva, através de legislação infraconstitucional, uma vez que a tal se insere nas competências da União, desnecessária a sua realização através de emenda constitucional:

MEDIAÇÃO

Muitas das vezes, questões relativas a direitos disponíveis, onde não existe efetivamente um litígio, mas tão-somente dificuldade entre as partes para consensualmente delimitarem direitos e deveres e comporem um acordo que, de forma definitiva, ponha fim a qualquer divergência acaso existente e a ambos satisfaça, vão parar no Judiciário tão-somente por falta de orientação ou desconhecimento dos envolvidos de como proceder em tais situações.

Em razão disso vem à discussão a "mediação", que é o mecanismo complementar de prevenção e solução de conflitos no processo civil, e consiste na atividade técnica exercida por terceira pessoa que, escolhida

---

[4] Ministro Vantuil Abadala, em entrevista publicada na *Web Notícias dos Tribunais Superiores*.

ou aceita pelas partes interessadas, as escuta e as orienta com o propósito de lhes permitir que, de modo consensual, previnam ou solucionem conflitos.

Tal instituto já é objeto do Projeto de Lei nº 4.827/98 de autoria da deputada Zulaiê Cobra, e ainda de proposta apresentada pelo Instituto Brasileiro de Direito Processual, que culminaram na versão consensuada de 17 de setembro de 2003.[5]

Pela proposta, a mediação pode ser tentada como preliminar, ou mesmo no curso do processo, com objetivo de se alcançar a transação que será homologada pelo juiz, tornando-se título executivo judicial. Da mesma forma, é modificado o Código de Processo Civil (CPC) para que se torne regra processual a realização de audiência preliminar onde o juiz tentará a conciliação, mesmo já tendo sido realizada mediação prévia ou incidental.

Ao que nos parece, tal prática poderá desafogar o Judiciário, uma vez que questões relativas a direitos disponíveis poderão ser objeto de transação entre as partes, com orientação técnica do mediador, extrajudicialmente, ou em juízo quando na audiência preliminar, evitando-se os percalços do processo de conhecimento, normalmente lento, caro, e fértil para ações procrastinatórias. Então o que a princípio possa parecer a criação de uma nova fase processual, na realidade é a possibilidade de, *ab initio,* alcançar-se a composição do litígio, evitando assim o desenrolar de todo um processo.

ALTERAÇÕES NO PROCESSO DE EXECUÇÃO

O sistema processual adotado pelo Brasil separa o processo em duas fases: a de conhecimento e a de execução. Na prática o que ocorre é que após um longo e desgastante processo de conhecimento, o vencedor da demanda não tem a sua pretensão satisfeita, a sentença que lhe assegurou determinado direito parou aí. Um novo périplo lhe é reservado, um novo processo precisa ser enfrentado, ou seja, o "processo de execução", com todo um arcabouço recursal favorável à procrastinação. Se somarmos os prazos, os custos materiais e morais, muitas vezes a prestação jurisdicional se torna impossível, ou porque o custo da execução tornou-se superior ao reclamado, ou porque o devedor dilapidou seu patrimônio ou simples-

---
[5] Textos disponíveis na *web* do Ministério da Justiça.

mente desapareceu, ou ainda porque a sua satisfação extemporânea não tem mais a capacidade de atingir o seu objetivo.

O que se propõe é que o processo de execução seja incorporado ao processo de conhecimento. A sentença que encerra a cognição, além de ser declaração do direito também passaria a ser mandamental, constatando a situação patrimonial do devedor, verificando a possibilidade de saldar o débito com o que possui – na inicial deverá o autor fazer tal indicação – estipulando prazo para o efetivo pagamento e desde já indicando a sanção no caso de inadimplemento.

Já existem propostas de reforma da Legislação Infraconstitucional visando a inversão da lógica de execução de títulos extrajudiciais, valorizando a adjudicação de bens em detrimento da hasta pública, que passa a ser a última hipótese de execução. Altera a sistemática dos embargos do devedor, permitindo a interposição deste recurso sem a penhora de bens, e retirando o efeito suspensivo do mesmo. Institui mecanismos importantes de desestímulo à protelação e protege terceiros adquirentes de bens alienados na execução pendente de embargos.

Resumindo: na inicial, o autor ao pedir a satisfação de seu pretenso direito já nomearia os bens disponíveis do réu e suscetíveis de garantia do pedido. O juiz ao deferir a inicial, antecipadamente, já decidiria sobre o arresto daqueles bens, sendo decidido no curso do conhecimento as possíveis oposições, e quando na sentença, se não satisfeito o crédito do autor no prazo assinado, não haveria necessidade da penhora, pelo menos como é concebida hoje como cautelar, determinando o juiz, de imediato, a marcação de hasta pública para a realização do leilão. Isto porque a penhora pouco oferece de concreto para uma boa eficácia da execução, pois além de não trazer grandes vantagens ao credor, em face da possibilidade de alienação do bem pelo devedor, sem que maiores sanções existam como forma de inibir as fraudes constantes.

Da mesma forma já está proposta a alteração do sistema de execução contra a Fazenda Pública, simplificando o rito e adequando o Código de Processo Civil às normas expendidas pelo Conselho da Justiça Federal, que já estão vigorando para os processos contra a União, mas não se aplicam aos processos contra estados e municípios.

Assim, declaramos, desde já, que não temos qualquer ilusão quanto às dificuldades dessa modificação, ou porque não dizer verdadeira transformação do "processo", razão porque a mesma é apresentada como tese a ser discutida e, se entendida como viável, ser aberto o debate e ter a sua análise detalhada, juntamente com as propostas já existentes.

ALTERAÇÕES NO SISTEMA RECURSAL

O que se percebe do clamor popular é que o grande entrave da prestação jurisdicional em tempo hábil de efetivamente distribuir não só o direito mas também a justiça, seriam os recursos em número excessivamente grande, capaz de procrastinar por décadas a solução de um conflito, ou simplesmente a execução de uma pretensão já declarada em processo de conhecimento.

Nesse mesmo entendimento questionamos inicialmente o que temos dúvidas, se é ou não técnica e efetivamente um recurso. Falamos do chamado "duplo grau de jurisdição", previsto na nossa legislação processual – art. 475 do CPC que somente permite que surtam efeitos depois de confirmada pelo tribunal, a sentença (i) proferida contra a União, o estado e o município, (ii) que julgar improcedente a execução de dívida ativa da Fazenda Pública (art. 585, VI).

Tal princípio foi criado em passado distante, incorporado às Ordenações Afonsinas e tendo subsistido nas ordenações portuguesas posteriores (Ordenações Afonsinas e Ordenações Filipinas), como um sistema de freio aos poderes quase onipotentes do juiz inquisitorial.[6]

Muitos há que entendem que tal instituto, sem similar nos ordenamentos jurídicos alienígenas, e que servia tão-somente a dar guarda a um processo inquisitorial, não se compadece com os princípios da democracia, liberdade, celeridade, economia processual, uma vez que privilegia uma das partes da relação processual.

Sem descuidar da regra constante do art. 5º, LV da Constituição Federal que assegura o direito – e não obrigatoriedade – ao duplo grau de jurisdição, não é novidade o sentimento de que tal como concebido pelo citado artigo do CPC, ou seja, a chamada remessa obrigatória não tem natureza recursal, servindo, precipuamente, para emprestar efetividade à decisão: ou seja, enquanto o processo não for mais uma vez julgado pelo tribunal, não transita em julgado a sentença de primeiro grau, a qual serve apenas

---

[6] Junior, Nelson Nery. *Princípios fundamentais – teoria geral dos recursos*. 2ª edição. São Paulo: RT, 1993.

de pressuposto para o feito ser remetido a julgamento na Corte de Justiça superior.

Isso provoca um descrédito na Justiça, torna inócua a atividade do juízo de primeiro grau, retarda o andamento do processo, torna excessivamente onerosa a atividade jurisdicional e privilegia a Fazenda Pública com dois julgamentos de uma mesma controvérsia, através de dois órgãos jurisdicionais distintos, sendo que o primeiro não serve absolutamente para nada, a não ser – como já dito –, unicamente, como pressuposto para remessa do feito ao tribunal.

Considerando que são milhares e milhares os processos que guardam essas características, não é difícil concluir-se o quanto eles custam não só em valores monetários como também em tempo e dedicação dos magistrados, além do descrédito que assola o cidadão na espera interminável da solução e realização do litígio em face do Estado, hipótese em que, inegavelmente ele, cidadão, está em posição de desigualdade inferior.

Também neste item, não temos qualquer ilusão quanto à facilidade de se encontrar alternativas para tal situação, não só pela tradição como também por sabermos que tal pode significar, para alguns, modificação na postura do próprio Estado. Entretanto, entendemos que devemos, uma vez mais, ter a ousadia em trazer o tema ao debate, por entendermos ser este um dos grandes "gargalos" do processo, e que em muito afasta o cidadão comum da busca de seus direitos, desestimulado pela conhecida demora para a sua solução, que muitas vezes só chega para os seus herdeiros.

Assim, também para este tema, entendemos que deva ser aberta a discussão visando à extinção do duplo grau de jurisdição como regra obrigatória, mantendo-se, é claro, o direito a qualquer das partes, inclusive o Estado, se inconformado com a decisão, de valer-se dos recursos disponíveis.

Efeitos do recebimento dos recursos

Preceitua o CPC que o recurso, a princípio, será recebido nos efeitos devolutivo e suspensivo. Ocorre que muitas vezes o recurso pode ser utilizado como mero ato protelatório, transferindo para um futuro incerto a execução do direito declarado, reconhecido ou constituído pela decisão recorrida.

Dessa forma, como tese a ser discutida, apresentamos a sugestão de que seja modificado o CPC, fazendo com que os recursos tenham efeito, a princípio, tão-somente devolutivo. Aliás tal sugestão faz parte de um anteprojeto defendido pela Escola Nacional da Magistratura.

QUANTIDADE DE RECURSOS

O elenco dos recursos (em número de oito) constante do art. 496, do Código de Processo Civil, é bem indicativo da delonga no deslinde das questões, conforme tem sido aqui enfaticamente repetido. Essa situação é mais dramática quando se sabe que o agravo ainda se subdivide em de instrumento, retido ou ex-regimental. E ainda que o acórdão pode ensejar recurso especial e extraordinário e os embargos infringentes constituírem uma espécie recursal que leva o mesmo recurso (e.v. apelação) a outro órgão do tribunal, por haver a primeira decisão sido proferida no colegiado por órgão fracionário.

As hipóteses são tantas que se perde onde tem origem toda a matéria e havendo, muitas das vezes, repetição de análise do tema, sem se falar que, em algumas ocasiões, pode o tribunal analisar a questão sem que tenha havido julgamento do feito em primeiro grau. Dessa forma, há que se fazer um estudo detido e aprofundado em todo o sistema recursal brasileiro, a fim de restringir as possibilidades de ações procrastinatórias e de ser dada efetividade ao julgado, prestigiando a atividade jurisdicional e com isso induzindo o cidadão a obter um pouco de crédito na Justiça.

Portanto, sendo esse um dos grandes "gargalos", e o que mais se presta às ações procrastinatórias, deve ser alvo de maior atenção e aprofundamento dos estudos no sentido de se buscar a redução e racionalização no uso dos recursos, inclusive com penalização para quem deles se utilizar com efeitos meramente protelatórios.

POSSIBILIDADES DOS RECURSOS

Não se pode manter o entendimento atual, no qual qualquer pré-questionamento de conotação de divergência constitucional abra caminho para a reanálise pelo STF, já que pela exaustão da Constituição de 1988 qualquer litígio poderá se transformar em questão constitucional, transformando aquela Corte em quarta instância já que nesse *iter* ainda existe a possibilidade de passar pelo crivo do STJ.

Nesses estudos há que ser priorizada a criação de uma sistemática na qual os tribunais de segunda passem, em princípio, a ser a última instância, restringindo-se assim a subida aos Tribunais Superiores, aos quais ficariam reservadas, fundamentalmente, a função de dirimir divergências jurisprudenciais, reservando-se ao Supremo Tribunal Federal a missão exclusiva de controle constitucional, ou seja, teríamos necessariamente duas instâncias de administração da justiça, uma Corte de unificação de jurisprudência e um Corte Constitucional.

Há que ser pensada uma nova estrutura, condizente com os tempos modernos, com o serviço judiciário condizente com o excesso de solicitação que tem nos dias de hoje, que poderia ser estruturado com um juiz de primeiro grau; um tribunal de revisão em segundo grau, terminando aí a solução do caso. Daqui para a frente, o único recurso possível seria em matéria constitucional, ou desafio à jurisprudência reinante, e ainda assim, sem impedir a execução imediata do julgado. O que se espera é um julgamento rápido e seguro, mas com demorados recursos às instância superiores, os julgamentos não melhoram a decisão, nem a mesma se aperfeiçoa.

Quanto a este aspecto, parece-nos que se aprovadas a "súmula vinculante" e a "súmula impeditiva de recursos", este gargalo tenderá a se desfazer.

LIQUIDAÇÃO DA SENTENÇA

Outro "gargalo" facilmente identificado diz respeito à liquidação da sentença, ou seja, não basta o magistrado decidir a questão posta na ação, necessário se torna na mais das vezes, a sua liquidação antes de se passar ao nefasto, conforme já demonstrado acima, "processo de execução".

Quanto a essa fase processual, já existe Projeto de Lei[7] incluindo novos artigos no Código de Processo Civil, relativamente ao cumprimento da sentença que condena ao pagamento de quantia certa, tornando o processo mais ágil, inclusive permitindo a liquidação mesmo na pendência de recurso, e demais providências que, aprofundadas, podem trazer alguma celeridade aos atos processuais em face da simplificação de procedimentos.

---

[7] Texto disponível na *web* do Ministério da Justiça.

SÚMULA VINCULANTE

Com a mesma ousadia com que iniciamos esta modesta contribuição, não queremos caminhar para a finalização sem antes enfrentar tema que tem suscitado inúmeras controvérsias: a "súmula vinculante", que conforme texto da PEC 29/00 aprovado pela Comissão de Constituição e Justiça, vinculará os Órgãos do Poder Judiciário, a administração pública direta e indireta, nas esferas federal, estadual e municipal à súmula aprovada por decisão de dois terços dos membros do STF.

Não pretendemos aqui adentrar na questão meritória quanto à possibilidade de tal prática "engessar" os demais órgãos do Poder Judiciário, conforme muito se tem discutido, mas sim buscar o entendimento quanto à possibilidade da mesma ser eficaz na aceleração da prestação jurisdicional.

Não é de difícil verificação que os processos que envolvem a União, notadamente aqueles derivados de relações com o INSS, são os de maior monta, engrossam as estatísticas do Judiciário com milhares e milhares de processos repetitivos no objeto e na causa de pedir, uma vez que é da cultura brasileira que os advogados públicos devem, por dever de ofício, esgotar todos os recursos existentes, mesmo aqueles em que haja jurisprudência torrencial, sob pena de ser-lhe imputada a conduta desidiosa.

Nesse aspecto, parece-nos que a adoção da súmula vinculante pode ser um instrumento eficaz, no sentido de dar mais celeridade às decisões acerca de questões já pacificadas, evitando-se delongas com discussões inúteis.

Aliás, a adoção de tal mecanismo já vem sendo maturada há algum tempo: verificamos isso na alteração introduzida no CPC pela Lei n.º 10.352, de 26 de dezembro de 2001, quando se acresceu ao art. 475 o § 3º que prevê que "quando a sentença estiver fundada em jurisprudência do plenário do Supremo Tribunal Federal ou em súmula deste tribunal ou do tribunal superior competente", não será aplicada a regra do *caput* do artigo que determina que está sujeita ao duplo grau de jurisdição, não produzindo efeito senão depois de confirmada pelo tribunal a sentença proferida contra a União, o estado, o Distrito Federal, e as respectivas autarquias e fundações de direito público, bem como que julgar procedentes, no todo ou em parte, os embargos à execução de dívida ativa da Fazenda Pública.

CONCLUSÕES

São muitas as mazelas do processo civil brasileiro, provocado por um intrincado complexo de fatores, cujo estudo e classificação talvez se constitua em tarefa irrealizável. Não será no presente trabalho que se poderá dar tratamento pormenorizado a esses problemas, todavia, parece-nos que a análise sistêmica torna patente que os piores males são a morosidade judicial e a formalização burocratizada do processo, as quais apesar de todas as dificuldades devem ser enfrentadas, buscando-se todas as proposições, de indiscutível importância, para a construção do Judiciário com que sonhamos, nós e os jurisdicionados.

Assim, não nos furtamos ao debate, dentro de nossas limitações, na busca incessante das condições indispensáveis a uma eficaz reforma do Poder Judiciário. E nesse sentido, antes de finalizar essas considerações, retornamos ao acompanhamento do processo legislativo da reforma do Judiciário, onde verificamos que o parecer aprovado pela Comissão de Constituição e Justiça (CCJ) coincide em muitos pontos com o que foi aprovado pelos deputados. José Jorge propôs um texto que, caso seja aprovado sem alterações pelo plenário, será enviado à promulgação; o outro, que contém as modificações no texto da Câmara aceitas pela CCJ, deverá ser enviado de volta àquela Casa para novo exame após votação no plenário do Senado.

Foram mantidas pela CCJ alterações importantes na estrutura do judiciário, como a instituição da súmula vinculante para as decisões do Supremo Tribunal Federal (STF), o controle externo do Judiciário e do Ministério Público, a quarentena para os membros do Judiciário que ficarão impedidos de exercer a advocacia perante o último local de atuação antes de três anos do afastamento, e o fim do nepotismo, com a proibição de se nomear parentes no âmbito dos tribunais ou juízos.

Além disso, o relator já propôs novas PECs para tratar de temas como a instituição dos juizados de instrução criminal para determinadas infrações penais e a substituição dos precatórios – pagamento a ser feito pela Fazenda Pública determinado por sentença judicial – pelos títulos sentenciais, a serem expedidos após o término de uma ação vitoriosa contra o Estado, que deverá incluir o valor no orçamento do ano seguinte e efetuar o pagamento em dez parcelas.

Alcançadas essas conclusões, podemos resumir o que vimos de tratar até aqui, nos seguintes tópicos:

1) A reforma do Judiciário, conforme posta na PEC 96/92 – Câmara dos Deputados, em trâmite no Senado Federal como PEC 29/00, deve ter sua tramitação concluída, uma vez que insere significativas modificações no Poder Judiciário;

2) A reforma do Judiciário visada pela PEC 96/92 ou 29/00 não tem elementos necessários para produzir efeitos sobre os trâmites processuais, ao ponto de otimizar a prestação jurisdicional;

3) É necessário que, par a par com a reforma do Judiciário através de emenda constitucional, seja feita uma reforma na legislação infraconstitucional, visando o aprimoramento dos Códigos de Processo;

4) Como itens de discussão, destacamos, dentre tantas, as seguintes proposições de mudanças processuais:
a) Súmula vinculante – já constante da PEC;
b) Súmula impeditiva de recurso – já constante da PEC;
c) Adoção da mediação em relação aos direitos disponíveis;
d) Alterações no processo de execução:
– Cumulatividade da sentença constitutiva com a de Execução;
e) Alterações no sistema recursal:
– Extinção do duplo grau de jurisdição obrigatório;
– Redução dos recursos disponíveis;
– Barreiras de acesso aos tribunais superiores (STJ, STF, TRT);
– Modificação dos efeitos dos recursos;
f) Alteração nos procedimentos da liquidação da sentença;
g) Alterações nas regras referentes ao cumprimento da sentença;
h) Substituição dos precatórios por títulos sentenciais, a serem expedidos após o término de uma ação vitoriosa contra o Estado;

5) Reavaliação geral e constante de todas as regras de processo.

Modernização do Judiciário: mitos e falsas soluções

*Armando Castelar Pinheiro**

---

* Economista do Ipea e professor do Instituto de Economia da UFRJ.

INTRODUÇÃO

QUE O JUDICIÁRIO brasileiro é uma instituição com problemas é uma visão da qual poucos discordam. A morosidade, a falta de previsibilidade e, em certos casos, a parcialidade das decisões judiciais reduzem a transparência da Justiça e fazem com que direitos não sejam respeitados. Sobrecarregados com um número crescente de processos, os juízes brasileiros, na sua grande maioria, trabalham muito, mas sem conseguir que o desempenho da Justiça fique à altura do que demanda a sociedade.

Essa não é uma constatação nova. O que é novo é a percepção de que mudar esse quadro é essencial para promover o desenvolvimento econômico, político e social do país. Vale dizer, com a volta à democracia, o aumento da urbanização e as reformas estruturais dos anos 1990, que transferiram responsabilidades para o setor privado e fortaleceram o papel regulador do Estado, o Judiciário tornou-se uma instituição ainda mais importante para o bom funcionamento da economia e da política nacionais. Porém, em que pesem a significância dessas transformações e as suas implicações para o papel do Judiciário, este foi o Poder da República que menos mudou nos últimos anos. Em parte isso é positivo, já que a Justiça deve funcionar como fator estabilizador do processo de mudanças, garantindo os direitos adquiridos e exigindo que se formem maiorias consistentes e estáveis para que certas regras sejam alteradas. O mesmo não vale, porém, para o desempenho em si do Judiciário, que melhorou pouco e de forma muito heterogênea.

Neste sentido, a necessidade de modernizar o Judiciário não será, provavelmente, questionada por ninguém. Mas no que deve consistir essa modernização? O que se exige é apenas uma atualização de práticas gerenciais ou uma completa reformulação de procedimentos legais e mesmo da cultura judicial? Quando se começa a analisar essa questão, vê-se que o desafio da modernização judicial é mais amplo e profundo do que parece à primeira vista, e assim muito mais difícil de alcançar, tendo em vista as barreiras técnicas e políticas que a ela se opõem.

Será esse um desafio grande demais para ser enfrentado todo de uma vez? Talvez. A simples observação casual mostra que a mobilização de magistrados, órgãos da Justiça e dos operadores do direito em geral em relação a esse tema é pequena, se comparada ao tamanho do problema. Provavelmente, porque a modernização que interessa a uns não é tão atraente para outros. Mas abdicar de uma modernização abrangente e relativamente rápida também não resolve, ainda que recomende a eleição de prioridades. Torna-se fundamental, portanto, partir de um diagnóstico amplo, não viciado e ousado o suficiente para que os avanços ao final efetivamente tornem o Judiciário mais moderno no que interessa.

O objetivo deste artigo é propor um diagnóstico com esse perfil. A seção 2 discute a modernização da gestão e dos processos judiciais, enfatizando a necessidade de fugir-se de falsas soluções, como simplesmente alocar mais recursos ao Judiciário. A seção 3 analisa o que se poderia chamar da modernização cultural do Judiciário, enquanto uma instituição econômica. Uma seção final resume as principais conclusões.

A MODERNIZAÇÃO DA GESTÃO E DOS PROCESSOS

Quando se discute a modernização do Judiciário, pensa-se imediatamente em como torná-lo mais ágil. Isso reflete a percepção generalizada de que a morosidade é o principal problema da Justiça. De fato, para 91% dos empresários brasileiros, o Judiciário é ruim ou péssimo no que tange à agilidade, proporção que se compara aos 42% e 26% dos empresários que têm a mesma avaliação sobre, respectivamente, os custos de acesso e a imparcialidade da Justiça (Pinheiro, 2000). Os próprios magistrados concordam, grosso modo, com essa visão, ainda que sejam menos críticos em relação ao desempenho da instituição. Para 45% deles, o Judiciário é ruim ou muito ruim em relação à sua agilidade, contra proporções de 30%, 19% e 3% dos que têm a mesma opinião sobre os custos de acesso, a previsibilidade e a imparcialidade das decisões judiciais, respectivamente.[1]

---

[1] Exceto quando explicitamente indicada outra fonte, todas as referências a opiniões de magistrados brasileiros neste texto foram extraídas de Pinheiro (2003).

A Tabela 1 mostra que, na visão dos magistrados brasileiros, as principais causas da morosidade são a falta de recursos, as deficiências no ordenamento jurídico e o formalismo processual exagerado. Em relação à carência de meios, os magistrados destacam, em particular, o número insuficiente de juízes, embora também se queixem da precariedade das instalações e da falta de computadores e recursos de informática em geral. Assim, para 80% dos magistrados brasileiros, o número insuficiente de juízes é uma causa muito importante da morosidade da Justiça.

De acordo com essa visão, para acelerar o julgamento dos processos seria necessário, antes de mais nada, dotar o judiciário de mais recursos. Obviamente, se o Brasil gastasse mais com a prestação de Justiça e, em particular, tivesse mais juízes, é de se esperar que a morosidade diminuísse. Mas essa solução esbarra em diversos problemas, a começar pela escassez de recursos. No Brasil, o setor público precisa gastar menos, e não mais. Assim, a pergunta é se o Brasil gasta anormalmente pouco com a Justiça, de forma que se justificasse um aumento na proporção do gasto alocado ao judiciário, em detrimento de outras áreas.

TABELA 1
VISÃO DOS MAGISTRADOS SOBRE AS CAUSAS DA
MOROSIDADE DA JUSTIÇA (%)

	Muito relevante	Relevante	Pouco relevante	Sem nenhuma relevância
Insuficiência de recursos (humanos, materiais etc.)	70,3	24,2	4,4	1,1
Deficiências do ordenamento jurídico	53,3	33,6	10,8	2,4
Ineficiência administrativa	30,3	47,2	20,7	1,8
Formalismo processual exagerado	52,7	33,2	12,7	1,4
Mau funcionamento do Ministério Público	8,9	27,6	44,0	19,4
Mau funcionamento dos cartórios	29,2	44,9	21,7	4,2
Forma de atuação dos advogados	42,8	40,1	14,9	2,2
Atitude passiva de juízes e outros operadores do direito à morosidade do sistema judicial	28,6	43,7	20,4	7,3

FONTE: Pinheiro (2003).

A resposta a essa pergunta é não. Com 6,2 magistrados por 100 mil habitantes (7,7 incorporando a Justiça Eleitoral), o Brasil está acima do padrão internacional, de acordo com levantamento do Banco Mundial. Além disso, como os magistrados brasileiros percebem salários relativamente elevados, o gasto *per capita* (medido em paridade de poder de compra) com a Justiça no Brasil é alto, superando o de países como Canadá, Chile, Noruega e Japão, onde o judiciário funciona relativamente bem.[2] O mesmo é verdade para a razão entre os gastos com a Justiça e o total do gasto público, que é relativamente alta no Brasil. Outros tipos de gastos que não com pessoal também são comparativamente altos no Brasil.

Esses indicadores sugerem que a modernização do Judiciário deve priorizar medidas que permitam à Justiça fazer mais com os recursos de que já dispõe, em lugar de voltar-se para aumentar a disponibilidade total de recursos. Isso poderia começar por uma significativa atualização das suas práticas de gestão; por exemplo, através da implantação de melhores sistemas de informação e de fluxos de processos mais modernos, da transferência de responsabilidades administrativas para gestores profissionais e de uma melhor gestão de casos – por exemplo, agrupando casos semelhantes e julgando-os todos de uma vez, em lugar de pela ordem de chegada.

Ainda que não esteja entre os problemas mais valorizados pelos magistrados, a ineficiência administrativa é apontada como uma causa relevante da morosidade por 47% deles, sendo que para 30% dos magistrados brasileiros ela é uma causa muito importante. Em particular, a ausência de uma administração ativa de casos, a má gestão do fluxo físico de processos e a lentidão na notificação das partes são problemas que tornam a Justiça mais morosa, na visão dos magistrados. Esses problemas deveriam ser tratados prioritariamente em qualquer esforço de modernização gerencial da justiça brasileira.

Além disso, seria útil ter uma maior troca de experiências entre os diversos tribunais e comarcas. Essa poderia ser uma responsabilidade do Conselho Nacional de Justiça, que deve ser criado no bojo da reforma em discussão no Congresso. Uma proporção significativa dos tribunais brasileiros já adota medidas para agilizar a tramitação de processos, destacando-se o uso mais intenso da tecnologia de informação, com a infor-

---

[2] Informações disponíveis em www.worldbank.org/legal/database/Justice/Pages/jsIndicator2.asp. Ver também Dakolias (1999).

matização e o acesso remoto ao acompanhamento de processos (Tabela 2). Existem, porém, diferenças significativas na extensão em que essas medidas vêm sendo implantadas nos diferentes tribunais e ramos da Justiça. A adoção de mutirões e a administração ativa de casos, por exemplo, estão mais disseminadas na Justiça Federal do que na Justiça Estadual e na do Trabalho.

TABELA 2
GRAU EM QUE CERTAS MEDIDAS FORAM ADOTADAS
PARA MELHORAR O DESEMPENHO NO TRIBUNAL/COMARCA
DE ATUAÇÃO DO MAGISTRADO (%)

"Alguns tribunais/comarcas vêm tomando providências para agilizar a tramitação de processos. O (A) sr.(a) poderia nos indicar em que medida as seguintes providências foram adotadas em seu tribunal/comarca nos dois últimos anos?"

	Sim, bastante	Sim, um pouco	Não	Não sabe/ Sem opinião	Não respondeu
Informatização	70,4	22,7	1,9	0,3	4,7
Acesso remoto por computador ao andamento dos processos	56,5	24,3	11,9	1,1	6,2
Mutirões	33,5	32,9	26,5	1,5	5,7
Cobrança de padrões mínimos de produtividade	37,1	34,0	21,9	1,5	5,5
Agilização da distribuição de processos	49,1	29,0	13,8	2,4	5,7
Administração ativa de casos *	30,1	25,5	33,9	4,7	5,8
Agilização do processo de notificação das partes	41,3	34,0	15,7	3,1	5,9

* Por exemplo, agrupar e decidir em conjunto processos com o mesmo conteúdo.

FONTE: Pinheiro (2003).

A modernização das práticas administrativas e o melhor preparo dos funcionários seriam medidas complementares que permitiriam aos magistrados dedicar mais tempo à atividade judicante. É interessante observar, porém, que, na avaliação dos magistrados brasileiros, eles não gastam uma proporção muita elevada do seu tempo em atividades administrativas.

Assim, 42% deles dizem gastar menos que 15% do seu tempo com essas atividades, contra 37% que despendem entre 15% e 30% do seu tempo nessas tarefas.

Mais promissor, nesse sentido, seria adotar medidas que estimulem os magistrados a tornar-se mais produtivos. Uma forma de fazer isso seria adotando indicadores de desempenho dos juízes como critério de promoção, em substituição à simples contagem do tempo no cargo. Essa é uma idéia que conta com amplo apoio da magistratura brasileira (Tabela 3). O uso desses indicadores pelos vários tribunais e comarcas do país também permitiria ao cidadão conhecer qual a situação relativa do Judiciário em sua região e estimularia uma saudável disputa por melhor desempenho entre tribunais.

O Conselho Nacional de Justiça poderia ter um papel importante nessa iniciativa, desenvolvendo, divulgando e estimulando o uso desses indicadores. Um indicador que poderia ser utilizado para estimular a celeridade no exercício da atividade judicante é o tempo decorrido entre a entrada e o julgamento dos processos. A previsibilidade ou segurança no exercício da jurisdição poderia ser aferida pela proporção de decisões confirmadas em instâncias superiores. Quase dois terços dos magistrados concordam que o uso desses indicadores como critérios de promoção dos juízes pode ajudar a tornar o judiciário mais célere e previsível (Tabela 3).

A atualização das práticas gerenciais vai ajudar a tornar o Judiciário mais célere, mas a sua modernização precisa ir além e incorporar, entre outras coisas, uma ampla revisão da legislação. Para 53% dos magistrados brasileiros, as deficiências no ordenamento jurídico são causas muito relevantes da morosidade, sendo que para 34% deles são uma causa relevante (Tabela 1). Também em relação à previsibilidade das decisões judiciais, os magistrados observam que as deficiências do ordenamento jurídico são um problema entre muito relevante (31% dos entrevistados) e relevante (41% dos magistrados).

O problema principal, segundo eles, reside na legislação processual, isto é, no Código de Processo, que permite protelar decisões e recorrer a um número excessivo de instâncias. De acordo com mais de 80% dos magistrados, essa é uma causa muito relevante da morosidade judicial. Soma-se a isso um formalismo processual exagerado, que torna qualquer caso desnecessariamente complicado. Isso ajuda a explicar por que a car-

TABELA 3
PONTO DE VISTA SOBRE USO DE INDICADORES
QUANTITATIVOS DE AVALIAÇÃO

	Concorda inteiramente	Tende a concordar	Tende a discordar	Discorda inteiramente	Não sabe/ Sem opinião	Não respondeu
"A Constituição (Artigo 93) cita como critérios para aferir o merecimento do juiz a presteza e a segurança no exercício da jurisdição. Uma forma de implementar essa diretriz consiste em criar indicadores quantitativos do desempenho dos juízes e utilizá-los como critério de promoção. Qual a sua opinião sobre essa proposta?"	30,8	31,7	19,2	15,1	0,9	2,3
"A celeridade no exercício da atividade judicante pode ser medida pelo tempo passado entre a entrada e o julgamento dos processos, estimado separadamente para cada tipo de causa. O(A) senhor(a) concorda que o uso de indicadores como esse possa estimular a celeridade do judiciário?"	25,0	39,8	19,7	11,3	2,0	2,2
"Um indicador da previsibilidade ou segurança do exercício da jurisdição é a proporção de decisões confirmadas em instâncias superiores. O(A) senhor(a) concorda que o uso de indicadores como esse pode tornar o judiciário mais previsível?"	21,1	43,9	15,7	13,0	1,6	4,9

FONTE: Pinheiro (2003).

ga de processos por juiz no Brasil é tão alta, quando comparada ao padrão internacional (Dakolias, 1999).[3]

A morosidade é um problema que se auto-alimenta, sendo muito freqüente as partes entrarem na Justiça não para pleitear direitos, mas para postergar o cumprimento de obrigações. Um bom advogado consegue adiar

---
[3] Observe-se, porém, que a carga de processos por juiz é bem mais alta no Chile, e ainda assim a taxa de resolução (casos resolvidos/casos começados) nesse país é superior à do Brasil.

longamente uma decisão, com recursos perante um mesmo juiz, ou levando o caso a tribunais superiores. Obviamente, bons advogados cobram caro, de forma que esse artifício é um privilégio de empresas, de pessoas com recursos e do governo. Para estes, o rendimento obtido em não pagar quando se deve usualmente mais do que compensa os gastos. Um ganho privado, mas uma perda social: o judiciário fica abarrotado de casos que lá não deveriam estar, sobrando menos tempo para os que precisam da sua atenção.

Os próprios magistrados apontam que esse tipo de expediente é freqüente em casos tributários, trabalhistas e envolvendo o pagamento de dívidas. E não são só as pessoas e as empresas recorrem a ele; o setor público, mais do que outras partes, recorre de forma contumaz a esse artifício. A reforma dos códigos legais e a prática judicial deveriam ser adaptadas para inibir esse tipo de mau uso do Judiciário.

MODERNIZAÇÃO DA CULTURA DOS OPERADORES DO DIREITO

Baseada em regras criadas muitas vezes para lidar com as exceções, e não com os casos típicos, a legislação processual é suscetível a abusos que podem tornar qualquer processo uma longa batalha. Mas a morosidade também tem outras causas, como a cultura dos operadores do direito – magistrados, promotores, defensores públicos e advogados. Muitos deles vêem a morosidade como uma coisa normal, quase uma "qualidade" da justiça, como se ela não tivesse conseqüências tão ruins. Por isso, além de simplificar o código, é fundamental mudar essa cultura. O setor público, parte na maioria dos casos, também precisa mudar o seu comportamento a esse respeito.

Mas há outras mudanças culturais ainda mais importantes. Um mito sobre os problemas do Judiciário é que estes se resumem à sua morosidade. Há hoje em dia evidências crescentes de que, enquanto instituição econômica, o desempenho do Judiciário também é prejudicado pela falta de previsibilidade e pela parcialidade de várias de suas decisões. Decisões judiciais baseadas em detalhes processuais e o uso freqüente de liminares levam à falta de previsibilidade da Justiça, para o que também contribui a má qualidade da legislação, cheia de ambigüidades e contradições. Esses dois fatores interagem com a grande latitude que têm os magistrados no Brasil para decidir sem ater-se à jurisprudência. O juiz pode decidir conforme a sua consciência, deixando para escolher depois que legislação melhor apóia a sua decisão. De fato, a maioria dos magistrados brasileiros acredita que é seu papel produzir o direito, em lugar de aplicar o direito produzido pelos legisladores (Vianna *et alli*, 1997).

Esse não é um problema simples. Estimular decisões mais focadas no mérito do que nos detalhes processuais e limitar o prazo de validade das liminares pode ajudar. Melhorar a qualidade da legislação também. Mas a melhor das legislações ainda precisará do judiciário para esclarecer alguns casos. Nessas ocasiões, pode ser interessante que haja decisões conflitantes por algum tempo, trazendo diferentes aspectos do problema à tona.

Em que casos isso deve ser permitido? Por quanto tempo? Não há respostas claras para essas perguntas, nem uma solução que contemple todas as possibilidades. O que não faz sentido é dar a mesma latitude a um tema diferente e novo, e a casos conhecidos, homogêneos e que já foram julgados milhares de vezes em quatro instâncias diferentes. Para estes, o dano que pode resultar de impor regras rígidas para garantir a previsibilidade é infinitamente menor do que o que se ganha em evitar o mau uso da Justiça e reduzir a sua morosidade.

Nem sempre ao fazer, em lugar de aplicar o direito, o juiz gera imprevisibilidade. Se, como ocorre no Brasil, uma ampla maioria dos magistrados se vê como instrumento de mudança social, o resultado é um uso "previsível" da lei para favorecer grupos sociais específicos – trabalhadores, consumidores, devedores, inquilinos etc. Junta-se a esse, outro comportamento dos juízes, conhecido como a "politização" do Judiciário, que reflete a tendência dos magistrados tomarem "decisões que são baseadas mais nas visões políticas do juiz do que em uma interpretação rigorosa da lei". Uma pequena proporção dos magistrados (4%) acredita que isso seja muito freqüente, mas para 20% isso é freqüente, e para 50% é algo que ocorre ocasionalmente.

Esse é outro tema complexo. Os magistrados brasileiros não são eleitos pela população, nem correm o risco de não serem reconduzidos à sua função se a sua atuação "política" desagradar o eleitor. Se este não controla o desempenho "político" do magistrado, quem o faz? Como isso se coaduna com uma democracia cada vez mais vibrante como a brasileira?

A influência da visão política do juiz nas suas decisões varia de uma área para outra do direito (Tabela 4). A privatização aparece como o caso mais extremo, em que 25% dos magistrados disseram ser muito freqüente que as decisões reflitam mais as visões políticas do juiz do que a leitura rigorosa da lei, um fenômeno que também é relativamente comum em casos envolvendo a regulação de serviços públicos. A politização é menos freqüente nas causas comerciais e nas relativas à propriedade intelectual, mas também é comum em outras áreas importantes, como o mercado de crédito.

TABELA 4
FREQÜÊNCIA NA "POLITIZAÇÃO" DAS DECISÕES JUDICIAIS POR TIPO DE CAUSA

	Muito freqüente	Algo freqüente	Pouco freqüente	Nunca ou quase nunca ocorre	Não sabe/ Sem opinião	Não respondeu
Trabalhista	17,0	28,1	25,9	12,0	10,7	6,3
Tributária	10,5	28,1	34,3	9,9	9,2	8,1
Comercial	3,24	14,44	43,59	16,73	12,55	9,45
Propriedade Intelectual	1,9	10,5	35,1	20,1	22,7	9,7
Direitos do Consumidor	12,0	29,6	25,8	13,4	10,9	8,4
Meio ambiente	17,1	28,2	22,1	10,9	12,4	9,2
Inquilinato	4,9	15,2	35,1	22,7	12,8	9,3
Previdência Social	14,7	31,3	27,1	9,6	9,3	8,0
Mercado de crédito	12,0	27,4	26,9	10,3	14,6	8,9
Privatização	25,0	31,4	17,5	5,5	11,9	8,6
Regulação de serviços públicos	17,9	32,5	20,9	7,4	13,0	8,2

FONTE: Pinheiro (2003).

Outra forma através da qual a politização do Judiciário se manifesta é na preferência do magistrado por promover a "justiça social" às expensas de garantir o cumprimento dos contratos. Para 73% dos magistrados brasileiros "o juiz tem um papel social a cumprir e a busca da justiça social justifica decisões que violem os contratos". Essa proporção contrasta com os 20% dos magistrados que acreditam que "os contratos devem ser sempre respeitados independentemente de suas repercussões sociais", entendidas estas como relativas aos "interesses de grupos sociais menos privilegiados que precisam ser protegidos".

Vários magistrados, quando confrontados com esses resultados, apontaram que esse posicionamento refletia o anseio da sociedade por mais justiça social, o qual validaria a perspectiva flexível com que os juízes interpretam os contratos. Não é esta, porém, a conclusão que se extrai da Tabela 5, que apresenta as respostas à mesma pergunta feita aos magistrados, mas desta feita apresentada a uma amostra estratificada de representantes de vários segmentos da elite brasileira. Como se vê, o respeito aos contratos, independentemente de suas conseqüências distributivas, é o valor predominante nas elites brasileiras, com as respostas dos membros do Judiciário e do Ministério Público destoando das dos outros segmentos.

TABELA 5
OPÇÃO ENTRE GARANTIR CUMPRIMENTO DE CONTRATOS E BUSCA DA JUSTIÇA SOCIAL – PONTO DE VISTA DAS ELITES

Questão: "Na aplicação da lei, existe freqüentemente uma tensão entre contratos, que precisam ser observados, e os interesses de segmentos sociais menos privilegiados, que precisam ser atendidos. Considerando o conflito que surge nesses casos entre esses dois objetivos, duas posições opostas têm sido defendidas: **A.** Os contratos devem ser sempre respeitados, independentemente de suas repercussões sociais; **B.** O juiz tem um papel social a cumprir, e a busca da justiça social justifica decisões que violem os contratos. Com qual das duas posições o(a) senhor(a) concorda mais?"

	Concorda mais com a primeira (A)	Concorda mais com a segunda (B)	Outras respostas	Sem opinião
Grandes empresários	72	15	7	6
Lideranças do segmento de pequenas e médias empresas	45	50	5	0
Dirigentes de entidades de representação sindical	24	73	3	0
Senadores e deputados federais	44	39	17	0
Executivos do Governo Federal	77	15	8	0
Membros do Judiciário e Ministério Público	7	61	32	0
Imprensa	52	32	16	0
Religiosos e ONGs	22	53	22	3
Intelectuais	50	30	18	2
Total	48	36	14	2

FONTE: Lamounier e Souza (2002).

Esses resultados mostram que o fenômeno da politização é familiar aos magistrados, descrevendo um quadro razoavelmente diferente daquele usualmente colocado pelos juristas brasileiros e suposto pelos economistas, que assume a execução forçada das normas em vigor. Cabe lembrar que esse fenômeno já havia sido identificado em estudos anteriores, como o da professora Maria Tereza Sadek (1995) e o liderado pelo professor Luiz Werneck Vianna (1997). A profa. Sadek, em particular, obtém em sua pesquisa que 37,7% dos juízes por ela entrevistados são de opinião que "O compromisso com a justiça social deve preponderar sobre a estrita aplicação da lei."

Isso leva à conclusão de que não tem aderência à realidade a suposição usual de que no Brasil prevalece um regime puro de *civil law*, em que o legislador faz a lei e o juiz a aplica. O que se observa, ao contrário, é um híbrido entre este sistema e o de *common law*, resultando daí uma redução da segurança jurídica, uma vez que, no Brasil, instrumentos como a regra do precedente não limitam a liberdade decisória do juiz.

Essa não-neutralidade do magistrado tem duas conseqüências negativas importantes do ponto de vista da economia. Primeiro, os contratos se tornam mais incertos, pois podem ou não ser respeitados pelos magistrados, dependendo de como ele encare a não-neutralidade e a posição relativa das partes. Isso significa que as transações econômicas ficam mais arriscadas, já que não necessariamente "vale o escrito", o que faz com que se introduzam prêmios de risco que reduzem salários e aumentam juros, aluguéis e preços em geral. Segundo, ao privilegiar clara e sistematicamente certos segmentos sociais, o juiz não-neutro faz com que eles sejam particularmente penalizados com prêmios de risco (isto é, preços) mais altos, ou então simplesmente alijados do mercado. Isso porque a outra parte sabe que o dito e assinado na hora do contrato dificilmente será respeitado pelo magistrado, que buscará redefinir *ex-post* os termos da troca contratada. Ao fim e ao cabo, são exatamente os grupos que o magistrado buscava proteger que se tornam as mais prejudicadas por essa não-neutralidade.

Outro ponto importante diz respeito à visão que muitos magistrados têm sobre os contratos que alocam o risco entre os agentes econômicos, como é o caso, por excelência, em um contrato de seguro. Neste, uma das partes (o segurador) recebe um prêmio por assumir o ônus maior no caso de um estado desfavorável da natureza (por exemplo, o carro é roubado), enquanto a outra parte (o segurado) paga o prêmio, mas limita suas perdas no caso de um acontecimento ruim. O cotidiano das empresas e das pessoas, marcado pela constante incerteza, é repleto de contratos desse tipo.

Os contratos são, por excelência, o instrumento legal que permite essa alocação e distribuição de risco e a conseqüente compensação por isso. Obviamente, para que funcionem como instrumentos de alocação de risco, os contratos precisam ser respeitados. Se, como é comum no Brasil, forem re-interpretados *ex-post facto*, isto é, depois que a incerteza tiver sido resolvida de uma forma ou outra, os contratos perdem a sua capacidade de distribuir risco. Em vez de ajudar a garantir a boa gestão do risco, o Judiciário se torna ele mesmo uma fonte de risco. O resultado é uma economia com uma pior alocação do risco, desestimulando o investimento e penalizando o bem-estar social. Em particular, investimentos e negócios deixam de ocorrer porque o "risco jurídico" os torna pouco atrativos (por exemplo, o crédito imobiliário).

CONSIDERAÇÕES FINAIS

O judiciário brasileiro sofre de problemas de gestão, sendo o braço do setor público que menos avançou na modernização das suas práticas administrativas. Faltam gestores profissionais, bons sistemas de informação, métodos modernos de gestão de pessoal etc. Faltam também indicadores de desempenho à disposição da sociedade, que pudessem inclusive ser usados como critérios de promoção. Mas a natureza e as origens dos problemas que prejudicam o desempenho da Justiça vão além das falhas de gestão.

É necessário também reformar os códigos de processo, agilizar a notificação das partes, fazer menos uso de liminares e utilizar mais freqüentemente os procedimentos orais, como ocorre nos Juizados Especiais. A legislação brasileira precisa ser revista de forma geral, para eliminar ambigüidades e torná-la mais precisa e atual. Assim, ainda que os problemas principais estejam na legislação processual, não há como ignorar as ambigüidades e mesmo inconsistências contidas na legislação substantiva. Como conciliar, por exemplo, a visão de que os contratos devem ter um papel social com a sua capacidade de alocar riscos e dar segurança às partes de que o futuro será administrável?

Finalmente, é preciso empreender uma significativa mudança da mentalidade dos operadores do direito, que servisse para valorizar a agilidade, a previsibilidade e a imparcialidade como princípios fundamentais das decisões judiciais, independentemente da identidade ou estrato social das partes. Provavelmente, uma mudança dessa magnitude deveria começar por uma ampla revisão dos currículos das faculdades de direito e das escolas da magistratura.

Os problemas do judiciário são, portanto, variados, indo da má qualidade dos códigos a questões políticas. Mas vários deles já foram diagnosticados e não são tecnicamente difíceis de atacar, como é o caso da morosidade. A dificuldade em avançar com a modernização é política, não técnica: os grupos que ganham com o *status quo* são bem organizados e muito influentes; os que têm a ganhar com a modernização são completamente desorganizados. E há quem não saiba se vai ganhar ou perder – na dúvida, prefere "deixar como está para ver como fica". A formação de coalizões políticas que organizem a sociedade para combater os grupos que não querem que o Judiciário se modernize é, portanto, um passo essencial.

Neste sentido, é um equívoco restringir o debate sobre a modernização do Judiciário quase que exclusivamente aos operadores do direito, sem se ouvir os demais representantes da sociedade civil, como tem ocorrido até aqui. Com isso, tem-se uma visão hermética dos problemas, concentrada na análise dos textos legais. O resultado é a falta de foco nos impactos da atuação judicial. Além disso, esses operadores influem desproporcionalmente no processo de mudança, dando aos seus interesses uma atenção injustificada, do ponto de vista da sociedade em geral. A modernização começa por entender que o Judiciário não interessa apenas aos operadores do direito.

REFERÊNCIAS BIBLIOGRÁFICAS

DAKOLIAS, Maria (1999). "Court Performance Around the World: a Comparative Perspective", *World Bank Technical Paper 430*.

PINHEIRO, Armando Castelar (org.) (2000). *Judiciário e economia no Brasil*, Editora Sumaré.

_____ (2003). *Reforma do judiciário: problemas, desafios e perspectivas*, Booklink Publicações.

SADEK, M. T. (1995). "A crise do Judiciário vista pelos juízes: resultados da pesquisa quantitativa", *in* SADEK, M. T. (org.), *Uma introdução ao estudo da Justiça*, Editora Sumaré.

VIANNA, L. W., CARVALHO, M. A. R., MELO, M. P. C. e BURGOS, M. B. (1997). *Corpo e alma da magistratura brasileira*, Editora Revan.

O controle externo do Judiciário: comentário

Célio Borja[*]

---

[*] Advogado. Ex-ministro do STF e ex-presidente da Câmara dos Deputados.

CONTROLE EXTERNO DO JUDICIÁRIO

COMO OS DEMAIS poderes do Estado, o Judiciário deve prestar contas da sua gestão administrativa e financeira. Quanto aos bens e dinheiros públicos a ele confiados (gestão financeira), as contas já são prestadas aos mesmos órgãos que as tomam de todas as instituições públicas e de seus agentes.

A novidade está no controle administrativo, que pode abranger tanto a constitucionalidade e legalidade dos atos dos órgãos do Judiciário, quanto a oportunidade e a conveniência deles, excluída, é claro, a atividade jurisdicional, que só se submete ao controle hierárquico, de índole eminentemente processual.

Em face desse quadro, penso que é inconveniente a participação de advogados nesse tipo de controle. Imaginem-se conselheiros-advogados fiscalizando remoção e promoção de juízes, fixação de vencimentos das diferentes classes da magistratura e vantagens pessoais dos seus membros, bem como, o atraso no despacho dos feitos. Assim, o advogado participaria do exercício do poder disciplinar sobre esse ou aquele juiz. Contudo, o tipo de relação que a ética e o direito querem que exista entre eles é a da recíproca e respeitosa independência, não a de subordinação de um ao outro.

O mesmo poder-se-ia dizer, *mutatis mutandis*, da presença de membros do Ministério Público no órgão de controle do Judiciário.

A acirrada concorrência que prevalece entre advogados e entre as gigantescas e poderosas organizações por eles formadas não me parece aconselhar que se lhes atribua função censória dos órgãos do Judiciário. Sempre será possível suspeitar-se da relação de camaradagem que se estabelece naturalmente entre os que pertencem a um mesmo e insigne grêmio. E, daí, não vai mais do que um átimo para que se imagine que o concorrente que tem assento entre magistrados e exerce poder disciplinar sobre juízes não esteja em posição de vantagem, quando patrocina as causas de seus constituintes.

SÚMULA VINCULANTE

O Supremo Tribunal Federal e os tribunais superiores já editam súmulas da jurisprudência que neles predomina. Algumas são de fácil aplicação pelos demais tribunais e juízes. Outras, contudo, reclamam uma doutrina capaz de orientar-lhes o emprego. Ora, não se conhece entre nós uma doutrina do precedente judicial, como existe na Inglaterra ou, mesmo, nos Estados Unidos.

Na verdade, a súmula é extraída de iterativas decisões de um tribunal sobre casos idênticos ou semelhantes, partindo do princípio segundo o qual, para a mesma razão, há de prevalecer a mesma disposição (*ubi eadem ratio, ibi eadem lex*). Procede-se por analogia e esta exige encontre o juiz, primeiro, a relação de identidade entre o *thema decidendum* do precedente e o do caso presente, verificando se a este último se pode aplicar a razão de decidir (*ratio decidendi*) que conduziu o primeiro julgamento.

Para poder operar, os atores do processo – advogados, Ministério Público e juízes – devem recorrer aos repertórios das decisões dos tribunais de última instância, mediante consulta aos respectivos índices. Estes são absolutamente indispensáveis e a sua boa ordem é essencial para a descoberta dos precedentes que melhor se ajustem ao caso em julgamento. É exatamente a inexistência de repertórios e de índices confiáveis – que hoje mais se assemelham à sopa de nomes – que leva o advogado e o juiz a escolher arbitrariamente o precedente que melhor se ajuste ao interesse ou à íntima convicção, não porém ao caso objetivamente considerado. Vincular tribunais e juízes às decisões do Supremo Tribunal e dos tribunais superiores sem uma doutrina do precedente e sem repertórios jurisprudenciais e regimes de indexação claros e confiáveis pode resultar em maiores delongas da Justiça e em decisões equivocadas.

Idéias para a modernização do Poder Judiciário

Márcio Thomaz Bastos*

---

* Ministro da Justiça.

O GOVERNO FEDERAL elegeu a reforma do Poder Judiciário como uma das suas prioridades por entender que a consolidação e o fortalecimento da nossa democracia passa pela modernização desse poder. A ampliação do acesso à Justiça e a melhoria da qualidade dos serviços prestados pelo Judiciário são os desafios principais a serem enfrentados.

Devemos reconhecer que o Judiciário não é um poder uniforme, com características idênticas na sua organização em todo o país. Há, em verdade, vários judiciários e suas realidades são muito diversas. Há a Justiça Federal, as estaduais, a trabalhista, a eleitoral, os juizados especiais, a primeira e segunda instâncias, os tribunais superiores e um emaranhado de legislações que prevêem sua organização de forma não sistemática.

Devemos, também, admitir que muito pouco se sabe sobre a organização e o funcionamento desse poder. Nós, que trabalhamos com o direito, temos um conhecimento restrito aos nossos universos de trabalho e não podemos pretender que as nossas referências sejam traduzidas num levantamento completo da realidade.

Um diagnóstico profundo e global sobre o Poder Judiciário é necessário para que se conheça melhor sua estrutura. Estudos parciais existentes permitem constatar, ainda, que as diversidades são muito significativas e devem ser consideradas, com suas respectivas peculiaridades, para que as generalizações não comprometam a isenção da conclusão. Além das diferenças decorrentes da própria organização constitucional, devem ser observadas as enormes diferenças regionais originadas das dimensões continentais do nosso país, da perversa distribuição de renda e de suas conseqüências sobre a demanda por direitos da cidadania.

O conhecimento do Judiciário deverá possibilitar a identificação de suas dificuldades e as experiências bem-sucedidas de gestão já em andamento. Deverá fornecer, também, elementos que permitam a definição de indicadores de eficiência, produtividade e qualidade para o funcionamento do Poder Judiciário.

Estamos desenvolvendo, na Secretaria de Reforma do Judiciário do Ministério da Justiça, uma série de iniciativas que visam exatamente permitir que tenhamos este diagnóstico global. As propostas a serem apresentadas estarão embasadas em dados estatísticos confiáveis e consistentes. Não se pode, por exemplo, propor alterações na legislação que regula o funcionamento dos juizados especiais sem que se tenha uma avaliação criteriosa sobre o volume da demanda assistida e reprimida no país hoje. O juizado especial é um instrumento importante para a ampliação do acesso à Justiça das populações mais carentes. O crescente aumento do volume de atendimento nos últimos anos tem, contudo, feito com que uma idéia bem concebida corra o risco de sucumbir diante do enorme crescimento da demanda. Antes de propor alterações na legislação, como tem sido reivindicado por advogados que atuam na área, devemos conhecer melhor a complexidade da questão. Esta observação é válida para diversas das questões que têm sido discutidas no contexto da reforma do Judiciário.

Para nós, a verdadeira reforma do Judiciário é composta pelo desenvolvimento de ações agrupadas em três blocos: modernização da gestão, alteração da legislação infraconstitucional e reforma constitucional propriamente dita. Partimos da constatação de que não há solução mágica para os problemas do Judiciário. Suas dificuldades somente serão sanadas através do desenvolvimento conjunto de uma série de medidas.

A reforma do Judiciário passa necessariamente pela modernização de sua gestão, através da implementação de medidas que independem de alterações legislativas. A incorporação de novas tecnologias de informação, a desburocratização, a padronização de procedimentos racionais, a simplificação de sistemas operacionais, a capacitação de pessoal, o apoio a projetos de financiamento para a modernização são exemplos de iniciativas que podem tornar o Judiciário mais eficiente e ágil. Não se deve pretender reinventar a roda. Um bom caminho a ser trilhado é a captação das melhores experiências de gestão (*best practices*), já desenvolvidas pelo próprio Judiciário, para que possam ser valorizadas, tornadas públicas e implementadas em outras localidades e juizados, demonstrando que a reforma será feita com e pelos próprios juízes.

Exatamente a partir desta preocupação é que desenvolvemos, em conjunto com a Escola de Direito do Rio de Janeiro da Fundação Getúlio Vargas e a Associação dos Magistrados Brasileiros, com apoio da Companhia Vale do Rio Doce, o *Prêmio Innovare – o Judiciário do Século XXI*. Por meio desse projeto, premiaremos as experiências inovadoras de gestão administrativa em funcionamento no país a partir da iniciativa dos próprios magistrados, grupos de juízes, tribunais e juizados especiais. O objetivo do projeto não é a premiação em si – este é o seu início. A captação de experiências bem-sucedidas permitirá a constituição de um banco de dados a ser disponibilizado no futuro para os tribunais ou juízes que pretendam implementar alguma ação que lhes pareça adequada.

Neste contexto, encontram-se também medidas destinadas a melhor capacitar os servidores do Judiciário, principalmente os magistrados, para o exercício das atividades administrativas pelas quais são responsáveis e para as quais não recebem, na maior parte das vezes, nenhum treinamento.

Não podemos deixar de mencionar a nossa preocupação com a postura do Estado (União, estados e municípios) em relação ao Judiciário. O governo é o maior cliente do Poder Judiciário – algo em torno de 80% dos processos e recursos que tramitam nos tribunais superiores tratam de interesses do governo, seja ele federal, estadual ou municipal. Estamos convencidos de que se deve buscar a definição de uma nova postura do Estado em relação ao Judiciário. Não é uma tarefa fácil em virtude das implicações econômicas que decorrem de quaisquer medidas nesta área. Partimos da premissa, contudo, de que a postura da administração pública, o seu alto grau de litigiosidade e a utilização muitas vezes indevida do Judiciário decorrem, em grande medida, da própria irracionalidade da máquina pública. Não há estudos que permitam concluir que a postura em vigor é a mais adequada, do ponto de vista da relação custo/benefício, para o(s) governo(s). Por esta razão, estamos empenhados em aprofundar o debate, para definir nova conduta dos diversos órgãos da União, através da tomada de medidas que inibam a propositura de ações judiciais ou interposição de recursos sobre matérias a respeito das quais já exista jurisprudência razoavelmente pacificada.

Neste sentido, a possibilidade legal de expedição de súmulas administrativas por parte da Advocacia Geral da União para orientar a atuação dos advogados públicos deve ser explorada, com o objetivo de trazer benefício à Fazenda Pública e mais racionalidade à sua atuação em juízo.

O segundo bloco de ações refere-se às alterações da legislação processual civil e penal, visando sempre a simplificação dos procedimentos. Estes projetos foram elaborados inicialmente por juristas do Instituto Brasileiro de Direito Processual e contam com o apoio expressivo dos mais renomados processualistas brasileiros. O desafio, neste caso, é viabilizar a maior celeridade na tramitação dos processos e assegurar o direito de defesa das pessoas.

Neste contexto, os principais projetos em elaboração no Ministério da Justiça são:

a) Mediação: instituição, no processo civil, de mecanismo de mediação obrigatória, com o objetivo de solucionar conflitos de maneira alternativa;

b) Execução civil de títulos judiciais: extinção da liqüidação e execução civil por títulos judiciais como processos autônomos e sua incorporação no processo de conhecimento. Imposição de multa de 10% caso o devedor condenado não efetue o pagamento no prazo de 15 dias. Extingue-se a necessidade de citar pessoalmente o devedor para pagar, nomear bens a penhora ou embargar a execução – basta intimar o advogado do executado. O atual embargo à execução passa a ser denominado impugnação, que perde os efeitos suspensivos como regra, já está na Câmara;

c) Execução civil de títulos extrajudiciais: inversão da lógica de execução de títulos extrajudiciais, valorizando a adjudicação de bens em detrimento da hasta pública, que passa a ser a última hipótese de execução. Altera a sistemática dos embargos do devedor, permitindo a interposição deste recurso sem a penhora de bens, e retirando o efeito suspensivo do mesmo. Institui mecanismos importantes de desestímulo à protelação e protege terceiros adquirentes de bens alienados na execução pendente de embargos;

d) Execução contra a Fazenda Pública: altera o sistema de execução contra a Fazenda Pública, simplificando o rito e adequando o Código de Processo Civil às normas expedidas pelo Conselho de Justiça Federal, que já estão vigorando para os processos contra a União, mas não se aplicam aos processos contra estados e municípios;

e) Sistema recursal: altera a sistemática recursal dos Códigos de Processo Civil e Penal, simplificando os procedimentos e conferindo racionalidade ao sistema.

Mesmo sabendo de suas limitações, identificamos a necessidade de se aprovar a reforma constitucional do Poder Judiciário. A tramitação do projeto de Emenda Constitucional que se encontra hoje no Senado teve início em 1992, a partir de iniciativa do ex-deputado federal pelo PT de São Paulo, Hélio Bicudo. O projeto foi aprovado pela Câmara Federal (PEC 96/92) com a relatoria da deputada Zulaiê Cobra (PSDB/SP) e depois enviado ao Senado Federal, onde foi designado como relator, na legislatura anterior, o senador Bernardo Cabral (PMDB/AM). O texto chegou a ser aprovado, com alterações expressivas, na Comissão de Constituição e Justiça do Senado. Na atual legislatura, foi designado como novo relator da matéria o senador José Jorge (PFL/PE), cujo relatório, elaborado a partir do trabalho desenvolvido pela deputada Zulaiê Cobra foi recentemente aprovado pela Comissão de Constituição e justiça do Senado Federal.

No âmbito da Secretaria de Reforma do Judiciário do Ministério da Justiça, após sistematizar as discussões e refletir sobre as propostas delas decorrentes, definimos os cinco pontos prioritários:

CONSELHO NACIONAL DE JUSTIÇA E CONSELHO NACIONAL DO MINISTÉRIO PÚBLICO

A criação destes órgãos, conhecidos como órgãos de controle externo, objetiva o estabelecimento de importante canal de aproximação entre os órgãos do sistema judicial e a sociedade. No Conselho Nacional de Justiça é prevista a participação majoritária de magistrados (nove membros), do Ministério Público (dois membros), dos advogados (dois membros) e de dois cidadãos, um indicado pela Câmara e outro pelo Senado. O Conselho Nacional do Ministério Público é composto por 13 membros, sendo sete membros do Ministério Público, dois magistrados, dois advogados e dois cidadãos, um indicado pela Câmara e outro pelo Senado. O Poder Executivo não tem assento nos Conselhos, mantendo-se o princípio constitucional da separação de Poderes e de manutenção do sistema de freios e contrapesos.

A atuação de fiscalização e controle é apenas uma parcela de suas atividades. O acompanhamento dos atos administrativos do Poder Judiciário e do Ministério Público é também previsto para que a sociedade tenha informações sobre o planejamento de políticas públicas judiciais e sua concretização, e possa participar desta construção. O Conselho Nacional terá o papel de recolher dados nacionais sobre o Poder Judiciário e propor metas e diretrizes de curto, médio e longo prazos.

UNIFICAÇÃO DOS CRITÉRIOS PARA INGRESSO NAS CARREIRAS DO PODER JUDICIÁRIO E DO MINISTÉRIO PÚBLICO

É prevista a unificação de critérios para o ingresso nas carreiras do Ministério Público e da magistratura com a exigência de que o bacharel em direito tenha a experiência em atividades jurídicas por, no mínimo, três anos. Este período é importante para que os candidatos vivenciem os problemas cotidianos do sistema judicial, imprescindível para o bom desempenho das funções públicas em questão. A proposta tem ainda o escopo de evitar a definição de critérios regionais menos objetivos, que possam prejudicar a isonomia entre os candidatos às carreiras mencionadas.

QUARENTENA PARA MEMBROS DO PODER JUDICIÁRIO E DO MINISTÉRIO PÚBLICO

Institui-se a vedação do exercício da advocacia por magistrados e membros do Ministério Público que tenham se afastado de sua atividade. Tal proibição é válida pelo período de três anos, perante o tribunal de origem. Trata-se de medida de moralização e valorização da própria magistratura, impedindo constrangimentos desnecessários.

FEDERALIZAÇÃO DOS CRIMES CONTRA DIREITOS HUMANOS

A federalização dos crimes contra os direitos humanos é o instrumento que permite ao Poder Judiciário Federal e ao Ministério Público Federal o processamento e julgamento de delitos que importam em violação de tratados, pelos quais a União responde na esfera internacional, no sentido de demonstrar interesse nacional na resolução destes casos. As graves violações aos direitos humanos são questões de interesse de todo o país, e sua repercussão, interna e externa, extrapola os limites territoriais dos estados da federação.

Importa ressaltar que a proposta não transfere à competência da Justiça Federal, de maneira indiscriminada e generalizada, automaticamente todos os crimes contra direitos humanos. Apenas nas hipóteses de grave violação de direitos humanos, o procurador-geral da República, com a finalidade de assegurar o cumprimento de obrigações decorrentes de tratados internacionais de direitos humanos dos quais o Brasil faz parte, poderá suscitar, perante o Superior Tribunal de Justiça, incidente de deslocamento da justiça comum para a Justiça Federal. Este incidente não é novidade no ordenamento jurídico, assemelhando-se ao desaforamento do Tribunal do Júri (CPP, art.424).

Autonomia das Defensorias Públicas

A concessão de autonomia funcional, administrativa e de iniciativa de proposta orçamentária às Defensorias Públicas é fundamental para a estruturação da instituição e consecução dos objetivos traçados na Constituição Federal, quais sejam, prestar assistência jurídica integral e gratuita à população de baixa renda. Ressalte-se que, em muitos casos, a atividade do órgão dirige-se contra a própria Fazenda Pública, pelo que, para assegurar a isenção e efetividade de sua atuação, faz-se imprescindível sua autonomia, a exemplo do tratamento conferido ao Ministério Público. Fortalecer a Defensoria Pública significa fortalecer o acesso à justiça e os canais de interlocução entre a parcela da sociedade mais necessitada e as instituições públicas.

Ao reconhecer a possibilidade real de aprovação parcial do projeto pelo Senado Federal e identificar os dispositivos que poderiam ser aprovados conforme a redação já dada pela Câmara, o governo definiu sua estratégia de atuação em relação à reforma – viabilizar a aprovação destes pontos fundamentais, admitindo que esta é um condição não suficiente mas necessária para a modernização do Poder Judiciário em nosso país.

Como já afirmado, os objetivos principais da reforma do Poder Judiciário devem ser o de ampliação do acesso da população ao Judiciário e a melhoria da qualidade dos serviços prestados. O cumprimento desses objetivos ocorrerá a partir do desenvolvimento coordenado de um conjunto das ações e não somente da aprovação da emenda constitucional. Há que se reconhecer, contudo, que a maior democratização da estrutura do Judiciário e sua maior transparência são exigências fundamentais que dependem de alterações relevantes da Constituição Federal.

Mesmo que o projeto que se encontra em discussão no Senado Federal

(PEC 96/92) seja aprovado – como tudo leva a crer – nós ainda não teremos em nosso país o Poder Judiciário que todos desejamos. Devemos compreender que a reforma possui um sentido de processo com várias etapas a serem vencidas, implica em mudança de procedimentos, traz alteração profunda de cultura e mentalidades, enfrenta resistências de toda ordem, o que, obviamente, demanda tempo para amadurecimento e implantação.

Apesar de tudo isso, devemos reconhecer que estamos diante da oportunidade histórica de darmos os primeiros passos para iniciar a construção de um Judiciário mais transparente, mais próximo do cidadão e mais apto a atender às necessidades do nosso tempo.

Por um Judiciário comprometido com o desenvolvimento do país

Nelson Jobim[*]

---
[*] Presidente do Supremo Tribunal Federal

NÓS TEMOS DOIS temas e me parece que aí nós temos que enfrentar uma coisa. Primeiro temos que saber o seguinte: nós queremos acertar o futuro ou queremos retaliar o passado? Se quisermos retaliar o passado sabemos que não vamos chegar a fim nenhum e a lugar nenhum, e daí nós precisamos identificar os problemas que temos por duas áreas, e duas áreas fundamentais que foram aqui postas. Eu vou meramente organizar, não vou acrescentar muita coisa.

De um lado nós temos um problema de oferta de decisões, ou seja, a capacidade que tem o sistema judiciário brasileiro em ofertar decisões, e aqui se tocou muito claramente na questão recursal. O sistema de hoje transformou o juízo de primeiro grau num mero local onde se produz a prova e se sorteia quem é o apelante. Quem de nós, advogados militantes, não chegou em algum momento perante o juiz de direito dizendo: *"Doutor, julga isso de uma vez, porque eu vou apelar"*. Por quê? Porque o processo decisório começava no Tribunal de Justiça e desembocava, primitivamente, no Tribunal Federal de Recursos de um lado, hoje o STJ, e também no Supremo, com a divisão de funções. Então o que nós temos claramente é o seguinte: nós queremos ou não queremos voltar à memória republicana de fortalecer o juízo dos estados, ou seja, o juízo de primeiro grau e o Tribunal de Justiça, respeitado o sistema recursal?

A questão é saber: "é isto que se quer?"; se é isto que se quer, devemos voltar ao tema fundamental, ou seja, estabelecermos que os tribunais superiores, que já se elasteceram a partir de 1988, ou seja, o Superior Tribunal do Trabalho, o Superior Tribunal de Justiça e o Supremo Tribunal Federal devam eles retornar à sua veia comum, ou seja, de tribunais da federação, para assegurar que a chamada previsibilidade possa se verificar em qualquer estado da federação; assim, o cidadão ao fazer uma conduta X na sua atividade comercial ou não, no Rio Grande do Sul, vai saber que o tratamento do conflito vai ser o mesmo tanto no Rio Grande como no Piauí, e este é um preço que nós temos que pagar à memória da família Orleans e Bragança, ou seja, a unidade da pátria portuguesa, e eu falo com uma certa autoridade que vem do fato de estar em contato com a língua, com os castelhanos, contatos que foram muito fortes, e vejam que a América hispânica se dividiu em 'N' soberanias e a América portuguesa com o tamanho que tem permaneceu unida. Isso não foi de brincadeira, isso não foi algo que surgiu pelo só engraçamento do brasileiro, ou por ter sido ele um cidadão de ótima cultura ou de tranqüilidade nas suas relações. Não, se decidiu por instituições políticas republicanas e, inclusive, imperiais.

A questão é saber: o Supremo Tribunal Federal deve ou não continuar a ser um tribunal como pretenderam os republicanos da federação brasileira, para assegurar a unidade da aplicação do direito e a interpretação do direito nacional, e também o STJ e também o TST? E aí o que precisamos é fortalecer o juízo de primeiro grau e a pergunta fundamental é saber se as estruturas advocatícias tolerariam isto. Ou seja, isto tudo que fez com que hoje tenhamos quatro graus de jurisdição, juiz de primeiro grau, tribunais de apelação ou tribunais regionais federais ou tribunais regionais do trabalho nas capitais, Superior Tribunal de Justiça e ainda o Supremo Tribunal Federal como quarta instância, porque o recurso extraordinário também cabe nas decisões do Superior Tribunal de Justiça, se nós quisermos saber o seguinte: vamos fortalecer o juiz do primeiro grau? Se vamos fortalecer o juízo nos estados vai haver uma mudança substancial em relação ao mercado de trabalho.

A pergunta é esta: os grandes escritórios de São Paulo que têm a sua representação em Brasília querem fazer isso ou não aceitam fazer isso? E aí nós teremos o quê? Lembro-me quando comecei a advogar em 1964, 1963 em Santa Maria da Boca do Monte, em que você tinha o escritório no interior e uma representação na capital. Hoje não, hoje os escritórios da capital é que têm representações no interior e estabelecem toda uma estrutura comercial em relação a isso. A questão é saber se vamos ou não mexer na estrutura, na advocacia brasileira! Teremos que saber isso e discutir isso com transparência, inclusive com a Ordem dos Advogados do Brasil, que conhece perfeitamente isso.

Caminha-se, portanto, pela definição das funções desses tribunais e a sua redefinição, jogando as decisões para valoração no primeiro grau. Sistema recursal, sim, vamos mexer nisso! Mas nós ouvimos isso há muito tempo, há quanto tempo, e qual é o grande problema? Vamos discutir? Sim! Vamos chamar os eminentes processualistas brasileiros? Vamos, mas não chamem só eles, pelo amor de Deus! Vamos chamar também o advogado de primeiro grau e o advogado e o juiz que têm o cotovelo ardendo por tudo que se conhece, porque senão nós sabemos o que vai acontecer! Nós vamos fazer um código, que foi feito em 1974 e porque a Escola Processualista de São Paulo tinha albergado em determinado momento da guerra um eminente processualista italiano, e esse processualista italiano então disse *"olha, o processo de execução tem uma natureza distinta do processo de conhecimento"*; então em 1974 o eminente professor Alfredo Buzaid separa o processo de conhecimento do processo de execução, e deu no que deu! Agora, recentemente se aprovou, produzida por processualistas eminentes, uma alteração na questão dos agravos, e aí o que é que deu? Uma enormidade de recursos! Então, nós temos que dizer o seguinte: vamos fazer coisas que funcionem, comprometidos com aqueles que trabalham, ou seja, quem sabe mexer em pá, em enxada é colono; quem sabe mexer nisso é advogado, juiz.

A academia adora fazer grandes elucubrações para ter a ratificação das suas teses dentro do processo judiciário, e não é isso que nós precisamos! Ou seja, se queremos ter oferta de decisões dessa natureza, têm que sentar à mesa o advogado, o juiz e o promotor, e depois a correção formal que passe pelos eminentes processualistas que no mais, às vezes, se auto-reproduzem e se auto-reproduzem face a uma série de produções que nós temos, e nós sabemos claramente disso para falar com clareza.

Se de um lado isso é verdadeiro, ou seja, nós estarmos operando na oferta de decisões, nós precisamos trabalhar em área recursal, precisamos redefinir as funções dos tribunais superiores para o fortalecimento; precisamos trabalhar também na questão gerencial, e é evidentemente claro isto hoje. Nós temos 27 tribunais de justiça nos estados, temos 24 tribunais regionais do trabalho, temos cinco tribunais regionais federais, temos dois ou três tribunais superiores, incluindo o Supremo Tribunal Militar, e temos ainda o Supremo Tribunal Federal, e ainda temos os juizados especiais e poderemos ter ainda a justiça militar nos estados e as cortes militares nos estados, e cada uma se constitui em ilhas de soberania, não porque queiram, mas porque é assim que as coisas aconteceram. Aí o que se passa? Nenhum fala com o outro, ou seja, cada um estrutura suas formas de ação dentro de uma concepção de satisfação de ilhas, e ainda com um problema sério, um problema sério que nós lembramos, desde 1987, quando tentávamos discutir reforma do Poder Judiciário na Assembléia Nacional Constituinte, o que acontecia? Sentava nessa mesa-redonda exclusivamente – eu não gosto dessa palavra, dessa expressão – "operadores", mas não eram só "operadores"; sentava o presidente da Associação dos Magistrados Brasileiros à época, também sentava o presidente da Anamatra, Associação dos Magistrados Trabalhistas, sentava o presidente da Ajufe, Associação dos Juízes Federais, sentava o representante da Anajucla, dos antigos juízes classistas, e não se entendiam! Sentava a OAB? Sim, mas não era só a OAB que sentava não, porque os advogados trabalhistas não se sentiam representados pela OAB, porque a OAB era dominada pelos advogados do foro comum. Então, tinha que falar também o representante nacional das associações, dos juízes trabalhistas, dos advogados trabalhistas; sentavam ao lado dos advogados. Além desses, quem mais sentava? Sentavam os membros da advocacia do estado, mas era um? Não, não era! Eram os advogados das autarquias, era a Procuradoria-Geral da República, sentavam alguns defensores públicos que apareceram momentaneamente no Rio de Janeiro.

A OAB não queria saber de defensor público, porque existiam determinados locais, Santa Catarina, por exemplo, em que o governo repassava verba para a OAB e a OAB financiava os advogados no exercício da defensoria pública; portanto, Santa Catarina não queria saber disso e havia um conflito dentro da OAB nesse sentido! E essas divisões existiam! Se nós não lermos as coisas como elas se deram nós não vamos caminhar para frente, e só caminharemos para frente, portanto, nessa linha. No que diz respeito a essa ampla referência que faço de oferta de decisões é exatamente por isso, ou seja, eficiência gerencial no sentido de todos nós trabalharmos em comum, fazermos um entendimento nacional e um entendimento nacional que passe, exatamente, por aquilo que foi referido pelo Técio Lins e Silva, qual seja, de que o Poder Judiciário se compõe de três grandes grupos ou personagens: magistrados, advogados e juízes, nenhum dos três vive sem o outro; portanto, vamos acabar com essa história de dizer que magistratura é o Poder Judiciário. Não! No sentido da constituição e do sistema, o Poder Judiciário se compõe dessas três linhas de estrutura, que têm que se entender para criar mecanismos para que nós possamos fortalecer a capacidade de oferta de decisões. Vamos resolver o problema do Judiciário? Mais prédios, mais funcionários, em alguns casos mais parentes, mais juízes, enfim, uma série de situações que em alguns casos precisam, mas não têm um gerenciamento nacional.

Quanto é que custa uma sentença no país? Do que é que estamos falando em termos de custos? Quem paga a conta? Não há condição nenhuma de se fazer uma identificação e essa condição poderá emergir com a funcionalidade que venha a se dar a esse Conselho Nacional de Justiça, que eu afasto essa discussão de ser controle interno, controle externo. Se eu parto do pressuposto de que nós temos que integrar ao Poder Judiciário, como funções essenciais, a Justiça, o Ministério Público e a advocacia, evidentemente, que um órgão que tem nove membros na magistratura, dois na advocacia e mais dois no Ministério Público e dois fora deste âmbito, mas indicados pelo Senado e pela Câmara, portanto, representantes da cidadania, eu descarto essa discussão adjetivante de ser controle interno, externo etc. O que nós precisamos falar é quanto à possibilidade de termos uma formulação de uma política estratégica nacional do Poder Judiciário, respeitadas, evidentemente, as idiossincrasias regionais e as questões claramente regionais. E nós caminharíamos para isso também naquilo que é fundamental que é, exatamente, a questão de definirmos o acesso à Justiça. Acessibilidade a todos, previsibilidade de suas decisões e decisões tomadas em tempo social e economicamente tolerável é o que nós temos que pensar. Mas se isso é verdade, se nós podemos gerenciar e tentar gerenciar, e do que estamos falando até agora é exatamente da oferta de decisões.

Há um ponto a ser examinado também, que é a demanda de decisões. Temos que discutir também qual a origem do incremento da demanda de decisões e quem está ganhando dinheiro com isso.

A pergunta é: o Juizado Especial do Rio de Janeiro, situado aqui perto dos senhores, junto ao foro central, tem nas concessionárias de serviço público a maior clientela, a clientela de quem? Dos consumidores dos serviços públicos! Ora, é evidente que se há uma obrigação empresarial de cumprir determinado tipo de compromisso telefônico, por exemplo, de obrigação de linha telefônica num prazo X, se este prazo X pode ser dilatado para oito ou dez meses, considerando o tempo que poderia decidir esse Juizado, é evidente que o Estado brasileiro está subsidiando ocultamente esta atividade, porque transfere os custos para o Poder Judiciário, fazendo com que na delonga seja paga o quê? Seja apropriada pelo descumpridor da obrigação. Temos que pensar a quem interessa este conjunto, não das demandas individuais, mas sim daquilo que caracterizou o Brasil nos últimos tempos, digamos a partir dos anos 1980, que são as chamadas demandas de massa, qual seja, essas demandas que são repetitivas e caracterizam as relações jurídicas chamadas transindividuais ou difusas etc.

Vamos sentar à mesa e dizer o seguinte: quem quer e o quê? Quem ocupa o quê e quanto é que custa o que ocupa, e se faz isso e paga. O estado faz isso? Faz. A União faz isso? Faz. Mas também, em alguns casos, inclusive os recursos da União são providos, meu caro desembargador Baldino, porque os tribunais de segundo grau não respeitam, ou não mantêm, ou não admitem as decisões dos tribunais superiores, e se admitissem as decisões dos tribunais superiores o que ocorreria? A parte contrária recorreria porque, vamos deixar bem claro, quando estamos falando em ação judicial não estamos falando em Justiça, porque tem um que tem razão e um que não tem razão, a coisa sempre é 50%. É a mesma coisa que se falar, por exemplo, e vamos deixar também muito claro, na questão, por exemplo, da corrupção eleitoral, dos processos de corrupção eleitoral. Eu quero deixar bem claro e vamos falar com clareza! Quando se fala em processo de corrupção eleitoral se fala em processo de corrupção eleitoral dos vencedores, nunca dos vencidos. Eu não vi nenhuma demanda de corrupção eleitoral contra vencido em eleição; quanto a vencedores, sempre. Por quê? Porque é um prolongamento do debate político e se nós não enxergarmos isso com transparência nós vamos procurar nos enganar em termos de produzir resultados. Portanto, oferta e decisões de um lado, demanda de decisões do outro, identificação da clientela nessa demanda de decisões. Ações sobre a demanda, ações que possam ser feitas por atividade política, inclusive dos próprios presidentes dos tribunais, no sentido de trazer ao conhecimento de todos que estão se utilizando disso, e por que e para quê, e o que isso representa para os custos do contribuinte, que não sabe que está pagando a conta.

Se eu devo X hoje e vou pagar esse X daqui a algum tempo, que representa X menos dez, é evidente que alguém está pagando dez e quem está pagando dez é o contribuinte, porque são os custos da máquina judiciária, que são transferidos para garantir que aquela empresa possa pagar o diferencial de X menos dez, ou seja, esse subsídio oculto nós não precisamos trazer à tona e entender do que se trata, e com quem estamos falando? Evidentemente que sim!

Precisamos também caminhar para otimizar os meios alternativos da composição de conflitos. Por quê? Porque a máquina não tem condições de suportar, mesmo com todas as modificações, se essas demandas não forem controladas, e aí nós caminharíamos, inclusive, para a questão da arbitragem! Por que não se pensar num problema? "Este Conselho Nacional de Justiça vai operar como fiscal, como formulador de uma política estratégica." Quando entrou em vigor a lei Marco Maciel, o que aconteceu? Houve uma inflação de tribunais, chamados tribunais de arbitragem, inclusive algumas pessoas que imprimiram cartões: "Desembargador de Tribunal de Arbitragem." Não viram isso? Por que não faremos, não podemos pensar que esse eventual Conselho Nacional possa credenciar esses tribunais para dar um juízo de credibilidade para este tipo de ação, ou seja, de botar um carimbo em cima: "Este atende requisitos de qualidade que possam entrar nesse tipo de mercado", porque senão vira brincadeira, e está virando brincadeira, porque acaba ficando tudo instrumento, digamos, de espaços de ocupação para diversas pessoas!

A questão, por exemplo, difícil de resolver: os precatórios judiciais. É possível resolver os precatórios judiciais pela solução tradicional da intervenção federal? Evidentemente que não! Porque na intervenção federal, não vai o interventor federal com uma bolsa levando recursos para, com os recursos federais, pagar as dívidas estaduais! Por que não se encontra um mecanismo em que se defina esse passivo existente do precatório, e se estabeleçam técnicas e mecanismos, para que dentro de um curto prazo de tempo se ressalva isso tudo pela aplicação da lei de responsabilidade fiscal, que barra a possibilidade da criação de dívidas fora desses precatórios!

Era muito fácil, era muito fácil! O prefeito desapropriar determinados espaços da cidade para construir qualquer coisa porque ele sabia que não ia pagar! Não era assim? Claro! Ele desapropriava: "Não tem importância nenhuma porque depois quem vai pagar é outro, e aí eu consigo com o tempo possível colocar a minha placa de inauguração daquela rua", ou seja, vamos caminhar para esse tipo de situação e eu creio que nós podemos resolver. Agora, o problema, a questão, é saber: temos consenso para isso?

Averbemos a nós o grau de culpabilidade que tenhamos nisso. Nós precisamos, exatamente, sentar, abandonar o discurso acadêmico e tentar enfrentar as coisas com transparência, e saber de uma pergunta: é ou não o Poder Judiciário brasileiro responsável também pelo desenvolvimento do país? Ou é o Poder Judiciário brasileiro, no discurso tradicional e fundamentalista, um grande instrumento da realização da Justiça etc., etc., que são aqueles discursos de posse de presidentes de tribunais que nós ouvimos de muito tempo para cá, em todos os lugares, em que sempre há um reduto, "o último reduto do cidadão"? Será que é isso ou nós não temos nenhuma responsabilidade com o processo de desenvolvimento? Será que não temos que verificar também as conseqüências que as decisões tomadas por todos nós produzem dentro do âmbito social? Ou precisamos nos respeitar em relação a fundamentos e axiomas que se produziram em determinadas bibliotecas, porque tiramos o curso superior em Harvard ou em Oxford? Não! Ou nós sentamos e arregaçamos as mangas, exatamente para trabalharmos nesta linha: vamos examinar a nossa capacidade de oferta, vamos negociar, vamos conversar sobre isso, vamos botar na mesa e, se não tivermos isso, se a nossa divergência não ficar resolvida e não tivermos um entendimento, vamos fazer o acordo que nós fazíamos alguns anos atrás, que era o acordo de procedimentos, e vamos para onde? Vamos para o único lugar que esse procedimento pode ser resolvido: o Congresso Nacional. Vamos ao voto e lá enfrentamos o problema. Mas o que se passa? Nós não sentamos! Nós realmente só afirmamos posições, e por quê? Porque não temos compromisso com resultados, temos compromisso com convicções, e como dizia o Nietzsche: o pior para a verdade não são as mentiras, são as convicções, são exatamente as convicções que paralisam, que impedem, e na verdade nós sabemos claramente isso; a vitória nas eleições e o governo do presidente Lula têm mostrado que governar é pragmatismo e compromisso e não pressupostos fundamentalistas que poderão instruir o discurso, mas impedem a ação ou não se realizam na ação.

Eu creio que se nós pudermos debater essas questões dispostos ao enfrentamento dos problemas a partir de um pressuposto, muito bem. Não podemos é sentar à mesa para retaliarmos entre nós e afirmarmos quem tem razão; precisamos, isto sim, fazer um grande entendimento e um ajuste de contas do Brasil com o seu futuro, na perspectiva do Poder Judiciário como um parceiro dos demais poderes no desenvolvimento do país, porque não se criou Poder Judiciário, não se criou Poder Legislativo e nem Poder Executivo para satisfazer a seus integrantes ou à biografia dos seus integrantes, fez-se, isto sim, para dar resultados à nação, e a quem mais? Ao povo! E o que ele anseia é exatamente isso, ou seja, processo de desenvolvimento que venha lhe dar condições de sobrevida e melhoria do futuro.

Este livro foi impresso nas oficinas da
DISTRIBUIDORA RECORD DE SERVIÇOS DE IMPRENSA S.A.
Rua Argentina, 171 – Rio de Janeiro, RJ
para a
EDITORA JOSÉ OLYMPIO LTDA.
em setembro de 2004

*

72º aniversário desta Casa de livros, fundada em 29.11.1931